Europäische Geschichtsdarstellungen

Herausgegeben von
Johannes Laudage

Band 8

Cicero und die Inszenierung der eigenen Vergangenheit

Autobiographisches Schreiben in der späten Römischen Republik

Von

Stephanie Kurczyk

2006

BÖHLAU VERLAG KÖLN WEIMAR WIEN

Gedruckt mit freundlicher Unterstützung
der Universität Düsseldorf

Bibliografische Information der Deutschen Bibliothek
Die Deutsche Bibliothek verzeichnet diese Publikation
in der Deutschen Nationalbibliografie;
detaillierte bibliografische Daten sind im Internet über
http://dnb.ddb.de abrufbar.

D 61
Dissertation unter dem Titel: „Die Inszenierung der eigenen Vergangenheit – Formen und Funktionen autobiographischen Schreibens bei Cicero".

Ursulaplatz 1, D-50668 Köln
Tel. (0221) 91 39 00, Fax (0221) 91 39 011
info@boehlau.de

Umschlagabbildung:
Cesare Maccari, Cicero bei der Anklagerede gegen Catilina im Senat
(Palazzo del Senato, Rom; Stuttgart 2004)

Druck und Bindung: MVR-Druck GmbH, Brühl
Gedruckt auf chlor- und säurefreiem Papier
Printed in Germany

ISBN 3-412-29805-0

Für

Margret und Friedhelm Kurczyk

Inhalt

Vorwort

Die vorliegende Studie ist die geringfügig überarbeitete Fassung meiner Dissertation, die der Philosophischen Fakultät der Heinrich-Heine-Universität Düsseldorf im Sommersemester 2005 vorgelegen hat.

Mein Dank gilt zuallererst meinem Doktorvater Prof. Dr. M. Reichel, der die Anregung zu dem Thema gegeben hat und die Entstehung der Arbeit unermüdlich mit regem Interesse, wissenschaftlichem Rat, konstruktiver Kritik und zugleich aufmunternder Bestätigung begleitet und gefördert hat. Zudem stand er mir bei wichtigen Entscheidungen mit seinem persönlichen Rat zur Seite und legte dabei stets die Karten offen auf den Tisch. Dafür gehört ihm meine Dankbarkeit und meine Loyalität.

Für meine Aufnahme als Stipendiatin in das DFG-Graduiertenkolleg „Europäische Geschichtsdarstellungen" und die finanzielle Unterstützung bis hin zur Drucklegung danke ich der DFG und Herrn Prof. Dr. J. Laudage in seiner Funktion als Sprecher. Seine Unterscheidung zwischen Ackergäulen und Rennpferden hat die Fertigstellung der Dissertation nicht unwesentlich vorangetrieben. Daneben waren es vor allem auch die übrigen Mitglieder des Graduiertenkollegs, die mir durch den regen interdisziplinären Austausch wichtige Anregungen und Erfahrungen vermittelt haben. Namentlich hervorgehoben seien hier Herr Prof. Dr. W. Busse, Frau Prof. Dr. B. Haupt und Herr Prof. Dr. A. Landwehr. Den Stipendiaten und Kollegiaten danke ich dafür, daß sie in dieser oft mühsamen Zeit meine Mitstreiter waren. Wer hätte gedacht, daß man so intensiv arbeiten und zugleich so viel Vergnügen haben kann! Wir waren etwas Besonderes.

Mein Dank gebührt zudem Herrn Prof. Dr. M. Stein für die Übernahme des Korreferats und seinen fachlichen Rat sowie Herrn Prof. Dr. J. Küppers und Herrn Prof. Dr. F. Leinen, deren Begeisterung für Literatur mich während meines Studiums entscheidend geprägt und mir Impulse für eigene Forschungsinteressen gegeben hat.

Ein großes Dankeschön für wertvolle Hinweise geht an Stefanie Muhr, Christine Hönigs, Katja Lengersdorf-Roeben, Susan Guha und Nils Knipp.

Detlef Urban, dem Mann in meinem Leben, danke ich in Liebe dafür, daß er unbeirrbar an mich glaubt und es vermag, mir die Augen für das zu öffnen, was wichtig ist. Während der Entstehung der Arbeit war er mir bei unzähligen Gelegenheiten ein kritischer Zuhörer und nahm so Anteil an der Entwicklung meiner Thesen und der Formulierung meiner Ergebnisse.

Die größte Dankbarkeit empfinde ich meinen Eltern gegenüber für ihre bedingungslose Liebe und Unterstützung. Obgleich die Klassische Philologie sicher nicht ihre erste Wahl gewesen wäre, haben sie mich auf meinem Weg immer bekräftigt und gefördert. Danke für Euer Vertrauen.

Düsseldorf, im Oktober 2005

Stephanie Kurczyk

Einleitung

Hätte Cicero die Gewißheit gehabt, daß sein Leben und sein Wirken auch mehr als 2000 Jahre nach seinem Tod nicht in Vergessenheit geraten sein würden, dann wäre er wohl zu Lebzeiten seiner großen Sorge um dauerhafte Anerkennung seiner Leistungen enthoben gewesen. Dafür, daß über ihn soviel bekannt ist wie über kaum eine andere antike Persönlichkeit, hat er letztlich selbst die Basis geschaffen durch sein umfangreiches und breit gefächertes Werk, in dem er an unzähligen Stellen auf sich selbst zu sprechen kommt und Einblicke in sein politisches wie privates Leben gewährt. Als Dokumentation seines Lebenslaufs, seiner Einstellungen und Absichten stellt besonders seine umfangreiche Korrespondenz eine Quelle nicht nur für biographische Abhandlungen[1] dar, sondern auch für die Zeit der späten Republik und der politischen Umwälzungen, mit denen sein eigenes, wechselvolles Schicksal, das ihm mit dem Konsulat 63 v. Chr. Erfolg, später dann Exil (58-57 v. Chr.) und Ermordung (43 v. Chr.) bescherte, zusammenfiel. Um die Anerkennung seines Wirkens war es in der Geschichte der Cicero-Rezeption jedoch nicht immer und nicht gleichermaßen gut bestellt.[2] Während sein Vorbildcharakter auf

---

[1] Aus der umfangreichen Literatur seien hier nur die Standardwerke der letzten Jahrzehnte erwähnt: Seel, O.: Cicero. Wort, Staat, Welt, Stuttgart ³1967 (¹1953); Smith, R.E.: Cicero the Statesman, Cambridge 1966; Douglas, A.E.: Cicero, Oxford 1968; Gelzer, M.: Cicero. Ein biographischer Versuch, Wiesbaden 1969; Shackleton Bailey, D.R.: Cicero, London 1971; Stockton, D.: Cicero. A Political Biography, Oxford 1971; Giebel, M.: Marcus Tullius Cicero. Mit Selbstzeugnissen und Bilddokumenten, Reinbek bei Hamburg ¹²1999 (¹1977); Lacey, W.K.: Cicero and the End of the Roman Republic, London 1978; Rawson, E.: Cicero. A Portrait, Ithaca/N.Y. 1983; Grimal, P.: Cicero. Philosoph, Politiker, Rhetor (Orig.: Cicéron, Paris 1986, übersetzt von R. Stamm), München 1988; Habicht, Chr.: Cicero der Politiker, München 1990; Fuhrmann, M.: Cicero und die römische Republik, München/Zürich ³1991 (¹1989); Mitchell, T.N.: Cicero the Senior Statesman, New Haven/London 1991; Everitt, A.: Cicero. Ein turbulentes Leben (Orig.: Cicero. A Turbulent Life, London 2001), Köln 2003.

[2] Zu der Beurteilung Ciceros siehe Zielinski, Th.: Cicero im Wandel der Jahrhunderte, Darmstadt ⁵1967 (repr. Nachdruck der 3. Ausgabe Leipzig 1912); Gundolf, F.: Caesar im neunzehnten Jahrhundert (Orig. Berlin 1926, 57-62), in: Kytzler, B. (Hg.): Ciceros literarische Leistung (WdF 240), Darmstadt 1973, 6-10; Boyancé, P.: Das Ciceroproblem (Orig.: Le problème de Cicéron, IL 10 [1958], 21-28, aus dem Französischen übersetzt von H. Froesch), in: Kytzler, B. (Hg.): Ciceros literarische Leistung (WdF 240), Darmstadt 1973, 11-32; Büchner, K.: Cicero. Grundzüge seines Wesens (zuerst: Gymnasium 62 [1955], 299-318 bzw. Studien zur römischen Literatur, Bd. II: Cicero, Wiesbaden 1962, 1-24), in: Ders. (Hg.): Das neue Cicerobild (WdF 27), Darmstadt 1971, 417-445; Weil, B.: 2000 Jahre Cicero, Zürich 1962; Douglas (1968) 5ff.; Schmid, W.: Cicerowertung und Cicerodeutung

stilistischem Gebiet weitgehend unhinterfragt blieb, erreichte die Beurteilung seiner Persönlichkeit und seines politischen Wirkens mit Mommsen einen Tiefpunkt. Dieser attestierte Cicero ein „übergeschnapptes Selbstbewußtsein“[3] und sprach ihm als Staatsmann nicht nur jede Befähigung, sondern auch jedes lautere Motiv ab: „Als Staatsmann ohne Einsicht, Ansicht und Absicht, hat er nacheinander als Demokrat, als Aristokrat und als Werkzeug der Monarchen figuriert und ist nie mehr gewesen als ein kurzsichtiger Egoist. Wo er zu handeln schien, waren die Fragen, auf die es ankam, regelmäßig eben abgetan [...]. Gegen Scheinangriffe war er gewaltig und Mauern von Pappe hat er viele mit Geprassel eingerannt [...].“[4] Auch Drumann sah die Triebfeder für Ciceros Handeln in seiner Selbstsucht: „Cicero leitete die Rücksicht auf seinen Ruf. [...] Man sollte ihn loben, bewundern und anstaunen. Seine Tugend wurzelte nicht in dem Abscheu gegen das Unrecht, nicht im Mitleid gegen Unglückliche und nicht in der Liebe zum Vaterlande. Sie hatte mit den Vergehen der Großen, über welche er sich in der äußeren Erscheinung so sehr erhebt, eine und dieselbe Quelle in der Selbstsucht. Jene verlangte nach Geld und ihn nach Ruhm.“[5] Während das politische Wirken Ciceros eine Rehabilitierung erfuhr, so daß Büchner schon Mitte des letzten Jahrhunderts konstatieren konnte, das von Mommsen geprägte Bild des Staatsmannes Ciceros sei „entschieden aufgegeben worden“[6], und allein schon die Titel einiger Biographien die Aufwertung des politischen Wirkens widerspiegeln, indem sie den Politiker in den Vordergrund der Betrachtung stellen[7], trifft diese Feststellung nicht auf die persönliche Seite des Cicerobildes zu, denn die Vorstellung des überzogenen Selbstbewußtseins und der Ruhmsucht Ciceros ist bis heute keineswegs ausgestorben. So schreibt Fuhrmann Cicero eine „egozentrische Optik“ und ein „überspannte[s] Selbstgefühl“ zu[8], und Holland spricht jüngst in seiner historischen Monographie von einem übersteigerten, den Zeitgenossen monströs

---

(Orig.: Die Großen der Weltgeschichte, Bd. I, Zürich 1971, 867-891), in: Kytzler, B. (Hg.): Ciceros literarische Leistung (WdF 240), Darmstadt 1973, 33-68; Rawson 299ff.

[3] Mommsen, Th.: Römische Geschichte, Bd. III: Von Sullas Tode bis zur Schlacht von Thapsus, Berlin [10]1909, 218.

[4] Ebd. 619.

[5] Drumann, W.: Geschichte Roms in seinem Übergange von der republikanischen zur monarchischen Verfassung oder Pompeius, Caesar, Cicero und ihre Zeitgenossen nach Geschlechtern und mit genealogischen Tabellen, hrsg. von P. Groebe, Bd. 3, Hildesheim 1964 (repr. Nachdruck der 2. Ausgabe Leipzig 1906), 121. Anders Grimal (1988) 24, der Ciceros Motivation gerade in der Vaterlandsliebe sieht.

[6] Büchner (1971) 418.

[7] Siehe Anm. 1.

[8] Fuhrmann (1991) 99 (im Zusammenhang mit der Catilinarischen Verschwörung) und 119. Vgl. das Urteil Senecas (*dial.* 10, 5, 1): *... quotiens illum ipsum consulatum suum non sine causa sed sine fine laudatum detestatur!*

erscheinenden Selbstbewußtsein Ciceros.[9] Hier stellt sich die Frage, worauf dieses so nachhaltige Urteil letztlich beruht. Wenngleich Cicero zuweilen eingesteht, von dem Drang nach Ruhm getrieben zu sein[10], liegt der Stein des Anstoßes letztlich wohl in der – als ruhmredig empfundenen – Verkündigung seiner Leistungen und Errungenschaften, die er in Form zumeist autobiographischer Einschübe in seine Reden, seine philosophischen und rhetorischen Schriften einfließen ließ und mit seinen autobiographischen Epen auf direktem Wege anstrebte. Das für moderne Ohren allzu laute Selbstlob erscheint geradezu als die Schattenseite eines Genies. Dabei hat Allen schon 1954 aufgezeigt[11], daß die öffentliche Betonung der eigenen Leistungen in der politischen Landschaft der römischen Republik geradezu eine Notwendigkeit darstellte, und in jüngerer Zeit schenkt die Forschung der Funktion, die Ciceros Selbstdarstellung in seiner Rolle als Redner (und auch der Charakterzeichnung seiner Gegner) im rhetorischen Überredungsprozeß zukam, verstärkt Aufmerksamkeit.[12]

Die vorliegende Arbeit setzt bei diesen Überlegungen an und stellt das autobiographische Sprechen und Schreiben insgesamt in den Mittelpunkt der Betrachtung. Ausgehend von der These, daß dahinter mehr steht als bloße Eitelkeit und Ruhmsucht, ist der Frage nachzugehen, in welcher Weise und mit welchen Absichten generell Cicero gegenüber der Öffentlichkeit auf seine Vergangenheit zu sprechen kam. Die Epen sowie die autobiographischen Passagen in den Reden, den philosophischen und rhetorischen Schriften werden nicht primär als historische Quellen ausgewertet, als „Faktenlieferanten" genutzt, sondern auf Darstellungsmuster, Motive und Strategien der Selbstdar-

[9] Holland, T.: Die Würfel sind gefallen: Der Untergang der römischen Republik (Orig.: Rubicon. The Triumph and Tragedy of the Roman Republic, London 2003, aus dem Englischen von A. Wittenburg), Berlin 2004, 146. Insofern scheint Gundolf 10 Recht zu behalten, wenn er dem von Mommsen gezeichneten Charakterbild Ciceros eine besondere Haltbarkeit und Wirkmacht zuspricht. Holland hält dieses Selbstbewußtsein allerdings nicht für unbegründet und wertet Ciceros Eitelkeit als Ausdruck von Unsicherheit einerseits und Geltungsanspruch andererseits.

[10] Vgl. beispielsweise *Att.* 1, 15, 1; *fam.* 9, 14, 2. Siehe auch *Arch.* 14 und *Planc.* 64-66, wobei in diesen an die Öffentlichkeit gerichteten Schriften der argumentative Kontext unbedingt zu berücksichtigen ist. Gleiches gilt für die Schilderung bei Plut. *Cic.* 6f., die auf der Passage in *Pro Plancio* basiert, vgl. dazu hier 257f., Anm. 547.

[11] Allen, W. Jr.: Cicero's Conceit, TAPhA 85 (1954), 121-144.

[12] Powell, J.; Paterson, J. (Hgg.): Cicero. The Advocate, Oxford 2004; Klodt, C.: Prozessparteien und politische Gegner als *dramatis personae*. Charakterstilisierung in Ciceros Reden, in: Schröder, B.-J.; Schröder, J.-P. (Hgg.): Studium declamatorium. Untersuchungen zu Schulübungen und Prunkreden von der Antike bis zur Neuzeit, München/Leipzig 2003, 35-106; May, J. M.: Trials of Character. The Eloquence of Ciceronian Ethos, Chapel Hill/London 1988; Thierfelder, A.: Über den Wert der Bemerkungen zur eigenen Person in Ciceros Prozeßreden (zuerst: Gymnasium 72 [1965], 385-414), in: Kytzler, B. (Hg.): Ciceros literarische Leistung (WdF 240), Darmstadt 1973, 225-266.

stellung hin befragt und als literarische Texte gewürdigt. Das Interesse richtet sich dabei auf die von Cicero angestrebte Außendarstellung seiner Person, auf das Selbstbild, das er mit Hilfe autobiographischer Schriften und autobiographischer Einschübe in seinen Werken entwarf, wobei „Selbstbild" nun gerade nicht Selbst*erkenntnis* meint, sondern Selbst*inszenierung* und Selbst*präsentation*. Es geht nicht darum herauszuarbeiten, wie Ciceros Vergangenheit tatsächlich *war*, noch, wie er sie *wirklich gesehen hat*, sondern darum, wie er sie *sehen ließ*, welches Bild er dabei von seiner Person in der Öffentlichkeit etablieren wollte und wie er dabei vorging. Und wer angesichts des Titels der Arbeit das Briefcorpus als Gegenstand der Analyse zunächst vermißt, findet die Erklärung in eben dieser Perspektive, die sich gänzlich auf die öffentliche Selbstinszenierung richtet und daher zwangsläufig den von vornherein zur Veröffentlichung bestimmten Teil des Werkes fokussiert, der also das enthält, was Cicero „von sich hat zeigen wollen"[13].

Grundlegend ist hierbei die Vergegenwärtigung der kohärenz- und identitätsstiftenden Rolle, die der Erinnerung an Leistungen in der römischen aristokratischen Gesellschaft zukam, sowie der Ausgangsbasis Ciceros als *homo novus*, der in einer Zeit politischer Umwälzung Einlaß in diesen Kreis der Mächtigen begehrte. Das Selbstverständnis der Nobilität war geprägt von dem Ethos der Leistung für die *res publica* und in diesem Sinne der Fortführung des Wirkens der *maiores*.[14] Im kollektiven Gedächtnis der Nobilität war die „Geschichte", die sich in den *exempla* herausragender Taten der Vorfahren manifestierte und personalisierte, wozu auch das Selbstopfer zählte[15], das identitätsstiftende Moment, das sowohl den Führungsanspruch nach außen legitimierte als auch nach innen Kohärenz stiftete.[16] Das „Ahnenkapital"[17], das augenfällig inszeniert wurde durch die Ausstellung der *imagines* im Atrium des Hauses und die Aufreihung der Ahnenmasken bei der *pompa funebris*[18],

---

[13] Boyancé (1973) 12 als Opposition zu der Korrespondenz, die nicht für die Öffentlichkeit bestimmt war. Weitere Ausführungen hierzu 55ff.

[14] Hölkeskamp, K.-J.: *Exempla* und *mos maiorum*. Überlegungen zum kollektiven Gedächtnis der Nobilität, in: Gehrke, H.-J.; Möller, A. (Hgg.): Vergangenheit und Lebenswelt. Soziale Kommunikation, Traditionsbildung und historisches Bewußtsein (ScriptOralia 90), Tübingen 1996, 301-338, h. 303 und 319.

[15] Walter, U.: AHN MACHT SINN. Familientradition und Familienprofil im republikanischen Rom, in: Hölkeskamp, K.-J. u.a. (Hgg.): Sinn (in) der Antike. Orientierungssysteme, Leitbilder und Wertkonzepte im Altertum, Mainz 2003, 255-278, (= 2003a), h. 257.

[16] Vgl. ebd. 255.

[17] Ebd. 258 mit Verweis auf Sall. *Iug*. 85, 4.

[18] Vgl. Walter, U.: Geschichte als Lebensmacht im republikanischen Rom, GWU 53 (2002), 326-339, h. 330: „Mit seinen beiden Hauptausdrucksformen, der Ahnenreihe und dem Begräbnis, bot das Totengedächtnis der römischen Aristokratie reiche Gelegenheiten zur Demonstration, Inszenierung und Vermehrung ihres symbolischen Kapitals, das im aufgehäuften Schatz erinnerter Leistungen bestand." Siehe auch besonders Flaig, E.: Die

die einer Kontinuität garantierenden „bruchlose[n] Verlängerung dieser Vergangenheit über die Gegenwart in die Zukunft hinein“[19] gleichkam und die Generationen der Vergangenheit lebendig vor Augen stellte[20], war für den Nachkommen instrumentalisierbar im Wettbewerb um Rang, Ämter und Ansehen.[21] Gerade die Allgegenwart der so aufgefaßten Geschichte, nicht zuletzt auch im Stadtbild und im alltäglichen Leben Roms[22], mußte Cicero schmerzlich vor Augen halten, daß er selbst sich als *homo novus* auf keine Ahnenreihe stützen konnte, die für ihn bürgte, und es ihm damit an einer wesentlichen Voraussetzung für eine Karriere in der römischen Politik mangelte.

Die Untersuchung der autobiographischen Passagen in seinem Werk geht von der Prämisse aus, daß die Berufung auf die eigene Vergangenheit und die Konstruktion eines für die Öffentlichkeit bestimmten Selbstbildes zwar mit dieser besonderen Ausgangsbasis in Zusammenhang steht, sich das Wirkungsspektrum dabei jedoch keineswegs auf persönliche Ambitionen beschränkt, sondern das autobiographische Schreiben und Sprechen weitere kontextuell und sachlich bedingte Funktionen erfüllt, denen im einzelnen nachzugehen ist.

Dabei ist eine nach Gattungen vorgehende Untersuchung die angemessene Methode, da nur so den jeweiligen Gattungstraditionen, in die Cicero seine autobiographische Darstellung einpaßt, Rechnung getragen und das Formenspektrum autobiographischen Schreibens illustriert werden kann. Innerhalb der Gattungen ermöglicht die (weitgehend) chronologische Einzelbetrachtung der Schriften die Auswertung der jeweiligen kontextuellen Einbettung und damit der Funktionen, die autobiographische Passagen erfüllen, und macht Entwicklungen transparent. Der Textanalyse vorausgeschickt sind Überlegungen zum modernen Verständnis der Gattung „Autobiographie“, die dazu dienen, in der Forschung diskutierte Problemfelder für die Beschäftigung mit dem antiken Material nutzbar und vor allem auf Unterschiede zwischen modernen und antiken Konzepten aufmerksam zu machen, deren Vergegenwärtigung eine unabdingbare Ausgangsbasis für das Verständnis der antiken, bei Cicero anzutreffenden Praxis ist. Diesem Ziel dient auch der Überblick über autobiographische Schriften vor Cicero sowie die Herausstellung des Zusammenhangs zwischen Ciceros Bemühungen, einen Biographen zu finden, und seiner eigenen autobiographischen Produktion.

Pompa funebris. Adlige Konkurrenz und annalistische Erinnerung in der römischen Republik, in: Oexle, O.G. (Hg.): Memoria als Kultur, Göttingen 1995, 115-148; Flower, H.I.: Ancestor Masks and Aristocratic Power in Roman Culture, (Diss. Philadelphia 1993) Oxford 1996.

[19] Hölkeskamp (1996) 322.

[20] Vgl. Walter (2002) 331.

[21] Walter (2003a) 258f.; Hölkeskamp (1996) 323.

[22] Siehe Hölkeskamp (1996) bes. 305ff.

I. Überlegungen zu Definition und Charakterisierung autobiographischen Schreibens in der Gegenwart und in der Antike

1. Aspekte der Autobiographie aus der Sicht moderner Forschung

1.1 Definitionsbemühungen und Zuschreibungen von Charakteristika: Was ist und was leistet eine Autobiographie?

Die Anwendung des Begriffes „Autobiographie" bzw. „autobiographisch" auf antike Texte bedarf schon allein deshalb einer Erläuterung, da er keineswegs aus der Antike, sondern als moderne Wortschöpfung erst aus dem späten 18. Jahrhundert stammt.[1] Doch wenngleich der Begriff in der Antike noch nicht existierte, so tat es das Phänomen, das er beschreibt, sehr wohl[2], allerdings, wie sich zeigen wird, mit charakteristischen Abweichungen von unseren heutigen Vorstellungen. Die Anwendung moderner Autobiographie-Theorie ist dabei unter der Bedingung legitim, daß sie gerade nicht darin besteht, in anachronistischer Weise antiken Texten moderne Konzepte überzustülpen[3], son-

---

[1] Der erste Beleg findet sich in einem Brief, den Lenz im Jahre 1776 an Goethe richtete, siehe Niggl, G.: Zur Theorie der Autobiographie, in: Reichel, M. (Hg.): Antike Autobiographien. Werke – Epochen – Gattungen, Köln 2005, 1-13, h. 1. Als weitere Eckdaten gelten die Jahre 1796 für den deutschen Sprachraum (Begriff „Selbstbiographie"), für den englischen 1797 bzw. 1809; vgl. Holdenried, M.: Autobiographie, Stuttgart 2000, 19; Momigliano, A.: The Development of Greek Biography, Cambridge/London 1993, 14; Shumaker, W.: Die englische Autobiographie. Gestalt und Aufbau (Orig.: English Autobiography. Its Emergence, Materials, and Form, Berkeley/Los Angeles 1954, 101-140 und 232-234, übersetzt von I. Scheitler), in: Niggl, G. (Hg.): Die Autobiographie. Zu Form und Geschichte einer literarischen Gattung, Darmstadt ²1998 (¹1989), 75-120, h. 76f.; Misch, G.: Geschichte der Autobiographie, Bd. I: Das Altertum, Frankfurt a. M. ³1949 (¹1907), 7f.; für die ‚heterobiographische' Darstellung eines Lebens, die in der Antike als *βίος* bzw. *vita* bezeichnet wurde, ist der Begriff „Biographie" zum ersten Mal Anfang des 6. Jahrhunderts n. Chr. bei Damaskios (Phot. *Bibl.* cod. 181) belegt.

[2] Zimmermann, B.: Augustinus, *Confessiones* – eine Autobiographie? Überlegungen zu einem Scheinproblem, in: Reichel, M. (Hg.): Antike Autobiographien. Werke – Epochen – Gattungen, Köln 2005, 237-249, h. 238 weist darauf hin, „daß die griechisch-römische Literatur, ohne über die termini technici zu verfügen, trotzdem mit der modernen Literatur vergleichbare literarische Phänomene wie Utopien, Romane oder eben auch autobiographische Schriften aufwies."

[3] Vgl. Reichel, M.: Ist Xenophons *Anabasis* eine Autobiographie?, in: Ders. (Hg.): Antike Autobiographien. Werke – Epochen – Gattungen, Köln 2005, 45-73, h. 55 und Zimmermann (2005) 238.

dern sich als eine durch theoretische Überlegungen gestützte Annäherung an antike Praxis versteht. Es gilt also, die Problemstellungen und Ergebnisse der modernen Autobiographieforschung im Hinblick auf solche Erklärungs- und Beschreibungsmuster zu befragen, die geeignet sind, in Übertragung auf die antiken Texte deren Verständnis zu fördern[4], und zwar unter Herausstellung der Gemeinsamkeiten und der Unterschiede zu heutigem autobiographischem Schreiben. Die Vergegenwärtigung der modernen Erwartungshaltung, die an autobiographisches Schreiben herangetragen wird, kommt dabei einer Standortbestimmung gleich, auf deren Basis ein Verständnis antiken autobiographischen Schreibens erst erfolgen kann.

Doch was meint nun der Begriff „Autobiographie"? Die Definition stellt für die Autobiographie-Forschung die erste und grundlegende Herausforderung dar. Auf die Schwierigkeiten, die sich bei der Definition dieses Begriffes ergeben, weist bereits Misch in seiner „Geschichte der Autobiographie" hin. Formale Kriterien schließt er aus, da die Autobiographie nicht an eine bestimmte Form gebunden sei und sich deshalb auch nicht nach der Form bestimmen lasse.[5]

> Und keine Form fast ist ihr fremd: Gebet, Selbstgespräch und Tatenbericht, fingierte Gerichtsrede oder rhetorische Deklamation, wissenschaftlich oder künstlerisch beschreibende Charakteristik, Lyrik und Beichte, Brief und literarisches Porträt, Familienchronik und höfische Memoiren, Geschichtserzählung rein stofflich, pragmatisch, entwicklungsgeschichtlich oder romanhaft, Roman und Biographie in ihren verschiedenen Arten, Epos und selbst Drama – in all diesen Formen hat die Autobiographie sich bewegt, und wenn sie so recht sie selbst ist und ein originaler Mensch sich in ihr darstellt, schafft sie die gegebenen Gattungen um oder bringt von sich aus eine unvergleichliche Form hervor.[6]

Diese Formenvielfalt tritt bei Misch aufgrund der breiten Anlage seiner Untersuchung zutage[7], in der er sowohl zeitlich als auch geographisch ein großes Spektrum überblickt, und dieser breite Ansatz wiederum ist seinem Verständnis der Geschichte der Autobiographie als Geschichte des menschlichen Selbstbewußtseins verpflichtet. Aus dieser Perspektive ergibt sich die Notwendigkeit, den kleinsten gemeinsamen Nenner, den „Einheitspunkt" zu finden, und er konstatiert: „Diese Literaturgattung entzieht sich einer Definition

---

[4] Reichel 55.

[5] Misch 6; Baier, Th.: Autobiographie in der späten römischen Republik, in: Reichel, M. (Hg.): Antike Autobiographien. Werke – Epochen – Gattungen, Köln 2005, 123-142, h. 123 hat sich diesem Urteil jüngst angeschlossen.

[6] Misch 6f.; zur epischen Form, die im Zusammenhang mit Ciceros autobiographischem Schreiben von Interesse sein wird, vgl. auch ebd. 74ff.

[7] Vgl. Aichinger, I.: Probleme der Autobiographie als Sprachkunstwerk (zuerst: Österreich in Geschichte und Literatur 14 [1970], 418-434), in: Niggl, G. (Hg.): Die Autobiographie. Zu Form und Geschichte einer literarischen Gattung, Darmstadt ^{2}1998 (^{1}1989), 170-199, h. 173.

noch hartnäckiger als die gebräuchlichsten Formen der Dichtung. Sie läßt sich kaum näher bestimmen als durch Erläuterung dessen, was der Ausdruck besagt: die Beschreibung (*graphia*) des Lebens (*bios*) eines Einzelnen durch diesen selbst (*auto*).“[8] Die Identität von Autor und Hauptfigur sowie das eigene Leben als Gegenstand der Darstellung bilden den Kern dieser deskriptiv geprägten, auf die Erfassung des Phänomens ausgerichteten Definition. Dieser Kern blieb auch in weiteren Definitions- und Beschreibungsversuchen unangetastet, allerdings bemühte sich die spätere Forschung um eine Ausdifferenzierung der Kriterien und um eine Verengung der Definition, womit der schrittweise Aufbau einer normativ geprägten Erwartungshaltung einherging. So definiert Lejeune die Autobiographie als „Récit rétrospectif en prose qu'une personne réelle fait de sa propre existence, lorsqu'elle met l'accent sur sa vie individuelle, en particulier sur l'histoire de sa personnalité.“[9] Im Vergleich zu Mischs Ansatz werden hier nun zwei Einschränkungen vorgenommen, eine formale und eine inhaltliche: Lejeune begrenzt die Form der Autobiographie auf die Prosa und legt die Tendenz der Darstellung des eigenen Lebens auf das individuelle Leben und auf die *histoire de sa personnalité* fest, worin der Gedanke zum Ausdruck kommt, daß die Autobiographie die Entwicklung einer Person nachzeichnet. Mit der Reduktion auf die Prosaform, die Bruss als willkürlich einstuft[10], nimmt Lejeune ein Kriterium, das sich aufgrund der Auseinandersetzung mit einem bestimmten Textcorpus[11] herausgebildet hat, in die Definition der Gattung auf und nimmt dadurch eine Einschränkung vor, die – zumal in diachroner Hinsicht – keine Allgemeingültigkeit beanspruchen kann. Allerdings unterstreicht Lejeune selbst, daß die Kriterien, die in seiner Definition zum Ausdruck kommen, nicht gleichermaßen zwingend seien, doch eines kennzeichnet auch er als unabdingbar: das Merkmal der Identität von Autor, Erzähler und Hauptfigur.[12] Als autobiographischen Pakt zwischen Autor und Leser[13] bezeichnet Lejeune die

---

[8] Misch 7.

[9] Lejeune, Ph.: Le pacte autobiographique, Poétique 4 (1973), 137-162, h. 138 (deutsche Fassung: Der autobiographische Pakt [übersetzt von H. Heydenreich], in: Niggl, G. [Hg.]: Die Autobiographie. Zu Form und Geschichte einer literarischen Gattung, Darmstadt [2]1998 [[1]1989], 214-257, h. 215).

[10] Bruss, E.W.: Die Autobiographie als literarischer Akt, (Orig.: L'autobiographie considérée comme acte littéraire, Poétique 5 [1974], 14-26, übersetzt von U. Christmann), in: Niggl, G. (Hg.): Die Autobiographie. Zu Form und Geschichte einer literarischen Gattung, Darmstadt [2]1998 ([1]1989), 258-279, h. 259.

[11] Lejeune (1973) 137: „... historiquement, cette définition ne prétend pas couvrir plus qu'une période de deux siècles (depuis 1770) et ne concerne que la littérature européenne [...].“

[12] Ebd. 138.

[13] Bruss 259 bezweifelt, daß ein solcher Pakt Gültigkeit haben kann, wenn Autor und Leser durch Epochen getrennt sind, da ein Schriftsteller nicht voraussagen könne, welche Haltung künftige Leser gegenüber der Literatur oder der Welt einnehmen werden. Ein Autor könne

Bestätigung dieser Identität im Text, zu dem er die Nennung des Autorennamens auf dem Titelblatt explizit hinzurechnet.[14] Der autobiographische Text zeichnet sich dadurch aus, daß Erzähler und Held im Autor eine Entsprechung in der realen Wirklichkeit haben. Die Autobiographie hat somit referentiellen Charakter, die Realität außerhalb des Textes wird durch den autobiographischen bzw. durch den referentiellen Pakt als Bezugsnorm deklariert. Für Lejeune unterscheiden sich autobiographische Texte durch diesen Anspruch, wie auch die Biographie, von fiktionaler Literatur: „Par opposition à toutes les formes de fiction, la biographie et l'autobiographie sont des textes *référentiels*: exactement comme le discours scientifique, historique, ils prétendent apporter une information sur une « réalité » extérieure au texte, et donc se soumettre à une épreuve de *vérification*."[15]

Aichinger macht darauf aufmerksam, daß der referentielle Charakter bereits in dem Begriff selbst zum Ausdruck kommt, und verbindet so gewissermaßen Mischs Beschränkung auf die Wortbedeutung mit Lejeunes Betonung der Referenz: „Klarheit dürfte nur durch den Rückgriff auf die Übersetzung des Wortes als ‚Beschreibung des Lebens eines Menschen *durch diesen selbst*' zu erreichen sein. Es wird häufig übersehen, daß schon im Wort allein der Bezug zur außersprachlichen Wirklichkeit gegeben ist. Es impliziert keinen wie immer gearteten Ich-Erzähler, sondern einen Autor als historische Persönlichkeit."[16] Aichinger schlägt die Erläuterung der Autobiographie als „Darstellung des eigenen Lebens" vor, wobei sie die wesentlichen in dieser Formulierung enthaltenen (Unterscheidungs-) Kriterien hervorhebt:

> „Darstellung" impliziert sprachkünstlerische Gestaltung, dient daher als trennendes Merkmal gegenüber der großen Anzahl von Werken, die lediglich zur Information und Unterhaltung geschrieben wurden. Das Adjektiv wahrt das unerläßliche Moment der Identität, damit aber auch den realen Bezug zur Außenwelt. Und „Leben" schließlich erlaubt die Grenzziehung zu allen autobiographischen Arten, die in irgendeiner Weise

---

einen Pakt nur mit Lesern abschließen, „die die Regeln, von denen sein literarischer Akt bestimmt wird, verstehen und bejahen; und nur solche Leser können ihn andererseits für sein Werk zur Verantwortung ziehen."

[14] Lejeune (1973) 144. Siehe auch hier 29, Anm. 59.

[15] Ebd. 155. Entscheidend ist dabei nicht, daß der referentielle Pakt auch wirklich eingehalten wird, sondern daß er überhaupt geschlossen wird: „On voit ce qui fait ressembler ce pacte à celui que conclut n'importe quel historien, géographe, journaliste avec son lecteur; mais il faut être naïf pour ne pas voir en même temps les différences. Nous ne parlons pas des difficultés pratiques de l'épreuve de *vérification* dans le cas de l'autobiographie: puisque l'autobiographe nous raconte justement, c'est là l'interêt de son récit, ce qu'il est seul à pouvoir nous dire. [...] Dans l'autobiographie, il est indispensable que le pacte rérérentiel soit *conclu*, et qu'il soit *tenu*: mais il n'est pas nécessaire que le résultat soit de l'ordre de la stricte ressemblance. Le pacte référentiel peut être, d'après les critères du lecteur, mal tenu, sans que la valeur référentielle du texte disparaisse (au contraire), – ce qui n'est pas le cas pour les textes historiques et journalistiques."

[16] Aichinger (1998) 189.

> persönliches Erleben schildern, aber doch nur kurze Ausschnitte beschreiben oder einen einzigen Aspekt herausheben, also die Fülle der Lebenswirklichkeit nicht umschließen.[17]

Verbunden wird mit der Autobiographie also neben dem Identitätsmerkmal ein Anspruch auf Ganzheitlichkeit der Darstellung, sowohl in zeitlicher als auch in inhaltlicher Dimension im Sinne der „Fülle der Lebenswirklichkeit". Die Abgrenzung von anderen „autobiographischen Arten" findet ihren Niederschlag in der Vorstellung von „echten" Autobiographien: „Hier will der Autor sein Leben im Zusammenhang darstellen, die Entfaltung und Entwicklung seiner Persönlichkeit gestalten; die Tendenz ist auf Totalität, d.h. auf Erfassung der wesentlichen Züge gerichtet."[18] Der Autobiographie wird so eine teleologische Tendenz zugeschrieben, die sich darin manifestiert, daß der Autor bestrebt ist, in den Ereignissen seines Lebens einen Sinn und eine Zielgerichtetheit zu finden.[19] Besonders ausgeprägt ist die Idee einer „echten" oder „eigentlichen" Autobiographie bei Pascal[20], die er verwirklicht sieht, wenn die Abfassung dem Drang nach Selbstbesinnung und Selbstentdeckung entspringt.[21] Die Suche nach tieferen Zusammenhängen des Lebens mittels der Selbstbesinnung ist für ihn der autobiographische Antrieb, der dem Schreiben zugrunde liegt.[22] Die Autobiographie vermittele die Innenansicht[23], ihren Interessenmittelpunkt bilde das Ich, und sie verlange die „Rekonstruktion des Ablaufs des Lebens bzw. eines Lebensabschnitts in den Bedingungen und Umständen, unter denen es gelebt wurde".[24] Doch Pascal ist sich bewußt, daß

---

[17] Ebd. 199.

[18] Ebd. 176.

[19] Ebd. 181.

[20] Vgl. Pascal, R.: Die Autobiographie. Gehalt und Gestalt (Orig.: Design and Truth in Autobiography, London 1960, übersetzt von M. Schaible, überarbeitet von K. Wölfel), Stuttgart u.a. 1965, 13, 21, 211, 213, 228.

[21] Ebd. 213. Bereits Dilthey, W.: Das Erleben und die Selbstbiographie, in: Niggl, G. (Hg.): Die Autobiographie. Zu Form und Geschichte einer literarischen Gattung (zuerst W. Dilthey: Der Aufbau der geschichtlichen Welt in den Geisteswissenschaften, in: Groethuysen, B. [Hg.]: W. Diltheys Gesammelte Schriften, Bd. 7, Leipzig/Berlin 1927, 71-74 und 196-204 [Auszüge], entstanden 1906-1911), Darmstadt ^{2}1998 (^{1}1989), 21-32, h. 29 legte den Akzent auf die Selbstbesinnung: „Die Selbstbiographie ist nur die zu schriftstellerischem Ausdruck gebrachte Selbstbesinnung des Menschen über seinen Lebensverlauf." Vor dem Hintergrund dieses Anspruchs ist es folgerichtig, daß die Geschichte der Autobiographie für Pascal mit Augustinus beginnt, denn in der Tat hält die Selbstbesinnung erst mit Augustinus Einzug in die Gattung. Schreiben und Sprechen über die eigene Person war zuvor aus guten Gründen, die an späterer Stelle ausgeführt werden, nicht von Selbstbesinnung geprägt. Doch stellt sich die Frage, ob das Hinzutreten eines – aus moderner Sicht! – charakteristischen Elementes bei Augustinus die Ausklammerung früherer Realisierungen rechtfertigt.

[22] Pascal (1965) 19; vgl. auch Aichinger (1998) 178.

[23] Pascal (1965) 30.

[24] Ebd. 21.

eine Rekonstruktion unmöglich ist, und so erweitert er seine Beschreibung der Charakteristik autobiographischen Schreibens um einen zentralen Punkt, indem er Autobiographie als Formung der Vergangenheit faßt:

> Sie legt einem Leben ein Muster (»pattern«) unter, konstruiert aus ihm eine kohärente Geschichte. Sie gliedert ein Leben in bestimmte Stationen, verbindet sie miteinander und stellt, stillschweigend oder ausdrücklich, eine bestimmte Konsequenz in der Beziehung zwischen Ich und Umwelt fest [...]. Diese Kohärenz verlangt, daß der Schreiber einen besonderen Standpunkt bezieht, und zwar den Standpunkt des Augenblicks, in dem er sein Leben wiedergibt und von dem aus er sein Leben interpretiert. [...] in jedem Fall ist es seine jetzige Stellung, die ihn befähigt, sein Leben als eine Art Einheit zu sehen, als etwas, das auf eine Ordnung zurückgeführt werden kann.[25]

Die Vorstellung von einem Ganzen, von einer Einheitlichkeit des Lebens ist ein zentrales Element im Katalog der Anforderungen, die an eine Autobiographie gestellt werden. Während Misch und Dilthey dabei noch vornehmlich von der Vorstellung geleitet werden, dieses Ganze liege dem Autobiographen beim Schreiben vor Augen, und er weise den einzelnen Ereignissen, Gefühlen und Handlungen aufgrund dieses Wissens um ihre Bedeutung für das Ganze ihren Platz zu[26] bzw. dem rückwärts auf sein Leben Blickenden entstehe „das Bewußtsein von der Bedeutung jedes früheren Lebensmomentes“[27], verlagerte sich die Einschätzung in der Forschung immer mehr dahingehend, dieses „Ganze“ als ein Konstrukt anzusehen. So betont Niggl, daß Autobiographie wie Biographie darum bemüht seien, das Leben als ein einheitliches Ganzes darzustellen, wobei vielfach eine teleologische Tendenz im Sinne einer Hinordnung der Teile auf ein Lebensziel zu beobachten sei.[28] In dieser Deutung liegt das „Ganze“ des Lebens dem Autor also nicht wie ein Wissensquelle vor Augen, sondern ist Zielpunkt seines Schreibens.[29] Auch Bourdieu betont in diesem Zusammenhang den Konstruktionscharakter der Darstellung. Hinter biographischer und autobiographischer Erzählung stehe das Interesse an der Sinngebung, „am Erklären, am Auffinden einer zugleich retrospektiven wie prospektiven Logik, einer Konsistenz und Konstanz, um derentwillen intelligible Relationen wie die von Wirkung und Ursache zwischen aufeinanderfol-

---

[25] Ebd.

[26] Misch 9f.

[27] Dilthey 27. Gegen Diltheys Konzeption wendet sich Otto, S.: Zum Desiderat einer Kritik der historischen Vernunft und zur Theorie der Autobiographie, in: Hora, E.; Keßler, E. (Hgg.): Studia Humanitatis. Ernesto Grassi zum 70. Geburtstag, München 1973, 221-235.

[28] Niggl, G.: Autobiographie, in: Killy, W.; Meid, V. (Hgg.): Literaturlexikon. Begriffe, Realien, Methoden, Bd. 13, München 1992, 58-65, h. 59 und (2005) 5.

[29] Vgl. auch Scheffer, B.: Interpretation und Lebensroman: zu einer konstruktivistischen Literaturtheorie, Frankfurt a. M. 1992, 256: „In der traditionellen Darstellung wird simuliert, die Lebens-Erfahrungen und die Erfahrungs-Krisen lägen als fertiges Thema dem Text gleichsam voraus. Indessen macht der Autobiograph seine Erfahrungen erst im Schreiben; er erlebt seine Vergangenheit, gewinnt seinen Stoff erst im Vollzug des Textes.“

genden Zuständen hergestellt werden, die damit zu Etappen einer notwendigen Entwicklung erhoben sind."[30] Bourdieu sieht hierin eine künstliche Sinnschöpfung zur Gewährleistung von Kohärenz und vermutet: „Vielleicht huldigt man überhaupt nur einer rhetorischen Illusion, einer gemeinsamen Vorstellung von der Existenz, die von einer ganzen literarischen Tradition unablässig verstärkt wurde und wird, wenn man eine Lebensgeschichte produziert und das Leben als eine Geschichte behandelt, das heißt als kohärente Erzählung einer signifikanten und auf etwas zulaufenden Folge von Ereignissen."[31] Angestoßen von dem Bedürfnis nach Selbsterkenntnis, umfaßt das autobiographische Schreiben auch ein Moment der Selbstschöpfung[32], denn das dargestellte Ich ist bedingt durch Akzentuierung, Auswahl und Prägung seitens des darstellenden Ich.

Hier eröffnet sich ein Problemfeld, das durch die Grundbedingung autobiographischen Schreibens, nämlich die Identität von darstellender und dargestellter Person, mit Spannung aufgeladen ist.[33] Denn zum einen knüpft sich an diese Identität ja das Wirklichkeitsbegehren[34] der Autobiographie, der Anspruch und das Versprechen eines referentiellen Bezuges zur außersprachlichen Wirklichkeit. Und aufgrund der Identität von Autor und Hauptfigur, von Subjekt und Objekt der Darstellung ist der Autobiograph zunächst einmal die unmittelbarste und beste Informationsquelle bezüglich der Ereignisse und Handlungen seines eigenen Lebenslaufs, besonders der inneren Empfindungen und der Gedankenwelt. Daß der Autobiograph sein Leben selbst am besten kennt und daher auch am ehesten dazu in der Lage ist, darüber Auskunft zu geben, wird in der Forschung aus Sicht des Erkenntniswertes als Vorteil wahrgenommen[35], jedoch zumeist in dem Bewußtsein, daß sich daraus zum anderen zugleich auch ein Nachteil ergibt. Denn gerade diese Identität von darstellender und dargestellter Person bedingt eine mangelnde Distanz des Autors zu seinem Gegenstand und unterwirft die Darstellung in besonderem Maße der Subjektivität und macht sie abhängig von der Erinnerung. Erinnerungen an Ereignisse sind aber nicht deckungsgleich mit den Ereignissen

---

[30] Bourdieu, P.: Praktische Vernunft. Zur Theorie des Handelns, (Orig.: Raisons pratiques. Sur la théorie de l'action, Paris 1994, übersetzt von H. Beister), Frankfurt a. M. 1998, 76.
[31] Ebd. 77.
[32] Aichinger (1998) 185; Wagner-Egelhaaf, M.: Autobiographie, Stuttgart/Weimar 2000, 44; Holdenried 41; Picard, H.R.: Autobiographie im zeitgenössischen Frankreich. Existentielle Reflexion und literarische Gestaltung, München 1978, 67; Zimmermann (2005) 241.
[33] Vgl. Wagner-Egelhaaf 2.
[34] Ebd. 8.
[35] Dilthey 29; Pascal (1965) 30, 89, 229; Lejeune (1973) 155; Aichinger (1998) 179; Misch 9f.; Günther, D.: „And now for something completely different". Prolegomena zur Autobiographie als Quelle der Geschichtswissenschaft, HZ 272 (2001), 25-61, h. 47.

selbst[36], die Fixierung der Erinnerung erfolgt erst nach dem Moment des Erlebens[37], und es wird nicht das Ereignis, sondern lediglich eine Vorstellung von dem Ereignis im Gedächtnis bewahrt, die bereits eine Auswahl darstellt und ständigem Wandel unterliegt, der Perspektivverschiebungen und Akzentverlagerungen bedingt.[38] Erinnern ist letztlich Konstruieren, und die „Wahrheit", die sie zutage fördert, ist „nicht die einer Tatsachenfeststellung, sondern die eines Versuchs, erzählend einen stimmigen Zusammenhang aller Feststellungen zu schaffen [...]."[39] Fried geht der Funktionsweise des menschlichen Gedächtnisses im Hinblick auf die Erinnerung als Basis historischer Erkenntnis nach und macht darauf aufmerksam, daß die Anerkennung der „fehleranfälligen" Arbeitsweise des menschlichen Erinnerungsvermögens für die Geschichtswissenschaft weitreichende Konsequenzen hat, da alle Entwürfe betroffen sind, die sich auf Erinnerungszeugnisse als Faktengerüst stützen.[40] Holdenried spricht im Zusammenhang mit der Aufnahme psychologischer Erkenntnisse von einem „Verlust an Erinnerungssicherheit" und von einer „weitgehenden Abkoppelung der Erinnerung vom Wahrheitspostulat."[41] Zu den generellen Schwierigkeiten des Erinnerns kommt beim autobiographi-

[36] Pietzcker, C.: Die Autobiographie aus psychoanalytischer Sicht, in: Reichel, M. (Hg.): Antike Autobiographien. Werke – Epochen – Gattungen, Köln 2005, 15-27, h. 18f.

[37] Freud, S.: Eine Kindheitserinnerung des Leonardo da Vinci (1910), in: Mitscherlich, A.; Richards, A.; Strachey, J. (Hgg.): Sigmund Freud: Studienausgabe, Bd. 10: Bildende Kunst und Literatur, Frankfurt a. M. 1969, 87-159, h. 110; Holdenried 31.

[38] Aichinger (1998) 181. Zum Verhältnis von Erlebnis, Erinnerung und Erzählung siehe auch Rosenthal, G.: Erlebte und erzählte Lebensgeschichte: Gestalt und Struktur biographischer Selbstbeschreibungen, Frankfurt a. M. u.a. 1995, 70ff. Der Konstruktionscharakter, die Wandelbarkeit und die Tendenz der Erinnerung, rückwirkend Kohärenz zu stiften, werden von einer Studie des Max-Planck-Instituts für Bildungsforschung in Berlin belegt und mit Blick auf Konsequenzen für Erhebungen von Lebensdaten beleuchtet, siehe Reimer, M.: Die Zuverlässigkeit des autobiographischen Gedächtnisses und die Validität retrospektiv erhobener Lebensverlaufsdaten. Kognitive und erhebungspragmatische Aspekte (Materialien aus der Bildungsforschung 71), Berlin 2001, sowie Dies.: Autobiografisches Erinnern und retrospektive Längsschnittdatenerhebung. Was wissen wir, und was würden wir gerne wissen?, Bios 16 (2003), 27-45. Welzer, H.: Das kommunikative Gedächtnis. Eine Theorie der Erinnerung, München 2002, 171ff. zeigt zudem auf, daß sogar Szenen aus Filmen Eingang in das autobiographische Gedächtnis finden können, wobei nicht erst der autobiographische Bericht, sondern bereits die Wahrnehmung des Geschehens durch mediale Vorlagen strukturiert wird (174).

[39] Pietzcker 18. Zum Konstruktionscharakter der Erinnerungen siehe auch Scheffer 256. Vgl. auch Holdenried 60f.: „Was die Tätigkeit des Gedächtnisses freilegt (oder produziert) ist niemals »authentisch« im Sinne einer Einholbarkeit vergangener Lebenstatsachen, aber es ist auch nicht als »falsche« (verfälschte) Erinnerung zu diskreditieren, weil es sich immer um Sequenzen handeln dürfte, welche bedeutsam für die individuelle Genese waren."

[40] Fried, J.: Geschichte und Gehirn. Irritationen der Geschichtswissenschaft durch Gedächtniskritik, Mainz 2003, speziell zu den Konsequenzen 22f.

[41] Holdenried 59.

schen Schreiben erschwerend hinzu, daß sich das erinnernde Ich auf die Gegenstandsebene projizieren muß, „damit es die Möglichkeit hat, sich selbst zu sehen und zu begreifen. Das erkennende Subjekt wird zugleich Objekt, das erkannt werden soll."[42] Angestoßen aus der gegenwärtigen Situation heraus, wendet sich der Blick erinnernd zurück, und entscheidend ist dabei die „Oszillation zwischen Gegenwartsstandpunkt und Vergangenheitsstandpunkt"[43], denn das erinnernde Sich-Zurückversetzen in einen früheren Zustand ist geprägt von dem inzwischen erreichten:

> Die Schwierigkeit liegt in der Differenz zwischen dem Vergangenen, in dem latent die Fülle der Möglichkeiten beschlossen war, und dem nun in bestimmter Weise geprägten Ich, das darum weiß, welche dieser Möglichkeiten tatsächlich verwirklicht wurde. Nichts kann den Autor von diesem Wissen um das Gewordene befreien.[44]

Pietzcker begreift das autobiographische Schreiben als szenischen Prozeß, der sich zwischen Vergangenheit, Gegenwart und Zukunft bewegt:

> Angestoßen wird er von aktuellen Anlässen, schaut zurück in die Vergangenheit, aber auch voraus in die Zukunft. Heutige und damalige Interessen wirken zusammen, wenn der Autobiograph in perspektivischer Rückschau Heute und Damals verbindet und mit der ihm oft selbst nicht bewußten Absicht, eine für seine Zukunft geeignete Vergangenheit zu konstruieren, Lücken schließt, Widersprüche glättet, das heute oder damals für ihn Wichtige erinnert, das für ihn heute oder damals Unwichtige aber vergißt.[45]

Hinzu kommt, daß sich der Autobiograph nicht nur für sich selbst erinnert, sondern daß bei der Erinnerung im autobiographischen Schreiben Adressaten mitgedacht sind, eine Öffentlichkeit, für die die Erinnerungen schriftlich fixiert werden.[46] In eben diesem Öffentlichkeitsbezug der Erinnerungen unterscheidet sich die Autobiographie grundlegend vom Tagebuch.[47] Der Autobio-

---

[42] Aichinger (1998) 180.
[43] Holdenried 58.
[44] Aichinger (1998) 181.
[45] Pietzcker 19.
[46] Pietzcker (19f.) identifiziert vier Positionen, zwischen denen die Szene autobiographischen Schreibens spielt: „zwischen dem gegenwärtig schreibenden erinnernden Ich, dem erinnerten vergangenen Ich, der Tradition und den Adressaten, für die das Geschriebene bestimmt ist. Der autobiographische Text tritt in den Zwischenraum zwischen ihnen, in den zwischen dem Schreibenden und seinen Adressaten, in den Raum zwischen ihm und anderem, was schon geschrieben vorliegt, und in den zwischen dem Schreibenden und all dem, woran er sich erinnert. So ist der Text ein Übergangsobjekt; er verbindet den Schreibenden mit den Adressaten, mit der Tradition und mit seiner Vergangenheit."
[47] Vgl. die Definition der Autobiographie bei Gfrereis, H. (Hg.): Grundbegriffe der Literaturwissenschaft, Stuttgart u.a. 1999, 19: „... lit. Darstellung des eigenen Lebens oder größerer Abschnitte daraus, anders als das Tagebuch mit erklärtem Öffentlichkeitsbezug [...]. Meist in der Ich-Form und in Prosa geschrieben, seltener in der 3. Person [...] oder in Versen [...]."

graph konstruiert, stilisiert und inszeniert das eigene Leben[48], die eigene Identität für den von außen kommenden Blick, wobei er Erinnerungen verbindet, weckt und kanalisiert.[49] „Im Rückblick auf sein Leben erschafft der Autor ein Bild von sich, er entwirft seine Persönlichkeit unter dem Gesichtspunkt, den er zur Zeit der Abfassung seiner Autobiographie einnimmt."[50] Aus diesen Bedingungen autobiographischen Schreibens ergeben sich Konsequenzen für die „Wahrheit", die es vermitteln kann. Schon Misch erkannte an, daß Vergessen, Verschweigen und sogar Lüge Teil der autobiographischen Wahrheit sind, und er sah die Wahrheit weniger in den Teilen, als vielmehr in dem entworfenen Gesamtbild, in der Summe der Teile.[51] Der Referenzcharakter autobiographischen Schreibens bringt somit keinen Wahrheitsanspruch im Sinne einer objektiven, verifizierbaren Wahrheit mit sich, sondern ist als „Wille zur Wahrheit"[52] aufzufassen, der von dem Autor einer Autobiographie erwartet wird, als Anspruch, daß das, was die Autobiographie mitteilt, als „wahr" gilt.[53] Das Dargestellte entzieht sich der Verifizierbarkeit, da es keine objektive Bezugsnorm gibt, an der es gemessen werden kann. So betont Aichinger:

> Niemand vermag ein absolut feststehendes Urteil darüber abzugeben, ob sich der Autor selbst auch wirklich „richtig" gesehen hat; auf die Frage nach der Objektivität der Selbsterkenntnis, Selbstschau und damit der Selbstdarstellung ist keine allgemeingültige Antwort möglich.[54]

Allerdings distanziert sich die jüngere Autobiographieforschung nicht nur von dem Anspruch der Wirklichkeit und Wahrheit, sondern auch von dem der Wahrhaftigkeit und Authentizität, der zur Unterscheidung von fiktionaler Literatur herangezogen wird:

> An dieser Stelle sei dazu nur so viel gesagt, dass es sich dabei um einen idealen Anspruch handelt, der sowohl die Produktion wie die Rezeption leiten mag, den aber bereits eine seit der Antike zu beobachtende Grundfunktion des Autobiographischen, die der Rechtfertigung, konterkariert, von ästhetischen Motivationen in diesem Zusammen-

[48] Pietzcker 21f.
[49] Ebd. 25. Siehe hierzu auch Freeman, M.: Rewriting the Self. History, Memory, Narrative, London/New York 1993.
[50] Zimmermann (2005) 241.
[51] Misch 13.
[52] Aichinger (1998) 183.
[53] Bruss 274.
[54] Aichinger (1998) 183. Ähnlich Pascal (1965) 229. Die Frage nach richtig oder falsch geht bei einer Autobiographie an dem eigentlichen Erkenntniswert vorbei, denn dieser liegt ja gerade in dem spezifischen Selbstbild, mit dem der Autor sich an die Öffentlichkeit wendet, sei es, daß er es für richtig *hält* oder aber, daß er, die Konvention des Wahrheitsanspruchs bewußt nutzend, bestrebt ist, ein von ihm gewünschtes Bild zu vermitteln, das dann in der Rezeption zumindest als das von ihm für das richtig gehaltene gilt.

hang einmal ganz zu schweigen. Auf der Grundlage der Texte selbst lassen sich ›Wirklichkeit‹, ›Wahrheit‹, ›Wahrhaftigkeit‹ und ›Authentizität‹ ohnedem nicht feststellen.[55]

Holdenried stellt als eine der Entwicklungstendenzen autobiographischen Schreibens der letzten Jahrzehnte eine zunehmende Fiktionalisierung der Gattung fest[56], die in der Forschung immer mehr Beachtung findet[57] bis hin zur Markierung dieses Phänomens durch den Begriff der Autofiktion.[58] Vor diesem Hintergrund wird deutlich, daß die u.a. von Bruss vertretene Überzeugung, die Autobiographie, wie wir sei kennen, beruhe im wesentlichen auf der Unterscheidung von Fiktion und Nicht-Fiktion[59], ihre Berechtigung verloren hat. Dies hat auch Auswirkungen auf das Verhältnis von Autobiographie und Geschichtsschreibung. Denn mit der Vergegenwärtigung fiktionaler Elemente in der Autobiographie einerseits und der generellen Tendenz der Geschichtswissenschaft andererseits, den Konstruktionscharakter der Historiographie

---

[55] Wagner-Egelhaaf 4. Für Holdenried 14 tritt allerdings der Authentizitätsanspruch an die Stelle des Wahrheitsgebots: „Das Wahrheitsgebot wird durch die Übernahme fiktiver Muster transformiert. An seine Stelle tritt der mit Fiktionalisierung durchaus kompatible Authentizitätsanspruch."

[56] Holdenried 37ff., bes. 42f.: „Was die moderne Autobiographik der letzten vierzig Jahre strukturell kennzeichnet, ist deren Doppelpoligkeit zwischen Fiktionalisierung und fortdauernder Beglaubigung. [...] (43) Ist es angesichts solch weitgehender Übernahmen von Fiktionsmustern überhaupt noch sinnvoll, zwischen „reiner" Fiktion und autobiographischer Fiktion zu unterscheiden?"

[57] Eakin, P.J.: Fictions in Autobiography. Studies in the Art of Self-Invention, Princeton 1985, 3; Günther 32; Sill, O.: Zerbrochene Spiegel. Studien zur Theorie und Praxis modernen autobiographischen Erzählens, (Diss. Münster 1989) Berlin/New York 1991, 509; vgl. auch Ashley, K.; Gilmore, L.; Peters, G. (Hgg.): Autobiography & Postmodernism, Amherst 1994.

[58] Holdenried 20; Wagner-Egelhaaf 5.

[59] Bruss 269. Vgl. auch Lejeune (1973) 154: „Quand on cherche donc à fonder ce à quoi renvoie le « je » des récits personnels pour distinguer la fiction de l'autobiographie, nul besoin de rejoindre un impossible hors-texte: le texte lui-même offre à son extrême lisière ce terme dernier, le nom propre de l'auteur, à la fois textuel et indubitablement référentiel. Si cette référence est indubitable, c'est qu'elle est fondée sur deux institutions sociales: l'état-civil (convention intériorisée par chacun dès la petite enfance) et le contrat d'édition; il n'y a alors aucune raison de douter de l'identité." Eine Differenzierung nimmt Lejeune in einem späteren Aufsatz (Lejeune, Ph.: Autobiographie, roman et nom propre, in: Ders.: Moi aussi, Paris 1986, 37-72) vor, indem er den Kategorien des „nom réel" und „nom imaginaire" die des „nom substitué" hinzufügt (70): „Il existe une situation intermédiaire, celle du « nom substitué »: un nom que je perçois comme inventé, mais dont ou bien je *sais* (quand l'auteur, ou l'éditeur, avertissent que certains noms ont été par souci de discrétion changés), ou bien je *suppose* (d'après le paratexte, la rumeur publique ou le contexte), qu'il désigne une personne réelle qui porte un autre nom. Le « nom substitué » se rapproche du « nom imaginaire » dans la mesure où je puis aussi supposer que cette référence à une personne réelle portant un autre nom est seulement partielle." Siehe dazu auch Niggl (2005) 10.

anzuerkennen[60] und abzurücken von der Rankeschen Vorstellung, man könne darstellen, „wie es wirklich gewesen", geht auch eine Neubewertung des Quellenwertes autobiographischer Texte einher. So konstatiert Günther eine gewisse Sorglosigkeit seitens der Geschichtswissenschaft im Umgang mit Autobiographien und beklagt, daß bei der Inanspruchnahme autobiographischer Texte als „Faktensteinbruch"[61] einzelne Aspekte als Antwort auf spezifische Fragestellungen herausgelöst werden, ohne daß dabei der literarische Charakter Berücksichtigung fände:

> Autobiographische Quellen werden auf ihre Inhalte, das „Gemeinte", ihre referentielle Dimension reduziert, auf eine vorgefertigte Hypothese illustrativ angewendet. Passagen werden isoliert, die Art des Sagens, das Verhältnis des Erzählers/Sprechers zum Erzählten/Gesagten werden nicht in die Analyse des Bedeutens miteinbezogen. Genausowenig wird das Material unter diskursanalytischen Vorzeichen aufbereitet: Das Interesse für semantische Relationen, für Strategien der Geltungssicherung und Mechanismen der Ein- und Ausgrenzung, für Begründungszusammenhänge und Verweisungen ist nicht sonderlich ausgeprägt.[62]

Äußerungen eines Subjekts über die Wirklichkeit, so Sill[63], dürfen nicht mit einem unmittelbaren Abbild der Wirklichkeit verwechselt werden – ein Postulat, das in der Literaturwissenschaft selbstverständlich ist, im Falle der Autobiographie aber durchaus eine Betonung verdient aufgrund ihres Grenzgängertums[64] zwischen Geschichte, im Sinne der Geschichte eines Individuums, und Literatur, ihres referentiellen Anspruchs einerseits und ihres literarischen Charakters, einschließlich der Nutzung literarischer Freiheiten, andererseits. Eakin konstatiert, daß Historiker und Literaturwissenschaftler jeweils einen einseitigen Zugang wählen, und führt diese Rezeptionshaltung auf die Doppelrolle des Autobiographen als Künstler und Historiker zurück:

> Most readers naturally assume that all autobiographies are based on the verifiable facts of a life history, and it is this referential dimension, imperfectly understood, that has checked the development of a poetics of autobiography. Historians and social scientists attempt to isolate the factual content of autobiography from its narrative matrix, while literary critics, seeking to promote the appreciation of autobiography as an imaginative art, have been willing to treat such texts as though they were indistinguishable from

---

[60] Hier sei verwiesen auf White, H.: Auch Klio dichtet oder die Fiktion des Faktischen. Studien zur Tropologie des historischen Diskurses, Stuttgart 1986 sowie auf den ebenfalls in der Reihe „Europäische Geschichtsdarstellungen" erschienenen Sammelband von Klein, Chr.; Saeverin, P.F.; Südkamp, H. (Hgg.): Geschichtsbilder. Konstruktion – Reflexion – Transformation, Köln 2005; vgl. auch Holdenried 23.

[61] Günther 46.

[62] Ebd. 45, dort als kritische Anmerkung bezogen auf Trepp, A.-Ch.: Männerwelten privat. Vaterschaften im späten 18. und beginnenden 19. Jahrhundert, in: Kühne, Th. (Hg.): Männergeschichte. Geschlechtergeschichte. Männlichkeit im Wandel der Moderne, Franfurt a. M. 1997.

[63] Sill 28.

[64] Wagner-Egelhaaf 1.

> novels. Autobiographers themselves, of course, are responsible for the problematical reception of their work, for they perform willy-nilly both as artists and historians, negotiating a narrative passage between the freedoms of imaginative creation on the one hand and the constraints of biographical fact on the other.[65]

Die Berücksichtigung der Intentionalität autobiographischer Texte, die sich in dem Bemühen des Autobiographen um eine teleologische Deutung seines Lebenslaufs und um die Stiftung von Kohärenz niederschlägt und letztlich in der Veröffentlichung der Darstellung, läßt die Einordnung autobiographischer Texte in den Bereich der Ego-Dokumente, wie sie in der Geschichtswissenschaft vorgenommen wird[66] und sich explizit bei Schulze[67] findet, nicht länger zu. Denn die an Ego-Dokumente gerichtete Erwartung, Auskunft über die Selbstsicht und Selbstwahrnehmung eines Menschen zu geben, können autobiographische Texte nicht erfüllen, da aus ihnen maximal die an die Öffentlichkeit gerichtete und für diese bestimmte Selbst*darstellung* eines Individuums abzulesen ist, nicht aber die Selbst*wahrnehmung*.[68] Aus autobiographischen Texten kann nicht geschlossen werden, wie sich ein Mensch *tatsächlich* selbst *gesehen hat*, sondern wie er sich seinen Rezipienten gegenüber dargestellt hat, wie er *gesehen werden wollte*.[69] Autobiographische Texte enthalten

---

[65] Eakin 3.

[66] Vgl. dazu Günther 25.

[67] Schulze, W. (Hg.): Ego-Dokumente. Annäherung an den Menschen in der Geschichte (Selbstzeugnisse der Neuzeit 2), Berlin 1996, 14: „Unter Ego-Dokumenten versteht die neuere, westeuropäische Frühneuzeitforschung in Anlehnung an die niederländische Diskussion der 70er Jahre und einige Beiträge des niederländischen Historikers Rudolf Dekker solche Quellen, die Auskunft über die Selbstsicht eines Menschen geben, vorwiegend und zunächst einmal also autobiographische Texte." 28: „Gemeinsames Kriterium aller Texte, die als Ego-Dokumente bezeichnet werden können, sollte es sein, daß Aussagen oder Aussagenpartikel vorliegen, die – wenn auch in rudimentärer und verdeckter Form – über die freiwillige oder erzwungene Selbstwahrnehmung eines Menschen in seiner Familie, seiner Gemeinde, seinem Land oder seiner sozialen Schicht Auskunft geben oder sein Verhältnis zu diesen Systemen und deren Veränderungen reflektieren. Sie sollten individuell-menschliches Verhalten rechtfertigen, Ängste offenbaren, Wissensbestände darlegen, Wertvorstellungen beleuchten, Lebenserfahrungen und -erwartungen widerspiegeln."

[68] Diesen Aspekt unterschätzt Graff, J.: Ciceros Selbstauffassung, (Diss. Basel 1961) Heidelberg 1963 (h. 14f.), wenn er sich in seiner Untersuchung der Selbstauffassung Ciceros nicht nur auf die Korrespondenz stützt, sondern daneben die Verwendung der veröffentlichten Schriften als Quelle für dessen Selbstauffassung als „unbedenklich" einstuft, „solange sich keine Widersprüche ergeben."

[69] Und wie ein Mensch tatsächlich „war", kann ohnehin nicht ermessen werden. Die Möglichkeit einer objektiv „wahren" Erkenntnis des Wesens eines Menschen, sei es aus autobiographischer oder biographischer Perspektive, ist eine Illusion, der Sonnabend, H.: Geschichte der antiken Biographie. Von Isokrates bis zur Historia Augusta, Stuttgart 2002, 12 zu unterliegen scheint, wenn er diesen Aspekt bei antiken Biographien explizit herausstellt, so als handele es sich um einen Unterschied zu modernen Biographien: „Die antike Biographie ist in dieser Hinsicht also eine Quelle für das antike Menschenbild in seinem

nicht die Dokumentation eines Lebenslaufs, sondern bilden seine literarische, intentional bedingte Gestaltung ab.[70] Zu Recht lehnt Holdenried die Bezeichnung „Ego-Dokument“ für autobiographische Texte als veraltete Überbetonung des dokumentarischen Charakters und der Quellenfunktion ab.[71] Mehr noch: Autobiographische Texte und Ego-Dokumente sind einander aufgrund fundamentaler Unterschiede gegenüberzustellen. Während als Ego-Dokumente solche Ich-Äußerungen einzustufen sind, die zum Zeitpunkt der Niederschrift situativ bedingt waren und mit denen der Verfasser keine weitergehende Intention verfolgte als die unmittelbare, präsentiert das Ich in autobiographischen Texten seine Vergangenheit bzw. Auszüge daraus mit Blick auf eine in der Öffentlichkeit zu erzielende Wirkung: Die Selbstdarstellung ist intendiert. Die hier vorgeschlagene Unterscheidung stellt also die Entstehungsbedingungen der Texte und vor allem die Intentionalität der Selbstdarstellung in Rechnung, die darin besteht, daß der Autor die Wirkung des entworfenen Selbstbildes auf die Rezipienten einkalkuliert und zu steuern sucht. Nicht nur im Streben nach Selbsterkenntnis, sondern auch in dieser Intentionalität kann der autobiographische Antrieb gesehen werden. Das Wissen um

---

Wandel. Im Übrigen ist hier bewusst vom Menschen*bild* die Rede: Der Mensch wurde in antiken Biographien überwiegend nicht so beschrieben, wie er „wirklich“ war, sondern wie er gesehen wurde bzw. wie er gesehen werden sollte.“ Allerdings hat diese Feststellung insofern ihre Berechtigung, als für die antiken Biographen tatsächlich auch ein geringeres *Bemühen* um Erkenntnis anzusetzen ist, da die Gattung ursprünglich dem Enkomion nahestand und somit die Tendenz zur Verherrlichung aufwies.

[70] Die Anerkennung dieser intentionalen Prägung autobiographischer Texte führt zwangsläufig zu einem Abrücken von der bei Dilthey 29 herrschenden Vorstellung, autobiographisches Schreiben sei ein „Geschäft historischer Darstellung“, das sich auf den Zusammenhang des Lebens stütze. Dilthey verspricht sich aus der Identität dessen, der den Lebenslauf „verstehe“ (!) und desjenigen, der den Lebenslauf hervorgebracht hat, noch eine „besondere Intimität des Verstehens“. Vgl. dazu Holdenried 22f.; vgl. auch Misch 7: „Auf dieser Fülle der Formen, die sinnfällig macht, welches Leben die autobiographische Gattung in sich trägt, beruht vornehmlich die eigentliche Fruchtbarkeit der Selbstbiographie für die objektive Erkenntnis des Menschen.“ Mahrholz, W.: Der Wert der Selbstbiographie als geschichtliche Quelle, in: Niggl, G. (Hg.): Die Autobiographie. Zu Form und Geschichte einer literarischen Gattung, Darmstadt [2]1998 ([1]1989), 72-74 (= 7-9 der Einleitung zu: Mahrholz, W.: Deutsche Selbstbekenntnisse. Ein Beitrag zur Geschichte der Selbstbiographie von der Mystik bis zum Pietismus, Berlin 1919), h. 72 sieht den Wert der Selbstbiographie als historische Quelle nicht in den Tatsachen, deren Zweifelhaftigkeit er zugesteht, sondern in der Bezeugung der Lebensstimmung einer Zeit: „Die Selbstbiographie ist in dem, was sie sagt, wie in dem, was sie verschweigt, die deutlichste Spiegelung der letzten Einstellungen des Menschen zu seiner Umgebung, zu seiner Zeit, zu den sie beherrschenden Gedanken und Gefühlen.“

[71] Holdenried 20 und 23. Ähnlich Günther 29.

oder auch nur der Gedanke an eine spätere Veröffentlichung, und zwar zum Zeitpunkt des Schreibens[72], ist damit ein wesentliches Kriterium zur Unterscheidung von autobiographischen Texten und Ego-Dokumenten.[73]

1.2 Die Autobiographie als Gattung und ihr Verhältnis zu Nachbargattungen

Das Wesen der Autobiographie durch die Abgrenzung von ihren Nachbargattungen Historiographie, Biographie, Memoiren, Roman, Tagebuch, Brief, Taten- und Reisebericht näher zu bestimmen ist ein besonderes Anliegen der Forschung[74], das sich jedoch als ebenso schwierig erweist wie die reine Definition.[75] Denn die formale Unbestimmtheit der Gattung, ihr proteischer Charakter, auf den schon Misch hingewiesen hat[76], läßt sie an den in diesen Nachbargattungen vorherrschenden Darstellungsmustern partizipieren und bindet sie so in ein Beziehungsgeflecht ein. Die neuere Forschung betont die Hybridität der Gattung und stellt dabei die Identität von Autor und Hauptfigur als wesentliches Strukturmerkmal[77] heraus, doch dabei bleibt das Bewußtsein für Nutzen und Notwendigkeit von Relationsbemessungen, die es erst erlauben, von der Autobiographie als Gattung zu sprechen[78], durchaus bewahrt:

---

[72] Dieser „Zeitpunkt des Schreibens" umfaßt auch die Überarbeitung von Texten für eine Veröffentlichung.

[73] Anders dagegen Niggl (2005) 5, der persönliche Einschübe in erzählenden Werken wie Epen, Chroniken, philosophischen und historiographischen Werken zu den Ego-Dokumenten zählt. Niggl legt den Akzent demnach nicht auf die an die öffentliche Wirkung gekoppelte Intentionalität solcher Passagen, sondern auf den Umfang und die Art, wie die persönliche Mitteilung an die Öffentlichkeit gelangt, ob als eigenständige Schrift oder als Einschub in ein erzählendes Werk, letztlich stützt er sich also auf ein formales Kriterium. Doch ist eine Selbstdarstellung, die in ein an die Öffentlichkeit gerichtetes Werk eingefügt ist, ebensowenig als „Dokument" zu werten wie selbständige autobiographische Texte, denn die Intentionalität, der autobiographische Antrieb, liegt ihnen ebenso zugrunde. Allerdings ist die Unterscheidung zwischen solchen Einschüben und durchweg autobiographischen Texten natürlich sinnvoll, nicht zuletzt deshalb, weil sich aus der Art, wie die Selbstdarstellung eingebettet ist und wie sie transportiert wird, wiederum Schlüsse auf Motive und Ziele des Autors ziehen lassen. Daher bietet es sich an, zwischen autobiographischen Einschüben und autobiographischen Texten bzw. Autobiographien zu unterscheiden, wobei die Grenzen zwischen diesen drei Realisierungsformen fließend sein können.

[74] Vgl. Aichinger (1998) 175-179, Lejeune (1973) v.a. 137-139; Pascal (1965) 11-32; Wagner-Egelhaaf 48-55; Holdenried 24-36.

[75] Vgl. Holdenried 24; Wagner-Egelhaaf 8.

[76] Misch 7; vgl. auch Holdenried 24.

[77] Wagner-Egelhaaf 8; vgl. auch Holdenried 21.

[78] Gegen die Auffassung, daß die Autobiographie eine eigenständige Gattung bilde, wendet sich Man, P. de: Autobiographie als Maskenspiel, in: Menke, Chr. (Hg.): Paul de Man. Die Ideologie des Ästhetischen (aus dem Amerikanischen von J. Blasius), Frankfurt a. M. 1993

„Autobiographik als eigenständige Gattung anzusehen, hat tatsächlich nur dann einen Sinn, wenn in einem Netz kontrastiver Verortungen die Distanz und Nähe zu anderen Gattungen bemessen werden können, um zu einer annäherungsweisen Kontur zu gelangen.“[79] Es gilt also, in dem Bewußtsein, daß die „Gattung“ Autobiographie eine starke Hybridität aufweist und an den Strukturmerkmalen anderer Gattungen im Sinne einer gemeinsamen Schnittmenge partizipiert[80], tendenzielle Gemeinsamkeiten und Unterschiede aufzuzeigen.[81]

Verbunden über den gemeinsamen Gegenstand, nämlich die Lebens-Geschichte eines Individuums, ist die Autobiographie natürlich mit der *Biographie*, und aus dieser Gemeinsamkeit ergeben sich weitere: der referentielle Charakter[82], die zwangsläufig selektive, ihrem Anspruch nach dabei repräsentative Darstellung[83] und die teleologische Tendenz.[84] Die Biographie unterscheidet sich jedoch dadurch fundamental von der Autobiographie, daß Autor und Hauptfigur der Darstellung nicht identisch sind[85], woraus sich eine prinzipiell andere Erzählsituation ergibt[86], und diese grundlegende und folgenreiche Differenz versieht die Autobiographie mit spezifischer Eigenständigkeit und verbietet, sie lediglich als Untergattung der Biographie anzusehen.[87] Während der Autobiograph aus der eigenen Erinnerung schöpfen kann, mit allen sich hieraus ergebenden Konsequenzen für die „Wahrheit“ seiner Darstellung, aber auch für die Vermittlung einer Innenansicht, kann sich der Biograph nur über die Sammlung von Informationen[88] an die darzustellende Person annä-

(Orig. 1979), 131-146, h. 134. Er sieht in der Autobiographie „keine Gattung oder Textsorte, sondern eine Lese- oder Verstehensfigur, die in gewissem Maße in allen Texten auftritt.“ Siehe dazu auch Wagner-Egelhaaf 8.

[79] Holdenried 25.

[80] So betont z.B. Wagner-Egelhaaf 6 in Kritik an Lejeune, daß die Autobiographie prinzipiell Memoirencharakter habe.

[81] Hier wird zunächst eine synchrone, auf die gegenwärtige Praxis bezogene Perspektive gewählt zur Verortung der Autobiographie innerhalb des Gattungsspektrums, die anschließend durch eine diachrone Betrachtung ergänzt wird, um Unterschiede im antiken Verhältnis der Gattungen herauszustellen.

[82] Lejeune (1973) 155.

[83] Momigliano 11.

[84] Niggl (2005) 5; vgl. Holdenried 29.

[85] Vgl. Holdenried 29.

[86] Niggl (2005) 6.

[87] Vgl. Misch 10; siehe auch Shumaker 76f.; Niggl (2005) 1 allerdings spricht von einer „biographischen Sonderform.“

[88] Vgl. Pascal (1965) 31. Misch 9 schreibt dem Autobiographen (in Abgrenzung zum Biographen) die „Kenntnis der Tatsächlichkeiten seines Lebenslaufes“ zu, die „der Heterobiograph [...] sich erst durch mühsames Studium erwerben muß und niemals so vollständig besitzen kann.“ Zudem habe der Autobiograph sein Leben als einheitliches Ganzes vor Augen (10). Offensichtlich wiegt für Misch der Vorsprung an Kenntnis über das Leben schwerer als die subjektive Prägung dieser Kenntnis.

hern[89], wobei die Darstellung des Lebenslaufes natürlich auch eine subjektive Deutung seitens des Biographen darstellt. Doch während der subjektive Charakter bei der Autobiographie gerade den Reiz ausmacht, strebt die Biographie nach Erlangung eines möglichst objektiven Standpunktes, und dem entspricht auch die Erwartungshaltung der Rezipienten.[90]

Das fehlende Identitätsmerkmal unterscheidet auch die Gattung des *Romans* von der Autobiographie:[91] In einem Roman kann die Hauptfigur mit dem (Ich-) Erzähler identisch sein, doch ist diese Identität, anders als in der Autobiographie, nicht auf den Autor ausgedehnt. Letztlich ist es nicht mehr und nicht weniger als die fehlende Wirklichkeitsreferenz, die Roman und Autobiographie prinzipiell voneinander unterscheidet.[92] Wenn moderne Autoren fiktive „Auto"biographien berühmter Persönlichkeiten aus der Ich-Perspektive heraus verfassen, wie z.B. Ranke Graves mit „Ich, Claudius, Kaiser und Gott"[93], und damit dem – von antiken autobiographischen Texten nicht stillbaren[94] – modernen Bedürfnis nach der Innenansicht antiker Persönlichkeiten nachkommen, dann ist der fiktive Charakter der Darstellung für den Leser sofort anhand der fehlenden Referenz ablesbar, die sich darin

---

[89] Ein weiterer grundsätzlicher Unterschied liegt natürlich darin, daß der Biograph eine große zeitliche Distanz zum Geschehen haben kann, während sich der Autobiograph innerhalb der eigenen Lebensspanne bewegt.

[90] In der Antike war dieses Verhältnis tendenziell umgekehrt aufgrund der Vernetzung von „Autobiographie" und Biographie im Gattungsspektrum: Die Biographie stand dem Enkomion nahe, und autobiographische Schriften in Form von Hypomnemata wurden als Materialsammlung für Historiker zusammengestellt. Siehe dazu Momigliano 15. Auch Cicero verfaßte ein Hypomnema als Materialsammlung, in dem er sich allerdings nicht an die Konvention einer nüchternen Darstellung gehalten zu haben scheint, vgl. dazu hier 63ff.

[91] Zum Verhältnis von Autobiographie und Roman siehe Wagner-Egelhaaf 48ff.; May, G.: L'autobiographie, Paris 1979, 169ff.; Holdenried 28f.

[92] Vgl. allerdings auch Wagner-Egelhaaf 4: Ohne Einbeziehung des Autorennamens ist ein autobiographischer Text an sich letztlich nicht von einem Ich-Roman zu unterscheiden.

[93] Ranke Graves, R. v.: Ich, Claudius, Kaiser und Gott, München [2]1994 (aus dem Englischen von H. Rothe, deutsche Erstausgabe 1947, Orig. in zwei Bänden: „I Claudius" und „Claudius the God"). Als weitere Beispiele sind zu nennen: Yourcenar, M.: Ich zähmte die Wölfin. Die Erinnerungen des Kaisers Hadrian, München [19]1999 (Deutsch von F. Jaffé, Orig.: Mémoires d'Hadrian, Paris 1951). Zierer, O.: Und dann verschlang mich Rom. Das Leben des Marcus Tullius Cicero, München 1958. Massie, A.: Ich Augustus, München 1996 (aus dem Englischen von R. Schmidt, Orig.: Augustus: The Memoirs of the Emperor, London 1986). Ders.: Ich Tiberius, München 1998 (aus dem Englischen von R. Schmidt, Orig.: Tiberius. The Memoirs of the Emperor, London 1990). Ders.: Caesar. Brutus erzählt, München 1996 (aus dem Englischen von R. Schmidt, Orig.: Caesar, London 1993); Beuningen, Adelheid van: Ich, Terentia. Historischer Roman, Berlin 2005 (aus dem Niederländischen von A. Braun, Orig.: Terentia. Roman over een klassiek huwelijk, Amsterdam 1999).

[94] Nicht stillbar ist dieses Bedürfnis deshalb, weil antike autobiographische Texte, im Gegensatz zu modernen, gerade *keine* Innenansicht bieten. Näheres dazu siehe hier 42ff.

niederschlägt, daß die Hauptperson, um die es geht, nicht mit dem Autorennamen auf dem Titelblatt identisch ist, und so explizit *kein* autobiographischer Pakt geschlossen wird. Derartige Darstellungen bewegen sich im Überschneidungsfeld der Gattungen Autobiographie, Biographie und Roman, an denen sie partizipieren, und die Markierungen dieses Feldes finden sich häufig schon im Titel der Werke, wie sich beispielsweise bei Pedro Gálvez zeigen läßt. Sein Werk trägt den Titel „Ich, Kaiser Nero“, versehen mit dem Zusatz „Roman“.[95] Das Personalpronomen kündigt die Erzählperspektive der ersten Person an und suggeriert damit eine autobiographische Darstellungsweise; die Differenz zwischen dem durch Komma abgetrennten Namen und dem Autorennamen negiert jedoch den autobiographischen Pakt und markiert die Darstellung als biographisch.[96] Der Zusatz „Roman“ schließlich macht deutlich[97], daß es sich dabei nicht um eine historiographisch aufzufassende Biographie handelt, weist die Richtung in den fiktiven Bereich und gibt so die Konvention für die Rezeption vor.[98] Solche Romane, die der Autobiographie durch die Übernahme der Struktur denkbar nahestehen, grenzen sich demnach zugleich von ihr ab, indem sie den Referenzanspruch explizit aufkündigen.

Andererseits nähert sich die moderne Autobiographiepraxis in ihrer zunehmenden Fiktionalisierung dem Roman an, denn die Referenz, das Kriterium, das Biographie und Autobiographie von der Fiktion abgrenzen soll, wird in Frage gestellt, so daß Holdenried kritisch anmerkt: „Ist es angesichts solch weitgehender Übernahmen von Fiktionsmustern überhaupt noch sinnvoll, zwischen »reiner« Fiktion und autobiographischer Fiktion zu unterscheiden?“[99] Hier wird besonders deutlich, wie Abgrenzungskriterien, die in der

---

[95] Gálvez, P.: Ich, Kaiser Nero, Berlin 1998 (aus dem Spanischen von S. Giersberg, Orig.: Los escritos póstumos del emperador Nerón). Glücklicherweise stehen hier weder die literarische Qualität dieses Werkes noch die historische Glaubwürdigkeit zur Debatte. Hierzu sei nur soviel angedeutet, daß Nero in dieser Darstellung (14f.) seine Mutter eigenhändig mit einer Homerbüste erschlägt.

[96] Diese Strategie, einen biographischen Diskurs in die Form eines autobiographischen zu kleiden, ist keine moderne Erfindung, sondern wurde bereits in Xenophons und Platons Apologien des Sokrates angewandt, die Momigliano (59) als „biographical sketches disguised as autobiographical sketches“ beschreibt.

[97] Der Zusatz findet sich auch bei den zitierten Werken von A. Massie.

[98] Für die Übersetzung der Titel aus den Fremdsprachen hat sich offensichtlich im Deutschen die Formel Autorenname + „Ich“ + Figurenname zur Markierung des spezifischen Diskurses etabliert, während in den Originaltiteln häufig der Begriff der „Memoiren“ bzw. entsprechende Umschreibungen auf die Ich-Erzählung hindeuten.

[99] Holdenried 43. Vgl. auch Scheffer 266: „Die gegenwärtige und zukünftige Chance der Autobiographie, die als literarische Autobiographie gelten soll, besteht darin, daß der Autobiograph, im Versuch Literatur zu produzieren, von vornherein in seiner Selbstbeschreibung anders verfährt als der Historiker oder der Psychologe. Vielleicht macht es sogar überhaupt keinen Sinn, Autobiographie als literarische Gattung aufrechtzuerhalten – oder

Forschung lange als grundlegend galten, sowohl durch die Praxis autobiographischen Schreibens als auch durch neue Forschungsperspektiven und -erkenntnisse ihre Gültigkeit verlieren können.

Die Autobiographie als Gattung steht also der Biographie durch den gemeinsamen Gegenstand nahe, und mit dem Roman können sich Berührungspunkte ergeben durch die Realisierung gemeinsamer Strukturmerkmale. Die entscheidende Differenz liegt darin, daß in diesen Gattungen keine Identität von Autor und Hauptfigur vorliegt, und eben dieses Identitätsmerkmal teilt die Autobiographie mit anderen Textsorten: mit Memoiren, Tagebüchern und Briefen.

Besonders eng ist der Zusammenhang mit den *Memoiren*, so eng, daß eine Abgrenzung äußert schwierig ist[100], denn auch hier erinnert sich eine reale Person an das eigene vergangene Leben und stellt die Erinnerungen in einen narrativen Zusammenhang, auch hier ist die Darstellung des eigenen Lebens für eine Öffentlichkeit konzipiert. Der Unterschied allerdings, der trotz der weitreichenden Gemeinsamkeiten eine gattungstypologische Differenzierung rechtfertigt[101], liegt in der Akzentuierung und in der Perspektive der Darstellung: Stärker als in Autobiographien ist in Memoiren die Beziehung des dargestellten Ich zur Umwelt betont;[102] während der Autobiograph die eigene Person in den Mittelpunkt stellt, richtet sich die Aufmerksamkeit des Memoirenschreibers auf andere Personen[103] in seinem (häufig politischen) Umfeld, er ist „eher ein Beobachter der Personen, die er in seinem Leben getroffen, und der Ereignisse, die er – mehr oder weniger unbeteiligt – miterlebt hat."[104] Dem Ich kommt in Memoiren eher eine passive Rolle zu, die Misch als „Teilnahme an der Geschichte in einer Nebenrolle" beschreibt.[105] Als Memoirenschreiber können sich demnach auch Personen hervortun, die selbst keine Prominenz besitzen, aber aufgrund ihrer Nähe zu bedeutenden Persönlichkeiten in der Lage sind, eine für die Öffentlichkeit relevante und interessante Darstellung

---

positiv formuliert: Die literarische Zukunft der literarischen Autobiographie liegt in ihrem gleichsam restlosen Untertauchen in der übrigen Literatur."

[100] Vgl. Misch 17; Pascal (1965) 16; Niggl (2005) 3f.; May (1979) 117-128; Reichel 60f.; Wagner-Egelhaaf 6; Strasburger, H.: Aus den Anfängen der griechischen Memoirenkunst. Ion von Chios und Stesimbrotos von Thasos, in: Schlink, W.; Sperlich, M. (Hgg.): Forma et subtilitas. Festschrift für W. Schöne zum 75. Geburtstag, Berlin 1986, 1-11 (auch in: Studien zur Alten Geschichte, hrsg. v. W. Schmitthenner u. R. Zoepffel, Bd. III, Hildesheim/New York 1990, 341-351).

[101] Vgl. Reichel 60f.

[102] Aichinger (1998) 177.

[103] Pascal (1965) 16.

[104] Reichel 60f.

[105] Misch 17.

abzuliefern.[106] Der Einschätzung Aichingers[107], Memoiren fehle der „eigentliche autobiographische Antrieb“ im Sinne der Suche nach den tieferen Zusammenhängen des Lebens, ist entgegenzuhalten, daß nicht nur die Sinnsuche einen „autobiographischen Antrieb“ ausmacht, sondern dieser auch darin bestehen kann, daß die Selbstdarstellung auf eine in der Öffentlichkeit zu erzielende Wirkung ausgerichtet ist. Diese intentionale Prägung kann sich in Deutung und Interpretation des eigenen Lebens äußern, z.B. in apologetischer Absicht, die auch Aichinger zu den Merkmalen der Memoiren zählt. So verstanden wohnt Memoiren durchaus ein autobiographischer Antrieb inne, bei dem der Blick sich allerdings, und dies kann als tendenzielle Differenz festgehalten werden, primär nach außen richtet, weniger auf die Innerlichkeit des Individuums.

Es ist auch das Merkmal des autobiographischen Antriebs, das eine Grenzziehung zwischen Autobiographie und *Tagebuch* erlaubt. Denn Tagebücher sind zum Zeitpunkt ihrer Entstehung in der Regel nicht für eine Veröffentlichung bestimmt[108], so daß den persönlichen Aufzeichnungen und Schilderungen keine auf die Öffentlichkeit ausgerichtete Wirkungsabsicht innewohnt. Auch im Sinne der Suche nach Zusammenhängen ist kein autobiographischer Antrieb gegeben, da Tagebücher nicht systematisch und von einem Überblick gewährenden Standpunkt aus auf das vergangene Leben zurückblicken, sondern sich in der Zeit vorwärts bewegen in einer Serie von Zeitpunkten.[109] Die Eintragungen in Tagebücher erfolgen täglich oder zumindest in kürzeren Abständen und aus der jeweiligen Situation heraus.[110] Die Schilderung ist auf die Gegenwart gerichtet und liefert somit keinen Lebensbericht, sondern ein „journal of an existence“, wie Stauffer es nennt.[111] Daher können die Entwicklungen des Ich, das Werden der Person, in der Darstellung nicht erfaßt werden.[112] Dies ist erst im Nachhinein, bei der zusammenhängenden Lektüre der

---

[106] Vgl. Reichel 61.

[107] Aichinger (1998) 178.

[108] Vgl. Gfrereis 19; Aichinger (1998) 195.

[109] Pascal (1965) 13.

[110] Reichel 48 verweist zur Abgrenzung der *Anabasis* Xenophons von der Gattung des Tagebuchs auf einen narratologischen Aspekt: Während im Tagebuch eine chronologische Gleichwertigkeit der Ereignisse vorliege, weise die Darstellung bei Xenophon erhebliche Differenzen zwischen Erzählzeit und erzählter Zeit auf.

[111] Stauffer, D.A.: English Biography before 1700, New York 1964 ([1]1930), 255; siehe dazu auch Shumaker 77.

[112] Vgl. Craemer-Schroeder, S.: Deklination des Autobiographischen. Goethe, Stendhal, Kierkegaard, Berlin 1993, 11. Das Fehlen eines „historischen Aspekts“ wird von Aichinger (1998) 177 auch bezüglich des literarischen Selbstportraits angeführt. Die häufige Reflexion führe im Selbstportrait zur Vernachlässigung zentraler Aspekte, die die Autobiographie konstituierten, nämlich Wechselbeziehungen, rückschauende Wertung und durchgehende Darstellung. Ähnlich Pascal (1965) 20. Howarth, W.L.: Some Principles of Auto-

eigenen Aufzeichnungen möglich. Auf diese Weise können Tagebücher natürlich als Materialsammlungen in Autobiographien eingehen[113], sie selbst sind aber nicht autobiographisch, sondern aufgrund des fehlenden autobiographischen Antriebs und ihrer engen Situationsbindung den Ego-Dokumenten zuzurechnen[114], und als solche sind sie, gerade wegen der Unmittelbarkeit der Äußerungen und der fehlenden intentionalen Prägung, als biographische Informationsquelle nutzbar.[115]

Bezüglich der Frage, inwiefern *Briefe* autobiographisch oder sogar Autobiographien sind, ist aufgrund der denkbaren Vielfalt an Arten, Formen und Absichten von Briefen kaum eine allgemeingültige Aussage zu treffen. Jedoch ist mit Hilfe der bisher angeführten Kriterien eine annähernde Einordnung durchaus möglich. So kann festgehalten werden, daß Briefen, die einen spezifischen Kommunikationszweck erfüllen und zum Zeitpunkt des Schreibens keine darüber hinausgehende Intention verfolgen, und vor allem, die zur Abfassungszeit nicht für die Veröffentlichung bestimmt waren, der autobiographische Antrieb fehlt, und sie daher zu den Ego-Dokumenten zu rechnen sind.[116] Andererseits sind aber sehr wohl autobiographisch geprägte Briefe denkbar, nämlich in dem Fall, daß sich der Schreibende bewußt mit einer retrospektiven Selbstdarstellung an einen Adressaten wendet, zum Beispiel in apologetischer Absicht, und dabei entweder eine spätere Veröffentlichung beabsichtigt oder einkalkuliert, so daß er damit rechnen kann, daß seine Selbstdarstellung an die Öffentlichkeit gelangen wird, oder aber den Brief direkt als offenen Brief an einen weiteren Adressatenkreis richtet. Denn einem solchen Brief wohnt sehr wohl der autobiographische Antrieb inne, mit der Darstellung der eigenen Person und des eigenen Handelns eine öffentliche Wirkung zu erzielen, und auch die Suche nach Zusammenhängen des eigenen Lebens kann durchaus realisiert werden. Hieran zeigt sich, daß Aichingers Einschätzung, die bewußte Hinwendung zum anderen widerspreche den Merkmalen der Autobiographie[117], nur bedingt Gültigkeit hat. Denn es kommt durchaus darauf an, wie bewußt und wie zentral diese Hinwendung im einzel-

---

biography, in: Olney, J. (Hg.): Autobiography: Essays Theoretical and Critical, Princeton 1980, 84-114, h. 85f. allerdings setzt Autobiographie und Selbstportrait gleich.

[113] Vgl. Pascal (1965) 13. Zum Verhältnis von Autobiographie und Tagebuch siehe darüber hinaus May (1979) 144-154, der von wechselseitigen „intrusions" spricht.

[114] Anders hingegen literarische Tagebücher: Sie stehen der Autobiographie wesentlich näher, da die Einträge in größeren Abständen erfolgen und somit eine historische Perspektive gegeben ist, vgl. Aichinger (1998) 195ff.; zudem sind sie in der Regel zur Veröffentlichung bestimmt, und die enthaltene Selbstdarstellung unterliegt daher einer Wirkungsabsicht im Sinne eines autobiographischen Antriebs.

[115] Stauffer 255.

[116] Was sie, wie Tagebücher, zu potentiellen Materialsammlungen für autobiographische Texte und zu biographischen Informationsquellen macht.

[117] Aichinger (1998) 176.

nen Brief tatsächlich realisiert ist. Ein Briefeschreiber kann sich durchaus an einen Adressaten wenden und dabei doch vornehmlich sich selbst thematisieren. Gänzlich verliert dieses Kriterium natürlich seine Zugkraft, wenn der Adressat nur ein fiktiver ist, und für solche literarischen Briefe gilt dasselbe wie für literarische Tagebücher: Beide Textsorten können autobiographisch geprägt sein bzw. sogar als Formgerüst für Autobiographien dienen.

Während die Abgrenzung der Autobiographie von Tagebuch und Brief auf dem autobiographischen Antrieb beruht, setzen sich die Gattungen des *Reiseberichts* und des *Tatenberichts* in einem anderen Punkt von Autobiographien ab, nämlich in dem der Begrenzung. Beide Textgattungen behandeln jeweils nur einen Teilaspekt des Lebens und beziehen sich nicht prinzipiell auf das ganze Leben, sondern nur auf einzelne Phasen, sie sind also thematisch und chronologisch begrenzt. Daher entsprechen sie nicht dem Anspruch der Ganzheitlichkeit, der in der modernen Forschung an Autobiographien gestellt wird, und werden aufgrund dieses Kriteriums von ihnen unterschieden, obgleich die Anfänge dessen, was wir heute unter Autobiographien verstehen, gerade in antiken Reise- und Tatenberichten liegen.[118]

Es bietet sich an, auf der Grundlage dieses „Ganzheitskriteriums" Autobiographien und autobiographische Texte zu differenzieren. Beiden Textsorten wohnt der autobiographische Antrieb inne, die eigene Vergangenheit mit Blick auf eine in der Öffentlichkeit zu erzielende Wirkung darzustellen. Die Frage, inwiefern dies auf dem Wege der Selbstbesinnung geschieht, hat in dem hier vorgeschlagenen Ansatz keine Relevanz. Unter einer „Autobiographie" ist nun ein zusammenhängender Text zu verstehen, in dem dieser autobiographische Antrieb zentral und keiner anderen Intention untergeordnet ist, das Merkmal der Ganzheitlichkeit ist also auf formaler und auf inhaltlicher Ebene erfüllt. Als „autobiographisch" sind solche Texte einzustufen, die auf formaler und/oder inhaltlicher Ebene diesem Kriterium nicht entsprechen, also zum Beispiel rückblickende Selbstdarstellung als Einstreuungen in Texte, deren hauptsächliche Darstellungsabsicht eine andere ist, so daß die autobiographische Intention einer anderen untergeordnet ist, oder aber Texte, die nicht das ganze Leben, sondern nur einzelne Phasen oder einzelne Aspekte thematisieren.

Es bleibt festzuhalten, daß sich die Nähe und Distanz der Autobiographie zu anderen Gattungen durchaus abmessen läßt anhand des Identitätsmerkmals und des autobiographischen Antriebs. Dabei sind die Übergänge allerdings fließend, und das Verhältnis der Gattungen zueinander läßt sich nicht pauschal bestimmen, sondern hängt von der jeweiligen Realisierung im Einzelfall ab.

---

[118] Momigliano 28ff; Reichel 60ff.; Strasburger (1986) passim; vgl. auch Tiedt, H.: Die Anabasis des Xenophon und die griechische Periegese, (Diss.) Göttingen 1923.

Die Einordnung der Autobiographie als Gattung ist zudem abhängig von dem Spektrum literarischer Gattungen, das zu einem bestimmten Zeitpunkt gegeben ist. Daher können Typologien keine diachrone Gültigkeit beanspruchen, sondern sind als synchrone Querschnittsanalyse zu verstehen.[119] Autobiographische Praxis und theoretische Reflexion prägen sich gegenseitig.

> [...] die autobiographische Produktion bildet durchaus gemeinsame Strukturmomente aus; die Beobachtung wiederkehrender Strukturen produziert einen – rezeptionstheoretisch gesprochen – »Erwartungshorizont«, der insofern produktiv wird, als er nicht nur die Rezeption, sondern gleichermaßen die Produktion autobiographischer Texte leitet. Jeder einzelne autobiographische Akt, sei es das Lesen oder das Schreiben einer Autobiographie, bestätigt und modifiziert die ›Gattung‹ Autobiographie. Nur in diesem relativen, diskursfunktionalen Verständnis, keinesfalls mit Blick auf eine normative Vorgabe, lässt sich sinnvoll von der Autobiographie als einer Gattung sprechen.[120]

Der Erwartungshorizont, der sich in der Autobiographieforschung des letzten Jahrhunderts herausgebildet hat, umfaßt weit mehr als das grundlegende Merkmal der Identität von Autor, Erzähler und Hauptfigur. Von einer Autobiographie wird erwartet, daß sie das Leben in seiner Ganzheitlichkeit darstellt, dabei der Selbsterkenntnis und der Suche nach den Zusammenhängen des Lebens verpflichtet und reflexiv auf die Innerlichkeit der Person ausgerichtet ist. Zudem soll die Darstellung das Werden der Person erfassen, also ihre Entwicklung transparent machen.[121] Von dieser normativ geprägten Erwartungshaltung und der Idee einer „eigentlichen" oder „echten" Autobiographie setzt sich Holdenried explizit ab:

> Eine Idealform der Autobiographie im Sinne »eigentlicher« oder »echter« Autobiographie gibt es nicht. Diese wäre angesichts höchst unterschiedlicher autobiographischer Schreibweisen der Gegenwart nur mehr denkbar als das Skelett einer lebensgeschichtlichen Konstruktion, wie es der »Lebenslauf« bildet. [...] Eine »Merkmalsliste« kann dementsprechend nur den Wert eines heuristischen Konstrukts besitzen, das es erlaubt, Annäherungswerte zu bilden. [...] Typologische Beobachtungen können deshalb lediglich dazu verhelfen, aus diesen mehr oder weniger großen Schwankungen Tendenzen zu formulieren, die mit dem Einzelbeispiel korreliert werden können.[122]

Wenn schon die autobiographische Praxis der Gegenwart mit einer normativ geprägten Typologie nicht erfaßt werden kann, dann kann es die der Vergangenheit erst recht nicht. Den Bemühungen um Ausdifferenzierung der Kriterien und um eine nähere Bestimmung der Autobiographie als Gattung wird in

---

[119] Holdenried 34.
[120] Wagner-Egelhaaf 7.
[121] Zum Idealtypus vgl. auch Holdenried 16.
[122] Ebd. 50. Siehe auch ebd. 21 bezogen auf Aichinger (Selbstbiographie, in: Kohlschmidt, W.; Mohr, W. [Hgg.]: Reallexikon der deutschen Literaturgeschichte, Bd. 3, Berlin ^{2}1977 [^{1}1958], 801-819, h. 803): „Die eigentliche, echte, förmliche Autobiographie, von der Aichinger spricht, ist in ihrer Definition eine Gattung mit höchst normativen Ansprüchen. Diesen entsprechen nur wenige Werke der »Höhenkamm«-Autobiographik."

der jüngeren Forschung ein betont deskriptiver, die Hybridität und Wandelbarkeit der Gattung in Rechnung stellender Ansatz gegenübergestellt, der an sich jedoch nicht neu ist, sondern schon von Misch vertreten wurde. Und so hebt Holdenried folgerichtig die Angemessenheit der Definition Mischs hervor, die somit nicht nur den Ausgangs-, sondern auch den Schlußpunkt unserer Überlegungen bildet. Es handele sich bei Misch um die

> offenste und zugleich brauchbarste Definition. [...] Mit dieser deskriptiven Annäherung ist weder von vornherein eine teleologische Perspektive verordnet (Totalität), noch eine nähere Bestimmung durch formale Aspekte enthalten; noch nicht einmal die Überblicksdarstellung aus der Retrospektive wird vorgeschrieben. Sie ist daher sowohl für historische Formen als auch für die moderne Autobiographik gleichermaßen brauchbar. Definitionen entstehen aus der Notwendigkeit von Abgrenzungen heraus. Gerade Misch hat aber den fließenden Charakter der Gattung immer wieder betont; Selbstdarstellung wird als so weit greifendes anthropologisches Faktum und Notwendigkeit gezeichnet, dass eine enge Definition dem in keiner Weise gerecht würde.[123]

2. Charakteristika und Formen antiker „Autobiographie"

In seinem monumentalen Werk zur Geschichte der Autobiographie hat Misch in den beiden der Antike gewidmeten Bänden eine Vielzahl an Autoren und Werken besprochen bis hin zu Augustinus' *Confessiones*, in denen er nicht, wie später Pascal[124], den Beginn, sondern den Höhepunkt einer Entwicklung sieht: „In Wirklichkeit ist für alle wesentlichen Richtungen der Selbstbiographie im griechisch-römischen Altertum der Grund gelegt worden, und das Werk Augustins ist nicht ein Anfang, sondern eine Vollendung."[125] Interessanterweise wird Augustinus, wenngleich in gegensätzlicher Weise, sowohl von

---

[123] Holdenried 21f. Nicht zu übersehen ist auch die rezeptionsästhetische Seite der Definitionsfrage. Denn bei modernen Texten muß sich der Leser in vielen Fällen gar nicht mehr die Frage stellen, ob es sich um eine Autobiographie handelt, da die Festlegung auf die Gattung Autobiographie und so auf die seitens des Autors intendierte Lesart gleich mitgeliefert wird. Dazu Scheffer 251f.: „Es besteht indessen auch kein Grund, das Definitionsproblem zu überschätzen: Bei fast allen Texten, die hier zur Diskussion stehen, ist der Anspruch, daß man es mit einer »Autobiographie« und mit »Literatur« zu tun habe, durch Autor, Verlag und Rezeption schon vollzogen; die Frage nach dem literarischen bzw. autobiographischen Charakter ist also vorläufig immer schon entschieden; die jeweiligen Texte werden von der Leser-Öffentlichkeit als »Autobiographie« und als »literarisch« rezipiert." Für die Auseinandersetzung mit antiken Texten bleibt die Definitionsfrage nichtsdestoweniger virulent, weil sie sich nun mal noch nicht im Rahmen solcher Konvention bewegten.

[124] Pascal (1965) 33f.; vgl. Wagner-Egelhaaf 101.

[125] Misch 20. Eine prägnante Charakteristik der *Confessiones* findet sich bei Holdenried 89-93.

Misch als auch von Pascal als Schnittstelle wahrgenommen[126], und dies erklärt sich aus einem Element autobiographischen Schreibens, das erst mit Augustinus Einzug in die Gattung hielt, und dabei aus Pascals Perspektive ein elementares Kriterium darstellt, aus Mischs ein neues: die Selbstbesinnung und die Suche nach den Zusammenhängen des Lebens, kurz, ein sich nach innen wendender Blick mit dem Ziel der Selbsterkenntnis.[127] In Augustins *Confessiones* „hat die Autobiographieforschung gefunden, was sie für gattungskonstitutiv erachtete: die kontinuierliche Darstellung eines Lebenszusammenhangs und die Reflexion des Schreibenden auf das eigene Ich.“[128] Doch entstand bereits vor Augustinus eine Fülle von Schriften, die das Identitätsmerkmal, auf das sich die Forschung neuerdings zurückbesinnt, sehr wohl erfüllen, dabei jedoch im Vergleich sowohl zu Augustinus als auch zur modernen autobiographischen Praxis anderen Bedingungen, Konventionen und Zielsetzungen unterlagen und in denen das Schreiben über die eigene Person daher in anderer Weise realisiert wurde; „das Genre der Autobiographie, wie wir es heutzutage kennen, ist weit entfernt von dem Verständnis der Selbstdarstellung in der antiken griechischen und römischen Literatur.“[129] Diesen Texten fehlt zwar zumeist das Merkmal der Selbstbesinnung, das in späteren Epochen als gattungskonstituierend aufgefaßt wurde, doch ist dieses Fehlen kein Ausschlußkriterium im Sinne eines Mangels, sondern ein Charakteristikum antiken autobiographischen Schreibens. Gerade hier zeigt sich, daß der moderne Erwartungshorizont als Bezugspunkt für die Beschäftigung mit dem antiken Material dienen kann und muß, nicht jedoch im Sinne einer normativen Vorgabe. Worin die typische Prägung autobiographischen Schreibens in der Antike besteht, soll im folgenden unter Bezugnahme auf die wichtigsten Werke herausgestellt werden.

---

[126] Vgl. Zimmermann (2005) 238: Mit Augustin werde die autobiographische Subdominante zur Dominante. Walter, U.: „natam me consule Romam". Historisch-politische Autobiographien in republikanischer Zeit – ein Überblick, AU 46 (2003), H. 2, 36-43, (= 2003b), h. 36 markiert diese Schnittstelle sogar durch die Bezeichnung der antiken Autobiographie als „vor-augustinisch".

[127] Es entspricht der *communis opinio*, in Augustinus den Beginn der Selbstbesinnung zu sehen, vgl. auch Dilthey 26f.; Pascal (1965) 33; Momigliano 18; Weintraub, K.J.: The Value of the Individual: Self and Circumstance in Autobiography, Chicago 1978, 1. Die Möglichkeit der Selbsterkenntnis läßt sich allerdings in Frage stellen, vgl. Jancke, G.: Autobiographische Texte – Handlungen in einem Beziehungsnetz. Überlegungen zu Gattungsfragen und Machtaspekten im deutschen Sprachraum von 1400 bis 1620, in: Schulze, W. (Hg.): Ego-Dokumente. Annäherung an den Menschen in der Geschichte (Selbstzeugnisse der Neuzeit 2), Berlin 1996, 73-106, bes. 73; Scheffer 253ff.

[128] Wagner-Egelhaaf 107. Zur Frage nach dem autobiographischen Status der *Confessiones* siehe jüngst Zimmermann (2005) passim.

[129] Brusch, M.: Selbstdarstellungen in der Literatur der Antike, AU 47 (2004), H. 3, 2-9, h. 3.

Einem antiken Menschen, der, aus welchen Gründen und mit welchem Ziel auch immer, häufig allerdings in apologetischer Absicht, die ein zentrales Merkmal antiker Selbstdarstellung bildet[130], das Bedürfnis hatte, mit einer Selbstdarstellung an die Öffentlichkeit zu treten, stand noch keine Gattung „Autobiographie" als selbstverständliche Form einer solchen Darstellung zu Verfügung.[131] Denn die Konvention, zu einem solchen Zweck eine einzig diesem Thema gewidmete Monographie in Prosa zu verfassen, gab es noch nicht, so daß an die antiken Texte auch nicht der Anspruch einer formalen „Ganzheitlichkeit" und Geschlossenheit gerichtet werden kann. Das Schreiben und Sprechen über die eigene Person fand innerhalb des Spektrums der etablierten Gattungen und Lebensformen statt, es benötigte die Anknüpfung an bestehende Formen und bediente sich „bereits etablierter literarischer Gattungen als Vehikel".[132] Dabei ist die jeweilige Gattungstradition der Bezugspunkt der autobiographischen Darstellung.[133]

---

[130] Vgl. Wagner-Egelhaaf 102f.; Reichel 63; Bruss 266; Sonnabend 24, 61. Zur apologetischen Funktion der Geschichtsschreibung siehe Demandt, A.: Historische Selbstentlastung in der Antike, in: Loewenstein, B. (Hg.): Geschichte und Psychologie. Annäherungsversuche, Pfaffenweiler 1992, 115-142. Demandt führt die apologetische Funktion der Geschichtsschreibung auf ihre identitätsstiftende Funktion zurück (h. 118): „Die identitätsstiftende Funktion unserer eigenen Geschichte nimmt uns die Unbefangenheit im Umgang mit ihr. Geschichte ist nicht mehr bloß im exemplarischen Sinne Gegenstand der Unterhaltung und der Belehrung, sondern dient als Instrument zur Legitimation von Daseins-, Besitz- und Ranganspruchen. Unter der Prämisse einer diachronischen Identität liefert die Geschichte positive Beweisgründe für und negative Angriffspunkte gegen ihre Träger. Darum kann diesem seine Vergangenheit nicht gleichgültig sein. Wo sie dessen Ansprüchen nicht genügt, wird sie vielfach zum Objekt der Korrektur, da wird aus *historia magistra vitae* ein *vita magistra historiae.* […] Es ist die eigene Geschichte, die panegyrisch versüßt und apologetisch entgiftet wird."

[131] Vgl. Fuhrmann, M.: Rechtfertigung durch Identität – Über eine Wurzel des Autobiographischen, in: Marquard, O.; Stierle, K. (Hgg.): Identität, München 1979, 685-690, (= 1979b), h. 685.

[132] Zimmermann (2005) 238. Sein Vorschlag, bezüglich der Antike nicht von „Autobiographien", sondern vom „Autobiographischen" und von „autobiographischen Elementen" zu sprechen, trifft ins Schwarze, denn mit dieser Unterscheidung ist sowohl der modernen Erwartung an eine in sich geschlossene „Autobiographie" Rechnung getragen als auch der antiken autobiographischen Praxis, die die Form für die Selbstdarstellung noch suchte. Walter (2003b) 36 hält es trotz der Tatsache, daß die Autobiographie in der Antike noch nicht als eigene Gattung angesehen wurde, dennoch für angebracht, von einer antiken Autobiographie zu sprechen und die Gattungsbestimmung nach modernen Gesichtspunkten erfolgen zu lassen.

[133] Vgl. Pietzcker 24: „Mit all diesen Traditionen ist dem, der sich schreibend an sich selbst erinnert, unterschiedlich bewußt oder unbewußt ein Drittes gegenwärtig, in dessen Fußstapfen er sich selbstverständlich bewegt, nach dem oder gegen das er sein Schreiben formt. Die Gattungstradition ist als das festeste Moment autobiographischen Inszenierens der wichtigste verfremdende Spiegel, in dem der Schreibende Eigenes erblickt. Während er

Isokrates' *Antidosis* ist dafür ein anschauliches Beispiel. Denn es handelt sich dabei um eine apologetische Selbstdarstellung mit enkomiastischen Zügen, die in die Form einer fingierten *Gerichtsrede* gekleidet ist. Die Anlehnung an die bereits existierende Gattung der Gerichtsrede ist also nur eine vorgebliche, und gerade hieraus resultiert die herausragende Stellung dieses Werkes in der Entwicklung autobiographischen Schreibens, denn es ist die „erste mit dem Bewußtsein von der Bedeutung der Aufgabe unternommene und selbständig hingestellte literarische Autobiographie".[134] Isokrates wendet sich darin, in Anlehnung an Platons *Apologie des Sokrates*[135], gegen den Vorwurf, er verderbe die Jugend, und fordert mit ausführlichen Zitaten aus seinen eigenen Reden Anerkennung für seine Leistung ein. In Anlehnung an die Gestalt des Sokrates in Platons *Apologie*[136] propagiert Isokrates so die Identität seiner Person, worunter eine gleichbleibende, unwandelbare Gesinnung zu verstehen ist, als „Konstituens des autobiographischen Ich [...]. Der Zweiundachtzigjährige, der auf den größten Teil seines Werkes zurückblickt, vergegenwärtigt durch diesen Kunstgriff seine eigene Vergangenheit und demonstriert so die Konstanz seiner Gesinnung und seiner Moralbegriffe [...]."[137] Seine Tugenden faßt er teils selbst zusammen, teils legt er das Lob Schülern in den Mund[138], die Selbstdarstellung ist also enkomiastisch geprägt, sicherlich in Anlehnung an Isokrates' Enkomion *Euagoras*. Isokrates ging es darum, „die Anwendung der Technik des Enkomion auf die Selbstbiographie durch einen erborgten Schein von Realität glaubhaft zu machen."[139] Die in der athenischen Demokratie bestehende Form der Gerichtsrede bot generell die Gelegenheit für das Sprechen über die eigene Person[140], die ja auch Demosthenes in seiner *Kranzrede* nutzte[141], und über die explizite, wenn auch fiktive,

---

sich in Traditionen bewegt, bezieht er sich als Glied einer Gemeinschaft auf Andere und konstruiert für sie und sich selbst in Fortführung und Abweichung ein Bild seiner selbst."

[134] Misch 158. Ähnlich Walter (2003b) 36, der in der *Antidosis* aufgrund dessen, daß sie zum Lesen, nicht zum Vortrag bestimmt war, „die erste echte antike Autobiographie" sieht.

[135] Fuhrmann (1979b) 687f.

[136] Vgl. Misch 171.

[137] Fuhrmann (1979b) 688. Hier liegt das generell für die Antike gültige Ideal der konstanten Gesinnung zugrunde, woraus sich für das autobiographische Schreiben in der Antike ergibt, daß der in der modernen Autobiographik bedeutsame Entwicklungsgedanke hier nicht greift: Die Entwicklung der eigenen Person nachzuvollziehen und vorzuführen wäre keine geeignete Strategie für eine positive Selbstdarstellung gewesen. Vgl. allerdings auch hier Kap. V 4.1 zu Ciceros *Brutus*.

[138] Misch 178 bezeichnet die Darstellung als „kleinmenschlich" und bemerkt (179): „Durch die im Altertum weiterwirkende isokrateische Art, sich zu idealisieren, blieb die literarische Selbstbiographie im Gegensatz zu ihrer neuzeitlichen Entwicklung tief unter dem Niveau der bei der Darstellung anderer Menschen erreichten Charakteristik."

[139] Ebd. 172.

[140] Vgl. Reichel 67; Misch 159; Momigliano 58.

[141] Zur autobiographischen Charakteristik der Kranzrede siehe Momigliano 58.

Anknüpfung an diese Form suchte Isokrates seiner Selbstdarstellung Raum und Legitimation zu verschaffen – Legitimation nicht nur wegen der enkomiastischen Tendenz, sondern auch deshalb, weil mit der Selbstdarstellung in der Antike prinzipiell die Sorge verbunden war, Anstoß zu erregen.

> Über sich selbst öffentlich zu sprechen und zu schreiben, sich womöglich durch die Darstellung der eigenen Leistungen über seine Mitbürger zu erheben, war in sozialer, politischer und literarischer Hinsicht eine Gratwanderung. So bittet beispielsweise Isokrates zu Beginn der *Antidosis* sein Publikum wortreich um Nachsicht dafür, daß er ausführlich über sich selbst spricht. Bei ihm dient nicht allein die *Autobiographie als Apologie* des eigenen Lebens, sondern die literarische Form einer fingierten Gerichtsrede muß zugleich als *Apologie der Autobiographie* herhalten.[142]

Die Anknüpfung an die im öffentlichen Leben etablierte Form der Gerichtsrede ermöglicht es Isokrates erst, als Individuum hervorzutreten, da „der Einzelne nur vor dem Hintergrund des Gemeinwesens Legitimation und Bedeutung erhält – und nur, indem er sich zum Ganzen ins Verhältnis setzt, kann der Einzelne von sich sprechen."[143]

Einen legitimen Raum für Selbstdarstellung bot auch die *Historiographie*, wobei dem Autor verschiedene Möglichkeiten zur Verfügung standen, sich selbst in die Darstellung einzubringen, wie Reichel jüngst anhand einer fünf Grade der Präsenz des Autors umfassenden Typologie aufgezeigt hat: Das Spektrum reicht vom Autor als implizitem Erzähler (Typ 1) bis hin zum Autor als Erzähler des eigenen Lebens (Typ 5).[144] In Xenophons *Anabasis* und Caesars *Commentarii*, zwei Beispielen für autobiographische Texte, mit denen die Verfasser die historiographische Form für ihre apologetische Selbstdarstellung nutzen, wird die Trennung zwischen *auctor* des literarischen Werkes und *actor* innerhalb der Darstellung deutlich durch den Wechsel zwischen erster und dritter Erzählerperson markiert.[145] Als *auctor* meldet sich der Verfasser in der ersten Person beispielsweise durch Vor- und Rückverweise zu Wort, wäh-

---

[142] Reichel 69. Vgl. Misch 247 über eben diese Problematik im römischen Bereich: „Die Absicht der Staatsmänner, selber das Bild zu bestimmen, das von ihnen im Gedächtnis der Nation zurückbleibt, stieß in der politischen Autobiographie der Römer, soweit sie unter hellenistischem Einfluß entstand, mit der griechischen Anstandsregel zusammen, daß ein vornehmer Mann sich nicht selber rühmt." Daher stellt die *auto*biographische Darstellung eine Notlösung dar, vgl. Baier 133. Zur Problematik des Selbstlobes siehe auch Pernot, L.: *Periautologia*. Problèmes et méthodes de l'éloge de soi-même dans la tradition éthique et rhétorique gréco-romaine, REG 111 (1998), 101-124.

[143] Wagner-Egelhaaf 104.

[144] Reichel 56ff.

[145] Problematisiert wird die Frage, wie ein Autor über sich selbst als Handelnden sprechen soll, erstmals bei Polybios (36, 12, 3), vgl. Reichel 59; Hirschberger, M.: Historiograph im Zwiespalt – Iosephos' Darstellung seiner selbst im Ἰουδαϊκὸς Πόλεμος, in: Reichel, M. (Hg.): Antike Autobiographien. Werke – Epochen – Gattungen, Köln 2005, 143-183, h. 143.

rend er von sich als handelnder Person in der dritten Person spricht, wodurch zudem eine Objektivierung des Dargestellten erreicht wird. Dies gilt erst recht, wenn zudem die Identität von *auctor* und *actor* durch den Gebrauch eines Pseudonyms verschleiert wird, wie es bei Xenophon der Fall ist.[146] Iosephos nimmt in seinem *Ἰουδαϊκὸς Πόλεμος* die explizite Identifizierung seiner Person als Autor der historiographischen Darstellung mit dem an der Handlung teilnehmenden „Iosephos" sogar erst am Ende des Werkes vor.[147] Bezugnahmen auf die eigene Person können darüber hinaus eine zentrale Funktion innerhalb der Beglaubigung des Berichteten erfüllen (Typ 2 bei Reichel). So verweist Herodot an verschiedenen Stellen auf seinen Augenzeugenstatus und liefert damit dem Leser ein Kriterium für die Beurteilung der Glaubwürdigkeit des Geschilderten.[148] „Daß er seinem Publikum damit zugleich autobiographische Informationen über seine Person, vor allem über seine Reisen, vermittelt, ist ein – ihm selbst vielleicht nicht ganz unwillkommener – Nebeneffekt."[149] Hieran wird deutlich, daß nicht nur die Intensität der Präsenz des Autors innerhalb der historiographischen Darstellung variiert, sondern auch die Gewichtung von Historiographie und Selbstdarstellung: Der Unterordnung des autobiographischen Diskurses unter das historiographische Anliegen bei Herodot steht die Instrumentalisierung der historiographischen Form für die Vermittlung eines von dem Autor gewünschten Selbstbildes bei Caesar und Xenophon gegenüber.

Als Vehikel für die Vermittlung autobiographischer Aussagen bot sich auch die Form des *Briefes* an, Platons *7. Brief*[150] ist hierfür das wohl berühmteste Beispiel aus der Antike.[151] Platon hatte eine Reise nach Syrakus

[146] Vgl. Reichel 69: „Für Xenophon hatte die Wahl einer historischen Form gegenüber einer Rede oder einem Brief den Vorteil, ganz zwanglos die 3. Person verwenden zu können, noch dazu in Verbindung mit einem Pseudonym."

[147] Hirschberger 143f. Anders verfährt Thukydides: Er weist zu Beginn des in der 3. Person verfaßten Berichtes über seine eigenen Maßnahmen (4, 104, 4) auf die Identität des dargestellten Feldherrn mit dem Verfasser hin, vgl. hierzu Reichel 59.

[148] Ausführlich dazu Marincola, J.: Autobiographical Statements in the Greek and Roman Historians, (Diss. 1985) Ann Arbor 1988.

[149] Reichel 58 mit Stellenangaben.

[150] Zur Diskussion um die Echtheitsfrage, in der sich die Tendenz abzeichnet, den Brief als echt anzusehen, siehe Brisson, L.: Platon. Lettres, Paris 1987, 138ff. Sonnabend 61 merkt zwar zu Recht an, daß von der Echtheit die Frage abhängt, ob Platon als einer der Begründer der Autobiographie angesehen werden kann; doch unabhängig davon, ob der Brief nun von Platon selbst oder von einem Schüler stammt, wie Misch annimmt: In jedem Fall repräsentiert er die Nutzung der Form des offenen Briefes für den autobiographischen Diskurs, ob dieser hier nun echt ist oder fiktiv; ähnlich Erler, M.: Philosophische Autobiographie am Beispiel des *7. Briefes* Platons, in: Reichel, M. (Hg.): Antike Autobiographien. Werke – Epochen – Gattungen, Köln 2005, 75-92, h. 75f.

[151] Momigliano 60; zum autobiographischen Charakter des Briefes siehe Brisson, L.: La *lettre VII* de Platon, une autobiographie?, in: Baslez, M.-F. (Hg.): L'invention de l'auto-

unternommen, um den jungen Herrscher Dionysios II. mit Hilfe einer philosophischen Bildung zu einem würdigen Herrscher heranzubilden, doch die Erziehungsversuche scheiterten. In seinem Brief bemühte sich Platon u.a. darum, den Mißerfolg zu erklären und sein Handeln zu rechtfertigen[152], wohl nicht zuletzt deshalb, weil seine eigene Reputation und die seiner Schule Schaden genommen hatten.[153] Diesem apologetischen Anliegen dient die Form des offenen Briefes[154], denn die Öffentlichkeit ist der Bezugs- und Zielpunkt seiner Rechtfertigung.[155] Der sich in der Form des offenen Briefes niederschlagende Öffentlichkeitsbezug und die apologetische Tendenz der Darstellung erlauben die Zuordnung dieses Briefes zum antiken autobiographischen Schrifttum.

Aus hellenistischer Zeit stammen die ersten eigenständigen autobiographischen Darstellungen, die sich in die Tradition der *Hypomnemata* stellten. Hypomnemata waren ursprünglich Aufzeichnungen ganz verschiedenen Inhalts mit dem Zweck der Wahrung der Erinnerung sowohl im privaten als auch im öffentlichen Bereich.[156] Diese Textgattung wurde dann, verstärkt seit der Zeit Alexanders des Großen und im Zuge der generellen Aufwertung der Einzelpersönlichkeit, auch von herausragenden Persönlichkeiten zur Verbreitung des eigenen Ruhms bzw. zur Selbstrechtfertigung genutzt, zu nennen wären hier beispielsweise Demetrios von Phaleron[157], Aratos von Sikyon[158] und Ptolemaios VIII. Euergetes II.[159] Diese Schriften vermitteln einen „Eindruck von der sich nun entwickelnden, in römischer Zeit dann zur Perfektion gelangenden Praxis in Kreisen der Politiker, das Urteil über sich selbst nicht allein den Historikern und der Nachwelt zu überlassen [...].“[160] Den Übergang dieser Praxis in den römischen Bereich markieren die auf Griechisch verfaßten Hypomnemata in Briefform des P. Cornelius Scipio Africanus maior und des P. Cornelius Scipio Nasica Corculum.[161] Hypomnemata und ihr lateinisches

---

biographie d'Hésiode à Saint Augustin, Paris 1993, 37-46; zu Inhalt und Hintergrund des Briefes siehe Misch 114f.

[152] Zur apologetischen Prägung des *7. Briefes* im speziellen und antiker autobiographischer Texte im allgemeinen siehe Erler passim.

[153] Darüber hinaus wird auch der eigene Bildungsweg thematisiert sowie das Verhältnis von Politik und Philosophie, vgl. dazu Erler 80f.; Misch 188ff.

[154] Misch 117.

[155] Vgl. Wagner-Egelhaaf 102f.

[156] Montanari, F.: DNP 5 (1998), s.v. „Hypomnema“, 813-815, h. 813.

[157] FGrHist 228.

[158] FGrHist 231.

[159] FGrHist 234; gesamt FGrHist 227-238; vgl. Engels, J.: Die ῾ΥΠΟΜΝΗΜΑΤΑ-Schriften und die Anfänge der politischen Biographie und Autobiographie in der griechischen Literatur, ZPE 96 (1993), 19-36.

[160] Sonnabend 80.

[161] FGrHist 232-233; HRR I 44-48; Engels 33; Sonnabend 89f; Scholz, P.: Sullas *commentarii* – eine literarische Rechtfertigung. Zu Wesen und Funktion der autobiographi-

Pendant, die *Commentarii*[162], galten als eher nüchtern und auf Faktizität ausgerichtete Darstellungen der eigenen Taten, die als Materialsammlungen an Historiker zur weiteren Bearbeitung übergeben wurden.[163] Mit autobiographischen Texten in Form von Hypomnemata war demnach zunächst einmal ein „Objektivitätsanspruch" verbunden, der in Kontrast steht zu der modernen Erwartungshaltung an Autobiographien, die gerade auf die subjektive Sichtweise ausgerichtet ist.[164] Cicero scheint sich mit seinem Hypomnema, das er vergeblich an Poseidonios zur Ausarbeitung sandte, allerdings nicht an die Gattungskonvention der nüchternen Darstellung gehalten zu haben[165] – die Auffassung, ein Hypomnema stelle lediglich einen Entwurf für eine weitere Bearbeitung dar, greift also offenbar zu kurz. Bezüglich der römischen Verfasser von Hypomnemata / Commentarii vermutet Baier, daß die Autoren durchaus in dem Bewußtsein schrieben, daß ihr Werk auch für sich stehen konnte: „Der Vorläufigkeitscharakter dieser Gattung ist zu einem Teil wohl nur Fiktion. Unabweisbar ist diese Vermutung für die bekanntesten Commentarii der lateinischen Literatur, diejenigen Caesars."[166]

---

schen Schriften in der späten Römischen Republik, in: Eigler, U.; Gotter, U.; Luraghi, N.; Walter, U. (Hgg.): Formen römischer Geschichtsschreibung von den Anfängen bis Livius. Gattungen – Autoren – Kontexte, Darmstadt 2003, 172-196, h. 174; aus dem Umstand, daß Cicero kein Werk des älteren Scipio kannte (*off.* III 4) wird im allgemeinen darauf geschlossen, daß diese Briefe keiner breiteren Öffentlichkeit zugänglich gemacht wurden, vgl. Scholz 174.

[162] Zur Differenzierung siehe allerdings Engels 33 f.

[163] Siehe Baier 129ff.; Misch 247f.

[164] Momigliano 15. Die Erwartung eines subjektiven Selbstausdrucks, die heute an Autobiographien geknüpft ist, wurde also nicht erfüllt. Umgekehrt stand gerade die Biographie, mit der heute ein Anspruch auf eine möglichst objektive Darstellung verbunden ist, in der Antike in Zusammenhang mit dem Enkomion, woraus sich tendenziell ergibt: „Whereas biographers were free to be encomiastic, autobiographers seem to have been bound to be factual – at least in certain cases."

[165] Siehe dazu hier 63ff.

[166] Baier 139. Vgl. auch Fuhrmann, M.: DKP II (1967), s.v. „Hypomnema", 1282f. und Bérard, F.: Les Commentaires de César: autobiographie, mémoires ou histoire ?, in: Baslez, M.-F. (Hg.): L'invention de l'autobiographie d'Hésiode à Saint Augustin, Paris 1993, 85-95, h. 87. Ähnlich Engels 34 zu den hellenistischen Hypomnemata. Scholz 177 betont den Entwurfscharakter und das Notizenhafte der literarischen *commentarii*, wendet sich aber (178f.) entschieden gegen die Einschätzung der *Commentarii* Sullas als bloße Materialsammlung für künftige historiographische Werke. Jacoby (zu FGrHist 227-238) 639f. macht in diesem Zusammenhang auf einen Mentalitätsunterschied zwischen Griechen und Römern aufmerksam: „[...] sicher ist, daß der Grieche das *iustum opus* eines politisch abgezweckten geschichtswerkes bevorzugt, auch wenn man sich zu seiner abfassung des fremden literaten bedienen muß, während das römische persönlichkeitsgefühl sich im eigenen namen ausspricht und den unverhüllten ausdruck der individuellen person und umstände nicht scheut, auch wenn man äußerlich dem griechischen empfinden rechnung trägt und solche schriften gern nur als material für die künstlerische darstellung bezeichnet." Vgl. auch Misch 247ff.

Öffentlichkeitsbezug und apologetische Tendenz werden als Charakteristika autobiographischen Schreibens in der Antike besonders augenfällig zur Zeit der Römischen Republik, denn der politisch Handelnde sah sich dem Rechtfertigungszwang gegenüber der Öffentlichkeit ausgesetzt. Gerade im Wettbewerb der römischen Nobilität um Ämter und Einfluß wurde die Rechtfertigung der eigenen Taten und die Propagierung der eigenen Leistung mittels autobiographischer Schriften zu einem Instrument der Selbstbehauptung[167], v.a. auch in der Auseinandersetzung mit politischen Gegnern.[168] Doch dazu bedurfte es der Propagierung dieser Taten, wie Scholz hervorhebt:

> Denn erst durch ihre Umgestaltung und Ausdeutung in der öffentlichen Inszenierung und Propagierung konnten bekanntlich die geleisteten Taten und empfangenen *honores* dem Senator überhaupt erst von Nutzen werden, erst durch die öffentliche Selbstdarstellung in Ehrenbildern, im Rahmen von Triumphzügen und Leichenfeierlichkeiten wurden sie zu dem symbolischen Kapital, mit dem der Politiker selbst und seine *gens* künftig wuchern und es zu politischem Kapital ummünzen konnte.[169]

Diese Funktion der Selbstdarstellung tritt deutlich in den politischen Tatenberichten dieser Zeit zutage. So suchte Q. Lutatius Catulus[170], als Konsul Amtskollege des Marius, in seiner Schrift *De consulatu et de rebus gestis suis*[171] seinen Anteil am Sieg über die Kimbern bei Vercellae zur Geltung zu bringen gegenüber Marius, dem dieser Sieg in der öffentlichen Meinung zugesprochen wurde.[172] Das Abfassen der autobiographischen Schrift ist hier also durch ein Defizit an Anerkennung begründet. M. Aemilius Scaurus[173] verfaßte drei Bücher *De vita sua*[174], deren apologetische Prägung auf Scaurus' Rolle in der Auseinandersetzung mit Iugurtha, von dem er Bestechungsgelder angenommen haben soll, bezogen gewesen sein mag.[175] Bei P. Rutilius Rufus[176] entsprang die Apologie einer Anklage wegen Erpressung der Provinz Asia: Er

---

[167] Scholz 185. Zur Rolle der Leistung im römischen Geschichtsverständnis und ihrer Visualisierung in Form von Triumphzügen, Statuen und Bauwerken siehe Hölkeskamp (1996) passim.

[168] Vgl. Scholz 188; Walter (2003b) 37. Scholz 189 sieht – ausgehend von Ciceros Bemerkung über die Nützlichkeit der autobiographischen Schrift des Scaurus (*Brut.* 112) – den Nutzen auf Seiten der Rezipienten darin, daß die exemplarische Darstellung senatorischer Politikgestaltung, die Vermittlung von Prinzipien und Praktiken als positives oder auch negatives Leitbild genutzt werden kann bei dem eigenen Streben nach Ruhm und Anerkennung.

[169] Scholz 185.

[170] HHR I 191-192.

[171] Cic. *Brut.* 132.

[172] Misch 243f.; Sonnabend 90f.; Walter (2003b) 37; Baier 134ff.

[173] HRR I 185.

[174] Vgl. Valer. Max. 4, 4, 11 = HRR I fr. 1; Cic. *Brut.* 112.

[175] Vgl. Sall. *Iug.* 15, 4; Misch 244; Sonnabend 92; Walter (2003b) 37f.

[176] HRR I 189-190.

wurde verurteilt und ging ins Exil[177], wo er sein mindestens fünf Bücher umfassendes Werk *De vita sua* verfaßte.[178]

Letztlich ist die apologetische Tendenz dieser Schriften durch die Notwendigkeit einer Positionierung innerhalb der Gesellschaft bedingt: Wem nicht die – aus der eigenen Sicht gebührende – Anerkennung zuteil wurde oder wer sich Anschuldigungen ausgesetzt sah, die die öffentliche Reputation bedrohten, dem stand in der Römischen Republik der autobiographische Tatenbericht als Gegenmittel zur Verfügung, als Vermittler eines autobiographisch gestalteten Bildes der eigenen Person zur Durchsetzung eigener Ansprüche. Die Konzentration auf die Aspekte des Lebens, die der offiziellen Seite angehören, und auf die Rolle, die der Einzelne im Kollektiv übernimmt, speziell auf die des Konsuls, ist daher ein folgerichtiges Charakteristikum der autobiographischen Texte zur Zeit der Römischen Republik.[179] Der moderne Anspruch an eine Autobiographie, sie habe sowohl in chronologischer Hinsicht das ganze Leben zu umfassen als auch alle wesentlichen Aspekte[180], vor allem die Innerlichkeit des Menschen[181], geht an der antiken Praxis und Zielsetzung autobiographischen Schreibens schlicht vorbei. Das moderne Kriterium der Ganzheitlichkeit wird also in der antiken Autobiographie weder formal noch inhaltlich erfüllt. Denn am Anfang der Gattung in der Antike stand der Öffentlichkeitsbezug[182], nicht die Selbstbesinnung mit dem Ziel der Selbsterkenntnis.

> In diesem Genre kann man kaum erwarten, daß ein Autor wirklich über sich selbst schreibt. Er entwirft vielmehr ein bestimmtes Bild seiner Persönlichkeit. Man könnte eher von einem Enkomialstil als von einem autobiographischen Stil sprechen. Dieses Kennzeichen gilt für Biographie und Autobiographie in gleicher Weise. Ob jemand über sich selbst schreibt oder über einen Dritten – in der frühen Republik erfolgt die Stilisierung stets nach einem festgefügten Schema, das bestimmte Werte zugrunde legt. [...] Die offizielle Form der historisch eingekleideten Selbstdarstellung illustriert einen bestimmten Typus, exemplifiziert bestimmte *virtutes*, klammert Persönliches, das nicht ins Bild paßt, aus. Sie ist niemals Confessio.[183]

---

[177] Vgl. Cic. *Rab. Post.* 27; Sen. *epist.* 79, 14; Misch 245; Sonnabend 92f.; Walter (2003b) 38.

[178] Vgl. Tac. *Agr.* 1; Mehl, A.: Römische Geschichtsschreibung, Stuttgart/Berlin/Köln 2001, 66; Sonnabend 93.

[179] Vgl. Scholz 172f. Die Titel der Werke (z.B. *de vita sua* bei Scaurus) stehen dazu nicht im Widerspruch, denn *vita* meint hier die offizielle Seite des Lebens.

[180] Wenn dieses Kriterium dann doch einmal gegeben ist, ist es besonders hervorzuheben, so wie Momigliano 58 bezüglich der Kranzrede des Demosthenes betont: „The fascination of the *De corona* lies in its basic sincerity. The speech is autobiographical not only because it deals with episodes of Demosthenes' life but because it is unified by a strange, powerful, tantalizing examination of the whole of his past."

[181] Vgl. Pascal (1965) 30ff.

[182] Misch 214.

[183] Baier 137 und 140; vgl. Zimmermann (2005) 241; vgl. auch Pietzcker 21: „Autobiographen konstruieren also ihr Leben, stilisieren und inszenieren es."

In ihrer apologetischen Tendenz und in ihrer Funktionalisierung als Mittel der politischen Selbstbehauptung konstruierten und vermittelten diese Schriften ein Bild der eigenen Person[184], das Bezug nahm auf das in der Öffentlichkeit herrschende Bild, um es in apologetischer Weise zurechtzurücken[185] oder aber erst in gewünschter Weise zu etablieren. Für Innerlichkeit, Selbstbesinnung und Selbsterkenntnis war dort kein Platz[186], denn die Innerlichkeit war nicht für die Öffentlichkeit bestimmt, ganz anders als in modernen Autobiographien, in denen die Autoren das „offizielle" Bild ihrer Person durch ihre Innenansicht, durch die Enthüllung privater Gedanken und die Vermittlung einer exklusiv privaten Perspektive, zu ergänzen suchen.[187] In der Antike hingegen wird mit Hilfe autobiographischer Schriften dem herrschenden offiziellen Bild nur ein weiteres, jedoch selbst entworfenes, an die Seite oder gegenüber gestellt. Der Autobiograph konstruiert das eigene Bild unter Bezugnahme auf seine Adressaten[188] und auf das Bild, das die „anderen" – aus seiner eigenen Sicht! – von ihm haben.[189] „Während er sich in Traditionen bewegt, bezieht er

---

[184] Vgl. Howarth 85, der Autobiographien mit Selbstportraits vergleicht; Pietzcker 24.
[185] Sonnabend 89; Wagner-Egelhaaf 103 über die *Antidosis*.
[186] Vgl. Strasburger, H.: Psychoanalyse und Alte Geschichte, in: Studien zur Alten Geschichte, hrsg. v. W. Schmitthenner u. R. Zoepffel, Bd. II, Hildesheim/New York 1982, 1098-1110, h. 1102. Entsprechend konstatiert z.B. Bérard 89 in Caesars *commentarii* einen „refus [...] de toute introspection ou analyse intérieure". Auch schon für Platon *7. Brief* stellt Brisson (1993) 46 fest: „Dans cette autobiographie, la sphère du privé est particulièrement restreinte. L'individu se définit en fonction d'un groupe – famille au sens large, partisans au sens large (incluant même les membres de l'Académie), cité et même communauté linguistique -, et il a de la peine à exprimer des sentiments qui lui sont exclusifs, personnels."
[187] Vgl. Baier 140.
[188] Brusch 4.
[189] Die Vorstellung von dem Bild, das andere Personen von uns haben, hat identitätsstiftende Funktion, dazu Laing, R.D.; Philipson, H.; Lee, A.R.: Interpersonelle Wahrnehmung, Frankfurt a. M. 1971 (Orig.: Interpersonal Perception, London 1966, aus dem Englischen übersetzt von H.-D. Teichmann), 14ff.: „Mein Erfahrungsfeld ist indes nicht nur von meinem direkten Bild von mir selbst (*ego*) und dem der anderen (*alter*) ausgefüllt, sondern auch von etwas, das wir als *Meta*perspektive bezeichnen wollen: mein Bild von dem Bild, das sich die anderen [...] von mir machen. Vielleicht bin ich nicht einmal imstande, mich selbst so zu sehen, wie andere mich sehen, aber ich nehme von ihnen beharrlich an, daß sie mich in dieser oder jener Weise sehen, und mein Handeln geschieht stets im Lichte der tatsächlichen oder eingebildeten Haltungen, Meinungen, Ansprüche usw., die andere in bezug auf mich haben. [...] Diese Bilder der anderen von mir brauchen nicht passiv akzeptiert zu werden, doch können sie in meiner Entwicklung eines Empfindens dafür, wer ich bin, nicht außer acht gelassen werden. Denn selbst wenn das Bild, das sich ein anderer von mir macht, zurückgewiesen wird, wird es in seiner abgelehnten Form als Teil meiner Selbstidentität inkorporiert. Meine Selbstidentität wird dann mein Bild von mir, das ich als die Negation eines Bildes einer anderen Person von mir wahrnehme. Dadurch wird das »Ich« zum »Mich«, das von einer anderen Person falsch wahrgenommen wird, was zum

sich als Glied einer Gemeinschaft auf Andere und konstruiert für sie und sich selbst in Fortführung und Abweichung ein Bild seiner selbst."[190] Daher kann sich die Deutung autobiographischer Texte auch, wie Brusch[191] jüngst angemahnt hat, immer nur auf das stilisierte Bild der Person beziehen – eine Forderung, die vor dem Hintergrund, daß die moderne Forschung mehr und mehr auf den Konstruktionscharakter jeglichen autobiographischen Schreibens aufmerksam wird, auch auf moderne Autobiographien übertragbar ist.

Dem Bestreben römischer Staatsmänner, das in der Öffentlichkeit herrschende Bild der eigenen Person selbst zu bestimmen, liegt dabei nicht nur ein apologetisches, also eher defensiv geprägtes Anliegen zugrunde, sondern auch das Bedürfnis, mittels der Vermittlung eines positiven, idealisierenden Selbstbildes die Erinnerung an die eigenen Taten auch für die Nachwelt wachzuhalten[192] und den Nachruhm im eigenen Sinne festzuschreiben[193], als *monumentum aere perennius.*[194] Sullas *Commentarii*[195] stellen einen Meilenstein in der Entwicklung autobiographischen Schreibens in der Antike dar, denn dieses 22 Bücher umfassende Werk zielte nicht lediglich auf Apologie, sondern auf eine dezidiert positive Selbstdarstellung.[196] Autobiographisches Schreiben wird hier zu einem „Medium des selbst inszenierten Personenkultes"[197], und ein wesentliches Element dieser Inszenierung ist, in Entsprechung zu Sullas Selbstpräsentation in der Öffentlichkeit, die Selbstdarstellung als vom Glück begünstigter Liebling der Götter[198] sowie die Rückführung der überlegenen Stellung der eigenen Person auf die Nähe zu den Göttern[199], worin sich „eine neue Wendung in der typischen Äußerungsweise des herrscherlichen Selbstgefühls"[200] manifestiert. Indem er seine Handlungsentscheidungen auf göttliche Zeichen wie Wunder, Orakel und Traumerscheinungen und deren richtige Ausdeutung zurückführte[201], stellte er sein Handeln als göttlich legitimiert dar und sich selbst somit als Instrument der Götter.[202] „Der Sieg am Ende bewies die Zustimmung der Götter. Und diese weder diskutierbare noch in irgendeine

---

entscheidenden Aspekt des Bildes von mir selbst werden kann (z.B. »Ich bin jemand, den niemand wirklich versteht«)." Dazu auch Bruss 275.

[190] Pietzcker 24.

[191] Brusch 4.

[192] Misch 247.

[193] Vgl. Scholz 172.

[194] Hor. *carm.* 3, 30: *Exegi monumentum aere perennius.* Vgl. Zimmermann (2005) 241 zu Augustinus. Diese Vorstellung findet sich bereits in der *Antidosis* des Isokrates (*or.* 15, 7).

[195] HRR I 195-204.

[196] Vgl. Sonnabend 97.

[197] Ebd. 96.

[198] Misch 255; Sonnabend 96; Scholz 181.

[199] Misch 255; Plut. *Sull.* 6, 7-13 = HRR I fr. 8.

[200] Misch 255.

[201] Scholz 182.

[202] Sonnabend 97.

Relation zu setzende Legitimation allein vermochte es, in einer politischen Kultur, in der feste Überzeugungen, Programme oder gar Ideologien keine Rolle spielten, im Rückblick dem Leben eines Mannes einen einheitlichen Sinn zu verleihen."[203] Scholz sieht in der „*fortuna-ingenium*-Konzeption" ein „die Außenwirkung klug berechnendes, literarisches Vorgehen" und eine „Bescheidenheitsgeste", die darauf abzielt, die eigene, über die Standesgenossen herausragende Stellung zu verschleiern und durch die Berufung auf das Walten der *fortuna* über die eigenen Qualitäten hinwegzutäuschen, um nicht durch Selbstlob die Vorbehalte gegen seine Person zu verstärken, wie sie z.B. Cicero aufgrund seiner Bemühungen um öffentliche Anerkennung entgegenschlugen.[204] Die zweite durch diese Darstellungsstrategie Sullas erzielte Wirkung, die Scholz anführt, scheint jedoch die bedeutsamere und folgenreichere zu sein: „Zum anderen beanspruchte er durch die behauptete Nahbeziehung zu den Göttern einen Vorrang gegenüber allen Standesgenossen und Bürgern und trug so maßgeblich zur mythischen Überhöhung der eigenen Person bei."[205] Hier wird deutlich, daß die Propagierung eines exklusiven Drahtes zu den Göttern eine zweischneidige Angelegenheit ist, denn sie dient einerseits der Legitimierung des Handelns, hebt die betreffende Person aber zugleich aus den Rängen der Ihren heraus und macht sie damit der römischen Aristokratie suspekt.[206] Sonnabend vermutet, daß Sulla als einer der prominentesten Politiker Roms mit dieser Darstellungsweise Maßstäbe gesetzt habe[207] – in der Tat ist es wahrscheinlich, daß sich Cicero, der ja Sullas Werk selbst anführt[208], bei der Gestaltung seiner autobiographischen Epen und der von ihnen vermittelten Selbstinszenierung als göttlich instruierter Retter des Staates von Sullas Darstellung inspirieren ließ.[209]

---

[203] Walter (2003b) 38.

[204] Scholz 192f.

[205] Ebd. 193.

[206] Vgl. hierzu Stolle, R.: Ambitus et Invidia. Römische Politiker im Spannungsfeld zwischen persönlichem Ehrgeiz und Forderungen der Standesloyalität 200-133 v. Chr., (Diss. Köln 1997) Frankfurt a. M. u.a. 1999. Siehe auch Sonnabend 85; Laser, G.: Quintus Tullius Cicero. *Commentariolum Petitionis,* Darmstadt 2001, 9f.

[207] Sonnabend 97.

[208] Cic. *div.* I 72 (= HRR I fr. 9). Misch 256 verweist darauf, daß der Glaube an Auspizien und Omina politisch zur Selbsterhöhung dienen konnte, aber auch dazu, „durch übernatürliche Pragmatik das Einzelleben in einen einheitlichen Zusammenhang zu bringen." Diese Funktion der Berufung auf den göttlichen Willen wird auch bei Ciceros autobiographischen Epen zu bedenken sein.

[209] Während Sulla allerdings, wie Scholz 191 ausführt, bei seinem rasanten Aufstieg vom ärmlichen Aristokraten zum Retter des Senatregimes den für einen römischen Politiker geltenden Handlungsrahmen und das Normensystem überschritt, war Cicero in seinen autobiographischen Darstellungen darum bemüht, sein Handeln stets in den Rahmen der geltenden Normen einzuordnen und es dezidiert dem Willen des Senats und dem Wohl des Volkes unterzuordnen. Eben hieraus leitet er vielfach die Legitimität seines Handelns ab.

II. Überblick: Autobiographisches Schreiben bei Cicero

1. Charakteristik der autobiographischen Schriften und Passagen im Werk Ciceros

Mit seinen beiden autobiographischen Epen *De consulatu suo* und *De temporibus suis* reiht sich Cicero in die Tradition der apologetisch geprägten Tatenberichte ein, wenngleich er mit der Wahl der epischen Form einen neuen Weg einschlägt. Wie bei seinen Vorgängern ist auch hier, soweit die Titel und die erhaltenen Fragmente eine solche Feststellung zulassen, die Darstellung auf die politisch relevanten Abschnitte und Seiten seines Lebens beschränkt, so daß sie dem modernen Anspruch einer Ganzheitlichkeit der Lebensdarstellung nicht entsprechen. Immerhin handelt es sich um in sich geschlossene, einzig der Darstellung der eigenen Taten und Erlebnisse gewidmete Werke, die somit eine formale Ganzheitlichkeit aufweisen, wenngleich diese durch die fragmentarische Überlieferung nur noch zu erahnen ist. Doch erschöpft sich das zu untersuchende Corpus bei weitem nicht in diesen beiden Werken, denn Cicero kommt an unzähligen weiteren Stellen in seinem Gesamtcorpus auf sich selbst zu sprechen, in den Reden, den philosophischen und rhetorischen Schriften und natürlich in seiner Korrespondenz. Hieraus ergibt sich die Notwendigkeit, unter Anwendung der Definitionskriterien, die die Forschung bereitstellt, diejenigen Schriften und Passagen herauszulösen, die vor dem Hintergrund der Charakteristika, die autobiographisches Schreiben in der Antike aufweist, als autobiographisch einzustufen sind. Neben der Identität von darstellender und dargestellter Person sowie der rückblickenden Perspektive sind Intentionalität, worunter in diesem Zusammenhang die überlegte Ausrichtung der Selbstdarstellung auf eine bei den Adressaten zu erzielende Wirkung zu verstehen ist, und der damit verbundene Öffentlichkeitsbezug der Darstellung gerade für antike Texte als Kriterien zu berücksichtigen, wie die Beispiele autobiographischer Darstellungen vor Cicero gezeigt haben. Hierunter kann bei antiken Texten der eigentliche autobiographische Antrieb verstanden werden, und zwar im Sinne einer von Interpretation, Deutung und Rechtfertigung des eigenen Handelns geprägten Selbstdarstellung mit dem Ziel der Konstruktion und Etablierung eines vorteilhaften Bildes der eigenen Person in der Öffentlichkeit. Aus dieser Akzentuierung der Öffentlichkeit als Bezugspunkt der Selbstdarstellung ergibt sich, daß der Veröffentlichung der Schriften bzw. der Veröffentlichungsabsicht zum Zeitpunkt der Abfassung eine besondere Bedeutung zukommt. Nur aus solchen Schriften kann ein an die Öffentlichkeit gerichteter Entwurf eines Selbstbildes abgelesen werden, die während der Abfassung und Konstruktion eben dieses Bildes für die Öffentlichkeit bestimmt waren. Ciceros Briefe sind daher, obgleich sie als historische Quelle für Ciceros Leben und die politischen Ereignisse seiner Epoche so wertvoll sind[1] und das Leben Ciceros sowohl in der öffentlichen als auch in der privaten Ausprägung dokumentieren[2], selbst nicht autobiographisch, wie Baier jüngst völlig zu Recht betont hat.[3] Der fundamentale Unterschied zwischen Ciceros Briefen und denen Senecas und Plinius des Jüngeren liegt darin, daß es sich bei Cicero um „echte" Briefe bzw. Gebrauchsbriefe[4]

---

[1] Büchner, K.: RE VII, A1 (1939), s.v. (M. Tullius Cicero) „Briefe", 1192-1235, h. 1230ff.; Cugusi, P.: Evoluzione e forme dell'epistolografia latina nella tarda repubblica e nei primi due secoli dell'imperio. Con cenni sull'epistolografia preciceroniana, Roma 1983, 161.

[2] Vgl. Cugusi 162. Darüber hinaus lassen sich aus den Briefen auch auf überindividueller Ebene Schlüsse auf gesellschaftliche und politische Bedingungen zur Zeit der römischen Republik ziehen. So wertet Burckhardt, L.: „Zu Hause geht Alles, wie wir wünschen ..." – Privates und Politisches in den Briefen Ciceros, Klio 85 (2003), H. 1, 94-113 Ciceros Briefcorpus im Hinblick auf das Verhältnis von Privatem und Politischem in der römischen Gesellschaft aus und konstatiert eine „vielfältige Durchmischung beider Sphären" (112).

[3] Baier 133: „Lediglich in seinen Briefen offenbart sich Cicero der Nachwelt weitgehend unverstellt, wenn auch unfreiwillig und bisweilen – wie man an Petrarcas enttäuschtem und an Mommsens abschätzigem Urteil sieht – durchaus zu seinem Nachteil. Doch sind diese Briefe Autobiographien? Die klare Antwort heißt: nein. Das gesamte Corpus ist allenfalls autobiographisch 'malgré lui'." Vgl. zur besonderen Stellung der Briefe Ciceros Büchner (1939) 1234: „Daß so intime Briefe, die ohne einen Nebenzweck – anders steht es etwa mit dem Kunstbrief und dem Lehrbrief, die uns hier nichts angehen – gesammelt und veröffentlicht wurden, geschah mit C.s Briefen in der antiken Welt zum ersten Male [...] Einzigartig und alleinstehend sind die Briefe auch geblieben. Denn die Briefe Senecas sind ganz anderer Art. Und Plinius der Jüngere ahmt zwar C. in seinem Briefschrieben nach (*epist.* 9, 2), aber seine Briefe erhalten dadurch ein ganz anderes Gesicht, daß bei ihnen schon an die Veröffentlichung gedacht worden ist."

[4] Zwar distanziert sich die Forschung inzwischen von der auf Deissmann, A.: Licht vom Osten. Das Neue Testament und die neuentdeckten Texte der hellenistisch-römischen Welt, Tübingen [4]1923 ([1]1908), 194-196 zurückgehenden Unterscheidung zwischen echten und literarischen Briefen bzw. Briefen und Episteln als zu simplifizierend und den antiken Gegebenheiten nicht entsprechend, vgl. Görgemanns, H.; Zelzer, M.: DNP 3 (1997), s.v. „Epistel", 1161-1166, h. 1164; Thraede, K.: Grundzüge griechisch-römischer Brieftopik (Zetemata 48), München 1970, 1-4; Ludolph, M.: Epistolographie und Selbstdarstellung. Untersuchungen zu den 'Paradebriefen' Plinius des Jüngeren, (Diss. München 1996) Tübingen 1997, 23ff; Küppers, J.: Autobiographisches in den Briefen des Apollinaris Sidonius, in: Reichel, M. (Hg.): Antike Autobiographien. Werke – Epochen – Gattungen, Köln 2005, 251-277, h. 259f.; Sykutris, J: RE-Suppl. V (1931), s.v. „Epistolographie", 185-220, h. 187. Das Kriterium der Veröffentlichung bzw. Veröffentlichungsabsicht, das auch Deissmann anbrachte, behält seine Gültigkeit weiterhin auch bei einer differenzierten und die fließenden Grenzen in Rechnung stellenden Gattungstypologie. So hebt Schmidt, P.L.: DNP 2 (1997), s.v. „Brief", 771-773, h. 771 die Bestimmung für eine literarische Veröffentlichung explizit als prinzipielles Unterscheidungskriterium hervor. Die von Ludolph geforderte Besinnung auf die jeweiligen Produktionsbedingungen der Briefe als Unterscheidungskriterium zwischen Gebrauchsbrief und literarischem Brief erweist sich in

handelt, die zum Zeitpunkt ihres Entstehens nur für den jeweiligen Adressaten bestimmt waren[5] und deren Veröffentlichung, die erst nach seinem Tod erfolgte[6], nicht von Beginn an beabsichtigt war.[7] Für Cicero machte es durchaus einen Unterschied, ob seine Briefe nur von dem Adressaten gelesen würden oder weiteren Kreisen zugänglich sein würden: *Aliter enim scribimus quod eos*

---

diesem Zusammenhang als sehr brauchbar. Ludolph will nicht die ästhetische Gestalt der Briefe, sondern vielmehr die Verfasserintention als Kriterium gewertet wissen. Gebrauchsbriefe sind demnach solche Briefe, „die nur für den oder die Adressaten bestimmt sind und ihre Funktion allein in der aktuellen Kommunikation haben" (27). Entsprechend diesem Kriterium sind Ciceros Briefe als Gebrauchsbriefe zu klassifizieren. Eine differenzierte Gattungstypologie findet sich bei Cugusi 105ff.

[5] Hieran macht Hutchinson, G.O.: Cicero's Correspondence. A Literary Study, Oxford 1998, 78 den Unterschied zwischen Briefen und autobiographischen Texten fest.

[6] Görgemanns, H.: DNP 3 (1997), s. v. „Epistolographie", 1166-1169, h. 1166.

[7] Vgl. Boyancé 22f.: „Das bedeutet jedoch nicht, daß der ciceronische Brief im Hinblick auf die Veröffentlichung geschrieben worden sei. Bestimmte Briefe, sorgfältiger und ausführlicher geschrieben und von beinahe offiziellem Charakter, waren zweifellos nach der Vorstellung des Autors dazu bestimmt, von ihrem Empfänger verbreitet und somit auch von anderen gelesen zu werden. Aber das trifft für die Mehrzahl nicht zu; Cicero scheint vielmehr oft daran gelegen zu sein, aus Gründen der politischen Vernunft den vertraulichen Charakter seiner Korrespondenz zum Ausdruck zu bringen, und er zeigt sich oft besorgt über die Auswahl der Überbringer. Gerade dieser intime Charakter macht für uns den Wert der Korrespondenz aus." Es ist hierbei allerdings zu bedenken, daß auch ein einziger Adressat schon eine gewisse Öffentlichkeit darstellen kann, je nachdem, in welchem Verhältnis Cicero zu seinem jeweiligen Adressaten stand. Die Briefe an Atticus weisen sicherlich einen höheren Grad an Nähe und Vertrautheit auf (vgl. hierzu Ernstberger, R.: Studien zur Selbstdarstellung Ciceros in seinen Briefen, [Diss.] Heidelberg 1956, 20ff.) als z.B. Briefe an Caesar. Cugusi 162 verweist auf adressatenspezifische Unterschiede im Ton der Briefe. Um aber Briefe offizielleren (und so potentiell autobiographischen) Charakters in die Untersuchung aufnehmen zu können, wäre es nötig abzuschätzen, inwieweit Cicero den jeweiligen Adressaten als eine Art von Öffentlichkeit betrachtet hat. Ausgerechnet die Briefe, bei denen aufgrund der Adressaten ein offizieller Charakter am ehesten plausibel erscheint, sind allerdings entweder verloren, wie der Brief an Pompeius (vgl. *Sull.* 67; *fam.* 5, 7), der offenbar sehr wohl autobiographisch geprägt war (vgl. dazu auch Cugusi 121), oder enthalten keine über den situativen Rahmen hinausgehenden Ich-Aussagen, wie z.B. zwei Sendschreiben an den Senat (*fam.* 15, 1 und 2), aus denen allerdings zumindest dieselbe Betonung der eigenen Umsicht herausklingt wie aus vielen autobiographischen Schriften, und zwei Empfehlungsschreiben an Caesar (*fam.* 13, 15 und 16). Da auf das Gesamtcorpus gesehen nur Vermutungen über den Öffentlichkeitsgrad angestellt werden können und sich daraus demnach kein Kriterium zur Ableitung einer annähernd gesicherten Textauswahl ableiten läßt, ist es angeraten, das Briefcorpus insgesamt aus der Untersuchung auszuschließen.

solos quibus mittimus, aliter quod multos lecturos putamus.[8] So hatte er die Absicht, die Briefe vor ihrer Publikation zu überarbeiten.[9]

Darüber hinaus weisen Ciceros Briefe und damit auch die in ihnen enthaltenen Ich-Aussagen eine starke Bindung an die jeweilige Situation auf, in der sie entstanden sind. Das primäre Ziel ist die Information des jeweiligen Adressaten und der Austausch über das Tagesgeschehen[10], also eben dies, was Ludolph als „aktuelle Kommunikation“[11] bezeichnet. Den Briefen fehlt der autobiographische Antrieb einer intentional geprägten Selbstdarstellung unter Rückgriff auf die eigene Vergangenheit. Gerade der dokumentarische, durch Unmittelbarkeit der Darstellung geprägte Charakter der Briefe, aus dem ihre Eignung als historische Quelle resultiert, steht ihrer Klassifizierung als „autobiographisch“ entgegen und erfordert ihre Zuordnung zu den Ego-Dokumenten.[12] Darauf, die Briefe in diesem Sinne als historische Informationsquelle zu nutzen, kann auch hier nicht verzichtet werden. Doch eine Untersuchung, deren Ziel es ist, das Bild der eigenen Person herauszuarbeiten, das Cicero in der Öffentlichkeit etablieren wollte, sowie die Strategien, die dabei zur Anwendung kommen, muß der aus dem andersartigen Veröffentlichungsstatus resultierenden Differenz zwischen den Briefen und den übrigen Schriften Rechnung tragen und darf die Briefe nicht in derselben Weise heranziehen wie die übrigen Schriften.[13] Weder sind die Briefe autobiographisch noch können

---

[8] *fam.* 15, 21, 4 von Ende 46/Anfang 45.

[9] *Att.* 16, 5, 5 (9. Juli 44). Zur Sammlung und Veröffentlichung antiker Briefe siehe Peter, H.: Der Brief in der römischen Litteratur, Hildesheim 1965 (repr. Nachdruck der Ausgabe Leipzig 1901), 29ff.

[10] Seneca distanziert sich von dieser Art des Briefeschreibens (*epist.* 118, 2): *Numquam potest deesse quod scribam, ut omnia illa quae Ciceronis implent epistulas transeam: quis candidatus laboret; quis alienis, quis suis viribus pugnet; quis consulatum fiducia Caesaris, quis Pompei, quis arcae petat; quam durus sit fenerator Caecilius, a quo minoris centesimis propinqui nummum movere non possint. Sua satius est mala quam aliena tractare, se excutere et videre quam multarum rerum candidatus sit, et non suffragari.* Zu den Inhalten und Brieftypen bei Cicero siehe Thraede 27ff.; siehe *fam.* 2, 4; 4, 13. Einen Überblick über das Briefcorpus bieten Büchner (1939) 1192ff.; Plasberg, O.: Cicero in seinen Werken und Briefen, Darmstadt 1962 (Nachdruck der Ausgabe Leipzig 1926), 9ff.

[11] Ludolph 27.

[12] Zu der Opposition von autobiographischen Texten und Ego-Dokumenten sei nochmals auf Holdenried 20 verwiesen, siehe auch hier 31ff. Aus eben diesen Gründen unterscheidet Kuhlmann, P.: Autobiographische Zeugnisse auf Papyri. Einblicke in die antike Alltagskultur, in: Reichel, M. (Hg.): Antike Autobiographien. Werke – Epochen – Gattungen, Köln 2005, 109-121, h. 109f. den Papyrusbrief von autobiographischen Texten und rechnet ihn zu den Ego-Dokumenten.

[13] Die Aufnahme der Briefe in die Untersuchungen von Misch und Graff resultiert aus dem auf das menschliche Selbstbewußtsein ausgerichteten Ansatz. Graff will „Ciceros Selbstbewußtsein, in dem er sich als Mensch in seinem Eigenleben, als Politiker, als Philosoph und als Redner begriff, veranschaulichen“ (13). Dazu stuft er neben der Nutzung der Briefe als Hauptquelle die Auswertung der veröffentlichten Reden und Schriften als unbedenklich

sie Antworten auf die hier gestellten Fragen geben. Allerdings ermöglichen sie als Kontrastfolie zu den autobiographischen Schriften einen Vergleich zwischen privater und öffentlicher Selbstdarstellung bzw. -wahrnehmung und lassen den Grad der Konstruktion des öffentlichen Selbstbildes ermessen, ein Aspekt, der besonders bezüglich der Zeit des Exils seine Relevanz beweisen wird.

Zwischen den Epen auf der einen Seite, deren autobiographischer Charakter ein konstituierendes Merkmal ist, und den Briefen, die als Ego-Dokumente einzustufen sind, auf der anderen Seite, weist das Werk Ciceros eine Fülle von Schriften auf, deren primäre Intention zwar nicht die Selbstdarstellung ist, in denen Cicero aber in größerem oder geringerem Maße auf sich selbst zu sprechen kommt. Als autobiographisch sind hier solche Passagen einzustufen, in denen Cicero der Öffentlichkeit, an die sich die jeweilige Schrift wendet, eine Deutung und Interpretation seines eigenen Handelns vermittelt, sei es, daß er sich damit innerhalb des durch die Thematik der Schrift gesteckten Rahmens bewegt, sei es, daß er diesen Rahmen in Richtung auf seine Person hin ausdehnt. Relevant ist im diesem Zusammenhang, daß das Sprechen und Schreiben über die eigene Person nicht rein situativ und thematisch bedingt ist, sondern durch weitere Absichten. Die Funktionalisierung der autobiographischen Passagen, die in Reden, philosophische und rhetorische Schriften integriert sind, kann nur unter Berücksichtigung des argumentativen Kontextes der jeweiligen Schrift herausgearbeitet werden; dies gilt vor allem für die Reden, in denen die autobiographische Selbstdarstellung häufig aufs engste in den argumentativen Zusammenhang eingewoben ist.

An Ciceros autobiographischen Darstellungen wird die für den antiken autobiographischen Diskurs typische Anlehnung an bestehende literarische Gattungen besonders deutlich: Seine eigentlichen autobiographischen Schrif-

---

ein, „solange sich keine Widersprüche ergeben“ (15). Da sich sein Erkenntnisinteresse auf Ciceros Innerlichkeit und Selbstanschauung richtet, ist für Graff die Frage nach der Selbststilisierung eine Frage der Wahrhaftigkeit und der Auswertbarkeit der Aussagen Ciceros. Die Stilisierung macht die zur Veröffentlichung bestimmten Texte aus dieser Perspektive „verdächtig“, und daher will Graff sie nur insofern heranziehen, als sie keine Widersprüche aufwerfen, also als Ergänzung zu dem Briefmaterial. In diesem Sinne kann die Funktion, die er diesen Texten zuspricht, als sekundär betrachtet werden. Die in der vorliegenden Untersuchung gewählte Perspektive ist eine gänzlich andere, denn sie fokussiert gerade die Selbststilisierung und macht sie zum Untersuchungsgegenstand, und hieraus ergibt sich eine im Vergleich zu Graff umgekehrte Gewichtung der Texte: Nur die zur Veröffentlichung bestimmten Schriften können eine Antwort auf die Frage geben, wie sich Cicero mit Hilfe autobiographischer Schilderungen der Öffentlichkeit präsentierte. Diesem Unterschied zwischen Briefen und zur Veröffentlichung bestimmten Texten, für den ja auch Graff sensibilisiert ist, und dem Sonderstatus der Briefe als Übermittler unmittelbarer Äußerungen über die eigene Person trägt letztlich Ernstberger Rechnung, indem er seine Untersuchung gänzlich auf das Briefcorpus ausrichtet und die in ihm zutage tretende Selbstdarstellung herausarbeitet.

ten gießt er in die Form des Epos und nutzt die Möglichkeiten des Sprechens über die eigene Person, die sowohl die Gerichtsrede und die politische Rede bereitstellt sowie die philosophische und rhetorische Abhandlung. Dem Formenreichtum des autobiographischen Schreibens bei Cicero steht eine thematische Beschränkung gegenüber. Denn in der Tradition der römischen Tatenberichte konzentriert sich Cicero auf die für das öffentliche Leben wichtigsten Phasen seines Lebens, nämlich den Konsulat und sein Exil. Dies sind die beiden Ereignisse in seinem Leben, die dadurch, daß sie einen Rechtfertigungszwang nach sich zogen und damit auch ein Ringen um Anerkennung der eigenen Leistung, seine autobiographische Produktion anregten und antrieben. Zwar wird vor allem die Interpretation der Reden zeigen, daß das Sprechen und Schreiben über die eigene Person nicht ausschließlich aus persönlichen Motiven heraus erfolgte, sondern auch sachlich begründet war. Doch gerade der Entstehungskontext der eigentlichen autobiographischen Schriften, nämlich der Epen, deutet darauf hin, daß es, sozusagen am anderen Ende der Skala möglicher Motive, vor allem die Sorge um den gegenwärtigen und zukünftigen Ruf war, die Cicero veranlaßte, sein eigenes Handeln in so verschiedener Form immer wieder zu thematisieren.

2. Zwischen dem Streben nach Anerkennung und der Scheu vor Selbstdarstellung: Die Entstehungsumstände der autobiographischen Epen und Ciceros Suche nach einem Biographen

Bereits kurz nach seinem Konsulat sind erste Bemühungen Ciceros auszumachen, sich durch die Schilderung seiner Leistung Anerkennung zu verschaffen. Im Winter 63/62 sandte Cicero an Pompeius ein Schreiben *de meis rebus gestis et de summa re publica*[14], das wohl dazu dienen sollte, diesen durch die Schilderung der eigenen Verdienste bei der Amtsführung und der allgemeinen politischen Lage für sich einzunehmen.[15] Dieser nicht überlieferte Brief dürfte unter den Briefen Ciceros eine Ausnahme dargestellt und selbst autobiographischen Charakter gehabt haben:[16] Er war wahrscheinlich zur Veröffentlichung bestimmt[17], und davon abgesehen dürfte der prominente Adressat für Cicero in dieser Situation ohnehin einer gewissen Art von Öffentlichkeit

[14] *Sull.* 67 (62 v. Chr.): *Hic tu epistulam meam saepe recitas quam ego ad Cn. Pompeium de meis rebus gestis et de summa re publica misi, et ex ea crimen aliquod in P. Sullam quaeris et, si furorem incredibilem biennio ante conceptum erupisse in meo conculatu scripsi, me hoc demonstrasse dicis, Sullam in illa fuisse superiore coniuratione.*
[15] Vgl. Häfner, S.: Die literarischen Pläne Ciceros, (Diss. 1927) München 1928, 61f.
[16] Vgl. Cugusi 121; Baier 134.
[17] Vgl. auch Büchner (1939) 1245.

gleichgekommen sein. Dieser „offene Brief" war letztlich wohl nur der Form nach als Brief stilisiert. Zudem lag der Abfassung die Absicht Ciceros zugrunde[18], mit Hilfe der Darstellung des eigenen Handelns ein Selbstbild zu transportieren und dadurch Anerkennung einzufordern. Doch scheint er diese angestrebte Wirkung verfehlt zu haben, denn in einem Brief von April 62 beklagt sich Cicero darüber, daß Pompeius in seiner Antwort nicht auf diese Darstellung eingegangen sei.[19]

Aus diesem Ringen um Anerkennung durch Pompeius kann eine Motivation für das autobiographische Schreiben überhaupt abgelesen werden, auf die Laffranque[20] hinweist, nämlich ein gewisses Konkurrenzverhältnis zwischen Cicero und Pompeius bzw. zwischen den politischen Erfolgen des einen und den militärischen[21] des anderen. Ciceros Sorge, daß sein politisches Wirken und dessen Bedeutung für den Staat angesichts der militärischen Erfolge des Pompeius verblassen könnten, dürfte ein wichtiger Antrieb für Cicero gewesen sein, eben diesem Wirken die öffentliche Erinnerung zu sichern – „... es

---

[18] Vgl. die Betonung von Produktionsbedingungen und Verfasserintention als Kriterium zur Klassifizierung von Briefen bei Ludolph 23ff.

[19] *fam.* 5, 7, 3: *Ac ne ignores quid ego in tuis litteris desiderarim, scribam aperte, sicut et mea natura et nostra amicitia postulat. Res eas gessi, quarum aliquam in tuis litteris et nostrae necessitudinis et rei publicae causa gratulationem exspectavi; quam ego abs te praetermissam esse arbitror, quod vererere ne cuius animum offenderes.* Eisenberger, H.: Die Funktion des zweiten Hauptteils von Ciceros Rede für den Dichter Archias, WS 92 (N.S. 13) (1979), 88-98, h. 90 schließt hieraus, daß sich Cicero von der bloßen „Empfangsbestätigung", die er als Antwort erhielt, nicht von weiteren Bemühungen um die Anerkennung und Freundschaft des Pompeius abhalten ließ.

[20] Laffranque, M.: A propos des mémoires de Cicéron sur l'histoire de son Consulat, Rphilos 87 (1962), 351-358, h. 352 bez. des Verses *Cedant arma togae, concedat laurea laudi*, der auf Pompeius bezogen gewesen sein dürfte. Siehe dazu auch hier 85ff.

[21] Zu den militärischen Erfolgen des Pompeius siehe Syme, R.: Die römische Revolution. Machtkämpfe im antiken Rom (Orig.: The Roman Revolution, Oxford 1939, aus dem Englischen von F.W. Eschweiler und H.G. Degen, hrsg. von Chr. Selzer und U. Walter), Stuttgart 2003, 35-52; Bellen, H.: Grundzüge der römischen Geschichte. Erster Teil: Von der Königszeit bis zum Übergang der Republik in den Prinzipat, Darmstadt 1994, 117ff.; Gelzer, M.: Pompeius, München ^{2}1959 (^{1}1949), bes. 42ff; Smith (1966) 46-62. Hervorzuheben sind die unter seinem Kommando erlangten Siege über die Seeräuber (67 v. Chr.) und über Mithridates (66 v. Chr). Der wesentliche militärische Erfolg bestand in der Erweiterung des römischen Herrschaftsgebietes im Osten, die Pompeius nach seiner Rückkehr nach Italien (62 v. Chr.) mit einem grandiosen Triumph feierte (28. und 29. September 61 v. Chr.), der den Vergleich mit den Eroberungen Alexanders des Großen nahelegte (Bellen 124). Zu der Beziehung zwischen Cicero und Pompeius siehe auch Fuhrmann (1991) 113ff., der ein Versäumnis auf Seiten Ciceros darin sieht, sich nicht für Pompeius eingesetzt zu haben, als dieser nach seiner triumphalen Rückkehr die Versorgung seiner Truppen nicht gegen den Widerstand der Optimaten durchsetzen konnte und sich daher Caesar annäherte, der ihm Unterstützung zusagte (119). Siehe zum Charakter und zur Besonderheit der Laufbahn und der Erfolge des Pompeius auch Fuhrmann, M.: Marcus Tullius Cicero: Sämtliche Reden, 7 Bde, Düsseldorf/Zürich ^{3}2000 (^{1}1970), (Bd. I) 326ff.

war die alte Rivalität zwischen militärischem und zivilem, das heißt im Frieden erworbenem Ruhm."[22] Darüber hinaus mag es Cicero auch darum gegangen sein, sich mit Pompeius auf der Basis gegenseitiger Anerkennung zu verbünden.[23] Aus diesem doppelten Bestreben resultiert die Enttäuschung über die mangelnde Beachtung[24], die aus dem Brief von April 62 herauszuhören ist.

Ciceros Bemühungen um Würdigung seiner Taten konzentrierten sich zunächst darauf, andere dazu zu bewegen, über ihn zu schreiben.[25] Dies war zu Ciceros Zeit eine übliche Vorgehensweise prominenter Politiker.[26] Offensichtlich wollte Cicero die Wahrung seines Ansehens über den Weg literarischer Darstellung nicht dem Zufall oder dem Engagement künftiger Historiker überlassen, sondern zum einen selbst noch in den Genuß des so vermittelten Ruhmes kommen und zum anderen Einfluß nehmen auf die Art der Darstellung.[27] An Ciceros Beispiel ist dabei besonders anschaulich nachzuvollziehen, daß die autobiographische Darstellung zur Zeit der Republik eine Notlösung darstellte, „zu der man griff, wenn sich niemand fand, der den Part des Enkomiasten übernehmen wollte."[28]

Von dem griechischen Dichter Archias[29], der bereits eine Darstellung über Marius verfaßt hatte[30], wünschte er sich, wohl als Gegenleistung dafür, daß er dessen Verteidigung in einem Prozeß bezüglich des Bürgerrechts übernahm,

---

[22] Grimal (1988) 209. Zum Konkurrenzverhältnis zwischen Cicero und Pompeius siehe auch Steel, C.E.W.: Cicero, Rhetoric, and Empire, Oxford 2001, 168f. sowie zu Ciceros Stilisierung als *imperator togatus* auch May (1988) 58 und Dugan, J.: How to Make (and Break) a Cicero: *Epideixis*, Textuality, and Self-fashioning in the *Pro Archia* and *In Pisonem*, ClAnt 20 (2001), 35-77, h. 51.

[23] Misch 258.

[24] Fuhrmann (1991) 102 geht sogar davon aus, daß Pompeius „von Ciceros Ruhmredigkeit peinlich berührt" war.

[25] Insgesamt hierzu auch Baier 128ff.

[26] Mehl (2001) 71. Er führt als Beispiele seit ca. 100 v. Chr. Gaius Marius (dessen Biograph Aulus Licinius Archias war), Quintus Lutatius Catulus, Lucius Cornelius Sulla, Quintus Metellus Pius und Gnaeus Pompeius Magnus an. Die genannten Politiker hatten allerdings mehr Erfolg und warteten im Gegensatz zu Cicero nicht vergeblich auf die Werke.

[27] Vgl. Sonnabend 80.

[28] Baier 133.

[29] Hose, M.: Cicero als hellenistischer Epiker, Hermes 123 (1995), 455-469, h. 459f. interpretiert die Wahl eines griechischen Dichters als Hinweis darauf, daß Cicero eine Darstellung in griechischer Tradition anstrebte, und vermutet, daß sich Cicero dann in *De consulatu suo* selbst an die hellenistische Tradition anlehnte. Auch Schmidt, E.A.: Das Selbstverständnis spätrepublikanischer und frühaugusteischer Dichter in ihrer Beziehung zu griechischer und frührömischer Dichtung, in: Schwindt, J.P. (Hg.): L'Histoire littéraire immanente dans la poésie latine (Entretiens sur l'antiquité classique, Tome XLVII), Genève 2001, 97-142, h. 108 äußert die vorsichtige Vermutung, daß Cicero sich bei der Abfassung seiner Epen an den Dichtungen des Archias orientierte.

[30] *Arch.* 19 = FGrHist 186; Mehl (2001) 71.

eine dichterische Darstellung seiner Taten[31], womit er sich in die Tradition der hellenistischen Fürstenepen stellte, in denen die Taten einzelner Herrscher, vor allem Alexanders des Großen, verherrlicht wurden. Ciceros Anliegen, einen „epischen Künder"[32] der eigenen Taten zu finden, gliedert sich somit ein in eine bestehende Tradition und findet hierin seine Grundlegung, zeugt aber zugleich von dem nicht gerade bescheidenen Anspruch, eine mit diesen Herrschern vergleichbare Bedeutung zu haben.

In seiner Rede für Archias[33] thematisiert Cicero dieses Anliegen und läßt Hörer und Leser wissen, daß der Dichter damit begonnen und Cicero bereits eine Probe zu hören gegeben habe (*Arch.* 28):

> *Nam quas res nos in consulatu nostro vobiscum simul pro salute huius urbis atque imperi et pro vita civium proque universa re publica gessimus, attigit hic versibus atque inchoavit. Quibus auditis, quod mihi magna res et iucunda visa est, hunc ad perficiendum adornavi. Nullam enim virtus aliam mercedem laborum periculorumque desiderat praeter hanc laudis et gloriae; qua quidem detracta, iudices, quid est quod in hoc tam exiguo vitae curriculo et tam brevi tantis nos in laboribus exerceamus?*

Laus und *gloria* sind der Lohn, den sich Cicero hier öffentlich für seine Mühen wünscht.[34] Doch seine Hoffnung, daß der Dichter ihm dazu verhelfen und die Aufgabe tatsächlich ausführen würde, war vergeblich, denn im Juli 61 schreibt Cicero an Atticus (*Att.* 1, 16, 15): ... *Archias nihil de me scripserit.*

Aus einem anderen Brief an Atticus[35] aus dem Jahre 60 ist ersichtlich, daß Cicero ein griechisches Hypomnema über seine Taten verfaßt[36] und bereits an Atticus abgeschickt hatte[37], daß zu diesem Zeitpunkt eine lateinische Fassung in Arbeit war, über die allerdings nichts Weiteres bekannt ist[38], und er den Plan zu einer dichterischen Darstellung hatte, womit *De consulatu suo* gemeint sein dürfte. Atticus hatte seinerseits ein Hypomnema über Ciceros Konsulat verfaßt (*Att.* 2, 1, 1), mit dessen Gestaltung Cicero allerdings nicht

---

[31] Mehl (2001) 72 vermutet, daß dies in Konkurrenz zu Pompeius und dessen Dichter Theophanes aus Mytilene geschehen sollte.

[32] Kost, K.: s.v. „Epos", in: Schmitt, H.H.; Vogt, E. (Hgg.): Kleines Lexikon des Hellenismus, Wiesbaden [2]1993 ([1]1988), 190-194, h. 191.

[33] Siehe dazu v.a. Dugan (2001) passim.

[34] Vgl. auch *Catil.* III 26; IV 23.

[35] *Att.* 1, 19, 10 = FGrHist 235 T 1a. *Commentarium consulatus mei Graece compositum misi ad te.* [...] *Latinum si perfecero, ad te mittam. Tertium poema exspectato, ne quod genus a me ipso laudis meae praetermittatur.* [...] *quamquam non ἐγκωμιαστικὰ sunt haec sed ἱστορικὰ quae scribimus.*

[36] Vollendet wohl 61/60 v. Chr., vgl. Häfner 61.

[37] Vgl. auch *Att.* 1, 20, 6.

[38] Der lateinische Kommentar wird sonst nicht mehr erwähnt, und es ist zweifelhaft, ob er überhaupt vollendet bzw. veröffentlicht wurde, vgl. dazu Häfner 61, Grollmus, M.: De M. Tullio Cicerone poeta, (Diss.) Königsberg 1887, 30 und Ewbank, W.W.: The Poems of Cicero, New York/London 1978 (Nachdruck der Ausgabe London 1933), 10.

zufrieden war[39], da es ihm im Vergleich zu seiner eigenen Darstellung zu schlicht und kunstlos erschien: *Meus autem liber totum Isocrati myrothecium atque omnis eius discipulorum arculas ac non nihil etiam Aristotelia pigmenta consumpsit.* Daraus geht hervor, daß sich Cicero mit seinem Hypomnema nicht in die Tradition einer nüchtern und schlicht gehaltenen Faktensammlung als Vorlage für eine Ausfeilung durch einen anderen stellte.[40] Lendle schließt aus der Darstellung, die Cicero später (im Jahre 56) von dem Historiker Lucceius forderte[41], auf die Art der Darstellung, die in dem Hypomnema vorgelegen haben dürfte, und beschreibt das Werk so:

> Es war im strengen technischen Sinn kein Enkomion, aber gewiß auch kein objektiv historisches Werk, sondern eine Schilderung historischer Vorgänge, die in fesselnder und dramatischer Darbietung auf eine *laudatio* Ciceros hin akzentuiert waren. Wir müssen mit einer ausgesprochen subjektiven, psychagogischen, die Gestalt des Konsuls unverhältnismäßig stark ins Licht stellenden und nicht einmal vor „Fälschungen", sofern sie im Sinne dieser Konzeption erklärt werden können, zurückschreckenden Berichterstattung über die Vorgänge des Jahres 63 rechnen.[42]

Lendle vermutet mit großer Plausibilität, daß Plutarch das Hypomnema als Quelle für seine Cicerovita benutzte, und sieht einen Nachhall des rhetorisch-dramatischen Erzählstils vor allem bei der plutarchischen Schilderung der triumphalen Heimkehr Ciceros[43] (Plut. *Cic.* 22, 5-7)[44], die einem zivilen Tri-

---

[39] Dazu auch Lendle, O.: Ciceros Ciceros *ὑπόμνημα περὶ τῆς ὑπατείας*, Hermes 95 (1967), 90-109, h. 90f. und Mehl (2001) 72.

[40] Büchner (1939) 1245.

[41] *fam.* 5, 12.

[42] Lendle (1967) 94. Plutarchs Kenntnis des Hypomnema geht aus dessen Erwähnung in *Crass.* 13 und *Caes.* 8 hervor. Über das Hypomnema als Quelle für Plutarch siehe auch Misch 260; Moles, J.L.: Plutarch. The Life of Cicero, Warminster 1988, 28. Zur generellen Frage nach Plutarchs Quellen für seine Römerbiographien, die verknüpft ist mit der nach seinen Lateinkenntnissen, siehe Gudemann, A.: The Sources of Plutarch's Life of Cicero, Rom 1971 (Nachdruck der 1. Ausgabe Philadelphia 1902); Homeyer, H.: Die Quellen zu Ciceros Tod, Helikon 17 (1977), 56-96; Peter, H.: Die Quellen Plutarchs in den Biographien der Römer, Halle 1865; Scardigli, B.: Die Römerbiographien Plutarchs. Ein Forschungsbericht, München 1979, v.a. 4ff.; Smith, R.E.: Plutarch's Biographical Sources in the Roman Lives, CQ 34 (1940), 1-10.

[43] Am Abend des 5. Dez. nach den Hinrichtungen.

[44] *ἤδη δ' ἦν ἑσπέρα, καὶ δι' ἀγορᾶς ἀνέβαινεν εἰς τὴν οἰκίαν, οὐκέτι σιωπῇ τῶν πολιτῶν οὐδὲ τάξει προπεμπόντων αὐτόν, ἀλλὰ φωναῖς καὶ κρότοις δεχομένων καθ' οὓς γένοιτο, σωτῆρα καὶ κτίστην ἀνακαλούντων τῆς πατρίδος. τὰ δὲ φῶτα πολλὰ κατέλαμπε τοὺς στενωπούς, λαμπάδια καὶ δᾷδας ἱστάντων ἐπὶ ταῖς θύραις. αἱ δὲ γυναῖκες ἐκ τῶν τεγῶν προὔφαινον ἐπὶ τιμῇ καὶ θέᾳ τοῦ ἀνδρός, ὑπὸ πομπῇ τῶν ἀρίστων μάλα σεμνῶς ἀνιόντος· ὧν οἱ πλεῖστοι πολέμους τε κατειργασμένοι μεγάλους καὶ διὰ θριάμβων εἰσεληλακότες καὶ προσεκτημένοι γῆν καὶ θάλατταν οὐκ ὀλίγην, ἐβάδιζον ἀνομολογούμενοι πρὸς ἀλλήλους, πολλοῖς μὲν τῶν τόθ' ἡγεμόνων καὶ στρατηγῶν πλούτου καὶ λαφύρων καὶ δυνάμεως χάριν ὀφείλειν τὸν Ῥωμαίων δῆμον, ἀσφαλείας δὲ καὶ σωτηρίας ἑνὶ μόνῳ Κικέρωνι, τηλικοῦτον*

umphzug zur Krönung der Tat gleichkommt und Ciceros Wunschvorstellung von einer allgemeinen Anerkennung seiner Leistung und seiner Person entsprochen haben dürfte.

> Cicero vorbehaltlos anerkannt von den Optimaten, gefeiert vom Volk, der consensus omnium bonorum in seiner Person verwirklicht, der Zivilist geleitet von einem Gefolge siegreicher Militärs, deren Triumphe sogar in ihren eigenen Augen vor seiner Tat verblassen, der alleinige Retter des Vaterlandes, an dessen Tapferkeit und Umsicht die größte Revolution aller Zeiten zerbrach: das war die Wunscherfüllung eines Traumes, wie ihn nur Cicero selber träumen konnte und noch im Jahre 60 geträumt hat, als seine Mitbürger längst nicht mehr daran dachten, in ihm den Gründer eines neuen Rom zu preisen. Es scheint mir evident, daß uns in diesem enthusiastischen Cicerohymnus der künstlerische Höhepunkt seines eigenen Hypomnema nach Gedankengang und dramatischer Anlage erhalten ist.[45]

Hose weist darauf hin, daß sich Cicero demnach in seinem Hypomnema als *σωτήρ* und *κτίστης τῆς πατρίδος* darstellt und sich so in seiner Selbstdarstellung an das hellenistische Herrscherideal anlehnt[46], eine Konzeption, die damit zugleich auch für das Epos *De consulatu suo* wahrscheinlich wird. Mit seinem Hypomnema dürfte Cicero in Anlehnung an die römischen Tatenberichte[47], besonders an Sulla, den Versuch unternommen haben, sich Anerkennung für seine Leistung zu verschaffen und diese zu bewahren, auch gegen die Kritik politischer Gegner, und die Erinnerung an seine Tat durch die Fixierung in einem literarischen Denkmal zu bewahren und auch für die Nachwelt wachzuhalten.[48] Die Sorge um den Ruhm ist als Triebfeder der autobiographischen Produktion Ciceros zugleich defensiv und offensiv geprägt, denn die apologetische Tendenz der Selbstdarstellung geht einher mit einer offensiven Propagierung der eigenen Leistung, deren angestrebte Wirkungsdimension nicht nur die Gegenwart, sondern vor allem auch die Zukunft umfaßt.

Cicero sandte sein Hypomnema auch an den Philosophen und Historiker Poseidonios[49] in der Hoffnung, daß dieser den Stoff ausschmücken würde.

ἀφελόντι καὶ τοσοῦτον αὐτοῦ κίνδυνον. οὐ γὰρ τὸ κωλῦσαι τὰ πραττόμενα καὶ κολάσαι τοὺς πράττοντας ἐδόκει θαυμαστόν, ἀλλ' ὅτι μέγιστον τῶν πώποτε νεωτερισμῶν οὗτος ἐλαχίστοις κακοῖς ἄνευ στάσεως καὶ ταραχῆς κατέσβεσε.

[45] Lendle (1967) 106.

[46] Hose 465.

[47] Vgl. Koch, E.: Ciceronis carmina historica restituta atque enarrata, (Diss.) Greifswald 1922, 84.

[48] Vgl. Lendle (1967) 109. Für ihn haben wir in dem Hypomnema Ciceros „kein der historischen Forschung dienliches Dokument vor Augen, sondern eher ein Zeugnis maßloser Überschätzung der eigenen Stellung im Kräftespiel der politischen Parteien, aber zugleich doch auch den ersten großartigen Versuch Ciceros, in seiner Person das Bild des princeps patriae einer besseren Zukunft zu malen – das ganz neue Bild des zivilen, politischen, des nicht militärischen Triumphators."

[49] Ihm war Cicero während seiner Griechenlandreise auf Rhodos begegnet, vgl. Plut. *Cic.* 4, 5; Cic. *nat. deor.* I 6; *Tusc.* II 61; siehe auch Gelzer (1969) 25f; Philippson, R.: RE VII, A1

Doch nahm Poseidonios offenbar gerade die für ein Hypomnema ungewöhnliche künstlerische Gestaltung, die Cicero bereits selbst vorgenommen hatte, zum Anlaß, das Anliegen abzulehnen bzw. sich aus der Affäre zu ziehen[50], wie Cicero Atticus berichtet (*Att.* 2, 1, 2):

> *Quamquam ad me rescripsit iam Rhodo Posidonius se, nostrum illud ὑπόμνημα* <*cum*> *legeret quod ego ad eum ut ornatius de isdem rebus scriberet miseram, non modo non excitatum esse ad scribendum sed etiam plane deterritum. Quid quaeris? Conturbavi Graecam nationem.*[51]

Vor dem Hintergrund der geradezu pathetischen Gestaltung des Hypomnema, die durch die plutarchische Darstellung hindurchscheint, ist diese Ablehnung verständlich, denn auch aus moderner Sicht sind die von Poseidonios ins Feld geführten Bedenken nachvollziehbar: Wie hätte er die Ciceronische Darstellung noch übertreffen sollen? Laffranque vermutet als Grund für die Ablehnung durch Poseidonios allerdings ein mangelndes Interesse an der von Cicero gewünschten Art der Darstellung und eine Bevorzugung der Taten des Pompeius.[52]

Parallel zu dieser Suche nach einem Biographen und zu der Abfassung des Hypomnema, das dabei als Materialsammlung dienen sollte bzw. kurz danach, wie aus *Att.* 1, 19, 10 hervorgeht, verfaßte Cicero sein erstes autobiographisches Epos *De consulatu suo.*[53] Offenbar zog er aus seinen gescheiterten

---

(1939), s.v. (M. Tullius Cicero) „Philosophische Schriften", 1104-1192, h. 1176; zu Poseidonios vgl. Laffranque, M.: Poseidonios d'Apamée. Essai de mise au point, Paris 1964; Malitz, J.: Die Historien des Poseidonios (Zetemata 79), München 1983.

[50] Fuhrmann (1991) 122.

[51] Bezüglich dieser Stelle verweist Bérard 87 auf die Parallele zu *Brut.* 262: „... l'orateur reconnaît ici avoir fait exactement ce qu'il dit de César dans le *Brutus* (262): écrire un commentaire trop achevé qui décourage les historiens, c'est-à dire avoir fait œuvre d'écrivain. Cicéron ni César n'étaient à ce point maladroits pour sortir du genre du *commentarius* sans s'en apercevoir. Ils ne faisaient qu'user de fausse modestie et d'une fiction commode qui consistait à présenter des mémoires personnels comme le brouillon d'une histoire future." *Brut.* 262: *Tum Brutus: Orationes quidem eius mihi vehementer probantur. Compluris autem legi atque etiam commentarios quos idem scripsit rerum suarum. Valde quidem, inquam, probandos; nudi enim sunt, recti et venusti, omni ornatu orationis tamquam veste detracta. Sed dum voluit alios habere parata, unde sumerent qui vellent scribere historiam, ineptis gratum fortasse fecit, qui illa volent calamistris inurere: sanos quidem homines a scribendo deterruit; nihil est enim in historia pura et inlustri brevitate dulcius.* Auffällig ist allerdings, daß Cicero die Perfektion der Darstellung, die andere im Falle Caesars von einer weiteren Bearbeitung abschrecke, gerade in der Schlichtheit der Darstellung sieht, während er dies bei seinem eigenen Hypomnema auf die Ausschmückung zurückführte.

[52] Laffranque (1962) 355.

[53] Seinem Konsulat widmete Cicero zudem eine nicht überlieferte weitere Schrift, deren Titel *Anecdota* bzw. *De consiliis* lautete, vgl. Büchner (1939) 1267-1269; Häfner 64ff. An dieser Schrift arbeitete Cicero sowohl im Jahre 59 als auch nach einiger Unterbrechung

Versuchen, sich einen Biographen zu verpflichten, die Konsequenz, zu seinem eigenen Biographen zu werden. In welchem Maße die autobiographische Schilderung eine Notlösung darstellte, wird augenfällig anhand des zweiten Epos *De temporibus suis*.

Auch dieses Werk entstand im Zusammenhang mit einer Zäsur in Ciceros Leben, diesmal jedoch im negativen Sinn: dem Exil (58-57 v. Chr.) und seiner Aufarbeitung. Denn nach der Rückkehr hatte Cicero das Bedürfnis, der Öffentlichkeit die Bedeutung seiner Taten vor Augen zu führen bzw. mit dieser für ihn nur schwer zu ertragenden Erfahrung und *seiner* Deutung der Geschehnisse an die Öffentlichkeit zu treten[54], ein Bemühen, von dem vor allem die Reden *Post Reditum* und die darin vermittelte Interpretation der eigenen Vergangenheit Zeugnis ablegen.[55]

Wie zuvor im Falle seines Konsulats bemühte er sich auch jetzt zunächst darum, einen anderen für die Darstellung zu gewinnen, nämlich den ihm befreundeten Historiker Lucceius, den er in einem Brief aus dem Jahre 56 um diesen Gefallen bittet (*fam.* 5, 12).[56] (Fast) ohne Umschweife kommt er sogleich zu Beginn des Briefes auf sein Anliegen zu sprechen:

> (1) *Coram me tecum eadem haec agere saepe conantem deterruit pudor quidam paene subrusticus, quae nunc expromam absens audacius; epistula enim non erubescit. Ardeo cupiditate incredibili neque, ut ego arbitror, reprehendenda, nomen ut nostrum scriptis inlustretur et celebretur tuis. Quod etsi mihi saepe ostendisti te esse facturum, tamen ignoscas velim huic festinationi meae.*

---

wieder im Jahre 44, nach dem Tod Caesars (*Att.* 2, 6, 2; 14, 14, 5; D.C. 39, 10, 2f.). Die Schrift enthielt offenbar brisante Enthüllungen und Hintergrundinformationen über die Catilinarische Verschwörung, u.a. bezüglich einer Beteiligung des Crassus und Caesars. Daher konnte Cicero die Schrift zunächst nicht veröffentlichen (*Att.* 2, 12, 3; 14, 17, 6), hat es dann aber wahrscheinlich nach beider Tod getan (*Att.* 16, 11, 3; Plut. *Crass.* 13, 2ff.), vgl. Büchner (1939) 1268.

[54] Zu Exil und Rückkehr siehe Giebel 51ff.; Fuhrmann (1991) 128ff.; Grimal 206ff. Wie sehr Cicero im Exil litt, geht aus einigen Briefen hervor, vgl. z.B. *fam.* 14, 4 und bes. *Att.* 3, 15. Siehe zur Bedeutung und Verarbeitung des Exils auch Claassen, J.-M.: Cicero's Banishment: *Tempora et Mores*, AClass 35 (1992), 19-47. Darüber hinaus dürfte auch der Plan, eine Zeitgeschichte zu verfassen (siehe Häfner 79ff. mit Belegstellen), u.a. mit Ciceros Bemühen in Zusammenhang gestanden haben, seinen Taten ein literarisches Forum zu verschaffen und ihnen die Erinnerung zu sichern; vgl. Häfner 85f.; zur Historiographie als Monument der *gloria* siehe Beretta, D.G.: Promoting the Public Image. Cicero and his Consulship, (Diss.) Baltimore 1996.

[55] Zu den Reden *Post Reditum* siehe hier Kap. IV 3.4.

[56] Siehe zu Ciceros Strategie in diesem Brief auch Dugan (2001) 56ff., der den Brief in Bezug setzt zu *Pro Archia.* Siehe dazu auch Rudd, N.: Stratagems of Vanity: Cicero, *Ad Familiares* 5.12 and Pliny's letters, in: Woodman, T.; Powell, J. (Hgg.): Author and Audience in Latin Literature, Cambridge 1992, 18-32.

Indem Cicero hier von sich selbst das Bild des verschämt Bittenden zeichnet[57], stimmt er seinen Adressaten in apologetischer Weise auf sein Anliegen ein. Doch macht er zugleich deutlich, daß seine Zurückhaltung und Scheu einem Mann in seiner Position eigentlich nicht ansteht (der *pudor* ist *paene subrusticus*), denn das Bitten um eine Gunst war ein integraler und selbstverständlicher Bestandteil im politischen Leben Roms.[58] Fast klingt es so, als wundere sich Cicero selbst über seine Zurückhaltung. Doch kombiniert er hier ganz bewußt die Selbstdarstellung als schüchterner Bittsteller mit dem Hinweis auf die Legitimation der Bitte, um deutlich zu machen, daß er sich einerseits der Außergewöhnlichkeit seines Anliegens bewußt ist, andererseits aber glaubt, einen legitimen Anspruch auf die Formulierung und Erfüllung seiner Bitte zu haben. Und gleich darauf wird aus dem Verschämten der geradezu Besessene: *Ardeo cupiditate incredibili neque ... reprehendenda.* Wie vorher die Scham, so betont er hier die Dringlichkeit seines Anliegens, ja seinen geradezu besessenen Wunsch, und auf eventuelle Kritik daran geht er ein, indem er sie als unberechtigt bezeichnet. Er macht durch diese Vorgehensweise deutlich, daß er sich bewußt ist, ein delikates Anliegen vorzubringen, und geschickt laviert er zwischen beschämter Zurückhaltung und nachdrücklichem Bitten. Hall weist darauf hin, daß Cicero eine Herausforderung zu meistern hatte: Sein Ehrgeiz drängte ihn, seine Bitte auszusprechen und dafür zu sorgen, daß Lucceius die Dringlichkeit bewußt wurde, zugleich aber mußte er Rücksicht auf seinen Adressaten nehmen und damit rechnen, daß dieser ablehnend auf das persönliche Anliegen Ciceros reagieren könnte. „Cicero must at one moment press his case, while at the next, repair the possible damage caused by the request."[59] Daher kalkuliert er mögliche Einwände des Lucceius ein und zeigt so, daß er nicht auf seine persönliche Perspektive fixiert ist, sondern auch die Position seines Adressaten im Blick hat:

> (2) *Neque tamen ignoro quam impudenter faciam, qui primum tibi tantum oneris imponam (potest enim mihi denegare occupatio tua), deinde etiam ut ornes me postulem. Quid, si illa tibi non tanto opere videntur ornanda?*

Doch bei dem Gedanken, daß Lucceius die Taten Ciceros nicht für würdig erachten könnte (was Lucceius aus Höflichkeit in dieser Weise niemals als Grund angeben könnte), verweilt Cicero nicht lange, sondern kommt gleich wieder auf seine Bitte zurück und äußert sich sogar über die Art der Darstellung, die er sich von Lucceius erhofft, gerade so, als habe er ohnehin schon alles auf eine Karte gesetzt und könne deshalb auch gänzlich unbescheiden sein:

---

[57] Vgl. Baier 130f.

[58] Vgl. Hall, J.: Cicero to Lucceius (*fam.* 5.12) in its Social Context: *valde bella*?, CPh 93 (1998), 308-321, h. 309f. und 319.

[59] Ebd. 313.

(3) *Sed tamen, qui semel verecundiae finis transierit, eum bene et naviter oportet esse impudentem. Itaque te plane etiam atque etiam rogo, ut et ornes ea vehementius etiam quam fortasse sentis, et in eo leges historiae neglegas gratiamque illam* [...] *ne aspernere amorique nostro plusculum etiam, quam concedet veritas, largiare.*

(4) *Multam etiam casus nostri varietatem tibi in scribendo suppeditabunt plenam cuiusdam voluptatis, quae vehementer animos hominum in legendo te scriptore tenere possit.*

Mit seiner Einleitung *qui semel verecundiae finis transierit* zeigt Cicero, daß er zur Selbstironie fähig ist, und er läßt mit dieser ironischen Formulierung die Möglichkeit offen, gemeinsam mit Lucceius über seine offen ausgesprochenen Wünsche zu lachen.[60] Doch damit bereitet er nur einen weiteren Schritt in seiner Überzeugungsarbeit vor: Er will Lucceius nicht nur dazu bringen, überhaupt über ihn zu schreiben, sondern er will auch Einfluß nehmen auf die Art der Darstellung: In ihr soll die Wahrheit durchaus hinter der angestrebten dramatischen Wirkung zurückstehen. Das hier entworfene Konzept erinnert an die peripatetische Geschichtsschreibung, in der zuweilen die Wahrheit hinter die einseitige Akzentuierung bestimmter Handlungen oder Vorgänge zurücktritt.[61] Es kommt Cicero darauf an, seine Taten in einer dramatischen Weise verherrlicht zu sehen, die dem Leser Vergnügen bereitet. Eine Dramatisierung des Geschehens und eine Betonung der Rolle Ciceros (*casus nostri*) sind die wesentlichen Elemente, die Lucceius in seine Darstellung einbringen soll.[62] Laffranque beschreibt den Charakter des von Lucceius geforderten Werkes so:

C'est une sorte de panégyrique, à l'occasion des événements de ce consulat qui a décidé de sa carrière politique. Il ne demande pas un ouvrage polémique, mais bien évidem-

---

[60] Ebd. 314.

[61] Lendle (1967) 93. Dazu Misch 263f.: „In dieser Epistel [...] setzt er dem Historiker die Gesichtspunkte für die gewünschte Darstellung auseinander, und das ist nun ganz nach der Art der dichterischen oder romanhaften, mit Affekt-Aufregung und Schicksalsperipetien arbeitenden hellenistischen Geschichtsschreibung. [...] Was Cicero hier für sich verlangt, war in der hellenistischen Geschichtsdichtung als eine bestimmte Form für die „tragische" Darstellung historischer Persönlichkeiten gegeben: es bestand hier eine Gattung der historischen Monographie, deren typische Züge von der rhetorischen Theorie so beschrieben wurden, wie Cicero es tut [...]." Zur hellenistischen Geschichtsschreibung vgl. Lendle, O.: Einführung in die griechische Geschichtsschreibung. Von Hekataios bis Zosimos, Darmstadt 1992, 180ff und Meister, K.: Die griechische Geschichtsschreibung. Von den Anfängen bis zum Ende des Hellenismus, Stuttgart/Berlin/Köln 1990, 95ff. Zum Einfluß der peripatetischen Konzeption auf die der Epen siehe Gaillard, J.: Uranie, Jupiter et Cicéron: Du *De consulatu suo* au *De temporibus suis*, REL 54 (1976), 152-164, h. 160ff. Siehe auch Fuhrer, Th.: Hellenistische Dichtung und Geschichtsschreibung. Zur peripatetischen und kallimacheischen Literaturtheorie, MH 53 (1996), 116-122.

[62] Momigliano 116 sieht in dem Brief an Lucceius die Nähe zwischen Geschichtsschreibung und Biographie zum Ausdruck gebracht: „Cicero's letter to Lucceius (*Ad fam.* 5, 12) seems to regard the monograph on an individual historical event (his own consulship) as something very similiar to the account of a life of an individual."

ment un écrit de propagande, délibérément orienté vers la plus grande gloire du personnage qui en sera le centre. [...] Il s'agit bien d'une « défense et illustration » du grand homme.[63]

Ciceros Bestreben, sich nicht nur einen Biographen zu verpflichten, sondern auch die Art der Darstellung einschließlich des Stils in seinem eigenen Sinne zu beeinflussen, findet eine Parallele bei Alexander dem Großen, der sich von Geschichtsschreibern zur Verewigung seiner Taten nach Asien begleiteten ließ[64] und Wert auf eine epische Gestaltung in homerischer Tradition legte, „ohne eine klare Trennungslinie zwischen epischer Dichtung und historischer Prosa zu ziehen."[65]

Cicero bedenkt nun die Möglichkeit eines Scheiterns seiner Bemühungen um Lucceius: Sollte Lucceius ablehnen – natürlich nur, weil er verhindert sei, da er die Bitte ja nicht einfach abschlagen könne[66] – so sehe sich Cicero gezwungen, selbst über sich zu schreiben, obwohl dies Nachteile hätte:

(8) ... *haec sunt in hoc genere vitia: et verecundius ipsi de sese scribant necesse est, si quid est laudandum, et praetereant, si quid reprehendendum est. Accedit etiam, ut minor sit fides, minor auctoritas, multi denique reprehendant ...*

Wir erfahren hier die Gründe dafür, warum die autobiographische Darstellung für Cicero nur der zweitbeste Weg war, die eigenen Taten zu verewigen: Die Schilderung eines Biographen hält er für objektiver und vor allem glaubwürdiger – obgleich er Lucceius gerade noch angeraten hatte, es mit der Wahrheit nicht so genau zu nehmen.[67] Es ist also nicht die Objektivität[68] selbst, sondern

---

[63] Laffranque (1962) 356.

[64] FGrHist 70 T 6; FGrHist 72 T 1, 9, 27; siehe dazu Goukowsky, P.: Die Alexanderhistoriker (Orig.: Les Historiens d'Alexandre 1985, aus dem Französischen übersetzt von H. Froesch), in: Alonso-Núñez, J.M. (Hg.): Geschichtsbild und Geschichtsdenken im Altertum (WdF 631), Darmstadt 1991, 136-165, h. 137.

[65] Goukowsky 141.

[66] Wieder zeigt sich Ciceros geschicktes Vorgehen: Er läßt Lucceius eine Türe offen, aus Überlastung abzulehnen, um so das freundschaftliche Verhältnis nicht zu gefährden, und macht zugleich unmißverständlich klar, daß dies aus seiner Sicht aber auch die einzig denkbare Entschuldigung wäre.

[67] Dazu Misch 262: Daß seine Schriften nicht enkomiastisch, sondern historisch sein sollten, bedeutet keine „Abgrenzung nach dem Wahrheitswert [...]. Spielte doch in der Geschichtsdarstellung die Dichtung die Rolle, die der Kunst der direkten Übertreibung im Enkomion zukam. Nur auf die innere Form hin konnten ein Hypomnema und ein Poema gleichermaßen als historisch charakterisiert und vom Enkomion unterschieden werden."

[68] Vgl. aber *de orat.* II 62: *Nam quis nescit primam esse historiae legem, ne quid falsi dicere audeat?* Mehl (2001) 73f. leitet aus verschiedenen Werken Ciceros drei grundlegende Anforderungen an den Geschichtsschreiber ab, die miteinander in Konkurrenz liegen: Der Geschichtsschreiber muß politische Erfahrung haben, damit er für die sachliche Richtigkeit der historischen Darstellung garantieren kann, doch viel wichtiger ist, daß er in der Lage ist, Spannung zu erzeugen: Er braucht also dichterische Kraft und eine rhetorische Ausbildung. Auch die dritte Forderung nach Wahrhaftigkeit steht dahinter zurück. „Sie tut

die Glaubwürdigkeit[69], die ein Biograph beim Leser aus Cicero Sicht eher erlangen kann als ein Autobiograph, kurz gesagt: Mit einer biographischen Darstellung wäre dem Ruhm Ciceros mehr gedient als mit einer autobiographischen. In diesem Punkt sollte er Recht behalten.

Auf den ersten Blick mag es verwundern, daß Cicero diesen Brief an Lucceius, aus dem das Streben nach Anerkennung so deutlich hervortritt, Atticus gegenüber als *„valde bella"* bezeichnet.[70] Doch ist dieses Urteil durchaus nachvollziehbar, wenn man weniger Ciceros Anliegen und seine Motive, sondern vielmehr seine Strategien bei der Formulierung in Betracht zieht. Er stand vor der Aufgabe, seinem Adressaten die Dringlichkeit seines Anliegens deutlich zu machen und sogar seine Vorstellungen von der Art der Darstellung einzubringen, ohne Lucceius zu verstimmen. Er mußte zugleich bescheiden und selbstbewußt sein, dabei mögliche Einwände des Adressaten einkalkulieren, würdigen und entkräften. Diese Gratwanderung meistert er

---

dies bereits deswegen, weil um der Verherrlichung willen die Gattungsgrenze der Geschichtsschreibung hin zur *Lobrede* oder *Lobschrift* überschritten werden darf." Zu Ciceros Haltung gegenüber der Historiographie und zur gegenseitigen Abhängigkeit von Rhetorik und Geschichte siehe Fleck, M.: Cicero als Historiker (Beiträge zur Altertumskunde 39), (Diss. Köln 1992) Stuttgart 1993. Fleck 36 hingegen hält die Einschätzung, Cicero habe es mit der Wahrheit in der Geschichtsschreibung nicht so genau genommen, für ein Mißverständnis. Die Vernachlässigung der Gesetze der Geschichtsschreibung, die Cicero Lucceius nahelege, „besteht also darin, daß Lucceius sich regelwidrig von „gratia" und „amor" – also von seiner Freundschaft zu Cicero – bewegen lassen soll, dieses Werk überhaupt zu verfassen, obwohl „gratia" ja gerade keinen Einfluß auf die Historiker haben sollte. Wenn Cicero vorgibt, in seinen Bitten an Lucceius liege eine unerhörte Zumutung und Unverschämtheit, ist das sicher nicht ganz ernst gemeint, sondern als Kompliment für dessen Unparteilichkeit und unbeugsame Objektivität zu verstehen." Der Kontext der Stelle deutet jedoch in eine andere Richtung, denn Ciceros Bitte bezieht sich hier nicht mehr darauf, daß Lucceius überhaupt über ihn schreiben solle (denn er kündigt ja an, nun in seiner Unbescheidenheit noch einen Schritt weiter gehen zu wollen), sondern sehr wohl auf die Art der Darstellung, und in diesem Zusammenhang soll er die *leges historiae* vernachlässigen: Die „gratia" soll Lucceius zu Übertreibungen der Rolle Ciceros veranlassen. Zu Ciceros Geschichtskonzeption siehe auch Feldherr, A.: Cicero and the Invention of 'Literary' History, in: Eigler, U.; Gotter, U.; Luraghi, N.; Walter, U. (Hgg.): Formen römischer Geschichtsschreibung von den Anfängen bis Livius. Gattungen – Autoren – Kontexte, Darmstadt 2003, 196-212.

[69] Unter Glaubwürdigkeit ist hier jedoch nicht, wie Baier 131 herausstellt, Tatsachentreue zu verstehen, sondern „Anschaulichkeit, innere Kohärenz und vor allem [...] das Anlegen des richtigen Maßstabs". Zur antiken Konzeption von Faktentreue in der Historiographie siehe auch Woodman, A.J.: Rhetoric in Classical Historiography. Four Studies, London/Sydney 1988, 92ff., zum Charakter speziell der römischen Historiographie sei in erster Linie verwiesen auf Leeman, A.D.: Die römische Geschichtsschreibung, in: Fuhrmann, M. (Hg.): Römische Literatur, Frankfurt a. M. 1974, 115-146; Lefèvre, E.: Argumentation und Struktur der moralischen Geschichtsschreibung der Römer am Beispiel von Sallusts Bellum Iugurthinum, Gymnasium 86 (1979), 249-277.

[70] *Att.* 4, 6, 4.

durch Ironie, die beiden die Möglichkeit läßt, über das Anliegen Ciceros zu schmunzeln, durch Schmeichelei, mit der er Lucceius zu gewinnen sucht[71], und vor allem dadurch, daß er sich selbst eben nicht als souveränen Politiker und Staatsmann darstellt[72], sondern als literaturverliebten Menschen, der verzweifelt hofft, daß seinen Taten, auf die er so stolz ist, ein literarisches Denkmal gesetzt wird. Trotz des geschickten Vorgehens erreichte Cicero sein Ziel nicht und wartete vergeblich auf das Werk des Lucceius. Und obgleich er sich, wie ja aus seinem Brief hervorgeht, der Nachteile einer autobiographischen Darstellung bewußt war, vielleicht nicht zuletzt auch aufgrund der nicht gerade günstigen Aufnahme von *De consulatu suo* bei seinen Zeitgenossen[73], machte er sich doch wieder selbst ans Werk. „Le scénario de 60 se répète“[74] – auf die vergebliche Suche nach einem Biographen folgt die Abfassung einer autobiographischen Schrift:[75] *De temporibus suis.*[76]

Die autobiographische Produktion in Form autobiographischer Epen wurde initiiert durch Lebensphasen bzw. Ereignisse, denen aus Ciceros Sicht im positiven oder im negativen Sinne eine besondere Bedeutung zukam, und zwar nicht nur für sein eigenes Leben, sondern in besonderem Maße für den Staat.[77]

---

[71] Zum Beispiel in 7: *Atque hoc praestantius mihi fuerit et ad laetitiam animi et ad memoriae dignitatem, si in tua scripta pervenero quam si in ceterorum, quod non ingenium mihi solum suppeditatum fuerit tuum,* [...] *sed etiam auctoritas clarissimi et spectatissimi viri et in rei publicae maximis gravissimisque causis cogniti atque in primis probati* [...].

[72] Vgl. Hall (1998) 311.

[73] Siehe dazu hier Kap. III 4.

[74] Soubiran, J.: Cicéron. Aratea, Fragments poétiques, Paris 1972, 33.

[75] Im Zusammenhang mit autobiographischen Elementen in den Proömien der philosophischen und rhetorischen Schriften stellt Ruch, M.: Le préambule dans les œuvres philosophiques de Cicéron. Essai sur la genèse et l'art du dialogue, (Diss.) Paris 1958, 430 den Lucceius-Brief in einen verzerrenden Kontext. Der „image fidèle de cette évolution intérieure“, die Ruch in den Proömien sieht (vgl. dazu hier 351), stellt er unter Verweis auf den Lucceius-Brief Ciceros Wunsch gegenüber, sein politisches Leben von jemand anderem darstellen zu lassen: „Quant à son histoire politique, Cicéron préfère qu'elle soit écrite par une autre personne [...].“ Hier wird der Eindruck erweckt, als habe Cicero eine bewußte Trennung vorgenommen zwischen privatem und politischem Leben und diesen Unterschied umgesetzt, indem er bezüglich seiner inneren Entwicklung selbst über sich schrieb, dies aber bei seinem politischen Leben anderen überlassen wollte. Tatsächlich aber war die Suche nach einem Biographen ein prinzipielles Bestreben Ciceros, das zu der Zeit, als er an Lucceius schrieb, lediglich auf das politische Leben hin akzentuiert war. Verzerrend ist Ruchs Interpretation nicht zuletzt auch deshalb, weil sie bei der Nennung des Wunsches Ciceros stehenbleibt und nicht mit einbezieht, daß Cicero nach dem Scheitern der Suche nach einem Biographen sehr wohl auch sein politisches Leben selbst zur Darstellung brachte, nämlich sowohl in den autobiographischen Epen als auch in den Reden.

[76] *fam.* 1, 9, 23 aus Dezember 54, adressiert an Lentulus: *Scripsi etiam versibus tris libros 'de temporibus meis'* [...].

[77] Vgl. allerdings hierzu die Einschätzung Soubirans 41: „Tandis que son action contre Catilina mettait en jeu l'avenir de Rome et supportait à ce titre, si l'on veut, l'emphase d'un

Der größte Triumph und die größte Niederlage seines Lebens weckten in ihm das Bedürfnis, das in der Öffentlichkeit herrschende Bild seiner Person zu beeinflussen bzw. es in seinem Sinne zu korrigieren.[78] Beiden Werken gingen Bemühungen Ciceros voraus, die Selbstdarstellung zu vermeiden und den angestrebten Ruhm durch eine biographische Darstellung zu erlangen. Er mochte nicht darauf vertrauen, daß Historiker späterer Generationen von selbst seine Taten für darstellungs- und erinnerungswürdig erachten würden – er wollte Anerkennung, und zwar noch zu seinen Lebzeiten.[79] Lieber übernahm er die Aufgabe selbst, als zu riskieren, daß sie nie erfüllt würde. „His anxiety to have the story of his consulship [...] permanently recorded amounted almost to an obsession."[80] Dahinter stand der Wunsch, als Lohn für die dem Staat und dem Gemeinwohl erbrachten Leistungen ein literarisches Denkmal zu erhalten, das die Erinnerung auch für die Nachwelt dauerhafter sichern würde als materielle Denkmäler[81] – eine schon dem autobiographischen Schreiben des Isokrates[82] zugrundeliegende Vorstellung, die Cicero in seinen Catilinarischen Reden an zwei Stellen formuliert.[83] Die Vergegenwärti-

poème épique, l'exil n'était que l'épreuve d'un simple particulier, qu'il devenait dérisoire de narrer à grand renfort d'interventions divines. Cicéron perdit là le sens de la mesure [...]." Cicero selbst jedoch war darum bemüht, seine Rückkehr zu einer staatspolitischen Angelegenheit zu machen und sie als die zweite Rettung des Staates zu propagieren (vgl. z.B. *Sest.* 49 aus dem Jahre 56).

[78] Erinnert sei in diesem Zusammenhang an die identitätskonstituierende Funktion der Bilder, die andere von uns haben, auch dann, wenn wir diese Bilder als falsch ablehnen, vgl. hier 52f., Anm. 189.

[79] *fam.* 5, 12, 1: ... *illa cupiditas, ut vel auctoritate testimoni tui vel indicio benevolentiae vel suavitate ingeni vivi perfruamur.*

[80] Ewbank 10.

[81] Vgl. Jaeger, M.: Cicero and Archimedes' Tomb, JRS 92 (2002), 49-61, h. 49: „... a poem is a better memorial than a tomb."

[82] *or.* 15, 7.

[83] *Catil.* III 26: *Quibus pro tantis rebus, Quirites, nullum ego a vobis praemium virtutis, nullum insigne honoris, nullum monumentum laudis postulabo praeterquam huius diei memoriam sempiternam. In animis ego vestris omnis triumphos meos, omnia ornamenta honoris, monumenta gloriae, laudis insignia condi et conlocari volo. Nihil me mutum potest delectare, nihil tacitum, nihil denique eius modi quod etiam minus digni adsequi possint. Memoria vestra, Quirites, nostrae res alentur, sermonibus crescent, litterarum monumentis inveterascent et conroborabuntur; Catil.* IV 23: *Quae cum ita sint, pro imperio, pro exercitu, pro provincia, quam neglexi, pro triumpho ceterisque laudis insignibus quae sunt a me propter urbis vestraeque salutis custodiam repudiata, pro clientelis hospitiisque provincialibus quae tamen urbanis opibus non minore labore tueor quam comparo, pro his igitur omnibus rebus, pro meis in vos singularibus studiis proque hac quam perspicitis ad conservandam rem publicam diligentia nihil a vobis nisi huius temporis totiusque mei consulatus memoriam postulo; quae dum erit in vestris fixa mentibus, tutissimo me muro saeptum esse arbitrabor.* Hierbei darf der argumentative Kontext natürlich nicht übersehen werden: In beiden Fällen strebt Cicero dadurch, daß er seinen Adressaten die Wahrung seines Ansehens zuschreibt, eine Solidarisierung und Verbündung mit seinen Adressaten

gung der Motivation des autobiographischen Schreibens, die auf der Sorge um den Nachruhm beruht, zieht die Erkenntnis nach sich, daß das Ziel der Textanalyse nicht die Beantwortung der Frage sein kann, wie Cicero *war*, ja nicht einmal, wie er sich selbst gesehen *hat*, sondern lediglich, wie er von seinen Zeitgenossen und der Nachwelt gesehen werden *wollte*. Es geht darum herauszufinden, in welcher Weise Cicero seine eigene Vergangenheit präsentierte, wie gestaltet das Bild war, das er so von sich vermittelte, und inwieweit es kohärent oder aber Wandel unterworfen war. Zudem muß differenziert werden zwischen den Epen als eigentlichen autobiographischen Schriften und den autobiographischen Passagen in anderen Werken – denn bei letzteren ist zu fragen, in welchem Maße diese Passagen über den Zweck der Selbstdarstellung hinaus Funktionen innerhalb des sachlichen und argumentativen Kontextes der Schrift erfüllen.

Doch zunächst soll die genauere Betrachtung der Epen zeigen, wie und mit welcher Resonanz Cicero nun die Aufgabe löste, die er keinem anderen als nur sich selbst *mit Erfolg* gestellt hatte: seinen Leistungen ein literarisches Denkmal zu setzen.

---

an. Und in einem Brief aus dem Jahre 46 ist ihm der Gedanke, daß der Ruhm den Tod überdauert, ein Trost angesichts der politischen Entwicklungen (*fam.* 7, 3, 4): *Sed tamen vacare culpa magnum est solacium, praesertim cum habeam duas res quibus me sustentem, optimarum artium scientiam et maximarum rerum gloriam; quarum altera mihi vivo numquam eripietur, altera ne mortuo quidem.*

III. Die autobiographischen Epen

1. Innovation und Tradition in der epischen Selbstdarstellung

Mit seinen autobiographischen Epen stellte sich Cicero einerseits in bestehende Traditionen – ganz im Sinne der für antikes autobiographisches Schreiben typischen Nutzung bestehender Formen als Vehikel – und schuf andererseits etwas gänzlich Neues. In der apologetischen Schilderung der eigenen Taten fand er Vorbilder in griechischen Autoren wie Platon, Isokrates, Xenophon und anderen sowie in den Tatenberichten römischer Politiker. Dort hat auch die Schilderung des eigenen Konsulats ihre Vorläufer. Das Beispiel einer glorifizierenden und göttliche Zeichen in Anspruch nehmenden Selbstdarstellung hatte Sulla geliefert. Auf der anderen Seite schrieb sich Cicero mit der Wahl der epischen Form für seine Schriften in eine lange bestehende Tradition hinein und sprengte den durch sie vorgegebenen Rahmen zugleich, indem er diese Gattung, wohl in Anlehnung an die hellenistischen Fürstenepen, die ja biographische Darstellungen waren, für seine autobiographischen Schilderungen nutzte. Hierin, in der Kombination von Form und Inhalt, liegt die fundamentale Neuerung[1], die einem literarischen Experiment gleichkommt. Mit der Wahl der epischen Form war sogleich der Anspruch verbunden, einen bedeutenden und gewichtigen Inhalt darzustellen, denn diese war in griechischer Tradition an die Schilderung von Heroensagen aus mythischer Vorzeit und in römischer an nationale Selbstdarstellung geknüpft.[2] Diesen Anspruch übertrug Cicero nun auf seine eigene Person als Gegenstand einer epischen Darstellung. Damit entschied er sich zugleich für einen gehobenen epischen Stil und für typische Grundelemente wie z.B. einen Götterapparat, womit er das Risiko einging, schon aufgrund der Kombination von Form und Inhalt bei Zeitgenossen und Nachwelt den Ruf der Selbstüberschätzung zu ernten. Er war sich des Risikos, mit seiner Selbstdarstellung Kritik zu ernten,

[1] Vgl. Büchner (1939) 1248; Brush, P.C.: Cicero's poetry, (Diss. Yale) Ann Arbor 1971, 54. Zu der Innovation Ciceros siehe auch Schmidt (2001) 103, der jedoch in der *Odyssee* insofern einen Vorläufer sieht, als „der Held ebenfalls, für seine Irrfahrten und Abenteuer, als sein eigener epischer Sänger dargestellt ist." Der Unterschied besteht jedoch darin, daß in der *Odyssee* zwar eine Identität von Erzähler und Hauptfigur vorliegt, diese aber nicht auf den Autor der Darstellung ausgeweitet ist. Die *Odyssee* kann also maximal auf narratologischer Ebene als ein Vorläufer angesehen werden, die Grundbedingung autobiographischen Schreibens ist dort natürlich nicht erfüllt.

[2] Schetter, W.: Das römische Epos, Wiesbaden 1978, 10.

wohl bewußt, wie in dem Brief an Lucceius anklingt.[3] Daß er sich dennoch ans Werk machte, erklärt sich aus der Bedeutung, die er den Ereignissen, die er schildern wollte, wohl selbst beimaß. Denn die Epen entstanden jeweils im Anschluß an Ereignisse bzw. Lebensphasen, die nicht nur einen Einschnitt in Ciceros Lebenslauf mit sich brachten, sondern auch einen entscheidenden Beitrag zu seinem Selbstverständnis als Politiker und als Bürger Roms leisteten, so daß sie von ihm in seiner Selbstdarstellung auf die Ebene des staatlichen Interesses gehoben werden konnten: Die Aufdeckung der Catilinarischen Verschwörung und die Rückkehr aus dem Exil waren ihm Anlaß, seine Taten in epischer Form zu gestalten.

2. *De consulatu suo*

2.1 Die Wahl der epischen Form für die Selbstdarstellung: angenommene Motive und Ziele Ciceros

Schon von Archias hatte Cicero eine Darstellung in Versen erwartet, nun schrieb er selbst ein Epos. Wie sehr ihm daran gelegen war, seine Taten auch in dieser Gattung bewahrt zu wissen, wird nicht nur daran deutlich, daß er sich dieser Aufgabe, die Archias offenbar doch nicht übernahm, selbst widmete, sondern klingt zudem aus der Ankündigung dieses Werkes gegenüber Atticus heraus (*Att.* 1, 19, 10):[4]

> *Tertium poema exspectato, ne quod genus a me ipso laudis meae praetermittatur. Hic tu cave dicas: 'τίς πατέρ' αἰνήσει;'; si est enim apud homines quicquam, quod potius laudetur, nos vituperemur qui non potius alia laudemus; quamquam non ἐγκωμιαστικὰ sunt haec sed ἱστορικὰ quae scribimus.*

Eine Vergegenwärtigung der Konventionen und Möglichkeiten, die die epische Form für die Selbstdarstellung mit sich brachte, legt die Vermutung nahe, daß Ciceros Motivation über die hier angeführte Begründung, er wolle zu seinem Lob keine Gattung auslassen, hinausgeht, und er diese Gattung durchaus nicht so leichtfertig wählte, wie es hier klingt. Was konnte er mit dieser Gattungswahl erreichen? Sicherlich wollte er sich damit in die Tradition des historischen Epos stellen, dessen vorbildhafter Begründer für ihn Ennius war[5], um seiner Darstellung schon durch die Form Ansehen zu verleihen und so seinen Anspruch auf einen Platz in der römischen Geschichte geltend zu

[3] *fam.* 5, 12, 8.
[4] 15. März 60 v. Chr.
[5] Grimal (1988) 225. Zu Ciceros Anlehnung an Ennius siehe auch Schmidt (2001) 98ff.

machen.[6] Die Anlehnung an die hellenistische Epik[7] eröffnete ihm die Möglichkeit, einen Götterapparat auch in die Schilderung einer nicht allzu weit zurückliegenden Vergangenheit zu integrieren[8] – die Aussicht, die eigene Person und die eigenen Taten in Bezug zu den Göttern setzen zu können, dürfte daher dazu beigetragen haben, daß sich Cicero für diese Gattung entschied.[9] Den epischen Rahmen verstand er als Legitimation dafür, Götter nicht nur auftreten, sondern sie sogar in direkten Kontakt mit seiner Hauptfigur treten zu lassen anläßlich der Teilnahme an einem Götterrat.[10] Darin, daß er selbst jedoch diese Hauptfigur war, ging er über Ennius und die epische Tradition hinaus.[11]

Bezeichnenderweise spricht Cicero in seinem Brief an Atticus nicht von der historischen Wahrheit, bei deren Darstellung er keine Gattung auslassen will, sondern von seinem Lob. Dennoch oder gerade deswegen ist ihm offenbar sehr daran gelegen, sein Werk auch in der epischen Form als Geschichtswerk zu identifizieren durch die Versicherung, er schreibe keine Lobreden, sondern Geschichte. Die Selbstdarstellung wird also als Geschichtswerk getarnt[12], womit die Zuschreibung einer größeren Glaubwürdigkeit und eines höheren Wahrheitsanspruchs verbunden ist.[13] Zu den unterschiedlichen Re-

---

[6] Dazu Misch 261: „Denn in einem ‚Epos' konnte die Forderung aus Aristoteles' Rhetorik, daß der Historiker mit dem Dichter wetteifere, mit Fug und Recht und nicht verdeckt wie in einem bescheidenen Hypomnema erfüllt werden."

[7] Hose 455ff.; Ziegler, K.: Das hellenistische Epos. Ein vergessenes Kapitel griechischer Dichtung. Mit einem Anhang: Ennius als hellenistischer Epiker, Leipzig ^{2}1966 (^{1}1934), 24f.

[8] Kost 191 verweist in diesem Zusammenhang auf die Darstellung der Perserkriege durch Choirilos von Samos. Vgl. zu den Charakteristika des hellenistischen Epos Ziegler, v.a. 24ff.

[9] Ihren Platz in der Geschichtsschreibung hatten die Götter spätestens seit Thukydides eingebüßt. Vgl. zur Rolle der Götter bei Herodot und Thukydides Lendle (1992) 57f. und 99f.

[10] Die Zulassung einer lebenden Person zu einem Götterrat dürfte eine literarische Innovation dargestellt haben, siehe Hose 466. Hose führt als einzige literarische Parallele den bei Silenos geschilderten Traum Hannibals an, er werde von Zeus in eine Götterversammlung gerufen (FGrHist 175 F 2). Zwar spielten die Götter auch in Sullas Memoiren eine bedeutende Rolle. Ihre Präsenz manifestiert sich jedoch dort, soweit dies aus dem Erhaltenen erschlossen werden kann, nicht in einem direkten Kontakt mit der Hauptperson, sondern in Zeichen, die zu deuten sind.

[11] Häußler, R.: Das historische Epos der Griechen und Römer bis Vergil. Studien zum historischen Epos der Antike. I. Teil: Von Homer zu Vergil, Heidelberg 1976, 286; vgl. auch Alfonsi, L.: Il «De consulatu suo» di Cicerone, StudRom 15 (1967), 261-267, h. 265.

[12] Baier 132f.

[13] Vgl. Woodman (1988) 92. Woodman sowie Baier 130 beziehen allerdings die Identifizierung als Geschichtswerk auf das Hypomnema bzw. auf den *Commentarius*, die in dem Brief direkt vor der zitierten, das Epos betreffenden Stelle von Cicero erwähnt werden. Diese Zuschreibung hat jedoch mindestens ebensolche Geltung für das Epos, da sie am

geln bezüglich des Wahrheitsanspruchs in Geschichtsschreibung und Dichtung äußert sich Cicero später in seiner Schrift *De legibus* im Zusammenhang mit seinem (verlorenen) Epos *Marius*[14] (*leg.* I 4-5):

> *Marcus: Et mehercule ego me cupio non mendacem putari, sed tamen nonnulli isti Tite noster faciunt inperite, qui in isto periculo non ut a poeta sed ut a teste veritatem exigant* [...].
> *Quintus: Intellego te frater alias in historia leges observandas putare, alias in poemate.*
> *Marcus: Quippe cum in illa ad veritatem Quinte <cuncta> referantur, in hoc ad delectationem pleraque; quamquam et apud Herodotum patrem historiae et apud Theopompum sunt innumerabiles fabulae.*

Der Wahrheitsanspruch ist in der Dichtung also geringer als in der Geschichtsschreibung, erstere zielt vor allem auf Unterhaltung ab.[15] Ausgehend von dieser Textstelle läßt sich rückblickend eine Hypothese ableiten bezüglich eines weiteren Grundes für seinen Entschluß, die epische Form zu wählen: Da Cicero seine Selbstdarstellung, für die er die Bezeichnung „Geschichte" einfordert, in eine poetische Form kleidet, wird ihm zugleich eine gewisse Loslösung von den Regeln der Geschichtsschreibung möglich, die er selbst propagiert, und es eröffnet sich ihm ein größerer Spielraum bezüglich irrealer oder wirklichkeitsfremder Elemente.[16] „Cicero's innovation was that his

---

Schluß der Aufzählung der Werke erfolgt und sich damit entweder auf alle erwähnten Werke oder vielleicht sogar nur auf das Epos bezieht.

[14] Die Entstehungszeit des *Marius* ist unsicher: Es besteht in der Forschung Uneinigkeit darüber, ob es sich um ein Jugendgedicht handelt oder ob es in den Jahren nach dem Exil entstand, vgl. zu dieser Diskussion Soubiran 43ff. In dem ersten Fall entstand es also vor *De consulatu suo*, in dem zweiten danach. Die Parallele zwischen den beiden Werken besteht darin, daß Cicero auch im *Marius* eine herausragende Person in den Mittelpunkt stellt, dort freilich in einer biographischen Darstellung, während die Glorifizierung in *De consulatu suo* ja explizit der eigenen Person gilt. Plutarch wird in seiner Schrift *De laude ipsius* bezüglich der Frage, wie man sich selber loben kann, ohne Anstoß zu erregen (*Moralia* 539A – 547F) betonen, daß derjenige, der sich selbst rühmt, bei den Rezipienten mit Ablehnung rechnen muß, während jemand, der einen anderen rühmt, mit positiver Resonanz rechnen kann (539D). Eine Möglichkeit, die Aufmerksamkeit auf sich selbst zu lenken, ohne direkt über sich selbst zu sprechen, liege darin, eine andere Person zu rühmen, deren Ziele, Handlungen und Eigenschaften den eigenen ähneln (542D). Wirft man von diesen Ausführungen Plutarchs einen Blick zurück auf Ciceros *Marius*, dann liegt der Verdacht nahe, daß Cicero mit der Preisung des Marius aufgrund der Parallelen in Herkunft und Schicksal indirekt auch sich selbst meinte. Denn wie er selbst war Marius ein *homo novus* aus Arpinum, der es in Rom zu Ruhm und Ansehen gebracht hatte. Vgl. Büchner (1939) 1253; Soubiran 42ff.; weitere Literaturhinweise zu der Bedeutung des Marius für Cicero bei Soubiran 42.

[15] Vgl. hierzu Fleck 28. Zum Wahrheitsanspruch in Dichtung und Geschichtsschreibung siehe Arist. *Poet.* 9.1451b 5-7; vgl. auch Moles zu Plutarch 41ff.

[16] Diesen gesteht Aristoteles in der Dichtung eine Berechtigung zu trotz der Prämisse, daß sich die Dichtung an das Wahrscheinliche zu halten habe, vgl. dazu Fuhrmann, M.: Die

narrative poem in three books joined the forms of historical epic with the Roman literary tradition of prose autobiography, which permitted the adornment of fact with fiction."[17] Eine dramatische, auf Unterhaltung ausgerichtete Darstellung, wie er sie ja auch später von Lucceius (allerdings für ein Prosawerk) fordert, ist nun schon durch die Wahl der epischen Form legitimiert. Cicero verbindet in seinen Epen, was er von Archias und von Lucceius nicht erlangen konnte: die dichterische Form und die dramatische Darstellung. Der Wahrheitsanspruch ist aber nicht aufgelöst – nur der Umgang des Dichters mit der Wahrheit ist ein anderer als der des Historikers. „Cicero will nicht als Lügner gelten, er will nicht gegen die Wahrheit als solche verstoßen, sondern sie lediglich als Dichter behandeln dürfen (§4); das kann doch aber nur heißen, daß er sich dort dichterische Freiheiten nimmt, wo er annehmen darf, von einem ebenso sach- wie kunstverständigen Publikum (zu welchem jene Beckmesser eben nicht zählen) nicht mißverstanden zu werden; wo also [...] ein mythologisierender Überwurf leicht abgestreift werden kann, ohne daß die Historie selbst darunter unbedingten Schaden litte."[18] Dieser „Überwurf" sollte seinen Taten Würdigung und Ansehen verleihen; sicherlich ging Cicero davon aus, daß die Rezipienten seiner Werke die epischen Elemente als solche erkennen würden und daß der Wahrheitsanspruch, den er verfolgte, durch die epische Form nicht gemindert würde. Mit der epischen Gattung besann er sich auf den Ursprung der Geschichtsschreibung zurück, der in den homerischen Epen zu sehen ist, die Herodot, den Cicero selbst als *pater historiae* bezeichnet[19], als Vorbild für eine längere zusammenhängende Darstellung dienten.[20] Zu Ciceros Zeit hatte sich jedoch auch in Rom längst eine Tradition der Geschichtsschreibung etabliert, und es hätte nahegelegen, sich dieser durch ein Prosawerk über seine Taten anzuschließen. Damit hätte Cicero schon durch die formale Anknüpfung an die römische Geschichtsschreibung einen höheren Anspruch auf Glaubwürdigkeit erheben können als mit einem Epos.[21] Das innovative Grenzgängertum seines Werkes zwischen

---

Dichtungstheorie der Antike, Aristoteles – Horaz – 'Longin'. Eine Einführung, Darmstadt [3]2003 ([1]1973), 56ff.

[17] Brush 54.

[18] Häußler 280.

[19] *leg.* I 5.

[20] Zu den epischen Wurzeln der Geschichtsschreibung siehe Häußler 21ff.; Lefèvre 253; Meister (1990) 13ff.; Strasburger, H.: Die Wesensbestimmung der Geschichte durch die antike Geschichtsschreibung, in: Studien zur Alten Geschichte, hrsg. v. W. Schmitthenner u. R. Zoepffel, Bd. II, Hildesheim/New York 1982, 963-1014 (Wiesbaden [3]1975, zuerst erschienen als: Sitzungsberichte der Wissenschaftlichen Gesellschaft an der Johann-Wolfgang-Goethe Universität, Frankfurt a. M., Bd. 5, Jg. 1966, Nr. 3).

[21] Allerdings ist der Wahrheitsanspruch in der römischen Geschichtsschreibung aufgrund ihrer tendenziellen Färbung geringer anzusetzen als der der griechischen. Zum Charakter der römischen Geschichtsschreibung im Vergleich zur griechischen siehe Lefèvre 255ff.,

Epos, Historiographie und „Autobiographie" im antiken Sinne, sein hybrider Charakter, war bezüglich der Glaubhaftigkeit der Darstellung problematisch. Denn durch die Wahl der epischen Gattung setzte Cicero seine historische Glaubwürdigkeit aufs Spiel, die schon dadurch gefährdet war, daß es sich um eine autobiographische Darstellung handelte. Kurzum: Die gewählte Gattung des Epos verbürgte keineswegs den Wahrheitsgehalt der Darstellung, ja stellte ihn sogar in Frage, so daß aus Ciceros Versicherung, er schreibe „Geschichte"[22], das Dilemma herausklingt, in dem er sich befand:[23] Er wollte über sich selbst schreiben und dabei gleichzeitig dichterische Freiheiten ausnützen und – trotz der Form des Epos – glaubhaft sein. Dabei überschätzte er vielleicht die Fähigkeit oder auch den Willen seiner Rezipienten, die dichterische Form von dem historischen Kern zu unterscheiden.

Neben den Motiven, die bisher angeführt wurden zur Klärung der Frage, warum Cicero das Epos als Gattung wählte, ist noch ein weiteres, vielleicht weniger „selbstsüchtiges", aber auch nicht gänzlich selbstloses Motiv zu vermuten: sein Bestreben, der lateinischen Sprache in Konkurrenz zur griechischen zu Ansehen zu verhelfen[24] und dabei gleichzeitig die Gattung des Epos in Rom weiterzuführen, der es zu seiner Zeit an Vertretern mangelte.[25] „Aussi bien put-il se croire appelé, et lui seul, à cultiver ce genre avec succès: son passé récent d'homme politique le rendait apte à composer des œuvres d'inspiration à la fois romaine, nationaliste et personnelle, à condition de choisir pour sujets des événements vécus, voire suscités par lui-même: tel fut le cas du *De consulatu suo* et du *De temporibus suis*."[26] Sein Interesse an der Dichtung zeigt sich schon an seiner Übersetzung der *Aratea* und seinen weite-

---

der den Wahrheitsanspruch der römischen Geschichtsschreibung so faßt: „Sie [die römischen Historiker] zielten von vornherein nicht auf eine stimmige äußere Darstellung, sondern auf eine stimmige innere Argumentation. Sie erkauften die Glaubwürdigkeit der Deutung mit der Leichtfertigkeit im Faktischen. [...] Den römischen Historikern ging es nicht um die objektive, sondern um die ‚tiefere' Wahrheit. Das aber hatte zur Folge, daß weder das einzelne Faktum noch die Summe der Fakten einen Eigenwert hatten, sondern erst durch die ihnen zugrundeliegende *Bedeutung* einen Aussagewert bekamen."

[22] Er wählt übrigens den griechischen Begriff, als wolle er an den in der griechischen Geschichtsschreibung geltenden Objektivitätsanspruch anknüpfen.

[23] Vgl. Alfonsi 261f.

[24] Vgl. Ewbank 1.

[25] Townend, G.B.: The Poems, in: Dorey, T.A. (Hg.): Cicero, London 1964, 109-134, h. 110. Er sieht dabei in der Bewahrung des Ruhmes jedoch die einzige Funktion, die die Dichtung für Cicero erfüllte (131): „For Cicero, poetry served the purpose only of glory: to win him yet more laurels in the world of literature and to present to posterity a picture of the great statesman which he falsely hoped would prevail even when his speeches failed to speak for him."

[26] Soubiran 27.

ren dichterischen Betätigungen[27] – es verwundert vor diesem Hintergrund kaum mehr, daß er die Idee hatte, seine eigenen Taten in poetischer Form zu feiern[28], nicht zuletzt deshalb, weil sich ihm so die Gelegenheit bot, seine Gelehrsamkeit und sein dichterisches Können unter Beweis zu stellen.

2.2 Datierung und Titel des Werkes

Nimmt man für die Datierung zu der Erwähnung in *Att.* 1, 19, 10 noch einen Brief aus Dezember 60 hinzu, in dem Cicero drei Verse aus dem dritten Buch zitiert[29], so ergibt sich als Entstehungszeit für das Epos über den Konsulat das Jahr 60.[30] Aus Ciceros eigener Erwähnung in *div.* I 17 (*in secundo <de> consulatu*)[31] sowie mehreren Hinweisen bei Nonius (*Cicero in Consulatu Suo*[32]; *idem Consulatus Sui lib. II*[33]) und in einem Scholion (*de consulatu suo scripsit poëtico metro*)[34] kann auf den Titel *De consulatu suo* geschlossen werden.[35] Diese Annahme wird gestützt durch einen Vergleich mit *Brut.* 132, denn dort heißt es von einem Buch des Catulus *quem de consulatu et de rebus*

---

[27] Zu nennen sind hier vor allem der *Marius* und *De expeditione Britannica*. Zudem soll er *De rerum natura* des Lukrez herausgegeben haben, vgl. Soubiran 2 sowie Fuhrmann (1991) 212. Zu Ciceros dichterischem Schaffen vgl. Büchner (1939) 1236ff. und Soubiran 4ff.

[28] Daß er selbst auch dichtete, ist für Soubiran 3 keine Überraschung: „Il reste que, de l'enfance à la vieillesse, les Muses ne cessèrent jamais d'exercer sur lui leur séduction. Et quel admirateur des poètes résiste à la tentation de les imiter ?“ Cicero ist uns heute als Dichter nur schwer greifbar und ein wenig suspekt – sein Prosawerk hat eine so herausragende Bedeutung erlangt, daß die Dichtung dahinter verblaßte, und die antike Kritik tat ein übriges dazu, Ciceros „Ausflüge“ in die Dichtung herabzuwerten. Vgl. die Ausführungen zur Nachwirkung der Epen hier 115ff.

[29] *Att.* 2, 3, 4 = fr. 8 Blänsdorf (fr. 11 Courtney, fr. 13 Morel, fr. 8 Soubiran, Ewbank 77):
Sed me κατακλεὶς mea illa commovet quae est in libro tertio:
Interea cursus, quos prima a parte iuventae
quosque adeo consul virtute animoque petisti,
hos retine atque auge famam laudesque bonorum.

[30] Diese Datierung entspricht der communis opinio, siehe dazu Büchner (1939) 1245; Ewbank 11; Heikel, E.: Adversaria ad Ciceronis de Consulatu suo Poema, Helsinki 1913, 19 hingegen sieht keinen Anhaltspunkt dafür, daß das Werk zum Zeitpunkt des Zitates aus *Att.* 2, 3, 4 bereits fertig und veröffentlicht war. Diese Annahme steht natürlich im Zusammenhang mit seiner These, daß es sich bei *De consulatu suo* und bei *De temporibus suis* um ein und dasselbe Werk handele.

[31] Aufgrund der Tatsache, daß das *de* auf eine aus dem 16. Jh. stammende Konjektur des Manutius zurückgeht, meldet Brush 50 Zweifel an der Berechtigung des *de* an.

[32] Non. p. 298 Lindsay.

[33] Ebd. 300.

[34] Schol. Bob. 165 Stangl.

[35] Vgl. Büchner (1939) 1246 und (1982) 82; Soubiran 30; Blänsdorf (1995) 151; Ewbank 12f.

gestis suis conscriptum [...] *misit ad* [...].[36] Aufgrund der Testimonien sind Zweifel an der Berechtigung des *de* im Titel angebracht[37], doch sind diese für eine Annäherung an Inhalt und Tendenz des Werkes und vor allem an die Selbstdarstellung Ciceros längst nicht so relevant wie die Frage, ob der Titel *De consulatu suo* oder *meo* lautete. Der Vorzug, den die Forschung zumeist *suo*[38] bzw. überhaupt der dritten Person einräumt[39], ist plausibel nicht zuletzt aufgrund der Konsequenz, die sich daraus für die Erzählperspektive des Werkes ergibt. Berücksichtigt man Ciceros Absicht, sich selbst mit einem Geschichtswerk ein Denkmal zu setzen, so ist es wahrscheinlich, daß er das Werk in der dritten Person abfaßte, um sich in die epische Tradition zu stellen und vor allem, um eine schon durch die Erzählperspektive verbürgte Objektivität zu vermitteln.[40] Wenn es ihm schon nicht gelungen war, jemanden zu finden, der seine Taten an seiner Stelle rühmte, so wollte er sicherlich wenigstens durch die Wahl der Erzählperspektive den Anschein erwecken, als sei es jemand anderer, der ihn rühme. Zudem hätte er durch die Wahl der ersten Person die persönliche und individuelle Komponente zu sehr betont – doch war es nicht schlicht seine Person, sondern seine Person im Kontext der römischen Politik und Geschichte, die er würdigen wollte. Hierin zeigt sich übrigens die charakteristische Intention autobiographischen Schreibens in Rom, nicht Individuen zu zeichnen, sondern Typen.[41] Die erhaltenen Fragmente stützen diese Vermutung, denn als einziges Fragment deutet zwar zunächst *O fortunatam natam me consule Romam!*[42] durch das Personalpronomen *me* auf die erste Erzählerperson hin, doch besteht gerade hier Anlaß, als originalen Wortlaut gerade nicht *me*, sondern *te* anzunehmen.[43] Es ist dann zu vermuten, daß der Vers in eine Rede gehört, die an Cicero gerichtet ist, und selbst für den Fall, daß mit *me* doch die originale Fassung vorliegt, ist die Integration in eine Rede anzunehmen.[44] Wenngleich der Vers *atque animo ... timebat*[45] noch keinen endgültigen Beweis für die dritte Erzählerperson liefert, da Cicero

---

[36] Vgl. Büchner (1939) 1246.

[37] Brush 50ff. schließt aus Nonius, daß dieser das Werk Ciceros als *consulatus suus* bzw. *consulatus M. Tulli Ciceronis* kannte; vgl. Courtney 156; auch Jocelyn H.D.: Urania's Discourse in Cicero's Poem *On His Consulship*: Some Problems, Ciceroniana 5 (1984), 39-54, 40 nimmt *Consulatus* bzw. *Consulatus suus* an. Soubiran 30 spricht sich zwar für *De consulatu suo* aus, hält aber auch *Consulatus sui libri III* für möglich.

[38] Büchner (1982) 82; Blänsdorf (1995) 151; Soubiran 30, 240; anders (*meo*): Grollmus 31; Morel 68; Harrer, G.A.: Some Verses of Cicero, SPh 25 (1928), 70-91, h. 74; Spaeth, J. W. Jr.: Cicero the Poet, CJ 26 (1930-1931), 500-512, h. 507.

[39] Auch Brush und Jocelyn gehen in ihren Annahmen ja von der dritten Person aus.

[40] Vgl. Baier 132f.; so verfährt ja auch Caesar in seinen *Commentarii*.

[41] Ebd. 140.

[42] fr. 12 Blänsdorf.

[43] Siehe dazu hier 90ff.

[44] Vgl. Büchner (1939) 1249.

[45] fr. 7 Blänsdorf.

nicht unbedingt das Subjekt des *timebat* sein muß[46], spricht in der Summe alles dafür, daß sich Cicero der dritten Person bediente.

2.3 Inhalt der einzelnen Bücher und Zuordnung der Fragmente

2.3.1 Der Inhalt der Bücher 1 bis 3

Aus *Att.* 2, 3, 4 geht hervor, daß *De consulatu suo* aus mindestens drei Büchern bestanden hat, und es ist anzunehmen, daß das dritte Buch auch das letzte war.[47] Wie schon der Titel ankündigt, war der Konsulat Gegenstand dieser autobiographischen Darstellung und damit sowohl in der zeitlichen Ausdehnung als auch in der Thematik auf das öffentliche Wirken Ciceros als Amtsträger beschränkt, wodurch sich Cicero in die Tradition der römischen Tatenberichte stellt. Inhalt des ersten Buches dürften der Ursprung der Verschwörung und Ciceros Wahl zum Konsul gewesen sein[48], die bei Servius[49] erwähnten Vorzeichen sind daher dem ersten Buch zuzuordnen. Ewbank[50] und Grollmus[51] ordnen auch den in der unter Sallusts Namen überlieferten Invektive gegen Cicero erwähnten Götterrat[52] in das erste Buch von *De consulatu suo* ein: Jupiter informiere Cicero, der zur Teilnahme am *concilium* eingeladen wurde, über die Gefahren, die der Stadt Rom drohten, und Minerva zeige ihm, wie er diese abwenden könne (*omnes artes edocuit*).[53]

---

[46] So Koch 34, ähnlich Soubiran 32. Anders Büchner (1939) 1247; Courtney 160.
[47] Vgl. *Att.* 2, 3, 4 (*κατακλείς*). Der Umfang von drei Büchern wird allgemein angenommen, siehe dazu Courtney 171; Ewbank 11; Grollmus 31; Büchner (1939) 1246ff.; Koch 46; Soubiran 32.
[48] Soubiran 32; ebenso Büchner (1939) 1247.
[49] Serv. *Verg. ecl.* 8, 105: '*... corripuit tremulis altaria flammis sponte sua ... cinis ipse': hoc uxori Ciceronis dicitur contigisse, cum post peractum sacrificium libare vellet in cinerem: quae flamma eodem anno consulem futurum ostendit eius maritum, sicut Cicero in suo testatur poemate.* Es besteht weitgehende Einigkeit in der Zuordnung zum ersten Buch (vgl. Blänsdorf [1995] 151; Büchner (1982) 82; Morel 68; Soubiran 240; Grollmus 31), nur Koch 15 hegt Zweifel. Er geht davon aus, daß wir keine Zeugnisse oder Fragmente aus dem ersten Buch haben und so auch keine sicheren Informationen bezüglich des Inhalts des ersten Buches.
[50] Ewbank 11; ebenso Courtney 157.
[51] Grollmus 31.
[52] Ps. Sall. *in Tull.* 3 (5).
[53] Ewbank und Grollmus gehen also davon aus, daß die Erwähnung Minervas in den Götterrat einzuordnen sei und sich die Unterweisung auf die konkrete Gefahrensituation richte. Es ist aber auch möglich, daß damit Ciceros Ausbildung in Athen gemeint war. Auf diesen Aspekt wird bei der Frage nach der Einordnung des Götterrates näher eingegangen, vgl. hier 107ff.

Die Chronologie der historischen Ereignisse und die erhaltenen Fragmente deuten darauf hin, daß es im zweiten Buch um die Gefahr für die Stadt, die Aufdeckung der Verschwörung[54] und die Verhaftung der Verschwörer ging, es enthielt also die Schilderung der „péripéties capitales“[55]. Hierher dürfte das Fragment *atque animo pendens nocturna eventa timebat*[56] gehören[57], vielleicht in Zusammenhang mit der Verhaftung der Verschwörer[58], und mit Sicherheit gemäß Ciceros eigener Zuordnung in *div.* I 17 die Rede der Muse Urania, in der die Vorzeichen referiert werden, die die Verschwörung angezeigt hatten. Büchner vermutet, daß diese Rede nicht vollständig vorliegt und ursprünglich mit einer „Mahnung zum richtigen Handeln“[59] endete.[60]

Aufgrund Ciceros eigener Aussage in *Att.* 2, 3, 4 gehören in das dritte Buch die drei Verse der Calliope[61] (*interea cursus* ..)[62], in denen die Muse Cicero auffordert, so fortzufahren wie bisher, und die wahrscheinlich am Schluß des Werkes standen.[63] Es ist anzunehmen, daß Cicero nach der

---

[54] Koch 46.

[55] Soubiran 31.

[56] Non. p. 300 Lindsay = fr. 7 Blänsdorf (fr. 9 Courtney, fr. 12 Morel, fr. 3 Soubiran, Ewbank 77).

[57] Blänsdorf (1995) 156 (*nocturna*); Büchner (1982) 85 (*noctu*); Morel 71 (*noctu*); Ewbank 77 (*nocturna*); Soubiran 244 (*noctu*); Koch 34 (*nocturna*); zur Argumentation für *nocturna* siehe Koch 34, für *noctu* Büchner (1939) 1247.

[58] Brush 58. Büchner (1939) 1247 vermutet, daß das Fragment vor der Rede der Urania stand, Hose 463 allerdings sieht keinen Zusammenhang zwischen diesem Fragment und der Rede.

[59] Büchner (1939) 1247; ebenso Soubiran 31. Dagegen Jocelyn 44.

[60] Möglicherweise ebenfalls ins zweite Buch sind die Verse *Quorum luxuries fortunas, censa peredit* (Non. p. 298 Lindsay = fr. 9 Blänsdorf, fr. 6 Courtney, fr. 14 Morel, fr. 5 Soubiran, Ewbank 77) und *Nam quasi vos sibi dedecori genuere parentes* (Probus GLK IV p. 248 = fr. 10 Blänsdorf, fr. 7 Courtney, fr. 15 Morel, fr. 4 Soubiran, Ewbank 77) einzuordnen, vgl. Soubiran 31 und Koch 39f.; allerdings zählen Blänsdorf (1995) 156f., Büchner (1982) 85, Morel 71f. und Ewbank 77 sie zu den in der Zuordnung unsicheren Versen, Grollmus 31 ordnet sie ins dritte Buch ein. Blänsdorf (1995) 157, Büchner (1982) 86 und Morel 72 führen unter den unsicheren Versen zudem *In montes patrios et ad incunabula nostra* an, wobei Blänsdorf und Büchner zweifeln, ob er überhaupt zu *De consulatu suo* gehört. Townend 121 ist der Auffassung, er passe auch in den *Marius*.

[61] Sie ist die Hauptmuse und die Schutzherrin der Dichtung, ihr Bereich umfaßt Saitenspiel, heroische Dichtung und Epik, vgl. Walde, Chr.: DNP 6 (1999), s.v. „Kalliope“, 199. Laut Büchner (1939) 1248 ist sie „gewählt, weil sie die Muse der Könige und Herrscher ist.“

[62] fr. 8 Blänsdorf (fr. 11 Courtney, fr. 13 Morel, fr. 8 Soubiran, Ewbank 77); Einordnung in das dritte Buch auch bei Büchner (1982) 85; Ewbank 77; Soubiran 32; Koch 36.

[63] Büchner (1939) 1248. Zu diesen Versen Schmidt (2001) 104: „Das politische Handeln und das feiernde Gedicht bilden eine Einheit; sie entstammen einem einheitlichen Lebensentwurf und werden von der gleichen göttlichen Ordnungsmacht, den Musen, legitimiert. Cicero hat mit seinen Musenreden die Einheit seines Wirkens, von der Politik bis zur Poesie, unterstrichen und die Angemessenheit, ja, geradezu Notwendigkeit der poetischen Selbstfeier begründet.“ Kubiak, D. P.: Aratean Influence in the *De consulatu suo* of Cicero,

Schilderung der Bestrafung der Catilinarier gegen Ende des Werkes seine Politik begründete und verteidigte.[64]

2.3.2 Die beiden wichtigsten Einzelfragmente aus *De consulatu suo*: *Cedant arma togae, concedat laurea laudi* und *O fortunatam natam me consule Romam!*

Es ist nicht sicher, in welches Buch[65] von *De consulatu suo* die Verse *Cedant arma togae, concedat laurea laudi*[66] und *O fortunatam natam me consule Romam!*[67] einzuordnen sind; beide verdienen aber besondere Aufmerksamkeit, weil gerade sie es waren, die Cicero Kritik und Spott einbrachten[68], wie Quintilian (*inst.* 11, 1, 23-24) berichtet:

> *Et M. Tullius saepe dicit de oppressa coniuratione Catilinae, sed modo id virtuti senatus, modo providentiae deorum immortalium adsignat. Plerumque contra inimicos atque obtrectatores plus vindicat sibi: erant enim illa tuenda cum obicerentur. In carminibus utinam pepercisset, quae non desierunt carpere maligni:*
>
> *'cedant arma togae, concedat laurea linguae'*
>
> *et*
>
> *'o fortunatam natam me consule Romam!'*

Philologus 138 (1994), 52-66, h. 53f. zieht eine Parallele zu Ciceros Arat-Übersetzung: „Cicero has thus cast the political moral of his consulship as drawn by Calliope in language that attaches itself to his description of the stars and planets, both in the second book of the epic and in the translation of Aratus. The orator's role in public life is to follow a path of virtue divinely ordained for him, just as we shall see in the *Aratea* and the *De consulatu* the physical path of heavenly bodies is eternally decreed in the mind of Jupiter."

[64] Büchner (1958) 1248. Brush 58 nimmt am Ende eine Apologie und Darlegung der Motive Ciceros an und vermutet, daß das dritte Buch zumindest teilweise der 4. Catilinarischen Rede entsprochen habe.

[65] So Blänsdorf (1995) 157; Büchner (1982) 85; Morel 72; Ewbank 77. Soubiran 32 und Koch 46 allerdings weisen beide Verse dem dritten Buch von *De consulatu suo* zu, Grollmus 31 nur *Cedant arma togae ...*; Soubiran 32 schreibt *O fortunatam ...* zwar *De consulatu suo* zu, merkt aber an, daß auch eine Einordnung in *De temporibus suis* denkbar wäre, Grollmus 41 verfährt genau anders herum, gegen Grollmus Koch 49.

[66] Cic. *off.* I 77 = fr. 11 Blänsdorf (fr. 12 Courtney, fr. 16 Morel [*linguae*], fr. 6 Soubiran, Ewbank 77 [*linguae*]); Ps. Cic. *in Sall.* 2 (7); Ps. Sall. *in Tull.* 3 (6) (*linguae*); Quint. *inst.* 11, 1, 23-4 (*linguae*).

[67] Ps. Sall. *in Tull.* 3 (5) = fr. 12 Blänsdorf (fr. 8 Courtney, fr. 17 Morel, fr. 7 Soubiran, Ewbank 77); Ps. Cic. *in Sall.* 2 (7); Quint. *inst.* 9, 4, 41 u. 11, 1, 24; Iuv. 10, 122; Diom. GLK I p. 466.

[68] Vgl. Ps. Sall. *in Tull.* 3 (5): *'O fortunatam natam me consule Romam!' <Romam> te consule fortunatam, Cicero?* Und 3 (6): *'Cedant arma togae, concedat laurea linguae.' Quasi vero togatus et non armatus ea quae gloriaris confeceris, atque inter te Sullamque dictatorem praeter nomen imperii quicquam interfuerit.*

et Iovem illum a quo in concilium deorum advocatur, et Minervam quae artes eum edocuit: quae sibi ille secutus quaedam Graecorum exempla permiserat.[69]

Seinen Vers *Cedant arma togae* ... verteidigte Cicero bei mehreren Gelegenheiten.[70] In seiner im Jahre 55 gehaltenen Rede gegen Piso greift Cicero dessen Kritik an seinen Versen generell und besonders an diesem auf (*Pis.* 73):

> ... *scire cupio quid tandem in isto versu reprehendas: 'Cedant arma togae'. 'Tuae dicis,' inquit, 'togae summum imperatorem esse cessurum.' Quid nunc te, asine, litteras doceam? Non opus est verbis sed fustibus. Non dixi hanc togam qua sum amictus, nec arma scutum aut gladium unius imperatoris, sed, quia pacis est insigne et oti toga, contra autem arma tumultus atque belli, poetarum more tum locutus hoc intellegi volui, bellum ac tumultum paci atque otio concessurum.*

Die Brisanz des Verses lag offenbar darin, daß es so aussah, als wolle Cicero seine innenpolitischen Leistungen während des Konsulats über die militärischen Erfolge des Pompeius stellen.[71] Cicero geht es hier in dieser Rede um zwei Klarstellungen: Er betont, daß die Erwähnung von Waffen und Toga nicht konkret auf bestimmte Personen bezogen war[72], sondern metaphorisch auf Krieg und Frieden. Zudem setzt er der Behauptung Pisos, Pompeius sei wegen dieses Verses Ciceros Feind geworden, die Versicherung entgegen, daß der Vers nicht Pompeius anvisierte und selbst eine hypothetische Verstimmung seitens des Pompeius nicht nachhaltig gewesen wäre.[73] Cicero schwächt

---

[69] Hier spielt Quintilian auf die hellenistische Epik an. Es klingt heraus, daß der direkte Kontakt mit den Göttern, den Cicero gestaltet hatte, bei Quintilian so etwas wie Unbehagen auslöste, und der Verweis auf die griechischen Vorbilder klingt nach einer Entschuldigung für Ciceros Vorgehen. Es ist anzunehmen, daß Quintilian nicht der einzige Römer war, den diese Darstellung befremdete, dazu Häußler 285f.: „Quintilian also dachte bei Ciceros vertrautem Umgang mit den Göttern nicht an eine Überspitzung epischer Formelemente, wie sie in Rom längst heimisch geworden waren, sondern an *quaedam Graecorum exempla*. Wir dürfen daraus schließen, daß dieser Abklatsch hellenistischen Gottmenschentums in Rom noch fremd wirkte, selbst nachdem man sich unter Nero und Domitian an einiges in dieser Hinsicht hatte gewöhnen müssen; und wir dürfen annehmen, daß die Spuren solcher Geschmacksverirrungen alle ernsthaften Nachfolger im epischen Genos nur schrecken konnten."

[70] *Pis.* 72-76; *Phil.* 2, 20; *off.* I 77. Siehe auch Ps. Cic. *in Sall.* 2 (7).

[71] Allen, W. Jr.: "O fortunatam natam ...", TAPhA 87 (1956), 130-146, h. 133.

[72] In seiner zweiten Rede gegen Catilina (28) klingt es aber genau danach: *Atque haec omnia sic agentur ut maximae res minimo motu, pericula summa nullo tumultu, bellum intestinum ac domesticum post hominum memoriam crudelissimum et maximum me uno togato duce et imperatore sedetur.* Er betont zwar auch hier, daß er dem Aufruhr mit friedlichen Mitteln begegnen will (Friede versus Krieg), aber eben auch, daß er allein die Gefahr beseitigen werde. *Togatus* ist hier eindeutig auf ihn und zwar auf ihn allein bezogen. Ähnlich in *Catil.* III 23: *Erepti enim estis ex crudelissimo ac miserrimo interitu, erepti sine caede, sine sanguine, sine exercitu, sine dimicatione; togati me uno togato duce et imperatore vicistis.*

[73] *Pis.* 74.

also die „Anmaßung", die aus seinem Vers herausgelesen werden konnte, ab und leugnet den konkreten Bezug zu Pompeius.

Ganz anders jedoch klingt die Rechtfertigung seines Verses in *De officiis* aus dem Jahre 44 (*off.* I 77):

> *Illud autem optimum est, in quod invadi solere ab improbis et invidis audio:*
>
> *Cedant arma togae, concedat laurea laudi.*
>
> *Ut enim alios omittam, nobis rempublicam gubernantibus nonne togae arma cesserunt?*[74] *Neque enim periculum in republica fuit gravius umquam nec maius otium: ita consiliis diligentiaque nostra celeriter de manibus audacissimorum civium delapsa arma ipsa ceciderunt. Quae res igitur gesta umquam in bello tanta? Qui triumphus conferendus?*

In auffälliger Weise hat sich die Argumentationsstrategie geändert, das Bemühen um Erklärung des Verses ist der von Selbstbewußtsein geprägten Betonung seiner Angemessenheit gewichen, die Bezugnahme auf die eigene Leistung wird nicht mehr verschleiert, sondern herausgestellt. Cicero betont nicht nur, daß der Vers demnach der Wahrheit entspricht, sondern auch, daß gerade Pompeius selbst eingestanden habe (und zwar vor Zeugen), daß seine eigenen militärischen Erfolge ohne die politischen Ciceros gar nicht möglich gewesen wären (*off.* I 78).[75] Auch der Bezug zu Pompeius wird also nicht länger

---

[74] Vgl. *Phil.* II 20 (ebenfalls aus dem Jahre 44): '*Cedant arma togae.*' *Quid? Tum nonne cesserunt? At postea tuis armis cessit toga.*

[75] Siehe zum Wert des Schutzes der Heimat auch *Catil.* IV 21 (... *erit profecto inter horum laudes aliquid loci nostrae gloriae, nisi forte maius est patefacere nobis provincias quo exire possimus quam curare ut etiam illi qui absunt habeant quo victores revertantur.*) und dazu Steel (2001) 168f. In der Rede *Pro Murena* 22 (aus dem Jahre 63) hatte er die Bedeutung und gegenseitige Abhängigkeit der beiden Bereiche allerdings genau umgekehrt dargestellt im Zusammenhang mit der Frage, welche Leistungen mehr zum Erwerb des Konsulats beitrügen: *Ac nimirum – dicendum est enim quod sentio – rei militaris virtus praestat ceteris omnibus. Haec nomen populo Romano, haec huic urbi aeternam gloriam peperit, haec orbem terrarum parere huic imperio coegit; omnes urbanae res, omnia haec nostra praeclara studia et haec forensis laus et industria latet in tutela ac praesidio bellicae virtutis. Simul atque increpuit suspicio tumultus, artes ilico nostrae conticiscunt.* Vgl. Leeman, A.D.: The Technique of Persuasion in Cicero's *Pro Murena*, in: Ludwig, W. (Hg.): Eloquence et Rhétorique chez Cicéron, Genève 1982, 193-236, h. 209. Murena hatte sich erfolgreich um den Konsulat des Jahres 62 v. Chr. beworben und war nun wegen unerlaubter Wählerbeeinflussung angeklagt (*ambitus*). Um den Vorwurf zu erhärten und die Wählerbeeinflussung glaubhaft zu machen, hatte sich die Gegenseite bemüht zu zeigen, daß Murena schlechte Aussichten auf Erfolg gehabt habe. Zur Widerlegung dieser Argumentation betont Cicero nun, daß Murena aufgrund seiner Laufbahn als Offizier bessere Erfolgsaussichten bei der Kandidatur gehabt habe als sein Konkurrent, der Jurist Sulpicius Rufus (18-42). Siehe dazu Fuhrmann (2000 Bd. II) 291ff. und Adamietz, J.: Ciceros Verfahren in den Ambitus-Prozessen gegen Murena und Plancius, Gymnasium 93 (1986), 102-117, h. 110 zu der Möglichkeit anderer Argumentation in der Rede. Ciceros Argumentation

geleugnet, sondern begründet. Damit will Cicero zugleich deutlich machen, daß es hier nicht um kleinliches Konkurrenzdenken zwischen ihm und Pompeius gehe, das dann diesen Vers motiviert hätte, sondern um die gegenseitige Anerkennung der Leistungen, wobei er seine eigene natürlich aufwertet, indem er sie als Grundlage und Voraussetzung für die des Pompeius darstellt. Laffranque sieht eben in dem Verhältnis zwischen Cicero und Pompeius den Schlüssel zum Verständnis des Verses. Sie glaubt, Cicero habe Sorge gehabt, daß seine politischen Erfolge hinter den militärischen des Pompeius verschwinden könnten. „Il s'agissait de rappeler, et au besoin de gonfler les mérites plus modestes du consul lui aussi victorieux, de faire remarquer que sans son action à l'intérieur la victoire militaire, si brillante fût-elle, serait restée sans valeur pour la République."[76] Die Verteidigung des Verses in *De officiis* geht in eben diese Richtung, nämlich die eigene Leistung als Grundlage der Erfolge des anderen darzustellen und diesen Anspruch durch die Anerkennung seitens des besten Zeugen, nämlich seines Konkurrenten um den Ruhm, bestätigen zu lassen. Dieser war allerdings zur Abfassungszeit von *De officiis* bereits tot, ebenso wie Caesar, und Ciceros Umschwung von defensivem in offensiven Ton mag mit diesen geänderten Bedingungen zusammenhängen. Nimmt man die beiden Stellen aus den Catilinarischen Reden hinzu, in denen er sich als *togatus* und einzigen Retter der Stadt bezeichnet[77], so kommt man zu dem Schluß, daß er mit seinem Vers *Cedant arma togae* ... durchaus sich selbst meinte und seine Leistung über die des Pompeius setzen wollte, wenn er auch diese Anspielung hinter der allgemeinen Formulierung, in der es zunächst allgemein um Krieg und Frieden geht, verbergen wollte. Seine Kritiker jedoch ließen sich mit dem Hinweis auf diese allgemeine Bedeutung nicht davon abbringen, den Bezug zu Pompeius zu sehen; die allgemeine und metaphorische Formulierung des Verses schützte ihn nicht vor Kritik und Spott – wohl vor allem deshalb, weil er Ausdruck einer Grundeinstellung Ciceros zu sein schien: seiner Überzeugung, aufgrund der erbrachten politischen Leistung einen Anspruch auf Anerkennung und Ruhm zu haben.

(*Mur.* 22), die darauf abzielt, das militärische Handeln als die Basis und Voraussetzung jeglichen Handelns im Staat darzustellen, steht also im Dienst der Verteidigung Murenas. Der Widerspruch in Ciceros Aussagen resultiert demnach keineswegs aus einer Meinungsänderung, noch ist er als Zeichen von Inkonsequenz zu werten, sondern vielmehr als Demonstration rhetorischer Strategie. Der letztlich nicht zu beantwortenden Frage, welche der Äußerungen am ehesten seiner wahren Überzeugung entsprach, können nur Plausibilitätserwägungen nahekommen: Die in *De officiis* geäußerte Ansicht dürfte Ciceros Selbstverständnis tendenziell näher gestanden haben, da seine eigenen Leistungen auf zivilem und gerade nicht auf militärischem Gebiet lagen.

[76] Laffranque (1962) 352. Die Bezugnahme auf Pompeius vermuten auch Koch 44 und Townend 118.

[77] Vgl. hier 86, Anm. 72.

Kritik an diesem Vers zielte vor allem auf die Selbsteinschätzung, deren Ausdruck er war.[78]

Neben dem Bezug zu Pompeius gibt es aber noch einen strittigen Aspekt, der die Textgestalt betrifft. Denn sowohl bei Quintilian als auch in der unter Sallusts Namen überlieferten Invektive[79] gegen Cicero findet sich am Ende des Verses *linguae* statt *laudi*; auch Plutarch schreibt γλώττῃ.[80] So zitiert lädt der Vers natürlich zu der Interpretation ein, daß Cicero hier seine eigene Redekunst über militärische Leistungen stellt, und der Bezug zu Pompeius wäre so geradezu zwingend anzunehmen. Büchner aber merkt zu Recht an, daß hier im Gegensatz zu *laurea* das bürgerliche Lob gemeint sein müsse, nämlich *laus*.[81] In der Tat ist es offensichtlich, daß Cicero hier mit *laurea* und *laus* den Lohn für militärischen Erfolg und den für zivilen gegenüberstellt, statt einen Lohn (*laurea*) mit einer Fertigkeit (*linguae*) zu kombinieren. Auch die Alliteration *laurea laudi* spricht dafür.[82] Das wichtigste Argument für *laus* ist aber Ciceros eigenes Zeugnis: Denn sowohl in *De officiis* als auch in seiner Rede gegen Piso spricht er von *laus*.[83] Wie kommt es nun zu dieser Lesart, die in den Ausgaben von Ewbank und Morel vorgezogen wird und die auch Heikel für die richtige hält?[84] Da die Ersetzung des Wortes *laus* durch *lingua* eine Steigerung bezüglich des Selbstlobes mit sich bringt, ist es naheliegend, daß wir es hier mit einer Parodie des Verses zu tun haben, die auf das Konto von Gegnern Ciceros geht[85], und es ist möglich, als Urheber dieser Variante den Autor der Invektive anzunehmen.[86] Auch Schwartz geht von einer Parodie in der Invektive aus und sieht sie folgendermaßen motiviert:

---

[78] Vgl. Goldberg, S.M.: Epic in Republican Rome, New York u.a. 1995, 151f.

[79] Ps. Sall. *in Tull.* 3 (6): '*Cedant arma togae, concedat laurea linguae.*'

[80] Plut. *Comp. Dem. Cic.* 2, 2. Dies ist ein Argument dafür, daß das Epos nicht Plutarchs Quelle war, vgl. Flacelière, R.: Plutarque: Vies. Tome XII. Démosthène – Cicéron, Paris 1976, 61.

[81] Büchner (1939) 1246.

[82] Koch 44 hält die Alliteration für das wichtigste Argument pro *laudi*. Dies gesteht Ewbank 123 zu, obwohl er in seiner Ausgabe *linguae* vorzieht.

[83] *off.* I 77; *Pis.* 74. Auch in einem Brief, den Cassius im Juni 43 an Cicero schrieb (*fam.* 12, 13, 1) ist nicht von *lingua*, sondern von *laus* die Rede: *Cum rei publicae vel salute vel victoria gaudemus tum instauratione tuarum laudum, quod maximus consularis maximum consulem te ipse vicisti, et laetamur et mirari satis non possumus.* [...] *Est enim tua toga omnium armis felicior.* Vgl. Allen (1956) 134.

[84] Ewbank 77 u. 123f.; Morel 72; Heikel 7ff. Gegen Heikel Koch 44 und Allen (1956) 133.

[85] Allen (1956) 133; Soubiran 259; Courtney 172.

[86] So auch Koster, S.: Die Invektive in der griechischen und römischen Literatur (Beiträge zur Klassischen Philologie 99), Meisenheim am Glan 1980, 185f.: „Sei es, daß er einen bewußten oder unbewußten Zitierfehler macht, Sallust hat das letzte Wort böswillig, aber durchaus nicht unpassend "emendiert", da Cicero mit ziemlicher Sicherheit *laudi* geschrieben hatte. So steht die *lingua vana* noch einmal als Symbol des ganzen Mannes da, der dadurch überdies als lügender Dichter hingestellt wird, da er, wie Sallust nun schon öfter

> Die originale Fassung (sc. *laudi*) wurde, wenn der Poet selbst die Beziehung auf Pompeius ableugnete, eine leere Allgemeinheit; so blieb nichts übrig, als sie zu parodieren, und die Parodie war um so glücklicher, als sie scheinbar dem Rednerstolz Ciceros schmeichelte. Geflügelte Worte haben ihre Schicksale, und der rednerische Ruhm Ciceros hat es dahin gebracht, dass die Parodie ernsthaft genommen wurde und das Original verdrängte.[87]

Auch der zweite bei Quintilian zitierte Vers, *O fortunatam natam me consule Romam*, der im allgemeinen *De consulatu suo* zugeschrieben wird[88], findet sich in der Invektive gegen Cicero (3 [5]):

> *Atque is cum eius modi sit, tamen audet dicere: 'O fortunatam natam me consule Romam!' <Romam> te consule fortunatam, Cicero? Immo vero infelicem et miseram, quae crudelissimam proscriptionem eam perpessa est cum tu perturbata re publica metu perculsos omnes bonos parere crudelitati tuae cogebas, cum omnia iudicia, omnes leges in tua libidine erant, cum tu sublata lege Porcia, erepta libertate omnium nostrum vitae necisque potestatem ad te unum revocaveras.*

Kontrastreich betont der Autor der Invektive den Widerspruch zwischen Ciceros Sichtweise, nach der Rom ihm als Konsul die Rettung verdankt, und seiner eigenen historischen „Wahrheit", der zufolge Rom Cicero gerade das Unglück

---

dargelegt hat, nicht ohne Gewalt zu seinem scheinbaren Ruhm gekommen ist: *quasi vero togatus et non armatus ea, quae gloriaris, confeceris.*" Jocelyn 42 nimmt allerdings an, dem Autor der Invektive habe Material vorgelegen, das für uns verloren ist. Die Übereinstimmung zwischen der Invektive und Quintilian deutet darauf hin, daß Quintilian die Invektive benutzt hat und er das, was er über Ciceros Dichtung weiß, von dort hat, vgl. Allen (1956) 135 und Harrison, S.J.: Cicero's 'De temporibus suis': The Evidence Reconsidered, Hermes 118 (1990), 455-463, h. 462. Zur Diskussion über die Echtheit der beiden Invektiven siehe Schmal, S.: Sallust, Hildesheim 2001, 24ff., der die Invektive gegen Cicero für unecht hält. Vretska, K.: Sallustius Crispus. Invektive und Episteln, Bd. I, Heidelberg 1961, 12ff. hingegen geht von der Echtheit aus. Dafür spricht Quint. *inst.* 9, 3, 89: ... *et apud Sallustium in Ciceronem: o Romule Arpinas*. Allerdings fehlen die Worte *apud Sallustium* in einigen Handschriften, vgl. Vretska (1961) 13, Anm. 4. Clift, E.H.: Latin Pseudepigrapha. A Study in Literary Attributions, (Diss. 1937) Baltimore 1945, 97 hält die Invektive *In Ciceronem* für echt, die *In Sallustium* für unecht. Zur Frage nach Autorenschaft und Entstehungszeitpunkt der Invektive gegen Cicero ausführlich auch Seel, O.: Die Invektive gegen Cicero, Aalen 1966 (2. Nachdruck der Ausgabe Leipzig 1943), v.a. 100ff.

[87] Schwartz, E.: Pseudo-Sallusts Invective gegen Cicero, Hermes 33 (1898), 87-108, h. 106f.; ähnlich Soubiran 260: „Jetant la confusion dans les esprits, cette nouvelle version finit, malgré sa bizarrerie, par passer pour le texte authentique, même aux yeux de critiques bien intentionnés." Schwartz (ebd.) nimmt an, daß Piso der Autor der Invektive war, und vermutet, daß dieser mit *quasi vero togatus et non armatus ea quae gloriaris confeceris* (3, 6) auf Ciceros Interpretation bzw. Umdeutung seines *Cedant arma togae* ... in *Pis.* 73 (*bellum ac tumultum paci atque otio concessurum*) antwortet. Dagegen Seel (1966), v.a. 103.

[88] Vgl. hier 85, Anm. 65.

zu verdanken habe.[89] Der Vers ist in beiden Quellen, bei Quintilian und in der Invektive, identisch[90], doch gab es, wohl motiviert durch Quintilians Kritik an dem Gleichklang *-natam natam*[91], die Annahme, daß *natam* zu streichen sei.[92] Allen vermutet jedoch, daß der Vers in seiner Form *-natam natam* korrekt sei, schon deshalb, weil Cicero generell eine Vorliebe für derartige rhetorische Figuren gehabt habe.[93] Was jedoch die Formulierung *me* oder *te consule* angeht, so spricht sich Allen für die Annahme aus, daß *te consule* die originale Fassung sei. Wäre es nämlich *me consule*, dann müßte der Vers – da das Werk in der 3. Person abgefaßt war – in eine von Cicero gehaltene Rede gehören, und dann wäre dies das einzige Fragment aus *De consulatu suo*, in dem die erste Person für Cicero gebraucht sei;[94] bedenkt man jedoch die geringe Zahl an Fragmenten, so verliert dieses Argument seine Zugkraft. Allerdings ist es durchaus plausibel, daß Cicero das Lob in seiner epischen Darstellung einem anderen in den Mund legte, statt es selbst auszusprechen, denn dies ist eine Strategie, die sich auch bei anderen autobiographischen Passagen in seinem Gesamtwerk zeigen wird. Allen kommt zu dem Schluß, daß mit *O fortunatam natam me consule Romam* eine Parodie zitiert wird, da im Original *te consule* gestanden habe. Trotz der Plausibilität dieser Vermutung ist jedoch Vorsicht geboten, da erstens die von Allen bevorzugte Variante *te* nicht belegt ist und zweitens seine Argumentation gegen *me* nicht zwingend ist. Jedenfalls war es die Version *O fortunatam natam me consule Romam*[95], die bekannt war und Anlaß zum Spott gab.[96] Aus der Tatsache allerdings, daß Cicero selbst seinen

---

[89] Vgl. Koster 184. Der Autor der Invektive schließt auf Ciceros Stilisierung zu einem zweiten Romulus (7, [4]): *Oro te, Romule Arpinas, qui egregia tua virtute omnis Paulos, Fabios, Scipiones superasti, quem tandem locum in hac civitate obtines?* Vgl. dazu Schmidt (2001) 99f. An die Gründung der Stadt bzw. an Romulus erinnert Cicero in *Catil.* III 2 sowie 19 und legt damit einen Vergleich seiner eigenen Leistung mit der Gründung der Stadt durch Romulus nahe, vgl. Cape, R.W. Jr.: Cicero's Consular Speeches, in: May, J. M. (Hg.): Brill's Companion to Cicero. Oratory and Rhetoric, Leiden/Boston/Köln 2002, 113-158, h. 149. Zur Funktion dieses Vergleichs als Kompensation des Status als *homo novus* siehe Binder, G.: Vom Mythos zur Ideologie. Rom und seine Geschichte vor und bei Vergil, in: Ders.; Effe, B. (Hgg.): Mythos. Erzählende Weltdeutung im Spannungsfeld von Ritual, Geschichte und Rationalität (BAC 2), Trier 1990, 137-161, h. 143f.

[90] Wie auch schon bei *Cedant arma togae, concedat laurea linguae.*

[91] Quint. *inst.* 9, 4, 41; vgl. Allen (1956) 135.

[92] Einen guten Überblick über die verschiedenen Vorschläge zur Textgestalt bietet Allen (1956) 135f. Gestrichen wird *natam* z.B. bei Pascal, C.: Un verso di Cicerone, Athenaeum 4 (1916), 309-311 (*O fortunatam me consule Romam!*). Vgl. auch Ps. Cic. *in Sall.* 2 (7): *'fortunatam me consule Romam'*. Siehe auch die Diskussion des Vorschlags Pascals bei Harrer 84ff.

[93] Allen (1956) 138.

[94] Ebd. 145f.

[95] *Me consule* auch bei Blänsdorf (1995) 157, Büchner (1982) 85, Morel 72, Soubiran 245, Ewbank 77.

[96] Vgl. auch Iuv. 10, 122.

Vers *O fortunatam* ... im Gegensatz zu *Cedant arma togae* ... an keiner Stelle verteidigt[97], folgert Allen, daß der erstgenannte Vers zu Ciceros Lebzeiten nicht kritisiert oder verspottet wurde und erst nach seinem Tod geradezu eine Tradition aufkam, sich darüber lustig zu machen, ohne daß deutlich war, was genau daran nun lächerlich war.[98] Der Anlaß für Kritik und Spott dürfte vor allem in der Eitelkeit gelegen haben, die aus diesen beiden Versen spricht[99], weil sie offenbar von ausgeprägter Selbstüberschätzung und Egomanie zeugen. Es waren nur zwei einzelne Verse – doch dehnte sich die an ihnen entbrannte Kritik und negative Bewertung auf die ganze Dichtung Ciceros aus: „... these are the Ciceronian verses which every Roman knew, and which set the tone for common opinion concerning his poetry as a whole."[100]

---

[97] Eine mögliche Anspielung auf diesen Vers findet sich allerdings in der Rede *Pro Flacco* 102 (gehalten 59 v. Chr.): *O Nonae illae Decembres quae me consule fuistis! Quem ego diem vere natalem huius urbis aut certe salutarem appellare possum.* Vgl. Allen (1956) 139; Harrer 84. Vgl. auch *Catil.* II 7: *O fortunatam rem publicam, si quidem hanc sentinam urbis eiecerit!* sowie Ps. Cic. *in Sall.* 2 (7): *An illud mentitus sum 'fortunatam me consule Romam', qui tantum intestinum bellum ac domesticum urbis incendium exstinxi?* Die Unechtheit dieser Schrift wird allgemein angenommen, vgl. Clift 97f. und Koster 189.

[98] Allen (1956) 141ff. folgert aufgrund der Ähnlichkeit mit dem Horazvers *et formidatam Parthis te principe Romam* (*epist.* 2, 1, 256), der sich an Augustus richtete und deshalb keine Ableitung eines als lächerlich geltenden Verses Ciceros sein konnte (143): „The sum of matter is that, if we do not adopt the drastic solution of assuming that the resemblance between *O fortunatam natam* and vs. 256 of the *Epistle to Augustus* is accidental, we are forced to the conclusion that in Horace's day no one found the Ciceronian verse objectionable, with the exception of Ps.-Sallust (and depending upon the authorship and date of that invective). We have also been compelled to admit that there is nothing desperately unusual about the style or the content of the verse itself, except insofar as Cicero's political achievements were remarkable, and those it literally describes." Es ist jedoch anzumerken, daß Quintilian den Vers zumindest für nicht gelungen hält (*inst.* 9, 4, 41). Zur Imitation Ciceros durch Horaz siehe auch Traglia, A.: La lingua di Cicerone poeta, Bari 1950, 248f.; vgl. Goldberg 151; Courtney 159 hält es allerdings auch für möglich, daß Cicero und Horaz unabhängig voneinander aus Ennius geschöpft haben.

[99] Vgl. Harrer 79.

[100] Townend 119; vgl. Harrer 70 und 91: „It would appear that Cicero, the poet, was known to the Empire only by his bad lines, and by them was judged and condemned." Ähnlich Spaeth 512, der um eine Aufwertung der Dichtung Ciceros bemüht ist und beklagt: „Thus two undesirable lines did much to pave the way to an adverse judgment of Cicero the poet, and too many modern critics have been willing to accept this verdict as sound and adequate."

2.4 Die Rede der Urania

2.4.1 Analyse im Hinblick auf Ciceros Selbstdarstellung und Vergleich mit *Catil.* III 18ff.

Die Rede der Muse Urania[101] ist uns durch ein Selbstzitat Ciceros in *De divinatione* I 17-22 erhalten.[102] In der epischen Darstellung richtet sie sich an Cicero und dürfte am Ende des 2. Buches[103] von *De consulatu suo* gestanden haben. Büchner geht davon aus, daß das Fragment *atque animo ... timebat* dieser Rede vorausging und rekonstruiert die Abläufe folgendermaßen: „Des Nachts also sitzt jemand voller Zweifel da, und ist voller Angst, was die Geschehnisse nun bedeuten und mit sich bringen. Das kann nur von C., der für die Stadt wacht, gesagt sein (anders Koch 34). Vermutlich stand das Fragment vor der Rede der Urania, die in diese Ängste [...] Klarheit und Ruhe bringt."[104] Mit dieser Rekonstruktion geht die in der Forschung gängige Annahme einher, daß es sich bei der Schilderung der Begegnung mit der Muse um eine Traumsequenz handelte.[105] Wenn Cicero dies so gestaltet hat, dann bewegte er sich damit auf dem sicheren Boden poetischer Tradition[106], denn er verwandte mit

[101] Sie ist die Muse der Sternenkunde, vgl. Walde, Chr.: DNP 12/1 (2002), s.v. „Urania", 1023f.

[102] Im Zusammenhang mit der Frage, ob Vorhersagungen möglich sind, läßt Cicero seinen Bruder Quintus diese 78 Verse umfassende Stelle aus *De consulatu suo* zitieren: *Sed quo potius utar aut auctore aut teste quam te, cuius edidici etiam versus et lubenter quidem, quos in secundo <de> consulatu Urania Musa pronuntiat: 'principio aetherio flammatus Iuppiter igni ...*; vgl. Spahlinger, L.: Tulliana simplicitas. Zu Form und Funktion des Zitats in den philosophischen Dialogen Ciceros (Hypomnemata 159), Göttingen 2005, 111.

[103] Büchner (1939) 1247; Soubiran 252.

[104] Büchner (1939) 1247. Hose 463 hingegen zieht aus seiner Rekonstruktion der historischen Ereignisse den Schluß, daß das Fragment in keinem Zusammenhang mit der Urania-Rede stehe. Büchner (1939) 1247 hält die uns überlieferte Rede nicht für vollständig und nimmt an, daß sie mit einer Mahnung zum richtigen Handeln endete, die der Rede dann erst ihren Sinn gegeben habe. Ebenso Soubiran 31, dagegen Jocelyn 44.

[105] Büchner (1939) 1247; Koch 19; Soubiran 252; Jocelyn 44; Hose 464 führt die zweite uns bekannte Begegnung mit einer Muse, nämlich mit Kalliope im dritten Buch, an und glaubt nicht daran, daß Cicero zwei Schlafsequenzen in sein Epos einfügte. Es sei wahrscheinlicher, daß es sich hier um die Schilderung von Visionen handele.

[106] Jocelyn 44 sieht in der Begegnung von Muse und Politiker einen Verstoß gegen epische Konventionen des 1. Jahrhunderts v. Chr.: „The Muses talked to poets but they did not talk to heroic warriors, much less to contemporary politicians." Hieraus folgert er, daß sich die Muse nicht an den Politiker Cicero wendet, sondern an den Dichter des Jahres 60. Bestätigt wird diese Einschätzung von Schmidt (2001) 103f., er sieht in den Musenreden bei Cicero an sich eine Neuerung im historischen Epos, sie seien jedoch nicht Teil der epischen Handlung, sondern stünden auf einer „Meta-Ebene zum narrativen Corpus". Es stellt sich dann allerdings die Frage, wie sich die Rede der Urania, die ja für das zweite Buch bezeugt ist, in den epischen Handlungsablauf eingefügt haben soll, denn dazu hätte Cicero ja in seiner Darstellung auf die Meta-Ebene wechseln müssen. Am Anfang des zweiten Buches

der Begegnung zwischen Muse und Dichter ein Motiv, das mit Hesiods Musenweihe[107] Eingang in die antike Dichtung gefunden hatte und von Kallimachos übernommen und als Traumsequenz neu gestaltet worden war.[108] Aufgrund der Erwähnung der Allobroger (v. 65) wird die Rede in der Forschung auf einen Zeitraum zwischen dem 3. und 5. Dezember 63 v. Chr. innerhalb der epischen Darstellung datiert.[109] Die Parallelität der Urania-Rede zur 3. Catilinarischen Rede, die am Abend des 3. Dezember gehalten wurde[110], erleichtert diese Datierung, da sich so ein Bezugspunkt in der historischen Wirklichkeit ergibt. Es ist allerdings zu bedenken, daß aufgrund der spärlichen Textgrundlage keine Aussage darüber getroffen werden kann, inwiefern Cicero in seiner epischen Schilderung den realen historischen Abläufen folgte bzw. ob er eventuell um der dramatischen Wirkung willen bei seiner Schilderung Verschiebungen, Ausdehnungen oder Raffungen vornahm.

Die Rede der Urania läßt sich in 3 Abschnitte unterteilen: v. 1-10: Himmel und Erde sind von göttlichem Geist erfüllt; v. 11-65: Die Götter kündeten durch Vorzeichen die Verschwörung an; v. 66-78: Die Vorzeichen haben sich als richtig erwiesen, den Göttern kommt daher Verehrung zu.[111]

In unserem Zusammenhang sind zwei Aspekte von besonderem Interesse: zum einen die spezifisch poetische Gestaltung vor allem bei der Aufzählung der Vorzeichen, die anhand eines Vergleiches mit *Catil.* III 18ff. greifbar wird,

---

wäre dies durchaus denkbar, aber es ist unwahrscheinlich, wenn die Vermutung richtig ist (s.o.), daß die Rede am Ende des 2. Buches stand. Der Inhalt der Rede läßt es durchaus plausibel erscheinen, daß sie sich an den Politiker Cicero richtete, also eben doch auf der Ebene der Handlung, denn sie thematisiert dessen Wirken.

[107] Hes. *theog.* 22-34.

[108] Vgl. Hose 460. Siehe dazu Kambylis, A.: Die Dichterweihe und ihre Symbolik, (Diss. Kiel 1960) Heidelberg 1965, 106 sowie 122. Auch Ennius schildert eine Traumsequenz, ihm begegnen allerdings keine Musen, sondern Homer, vgl. Kambylis 191 und Walde, Chr.: Die Traumdarstellungen in der griechisch-römischen Dichtung, München/Leipzig 2001, 211ff. Zum Motiv der Dichterweihe und des Traumes bei Hesiod, Kallimachos und Ennius siehe neben Kambylis auch Ziegler 53ff.

[109] Soubiran 251: „Sa place dans la chronologie des événements se déduit de l'allusion (v. 65) aux révélations des Allobroges: donc entre l'aube du 3 décembre 63 [...], date de leur arrestation, et le soir du 5 (exécution des conjurés), c'est-à-dire au moment du récit où Plutarque et Dion Cassius placent le prodige des Damia, transposé par Cic. poète [...]." Hose 462 datiert die Rede ebenfalls zwischen dem 3. und 5. Dez.; anders Jocelyn 46, der sich für das Jahr 60 ausspricht: „We may therefore imagine Urania and her sisters confronting Cicero sometime in 60, when he is composing his poem and in need of instruction, not about the facts of his narrative, as Homer living centuries after the Trojan war had been, but about the significance of some of these facts."

[110] Soubiran 251; siehe zur Parallelität die Gegenüberstellung der Passagen hier 95ff.

[111] Vgl. Soubiran 252ff.

und zum anderen das Bild, das Cicero von seiner eigenen Rolle und der der Götter bei der Aufdeckung der Verschwörung zeichnet.[112]

Die Aufzählung der Vorzeichen in der Urania-Rede findet sich in teilweise wörtlicher Übereinstimmung auch in Ciceros 3. Catilinarischer Rede (18ff.). Doch geht die Einschätzung Soubirans, hier handele es sich um kaum etwas anderes als eine „mise en vers de *Catil.* III, 18-21“[113] nicht weit genug, denn es ist lohnenswert, nicht bei der Feststellung der Parallelität stehen zu bleiben, sondern dem *Wie* dieser *mise en vers* durch den Vergleich mit der prosaischen Ausgestaltung des gleichen Themas nachzugehen. So fällt bei näherer Betrachtung auf, daß in dem Epos die Struktur aus der Rede übernommen wurde, daß Cicero dabei aber Abwandlungen vorgenommen hat, die wiederum so regelmäßig sind, daß eine Absicht dahinter vermutet werden kann. Koch[114] hat bereits eine Gegenüberstellung der wörtlichen Übereinstimmungen zwischen der Urania-Rede und *Catil.* III 18ff. vorgenommen. Bezieht man nun die Reihenfolge der thematischen Einheiten in den Vergleich ein, so werden Übereinstimmungen, aber auch Verschiebungen und Vertauschungen deutlich:[115]

Thematische Einheiten	*De consulatu suo*	*In Catilinam* III 18-20
I. Blitz und Erdbeben	1. v. 23 *terribili perculsus fulmine civis*	1. *fulminum iactus*
	2. v. 25 *se gravido tremefecit corpore tellus*	2. *terrae motus*

[112] Für eine nähere Betrachtung und Interpretation der Urania-Rede sei verwiesen auf die Untersuchung von Jocelyn, dem besonders daran gelegen ist, die Gründe für die negative Resonanz des Epos aufzuzeigen; vgl. außerdem Pease, A.S.: M. Tulli Ciceronis De divinatione, Darmstadt 1963 (Nachdruck der 1. Ausgabe Urbana, Illinois 1920/1923) 99ff.; Courtney 160ff.; Ewbank 109ff.; Soubiran 31 und 251ff. sowie zu Anklängen an Lukrez Fellin, A.: Risonanze del De consulatu Ciceroniano nel poema di Lucrezio, RFIC N.F. 29 (1951), 307-315.

[113] Soubiran 253. Weitere Parallelstellen bei antiken Autoren finden sich bei Soubiran 253ff. und Koch 30ff.

[114] Koch 32f.

[115] In der Abfolge differierende Passagen sind durch Fettdruck hervorgehoben.

Thematische Einheiten	*De consulatu suo*	*In Catilinam* III 18-20
II. göttliche Vorhersage und Erfüllung in Ciceros Konsulat	3. v. 32 ***deum genitor caelo terrisque canebat***	3. ***quae tam multa nobis consulibus facta sunt...***
	4. v. 35 ***omnia fixa tuus glomerans determinat annus***	4. ***... ut haec quae nunc fiunt canere di immortales viderentur***
III. Statuen, Gesetzestafeln und Götterbilder	5. v. 39 *species ex aere vetus (venerataque Nattae)*	5. ***simulacra deorum***
	6. v. 40 *elapsaeque vetusto numine leges*	6. *statuae veterum hominum*
	7. v. 41 ***divom simulacra***	7. *legum aera liquefacta*
IV. Die Statue der Wölfin und die etrurischen Opferschauer	8. v. 44 *uberibus gravidis*	8. *uberibus lupinis inhiantem*
	9. v. 48 *voces tristificas chartis promebat Etruscis*	9. *quo quidem tempore cum haruspices ex tota Etruria convenissent*
V. Bürgerkrieg, Untergang der Gesetze, Brand und Mord	10. v. 49f. ***civilem ... cladem***	10. ***caedis***
	11. v. 51 ***legum exitium***	11. ***incendia***
	12. v. 52f. ***templa deumque adeo flammis urbemque iubebant / eripere***	12. ***legum interitum***
	13. v. 53 ***caedem***	13. ***bellum civile ac domesticum***
VI. Forderung der Priester, die Jupiter-Statue nach Osten auszurichten	14. v. 55f. *ni prius excelsum ad columen ... /... Iovis species*	14. *simulacrum Iovis facere maius et in excelso conlocare*
	15. v. 56 *claros spectaret in ortus*	15. *ad orientem convertere*

Thematische Einheiten	*De consulatu suo*	*In Catilinam* III 18-20
VII. Vorhersage der Priester, Erkenntnis für Senat und Volk	16. v. 57f. *tum fore ut occultos* ***populus sanctusque senatus*** */ cernere conatus posset*	16. *si illud signum ...* ***solis ortum ... conspiceret***
	17. v. 58f. si ***solis ad ortum /*** *conversa inde patrum sedes populique* ***videret***	17. *fore ut ...* ***a senatu populoque Romano*** *perspici possent*
	18. v. 60f. *haec tardata ... multumque morata / consule te tandem celsa est in sede locata*	18. *sed tanta fuit operis tarditas ut neque superioribus consulibus neque nobis ante hodiernum diem conlocaretur*

Die Abfolge der thematischen Blöcke ist in beiden Schriften gleich, in der Binnenstruktur lassen sich jedoch Verschiebungen ausmachen. So folgt in der Catilinarischen Rede die Vorhersage der Götter auf die Feststellung, daß all dies die Taten des Konsuls seien, in der Urania-Rede ist die Reihenfolge umgekehrt (3-4). Zudem ist hier nur von einem Gott (*deum genitor*), nämlich Jupiter, die Rede. Bei der Erwähnung der Statuen, Gesetzestafeln und Götterbilder sind letztere im Epos im Vergleich zur Rede von der ersten an die letzte Position gerückt (5-7). Der Aufzählung der vier Elemente *caedis – incendia – legum interitum – bellum civile ac domesticum* in der Rede steht im Epos die umgekehrte Reihenfolge gegenüber: *civilem ... cladem – legum exitium – flammis urbemque iubebant / eripere – caedem* (10-13). Schließlich wird in der Catilinarischen Rede zuerst der Osten als Ausrichtung für Jupiter erwähnt, dann Senat und Volk, im Epos ist es wieder umgekehrt (16-17).

Die erste Umstellung (3-4) könnte durch Ciceros Bemühen begründet sein, im Epos die eigenen Taten noch deutlicher als Resultat des göttlichen Willens darzustellen. Die Verschiebung der Götterbilder an das Ende des Trikolon (5-7) bringt durch die nun exponierte Stellung eine Akzentuierung des Göttlichen gegenüber dem Irdischen mit sich, wie übrigens auch am Ende bei der Vertauschung von Osten und Senat/Volk (16-17), während die genaue Umkehr der vier Elemente *caedis – incendia – legum interitum – bellum civile ac domesticum* (10-13) aus der Catilinarischen Rede die dortige Betonung des Bürgerkrieges abschwächt. Während *bellum civile* in der Rede den Schlußpunkt der Klimax bildet, wird die Reihe im Epos durch *caedem* beschlossen. In der Rede werden die Abschnitte 3, 5 und 7 mit irdischen, die Bürgerschaft betreffenden Aspekten beschlossen (*legum aera – bellum civile – a senatu populoque Romano*), im Epos werden diese exponierten Positionen zumindest in zwei Fällen (*divom simulacra – solis ad ortum*) mit Himmlischem besetzt.

Eine mögliche Erklärung für die beobachteten Verschiebungen der prinzipiell gleichen Elemente von der Rede zum Epos könnte ein Bestreben Ciceros sein, das Göttliche gegenüber dem Menschlichen aufzuwerten. Die herausragende Bedeutung, die den Göttern zukommt, wird schon zu Beginn deutlich durch die Schilderung der Durchdringung des Himmels und der Erde von göttlichem Geist. Das Göttliche ist in der epischen Darstellung vor allem auf Jupiter konzentriert, und es wird betont, daß er es ist, der die Vorzeichen schickt (v. 32: *ipse deum genitor caelo terrisque canebat*; v. 36f.: *pater altitonans ... / ipse suos quondam tumulos ac templa petivit*; v. 63: *Iuppiter excelsa clarabat sceptra columna*). In der Rede gegen Catilina (III 18) sind es die Götter im allgemeinen, auf deren Wirken alles zurückzuführen ist (*deorum immortalium nutu*) und die in der Not Hilfe bringen (*praesentes his temporibus opem et auxilium nobis tulerunt*).[116] Auch ist die Perspektive eine andere: In der Rede schildert Cicero die Vorzeichen aus der Sicht des Menschen, der die Zeichen und die Zerstörung vor Augen hat und sie als göttliche Botschaft interpretiert, ohne daß jedoch die Götter nochmals explizit als Urheber genannt werden; der Mensch hat die Götter aufgrund ihrer Zeichen vor Augen, sie selbst jedoch nicht.[117] Im Epos hingegen wird Jupiter als Urheber der Vorzeichen und der Zerstörung, die sie mit sich bringen, explizit und persönlich genannt, und es ist daher seine, die göttliche Perspektive, ein geradezu „olympischer Standpunkt"[118], von dem aus die Zeichen beschrieben werden. Noch vielmehr als in der Rede ist der menschliche Bereich dem Wirken des Gottes ausgeliefert, als Objekt, auf das sich der alles durchdringende göttliche Wille richtet.

Natürlich unterscheidet sich die epische Darstellung auch auf stilistischer Ebene von der Schilderung in der Rede: Vor allem Umschreibungen wie *se gravido tremefecit corpore tellus* (v. 25)[119] statt *terrae motus* oder *omnia fixa*

---

[116] Weitere Beispiele für die Erwähnung der Götter: (*Catil.* III 18) *... ut haec quae nunc fiunt canere di immortales viderentur;* (*Catil.* III 19) *... nisi di immortales omni ratione placati suo numine prope fata ipsa flexissent.*

[117] *Catil.* III 18: *... tum vero ita praesentes his temporibus opem et auxilium nobis tulerunt ut eos paene oculis videre possimus. Nam ut illa omittam, visas nocturno tempore ab occidente faces ardoremque caeli, ut fulminum iactus, ut terrae motus relinquam, ut omittam cetera quae tam multa nobis consulibus facta sunt ut haec quae nunc fiunt canere di immortales viderentur, hoc certe, Quirites, quod sum dicturus neque praetermittendum neque relinquendum est.*

[118] Baier 132 über die Perspektive in *De consulatu suo*: „Der Blickwinkel ist – so darf man aus dem Erhaltenen schließen – gerade nicht der der persönlichen Introspektion, sondern entspricht vielmehr einem olympischen Standpunkt."

[119] Jocelyn 47 urteilt allerdings wenig schmeichelnd über Ciceros Metapher: „The reader could think of a pregnant animal."

tuus ... annus (v. 35) statt *nobis consulibus* verleihen der Darstellung ein bedeutungsschweres und erhabenes Kolorit.[120] Auch inhaltliche Nuancierungen verstärken diesen Eindruck und tragen zur Dramatisierung des Geschehens bei: In *Catil.* III 19 fallen nach dem Blitzeinschlag die Götterbilder zu Boden (*simulacra deorum depulsa sunt*), im Epos werden sie von der Glut des (von Jupiter geschickten) Blitzes dahingerafft (v. 41 *divom simulacra peremit fulminis ardor*); von der Statue des Romulus und der Wölfin erfahren wir in der Rede, daß sie von dem Blitz getroffen wurde (*tactus etiam ille qui hanc urbem condidit Romulus, quem inauratum in Capitolio, parvum atque lactantem, uberibus lupinis inhiantem fuisse meministis*) – in *De consulatu suo* wird sie von einem flammenden Blitzschlag umgerissen (v. 45-46: *quae tum cum pueris flammato fulminis ictu / concidit atque avolsa pedum vestigia liquit*).[121] Insgesamt betrachtet wirkt die Darstellung im Epos düsterer, gewaltiger und gewalttätiger, gerade wie in einer düsteren Vorzeit. Der göttliche Wille, geradezu personifiziert in Jupiter, beherrscht die Szenerie weit mehr als in der Rede gegen Catilina, der Mensch ist nicht viel mehr als ein Objekt des göttlichen Wirkens.

Obgleich die Rede gegen Catilina und die Rede der Urania prinzipiell das gleiche Ziel haben, nämlich zu zeigen, daß alles auf das göttliche Wirken zurückzuführen ist, unterscheidet sich die Ausgestaltung der Vorzeichen nicht nur aus gattungsspezifischen Gründen, sondern wohl auch aufgrund des jeweiligen Kontextes: In der Catilinarischen Rede schildert Cicero die Vorzeichen aus der Sicht des Menschen und Politikers, der aus diesen Zeichen Konsequenzen für sein Handeln abzuleiten hat, und genau dies will er seinen Adressaten, nämlich dem Volk, vermitteln. Es geht darum, den göttlichen Willen als Legitimation für das gegenwärtige und zukünftige Handeln heranzuziehen, der Blick richtet sich auf die Konsequenzen, die aus diesen Vorzeichen zu ziehen sind. Die Rede der Urania hingegen ist Teil eines Epos, in dem den Göttern traditionsgemäß eine bedeutende Rolle zukommt. Das göttliche Walten wird akzentuiert, und damit geht eine Akzentuierung der Abhängigkeit des menschlichen Handelns vom göttlichen Willen einher, wobei die Blick-

[120] Zur Sprache Ciceros siehe Traglia (1950). Grollmus 34 beurteilt den Stil der Darstellung so: „Tantulum quamquam servatum est, tamen satis claret, Ciceronem omni magnificentia omnisque splendore res perfudisse [...].“ Ewbank 12f. vermutet in Ciceros Stil einen der Gründe für den Mißerfolg des Epos: „The pompous style in which the poem was written, the boast that he had suppressed the conspiracy by peaceful methods, whereas he had really employed force in having the ringleaders illegally executed, his own growing unpopularity in certain quarters by the end of the year 60 lead one to suppose that Cicero made no very wide appeal with the *De Consulatu*." Vgl. auch Gaillard 158.

[121] Bei der Beschreibung der Statue ist eine unterschiedliche Akzentuierung zu bemerken: Während im Epos die Wölfin im Mittelpunkt steht, die beiden Jungen als *altrix* dient, richtet sich der Fokus in der Catilinarischen Rede ganz auf Romulus, der sich nach der Wölfin reckt.

richtung hier jedoch rückwärts gewandt ist, denn die Legitimation des menschlichen Handelns wird durch die Aufzählung der Vorzeichen unterstrichen, die diesem Handeln vorangegangen waren.

2.4.2 Ciceros Selbstdarstellung und die Funktion der Urania-Rede

Cicero gibt die Schilderung und Deutung der Vorzeichen, die er in der Rede gegen Catilina natürlich selbst übernimmt, in der epischen Schilderung aus der Hand und läßt sie von Urania vortragen. Damit ist zweierlei erreicht: Die Muse ist eine glaubhafte Instanz[122], und allein schon die Tatsache, daß sie sich an Cicero wendet, zeichnet ihn aus. Cicero selbst ist dabei nicht mehr als ein Zuhörer, der aber an wichtigen Stellen einbezogen wird, immer dann, wenn ein Wendepunkt in den Geschehnissen erreicht ist: Schon bei dem Latiner-Fest sah er als Konsul (*te consule*) die Bewegungen der Sterne und Kometen, in seinem Konsulatsjahr kommt alles zur Vollendung (v. 35 *omnia fixa tuus glomerans determinat annus*). Die Errichtung des Jupiter-Bildes, die vorher lange verzögert worden war (v. 60-61: *haec tardata diu species multumque morata / consule te tandem celsa est in sede locata*), findet jetzt in seinem Konsulatsjahr (*consule te*) endlich statt.[123] Die Rede der Urania schließt mit dem Lob der Leistung Ciceros (v. 75-78):

E quibus ereptum primo iam a flore iuventae
te patria in media virtutum mole locavit.
Tu tamen anxiferas curas requiete relaxans,
quod patria[124] *vacat, id studiis nobisque sacrasti.*

Cicero wurde also von der Vaterstadt (*patria*) an seinen Platz inmitten der Bedrängnisse gestellt, die Sorgen löste er in Ruhe. Dies erinnert an Ciceros Anspruch, die Catilinarische Verschwörung mit friedlichen Mitteln niedergeschlagen zu haben, der auch aus seinem Vers *Cedant arma togae* ... herausklingt und von ihm auch in den Reden immer wieder propagiert wird.[125] Urania lobt Cicero dafür, daß er die Stadt rettete, indem er den Götterwillen

[122] Vgl. Walde, Chr.: DNP 8 (2000), s.v. „Musen", 511-514, h. 512: „Sie [die Musen] erzählen das in der Zeit Geschehene und somit eigentlich „Geschichte". In dieser Rolle wird ihre Funktion als Ordnerinnen deutlich, die sie konzeptionell in die Nähe Apollons stellt. Als Augenzeuginnen und Chronistinnen aller Geschehnisse vertreten sie die Wahrheit (Pind. O. 10,3f.), woraus sich die Autorität des von der oder den M. inspirierten Dichters ableitet, der kein bloßes Gerücht erzählt." Hesiod (*theog.* 27) spricht den Musen allerdings auch die Fähigkeit des Lügens zu.

[123] In *Catil.* III 20 findet sich eine leichte Akzentverschiebung, denn dort rechnet er sein eigenes Konsulatsjahr bis zu diesem Tag mit in die Zeit der Verzögerung ein.

[124] Vgl. Courtney 180.

[125] Die Vermeidung öffentlichen Aufruhrs ist dabei ein wesentliches Element in den Reden, vgl. *Catil.* I 11; II 26; II 28; III 23; *Sull.* 33; vgl. auch Plut. *Cic.* 22.

beachtete und umsetzte, daß er sich verantwortlich zeigte und in die Hand nahm, was zuvor unerledigt geblieben war. Wichtig für das Bild, das Cicero hier von sich zeichnet, ist eine gewisse Passivität[126] und Zurückhaltung: Er erscheint sowohl als Empfänger der Aufgabe als auch des Lobes. In dieser Selbststilisierung als besonnener Retter des Staates kann ein Anklang an das hellenistische Herrscherideal des *Soter* gesehen werden, denn Cicero schreibt seiner Person die entsprechenden Herrschertugenden und -handlungen zu, nämlich Besonnenheit, Fürsorge für seine Untertanen und Bestrafung der Schlechten zum Wohl der Allgemeinheit.[127] Die göttliche Komponente der hellenistischen Vorstellung findet sich in der Selbstdarstellung als Interpret des Götterwillens und als Werkzeug der Götter, die aus der Rede der Urania hervorgeht – wobei Cicero die Selbstdarstellung geschickt durch die Verlagerung dieser Interpretation auf die Äußerung der Muse verschleiert. In dieser Selbstdarstellung ist auch ein Anklang an diejenige des Sulla zu sehen, soweit sie aus dem Erhaltenen rekonstruierbar ist, denn auch Sulla führte ja das Gelingen seiner Unternehmungen auf die richtige Deutung und die Beachtung der göttlichen Zeichen zurück. Zugleich ist in dieser Schlußpartie der Rede bereits ein Element enthalten, dem in den späteren philosophischen und rhetorischen Schriften Ciceros eine zentrale Rolle in der Selbstdarstellung zukommt[128], nämlich der Hinweis darauf, daß sich Cicero mit den philosophi-

---

[126] Eine derartige Passivität des Dichters ist auch charakteristisch für das Motiv des Musenanrufs; vgl. Kambylis 13f. über den homerischen Musenanruf: Der Dichter weiß, „daß seine Kunst zu dichten bzw. zu singen in Wirklichkeit nichts Eigenes ist, sondern einmaliges und bleibendes Geschenk der Götter. *Sie* sprechen durch ihn in der Zeit des homerischen Epos; der Dichter, der Vortragende, ist gleichsam ‚Instrument' in ihren Händen. Sein Tun ist dauerndes Handeln im Auftrag der Götter. [...] Der Dichter selbst tritt dabei in den Hintergrund, während die Gottheit, in diesem Fall die Muse, in all ihrer Mächtigkeit singend auftritt."

[127] Vgl. zu den hellenistischen Herrschertugenden die Übersicht bei Schmitt, H.H.: s.v. „Herrscherideal", in: Ders.; Vogt, E. (Hgg.): Kleines Lexikon des Hellenismus, Wiesbaden [2]1993 ([1]1988), 234-240, sowie Schubart, W.: Das hellenistische Königsideal nach Inschriften und Papyri (zuerst: APF 12 [1937], 1-26), in: Kloft, H. (Hg.): Ideologie und Herrschaft in der Antike (WdF 528), Darmstadt 1979, 90-122; Gruber, J.: Cicero und das hellenistische Herrscherideal. Überlegungen zur Rede „De imperio Cn. Pompei", WS 101, N.S. 22 (1988), 243-258 zeigt auf, wie Cicero in der aus dem Jahre 66 stammenden Rede das hellenistische Herrscherideal übernahm und an römische Vorstellungen und Gegebenheiten anpaßte. Vor allem die Zwischenstellung des Herrschers zwischen Gott und Mensch sei davon betroffen gewesen (254): „Für den Römer konnte der ideale Feldherr bzw. Herrscher die Zwischenstellung zwischen Gott und Mensch nicht bzw. noch nicht einnehmen. Cicero versucht aber eine enge Zusammenführung beider Bereiche und geht vielleicht dabei bis an die Grenze dessen, was man einer römischen Volksversammlung zumuten konnte." Dieser Befund macht deutlich, daß sich Cicero schon vor der Entstehung seiner Epen mit dem hellenistischen Herrscherideal befaßte, und macht es wahrscheinlich, daß er sich in seinen Epen nicht selbst zu einem Gott, sondern eher zu einem göttlichen Instrument stilisierte.

[128] Siehe besonders *nat. deor.* I 6-12; vgl. hier Kap. V 4.2.2.

schen Studien dann beschäftigt, wenn der Dienst am Staat ihm dafür Freiraum läßt: *quod patria vacat, his studiis nobisque sacrasti.* Cicero etabliert durch diese Formulierung eine enge Verbindung zwischen seiner eigenen Person und Urania, die für die Musen im allgemeinen spricht. „Uranie n'est ici que le porte-parole des Muses, symbole collectif de l'activité intellectuelle et créatrice; elle ne parle point en Muse-astronome, elle plaide l'*otium litteratum*."[129] Cicero läßt seine philosophischen Studien schon hier, in dem Epos über seinen Konsulat[130], durch die Muse sanktionieren und das Bild des Beschützers durch das des Philosophen und Literaten ergänzen.

Es stellt sich die Frage, welche Funktion die Rede der Urania im Erzählgang des Epos erfüllte. Büchner sieht in der Rede das Mittel, die Vorzeichen nachzutragen, die „nicht der Reihe nach im Verlaufe der epischen Darstellung erzählt worden sind."[131] Hose jedoch betont, daß die Muse keine Handlungsanweisungen für die Zukunft gibt[132], sondern nur die Vergangenheit erläutert, und folgert daraus, die Götter reagierten in Ciceros Epos lediglich auf menschliche Handlungen: „Auf Cicero bezogen heißt das, daß dieser im Epos nicht als Handlungsgehilfe eines Götterplans bzw. Götterwillens fungierte, sondern zwar als *pius* (vgl. v. 78), aber auch nach eigenem Kalkül und Verantwortungsbewußtsein agierend auftrat."[133] Diese Interpretation stützt sich im wesentlichen auf die Annahme, daß der Götterrat am Schluß stand und Cicero in einer Apotheose den Lohn für die Rettung der Stadt erhielt. Die Urania-Rede selbst vermittelt aber ein durchaus anderes Bild von der Beziehung zwischen Göttern und Menschen: Zwar erteilt die Muse keine Weisungen für die Zukunft, doch betont sie in ihrer Schilderung der Vorzeichen die göttliche Perspektive und lobt Cicero gerade dafür, daß er den durch die Zeichen bekundeten Götterwillen in die Tat umgesetzt hat. Sein Konsulat stellt einen glücklichen Wendepunkt dar, weil er endlich die Zeichen der Götter beachtet und sein Handeln nach ihnen ausrichtet: Mit Ruhe bewährte er sich in der Aufgabe, vor die die Stadt ihn stellte (v. 75-78). Der Mensch reagiert hier auf göttliche Handlungen, nicht umgekehrt, und dadurch erweist er sich als *pius*. Die Aufzählung der Vorzeichen dient der Legitimation der Handlungen

---

[129] Gaillard 159. Gaillard sieht eine Parallele zwischen der Rede der Urania in *De consulatu suo* und der Jupiters in *De temporibus suis* und schließt daraus auf eine „unité d'inspiration", die die beiden Werke verbinde.

[130] Vgl. Plezia, M.: De la philosophie dans le *De consulatu suo* de Cicéron, in: Zehnacker, H.; Hentz, G. (Hgg.): Hommages à Robert Schilling, Paris 1983, 383-392, h. 389 mit Verweis auf die philosophische Prägung der Urania-Rede im speziellen und der Dichtung Ciceros im allgemeinen. Siehe dazu auch Alfonsi bes. 263ff.

[131] Büchner (1939) 1247.

[132] Büchner (ebd.) vermutet allerdings, daß die Rede nicht vollständig überliefert ist und mit Handlungsanweisungen schloß.

[133] Hose 464.

Ciceros, so daß Cicero so nur als Werkzeug der Götter auftritt;[134] er beruft sich damit auf eine höhere Instanz, und diese wird in der Rede der Urania schon durch die Perspektivenwahl weit mehr betont als in der Vergleichstelle in *Catil.* III, doch ist das Bestreben Ciceros bei beiden Gelegenheiten dasselbe: das eigene Handeln als dem göttlichen Willen entsprechend zu rechtfertigen. Dies entspricht einer generellen Strategie Ciceros, die in den autobiographischen Werken und Passagen zu bemerken ist: Besonders dann, wenn sein Handeln in der Kritik steht – und eben dies war wegen der Aburteilung der Verschwörer der Fall, als er sowohl *De consulatu suo* als auch die Catilinarischen Reden veröffentlichte – unterstellt er es einer höheren Instanz, sei es wie hier, den Göttern, oder auch dem Willen des Senats als Norm, der er sich unterordnete. Die Integration des eigenen Handelns in den Kontext eines höheren Willens, der dieses Handeln so legitimiert, ist ein wesentliches Merkmal der apologetischen Prägung autobiographischen Schreibens bei Cicero.

3. *De temporibus suis*

3.1 Die Frage nach der möglichen Identität von *De consulatu suo* und *De temporibus suis*

Die These, daß es überhaupt ein Werk *De temporibus suis* gab, wurde in der Vergangenheit von Heikel[135] in Anlehnung an Voss[136] bestritten, hat sich aber in der Forschung inzwischen durchgesetzt.[137] Sie stützt sich – da keine Fragmente aus diesem Werk erhalten sind[138] – auf eine Bemerkung Ciceros aus einem Brief an Lentulus (von Dezember 54), aus dem herausklingt, daß er drei Bücher über sein Exil und seine Rückkehr verfaßt hatte (*fam.* 1, 9, 23):

---

[134] Wäre es sein Ziel gewesen, die Autonomie seines Handelns herauszustellen, wie Hose vermutet, dann wäre eine solche Akzentuierung der Vorzeichen doch wohl das falsche Mittel gewesen.

[135] Heikel 30ff.

[136] Voss, G.: De Historicis Latinis Libri III, Lugduni Batavorum ^{2}1651.

[137] Siehe dazu Grollmus 34ff. und Büchner (1939) 1250. In jüngerer Zeit wurde die These, daß Cicero in Wahrheit gar kein zweites Werk verfaßt habe und sich die Stellen, die dessen Existenz nahelegen, in Wahrheit auf andere Werke, vor allem auf *De consulatu suo*, beziehen, allerdings noch von Brush 60ff. vertreten. Für ihn ist die Existenz eines zweiten Werkes eine „established speculation“. Seine Zweifel an der Existenz von *De temporibus suis* sind zwar durchaus nachvollziehbar, es gelingt ihm jedoch letztlich nicht, die Hinweise auf diese Schrift zu entkräften.

[138] Wie gezeigt (siehe hier 85, Anm. 65) vermutet Grollmus 41 allerdings, daß *O fortunatam natam ...* aus *De temporibus suis* stammt.

Quod rogas ut mea tibi scripta mittam quae post discessum tuum scripserim, sunt [...]. *Scripsi etiam versibus tris libros 'de temporibus meis'; quos iam pridem ad te misissem si esse edendos putassem; sunt enim testes et erunt sempiterni meritorum erga me tuorum meaeque pietatis. Sed quia verebar non eos qui se laesos arbitrarentur (etenim id feci parce et molliter), sed eos quos erat infinitum bene de me meritos omnis nominare ***. Quos tamen ipsos libros, si quem cui recte committam invenero, curabo ad te perferendos.*

Ausgehend von diesem Brief wird als Titel des Werkes „*De temporibus suis*“[139] und als Entstehungszeit die Jahre 56 (Weggang des Lentulus) bis Dez. 54 (Datum des Briefes) angenommen.[140] Heikel jedoch vermutet, daß Cicero hier über die drei Bücher spricht, die er schon vor seinem Exil verfaßt, aber nicht veröffentlicht habe, also über *De consulatu suo*, und daß er diese nun nach seiner Rückkehr habe überarbeiten wollen.[141] Wenn auch der Einwand, Cicero hätte in diesem Fall von *retractare*, nicht von *scribere* gesprochen[142], zwar nachvollziehbar, aber letztlich nicht zwingend ist, so ist Heikels These dennoch aus mehreren Gründen zu widersprechen: Handelte es sich um eine Überarbeitung, dann müßte die Zeit des Konsulats in der Darstellung enthalten sein – in dem Brief an Lentulus geht es aber eindeutig um das Exil und die Rückkehr, es ist keine Rede davon, daß *tempora*[143] hier den Konsulat einschließen soll.[144] Außerdem hätte Cicero dessen Darstellung, der er ja in dem ersten, nach Heikels Annahme unveröffentlichten Werk, drei Bücher gewidmet hatte, raffen müssen, um nun inklusive der Schilderung von Exil und Rückkehr mit drei Büchern auszukommen, von denen er ja in dem Brief spricht.[145] Auch die hier zugrundeliegende Annahme, *De consulatu suo* sei gar

---

[139] Büchner (1939) 1250f.; Koch 47f.; Soubiran 33ff.; Grollmus 34 hingegen nimmt *De temporibus meis* o.ä. an, ebenso Ewbank 16ff. Dagegen Brush 61, der wie Heikel nicht von der Existenz eines eigenständigen Werkes ausgeht.

[140] Die Datierung stützt sich auch auf den Brief an Lucceius aus dem Jahre 56, denn dort kündigt Cicero an, selbst über sich zu schreiben, wenn Lucceius seiner Bitte nicht nachkomme, vgl. Büchner (1939) 1250ff.

[141] Heikel 37ff.

[142] Grollmus 36 (bezogen auf *fam.* 1, 10, 23) und Koch 14 (bezogen auf *fam.* 5, 12).

[143] Grollmus 34 und in Anlehnung an ihn Koch 47: Der Begriff meine hier „*tempora miseriarum calamitatumque*“. Grollmus führt als Vergleichsstellen an: *Sest.* 58 und *fam.* 1, 6, 2; vgl. auch Courtney 174.

[144] Ein solches Gesamtwerk hätte zwar der übergreifenden Darstellung entsprochen, die er sich von Lucceius gewünscht hatte. Doch ist es wahrscheinlicher, daß *De temporibus suis* quasi als Fortsetzung zu *De consulatu suo* gedacht war – so wäre dann auch eine Gesamtdarstellung erreicht worden. Vgl. Soubiran 34: „[...] il s'agit de deux œuvres distinctes, mais symétriques et complémentaires.“

[145] Auch Grollmus 37 meint, das neue Werk hätte länger sein müssen. Brush 65 hingegen glaubt nicht, daß Cicero zweimal drei Bücher schrieb, weil dann eine Unausgewogenheit vorläge: Drei Büchern über die Jahre 62-57 stünden dann drei Bücher über ein einziges Jahr als Konsul gegenüber. Doch angesichts der Bedeutung, die Cicero selbst seiner Rolle als

nicht gleich nach seiner Fertigstellung veröffentlicht worden, ist zweifelhaft: Warum sollte Cicero, der versessen darauf war, seinem Wirken als Konsul ein Denkmal zu setzen, die Schrift nicht sogleich veröffentlicht haben?[146] Immerhin fällt in die Entstehungszeit des Werkes auch die Veröffentlichung der Reden des Konsulatsjahres, Cicero verfolgte zu dieser Zeit geradezu eine „Selbstdarstellungskampagne“. Auch die Verteidigung des Verses *Cedant arma togae* ... in der aus dem Jahre 55 stammenden Rede gegen Piso[147] führt zu dem Schluß, daß Piso diesen Vers und damit vielleicht das gesamte Werk, in dem er stand, zu diesem Zeitpunkt bereits gekannt und kritisiert hat. Da aus dem Brief an Lentulus hervorgeht, daß Cicero *De temporibus suis* bis Dezember 54 nicht veröffentlicht hatte, konnte Piso den Vers auch nicht aus diesem angenommenen (Gesamt-)Werk kennen. Die Annahme Heikels, daß trotzdem einzelne Verse in der Öffentlichkeit bekannt waren, bleibt Spekulation. Doch das entscheidende Argument gegen die These, Cicero meine mit *tris libros 'de temporibus meis'* eine Kombination aus einer bis dahin unveröffentlichten Darstellung seines Konsulats und einer Schilderung des Exils und der Rückkehr, liefert Cicero selbst: Denn wenn *De consulatu suo* nie unter diesem Titel veröffentlicht worden wäre, sondern die entsprechende Darstellung Teil eines Gesamtwerkes gewesen wäre, das Cicero später in dem Brief an Lentulus mit *de temporibus meis* beschreibt, warum sollte er dann Quintus in seiner aus dem Jahre 44 stammenden Schrift *De divinatione* das Zitat der Urania-Rede noch mit *Consulatus* einführen lassen?[148]

Die Frage, ob *De temporibus suis* jemals veröffentlicht wurde, ist letztlich ungeklärt, Cicero scheute offenbar davor zurück.[149] Dem Bruder gegenüber bemerkte er, er habe alles eher für sich als für andere geschrieben (*illa omnia mihi magis scripsi quam ceteris*)[150]. Bis Dezember 54 hatte Cicero die Schrift nicht veröffentlicht, und er hatte offenbar Bedenken, es zu tun (*si esse edendos putassem*).[151] Er hatte wohl aus diesem Grund bereits Caesars Meinung über das Epos eingeholt[152], der sich zuerst positiv über das erste Buch geäußert hatte, sich dann aber darüber ausschwieg[153] – wenn Cicero auch versichert, der

---

Konsul beimaß, ist es sehr leicht nachvollziehbar, daß er der Darstellung drei Bücher zugestand, auch wenn der dargestellte Zeitraum nur ein Jahr betrug.

[146] So auch Grollmus 37.

[147] *Pis.* 72.

[148] So auch Ewbank 18, der keine Hinweise darauf sieht, daß *De consulatu suo* nicht gleich veröffentlicht wurde. Im Jahre 55 war die Schrift offenbar allgemein bekannt, vgl. Cic. *Pis.* 72.

[149] So auch Koch 47.

[150] *ad Q. fr.* 2, 8, 1.

[151] *fam.* 1, 9, 23.

[152] Dazu auch Büchner (1939) 1252.

[153] *ad Q. fr.* 2, 14, 2 (Juni 54): ... *quoniam tu scribis poema ab eo nostrum probari*...; *ad Q. fr.* 2, 16, 5 (August 54): *Sed heus tu! Celari videor a te. Quo modo nam, mi frater, de*

Bruder dürfe ruhig ehrlich sein bezüglich der Meinung Caesars, weil dies nichts an Ciceros Selbsteinschätzung ändern würde, so klingt doch deutlich heraus, wie sehr Cicero an Caesars Urteil gelegen ist, möglicherweise vor allem bezüglich der Darstellung der Umstände, die zu seinem Exil geführt hatten; denn immerhin hatte Caesar die Vorgänge zumindest gebilligt, wenn nicht gefördert.[154] Welche Interpretation der Rolle Caesars Cicero in dieser Schrift auch geliefert haben mag, es verwundert nicht, daß er sich für dessen Reaktion interessierte. Da Cicero die Schrift auch nach der Übersendung an Caesar im Dezember 54 noch nicht veröffentlicht hatte, liegt – auch aufgrund der Formulierung in dem Brief an Lentulus – die Vermutung nahe, daß er es auch später nicht tat, sondern sie nur an Freunde weiterreichte.[155]

3.2 Der Inhalt des Werkes

Auf den Inhalt des Werkes läßt sich aus *fam.* 1, 9, 23 schließen: Die drei Bücher zeugten von den Verdiensten vor allem des Lentulus (*sunt enim et testes et erunt sempiterni meritorum erga me tuorum meaeque pietatis*), aber auch anderer gegenüber Cicero (*bene de <me> meritos omnis nominare*), hätten andere aber auch verletzen können (*qui se laesos arbitrarentur*), obgleich Cicero – wie er betont, in dieser Hinsicht milde war (*etenim id feci parce et molliter*).[156] „Dank und Rache in sparsamer Form, ein Tribut der römischen *amicitia* und ein Kampf gegen politische Gegner war es also.“[157] Soubiran rekonstruiert den Aufbau in Anlehnung an *De consulatu suo* und nimmt an, daß das erste Buch die Clodius-Affäre und die weiteren Geschehnisse bis zum Abend der Abreise enthielt, das zweite Buch das eigentliche Exil und am Ende einen Götterrat[158], das dritte die Rückkehr und den feierlichen Einzug in

nostris versibus Caesar? Nam primum librum se legisse scripsit ad me ante, et prima sic ut neget se ne Graeca quidem meliora legisse; reliqua ad quendam locum ῥᾳθυμότερα (hoc enim utitur verbo). Dic mihi verum, num aut res eum aut χαρακτὴρ non delectat? Nihil est, quod vereare; ego enim ne pilo quidem minus me amabo. Hac de re φιλαλήθως et, ut soles [*scribere*], *fraterne.*

[154] Vgl. Ciceros Stellungnahmen bezüglich der Rolle Caesars in verschiedenen Reden, siehe hier 222ff. und 244ff.

[155] So Häfner 64; Dugan (2001) 71 vermutet, daß Cicero aus dem Schicksal von *De consulatu suo* die Konsequenz gezogen habe, das zweite Epos nicht durch eine Veröffentlichung preiszugeben. Dagegen Büchner (1939) 1252, der meint, die Sallust-Invektive lasse auf eine breitere Kenntnis schließen. Auf die Frage, ob sich die Invektive überhaupt auf *De temporibus suis* bezieht, ist allerdings im Zusammenhang mit der Einordnung des *concilium deorum* zurückzukommen.

[156] Vgl. Koch 49.

[157] Büchner (1939) 1251.

[158] Auch Büchner (ebd.) nimmt einen Götterrat am Ende des zweiten Buches an, in dem es um Ciceros Rückberufung gegangen sei.

Rom.[159] Hier stoßen wir auf ein Problem, das die Forschung ebenso beschäftigt wie die Frage, ob es sich überhaupt um zwei Werke handelt: die Einordnung des in der Invektive[160] und bei Cicero[161] selbst erwähnten Götterrates in die eine oder andere Schrift.

3.3 Das *concilium deorum* – in einem der Epen oder in beiden?

Wie bereits erwähnt, nehmen Ewbank und Hose einen Götterrat in *De consulatu suo* an[162], Soubiran und Büchner jedoch in *De temporibus suis;*[163] Harrison hält es für wahrscheinlich, daß es in beiden Epen einen Götterrat gab.[164] Auf welche Quellen stützen sich diese Annahmen nun? Hinweise auf das Vorkommen (mindestens) eines Götterrates finden sich in der Invektive gegen Cicero:

> Ps. Sall. *in Tull.* 2 (3):
> *Atque haec cum ita sint, tamen se Cicero dicit in concilio deorum inmortalium fuisse, inde missum huic urbi civibusque custodem* [...]. *Quasi vero non illius coniurationis causa fuerit consulatus tuus et idcirco res publica disiecta eo tempore quo te custodem habebat.*[165]

Der hier erwähnte Götterrat wird von dem Autor der Invektive eindeutig in den Zusammenhang mit dem Konsulat gestellt, so daß davon auszugehen ist, daß hier Bezug genommen wird auf eine Schilderung in *De consulatu suo.* Daraus kann der Schluß gezogen werden, daß Cicero im ersten Buch von *De consulatu suo* einen Götterrat dargestellt hat, bei dem er selbst zugegen war und in dessen Verlauf Jupiter ihn über die Gefahren für die Stadt informierte

---

[159] Soubiran 40. Diese (Re-)Konstruktion des Aufbaus ist mit Hilfe der Parallele zu *De consulatu suo* und aufgrund unserer Kenntnis der historischen Abläufe durchaus nachvollziehbar und verlockend, da sie zumindest eine Vorstellung von einem Werk vermittelt, das für uns bis auf wenige Spuren verloren ist. Doch gerade wegen der fehlenden Textbasis bleibt es auch ein gewagtes Unternehmen – dessen Richtigkeit allerdings weder überprüfbar noch widerlegbar ist.

[160] Ps. Sall. *in Tull.* 2 (3); 4 (7).

[161] *ad Q. fr.* 3, 1, 24.

[162] Ewbank 12; Hose 464. Ebenso Grollmus 31.

[163] Soubiran 40; Büchner (1939) 1251.

[164] Harrison 459ff.; ebenso Häußler 278; Courtney 174.

[165] Dazu Koster 181: „Das ist parodische Paraphrase des dichtenden Cicero, der ruhmredig von sich behauptet, in der Ratsversammlung der unsterblichen Götter gewesen zu sein. Kontrastreicher konnte Sallust nicht reden. Cicero, soeben noch ein *homo novus*, steht nun schon als eine Art Halbgott vor Augen der Senatoren. Er hat nicht nur das irdische, das *concilium senatorum*, erobert, sondern auch – zumindest im dichterischen Aufschwung – das himmlische, das *concilium deorum.* Aber damit war es ihm nicht genug: *inde missum*...[...]. Ciceros Anspruch geht so weit, daß er als Mittler der Götter fungiert."

und ihn dann als *custos* zurückschickte, um das Unheil abzuwenden.[166] Das Problem der Zuordnung wird erst bei Heranziehung einer zweiten Stelle in der Invektive deutlich, in der es heißt:

> Ps. Sall. *in Tull.* 4 (7):
> *Sed quid ego plura de tua insolentia commemorem, quem Minerva omnis artis edocuit, Iuppiter Optimus Maximus in concilio deorum admisit, Italia exulem umeris suis reportavit?*[167]

Hier wird nun ein Götterrat in einem Atemzug mit einer Anspielung auf Exil und Rückkehr erwähnt: *Italia exulem umeris suis reportarit.* Hat Cicero also in beiden Werken eine Einladung in den Götterrat dargestellt? Büchner und Koch gehen davon aus, daß der Autor der Invektive es sich nicht hätte nehmen lassen, sich darüber lustig zu machen, wenn Cicero in beiden Epen einen Götterrat dargestellt hätte.[168] Beide ordnen den Götterrat *De temporibus suis* zu, Büchner erklärt das Vorkommen des Götterrates im Zusammenhang mit dem Konsulat mit einer Vermischung durch den Autor der Sallust-Invektive: „Sallust wird mit Absicht hämisch verschoben haben, um es so darzustellen,

---

[166] Grollmus 31f.; Ewbank 12. Hose hingegen nimmt an, daß der Götterrat am Ende des 3. Buches stattfand. Mit dieser in der Forschung ungewöhnlichen Positionierung begründet er seine These, daß Cicero nach der Rettung der Stadt von den Göttern belohnt werde, weil er eine Aufgabe übernommen habe, die eigentlich von den Göttern hätte erfüllt werden müssen. Daraus folgert er, daß die Rolle der Götter im Verhältnis zu der der Menschen (bzw. Ciceros eigener) abgewertet sei und sieht hierin das hellenistische Prinzip des Gottmenschentums verwirklicht. Diese These wiederum stützt die Verlegung des Götterrates ins dritte Buch. Dabei liegt der Gedanke an eine Zirkelargumentation, den Hose selbst aufwirft, zwar nahe, wird aber entkräftet durch den Hinweis Hoses auf die Selbstdarstellung Ciceros in seinem Hypomnema, die durch Plutarch, der das Hypomnema ja als Quelle benutzt haben dürfte, noch greifbar ist. Demnach hat sich Cicero schon dort zum *Soter* stilisiert, wodurch wahrscheinlich wird, daß er es in *De consulatu suo* ebenfalls tat. Die sich gegenseitig stützenden Annahmen der Stilisierung zum Gottmenschen und des Götterrates im dritten Buch finden so eine Verankerung außerhalb des Textes. Allerdings bedarf die plausible Annahme der Selbststilisierung zum *Soter* nicht unbedingt der Positionierung des Götterrates im dritten Buch. Denn auch dann, wenn Cicero den Götterrat zu einem früheren Zeitpunkt der Handlung gestaltete und sich als von Jupiter zurückgesandter *custos* darstellte, der das drohende Unheil abwendet, kann in dieser Selbstdarstellung eine Anlehnung an das hellenistische *Soter*-Ideal gesehen werden, die darin liegt, daß Cicero sein Volk mit göttlicher Unterstützung vor Unglück bewahrt. Die Selbstdarstellung als Instrument der Götter entspricht jedenfalls dem Selbstbild, das aus der Urania-Rede herauszulesen ist, während die von Hose angenommene Abwertung der Götter dort nicht bestätigt wird. Die Konzentration auf eine zentrale Persönlichkeit und die Vermengung der realhistorischen mit der religiös-mythologischen Sphäre erinnert an die hellenistischen Fürstenepen, vgl. dazu Ziegler 16 u. 24. Auch Häußler 286 sieht in Ciceros Gestaltung einen „Abklatsch hellenistischen Gottmenschentums".

[167] Vgl. auch Quint. *inst.* 11, 1, 24.

[168] Büchner (1939) 1251; Koch 51.

als ob C. seine Wahl auf den höchsten Gott persönlich geschoben habe."[169] Auch die Erwähnung der Minerva werde von dem Autor der Invektive in der Reihe von Motiven aus *De temporibus suis* genannt, obwohl sie eigentlich zu *De consulatu suo* gehöre.[170] Für die These, daß es in *De temporibus suis* einen Götterrat gegeben hat, sprechen vor allem zwei Bemerkungen aus Briefen Ciceros an Quintus:

> *ad Q. fr.* 2, 8, 1 (Februar 55):
> *Placiturum tibi esse librum secundum suspicabar; tam valde placuisse quam scribis valde gaudeo. Quod me admones de †non curantia† suadesque, ut meminerim Iovis orationem, quae est in extremo illo libro, ego vero memini et illa omnia mihi magis scripsi quam ceteris.*

> *ad Q. fr.* 3, 1, 24 (September 54):
> *Itaque mirificum embolium cogito in secundum librum meorum temporum includere, dicentem Apollinem in concilio deorum qualis reditus duorum imperatorum futurus esset, quorum alter exercitum perdidisset, alter vendidisset.*[171]

Harrison merkt zwar zu Recht an, daß die zweite Stelle nur Ciceros Absicht bezeugt, diese Episode einzufügen, er dies aber nicht unbedingt getan haben muß; es ist also denkbar, daß es die Apoll-Episode und generell den Götterrat, den Cicero hier erwähnt, in Wahrheit nie gegeben hat.[172] Nimmt man aber die erste Stelle hinzu (*ad Q. fr.* 2, 8, 1), so ist das Vorkommen eines Götterrates doch wahrscheinlich, denn auch die dort erwähnte Rede Jupiters dürfte ihren Platz in einer Götterversammlung gehabt haben.

Festzuhalten ist: Die Invektive legt die Vermutung nahe, daß es einen Götterrat in *De consulatu suo* gegeben hat, stellt einen solchen aber auch in Verbindung mit Exil und Rückkehr, so daß eine Zuordnung zu *De temporibus suis* naheliegt. Auch die Äußerungen Ciceros in seinen Briefen an Quintus zeigen, daß in *De temporibus suis* ein Götterrat vorkam. Hat Cicero also doch in beiden Schriften einen Götterrat dargestellt?

Büchner hält dies für unwahrscheinlich, weil ein Götterat in *De consulatu suo* aus seiner Sicht dem Prodigium am Anfang, in dem es um Ciceros Wahl zum Konsul geht, und der betonten Rolle der Musen Konkurrenz machen würde.[173] Doch ist es gar nicht so unwahrscheinlich, daß Cicero seine Wahl zum Konsul als durch göttliche Vorzeichen legitimiert dargestellt hat und diese göttliche Unterstützung dann noch gesteigert hat, indem er sogar eine Einladung in den Götterrat gestaltet hat, bei dem er von Jupiter über die

---

[169] Büchner (1939) 1251. Ähnlich Soubiran 37ff., der davon ausgeht, daß das in Ps. Sall. *in Tull.* 4 (7) erwähnte *concilium* nur zu *De temporibus suis* gehören könne, da es in Zusammenhang mit der Rückkehr gebracht werde.

[170] Büchner (1939) 1248.

[171] Siehe hierzu auch Dugan (2001) 70f.

[172] Harrison 457f.

[173] Büchner (1939) 1251f.

Gefahren für Rom unterrichtet wurde.[174] Hier läge dann sogar eine Klimax bezüglich der Unterstützung Ciceros durch die Götter vor. Und in der Tat kann man feststellen, daß Cicero generell daran gelegen war, sein Handeln und sein Amt als Konsul als durch die Götter legitimiert darzustellen.[175] Es darf bei all diesen Überlegungen schließlich nicht vergessen werden, daß sich Cicero nun einmal für das Epos als Gattung entschieden hatte, zu deren Grundelementen in seiner Zeit ein Götterapparat gehörte.[176] Aus den Fragmenten und Testimonien läßt sich schließen, daß Cicero von diesem Grundelement einen nicht eben schüchternen Gebrauch machte, sondern die Gelegenheit, sich selbst im Kontakt mit den Göttern darzustellen, weidlich ausnutzte. Harrison hält es aufgrund der Anlehnung Ciceros an seine Vorbilder Homer und Ennius und seines Bestrebens, das eigene Handeln als göttlich legitimiert darzustellen, keineswegs für unwahrscheinlich, daß in beiden Epen ein Götterrat vorkam:

> That both poems contained a divine council in not *a priori* unlikely; both were intended as lofty epic poems, for which after Homer and Ennius the divine council was practically *de rigueur*, and Cicero may have had the additional motivation of wishing to establish some kind of parallelism between his two autobiographical epics, as well as the apologetic purpose of asserting continuing divine support for his actions and political career.[177]

Daher wäre es nicht verwunderlich, wenn er seine Wahl zum Konsul und die Kenntnis der Gefahren für Rom auf die Götter zurückführte und schließlich noch eine Muse die Prodigien aufzählen ließe, die auf die Ereignisse hindeuteten und auch göttlichen Ursprungs waren.

Es bleibt die Frage zu klären, warum der Autor der Invektive dann nicht erwähnt, daß es in Ciceros Werk zwei *concilia* gab. Der Grund dafür könnte darin liegen, wie Harrison[178] meint, daß der Autor der Invektive *De temporibus suis* gar nicht kannte, da die Schrift nicht veröffentlicht war, und er sich deshalb auch nicht auf einen dort enthaltenen Götterrat beziehen

---

[174] So Grollmus 31 und Ewbank 12.

[175] Eben dies haben die Interpretation der Urania-Rede und der Vergleich mit *Catil.* III 18f. gezeigt, vgl. hier 93ff. Diese Strategie findet sich auch in Ciceros Rede für Milo, in der er seinen Klienten als göttliches Instrument darstellt, vgl. v.a. *Mil.* 83ff.

[176] Die Überhöhung des irdischen Geschehens durch eine Götterhandlung ist ein Grundelement des Epos, vgl. Schetter 11. Und aus Ciceros Anlehnung an die Tradition des hellenistischen Epos resultiert die Integration eines Götterapparates in die Schilderung zeitgenössischer Begebenheiten, siehe dazu Ziegler 26ff.

[177] Harrison 459.

[178] Ebd. 458. Dieser nimmt übrigens aufgrund der Schwierigkeiten, den Götterrat zuzuordnen, keineswegs eine Identität der beiden Schriften an, wie Hose 465 Anm. 51 nahelegt. Auch Häußler 282 geht davon aus, daß der Autor der Invektive *De temporibus suis* nicht kannte. Ähnlich Vretska (1961) 17f.

konnte, den ja Cicero selbst bezeugt.[179] Diese Erklärung würde die Erwähnung des Götterrates sowohl in der Invektive (für *De consulatu suo*) als auch bei Cicero (für *De temporibus suis*) erklären und zugleich das Schweigen des Autors der Invektive über den zweiten Götterrat in *De temporibus suis*.[180]

Wenn nun die These aufgestellt wird, der Autor der Invektive habe *De temporibus suis* gar nicht gekannt, bedarf Ps. Sall. *in Tull.* 4 (7) einer Erklärung, denn dort werden ja Götterrat und Exil in Verbindung gebracht. Doch ist es wahrscheinlich, daß der Autor sich gar nicht auf *De temporibus suis* bezieht, sondern auf eine Äußerung Ciceros aus seiner Dankesrede an den Senat, denn dort begegnet ein ganz ähnlicher Wortlaut: *cum me ... Italia cuncta paene suis umeris reportarit*.[181] Folgt man Harrison auch in der Annahme, daß die Erwähnung Minervas eine Anspielung auf Ciceros Ausbildung in Athen ist, auf die er stolz war[182], so erscheint die Ps.-Sallust-Stelle in ganz anderem Licht: Nicht als Karikatur der Epen Ciceros, sondern als Generalabrechnung mit Ciceros ganzer Person und seinen „Überheblichkeiten" in chronologischer Reihenfolge: Die Erwähnung Minervas bezieht sich dann auf Ciceros Ausbildung, die Teilnahme am Götterrat auf Ciceros Konsulat (Quelle für beides dürfte *De consulatu suo* sein) und das Bild Italiens, das Cicero auf den Schultern heimträgt, auf die Zeit des Exils und der Rückkehr. Quelle hierfür kann, wie gezeigt, die Dankesrede an den Senat sein. Offensichtlich geht es dem Autor der Invektive darum, in einem pointierten Trikolon die größten Überheblichkeiten in Ciceros Selbstbild aufzuzeigen. Weniger die Epen, sondern

---

[179] Anders Canfora, L.: Altri riferimenti ai poemi Ciceroniani nell'*Invectiva in Ciceronem*, Ciceroniana 5 (1984), 101-109.

[180] Dies würde Büchners und Kochs Einwand entkräften, daß der Autor der Invektive einen zweiten Götterrat erwähnt hätte, wenn es ihn gegeben hätte. Ganz abgesehen davon, daß die Annahme, der Autor hätte nicht auf eine Erwähnung verzichtet, auf reiner Spekulation beruht. Denn selbst wenn er von dem zweiten Götterrat wußte, ist es vorstellbar, daß er darauf nicht einging, weil es ihm z.B. darum ging, vor allem Ciceros Teilnahme daran ins Lächerliche zu ziehen, die er ja auch zweimal erwähnt. Dies scheint die „Ungeheuerlichkeit" zu sein, die er attackieren will. Ein zweiter Götterrat hätte den Spott, zumal Götter in einem Epos generell zunächst nichts Verwerfliches sind, nicht mehr gesteigert. In diesem Punkt wird letztlich keine Klarheit zu erlangen sein, doch ist es sicherlich gewagt, aus solchen Spekulationen bezüglich dessen, was ein Autor über einen anderen *nicht* geschrieben hat, Rückschlüsse auf dessen Werk zu ziehen.

[181] Cic. *p. red. in sen.* 39; vgl. auch *dom.* 40 ... *quod si fieret, dicebas te tuis umeris me custodem urbis in urbem relaturum.* Vgl. Plut. *Cic.* 33, 7; Macr. *Sat.* 2, 3, 5.

[182] Harrison 460f. Dies würde dann auch die These stützen, daß es Cicero darauf ankam, die ständige Unterstützung durch die Götter zu betonen: diese begann dann nicht erst mit der Wahl zum Konsul, sondern bereits in Ciceros Jugend. Das besondere Verhältnis zu Minerva bringt Cicero auch an anderen Stellen zum Ausdruck, vgl. *dom.* 144: *custos urbis, Minerva, quae semper adiutrix consiliorum meorum, testis laborum exstitisti.* Vor seinem Aufbruch ins Exil hatte er ihr eine Statue geweiht, vgl. *leg.* II 42; *fam.* 12, 25, 1; *Att.* 7, 3, 3; Plut. *Cic.* 31, 6. Zu Ciceros Verehrung gegenüber Minerva siehe auch D.C. 38, 17, 5.

eher Ciceros Selbstbild, das sie vermitteln, steht dann im Mittelpunkt von 4 (7), so daß eine Vermischung der Quellen nicht verwundert. Für die These, daß es hier um eine „Generalabrechnung" geht, spricht auch, daß es sich um das Ende der Invektive handelt: Es werden also noch einmal die schlimmsten Vorwürfe zusammengefaßt. Ob der Autor der Invektive nun insofern eine Vermischung vornimmt, als er zwei Stellen aus *De consulatu suo* und eine aus der Dankesrede an den Senat zitiert, oder ob er, wie Büchner meint, *De temporibus suis* eben doch kannte und hier Stellen aus den beiden Epen vermischt: Es spricht alles dafür, daß Cicero Minerva, in welchem der Epen sie auch vorkam[183], im Zusammenhang mit seiner Ausbildung erwähnt hat[184], denn aus der Stelle geht hervor, daß es sich um eine umfassende Unterweisung (*omnes artes*) und nicht um eine spezielle, z.B. bezüglich des Umgangs mit der drohenden Gefahr für Rom[185], handelt. Es wäre z.B. denkbar, daß Urania Cicero in *De consulatu suo* am Ende ihrer Rede[186] daran erinnert, daß er von einer Göttin unterwiesen wurde.[187] Doch auch dies ist letztlich reine Spekula-

---

[183] Soubiran 39f. meint in *De temporibus suis*: „Cicéron, en effet, n'a pu manquer de développer cette 'scène à faire', touchante ou théâtrale, comme on voudra, de sa montée au Capitole, la veille du départ en exil, avec une statuette de Minerve [...]. C'est là qu'il dut rappeler, peut-être par un dialogue fictif entre lui-même et la déesse, tout ce qu'il lui devait, et la protection qu'il attendait d'elle." Für *De consulatu suo* sprechen sich aus Grollmus 32; Büchner (1939) 1248; Allen (1956) 134f.

[184] Vgl. Harrison 461: „However the allusion to Minerva's instruction in the *artes* entered the poem [*De consulatu suo*], it surely referred to Cicero's time in Athens, of which he was clearly proud."

[185] Grollmus 32; Ewbank 12. In der Tat ist es wahrscheinlicher, daß Minerva im Zusammenhang mit Ciceros Ausbildung entweder von ihm selbst oder von einer anderen Person oder einem Gott nur erwähnt wird – denn wie sollte das *omnes artes edocuit* im Epos *dargestellt* sein? Dies ist keine einmalige Handlung, die man erzählend abhandeln kann, sondern die Formulierung klingt nach einer allgemeinen und zusammenfassenden Aussage.

[186] Harrison 461 weist darauf hin, daß Urania gegen Ende ihrer Rede auf Ciceros Ausbildung in Athen anspielt. Die Invektive könne aber auch Bezug nehmen auf das erste Buch von *De consulatu suo*, „where Cicero no doubt said something similar about acquiring the eloquence which led to his consulship, perhaps poetically characterising his studies in Athens as learning from Minerva." Schmidt (2001) 105 hält es nicht für zwingend, daß Minerva in der Götterversammlung selbst aufgetreten ist, es könne sich auch „um eine Aussage handeln, die Cicero in einer Rede gemacht hat oder die in der Götterversammlung geäußert worden ist." Indem sie die Einheit von politischem Tun und dem Dichten über dieses Tun betone, legitimiere sie das Dichten über die eigenen Taten.

[187] Büchner (1939) 1247 bezweifelt, daß die Rede vollständig überliefert ist. Auch Misch 261 (der die Rede der Urania in den Götterrat einordnet), vermutet die Erwähnung Minervas innerhalb der Rede der Urania: „Da wird nachträglich in langatmigem Vortrag der Muse Urania die Prodigienmasse zusammengestellt, die die Größe der überwundenen Gefahr dartut, und die Situation wird von ihm ausgenutzt, um sein Leben göttlicherseits beleuchten zu lassen: wie Minerva selbst ihn die artes gelehrt hat und wie er, der würdige Schüler der Akademie und des Lykeion, auf der Höhe des Ruhms und der Sorgen seiner

tion: Da wir nicht genau wissen, in welchem der Epen Minerva vorkam, und wir nicht einmal sicher sein können, ob der Autor der Invektive *De temporibus suis* überhaupt kannte, ist Vorsicht geboten bei allen Schlüssen, die wir bezüglich der Gestaltung der Epen aus solchen Testimonien ziehen, zumal die Wirkungsabsicht in der Invektive die Gestaltung natürlich beeinflußt. Aus der Kombination der Anspielungen in der Invektive dürfen jedenfalls keine direkten Rückschlüsse auf die Gestaltung bei Cicero gezogen werden.

Zusammenfassend läßt sich feststellen, daß es zwei Epen gegeben hat und daß in beiden ein Götterrat vorkam: einer im ersten Buch von *De consulatu suo*, in dem es um die Gefahr für die Stadt ging, und einer im zweiten Buch von *De temporibus suis*, in dem über Ciceros Rückkehr aus dem Exil beraten wurde. Das Schweigen des Autors der Invektive über einen zweiten Götterrat kann einerseits mit seiner Unkenntnis von *De temporibus suis* erklärt werden, wenn man annimmt, daß die Schrift gar nicht veröffentlicht war, andererseits ist auch im Falle der Kenntnis des Werkes vorstellbar, daß er darauf nicht einging. Jedenfalls ist es allzu spekulativ, schlicht aus der Nicht-Erwähnung in der Invektive zu schließen, daß es keinen zweiten Götterrat gab. Da Cicero sehr daran gelegen war, die Legitimation durch die Götter zu betonen, ist es wahrscheinlich und durch den Wortlaut der Stelle nahegelegt (*omnes artes edocuit*), daß er Minerva im Zusammenhang mit seiner Jugendausbildung erwähnt und so die Unterstützung durch die Götter nicht erst mit seiner Wahl zum Konsul beginnen läßt, sondern schon in seiner Jugendzeit.

3.4 Konsequenzen bezüglich der Charakteristik der autobiographischen Darstellung

Fragt man nach den Konsequenzen dieser Überlegungen für die Beurteilung der autobiographischen Darstellung, so wird deutlich, daß es in der Tat nicht darum geht, *wie oft* Cicero nun einen Götterrat gestaltet hat. Welcher der verschiedenen in der Sekundärliteratur vertretenen Thesen bezüglich der Interpretation der Testimonien und der Zuordnung der Anspielungen zu dem einen oder anderen Epos man sich auch anschließt: Von Bedeutung ist lediglich, *daß* Cicero die Götter ins Spiel bringt und vor allem, daß er sich selbst als Teilnehmer an der Götterversammlung darstellt – ob nun im Traum oder nicht, ist dabei von sekundärer Bedeutung. Dieser Aspekt dürfte nicht nur den Autor der Invektive, sondern auch die Zeitgenossen generell befremdet haben, denn die Vorstellung, daß die Götter über die gegenwärtige politische Lage im Rom des Jahres 63 beraten oder auch über die Verbannung Ciceros und den Prota-

staatsmännischen Wirksamkeit seine philosophischen Ideale hochhält und seine Muße den Studien und der Verehrung der Götter weiht."

gonisten auch noch zu der Versammlung einladen, überstieg den Rahmen der Konventionen einer epischen Darstellung trotz der Anlehnung an berühmte Vorbilder wie Homer und Ennius:[188] „Critics could point out that Ennius set his divine council in the heroic age, just as Homer did his several councils, that sophisticated persons did not think the gods any longer held direct converse with mortals.“[189] Das Verfahren Ciceros, einen „Götterapparat in eine [...] im Kern realistische Darstellung nicht allzuweit zurückliegender historischer Vorgänge hineinzuarbeiten“[190], erklärt sich aus der Anlehnung an hellenistische Epen, in denen gottähnliche Könige verherrlicht wurden und sich die Ebenen der Realität und der Mythologie so vermischten wie im Herrscherkult. In der Tradition des hellenistischen Epos waren „Götterversammlungen, in denen über Taten und Schicksale eines noch auf der Erde wirkenden Gottkönigs beraten wurde, Eingreifen olympischer Götter als Bundesgenossen und Schützer irdischer Kollegen, apotheosenartiges Eingehen eines dem irdischen Bezirk entrückten Gottkönigs in den Olymp und ähnliche Szenen etwas Selbstverständliches“[191], doch befremdete eine solche Darstellung, wie wir bei Quintilian (*inst.* 11, 1, 23-24) gesehen haben, den römischen Adressaten. Immerhin lag den Fürstenepen die Vorstellung eines *Gott*königs zugrunde, so daß Ciceros Anlehnung daran auf Widerspruch stoßen mußte, da er als gewöhnlicher Sterblicher den Vergleich mit diesen gottähnlichen Herrschern nahelegte.[192] Darüber hinaus ist nicht zu vergessen, daß die Fürstenepen biographische Darstellungen waren, während es sich bei Cicero um eine autobiographische Schilderung handelte. In der so zum Ausdruck kommenden Überheblichkeit mag der eigentliche Grund für die Ablehnung liegen, die Ciceros Werken widerfuhr.[193] Sein Bestreben, das eigene Handeln von Anfang bis Ende als göttlich legitimiert darzustellen, hat dazu geführt, daß er mit dem epischen Rahmen, in den er seine autobiographische Schilderung stellte, und mit der übertriebenen Betonung der Verbindung zu den Göttern seine Kritiker zum Spotten geradezu eingeladen hat: „Surtout, Cicéron n'a pas craint de mêler à des événements contemporains, qui le concernaient personnellement, toute une machinerie héritée d'Homère et d'Ennius [...] Il était difficile qu'une telle œuvre ne fût pas, dès sa publication, accueillie par l'exaspération et les

---

[188] Ciceros Teilnahme am Götterrat impliziert einen Vergleich mit Romulus, von dem es bei Enn. *ann.* 115 Vahlen heißt: *Romulus in caelo cum dis genitalibus aevum degit.*

[189] Jocelyn 43. Auch Schmidt (2001) 107 sieht an der Teilnahme am Götterrat eine Neuerung.

[190] Ziegler 24.

[191] Ebd. 26 mit Verweis auf Curt. 8, 5, 6ff.

[192] Auch Ciceros Selbststilisierung zu einem zweiten Romulus, die aus dem Vers *O fortunatam natam me Romam* abgeleitet werden kann, ist in diesem Zusammenhang zu bewerten, denn Romulus hatte eine Apotheose erfahren (Vgl. Liv. 1, 16). Siehe dazu auch Kubiak 54 und Schmidt (2001) 99f.

[193] Vgl. Schmidt (2001) 107.

ricanements d'un Clodius ou d'un Pison, les sourires discrets de beaucoup d'autres [...].“[194]

Neben Piso, auf dessen Kritik Cicero, wie wir gesehen haben, in seiner Rede *In Pisonem* eingeht, hatte auch Clodius sein Spiel mit Ciceros Selbstdarstellung getrieben, indem er die Anmaßung offenbar noch steigerte, wie aus Ciceros Antwort in seiner Rede *De domo sua* hervorgeht (*dom*. 92):

> *Hic tu me etiam gloriari vetas; negas esse ferenda quae soleam de me praedicare, et homo facetus inducis etiam sermonem urbanum ac venustum, me dicere solere esse me Iovem, eundemque dictitare Minervam esse sororem meam. Non tam insolens sum, quod Iovem esse me dico, quam ineruditus, quod Minervam sororem Iovis esse existimo.*

Cicero bemüht sich hier um eine sachliche Richtigstellung, die jedoch an dem eigentlichen Vorwurf vorbeigeht, der hinter der Behauptung stand, er halte sich für Jupiter: Daß er sich selbst überhaupt in Verbindung mit Jupiter und Minerva dargestellt hat, war der Ausgangspunkt für die Übertreibung, und indem Cicero gegen die böswillige Überspitzung seiner Selbstdarstellung[195] angeht, entkräftet er damit längst nicht den Eindruck der Überheblichkeit, den seine Darstellung erweckt hatte. Aus seiner Antwort wird deutlich, daß er sich um ernsthafte Argumentation bemühte, die allerdings in die Leere gegangen sein dürfte, weil sie so wenig ernst genommen wurde wie der Anspruch auf Ruhm, den er mit seinen Epen anmelden wollte.

4. Die Nachwirkung der Epen

Durch seine öffentlichen Stellungnahmen gelang es Cicero offensichtlich nicht, seiner Dichtung zu einem nachhaltig besseren Ruf zu verhelfen, denn auch die Erwähnung der epischen Werke Ciceros und seiner Dichtung im allgemeinen bei späteren Autoren war von Abwertung und Hohn geprägt, wie einige Beispiele zeigen.[196] Dabei ist zu bemerken, daß das Urteil über Ciceros Dichtung häufig in Bezug zu seiner sonstigen Leistung und seinem Ansehen gesetzt wird, wie z.B. in den Scholien zu den Reden, wenn es heißt *quae mihi videntur opera minus digna talis viri nomine.*[197] Seneca der Ältere bewertet die Dichtung Ciceros ebenso in Relation zu seiner Redekunst (*Ciceronem*

[194] Soubiran 32f.

[195] Auch die parodistische Ersetzung des *laudi* durch *linguae* stellte eine derartige Überspitzung eines ohnehin schon als übertrieben empfundenen Anspruchs dar.

[196] Eine ausführliche Besprechung der Kritik an Cicero findet sich bei Ewbank 27ff. und Soubiran 69ff.; siehe auch Harrer 71ff.

[197] Schol. Bob. 165 Stangl.

eloquentia sua in carminibus destituit)[198] wie Juvenal, wenn er schreibt (10, 122ff.):

> *'O fortuntatam natam me consule Romam!'*
> *Antoni gladios potuit contemnere, si sic*
> *omnia dixisset.* [...]

Der Spott über die Dichtung Ciceros, der aus dieser Stelle herausklingt, war offenbar schon zu Zeiten Senecas des Jüngeren zu einem Gemeinplatz geworden[199], denn in dem Dialog *De ira* heißt es (3, 37): *Te Ennius quo non delectaris odisset et Cicero, si derideres carmina eius, inimicus esset.* Quintilian hingegen bemühte sich um eine sachliche Kritik und führte gleichsam als Entschuldigung Ciceros an, daß er sich auf griechische Vorbilder berufen konnte.[200] Tacitus wiederum läßt Aper in seinem *Dialogus de Oratoribus* (21, 6) ein vernichtendes und nahezu sarkastisches Urteil über Cicero als Dichter im Vergleich zu Caesar und Brutus aussprechen: *fecerunt enim et carmina et in bibliothecas rettulerunt, non melius quam Cicero, sed felicius, quia illos fecisse pauciores sciunt.* Eine Verteidigung der Dichtung Ciceros findet sich bei Plutarch, der bemerkt, daß Cicero nicht nur als der beste Redner, sondern auch als der beste Dichter gegolten habe. Seine Dichtung habe ihren Ruhm aber verloren aufgrund der Dichter, die nach ihm kamen.[201] Ob die Feststellung, daß Cicero 500 Verse in einer Nacht schreiben konnte[202], als Qualitätsmerkmal zu werten ist, sei dahingestellt.

Der Grund für die weitgehend negative Bewertung der Dichtung Ciceros dürfte vor allem in dem Eindruck der eitlen Selbstdarstellung liegen, der letztlich durch die innovative Verknüpfung von autobiographischem Inhalt und epischer Form sowie durch den damit verbundenen erhabenen, geradezu pompösen Stil der Darstellung[203] entsteht. Es fällt dabei allerdings auf, daß die Kritik weniger auf die Werke selbst als vielmehr direkt auf ihren Autor zielt, und es ist Soubiran zuzustimmen, wenn er das (nahezu einstimmig) negative Urteil antiker Autoren über die Dichtung Ciceros auf die Persönlichkeit des Autors zurückführt:

> Au total, une unanimité dans le dénigrement qui paraît unique dans la littérature ancienne. Mais elle s'explique sans doute moins par la médiocrité des œuvres que par la personnalité de l'auteur. Cicéron fit du tort à ses propres poèmes, d'abord en les vantant au delà de toute discrétion, et surtout en produisant des œuvres en prose d'une

---

[198] Sen. *contr.* 3.
[199] Soubiran 70.
[200] Quint. *inst.* 9, 1, 23-24.
[201] Plut. *Cic.* 2, 4-5. Büchner (1939) 1267 warnt unter Bezugnahme auf diese Äußerung Plutarchs davor, die Dichtung Ciceros abzuwerten, da immerhin ein solches Urteil existiert habe und darüber hinaus Caesar die Dichtung billigte.
[202] Plut. *Cic.* 40, 3.
[203] Ewbank 12.

> exceptionnelle qualité [...]. Pour juger plus équitablement les *carmina*, il faut oublier l'homme, privé et public, oublier discours et traités, et les replacer dans l'histoire de la poésie latine.[204]

Die Eitelkeit, die hinter der Abfassung der Epen gesehen wurde, trug wesentlich dazu bei, daß Ciceros Dichtung eine negative Aufnahme fand, doch lag der Grund dafür sicherlich auch sowohl in der Konkurrenz, die er seinen Epen selbst durch seine eigenen Prosaschriften machte, als auch in der, welche die klassische Dichtung eines Vergil oder anderer augusteischer Dichter darstellte.[205] Auch die übrige dichterische Produktion in Ciceros eigener Zeit darf dabei nicht vergessen werden, neben Lukrez sind hier vor allem die Neoteriker[206] zu nennen: Ihrem Ideal entsprach Ciceros Dichtung nicht, denn er stellte sich mit seinen Epen in die Tradition der Großepik, die in Rom durch Ennius und Naevius repräsentiert war, während sich die Neoteriker in Anlehnung an Kallimachos entschieden von der Großepik ab- und den Kleinformen zuwandten.

Mit seiner autobiographischen Dichtung bot Cicero der Kritik einen Angriffspunkt, auf den sich seine Gegner beziehen konnten, um ihn als Person zu treffen. Unter Berufung auf die antiken Vorbilder in der Kritik fällt es heute allzu leicht, die Dichtung Ciceros gering zu schätzen – doch sollte bei all der Konzentration auf die Negativurteile nicht vergessen werden, daß es neben dem Bedürfnis, die eigene Persönlichkeit in einer hochangesehenen Gattung zu feiern, sicher auch Ciceros Wertschätzung der Dichtung generell[207] und seine Sorge um die Aufwertung der lateinischen Sprache gegenüber dem Griechischen[208] waren, die ihn veranlaßten, selbst zu dichten. Wenn die Nachwirkung seiner Werke auch vor allem in kritischer Aufnahme bestand[209], so dürfte er doch zumindest seinen Beitrag bei der Entwicklung der lateinischen Dichtung von Ennius bis Vergil geleistet haben, wohl vor allem auf dem Gebiet des poetischen Vokabulars und des Hexameters.[210] Und wenn uns auch

---

[204] Soubiran 71f.

[205] Vgl. Büchner (1939) 1266.

[206] Die Bezeichnung geht auf Cic. *Att.* 7, 2, 1 zurück, vgl. Fuhrmann (1999) 123.

[207] Zu Ciceros Einstellung gegenüber der Dichtung siehe Morford, M.P.O.: Ancient and Modern in Cicero's Poetry, CPh 62 (1967), 112-116; Horsfall, N.: Cicero and Poetry. The Place of Prejudice in Literary History, in: Papers of the Leeds International Latin Seminar 7 (1993), 1-7; Townend 109ff.; Ewbank 1ff.

[208] Vgl. Ewbank 2.

[209] Soubiran 72ff. geht allerdings auch der Frage nach, welchen Einfluß auf spätere Dichtung die Werke Ciceros hatten.

[210] Townend 124: „Cicero's importance as a poet, then, is to be sought, if anywhere, in the part he played in the development of Latin poetical technique. [...] (130) Consequently it is difficult to estimate the importance of Cicero's contribution to the poetical vocabulary of his successors, as it is to decide how far he, as distinct from his immediate predecessors and his contemporaries, was responsible for the gradual formulation of laws for the dactylic hexameter which took place during the first century B.C. The indications are all in favour

aus der Antike vor allem Negativurteile über Ciceros Dichtung bekannt sind: Offenbar wurden die Werke rezipiert, denn Kritik kann man nur an dem üben, was man vor Augen hat, und verhöhnende Anspielungen auf die poetischen Werke Ciceros können im Publikum nur verstanden werden, wenn sie bekannt sind. Dies war allerdings kaum die Popularität, die Cicero sich erhofft haben dürfte. Die Nachwelt hat seine dichterische Produktion größtenteils als ein Seitenstück wahrgenommen, das von den bedeutenden Prosawerken einerseits und von seiner Rolle als Redner und Politiker überragt wird. „La postérité y vit une vanité puérile, et lui pardonna ce travers: on peut être grand homme et faire de mauvais vers.“[211]

5. Die autobiographischen Epen: Ciceros gescheiterte Selbstapotheose

Mit seinen epischen Selbstdarstellungen verkündete Cicero den Anspruch, dem Staat wie ein *Soter* beigestanden zu haben und aufgrund dieser Verdienste eine zentrale und erinnerungswürdige Persönlichkeit der römischen Geschichte zu sein. Bei der Darstellung des eigenen Konsulats konnte sich Cicero auf Vorbilder berufen, und mit der Wahl der epischen Form für die Schilderung der Taten einer bedeutenden Persönlichkeit stellte er sich in die Tradition des hellenistischen Epos. Die Innovation lag nun allerdings in der Kombination von Form und Inhalt: Aufgrund der Wahl der epischen Form für seine autobiographische Darstellung traten typisch epische Elemente wie Götter und Prodigien in direkte Beziehung zu ihm als Person, so daß der Eindruck entstehen mußte, daß er bei der Selbstdarstellung zu hoch griff, indem er sich als Gesprächspartner der Götter darstellte.[212] Das Außergewöhnliche an dieser Darstellungsweise liegt weniger in der Verflechtung von göttlichem und menschlichem Bereich – das entspricht der epischen Tradition[213] – sondern in der Identität des im Kontakt mit den Göttern dargestellten Menschen

---

of granting him a large part in both processes, in which his authority as a prose writer will not have been insignificant." Vgl. Courtney 150-152. Auch Burck, E.: Zwischen Ennius und Vergil, in: Ders. (Hg.): Das römische Epos, Darmstadt 1979, 45-50, h. 46 gesteht Cicero zu, „daß er sprachlich und metrisch manchen bedeutsamen Fortschritt zur Entwicklung der epischen Diktion und Verskunst beigetragen hat." Zu Ciceros Hexameter siehe Ewbank 40ff.

[211] Gaillard 152.

[212] Grollmus 34: „... satis claret, Ciceronem [...] seque ipsum potius heroa inter deos quam inter homines consulem finxisse.“

[213] Vgl. Ziegler 24ff. Allerdings dürfte Cicero natürlich dadurch Anstoß erregt haben, daß er sich implizit mit hellenistischen Fürsten gleichsetzte, die in ihren Epen selbstverständlich teilhatten am göttlichen Bereich.

mit dem Autor der Darstellung. Cicero übernahm zugleich die Rolle des epischen Dichters und die des epischen Helden.[214] Sein Ziel, mittels der autobiographischen Darstellung eine Würdigung der eigenen Person zu erlangen, hat Cicero nicht erreicht, im Gegenteil: Er hat seinem Ansehen durch seine Epen mehr geschadet als genutzt, oder, wie Heikel es formuliert: „necesse erat fieri, ut ... cum maxime immortalitati suae consuleret, carminibus suis sepulturam pararet."[215] Das Problem lag bereits in der Grundkonstellation von Gegenstand und Autor – je mehr Cicero um Anerkennung rang und buhlte, desto weniger erlangte er. Und er mutete seinen römischen Adressaten viel zu, indem er die eigene Person in göttliche Sphären erhob. Häußler faßt die Gründe für die Ablehnung, die Cicero widerfuhr, folgendermaßen:

> In der Manier aller *homines novi* hatte Cicero sein – vom Standesdünkel des Adels noch gereiztes – Anerkennungsbedürfnis durch lautes Selbstlob kompensiert. Daß er hierin des Guten etwas zu viel tat, ja, daß diese Schwäche andere Schwächen, Fehler und Mißgriffe zu verdecken hatte, war den Aufmerksameren unter den Zeitgenossen nicht verborgen geblieben. Das Mißverhältnis zwischen Schein und Sein konnte durch Eigenlob nur vergrößert, der Eindruck der Anmaßung nur um so nachhaltiger werden [...]. Über Taten und Leistungen, Tatenlosigkeit und Fehlleistungen eines Cicero glaubte man sehr wohl ein Urteil zu besitzen, und man reagierte entsprechend scharf, wenn dem noch ein literarisches Mäntelchen übergeworfen ward, das [...] weniger der Größe als dem Größenwahn seines Herstellers und Trägers angemessen schien. Autobiographie und Selbstverteidigung in allen Ehren, aber derlei war denn doch zu viel.[216]

Man darf also Ciceros Versuche, sich durch autobiographische Dichtungen selbst ein Denkmal zu setzen und die Erinnerung an seine Taten bei seinen Zeitgenossen, aber auch für die Nachwelt wachzuhalten, als gescheitert betrachten, denn die von Cicero angestrebte Wirkung verfehlten sie schon zu seinen Lebzeiten. Und es ist bezeichnend für dieses Scheitern, daß mit der Rede der Urania die längste erhaltene Passage aus den autobiographischen Epen – und zugleich das längste Zitat aus der lateinischen Dichtung überhaupt[217] – die Zeit als *Selbst*zitat Ciceros überdauerte. Die Bewahrung der Erinnerung war auch in diesem Punkt weitgehend ihm selbst überlassen. Gescheitert ist Cicero an einer der zentralen Fragen autobiographischen Schreibens, die aus der Identität von Autor und Hauptfigur resultiert: Wie kann man mit der Darstellung Glaubwürdigkeit und Authentizität vermitteln, wenn man lobend über sich selber spricht?

[214] Vgl. Grimal (1988) 46.
[215] Heikel 1.
[216] Häußler 284.
[217] Courtney 162.

Ciceros autobiographische Produktion erschöpft sich jedoch nicht in diesen gescheiterten Versuchen, der eigenen Person ein literarisches Denkmal zu setzen, und auch die Motive und Ziele, die dem Sprechen und Schreiben über die eigene Vergangenheit zugrunde lagen, erweisen sich bei der Betrachtung des übrigen Werkes als weitaus differenzierter, vielschichtiger und längst nicht nur auf die eigene Person bezogen. Denn Cicero verstand es, seine eigene Vergangenheit auch zum Wohle anderer zu beschwören und rhetorisch zu instrumentalisieren, und dabei war er für andere erfolgreicher, als er es mit seinen Epen für sich selbst war.

IV. Autobiographische Passagen in den Reden

1. Die Selbstdarstellung des Redners vor dem Hintergrund der rhetorischen Theorie und Praxis

Bei der Durchsicht der Reden Ciceros im Hinblick auf autobiographische Passagen wird sogleich deutlich: Cicero spricht in seinen Reden häufig über sich selbst, und das autobiographische, also rückblickend auf eigene Erfahrungen und Handlungen bezogene Sprechen ist ein Teil dieser Selbstdarstellung. Sowohl in den Prozeßreden, in denen Cicero zumeist als Verteidiger auftritt[1], als auch in den politischen Reden kommt er nicht nur dann auf sich zu sprechen, wenn seine Person direkt und auch für den modernen Leser auf den ersten Blick erkennbar in die zur Debatte stehenden Aspekte und Themen involviert ist, sondern es ist eine generelle starke Präsenz seiner Persönlichkeit in den Reden zu konstatieren, die formal schon allein an der Verwendung der 1. Person Singular abzulesen ist.[2] Zuweilen geht Cicero dabei so weit, daß er mehr über sich als über den Angeklagten zu sprechen scheint, wie z.B. in der Rede *Pro Sestio* aus dem Jahre 56 v. Chr., in der lange Passagen hindurch nicht mehr von dem Angeklagten Sestius, sondern nur noch von Cicero die Rede ist.[3]

Aus moderner Sicht ist es zunächst erstaunlich, daß ein Redner, der sich in einem Prozeß oder zu einer politischen Angelegenheit äußert, überhaupt so viel von sich redet. Gerade bei einer Gerichtsrede erscheint es zunächst befremdlich, wenn sich der Verteidiger derart persönlich einbringt. Dazu merkt Thierfelder an:

> Wir sind heutzutage an ein Hervortreten des Anwalts mit seiner eigenen Person nicht gewöhnt. Der Gebrauch des ‚ich' in der Rede eines Anwalts mag sich tunlich beschränken auf Wendungen wie: ich glaube, ich meine, ich werde Ihnen beweisen – oder: ich bestreite usw. Viel seltener schon tritt der *Mensch* hervor, indem der Anwalt beispielsweise sagt: ‚Ich an Stelle des Angeklagten hätte mich in der betreffenden Lage ebenso

---

[1] Eine Ausnahme stellt der Prozeß gegen Verres dar.

[2] Vgl. MacKendrick, P.: The Speeches of Cicero. Context, Law, Rhetoric, London 1995, der bei 23 Reden Ciceros u.a. die Worthäufigkeit untersucht hat. Das Wort *ego* (inkl. der obliquen Kasus) sowie die entsprechenden Verbformen in der ersten Person sind in der Hierarchie der Worthäufigkeit in vielen Fällen an erster oder zweiter Position zu finden. Dies ist um so erstaunlicher vor dem Hintergrund, daß die Verwendung des Pronomens *ego* (wie überhaupt der Personalpronomina im Nominativ) im Lateinischen fakultativ ist und eine Betonung impliziert.

[3] Vgl. Thierfelder 245 und 253. Zu *Pro Sestio* siehe hier Kap. IV 3.4.3.

verhalten.' Über derartiges hinaus pflegt ein Anwalt bei uns mit seiner eigenen Person nicht hervorzutreten.[4]

Vor dem Hintergrund des generellen Bestrebens Ciceros, die eigene Person ins rechte Licht zu rücken und ihr Ruhm und Erinnerung zu sichern, drängt sich zunächst der Verdacht auf, daß die Fülle der Selbstaussagen in erster Linie auf eben dieses Bestreben zurückzuführen sein könnte und somit eine aus Ciceros Persönlichkeit resultierende Besonderheit seiner Redekunst darstellte. Doch ist vor einer anachronistischen Übertragung moderner Vorstellungen auf Ciceros Praxis und einer darauf basierenden Beurteilung zu warnen, denn gerade die Selbstverständlichkeit, mit der Cicero die eigene Person in seine Reden einbringt und zuweilen sogar in den Vordergrund rückt, wirft die Frage auf, inwieweit dieses Vorgehen der antiken Praxis und Theorie entsprach, und erinnert an die Notwendigkeit, die Selbstdarstellung Ciceros in seinen Reden im Kontext der antiken Rhetorik zu betrachten. Dabei ist zunächst der Frage nachzugehen, was zu seiner Zeit in dieser Hinsicht üblich und akzeptiert war.[5]

Bezüglich der Praxis anderer Redner seiner Zeit mangelt es aufgrund der Überlieferungssituation an Vergleichsmöglichkeiten, immerhin findet sich bei Quintilian ein Hinweis darauf, daß sich zwei Zeitgenossen Ciceros, Messala Corvinus und Asinius Pollio, in ihren Reden ebenfalls persönlich einbrachten.[6] Aus eigenen Bemerkungen Ciceros geht hervor, daß er das Maß des Üblichen aus der Sicht seiner Zuhörer zuweilen überschritt.[7] Auch kann man seine gelegentlichen Entschuldigungen für das Reden über die eigene Person[8] als Indiz dafür werten, daß er über das Übliche zumindest graduell hinausging.[9] Plutarch berichtet, daß er sich nach der Niederschlagung der Catilinarischen Verschwörung durch ständiges Selbstlob unbeliebt machte.[10] Andererseits ist es unwahrscheinlich, daß er mit seiner Redekunst solchen Erfolg gehabt hätte, sowohl bezüglich des Ausgangs des jeweiligen Prozesses als auch seines generellen Status als Redner und Politiker, wenn er sich mit dem Sprechen über

---

[4] Thierfelder 225. Vgl. Paterson, J.: Self-Reference in Cicero's Forensic Speeches, in: Powell, J.; Paterson, J. (Hgg.): Cicero. The Advocate, Oxford 2004, 79-95, h. 79f. und ebd. (Introduction) 15f.; Adamietz (1986) 103: Anders als in Rom sind „im gegenwärtigen Rechtswesen die Einstellung des Verteidigers zum Angeklagten und zum Delikt und vor allem sein eigenes Verhalten im staatlichen Leben ohne Bedeutung [...], er wird tätig als austauschbarer, für seine Dienstleistung bezahlter Anwalt, der lediglich die Interessen des Angeklagten besser als dieser selbst zur Geltung bringt, zumal in prozeduralen Fragen."

[5] Ähnlich Thierfelder 226f.

[6] Quint. *inst.* 4, 1, 6-12; vgl. dazu Thierfelder 227.

[7] Beispielsweise *har. resp.* 17; *prov.* 44; *Pis.* 72ff.; *Planc.* 95.

[8] *Sest.* 31; *prov.* 40; *Planc.* 3.

[9] Thierfelder 227.

[10] Plut. *Cic.* 24. Siehe auch Plut. *Dem.-Cic.* 51 (2). Vgl. außerdem App. *B.C.* 2, 7, 24; Plin. *N.H.* 7, 117; Plut. *mor.* 540f; D.C. 37, 38, 12; Sen. *dial.* 10, 5, 1: ... *quotiens illum ipsum consulatum suum non sine causa sed sine fine laudatum detestatur!*

die eigene Person gänzlich jenseits der Konventionen bewegt hätte. „Cicero was too good an orator to alienate the sympathy of his audience by regularly boasting to a degree exceeding that was generally thought decent. In sum, it is fair to say that Cicero was a vain man, but not conspiciously more so than his contemporaries."[11]

In diesem Zusammenhang muß bedacht werden, daß der Person und Persönlichkeit des Redners in der Antike eine herausragende Funktion im Überredungsprozeß zugesprochen wurde. So zählt Aristoteles[12] das *ethos* des Redners, seinen Charakter und seine Persönlichkeit, zu den kunstmäßigen, also lehr- und lernbaren Beweismitteln[13] (neben *pathos* und *logos*). Denn eine vorteilhafte Darstellung des *ethos* kann dem Redner bei den Zuhörern Glaub- und Vertrauenswürdigkeit verschaffen[14] und so eine wichtige Funktion bei der Überzeugung der Zuhörer erfüllen. Wisse hat auf die Notwendigkeit einer begrifflichen Differenzierung zwischen dem Charakter an sich und seiner Verwendung als rhetorisches Beweismittel aufmerksam gemacht.[15] In Anlehnung an diese Unterscheidung wird im folgenden unter dem Begriff „Ethos" nicht der Charakter an sich, sondern seine Präsentation und Instrumentalisierung als Beweismittel im Rahmen der Rede verstanden. Bei Aristoteles soll das *ethos* des Redners vornehmlich durch die Rede selbst zum Ausdruck kommen und nicht auf einer vorgefaßten Meinung der Zuhörer beruhen.[16] Diese Konzeption erklärt sich vor dem Hintergrund der griechischen Gerichtspraxis: Angeklagte sprachen in der Regel[17] in eigener Sache, wobei sie sich eines Logographen bedienen konnten, der die Rede für sie verfaßte.[18] Dessen Aufgabe war es nun, sich so gut wie möglich in den jeweiligen Angeklagten hineinzuversetzen und die Rede aus dessen Sicht und angepaßt an dessen Persönlichkeit zu verfassen.[19] Dem Redner selbst bot sich erst während der Rede

---

[11] Nicholson, J.: Cicero's Return from Exile. The Orations *Post reditum*, New York u.a. 1992, 139. Vgl. auch Allen (1954) bes. 128; Sullivan, F.A.: Cicero and Gloria, TAPhA 72 (1941), 382-391.

[12] Arist. *Rhet.* 1356a. Siehe zum Thema Ethos auch Vasaly, A.: The Masks of Rhetoric: Cicero's *Pro Roscio Amerino*, Rhetorica 3 (1985) 1-20, h. 3.

[13] Vgl. Andersen, Ø.: Im Garten der Rhetorik. Die Kunst der Rede in der Antike, Darmstadt 2001, 40.

[14] Vgl. Wisse, J.: Ethos and Pathos from Aristotle to Cicero, (Diss.) Amsterdam 1989, 7.

[15] Wisse (1989) 5.

[16] Andersen 39; May (1988) 2 weist darauf hin, daß dies schon durch die Zuordnung zu den technischen Beweismitteln zum Ausdruck kommt.

[17] Es gab zwar auch in Griechenland Fälle, in denen sich Angeklagte von einem Anwalt unterstützen oder vertreten ließen, doch basiert das aristotelische Konzept auf der üblichen Praxis, daß Angeklagte für sich selbst sprachen, vgl. Kennedy, G.A.: The Rhetoric of Advocacy in Greece and Rome, AJP 89 (1968), 419-436, h. 421ff.

[18] Vgl. Kirby, J.T.: The Rhetoric of Cicero's *Pro Cluentio* (London Studies in CP 23) Amsterdam 1990, 17; Sonnabend 33.

[19] Vgl. Kennedy (1968) 422; Andersen 42.

die Gelegenheit, sich als glaubwürdig darzustellen und die Zuhörer mit Hilfe seines Ethos auf seine Seite zu ziehen.

In Rom lag eine prinzipiell andere Situation vor[20], denn im Rahmen des dort etablierten, auf sozialen Vernetzungen und gegenseitiger Dankesschuld beruhenden Patronatssystems[21], das die Basis für das politische Handeln der aristokratischen Schicht darstellte, war es üblich, daß sich Angeklagte von einem oder mehreren Verteidigern vertreten ließen.[22] Zusätzlich zu der Persönlichkeit des Angeklagten kam in Rom also die des jeweiligen Verteidigers hinzu[23], der die Rolle[24] und Funktion eines Gerichtspatrons übernahm[25], und konnte ebenfalls für den Überredungsprozeß instrumentalisiert werden. Der Verteidiger trat als Beschützer des Klienten auf, und die in der römischen Gesellschaft etablierte enge Beziehung zwischen Patron und Klient wurde im

---

[20] Vgl. Kennedy (1968) 426ff.; siehe auch den Überblick zur Rhetorik in Griechenland und Rom bei Andersen 277ff.

[21] Die Bindung zwischen Patron und Klient schätzte Gelzer, M.: Die Nobilität der römischen Republik, Stuttgart ^{2}1983 (^{1}1912) als so stark ein, daß die Klienten keinen eigenen politischen Willen entwickeln konnten, weil sie an ihren jeweiligen Patron gebunden waren und in dessen Sinn entscheiden mußten. Die jüngere Forschung geht hingegen davon aus, daß den Klienten, die ohnehin meist nicht an einen einzigen Patron gebunden waren, sehr wohl ein Handlungsspielraum blieb, woraus sich dann überhaupt auch die Notwendigkeit eines Wahlkampfes erklärt, vgl. Laser, G.: Klientelen und Wahlkampf im Spiegel des *commentariolum petitionis*, Göttinger Forum für Altertumswissenschaft 2 (1999), 179-192; Ders. (2001) 29ff.; Jehne, M.: Die Beeinflussung von Entscheidungen durch "Bestechung": Zur Funktion des *ambitus* in der römischen Republik, in: Ders. (Hg.): Demokratie in Rom? Die Rolle des Volkes in der Politik der römischen Republik (Historia Einzelschriften 96), Stuttgart 1995, 51-76, h. 55ff.; siehe auch Spielvogel, J.: Amicitia und res publica. Ciceros Maxime während der innenpolitischen Auseinandersetzungen der Jahre 59-50 v. Chr., (Diss. Göttingen 1991) Stuttgart 1993 sowie Finley, M.I.: Das politische Leben in der antiken Welt (Orig.: Politics in the Ancient World, Cambridge 1983, aus dem Englischen von W. Nippel), München 1991, bes. 37ff.

[22] Vgl. Kennedy (1968) 428; Andersen 290.

[23] Kirby 18 macht darauf aufmerksam, daß sich demnach die Ethos-Konzeption in der römischen Praxis nicht auf den Redner bzw. Sprecher beschränkt: „Thus, although what we may narrowly term „the argument from ethos“ (or „argued ethos“) originally referred to the trustworthy character that a speaker projects as s/he speaks, the concept of argued ethos in Roman rhetoric must accommodate both advocate and client.“ Dementsprechend bezieht May (1988) Ciceros Charakterisierung der Beteiligten in seine Untersuchung mit ein.

[24] Vgl. Fuhrmann, M.: Persona, ein römischer Rollenbegriff, in: Marquard, O.; Stierle, K. (Hgg.): Identität, München 1979, 83-106, (= 1979a), h. 88 sowie Vasaly (1985).

[25] Das bedeutet allerdings nicht zwangsläufig, daß ein formales Patronatssystem zwischen dem Verteidiger und dem Klienten bestand. Zum Gerichtspatronat siehe Laser (2001) 29ff. und Gelzer (1983) 56ff. Dazu Stolle 18: Neben der formalen Patronage gab es noch „eine Vielfalt unformalisierter Bindungen, die aus Verwandtschaft, Freundschaft, hospitia und beneficia resultierten [...].“

Prozeß dadurch sichtbar, daß beide eine Schicksalsgemeinschaft bildeten.[26] Je größer Ansehen und Einfluß (*auctoritas*[27]) des jeweiligen Patrons in der Gesellschaft[28], desto wirkungsvoller sein Ethos, das er für seinen Klienten in die Waagschale werfen konnte.[29] „Der Patronus stellt dem Mandanten – im Prinzip unentgeltlich – nicht nur seine Redekunst als Instrument zur Verfügung, sondern steht ihm mit dem ganzen Gewicht seiner Person zur Seite. Er erscheint dem Richterkollegium als Garant für die Qualität der Sache des Angeklagten."[30] Die *auctoritas* resultierte zum einen aus der seiner Vorfahren, die sich auf die Nachkommen übertrug, zum anderen wurde sie aus den eigenen bisherigen Leistungen und Errungenschaften abgeleitet, aus militärischen oder politischen, wobei die Erlangung des Konsulats von zentraler Bedeutung war[31], oder auch aus früheren Erfolgen vor Gericht. Für Cicero ist hier zu bedenken, daß er sich als *homo novus* nicht auf bedeutende Vorfahren berufen konnte, so daß sein Ansehen ganz von seinen eigenen Leistungen abhing.

Die aristotelische Vorstellung, daß das *ethos* vornehmlich durch die Rede selbst zum Ausdruck kommen sollte, konnte in Rom nicht greifen, weil sie diesen Prinzipien der römischen Gesellschaftsordnung nicht Rechnung trug:

> The ethos defined by Aristotle as an entechnic source of proof demands explication only within the context of the speech; it is neither the speaker's authority nor his previous reputation, but the impression he makes during his speech, that inspires trust in his listeners. Such restrictions upon ethos would have been incomprehensible to a Roman steeped in the tradition of the *mos maiorum*, surrounded by a nobility of rank,

---

[26] David, J.-M.: Die Rolle des Verteidigers in Justiz, Gesellschaft und Politik: Der Gerichtspatronat in der späten römischen Republik, in: Manthe, U.; Ungern-Sternberg, J. v. (Hgg.): Große Prozesse der römischen Antike, München 1997, 28-47, h. 36.

[27] Der Begriff *auctoritas* bezeichnet in der römischen Republik in erster Linie die verfassungsrechtliche Souveränitätsposition des Senats, siehe Gizewski, Chr.: DNP 2 (1997), s.v. „Auctoritas", 266f.; Heinze, R.: Auctoritas, Hermes 60 (1925), 348-366. Wenn im folgenden von *auctoritas* die Rede ist, dann ist damit allerdings nicht die Weisungsbefugnis im rechtlichen Sinne gemeint, sondern nach Menge H.: Lateinische Synonymik [7]1988, 104 das Ansehen, der „Einfluß, den jd. durch Staatswürden und Ämter, Geburt und Rang, durch seine anerkannte persönliche Bedeutung ausübt." Dies entspricht der privaten, auf *dignitas* beruhenden *auctoritas* bedeutender Persönlichkeiten, wie sie Fürst, F.: Die Bedeutung der auctoritas im privaten und öffentlichen Leben der römischen Republik, (Diss.) Marburg 1934, 18ff. beschreibt.

[28] Vgl. David 33: Die Gruppe der Patroni vor Gericht setzte „sich zusammen aus jenen Rednern, die hohe rhetorische Sachkompetenz und gesellschaftliche Gewandtheit erworben hatten und ihre Karriere und Macht auf die Dankesschulden stützten, die sie auf diese Weise erworben hatten; ihre Ausstrahlung gründete im Prestige, das ihnen die Tätigkeit vor Gericht vermittelte."

[29] *Ethos* und *auctoritas* werden hier also nicht gleichgesetzt, sondern unter *Ethos* wird die Berufung auf die *auctoritas*, ihre Präsentation und Instrumentalisierung im Rahmen der Selbstdarstellung während der Rede verstanden.

[30] Adamietz (1986) 103. Zur Wirkung der *auctoritas* vor Gericht siehe auch Fürst 20f.

[31] May (1988) 7.

> and influenced by the culture's general assumptions concerning human nature and character.[32]

In Ciceros *De oratore* II 182 findet sich im Zusammenhang mit den *officia oratoris* dementsprechend eine andere Konzeption:[33]

> *Valet igitur multum ad vincendum probari mores et instituta et facta et vitam eorum, qui agent causas, et eorum, pro quibus, et item improbari adversariorum, animosque eorum, apud quos agetur, conciliari quam maxime ad benevolentiam cum erga oratorem tum erga illum, pro quo dicet orator. Conciliantur autem animi dignitate hominis, rebus gestis, existimatione vitae.*

Aus Mangel an einem Äquivalent[34] umschreibt Cicero also hier die Facetten des aristotelischen *ethos* mit verschiedenen Begriffen: mit *mores*, *instituta*, *facta* und *vita* sind die Eigenschaften und Taten gemeint, die den Charakter repräsentieren und auf denen die jeweilige *auctoritas* beruht[35], und mit *conciliare* beschreibt Cicero die Instrumentalisierung dieses Charakters im Überredungsprozeß. Die Formulierung *conciliari ... ad benevolentiam* weist darauf hin, daß die Sympathiegewinnung bei Cicero eine größere Rolle spielt als bei Aristoteles, der den Akzent stärker auf die Vertrauens- und Glaubwürdigkeit, auf die rationale Komponente legt, was sich auch an den Eigenschaften ablesen läßt, die er von einem Redner erwartet.[36] Bei Cicero ist das Ethos vor allem ein Mittel, die Zuhörer wohlwollend zu stimmen und für die eigene Sache einzunehmen.[37]

Entscheidend ist nun im Vergleich zur aristotelischen Konzeption, daß diese positive Charakterdarstellung, die dem Redner Glaubwürdigkeit, Vertrauen und Sympathie verschafft, auf dem Ansehen beruht, das er *mitbringt* und das aus seiner Würde, seinen Taten und seiner Lebensführung resultiert (*dignitate hominis, rebus gestis, existimatione vitae*). Neben seiner redneri-

---

[32] May (1988) 9.

[33] Vgl. auch *Rhet. Her.* 1, 5, 8; Cic. *inv.* 1, 22; Quint. *inst.* 4, 1, 6-15; 6, 2, 18.

[34] Vgl. Quint. *inst.* 6, 2, 8; May (1988) 5; Andersen 43.

[35] Vgl. Heinze (1925) 362.

[36] Vgl. Wisse (1989) 234: „The aim is to win over the hearers (*conciliare*), to win their *benevolentia* – a word often (literally) translated by 'goodwill', but obviously virtually equivalent to 'sympathy'. This variant of ethos is the second one described in §1.2, and may be called "ethos of sympathy", in contrast with Aristotle's version of the concept, which is "rational", aimed at establishing an image of trustworthiness, and accordingly limited to the qualities of the speaker related to his speaking the truth." Zur Bedeutung des Begriffes *conciliare* in Differenz zur aristotelischen Konzeption siehe Fantham, E.: Ciceronian Conciliare and Aristotelian Ethos, Phoenix 27 (1973), 262-275, sowie die Kritik hieran bei Wisse (1989) 235.

[37] Andersen 43. Zur einleitenden Sympathiegewinnung siehe Cic. *inv.* 1, 20; *Rhet. Her.* 1, 7-8; vgl. Kirby 19f.; Fuhrmann (1979a) 88. Zu Ciceros Ethos-Konzeption siehe auch Riggsby, A.M.: The Rhetoric of Character in the Roman Courts, in: Powell, J.; Paterson, J. (Hgg.): Cicero. The Advocate, Oxford 2004, 165-185, h. 181f.

schen Kompetenz bringt sich der Patron als ganze Person, als sein soziales Ich[38], für seinen Klienten ein und identifiziert sich mit ihm[39], so daß beide geradezu eine Schicksalsgemeinschaft bilden. Hieraus resultieren legitime Anlässe für das Sprechen über die eigene Person. Denn wenn der Verteidiger sein Ansehen im Laufe des Prozesses dadurch zu demonstrieren suchte, daß er an seine Stellung und seine Taten erinnerte, dann konnte dies durchaus im Sinne seines Klienten sein, da es dessen Sache förderlich war durch die Aufwertung seines Verteidigers, der mit ihm solidarisch verbunden war.[40] Bei der Analyse der Reden Ciceros wird deutlich werden, daß Cicero mit vielen seiner autobiographischen Einschübe eben diese Strategie verfolgte.

Aus der Schicksalsgemeinschaft von Verteidiger und Klient ergibt sich aber nicht nur ein potentieller Vorteil für den Klienten, sondern auch ein Angriffspunkt für den Gegner. Für die Anklage konnte es eine erfolgversprechende Strategie sein, den gegnerischen Anwalt anzugreifen und zu versuchen, sein Ansehen mit welchen Mitteln auch immer in Frage zu stellen, um dadurch die Stellung des Angeklagten zu schwächen. Da es in solchen Fällen geradezu die Pflicht des Verteidigers war, auf die Vorwürfe gegen seine eigene Person einzugehen, um Schaden von seinem Klienten abzuwenden, war er gezwungen, in den entsprechenden Zusammenhängen über sich selbst zu sprechen[41], und eben damit konnte er die Selbstdarstellung auch begründen und legitimieren, wie Cicero es im Fall des Sulla tat.[42] Hier deutet sich an, daß selbst die Schilderung zurückliegender und mit dem aktuellen Fall nicht in direktem Zusammenhang stehender Ereignisse prozeßdienlich und den Kon-

---

[38] Andersen 41. Dazu auch Paterson (2004) 80: „Advocates had neither the ability, nor usually the desire, to set aside their public persona when they addressed the courts.“

[39] Allerdings distanziert sich Cicero zuweilen auch bewußt von seinem Klienten, um ihm dadurch einen Vorteil zu verschaffen (z.B. *S. Rosc.* 143; *Cluent.* 144f; *Mil.* 99) oder identifiziert sich zu diesem Zweck sogar mit der Gegenseite (z.B. *Mur.* 15, 21, 40ff.), vgl. May (1988) 61f.; Craig, C.P.: Form as Argument in Cicero's Speeches: A Study of Dilemma (American Classical Studies 31), Atlanta 1993, 40f. (zu *S. Rosc.*).

[40] Vgl. Paterson (2004) 82f.

[41] Vgl. Clarke, M.L.: Die Rhetorik bei den Römern. Ein historischer Abriß, Göttingen 1968, 87: „Cicero war sicher niemals abgeneigt, sich eine Gelegenheit zur Selbstrechtfertigung entgehen zu lassen, aber seine Behauptung, daß er von sich nur gezwungenerweise und in Erwiderung auf Angriffe anderer sprach, entbehrt nicht ganz der Berechtigung.“

[42] *Sull.* 2: *... sed, ut ille vidit, quantum de mea auctoritate deripuisset, tantum se de huius praesidiis deminuturum, sic hoc ego sentio, si mei facti rationem vobis constantiamque huius offici ac defensionis probaro, causam quoque me P. Sullae probaturum.* Siehe auch *Mur.* 2: *Et quoniam in hoc officio studium meae defensionis ab accusatoribus atque etiam ipsa susceptio causae reprensa est, ante quam pro L. Murena dicere instituo, pro me ipso pauca dicam, non quo mihi potior hoc quidem tempore sit offici mei quam huiusce salutis defensio, sed ut meo facto vobis probato maiore auctoritate ab huius honore fama fortunisque omnibus inimicorum impetus propulsare possim.* Vgl. Petersson, T.: Cicero. A Biography, New York 1963 (Nachdruck der Ausgabe Berkeley 1920), 3.

ventionen entsprechend sein konnte, wenn sie eine Reaktion auf einen Angriff des Prozeßgegners darstellten.[43]

Ein weiterer legitimer Anlaß für das Reden über die eigene Person ergab sich zu Beginn der Rede bei der Nennung der Motive, die ihn zu der Übernahme eines Falles bewogen hatten. Die Frage nach den Motiven des Redners war in der Antike von größerer Bedeutung als im modernen Justizsystem, denn während es heute selbstverständlich ist, daß die Tätigkeit von Anwalt und Staatsanwalt eine bezahlte Berufstätigkeit darstellt[44], galt Bezahlung in der Antike gerade als unlauter und war sogar verboten.[45] Vielmehr wurde erwartet, daß sich der Redner aus moralischen und sittlichen Gründen des jeweiligen Falles annahm.[46] Dies galt für das Verteidigeramt, doch in besonderem Maße für die Anklage, die im Gegensatz zum modernen Justizsystem nicht in öffentlicher Hand lag.[47] Denn die Funktion des Anklägers genoß einen schlechten Ruf, weil sie zuweilen als Mittel zur Ausschaltung eines politischen Gegners oder zur Aneignung von Vermögen mißbraucht wurde.[48] Die Nennung der Motive konnte der Redner aber nicht nur nutzen, um jeden Verdacht unsittlichen Handelns abzuwenden, sondern auch, um sich selbst durch die Betonung der Lauterkeit seiner Motive ins rechte Licht zu rücken und so die Zuhörer von Beginn an für sich zu gewinnen. Hierzu führt Quintilian aus (*inst.* 4, 1, 6-7):

> *Benevolentiam aut a personis duci aut a causis accepimus. Sed personarum non est, ut plerique crediderunt, triplex ratio, ex litigatore et adversario et iudice: nam exordium duci nonnumquam etiam ab actore causae solet. Quamquam enim pauciora de se ipso dicit et parcius, plurimum tamen ad omnia momenti est in hoc positum, si vir bonus creditur. Sic enim continget ut non studium advocati videatur adferre, sed paene testis fidem. Quare in primis existimetur venisse ad agendum ductus officio vel cognationis vel amicitiae, maximeque, si fieri poterit, rei publicae aut alicuius certe non mediocris*

[43] Woraus sich natürlich in letzter Konsequenz auch die Möglichkeit ergibt, das Sprechen über die eigene Person als Antwort auf Angriffe zu *deklarieren*, um es zu legitimieren.

[44] Vgl. Laws, J.: Cicero and the Modern Advocate, in: Powell, J.; Paterson, J. (Hgg.): Cicero. The Advocate, Oxford 2004, 401-416, h. 402f.; Adamietz (1986) 103.

[45] Thierfelder 226; siehe zur *Lex Cincia de donis et muneribus* aus dem Jahre 204 v. Chr. Tac. *ann.* 11, 5, 3; Leonhard, R.: RE V 2 (1905), s.v. „Donatio“, 1533-1540, h.1535. In *S. Rosc.* 55 wirft Cicero dem Prozeßgegner vor, die Anklage des Geldes wegen zu führen, vgl. May (1988) 25.

[46] Vgl. Fuhrmann, M.: Die antike Rhetorik. Eine Einführung, Zürich ^{4}1995, 84.

[47] Vgl. Lintott, A.: Legal Procedure in Cicero's Time, in: Powell, J.; Paterson, J. (Hgg.): Cicero. The Advocate, Oxford 2004, 61-78, h. bes. 62ff.; siehe auch ebd. (Introduction) 12f.

[48] Vgl. zum geringen Ansehen der Rolle des Anklägers auch Narducci, E.: *Brutus*: The History of Roman Eloquence, in: May, J. M. (Hg.): Brill's Companion to Cicero. Oratory and Rhetoric, Leiden/Boston/Köln 2002, 401-426, (= 2002a), h. 416f.; David 33. Siehe auch Cic. *Brut.* 130f., 136, 164, (168 allerdings anerkennend über die Rolle des Anklägers).

exempli. Quod sine dubio multo magis ipsis litigatoribus faciendum est, ut ad agendum magna atque honesta ratione aut etiam necessitate accessisse videantur.

Als übergeordnetes Motiv für das Handeln des Redners, das dieser anbringen kann, um für einen *vir bonus* gehalten zu werden und die Vertrauenswürdigkeit eines Zeugen zu erlangen, führt Quintilian die Deutung als Pflichterfüllung an. Für die Übernahme eines Falles galt nicht nur die Verwandtschaft, sondern auch die Freundschaft mit dem Angeklagten als lauterer Beweggrund[49] aufgrund der fundamentalen Rolle, die freundschaftlichen Verbindungen im römischen Patronatssystem und beim Wettbewerb um Ämter zukam.[50] Das Engagement vor Gericht illustrierte die Solidarität des Patrons mit seinem Klienten, und eben diese Solidarität wurde dem Patron positiv angerechnet, weil sie der römischen Vorstellung der *fides* entsprach, und war damit seinem Ethos zuträglich. Während ein Verteidiger im modernen Justizsystem die Glaubwürdigkeit seiner Argumentation durch die Versicherung seiner freundschaftlichen oder verwandtschaftlichen Verbindung mit dem Angeklagten aufs Spiel setzen würde[51], war hingegen die Nennung persönlicher Verbindungen im Kontext des römischen Wertesystems eine erfolgversprechende Strategie, weil sie das Handeln als sittliche Pflichterfüllung erwies. Mit der Deutung als Dienst am Staat schließlich entsprach der Redner dem durch die Taten der *maiores* begründeten herrschenden Primat der Pflichterfüllung gegenüber dem Staat[52] und legitimierte so sein Engagement auf die denkbar beste Weise. Vor dem Hintergrund des zwielichtigen Rufes, in dem die Anklage stand, ist diese Strategie für den Ankläger von besonderer Bedeutung. Entsprechend legt Cicero bei seiner Anklage des Verres großen Wert darauf, sein Engagement durch die Interpretation als Pflichterfüllung gegenüber den Siziliern (*Caec.* 1-5) und als Dienst gegenüber dem Staat (*Caec.* 6-9) zu legitimieren.[53]

Zusammenfassend läßt sich festhalten, daß es resultierend aus der römischen Gerichtspraxis und dem gesellschaftlichen Phänomen des Patronats für den Redner legitime Anlässe gab, über sich selbst und sogar über seine Ver-

---

[49] Vgl. Fuhrmann (1991) 84.

[50] Vgl. Laser (2001) 29ff.; Badian, E.: DNP 1 (1996), s.v. „Amicitia", 590-591; Gotter, U.: Cicero und die Freundschaft. Die Konstruktion sozialer Normen zwischen römischer Politik und griechischer Philosophie, in: Gehrke, H.-J.; Möller, A. (Hgg.): Vergangenheit und Lebenswelt. Soziale Kommunikation, Traditionsbildung und historisches Bewußtsein (ScriptOralia 90), Tübingen 1996, 339-360, zur sozialen Praxis in Rom allgemein bes. 338-346; Morstein-Marx, R.: Publicity, Popularity and Patronage in the *Commentariolum Petitionis*, ClAnt 17 (1998), 259-288; vgl. auch Clarke (1968) 88. Zum Thema Freundschaftsethik vgl. *Planc.* 5-6 und dazu Fuhrmann (2000 Bd. VI) 225-231.

[51] Vgl. Laws 402.

[52] Zur Bedeutung des Dienstes am Staat siehe Stolle 15f.

[53] Vgl. zur Legitimation der Anklage auch *off.* II 50: *Sed hoc quidem non est saepe faciendum nec umquam nisi aut rei publicae causa, ut ii quos ante dixi, aut ulciscendi gratia, ut duo Luculli, aut patrocinii, ut nos pro Siculis, pro Sardis Iulius.*

gangenheit zu sprechen, wenn dies nötig oder erfolgversprechend war zur Legitimation seines Engagements bzw. im Hinblick auf seine Rolle als Verteidiger oder Ankläger und auf die Konstruktion seines Ethos, für die er sich auf seine *auctoritas* berufen konnte.

Umgekehrt wurde die *auctoritas* natürlich auch durch den Erfolg vor Gericht gesteigert, zum einen wiederum auf der Gerichtsebene, weil sich der Redner als geeigneter Mann für weitere Prozesse empfahl[54], bei denen er dann wieder von seinem Ansehen profitieren konnte, zum anderen auf gesellschaftlicher Ebene, weil der Verteidiger die erfolgreich vertretenen Klienten durch Dankesschuld an sich band.[55] Die Tätigkeit vor Gericht diente somit dem Aufbau eines Netzes von sozialen Beziehungen und Freundschaften, die für die politische Laufbahn wichtig werden konnten.[56] Mit der Konstruktion seines Ethos als glaubwürdig, vertrauenswürdig und pflichtbewußt vertrat er nicht nur die Interessen seines jeweiligen Klienten, sondern demonstrierte Eigenschaften, die im kollektiven Interesse der Gesellschaft lagen und qualifizierte sich deshalb zugleich auch für politische Aufgaben bis hin zu Führungsaufgaben.[57] Der Veröffentlichung der Reden kommt in diesem Zusammenhang eine wesentliche Bedeutung zu, da sie den Wirkungskreis dieser Empfehlung wesentlich verbreiterte, die sich nicht nur auf den Ruf des Redners als Patron bezog:[58]

> When published, they [the speeches] took the place of modern newspaper reports and interviews. They were intended not merely to spread the author's professional reputation and to give to the public his view of an important case or public question, but also to set before the Romans the kind of picture of himself that he wished them to have.[59]

---

[54] Vgl. Cic. *Brut.* 312 über seine Verteidigung des Roscius aus Ameria.

[55] Vgl. Q. Cic. *pet.* 38: *Praeterea magnam adfert laudem et summam dignitatem, si ii tecum erunt qui a te defensi et qui per te servati ac iudiciis liberati sunt; haec tu plane ab his postulato ut, quoniam nulla impensa per te alii rem, alii honestatem, alii salutem ac fortunas omnis obtinuerint, nec aliud ullum tempus futurum sit ubi tibi referre gratiam possint, hoc te officio remunerentur.* Vgl. Laser (2001) 31.

[56] Vgl. David 31. Für einen *homo novus* war es besonders wichtig, *nobiles* an sich zu binden, um durch deren Akzeptanz das eigene Statusdefizit auszugleichen, vgl. Jehne 59.

[57] Vgl. David 37ff.

[58] Dyck, A.R.: Narrative Obfuscation, Philosophical *Topoi*, and Tragic Patterning in Cicero's *Pro Milone*, HSPh 98 (1998), 219-241, 221: „The goal of a published speech is more complex than that of a speech delivered in court; roughly speaking, it is to contribute to the author's reputation as a skillfull *patronus* and therefore worthy of being cultivated by potential clients or read by advocates in training."

[59] Petersson 3; ähnlich Beretta 27f.

Der Gerichtspatronat hatte somit eine politische Dimension, indem es dem Redner die Gelegenheit bot, seinen Charakter ins rechte Licht zu rücken[60], gerade vor dem Hintergrund der Vorstellung, daß der Charakter eines Menschen konstant sei[61] und die Taten bestimme[62], also auch die zukünftigen. Diese Konstanz bestand in der römischen Vorstellung sogar über das Individuum hinaus von Generation zu Generation, „die aus den Taten der Vorfahren abzuleitende dignitas ging auf den Nachkommen über und verpflichtete ihn zu gleichen Leistungen für die res publica.“[63] Mit der Berufung auf die eigenen Leistungen und auf die der Vorfahren konnte der Redner demnach die eigene Qualifikation für politische Ämter unterstreichen.[64] „Weil also die forensische Rhetorik denjenigen, der sich darin hohe Kompetenzen erwarb, dazu brachte, eine politische Rolle zu übernehmen, ist die Feststellung gerechtfertigt, daß der Gerichtspatronat an die Spitze der Bürgergemeinschaft führte. Er schuf einen eigentümlichen und noch nicht dagewesenen Weg zur Bewertung und Anerkennung der Leistungen als Bürger, und er modifizierte damit die Zulassungsbedingungen für die aristokratische Karriere.“[65] In der Verbindung des Gerichtspatronats mit der Beredsamkeit lag eine Aufstiegsmöglichkeit, die sich auch die *homines novi* zunutze machen konnten.[66]

An dieser Stelle wird deutlich, daß die Überlegungen, die sich bisher vor allem auf Prozeßreden bezogen, leicht auf politische Reden übertragen werden können, denn auch dort kommt das Ethos des Redners zum einen als Überredungsmittel im Dienst der jeweiligen Sache zum Einsatz[67], zum anderen hat es auch dort eine über das aktuelle Thema hinausgehende politische und gesellschaftliche Dimension, die vielleicht noch größer ist als in den Prozeßreden, weil die Themen an sich schon politische Fragen betreffen.

Das aus den eigenen Leistungen und denen der Vorfahren resultierende Ansehen war unverzichtbar für die Erlangung des Konsulats, und der Konsulat

---

[60] Vgl. Stevens, S.H.: Political Program and Autobiography in Cicero's *Pro Milone*, (Diss. Columbus, Ohio) Ann Arbor 1995, 92 (in Bezug auf die 1. Verrine).
[61] Siehe hierzu die Diskussion bei Riggsby (2004) 165-175.
[62] So zieht Plutarch aus den Reden des Demosthenes und Ciceros Rückschlüsse auf ihr Ethos, siehe Erbse, H.: Die Bedeutung der Synkrisis in den Parallelbiographien Plutarchs, Hermes 84 (1956), 398-424, h. 411.
[63] Stolle 24; vgl. Hölkeskamp (1996) 319f.
[64] Vgl. May (1988) 6, 163.
[65] David 45.
[66] Gelzer (1983) 70; dazu Steel, C.: Reading Cicero. Genre and Performance in Late Republican Rome, London 2005, 23: „... for someone whose name did not ring any bells in the minds of a Roman voter, a reputation as an active and successful advocate could be a substitute. This was a reputation which had to be forged in the first place in the forum [...]“.
[67] Vgl. May (1988) 51, der die Bedeutung des Ethos, die er in seiner Unterrsuchung vornehmlich anhand der Gerichtsreden Ciceros herausarbeitet, auf politische Reden überträgt: „The statesman's persona, as well as the audience's perception of his disposition toward them, contributes essentially to the persuasiveness of his speech.“

wiederum wurde als Leistung verstanden und steigerte das Ansehen in beträchtlichem Maße.

> To acquire *auctoritas*, as well as *gratia*, *gloria*, *existimatio*, and *dignitas*, a Roman had to prove, by means of his own actions or his ancestors', that his ethos deserved to be respected. Under such circumstances the attainment of politial office was vital; no Roman could hope to be admitted to the ranks of the nobility without the prestige of being a descendant of a consul, or of serving as consul himself. The *novus homo* had slim chance, therefore, of breaking into the privileged circle of the *nobiles*.[68]

Zugehörigkeit und Anerkennung, die adligen jungen Männern von selbst zuteil wird, verschafft ihnen bei ihrer Karriere einen Vorsprung[69], der *homo novus* hingegen muß sich diese Anerkennung gänzlich durch seine Leistungen erarbeiten, um so den Mangel seiner Herkunft zu kompensieren.[70] Da Cicero keine militärischen Erfolge vorweisen bzw. sich nicht auf eine besondere militärische Kompetenz berufen konnte[71], bildete für ihn die Tätigkeit vor Gericht vor allem zu Beginn seiner Laufbahn *die* Gelegenheit, durch Leistung Ansehen und eine Anhängerschaft zu erlangen, und eben dies ist ihm gelungen, denn es war letztlich seine Redetätigkeit, die ihm zu gesellschaftlichem und politischem Erfolg verhalf.[72] Auf diese Zusammenhänge wies Quintus

---

[68] May (1988) 7. Vgl. auch Q. Cic. *pet.* 13: *petis enim homo ex equestri loco summum locum civitatis, atque ita summum ut forti homini, diserto, innocenti multo idem ille honos plus amplitudinis quam ceteris adferat.* Siehe auch *Verr.* II 5, 181f.

[69] Die Bedeutung, die der adligen Herkunft bei der politischen Karriere zukam, zeigt sich beispielsweise im Fall des Murena, den Cicero u.a. gegen Sulpicius, dessen unterlegenen Konkurrenten bei der Konsulatswahl, verteidigte. Denn aus Ciceros Rede geht hervor (*Mur.* 15-17), daß Sulpicius den Umstand, daß Murena trotz seiner niedrigeren sozialen Stellung den Sieg errungen hatte, als Indiz für Wählerbeeinflussung auswertete. Dazu May (1988) 61: „That such an argument could be made in a court of law indicates again the importance that heritage and rank, important elements of one's ethos, exerted in first-century Republican Rome." Nicht zu vergessen ist, daß es im römischen Wahlkampf weniger um Sachfragen als um Personalentscheidungen ging, vgl. Jehne 62.

[70] Zu den Kriterien, die ein Bewerber erfüllen mußte, zählt Stolle 24f. Herkunft, Freundschaften, militärische und verwaltungstechnische Fähigkeiten, Erfahrung, Rechtskenntnisse und Redekunst, die er im Lauf seiner früheren Karriere hatte unter Beweis stellen können.

[71] Auch Philippson 1174 unterstreicht, daß die Beredsamkeit für Cicero als *homo novus* und als „unkriegerischen Geist" das einzige Mittel darstellte, eine Ämterlaufbahn einzuschlagen. Vgl. Stolle 11: „Für den Aufstieg in die römische Führungsschicht waren besonders Fähigkeiten im militärischen Bereich von besonderer Bedeutung. Deshalb konkurrierte Cicero ja auch so mit Pompeius ..."

[72] David 28; vgl. Beretta 10; ähnlich Rouffart-Théâtre, Chr.: Cicéron. Regards sur soi-même, LEC 60 (1992), 197-215, h. 213: „Ce n'est pas un hasard si toute la carrière de Cicéron s'est faite par le discours: à chaque fois que son rôle lui semble décisif, c'est par la parole." Dem entspricht der Vorrang, den die Nachwelt Ciceros Leistung als Redner vor derjenigen als Politiker einräumte, vgl. dazu Homeyer 95. Daß Cicero weder durch eine militärische Laufbahn noch durch das Veranstalten außergewöhnlicher Spiele Popularität

gleich zu Beginn seiner Ratschläge an Cicero bezüglich der Bewerbung um den Konsulat hin (*pet.* 2):

> *Civitas quae sit cogita, quid petas, qui sis. Prope cottidie tibi hoc ad forum descendenti meditandum est: 'Novus sum, consulatum peto, Roma est.' Nominis novitatem dicendi gloria maxime sublevabis. Semper ea res plurimum dignitatis habuit; non potest qui dignus habetur patronus consularium indignus consulatu putari. Quam ob rem quoniam ab hac laude proficisceris et quicquid es ex hoc es, ita paratus ad dicendum venito quasi in singulis causis iudicium de omni ingenio futurum sit.*

Es liegt auf der Hand, daß die Redekunst ihre Bedeutung für Ciceros Ansehen nach der Erlangung des Konsulats nicht verlor, sondern ein entscheidender Faktor blieb, und es zeichnet sich ab, daß die autobiographischen Passagen in Ciceros Gerichtsreden und in den politischen Reden als Teil der Selbstdarstellung und Ethos-Konstruktion des Redners zu betrachten sind, und zwar vor dem Hintergrund der römischen Gerichtspraxis, der politischen Dimension der Redetätigkeit und der Spielregeln der Gesellschaft und Politik.

2. Fragestellung und Methode der Untersuchung

Das zu untersuchende Textcorpus der Reden Ciceros umfaßt die Zeitspanne von 81 bis 43 v. Chr., von Ciceros erstem Auftreten vor Gericht (*Pro Quinctio*) bis zu seinem letzten Einsatz für die Republik in den Philippischen Reden, und enthält sowohl politische Reden als auch Prozeßreden, solche, in denen er als Verteidiger auftrat, sowie Fälle, in denen er als Ankläger sprach. Qualität und Quantität persönlicher Elemente und damit auch autobiographischer Passagen variieren von nahezu „nicht existent" (vor allem in Reden der Aufstiegszeit) bis hin zum dominierenden Faktor, besonders in den Reden nach der Rückkehr. Dieses recht heterogene Corpus wird im folgenden unter Fokussierung auf die autobiographischen Passagen und deren Funktionen untersucht, wobei die Würdigung der Rede- und Argumentationskunst Ciceros notwendigerweise auf diesen Aspekt konzentriert ist und somit nicht alle Facetten der Rhetorik Ciceros erfassen kann.[73]

---

zu erlangen suchte, sieht Steel (2001) 164 zum Teil durch Mangel an Talent und finanziellen Ressourcen begründet, interpretiert aber die Konzentration auf die Redekunst vor allem als eine bewußt getroffene Wahl. „He relied for his electoral success, as well as for the means to maintain his influence after he had reached the consulship, almost exclusively upon his abilities as an orator." Siehe auch Bell, A.J.E.: Cicero and the Spectacle of Power, JRS 87 (1997), 1-22, h. bes. 1. Zur Bedeutung der Redekunst allgemein verweist Steel (2001) 165 auf Plin. *N.H.* 7, 139-140.

[73] Ebenfalls unberücksichtigt bleiben muß die Frage, inwieweit Cicero seine Reden für die Veröffentlichung überarbeitet hat, da hierin letztlich keine Sicherheit erlangt werden kann, die als Basis für weitergehende Schlüsse dienen könnte. Gegen die von Humbert, J.: Les

Die der Auswertung der Reden vorangestellten Überlegungen haben bezüglich der Funktion, die die autobiographischen Passagen in Ciceros Reden haben können, ein Spannungsfeld aufgedeckt, dessen Pole an den Einschätzungen von Mommsen und Rahn festzumachen sind. Während Mommsen Cicero pflichtvergessenen, „die Sache stets über dem Anwalt aus den Augen verlierende[n] Egoismus" attestiert[74], nimmt Rahn Cicero gegen den Vorwurf der Eitelkeit in Schutz und interpretiert sein Reden über die eigene Person ausschließlich als rhetorische Waffe: „Deshalb wirft der Konsular seine Verdienste und Leistungen bei jeder passenden Gelegenheit in die Waagschale und redet überhaupt so viel und persönlich von sich. Man hat ihm das als Zeichen seiner Eitelkeit ungebührlich verdacht. Dabei ist es doch nur eine rhetorische Waffe, die er, der *homo novus*, im Dienst seiner Sache für

---

plaidoyers écrits et les plaidoiries réelles de Cicéron, Hildesheim/New York 1972 (Nachdruck der Ausgabe Paris 1925) vertretene These, daß die schriftlichen Fassungen der Reden nicht mit den tatsächlich gehaltenen übereinstimmen, sondern das Resultat einer Überarbeitung darstellen, wendet sich Stroh, W.: Taxis und Taktik. Die advokatische Dispositionskunst in Ciceros Gerichtsreden, Stuttgart 1975 in seiner detaillierten Auseinandersetzung mit der These Humberts (31-54) und mahnt an (54), die Reden als einheitliche Werke zu betrachten. Die Übereinstimmung der gesprochenen mit der geschriebenen Rede stelle zwar in gewissem Maße eine Fiktion dar, „... aber wenn wir rhetorisch richtig interpretieren wollen, dann haben wir – so paradox es klingt – diese Fiktion als Wirklichkeit zu nehmen." In eben diesem Sinne müssen die Reden im Hinblick auf die autobiographischen Passagen untersucht werden. Siehe auch den Forschungsüberblick bei Vasaly, A.: Representations: Images of the World in Ciceronian Oratory, Berkeley/Los Angeles/Oxford 1993, 8ff., die völlig zu Recht darauf aufmerksam macht, daß Art und Umfang von Überarbeitungen nicht zu ermessen sind (9): „... if Cicero – who published these speeches during his lifetime with the understanding that they would be read by individuals who were completely familiar with the circumstances that prevailed when they were given and even by many who were actually present when they were given – wrote the speeches in such a way as to maintain the illusion that they represented the text as delivered, how can we, who are separated from them by some two thousand years, presume to be able to distinguish – except in rare instances – what was added and what was elided, what was revised and what was left unchanged? In spite of the fact that we cannot know the exact relationship of the written text to the speeches as delivered, nonetheless there exists a compelling reason for treating them as documents of persuasion: namely, there is evidence that perhaps the chief reason Cicero published the speeches was exactly this – that he wished them to serve as examples of practical rhetoric. They were intended to demonstrate to the student of oratory how Cicero had persuaded a particular audience at a particular time and place." Zentral für die Frage nach der Funktion der autobiographischen Passagen ist, daß es sich bei den überlieferten Texten um die Fassungen handelt, die Cicero veröffentlichte und mit denen er demnach ein bestimmtes Bild seiner Vergangenheit und seiner Person vermitteln wollte. Dies gilt auch für die 2. Rede gegen Verres und die 2. Philippica, die in der vorliegenden Form nie gehalten wurden, sondern von vornherein als Flugschriften konzipiert waren.

[74] Mommsen 620. Vgl. den Bericht bei Plutarch (*Cic.* 24, 1-3), Cicero habe nach seinem Konsulat durch sein ständiges Eigenlob Widerwillen erregt, weil keine Versammlung ohne das Gerede über seine Leistung vergangen sei.

den jeweiligen Klienten einsetzt."[75] Die folgenden Betrachtungen gehen also der zentralen Frage nach, wo die Funktionen der autobiographischen Einschübe einzuordnen sind auf der Skala zwischen Selbstzweck (als Eigenlob oder Apologie) und rhetorischer Waffe. Die Grenzen zwischen Selbstdarstellung im allgemeinen und autobiographischen, also rückblickenden Passagen als Teilaspekt der Selbstdarstellung sind fließend, so daß eine strikte Herauslösung nur der eindeutig autobiographischen Stellen[76] nicht möglich, aber auch gar nicht wünschenswert ist, denn gerade die fließende und selbstverständliche Einbindung des Autobiographischen stellt ein Charakteristikum der Reden Ciceros dar, dem Rechnung zu tragen ist. Es gilt daher zu analysieren, wie geartet die Selbstdarstellung in der jeweiligen Rede ist[77], welches Bild Cicero von sich zu transportieren sucht und welche Funktion autobiographische Einschübe dabei übernehmen.

3. Auswertung der autobiographischen Passagen

3.1 Die Reden der Aufstiegszeit

„The Search for a Persona and the Struggle for *Auctoritas*" – diesen Untertitel gibt May seinem Kapitel zu den „Pre-Consular Speeches"[78] und erfaßt damit treffend die grundlegende Tendenz der frühen Reden Ciceros und zugleich sein generelles Bestreben zu Beginn seiner Laufbahn. Da er weder die Empfehlung einer angesehenen Familie mitbrachte, noch sich zu diesem frühen Zeitpunkt auf eigene Leistungen berufen konnte, mußte er sich sein Ansehen

[75] Rahn, H.: Cicero und die Rhetorik (zuerst: Ciceroniana. Rivista di Studi Ciceroniani 1 [1959], 158-179), in: Kytzler, B. (Hg.): Ciceros literarische Leistung (WdF 240), Darmstadt 1973, 86-110, h. 93.

[76] Die Problematik läßt sich an einem Beispiel konkretisieren: Wenn Cicero in einer Rede von den Motiven spricht, die ihn bewogen, einen Fall zu übernehmen, bzw. von Ereignissen, die der Übernahme vorausgingen, dann könnte man solche Stellen als nicht autobiographisch werten, weil die dargelegten Sachverhalte in direktem Zusammenhang mit dem Fall stehen und damit auch in geringer zeitlicher Distanz zu ihm. Solche Passagen bilden aber die Schnittstelle zwischen Autobiographie und Selbstdarstellung, weil sie 1. rückblickend sind (was sie der Autobiographie annähert) und 2. einen Beitrag zum Ethos des Redners leisten, sie also der Selbstdarstellung dienen. Auf die Interpretation solcher Stellen kann also nicht verzichtet werden, weil die Betrachtung der autobiographischen Passagen und ihrer Funktionen sonst eines Erklärungs- und Beschreibungsfaktors beraubt wäre.

[77] May hat mit *Trials of Character* eine fundierte Analyse der Funktionen und Formen des Ethos in Ciceros Reden vorgelegt, wobei er Ciceros Selbstdarstellung im Wechselspiel mit der Charakterzeichnung der jeweils anderen Prozeßbeteiligten untersuchte und zeigte, wie wichtig dieser Aspekt in der ciceronianischen Rhetorik ist.

[78] May (1988) 13.

schrittweise selbst durch Leistung erkämpfen und aufbauen, um Eingang zu finden in den Kreislauf von Ansehen und Erfolg, der sich adligen jungen Männern aufgrund ihrer Herkunft gleichsam von selbst eröffnete. Einfluß und Erfahrung seiner Gegner vor Gericht stellten für Cicero zu Beginn seiner Laufbahn eine Herausforderung dar, der er begegnete, indem er die ungleiche Ausgangssituation zu seinen Zwecken nutzte und aus der eigenen Unerfahrenheit und Jugend einen Vorteil zog.

3.1.1 *Pro Quinctio*

In der Einleitung seiner frühesten uns erhaltenen Rede, *Pro Quinctio*[79] aus dem Jahre 81 v. Chr. vergleicht Cicero kontrastreich seine Ausgangslage mit der der Gegenseite und zählt die Nachteile seiner Position auf (*Quinct.* 1-4): ihm fehle es sowohl an Ansehen als auch an Redegewandtheit (*summa gratia et eloquentia*), und es komme noch hinzu, daß er wenig Zeit zur Einarbeitung in den Fall gehabt habe. Doch habe er versucht, durch Sorgfalt einen Ausgleich zu schaffen (*quod ingenio minus possum, subsidium mihi diligentia comparavi*). Um das Wohlwollen seiner Zuhörer zu erlangen[80], zeichnet Cicero von sich das Bild des unerfahrenen Anfängers, der großen Respekt vor seinen Gegnern hat, sich der Aufgabe aber trotz seiner schlechten Ausgangslage[81] stellt und sich auf seine Sorgfalt besinnt. Er fordert ein, daß die Wahrheit den Ausschlag zu geben habe, nicht *vis* und *gratia* (*Quinct.* 5), und gibt damit seiner Sorge Ausdruck, daß seine Partei aufgrund seines mangelnden persönlichen Ansehens benachteiligt sein könnte. Diese Vorgehensweise dient dem Zweck, bei den Zuhörern Sympathie für die schwächere Seite zu wecken und den Vorteil der Gegenseite durch Verweis auf die Ungerechtigkeit zu

---

[79] Gegenstand des Prozesses war ein privater Rechtsstreit, vgl. dazu Fuhrmann (2000 Bd. I) 53ff. Außerdem sei verwiesen auf Kinsey, T.E.: M. Tulli Ciceronis Pro P. Quinctio oratio, Sidney 1971; Ders.: Cicero, Hortensius and Philippus in the *Pro Quinctio*, Latomus 29 (1970), 737-738; Bannon, C.J.: Self-help and Social Status in Cicero's *Pro Quinctio*, Ancient Society 30 (2000), 71-94; Craig, C.P.: The Structural Pedigree of Cicero's Speeches *Pro Archia*, *Pro Milone*, and *Pro Quinctio*, CPh 80 (1985), 136-137; Hinard, F.: Le « Pro Quinctio », un discours politique?, REA 77 (1975), 88-107; Kumaniecki, K.: L'orazione « Pro Quinctio » di Marco Tullio Cicerone, Studi Q. Cataudella, Catania 3 (1972), 129-157; Rolin, G.: La personnalité de Cicéron à l'âge de 26 (Pro Quinctio). Sa pensée sociale et politique, AC 48 (1979), 559-582.

[80] Vgl. Kinsey (1971) 51 mit einer generellen Beurteilung des Exordiums.

[81] Auch auf rein sachlicher Ebene dürfte die Ausgangslage schlecht gewesen sein, vgl. Kinsey (1971) 6: „Indeed the very fact that the case was offered to Cicero at this stage in his career suggests that the case was hopeless, and that none of the established speakers wanted it."

minimieren.[82] „Thus Cicero endeavors throughout the speech to undercut, to neutralize in some way, the *gratia* of his adversaries. By pointing to this situation repeatedly, he has established his client and his case as an unfavored, unsupported cause, playing on the human predilection to favor the hopeless, the disadvantaged."[83] Auch die Erläuterung der Gründe (*Quinct.* 77-79), die Cicero dazu bewogen, den Fall zu übernehmen, fügt sich in diese Strategie ein. Eindringlich schildert Cicero, wie er von Q. Roscius, dem Schwager des Angeklagten, um Hilfe ersucht wurde und angesichts solch bedeutender Gegner, die ihn erwarteten, Bedenken trug, nicht angemessen auftreten zu können, sich aus Furcht zu verhaspeln, ja überhaupt ein Wort hervorzubringen.[84] Mit diesem ostentativen Eingeständnis der eigenen Schwäche demonstriert Cicero nicht nur, wie schon in der Einleitung, seinen Respekt vor den Gegnern, sondern führt zugleich vor, daß er sich der Differenz wohl bewußt ist. Vor allem aber zeigt er sich pflichtbewußt, indem er als Motiv für die Übernahme der Verteidigung die Bitte eines Verwandten des Angeklagten anführt, und präsentiert sich als eine Person, die ihre Unterstützung nicht verweigert, wenn sie um Hilfe gebeten wird, auch wenn die Aussichten schlecht erscheinen. In wörtlicher Rede referiert Cicero im folgenden, wodurch ihn Roscius letztlich überzeugt hat (*Quinct.* 78f.):

> *'Quid? si,' inquit, 'habes eius modi causam ut hoc tibi planum sit faciendum, neminem esse qui possit biduo aut summum triduo DCC milia passuum ambulare, tamenne vereris ut possis hoc contra Hortensium contendere?' 'Minime,' inquam, 'sed quid id ad rem?' 'Nimirum,' inquit, 'in eo causa consistit.'*[85]

Cicero stellt die sachliche Ausgangslage günstiger dar, als sie gewesen sein dürfte, und diese Darstelllung korreliert mit seinem Selbstbild, das er bewußt bescheiden zeichnet. „Cicero's picture of himself as a diffident orator taking courage from the strength of his case seems then of doubtful sincerity [...].

---

[82] Später, als er selbst Ansehen besaß, nutzte er den sich daraus ergebenden Vorteil in eben der Weise, die er zu Beginn seiner Karriere noch als ungerecht brandmarkte, vgl. dazu May (1988) 50.

[83] May (1988) 19. Einer möglichen positiven Wirkung der gegnerischen *gratia* wirkt Cicero auch dadurch entgegenen, daß er *gratia* in diesem Abschnitt gleich zweimal mit *vis* kombiniert.

[84] *Quinct.* 77: *Diffidebam me hercule, C. Aquili, satis animo certo et confirmato me posse in hac causa consistere. Sic cogitabam, cum contra dicturus esset Hortensius et cum me esset attente auditurus Philippus, fore uti permultis in rebus timore prolaberer. Dicebam huic Q. Roscio, cuius soror est cum P. Quinctio, cum a me peteret et summe contenderet ut propinquum suum defenderem, mihi perdifficile esse contra talis oratores non modo tantam causam perorare sed omnino verbum facere conari.*

[85] Zur Argumentation vgl. Bannon 93. Davies, J.C.: Cicero, *pro Quinctio* 77, Latomus 28 (1969), 156-157, h. 156 wertet die Passage als Ausdruck echten Zweifelns bezüglich der Aussicht, gegen Hortensius zu bestehen.

Diffidence about his powers may here have been simulated as evidence of confidence in his case."[86]

Die autobiographischen Elemente dienen in dieser Rede der Konstruktion eben des Bildes seiner Person, das angesichts seiner Ausgangslage und seiner Benachteiligung gegenüber seinen Gegnern erfolgversprechend ist: das des jungen und unerfahrenen Redners, der sich trotz seiner Benachteiligung der Bitte eines Hilfesuchenden nicht verschließt und sich der Aufgabe stellt. Die Konstruktion dieses Bildes erfüllt auf argumentativer Ebene die Funktion, den Vorsprung des Gegners an Ansehen und Erfahrung durch Sympathieweckung und Besinnung auf Wahrheit und Tatsachen zu neutralisieren bzw. zu einem eigenen Vorteil auszuwerten, und dadurch gleichzeitig die Aufmerksamkeit auf den Unterschied an Ansehen zu lenken und die eigene Schwäche in der Sachlage damit zu überspielen. Mit dieser bewußt eingenommenen und an die Gegebenheiten und Erfordernisse angepaßten Redehaltung demonstriert Cicero schon zu Beginn seiner Laufbahn einen charakteristischen Zug seiner Redekunst: die Fähigkeit, das eigene Ethos – hier das der Jugend und Unerfahrenheit, später dann das der konsularischen Würde – wirkungsvoll als Mittel der Überredung einzusetzen.[87] Mit seinem Auftreten bei der Verteidigung des Quinctius empfahl sich Cicero der Öffentlichkeit als kompetenten Redner und als Patron, der „sein *officium* auch in jedem noch so ausgeweglosen Fall einhält."[88] In dieser sich bietenden Gelegenheit zu öffentlicher Selbstdarstellung mag letztlich der Grund liegen, warum Cicero den Fall trotz der schlechten Ausgangslage und der übermächtigen Gegnerschaft übernahm.[89] Gerade das Ansehen der Gegenseite, besonders die Beteiligung des Hortensius mag ihm nicht, wie er suggeriert, ein Hindernis, sondern vielmehr ein Ansporn gewesen sein.[90]

3.1.2 *Pro Roscio Amerino*

Eine ähnliche Strategie wie in *Pro Quinctio* verfolgt Cicero auch in seiner Rede für Roscius aus Ameria, der des Vatermordes angeklagt war (80 v. Chr.), indem er gleich zu Beginn auf seine im Vergleich zu anderen potentiellen Verteidigern geringe Eignung zu sprechen kommt (*S. Rosc.* 1):

---

[86] Kinsey (1970) 737.

[87] Vgl. Rahn 97.

[88] Spielvogel 25.

[89] Es besteht keine Sicherheit bezüglich des Ausgangs des Prozesses, aufgrund der Veröffentlichung kann vermutet werden, daß Cicero den Fall gewann, siehe Spielvogel 25; Gelzer, M.: Zwei Civilprozeßreden Ciceros, in: Strasburger, H.; Meier, Chr. (Hgg.): M. Gelzer: Kleine Schriften, Bd. I, Wiesbaden 1962, 297-311, h. 305. Anders Bannon 71 und 94.

[90] Vgl. Kinsey (1971) 6.

> *Credo ego vos, iudices, mirari quid sit quod, cum tot summi oratores hominesque nobilissimi sedeant, ego potissimum surrexerim, is qui neque aetate neque ingenio neque auctoritate sim cum his qui sedeant, comparandus.*

Alter, Talent und Einfluß sind die Qualitäten, an denen es Cicero mangelt, und er sieht sich nun in Erklärungsnot, warum gerade er dennoch Roscius verteidigt. Dies liege daran, daß sich sonst niemand bereit gefunden habe, den Fall zu übernehmen, Cicero unterscheide sich von denen, die den Fall nicht übernehmen wollten, nicht durch größeren Mut oder ein größeres Pflichtbewußtsein, sondern durch die Möglichkeit, eben aufgrund seiner Unbekanntheit offener sprechen zu können als diejenigen, die Ansehen genießen (*S. Rosc.* 2-3). Die Gefahr im Zusammenhang mit der Verteidigung des Roscius, auf die Cicero hier anspielt, resultierte daraus[91], daß hinter der Anklage ein Komplott zweier Verwandter des Roscius, Titus Roscius Magnus und Titus Roscius Capito, und des Chrysogonus, eines Günstlings Sullas, stand, die sich die Proskriptionen zunutze machten, um sich das Vermögen des Vaters des Roscius anzueignen. Chrysogonus ließ den Vater nach dessen Ermordung nachträglich auf die Proskriptionsliste setzen, um das Vermögen einziehen zu können, und den Sohn des Mordes anklagen, um ihn aus dem Weg zu räumen.[92] Aus diesen Umständen ergibt sich, daß derjenige, der Roscius vertei-

---

[91] Darüber hinaus weitet Cicero den Eindruck der Bedrohung auch über den Rahmen des Falles aus (*S. Rosc.* 7): ... *deinde a vobis, iudices, ut audacium sceleri resistatis, innocentium calamitatem levetis et in causa Sex. Rosci periculum quod in omnis intenditur propulsetis.* Vgl. hierzu Dufallo, B.: Les spectres du passé récent dans le *Pro Sex. Roscio Amerino* de Cicéron, in: Dupont, F.; Auvrauy-Assayas, C. (Hgg.): Images Romaines. Actes de la table ronde organisée à l'École normale supérieure, 24-26 oct. 1996 (Études de littérature ancienne 9), Paris 1998, 207-219, h. 214ff.

[92] Allerdings hätte eine Verurteilung wegen Mordes letztlich nicht im Sinne der Ankläger gelegen, denn dadurch wäre der durch die Proskription legitimierte Einzug des Vermögens in Frage gestellt worden. Vgl. dazu Fuhrmann, M.: Zur Prozeßtaktik Ciceros. Die Mordanklagen gegen Sextus Roscius aus Ameria und Cluentius Habitus, in: Manthe, U.; Ungern-Sternberg, J. v. (Hgg.): Große Prozesse der römischen Antike, München 1997, 48-61, (= 1997a), v.a. 54ff.; Stroh (1975) 62f. vollzieht die möglichen Abwägungen der Anklage nach und kommt zu dem Schluß, daß ein Freispruch für sie letztlich die günstigste Alternative darstellte. Loutsch, C.M.: Remarques sur Cicéron, *pro Sex. Roscio Amerino*, LCM 4 (1979), 107-112, h. 107 stellt fest, daß sich Cicero zwar in seiner Verteidigung auf die Proskription hätte berufen können, um einen Freispruch zu erzielen, er damit aber den Vermögensanspruch seines Klienten preisgegeben hätte. Bezüglich der Anklage vermutet Loutsch (1979) 111, daß ihr eigentliches Ziel nicht in einer Verurteilung des Roscius bestand, sondern in seiner Einschüchterung. Sedgwick, W.B.: Cicero's Conduct of the Case *Pro Roscio*, CR 48 (1934), 13 geht davon aus, daß Cicero gar keine Möglichkeit hatte, sich auf die Proskription zu berufen: „At the time of the speech it was generally recognized that the proscription was a fiction, so that Cicero *could* not have based his defence on it – and in any case it was not a case of saving Roscius by a technicality, but of securing his future."

digte[93], Gefahr lief, mit dem herrschenden Regime in Konflikt zu geraten.[94] Seine Verteidigungsstrategie beruhte darauf, den Mordverdacht auf die beiden Verwandten seines Klienten zu lenken.[95]

Auch in dieser Einleitung kehrt das Motiv der Pflichttreue und Dankesschuld gegenüber denen, die Cicero um die Verteidigung baten, wieder (*S. Rosc.* 4).[96] Cicero präsentiert sich dadurch als jemand, der die Werte der Freundschaft und Dankesschuld hoch hält. Dabei klingt zugleich an, daß er in das die römische Gesellschaft bestimmende System sozialer, auf *amicitia* und gegenseitiger *benevolentia* beruhender Vernetzung eingebunden ist.

Cicero faßt die Gründe zusammen, die dazu führten, daß ausgerechnet er, der Unbekannte, den Fall übernahm (*S. Rosc.* 5):

> *His de causis ego huic causae patronus exstiti, non electus unus qui maximo ingenio sed relictus ex omnibus qui minimo periculo possem dicere, neque uti satis firmo praesidio defensus Sex. Roscius verum uti ne omnino desertus esset.*

Cicero stellt sich damit selbst dar als den einzigen, aber nicht besten Beschützer des Angeklagten, und er entgeht der Gefahr, Unmut bei denen zu erregen, die sich nicht zu der Verteidigung bereit gefunden haben, indem er diesen Umstand nicht auf Begabung und Mut seinerseits zurückführt, sondern auf die äußeren Bedingungen und Gegebenheiten, nämlich die politische Lage und die eigene Unbekanntheit. Pointiert stellt er die Alternativen nebeneinander: Er ist

---

[93] An späterer Stelle in dieser Rede (59-60) beschreibt Cicero eindringlich die Verwunderung des Chrysogonus, als ausgerechnet Cicero aufstand, um zu sprechen. Denn da Cicero noch nie in einem öffentlichen Prozeß aufgetreten war, hatte Chrysogonus nicht damit gerechnet, daß ausgerechnet er die Verteidigung übernehmen würde (59: *Credo, cum vidisset qui homines in hisce subselliis sederent, quaesisse num ille aut ille defensurus esset; de me ne suspicatum quidem esse, quod antea causam publicam nullam dixerim*). Cicero konnte also aus seiner Unbekanntheit auch dadurch einen Vorteil ziehen, daß sie ihm einen Überraschungseffekt einbrachte. Nicht zu übersehen ist allerdings auf der Metaebene, daß die Schilderung der Reaktion des Chrysogonus Inszenierungscharakter hat, denn eindringlich spiegelt Cicero die eigene Position in der Reaktion seines Gegners – das Bild seiner Person, das er zu vermitteln bestrebt ist, wird durch den „fremden" Blick bestätigt.

[94] Solmsen, F.: Cicero's First Speeches: A Rhetorical Analysis, TAPhA 69 (1938), 542-556, h. 554 zu Ciceros Bezugnahme auf die politische Situation: „It is hard to imagine that anyone could have defended Sextus Roscius without mentioning the political factors which were in play; but it may be doubted whether every *patronus* would have emphasized the political issue as frankly and strongly as Cicero does."

[95] Lincke, E.: Zur Beweisführung Ciceros in der Rede für Sextus Roscius aus Ameria, Commentationes Fleckeisenianae 1 (1890), 187-198, h. 198 bewertet die von Cicero gegen die Roscier vorgebrachten Beweisgründe als nicht stichhaltig. Vgl. zur Zeichnung der beteiligten Charaktere Vasaly (1985); Solmsen 549f.

[96] *... a me autem ei contenderunt qui apud me et amicitia et beneficiis et dignitate plurimum possunt, quorum ego nec benivolentiam erga me ignorare nec auctoritatem aspernari nec voluntatem neglegere debebam.*

nicht auserwählt, sondern übriggeblieben (*non electus ... sed relictus*) und zwar nicht aufgrund einer besonderen Begabung, sondern aufgrund der geringsten Gefahr (*maximo ingenio – minimo periculo*). Zugleich erweist er sich als pflichtbewußter Patron, da er einem Angeklagten Schutz und Hilfe bringt, der ohne sein Eingreifen allein dagestanden hätte (*praesidio – desertus esset*).

Diese einleitende Selbstdarstellung dient zum einen der Sympathiegewinnung und der Beziehungssicherung, sie erfüllt aber auch die Funktion, das Bild Ciceros als eines pflichtbewußten und mutigen Anwalts zu etablieren, der sich vor einem heiklen Fall nicht scheut. Die Funktionen beziehen sich aber längst nicht nur auf die Person Ciceros, sondern auch direkt auf die zu vertretende Sache, und zwar in zweierlei Hinsicht. Durch den Verweis auf den prekären politischen Hintergrund des Falles bereitet er die Zuhörer auf seine Interpretation der Geschehnisse vor, doch was viel wichtiger ist: Er interpretiert seine eigene Unerfahrenheit als Vorteil, weil er nur ihretwegen überhaupt sprechen kann[97], und im Zusammenspiel mit der Betonung seiner Pflichttreue einerseits und der schwierigen äußeren Umstände des Falles andererseits sucht er seinen Klienten davor zu bewahren, daß das mangelnde Ansehen seines Verteidigers und die Weigerung anderer den Schuldverdacht bestärken könnte. „La première tâche de l'orateur est donc d'empêcher que son propre manque de prestige ne contribue à aggraver l'image de Roscius auprès des juges et que le silence des *summi viri* ne soit interprété comme une réprobation et un désaveu de la cause de son client.“[98]

Seine Jugend und Unerfahrenheit einerseits und seine Pflichtreue andererseits bringt Cicero an weiteren Stellen in der Rede ins Spiel und verdichtet damit das Selbstbild, das er schon in der Einleitung angelegt hatte.[99] Diese Selbstdarstellung steht in direktem Zusammenhang mit dem Angeklagten und mit dem Fall, denn was Cicero über sich selbst sagt, bezieht sich auf seine Rolle als Anwalt. Doch es findet sich in dieser Rede auch eine Passage, in der Cicero den durch den Fall gesteckten Rahmen in signifikanter Weise erweitert und Bezug auf die politische Situation nimmt: Er versichert, die Etablierung der nun herrschenden Ordnung unterstützt zu haben und Sulla, ihren Urheber, anzuerkennen (*S. Rosc.* 136). Diese Solidaritätsbekundung dient als Ausgangsbasis und Absicherung für die weitere Argumentation, denn Cicero zeigt nun auf, daß das Vorgehen des Chrysogonus einen Machtmißbrauch darstellt und sich daher derjenige, der es anprangert, nicht gegen die herrschende Ordnung stellt, sondern im Gegenteil auf ihre Seite (*S. Rosc.* 141f.). Obgleich Cicero in diesem Fall gegen einen Günstling Sullas vorgeht, integriert er mit

---

[97] Vgl. Paterson (2004) 87.

[98] Loutsch, C.: L'exorde dans les discours de Cicéron, Bruxelles 1994, 138.

[99] Vgl. *S. Rosc.* 10; 30-31; 83; 95.

dieser Strategie die eigene Position in die herrschende Ordnung, solidarisiert sich mit Sulla, und schließt den Gegner Chrysogonus aus – ein Vorgehen, das auch in späteren Reden zu beobachten sein wird. Die Orientierung am Staatswohl ist in seiner Darstellung der Prüfstein, an dem sich die Rechtschaffenen von den *improbi* scheiden, die durch Chrysogonus repräsentiert sind. Damit wiederum weckt Cicero Sympathie für die eigene Seite und Ablehnung für die Gegenseite, wodurch er die eigenen Erfolgsaussichten erhöht. So fügt sich das autobiographische Statement letztlich durchaus in den argumentativen Rahmen der Rede ein und sichert die eigene Position ab durch die Solidaritätsbekundung und die Etablierung eines Bruchs zwischen Sulla und Chrysogonus. Dabei ist Cicero so umsichtig, Roscius von dieser Argumentation auszunehmen, indem er betont, daß er nur für sich selbst spreche, während sich Roscius nicht in demselben Maße über das Unrecht entrüste und auch nicht auf Rückgabe des Vermögens bestehe, sondern nur von dem Schuldvorwurf freigesprochen werden wolle (*S. Rosc.* 143).[100] Zu der üblichen Identifikation von Anwalt und Klient[101] tritt hier also eine bewußte und zielgerichtete Trennung der Positionen.[102] Sie dient dazu, Roscius als bemitleidenswert, da um sein Leben fürchtend, darzustellen und dadurch mit Blick auf einen angestrebten Freispruch einen Rührungseffekt zu erzielen, ohne deshalb auf den Vermögensanspruch zu verzichten[103], um so das ideale Gesamtziel der Verteidigung zu erreichen.

In diesen beiden Reden besteht Ciceros Strategie darin, die aus mangelndem Ansehen resultierende Schwäche seiner Position keineswegs zu übergehen oder zu negieren, sondern für die eigene Sache auszuwerten. „As for himself, the young, unknown orator who was speaking his first public case molded an effective persona by cleverly turning his opponents' advantages – great power and influence – to work for himself. Despite his own lack of experience and relative anonymity, he alone stepped forward, courageous enough to face the *gratia* and *potentia* of Chrysogonus and his satellites, to defend the downtrodden and the cause of the true nobility."[104] Damit etabliert er in der Öffentlichkeit zugleich ein Bild seiner Person, das den Wertvorstellungen und den

---

[100] Diesen sah Cicero übrigens als leicht zu entkräften an, daher geht es ihm in seinem Plädoyer auch eher um die Aufdeckung der Intrige, vgl. Fuhrmann (2000 Bd. I) 105.

[101] Besonders sinnfällig ist diese Identifikation, wenn Cicero in der ersten Person aus der Sicht des Roscius spricht, um Sympathie für seinen Klienten zu wecken (*S. Rosc.* 32; 145), vgl. dazu May, J.M.: The Rhetoric of Advocacy and Patron-Client Identification: Variation on a Theme, AJP 102 (1981), 308-315, h. 308.

[102] In Kap. 129 hatte Cicero die Trennung vorbereitet: *Verum quaeso a vobis, iudices, ut haec pauca quae restant ita audiatis ut partim me dicere pro me ipso putetis, partim pro Sex. Roscio.*

[103] Vgl. Stroh (1975) 76; Craig (1993) 40f.

[104] May (1988) 31.

Erwartungen seiner Zuhörer entspricht, er zeigt Mut und Talent (wenn er auch betont, es mangele ihm daran) und empfiehlt sich somit als den geeigneten Mann für zukünftige Fälle, ein Zusammenhang, den er selbst in *Brut.* 312 rückblickend herstellt und damit natürlich auch als Erklärungsmuster für seinen weiteren Erfolg vorgibt.[105] In *De officiis* führt er seine Verteidigung des Roscius rückblickend als Exemplum dafür an, daß gerade die Hilfe für diejenigen, die von einem Mächtigeren bedrängt werden, dem Verteidiger zu Ruhm und Ansehen verhilft.[106] Ohne ihm sein ehrliches Bestreben, dem Bedrängten zu helfen, abzusprechen, darf man vermuten, daß die Möglichkeit, sich auf diese Weise Ansehen zu verschaffen, einen Teil der Motivation Ciceros ausmachte, den Fall des Roscius überhaupt zu übernehmen. Es ist kaum anzunehmen, daß Cicero die Chance, die sich ihm bot, nicht auch als solche wahrgenommen hat. Kennedy sieht auf Seiten Ciceros „the alluring hope that a courageous, just, determined, and eloquent young man who crossed swords with the corrupt, wicked tool of the dictator's favorite would be the hero of the people [...].“[107]

3.1.3 *In Quintum Caecilium*

Angesichts der Bedeutung, die Cicero an den zitierten Stellen selbst dem Verteidigeramt zusprach, und vor dem Hintergrund des schlechten Rufes, den sich Ankläger leicht zuzogen, ist es um so bemerkenswerter, daß ein entscheidender Meilenstein in Ciceros Laufbahn die Anklage gegen Verres im Jahr 70 v. Chr. war.[108] Zunächst mußte er sich jedoch gegen Caecilius durchsetzen, der ebenfalls Ankläger werden wollte. Das Beweisziel der Rede *In Quintum*

---

[105] *Brut.* 312: *Itaque prima causa publica pro Sex. Roscio dicta tantum commendationis habuit ut non ulla esset quae non digna nostro patrocinio videretur. Deinceps inde multae, quas nos diligenter elaboratas et tamquam elucubratas adferebamus.*

[106] *off.* II 51: *Maxime autem et gloria paritur et gratia defensionibus, eoque maior si quando accidit ut ei subveniatur qui potentis alicuius opibus circumveniri urgerique videatur, ut nos et saepe alias et adulescentes contra L. Sullae dominantis opes pro Sex. Roscio Amerino fecimus, quae, ut scis, extat oratio.*

[107] Kennedy, G.A.: The Art of Rhetoric in the Roman World, Princeton 1972, 152. Vgl. auch Ders. (1968) 432: „Cicero clearly saw in the occasion an opportunity to bring himself into the full light of the public stage as candidate for many future roles." Afzelius, A.: Zwei Episoden aus dem Leben Ciceros, C&M 5 (1942), 209-217, h. 217 schätzt in diesem Zusammenhang die Darstellung der Gefahr als übertrieben ein: „Mit seiner Verteidigung des Sex. Roscius lief Cicero keine grössere Gefahr; im Gegenteil wurde seine Karriere dadurch ungewöhnlich glücklich eingeleitet, weil die Sache anscheinend grössere Gefahrmomente enthielt und deshalb geeignet war, eine schmeichelhafte Aufmerksamkeit zu erregen.“

[108] Siehe zu Ciceros Ablösung des Hortensius die Stellensammlung bei Smallwood, M.: The Trial of Verres and the Struggle for Mastery at the Roman Bar, AH 11 (1981), H. 3, 37-47.

Caecilium ist der Nachweis, daß Cicero im Vergleich zu Caecilius der bessere Ankläger gegen Verres sei. Doch bevor Cicero seine diesbezüglichen Argumente vorbringen kann, muß er ein Hindernis überwinden: das mögliche Aufkommen von Mißgunst gegen seine Person, da er nun erstmalig das Amt des Anklägers übernimmt.[109] Da Zweifel an der Rechtschaffenheit seines Vorhabens die Erfolgsaussichten schmälern würden, ist es folgerichtig, daß er zu Beginn der Rede eine recht lange Passage (*div. in Caec.* 1-16) der Erläuterung der Gründe widmet, die ihn bewegen, sich als Ankläger betätigen zu wollen. Wie er in den beiden zuvor besprochenen Reden keinen Hehl aus seiner Unerfahrenheit machte, sondern sie thematisierte, so kommt er auch hier gleich auf den möglichen Kritikpunkt, nämlich einen scheinbaren Wechsel in seinen Grundsätzen, zu sprechen (*div. in Caec.* 1):

> *Si quis vestrum, iudices, aut eorum qui adsunt, forte miratur me, qui tot annos in causis iudiciisque publicis ita sim versatus ut defenderim multos, laeserim neminem, subito nunc mutata voluntate ad accusandum descendere, is, si mei consili causam rationemque cognoverit, una et id quod facio probabit, et in hac causa profecto neminem praeponendum mihi esse actorem putabit.*

Mit dem Hinweis auf vergangene Verteidigungen erinnert Cicero an seinen bisherigen Einsatz für diejenigen, die seines Schutzes bedurften, sowie an den Erfahrungsschatz, den er dank dieser Tätigkeit erworben hat, und bereitet damit bereits seine Argumentation für seine bessere Qualifikation vor. Zum anderen klingt durch seine Wortwahl bereits an, daß der Meinungswechsel nur ein scheinbarer ist. Denn indem er bezüglich seiner Vergangenheit das negativ besetzte *laedere* negiert und es dann zur Bezeichnung seines jetzigen Tuns nicht wieder aufgreift, sondern von *accusare* spricht, entlastet er sein aktuelles Engagement von dem negativen Beiklang und unterstreicht zudem die Konstanz in seiner Haltung, denn so, wie ein *laedere* zuvor nicht seinen Absichten entsprach, tut es das auch in diesem Fall nicht. Damit deutet er an, daß sich der Wandel nicht auf der Ebene seiner Haltung, sondern seiner Mittel vollzogen hat, und versichert so seine Zuhörerschaft der Rechtschaffenheit seines Handelns. Er kündigt an, die Erklärung seiner Meinungsänderung werde Zustimmung bei den Zuhörern hervorrufen und zugleich zeigen, daß keinem

[109] Vgl. Sternkopf, W.: Gedankengang und Gliederung der 'Divinatio in Caecilium', in: Kytzler, B. (Hg.): Ciceros literarische Leistung (WdF 240), Darmstadt 1973, 267-299, h. 271: „Denn in einem ihrer Mitglieder fühlte sich die Nobilität selbst angegriffen, und der Vorstoß gegen die senatorischen Gerichte erschien bedrohlich. Dieser Ankläger, der dem Hortensius den Kranz der Beredsamkeit entreißen, der sich für seine weitere Laufbahn dem Volke auf Kosten der Nobilität empfehlen, der sich den Optimaten selbst als eine beachtenswerte Macht ankündigen wollte – er war ohne Zweifel unbequem und widerwärtig. Um so mehr mußte er zu verhüten suchen, daß das Ungewöhnliche, das in *seinem* Auftreten als Ankläger lag, als ein Mangel, ein Nachteil aufgefaßt werden konnte, der sich gegen ihn ausbeuten ließ."

außer ihm die Anklage zu übertragen ist. Damit hat er gleich zu Beginn die beiden Beweisziele seiner Rede aufgezeigt und in ein Abhängigkeitsverhältnis gestellt: Die Darlegung der Motive für sein Bestreben, Ankläger des Verres zu werden, und den Nachweis, daß er der geeignete Mann dafür ist.

Basis der Begründung seiner Motivation ist die Tatsache, daß er Quästor in Sizilien war, denn durch seine dortige Tätigkeit habe er sich bei den Siziliern ein freundliches Andenken an sein Amt und seine Person verschafft (*div. in Caec.* 2), die ihn aus eben diesem Grund baten, ihnen gegen Verres zu Hilfe zu kommen und die Anklage zu übernehmen, zum Wohl der ganzen Provinz (*div. in Caec.* 3). So geriet Cicero in ein Dilemma (*div. in Caec.* 4):

> *Tuli graviter et acerbe, iudices, in eum me locum adduci ut aut eos homines spes falleret qui opem a me atque auxilium petissent, aut ego, qui me ad defendendos homines ab ineunte adulescentia dedissem, tempore atque officio coactus ad accusandum traducerer.*

Die Alternative lautete, entweder die Hoffnung Hilfesuchender zu enttäuschen oder aufgrund der Umstände und des Pflichtgefühls zur Anklage überzuwechseln – das Dilemma ist nur ein scheinbares, denn in der Formulierung ist die Lösung bereits angelegt, die Waagschale neigt sich eindeutig zur zweiten Alternative, denn die erste würde einem *spes falleret* gleichkommen, bei der Nennung der zweiten werden die denkbar besten mildernden Umstände gleich mitgeliefert, nämlich *tempore atque officio.*[110] In dieser Deutung erweist die Übernahme der Anklage Cicero als vertrauenswürdig, verläßlich und pflichttreu, eine Charakterisierung, die ihn zugleich für die Aufgabe empfiehlt, und kulminiert in einer Rechtfertigung, die sich auf die Orientierung an den höchsten Werten der römischen Gesellschaft beruft (*div. in Caec.* 5):

> *Adductus sum, iudices, officio, fide, misericordia, multorum bonorum exemplo, vetere consuetudine institutoque maiorum, ut onus huius laboris atque offici non ex meo, sed ex meorum necessariorum tempore mihi suscipiendum putarem.*

Doch reicht Cicero diese Legitimierung offenbar noch nicht aus, denn er fügt zwei weitere, nicht weniger wichtige Aspekte an. Erstens deutet er seine Anklage um in eine Verteidigung (*div. in Caec.* 5): *... haec quae videtur esse accusatio mea non potius accusatio quam defensio est existimanda. Defendo enim multos mortalis, multas civitates, provinciam Siciliam totam.* Zweitens interpretiert er diese „Verteidigung" als Dienst am Staat (*div. in Caec.* 6: *me rei publicae causa facere*), eine Begründung, die auch dann ausreichen würde, wenn er nicht von den Siziliern gebeten worden wäre; die Sorge um das

[110] Cicero betont, daß die Eindringlichkeit, mit der die Bitte vorgetragen wurde, ihm keine Wahl ließ, wenn er nicht seine Pflicht gegenüber seinen Schutzbefohlenen verletzten wollte (*div. in Caec.* 14): *Hi sciunt hoc non modo a me petitum esse, sed ita saepe et ita vehementer esse petitum ut aut causa mihi suscipienda fuerit aut officium necessitudinis repudiandum.*

Gemeinwohl erklärt Cicero zur Triebfeder seines Bemühens (*div. in Caec.* 9: *fateor me salutis omnium causa ad eam partem accessisse rei publicae sublevandae quae maxime laboraret*) und liefert damit ein frühes Beispiel einer Vorstufe seiner späteren Selbststilisierung als Retter des Staates, die nach der Aufdeckung der Catilinarischen Verschwörung zu einem Motiv seiner Selbstdarstellung werden sollte. Obgleich Cicero in seiner Argumentation hier an einem Höhepunkt angekommen ist, wendet er sich in Kapitel 11 zurück zu der Bitte der Sizilier und betont nochmals, daß diese ihn aufgrund seiner *fides* zu ihrem Beschützer auserwählt haben und er ihr Wunschkandidat ist, womit er den Willen der Betroffenen als Entscheidungskriterium für die Wahl des Anklägers auswertet (*div. in Caec.* 17). Somit vernetzt Cicero die Darlegung der Gründe, die ihn bewogen, die Anklage anzustreben, mit seinem rhetorischen Ziel, eine Entscheidung zu seinen Gunsten herbeizuführen. Seine Tätigkeit als Quästor ist die Grundlage dieser Strategie, das autobiographische Element bildet also den Ausgangspunkt für die Argumentationskette, die sich mit der Beschreibung der Bitten der Sizilier auf eine weitere autobiographische Darlegung stützt.

In Kapitel 26 deutet Cicero sein Engagement nochmals zusammenfassend als Dienst an den Bundesgenossen und am römischen Volk[111] und setzt dann zu einer Lehrstunde an (*div. in Caec.* 27): Er will Caecilius vor Augen führen, welche Eigenschaften ein Ankläger mitbringen muß[112], und legt damit das Programm für die folgenden Kapitel fest. Von hier aus kontrastiert Cicero die von ihm propagierten notwendigen Fähigkeiten mit denen des Caecilius. Ohne für sich selbst in Anspruch zu nehmen, das angestrebte Ideal bereits erreicht zu haben, konzentriert er sich darauf, die Unfähigkeit des Caecilius zu unterstreichen und so zugleich zu demonstrieren, daß er selbst sich der Anforderungen im Gegensatz zu Caecilius[113] wohl bewußt ist, was auch schon die fiktive Lehrer-Schüler-Konstellation nahelegt.[114] Er bietet den Gegner als

---

[111] *div. in Caec.* 26: *Ego in hoc iudicio mihi Siculorum causam receptam, populi Romani susceptam esse arbitror* [...].

[112] *div. in Caec.* 27: *Cognosce ex me, quoniam hoc primum tempus discendi nactus es, quam multa esse oporteat in eo qui alterum accuset; ex quibus si unum aliquod in te cognoveris, ego iam tibi ipse istuc quod expetis mea voluntate concedam.*

[113] Vgl. das dreifache *putasne te posse* (*div. in Caec.* 37).

[114] Craig, C.P.: Dilemma in Cicero's *Divinatio in Caecilium*, AJP 106 (1985) 442-446 hat gezeigt, wie Cicero seine rednerische Überlegenheit vorführt, die ihn letztlich als den geeigneteren Ankläger ausweist, indem er das rhetorische Mittel des Dilemmas gegen Caecilius ausspielt und sich selbst so als ebenbürtigen Gegner des Hortensius präsentiert (446): „The untrained dullard Caecilius cannot respond to the tactics of the master orator Hortensius, as the master orator Cicero demonstrates by using those same tactics. [...] The use of dilemma becomes a part of the orator's conscious manipulation of his audience's knowledge of the art of persuasion to define a group in which he and the audience are included, and from which Caecilius is excluded."

Negativfolie an, vor deren Hintergrund die Zuhörer und Leser auf das Vorhandensein eben dieser Eigenschaften bei Cicero schließen können. Er selbst kann sich vor dem Hintergrund dieses Vergleiches so bescheiden mit der Feststellung begnügen, dem Ideal zumindest durch seine bisherigen Erfahrungen und Bemühungen näher gekommen zu sein als Caecilius, der das Ausmaß der Anforderungen auch jetzt noch nicht abzuschätzen vermag (*div. in Caec.* 40).[115] Cicero wertet seine bisherige Tätigkeit zu seinen Gunsten, da sie ihm Erfahrungen vermittelt hat (*div. in Caec.* 41):[116]

> *Ego qui, sicut omnes sciunt, in foro iudiciisque ita verser ut eiusdem aetatis aut nemo aut pauci pluris causas defenderint, et qui omne tempus quod mihi ab amicorum negotiis datur in his studiis laboribusque consumam, quo paratior ad usum forensem promptiorque esse possim, tamen ita mihi deos velim propitios ut, cum illius mihi temporis venit in mentem quo die citato reo mihi dicendum sit, non solum commoveor animo, sed etiam toto corpore perhorresco.*

Selbst er, der er sich seit seiner Jugend mit diesen Dingen beschäftigt und so viele Verteidigungen geführt hat wie kaum ein Altersgenosse, erzittert bei dem Gedanken an die Aufgabe, die ihm bevorsteht – der Gedanke liegt nahe, daß ein unerfahrener Mann wie Caecilius hier erst recht verloren wäre. Mit dem Hinweis auf seine Sorge, die er im folgenden Kapitel weiter ausführt, vermittelt Cicero sowohl seine realistische Einschätzung der Aufgabe, die ihm bevorsteht, als auch seinen Respekt vor dem Gegner und der Bedeutung der Sache, und konstruiert so eine *persona* seiner selbst, die ihn als den geeigneten Kandidaten beschreibt.[117] Folgerichtig unterstellt er seinem Gegner eine falsche Beurteilung und einen Mangel an Sorgfalt (*div. in Caec.* 43): *Tu horum nihil metuis, nihil cogitas, nihil laboras.*

Am Ende seiner Rede schreibt Cicero denjenigen die beste Eignung zur Anklage zu, die dabei auch auf ihren eigenen Ruf bedacht sind, und zeigt, daß

---

[115] *Fortasse dices: 'Quid ergo? haec in te sunt omnia?' Utinam quidem essent! verum tamen ut esse possent magno studio mihi a pueritia est elaboratum. Quodsi ego haec propter magnitudinem rerum ac difficultatem adsequi non potui, qui in omni vita nihil aliud egi, quam longe tu te ab his rebus abesse arbitrare, quas non modo antea numquam cogitasti, sed ne nunc quidem, cum in eas ingrederis, quae et quantae sint suspicari potes?*

[116] Vgl. May (1988) 35: „More than a decade of study and hard work, of experience in the Forum and the law courts and at the polls, have garnered for Cicero a confidence and a reputation that he does not hesitate to invoke for his benefit."

[117] Diese Empfehlung beruht zugleich auf der Beschreibung des Gegners Hortensius in Kap. 44, dazu May (1988) 37: „The development of Hortensius' ethos and the establishment of his oratorical ability as the gauge by which the effectiveness of either prosecutor is measured are a masterstroke on Cicero's part. His own experiences and his past association with Hortensius (cf. 44) bring influence and weight to his own ethos and enable him to project a persona in possession of the necessary confidence and skill required to meet such an adversary in such an important case."

Caecilius in dieser Hinsicht nichts zu verlieren hat (*div. in Caec.* 71).[118] Er selbst beruft sich demgegenüber auf sein eigenes bisher erworbenes Ansehen, um deutlich zu machen, daß der Fall deshalb bei ihm in den besseren Händen ist (*div. in Caec.* 72):

> *A nobis multos obsides habet populus Romanus, quos ut incolumis conservare, tueri, confirmare ac recuperare possimus, omni ratione erit dimicandum. Habet honorem quem petimus, habet spem quam propositam nobis habemus, habet existimationem multo sudore labore vigiliisque collectam, ut, si in hac causa nostrum officium ac diligentiam probaverimus, haec quae dixi retinere per populum Romanum incolumia ac salva possimus; si tantulum offensum titubatumque sit, ut ea quae singillatim ac diu collecta sunt uno tempore universa perdamus.*

Das erlangte Ansehen, das auf unermüdlichem Einsatz, Pflichteifer und Sorgfalt beruht, wertet Cicero als Pfand und Verpflichtung gegenüber der Gemeinschaft und damit als Garant für seine Motivation und Einsatzbereitschaft in der aktuellen Sache. Zugleich erinnert er damit natürlich an seine Vorzüge und stellt in Aussicht, daß er als Ankläger auf eben diese Eigenschaften, die ihm sein Ansehen verschafft haben, bauen kann, und empfiehlt sich durch diese Betonung seiner Qualifikation nochmals für die Rolle als Ankläger. Hieran wird deutlich, daß Cicero kein namenloser Anfänger mehr ist, der aus seiner Unbekanntheit einen Vorteil ziehen muß, sondern ein Mitglied der römischen Gesellschaft, das sich auf eigene Leistung berufen kann, um aktuelle Ansprüche geltend zu machen. Allerdings legt Cicero den Akzent eher auf die indirekte Propagierung der eigenen Vorzüge, indem er den Gegner als Kontrastfolie nutzt, um so einen Umkehrschluß auf die eigene Qualifikation nahezulegen, die zugleich an der zur Anwendung gebrachten rhetorischen Kompetenz abzulesen ist.

Bei beiden Kernaspekten dieser Rede, der Begründung seines Anliegens und dem Erweis seiner besseren Eignung, bilden autobiographische Elemente die Grundlage. Die Quästur in Sizilien ist die Basis für die Bitte der Sizilier und fundiert zugleich die Eignung seiner Person für die Anklage, seine bisherige Tätigkeit auf dem Forum begründet seinen Vorsprung an Erfahrung und fachlicher Qualifikation. Zusammenfassend läßt sich feststellen, daß Cicero in dieser Rede einen überlegt bescheidenen und zugleich wirkungsvollen Gebrauch von der Möglichkeit macht, die eigene Vergangenheit als Quelle der

---

[118] *div. in Caec.* 71: *Nulla salus rei publicae maior est quam eos qui alterum accusant non minus de laude, de honore, de fama sua quam illos qui accusantur de capite ac fortunis suis pertimescere. Itaque semper ii diligentissime laboriosissimeque accusarunt qui se ipsos in discrimen existimationis venire arbitrati sunt. Quam ob rem hoc statuere, iudices, debetis, Q. Caecilium, de quo nulla umquam opinio fuerit nullaque in hoc ipso iudicio exspectatio futura sit, qui neque ut ante collectam famam conservet neque uti reliqui temporis spem confirmet laborat, non nimis hanc causam severe, non nimis accurate, non nimis diligenter acturum. Habet enim nihil quod in offensione deperdat; ut turpissime flagitiosissimeque discedat, nihil de suis veteribus ornamentis requiret.*

Überredung zu nutzen. Deutlich ist dabei zu erkennen, daß er sich auf ein seit der Verteidigung des Roscius gewachsenes Ansehen stützt.

Wie wichtig sowohl für die Argumentation als auch für die Selbstdarstellung Ciceros das Ethos anderer Beteiligter sein kann, hat sich sowohl in *Pro Roscio Amerino* als auch in *In Quintum Caecilium* bereits angedeutet, in den Reden gegen Verres ist die negative Darstellung des Prozeßgegners fundamentales Element der Argumentation, das Cicero auch in Kontrast zu seiner eigenen Person entwickelt.

3.1.4 *In Verrem*

In seiner ersten Rede gegen Verres, die die Verhandlung gegen den Statthalter eröffnete, bemühte sich Cicero, einen Eindruck von dem Angeklagten und seinen Machenschaften zu vermitteln:[119] von seinem Glauben, durch Bestechung an Ziel zu kommen, worin sich seine Dreistigkeit zeigt und seine Mißachtung aller Rechtschaffenen (*Verr.* I 8) – eine Qualifizierung, mit der Cicero suggeriert, daß sich Verres außerhalb der überkommenen Werte bewegt –, von seiner Habgier und rücksichtlosen Ausbeutung der Bundesgenossen, überhaupt von seinem ganzen Vorgehen, das Willkür, Plünderung und Verwüstung gleichkommt und bei dem er nicht einmal vor Heiligtümern Halt machte (*Verr.* I 12-14).

Die auf seine eigene Vergangenheit bezogenen Äußerungen Ciceros haben in dieser ersten Rede sein Vorgehen im Vorfeld des Prozesses zum Gegenstand. Er schildert, wie er auf Sizilien unter großen Mühen Untersuchungen durchführte, um das Beweismaterial zusammenzubringen (*Verr.* I 6), wie er die Gegner bei der Auswahl der Richter durch seine Achtsamkeit besiegte und den Versuch der Gegenseite aufdeckte, durch Verzögerung des Prozesses Vorteile zu erlangen (*Verr.* I 26).[120] Diese Darlegungen haben in direkter Weise mit dem Fall zu tun, indem sie die Richter über Umstände informieren, die aus Sicht der Anklage von argumentativem Wert sind, doch entfalten sie ihre volle Bedeutung erst vor dem Hintergrund der Kontrastierung mit dem Angeklagten: Cicero vermittelt bereits in dieser Vorverhandlung ein Bild von dem Angeklagten und sich selbst, dem Ankläger, das zur Meinungsbildung beitragen soll und Antipathie gegen Verres, Sympathie für Cicero hervorrufen soll. Der Dreistigkeit, Skupellosigkeit und Habgier auf Seiten des Verres steht Ciceros Sorgfalt, Pflichttreue und Umsicht bei der Vorbereitung des Falles gegenüber. Das wichtigste Element bei diesem Vergleich dürfte der Unterschied zwischen diesen beiden Personen sein, der durch die Erwähnung der

---

[119] Vgl. Fuhrmann (2000 Bd. III) 75.

[120] Siehe zu den taktischen Absichten der Gegenseite Fuhrmann, M.: Gerichtswesen und Prozeßformen in Rom. Der Prozeß gegen Verres, Ianus (Informationen zum altsprachlichen Unterricht) 18 (1997), 7-17, (= 1997b), 15ff.

Mißachtung des Gerichts und des Senatorenstandes durch Verres suggeriert wird: Er besteht darin, daß sich Verres durch sein Verhalten quasi selbst aus der Gruppe der Rechtschaffenen ausschließt und sich als unwürdig erweist, während Cicero – vor allem durch die Beschreibung seines bisherigen Vorgehens, aber auch durch seine Absichtserklärungen – seine Würde und seine Lauterkeit unter Beweis stellt und sich so mit den Werten des Senatorenstandes identifiziert. Die Gegenüberstellung dient somit der Integration der eigenen Person und der Isolation des Gegners.[121]

Die zweite Rede gegen Verres wurde von Cicero nie gehalten, weil sich Verres bereits vor der zweiten Verhandlung ins Exil abgesetzt hatte; um die „Chance gebracht, durch eine große zusammenhängende Rede zu glänzen“[122], veröffentlichte Cicero sein Material in Form einer fiktiven Prozeßrede. „Die Einkleidung als Prozeßrede zielte offensichtlich darauf ab, der Dokumentation ein größeres Maß von Authentizität zu verleihen. Der in die imaginäre Gegenwart der Verhandlung geführte Leser sollte meinen, daß er darüber belehrt werde, wie Cicero auf die Richter eingewirkt habe, und darüber vergessen, daß er der wahre Adressat dieser Einwirkung sei.“[123] Auch in dieser Rede spielt die Erläuterung des Vorgehens im Vorfeld des Prozesses eine wichtige Rolle[124], exemplarisch sei hier die Sizilienreise[125] herausgegriffen (*Verr.* II 1, 16):

> *In Siciliam sum inquirendi causa profectus; quo in negotio industriam meam celeritas reditionis, diligentiam multitudo litterarum et testium declaravit, pudorem vero ac religionem quod, cum venissem senator ad socios populi Romani, qui in ea provincia quaestor fuissem, ad hospites meos ac necessarios causae communis defensor deverti potius quam ad eos qui a me auxilium petivissent. Nemini meus adventus labori aut sumptui neque publice neque privatim fuit: vim in inquirendo tantam habui quantam mihi lex dabat, non quantam habere poteram istorum studio quos iste vexarat.*

---

[121] Vgl. dazu May (1988) 39: „By casting Verres in the role of an enemy of the state and a despiser of the senatorial order and "all good men", he is, of course, attempting to alienate his audience and the senatorial jury from one of their own.“ Zum Gebrauch der Bezeichnung *hostis* für Verres siehe auch Steel (2001) 167: „It can mean simply a personal enemy, but the contrast with *inimicus*, and its use to designate enemies of the state, make it likely that Cicero is using it to imply that Verres has, through his behaviour, put himself outside the Roman state, and, further, is in some sense a danger to it." Siehe v.a. *Verr.* II 5, 169.

[122] Fuhrmann (1997b) 17.

[123] Fuhrmann, M.: Narrative Techniken in Ciceros Zweiter Rede gegen Verres, AU 23 (1980), H. 3, 5-17, h. 16.

[124] Vgl. auch die sich anschließenden Kapitel 17-20. Weitere Schilderungen des bisherigen Vorgehens Ciceros finden sich in der zweiten Rede: II 2, 64; II 2, 181-190; II 3, 107-112 (hier mit auffälliger Betonung der Sorfgalt); II 3, 137; II 3, 107-171; II 4, 4; II 4, 16; II 4, 25.

[125] Vgl. auch *Verr.* I 6.

Industria, diligentia, pudor, religio – die charakterlichen Qualitäten[126], als deren Manifestierung Cicero seine Untersuchungen auf Sizilien interpretiert, sind das genaue Gegenstück zur Skrupellosigkeit und Frevelhaftigkeit des Verres. Während dieser die Sizilier ausbeutete und mit Gewalt unterdrückte, nahm Cicero nicht einmal die Mühe derjenigen in Anspruch, die ihn um Hilfe gebeten hatten, obgleich er es als ehemaliger Quästor der Provinz mit Bundesgenossen des römischen Volkes zu tun hatte, und Zwangsmaßnahmen wandte er nur in dem vom Gesetz vorgegebenen Maße an. Objektivität und Mäßigung auf der einen, Maßlosigkeit, Habgier und Unrecht auf der anderen Seite[127] – das Verhalten des Anklägers Cicero ist das positive Gegenstück zu dem des Angeklagten, die Fronten treten klar hervor. Vordergründig dient diese Darstellung der Überredung, da sie die Position der Anklage stärkt, denn zum einen zeigt sie, daß die Beweise auf lautere und objektive Weise gefunden wurden, zum anderen wertet sie die Position des Anklägers in den Augen der Richter auf. Doch nicht zu vergessen ist, daß es zu dem Zeitpunkt, als Cicero die zweite Rede verfaßte, kein Überredungsziel auf der Prozeßebene mehr zu erreichen gab. Vor diesem Hintergrund erscheint auch die kontrastive Schilderung von Angeklagtem und Ankläger in anderem Licht: Mit ihr wendet sich Cicero nicht an die Richter, sondern ausschließlich an die Leser der Rede, sowohl seiner eigenen Zeit als auch späterer, und damit an ein weit größeres Publikum, in dessen Augen er – mit dem Prozeßerfolg im Rücken – ein möglichst positives Bild seiner Person zu etablieren sucht.

Auch in der zweiten Rede gegen Verres kommt Cicero an verschiedenen Stellen[128] auf die Gründe zurück, die ihn zur Übernahme des Falles bewogen hatten. Auch hierbei sei exemplarisch eine Stelle herausgegriffen (*Verr.* II 2, 117):

> *Hic ego, si hanc causam non omnium Siculorum rogatu recepissem, si hoc a me muneris non universa provincia poposcisset, si me animus atque amor in rem publicam existimatioque offensa nostri ordinis ac iudiciorum non hoc facere coegisset, atque haec una causa fuisset quod amicum atque hospitem meum Sthenium, quem ego in quaestura mea singulariter dilexissem, de quo optime existimassem, quem in provincia existimationis meae studiosissimum cupidissimumque cognossem, tam crudeliter scelerate nefarieque tractasses, tamen digna causa videretur cur inimicitias hominis improbissimi susciperem, ut hospitis salutem fortunasque defenderem.*

Cicero stellt an das Ende der in aufsteigender Klimax angeführten Beweggründe, von der Bitte aller Sizilier über die Forderung der ganzen Provinz bis hin zu Ciceros Haltung dem Staat gegenüber und dem beeinträchtigten Ruf

---

[126] Zur Akzentuierung moralischer Qualitäten siehe Becker, N.: Die Darstellung der Wirklichkeit in Ciceros Verrinischen Reden, (Diss.) Freiburg i. B. 1969, 141f.

[127] Zum Einsatz narrativer Techniken bei der Charakterzeichnung des Verres und zu Ciceros Position als Erzähler siehe Fuhrmann (1980) passim.

[128] *Verr.* II 1, 21; II 2, 1; II 2, 10; II 2, 16; II 2, 156; II 2, 179; II 3, 1-5; II 5, 130.

des Senatorenstandes und der Gerichte, das Wohl seines Gastfreundes, das ihm als Motivation ausreichend wäre, wenn es die anderen Gründe nicht gäbe. Wenn Cicero auch nur das Unglück einer einzigen und nicht einmal bedeutsamen Person in den Mittelpunkt stellt, so nimmt er doch ein gewichtiges Argument in Anspruch: die aus Freundschaft und Dankesschuld resultierende Verpflichtung einem Gastfreund gegenüber. Doch auch wenn die anderen Gründe in seinem Gedankenexperiment negiert werden, so stecken sie dennoch den Bezugsrahmen ab, der vom einzelnen Sizilier bis hin zum ganzen Staat reicht. Mit der abschließenden Erwähnung des *defendere* schreibt er auch hier der Anklage den Charakter einer Verteidigung zu.

In der zweiten Rede besteht die Rechtfertigung des Entschlusses, als Ankläger aufzutreten, in der Begründung durch die Bitte seitens der Sizilier, in der Interpretation des Engagements als Dienst nicht nur an den Siziliern, sondern darüber hinaus am römischen Volk und dem ganzen Staat[129], und vor allem in der Umdeutung in ein Verteidigeramt.[130] Verantwortungsgefühl, Pflichtbewußtsein und Lauterkeit sind die grundlegenden moralischen Qualitäten, die sich Cicero damit zugleich zuschreibt. Damit konstruiert er ein Bild seiner Person, das nicht nur seine Position als Ankläger festigt, da moralisch legitimiert, sondern gerade vor dem Hintergrund der Entstehungsbedingungen der zweiten Rede auch darauf abzielt, den Eindruck, den die Öffentlichkeit von ihm gewinnt, zu beeinflussen.

Abgesehen von Berichten über die bisherige Entwicklung des Falles und die Gründe, die Cicero motivierten, bezieht er seine eigene Vergangenheit ein, indem er sich selbst den Status eines Augenzeugen zuschreibt und Umstände oder Ereignisse schildert, von denen ihm direkt berichtet wurde oder die er

---

[129] In *off.* II 50 wird er später betonen, daß eine Anklage überhaupt nur um des Gemeinwesens willen übernommen werden sollte.

[130] Die Interpretation als Dienst am Staat und als Verteidigung sind die wichtigsten Elemente in Ciceros Begründung: *Verr.* II 1, 5: *Itaque mihi videor magnam et maxime aegram et prope depositam rei publicae partem suscepisse*; II 1, 15: *Ego meum studium in rem publicam iam illo tempore ostendi cum longo intervallo veterem consuetudinem rettuli, et rogatu sociorum atque amicorum populi Romani, meorum autem necessariorum, nomen hominis audacissimi detuli.* II 1, 21: *Meum fuit cum causa accedere ad accusandum: quae causa fuit honestior, quam a tam inlustri provincia defensorem constitui et deligi? rei publicae consulere*; II 2, 1: *Suscepi enim causam totius ordinis, suscepi causam rei publicae*; II 2, 10: *quamquam in hac causa multo pluris partis mihi defensionis quam accusationis suscepisse videor.* II 2, 156: *Confitendum igitur est tibi necessario Siculos inimicos esse, qui quidem in te gravissima postulata consulibus ediderint, et me ut hanc causam salutisque suae defensionem susciperem obsecrarint*; II 2, 179: *Meminero me non sumpsisse quem accusarem, sed recepisse quos defenderem*; II 3, 1: *Omnes qui alterum, iudices, nullis impulsi inimicitiis, nulla privatim laesi iniuria, nullo praemio adducti in iudicium rei publicae causa vocant.* II 5, 189: ... *utique res publica meaque fides una hac accusatione mea contenta sit* [...].

selbst gesehen hat.[131] Beispielsweise weiß er aus eigener Anschauung von den Standbildern des Verres zu berichten, die von den Bewohnern der Provinz aus Unmut umgestürzt wurden (*Verr.* II 2, 158)[132], und verbürgt sich aus seiner eigenen Kenntnis heraus, daß solches Verhalten nicht ihren Bräuchen entsprach (*Verr.* II 2, 159)[133], um zu betonten, wie sehr Verres in seinem Amt gewütet haben muß. Mit der Versicherung der eigenen Anschauung authentifiziert Cicero seine Schilderung und bietet dem Leser zugleich seine Perspektive als Orientierung an. Das Angebot an den Leser, sich Ciceros Blick zu eigen zu machen, ist noch deutlicher in *Verr.* II 4, 74. Dort geht es um eine von den Segestanern sehr verehrte Statue der Diana, auf die es Verres abgesehen hatte:

> *Colebatur a civibus, ab omnibus advenis visebatur; cum quaestor essem, nihil mihi ab illis est demonstratum prius. Erat admodum amplum et excelsum signum cum stola; verum tamen inerat in illa magnitudine aetas atque habitus virginalis; sagittae pendebant ab umero, sinistra manu retinebat arcum, dextra ardentem facem praeferebat.*

Ciceros eigene Amtszeit auf Sizilien dient hier als situativer Rahmen für seine Begegnung mit der Statue. Aus ihrer mit Liebe zum Detail ausgestalteten Beschreibung, an der uns Cicero mit seinen Augen teilhaben läßt, geht seine Ehrfurcht und sein Respekt dem Kunstwerk gegenüber hervor, aber auch seine Anerkennung der Verehrung, die die Bewohner empfanden. Der Augenzeugenstatus dient hier weniger der Authentifizierung der Schilderung als der Vergegenwärtigung mit dem Ziel, den Frevel des Verres noch deutlicher hervortreten zu lassen (*Verr.* II 4, 75): *Hanc cum iste sacrorum omnium et religionum hostis praedoque vidisset, quasi illa ipsa face percussus esset, ita flagrare cupiditate atque amentia coepit.* In scharfem Kontrast hebt sich die blanke Gier des Verres beim Anblick der Statue von der ehrfürchtigen Scheu Ciceros ab. Die Kontrastierung mit der eigenen Haltung nutzt Cicero, um das Vorgehen des Gegners wirkungsvoll zu brandmarken[134], und zudem erreicht er damit eine Charakterzeichnung der eigenen Person und der des Gegners.

Im Rahmen solcher Polarisierung findet sich im fünften Buch eine auffallend breit angelegte, exkursartige Schilderung der bisherigen Laufbahn Ciceros (*Verr.* II 5, 35-37). Hatte er schon im dritten Buch seinen Wunsch

---

[131] Neben den hier besprochenen Stellen: *Verr.* II 3, 47; II 3, 62; II 4, 29; II 4, 32; II 4, 110; II 5, 44; II 5, 65; II 5, 129.

[132] *Non crederem hoc de statuis nisi iacentis revulsasque vidisse* [...].

[133] *... sed tamen videbam, apud eos cum essem, et religionem esse quandam in his rebus a maioribus tradita,* [...].

[134] Ähnlich in *Verr.* II 2, 161 und II 3, 182, an beiden Stellen hebt er das, was zu seiner Amtszeit üblich war, von dem ab, was unter Verres geschah.

ausgesprochen, Verres möglichst unähnlich zu sein und zu erscheinen[135], so will er dies nun anhand seiner bisherigen Amtsausübung und -auffassung vorführen (*Verr.* II 5, 35):

> *O di immortales! quid interest inter mentes hominum et cogitationes! Ita mihi meam voluntatem spemque reliquae vitae vestra populique Romani existimatio comprobet, ut ego, quos adhuc mihi magistratus populus Romanus mandavit, sic eos accepi ut me omnium officiorum obstringi religione arbitrarer! Ita quaestor sum factus ut mihi illum honorem tum non solum datum, sed etiam creditum et commissum putarem; sic obtinui quaesturam in Sicilia provincia ut omnium oculos in me unum coniectos esse arbitrarer, ut me quaesturamque meam quasi in aliquo terrarum orbis theatro versari existimarem, ut semper omnia quae iucunda videntur esse, ea non modo his extraordinariis cupiditatibus, sed etiam ipsi naturae ac necessitati denegarem.*

Der Akzent liegt hier auf der Einschätzung, die seiner Amtsausübung zugrunde lag (*existimatio, arbitrarer, putarem, arbitrarer, existimarem*), und die darin bestand, daß er die Ämter als eine ihm anvertraute Aufgabe auffaßte, zu deren Erfüllung er sich verpflichtet sah.[136] Er betont seinen eigenen Status als nahezu passiver Empfänger der Amtswürde (*mandavit – accepi, sum factus, datum, creditum et commissum*), der von der Vorstellung geleitet wird, daß sein Tun öffentlich vor aller Augen liege.[137] Ähnliches gilt für seine Auffassung von dem Amt des Ädilen, die er im folgenden schildert (*Verr.* II 5, 36).[138] Hier steht nun der ihm übertragene Aufgabenbereich im Vordergrund und wird in einer recht langen Aufzählung dargelegt, die im Schutz der ganzen Stadt kulminiert (*mihi totam urbem tuendam esse commissam*). Dabei stellt Cicero seine Gewissenhaftigkeit ebenso heraus (*cum dignitate maxime et*

---

[135] *Verr.* II 3, 5: ... *Ergo in isto reo legem hanc mihi, iudices, statuo, vivendum ita esse ut isti non modo factis dictisque omnibus, sed etiam oris oculorumque illa contumacia ac superbia quam videtis, dissimillimus esse ac semper fuisse videar.* Steel (2001) 164f. unterstreicht, daß sich Cicero im Gegensatz zu Verres auf Rom als Wirkungsbereich konzentrierte und geht davon aus, daß Cicero die Zeit auf Sizilien als vergeudete Zeit betrachtet habe. (165) „Indeed, one of the reasons for the peculiar venom and persistence which Cicero displayed in attacking Verres may be the consciousness of the different sets of values their respective careers embodied."

[136] Ganz ähnlich wird er es später in *De consulatu suo* darstellen, wie an der Rede der Urania abzulesen ist, vgl. v.a. *div.* I 22.

[137] Von dieser Idee, daß seine Verwaltung öffentliche Aufmerksamkeit auch in Rom genieße, wird er sich später (54 v. Chr.) in der Rede für Plancius (*Planc.* 64-66) ironisch distanzieren, vgl. hier 256ff.

[138] *Nunc sum designatus aedilis; habeo rationem quid a populo Romano acceperim; mihi ludos sanctissimos maxima cum cura et caerimonia Cereri, Libero, Liberaeque faciundos, mihi Floram matrem populo plebique Romanae ludorum celebritate placandam, mihi ludos antiquissimos, qui primi Romani appellati sunt, cum dignitate maxima et religione Iovi, Iunoni, Minervaeque esse faciundos, mihi sacrarum aedium procurationem, mihi totam urbem tuendam esse commissam; ob earum rerum laborem et sollicitudinem fructus illos datos, antiquiorem in senatu sententiae dicendae locum, togam praetextam, sellam curulem, ius imaginis ad memoriam posteritatemque prodendae.*

religione) wie die damit verbundene Mühe (*laborem et sollicitudinem*) und den Lohn (*fructus*) für diese Mühen, der in höherem Ansehen im Senat besteht und in dem Recht, der Nachwelt das eigene Bildnis zu hinterlassen.[139] Doch er legt Wert darauf, deutlich zu machen, was ihm die Amtsübertragung eigentlich bedeute (*Verr.* II 5, 37):

> *Ex his ego omnibus rebus, iudices, - ita mihi omnis deos propitios velim, - etiamsi mihi iucundissimus est honos populi, tamen nequaquam capio tantum voluptatis quantum et sollicitudinis et laboris, ut haec ipsa aedilitas, non quia necesse fuerit, alicui candidato data, sed, quia sic oportuerit, recte conlocata et iudicio populi in loco esse posita videatur.*

Das Vertrauen, das in ihn gesetzt wird, versteht Cicero als Verpflichtung, die Erwartungen zu erfüllen und durch die Ausübung des Amtes zu beweisen, daß mit ihm der richtige Kandidat bestimmt wurde.[140] Damit präsentiert sich Cicero als Amtsträger, der sich sowohl der Bedeutung als auch der Herausforderungen seiner Aufgaben wohl bewußt ist und den Lohn, den er dafür erhält, zu schätzen weiß.

Ciceros Exkurs über seine Amtsauffassung dient als Positivfolie, vor der die Haltung des Verres (*Verr.* II 5, 38ff.) um so negativer erscheint, der sich weder der Aufgabe, noch der mit ihr verbundenen Mühen oder des wahren Sinns seiner Machtbefugnisse bewußt gewesen sei, als er Prätor wurde. Trotz dieser Funktion, die der Exkurs innerhalb der Rede erfüllt, ist seine Bedeutung als autobiographisches Statement nicht zu unterschätzen, da die Rede zum Zeitpunkt der Abfassung, wie erwähnt, kein unmittelbares Überredungsziel mehr verfolgte. Wenn Cicero sich also hier über seine bisherige Laufbahn äußert, dann tut er das nur vordergründig im Rahmen seiner Argumentation[141], sein eigentlicher Adressat ist die Öffentlichkeit, der er ein möglichst positives Bild vom Amtsträger Cicero vermitteln will, wie auch generell die nachträgliche Abfassung der zweiten Rede vornehmlich aus „literarischen und persönlich-propagandistischen Interessen des aufstrebenden Redners Ciceros“[142] erfolgt sein dürfte. Unter Rückgriff auf autobiographische Aspekte nutzt Cicero mit der Abfassung und Veröffentlichung dieser Rede die Gelegenheit, von sich das Bild des sorgfältigen und rechtschaffenen Redners, Anwalts und Amtsträgers zu vermitteln, der sich aus freundschaftlicher Ver-

---

[139] Zur Bedeutung der *imagines* im Rahmen der augenfälligen Inszenierung von Geschichte siehe Walter (2003a) 259f.; Hölkeskamp (1996) 308.

[140] Die an Eigenlob grenzende Darstellung mag für den modernen Leser befremdlich wirken, für römische Ohren dürfte sie jedoch nicht außergewöhnlich gewesen sein, siehe Berger, D.: Cicero als Erzähler – Forensische und literarische Strategien in den Gerichtsreden, (Diss. Konstanz 1975) Frankfurt a. M. 1978, 140.

[141] Berger (ebd.) allerdings betont die in der Vorbereitung der an Verres gerichteten Fragen liegende Funktion.

[142] Ebd. 68.

pflichtung den Siziliern und Pflichttreue dem Staat gegenüber, an dessen Erfordernissen sich sein Handeln orientiert[143], entgegen seiner Gewohnheit als Ankläger betätigt, um Verres zur Rechenschaft zu ziehen. Mit dieser Selbstdarstellung empfiehlt er sich der Öffentlichkeit als Kandidat für weitere Aufgaben.[144]

Festzuhalten ist, daß Cicero mit seinen autobiographischen Einschüben bereits in dieser frühen Rede Strategien verfolgt, die sich bei der Analyse weiterer Reden als charakteristisch erweisen werden: eigenes Handeln umzudeuten, wie hier die Anklage in eine Verteidigung, Entscheidungen auf die Orientierung am Wohl der Gemeinschaft und des Staates zurückzuführen, Gegner im scharfen Kontrast zu sich selbst als „unrömisch“[145], als Negation römischer Werte und damit als der Gruppe der Rechtschaffenen nicht zugehörig darzustellen und zu isolieren, dabei gleichzeitig die eigene Person mit diesen Werten zu identifizieren und so in die staatliche Gemeinschaft zu integrieren.

3.1.5 *De imp. Cn. Pomp.*

Seine erste politische Ansprache, *De imperio Cn. Pompei* (66 v. Chr.), mit der Cicero als Prätor vor dem Volk die Annahme eines Gesetztes befürwortete, das Pompeius den Oberbefehl gegen Mithridates und Tigranes zuerkennen sollte[146], eröffnet Cicero mit der Versicherung seiner Ehrfurcht vor der Versammlung und einer Bestandsaufnahme seiner aktuellen Position (*Manil.* 1-2). Von seiner jetzigen Stellung des Prätors aus blickt Cicero zurück auf die Zeit, als er sich dieses ehrenhaften Versammlungsortes[147] noch nicht für würdig betrachtet hatte, und in der er sich vor Gericht der Unterstützung einzelner widmete. Seine gegenwärtige Position wertet er als Ergebnis der Beurteilung, die ihm von Seiten des Volkes zuteil wurde[148], und seiner eigenen Anstren-

---

143 Vgl. Becker (1969) 146.

144 Fuhrmann (1980) 16 macht darauf aufmerksam, daß sich die Empfehlung auch auf seinen politischen Kurs bezieht, „einen Kurs gemäßigter Senatspolitik, der die Beschneidung von Auswüchsen des aristokratischen Regimes forderte.“

145 Vgl. May (1988) 46. Die Kontrastierung mit dem Gegner war auch schon in der Rede gegen Caecilius von zentraler Bedeutung, dort ging es aber noch nicht darum, den Gegner als unrömisch darzustellen, sondern nur als ungeeignet für die anstehende Aufgabe.

146 Zum Anlaß der Rede sowie zu ihrer Struktur siehe Kierdorf, W.: Cicero und Hortensius. Zur Komposition von Ciceros Pompeiana, Gymnasium 106 (1999), 5-11, vgl. außerdem Gelzer (1969) 55ff.

147 Vgl. Morstein-Marx, R.: Mass Oratory and Political Power in the Late Roman Republic, Cambridge 2004, bes. 53ff.

148 *Manil.* 2: *ex vestro iudicio – quid de me iudicaretis – auctoritatis in me tantum sit quantum vos honoribus mandandis esse voluistis – et, si quid auctoritatis in me est, apud eos utar qui eam mihi dederunt – fructum suo iudicio tribuendum esse.*

gungen[149], für die er nun mit Anerkennung belohnt wird. Cicero stellt den eigenen Erfolg in Abhängigkeit von der Entscheidung des Volkes, nicht ohne darauf hinzuweisen, daß er die Grundlage dafür durch seine Rednertätigkeit selbst geschaffen hat. Er erweist sich damit der Versammlung gegenüber respektvoll und baut zugleich selbstbewußt auf seine Fähigkeiten, Komplimente an die Zuhörer sind mit einer Selbstempfehlung verbunden.[150] Indem Cicero hier gleich zweimal die *auctoritas* erwähnt, die er nun innehabe, beruft er sich mit Blick auf sein Überredungsziel auf seine erlangte Position, wobei er jedoch dezidiert betont, daß er sich des bei seinen Adressaten liegenden Ursprungs seiner *auctoritas* bewußt und willens ist, sie auch entsprechend einzusetzen.[151] Mit diesem Einstieg versichert sich Cicero der Gunst seiner Zuhörer und ihres Vertrauens[152] und legt damit die Basis für die Entscheidung, zu der er sie überreden will. Allerdings ist es vor dem Hintergrund, daß die Entscheidung zugunsten des Gesetzesantrages zum Zeitpunkt der Rede schon festgestanden haben dürfte[153], wahrscheinlich, daß die weitergehende Zielsetzung seiner Rede auf einem Schulterschluß mit dem Volk lag (auch mit Blick

---

[149] Ebd.: ... *quantum homini vigilanti ex forensi usu prope cotidiana dicendi exercitatio potuit adferre ...*

[150] Vgl. Classen, C.J.: Recht, Rhetorik, Politik. Untersuchungen zu Ciceros rhetorischer Strategie, Darmstadt 1985, 271. Im Vergleich zu *Verr.* II 5, 35 ist ein wachsendes Selbstbewußtsein festzustellen, denn dort hatte er sich als Empfänger der Amtswürde dargestellt, ohne die Eignung herauszustellen. Vgl. auch Kennedy (1972) 171: „His speech seems to have been composed with great care, for, given the circumstances, it was his repute as an orator that was mainly in question."

[151] *Manil.* 2: *Nunc cum et auctoritatis in me tantum sit quantum vos honoribus mandandis esse voluistis ... si quid auctoritatis in me est, apud eos utar qui eam mihi dederunt ...*

[152] Vgl. Classen (1985) 272f.: „Damit schafft sich Cicero gleich zu Beginn die Voraussetzung, um wirkungsvoll vor seinem Publikum sprechen zu können. Doch verzichtet er nicht darauf, noch einmal seine Stellung in einer sehr sorgfältig konstruierten Periode zu beschreiben [...], beginnend mit der *auctoritas*, die auch ihm vom Volk, d.h. seinem Publikum, verliehen worden sei und die er vor diesem Volk nun zur Geltung bringen wolle, und fortfahrend mit der Redefähigkeit, an deren früher anerkannten Erfolg er erinnert, um deren Überzeugungskraft auch für das bei dieser Gelegenheit zu Sagende zu sichern." Vgl. auch MacKendrick 12: Das Pronomen der 2. Pers. Pl. *vos* inkl. der obliquen Kasus und des Possessivums *vester* steht bei der Worthäufigkeit in dieser Rede an erster Stelle (251 Nennungen, *ego* liegt mit 96 Nennungen an zweiter Stelle) und ist dabei häufig mit Schmeichelei gegenüber den Adressaten verbunden. Steel (2001) 175 weist darauf hin, daß ein Tribunat die einzige Gelegenheit gewesen wäre, zuvor schon vor dem Volk zu sprechen, und vertritt die Position, man könne die Einleitung sowohl als popular als auch als nicht-popular lesen, als eine an konservative Kreise gerichtete Erinnerung, daß es sich hier nicht um seine übliche Position handele, oder aber als Entschuldigung. „Cicero's finely balanced position on his past career is matched by a similarly ambivalent approach to the institution of popular legislation."

[153] Fuhrmann (2000 Bd. I) 328; Kierdorf 6.

auf eine mögliche Kandidatur für den Konsulat[154]) und in einer Solidaritätsbekundung mit Pompeius.[155]

> En dépit des apparences, son discours est donc moins une *suasio* qu'une déclaration politique dont la fonction n'est pas tant de convaincre les auditeurs de l'utilité du projet de loi que de participer à l'exaltation commune de Pompée, le héros du jour. [...] Respectueux de son public, reconnaissant envers ses électeurs, conscient de sa valeur en tant que magistrat et surtout en tant qu'orateur, partisan déclaré de Pompée: voilà comment Cicéron se présente au premier abord à ses auditeurs.[156]

Eben dieser Interpretation seiner Motivation stellt sich Cicero am Schluß seiner Rede allerdings entgegen (*Manil.* 70-71)[157] und versichert, nicht um der Gunst des Pompeius oder eines eigenen Vorteils willen zu handeln, sondern sich nur von dem Willen des Volkes und dem Staatswohl leiten zu lassen. Damit sucht er sein Engagement von dem Verdacht der Eigennützigkeit zu befreien und seiner Argumentation so größere Glaubwürdigkeit zu verleihen. Nichtsdestoweniger legt gerade diese deutliche Rechtfertigung die Vermutung nahe, daß der Gedanke, Cicero wolle sich Gunst und Ansehen verschaffen, so fern nicht gelegen haben kann[158], weder seinen Zuhörern noch ihm selbst.

3.1.6 *Pro Cluentio*

Von zentraler Bedeutung ist die Rechtfertigung eigenen vergangenen Handelns in der Rede für Cluentius. Dieser war angeklagt, seinen Stiefvater Oppiniacus durch Gift getötet zu haben, die Gegenseite kombinierte diese Anklage mit dem Vorwurf der Bestechung: Cluentius soll, als er 8 Jahre zuvor

---

[154] Vgl. Fuhrmann (2000 Bd. I) 328. Vgl. dazu Steel (2001) 180: „Cicero's tactics in the *de imperio* are in fact just what we would expect from an ambitious politician seeking election, whose circumstances mean that he cannot afford to disregard or alienate any group of people who could provide him with votes."

[155] Vgl. zur Zeichnung des Pompeius und seiner Tugenden Gruber 258, der zu dem Schluß kommt, daß Cicero „in der Pompeiana das xenophonteisch-hellenistische Herrscherideal übernommen und den römischen Vorstellungen und Gegebenheiten angepaßt" habe.

[156] Loutsch (1994) 204ff.

[157] *Manil.* 70-71: ... *testorque omnis deos, et eos maxime qui huic loco temploque praesident, qui omnium mentis eorum qui ad rem publicam adeunt maxime perspiciunt, me hoc neque rogatu facere cuiusquam, neque quo Cn. Pompei gratiam mihi per hanc causam conciliari putem, neque quo mihi ex cuiusquam amplitudine aut praesidia periculis aut adiumenta honoribus quaeram;* [...] (71) *Quam ob rem quid in hac causa mihi susceptum est, Quirites, id ego omne me rei publicae causa suscepisse confirmo, tantumque abest ut aliquam mihi bonam gratiam quaesisse videar, ut multas me etiam simultates partim obscuras, partim apertas intellegam mihi non necessarias, vobis non inutilis suscepisse. Sed ego me hoc honore praeditum, tantis vestris beneficiis adfectum statui, Quirites, vestram voluntatem et rei publicae dignitatem et salutem provinciarum atque sociorum meis omnibus commodis et rationibus praeferre oportere.*

[158] Mendner, S.: Aporien in Ciceros Pompeiana, Gymnasium 73 (1966), 413-429, h. 428f.

seinerseits Oppianicus des versuchten Giftmordes anklagte, das damalige Schuldurteil durch Richterbestechung erlangt haben. Obgleich die Vorschriften zur Richterbestechung nur für Senatoren galten und den Ritter Cluentius nicht betrafen, suchte die Anklage die Plausibilität des Giftmordes durch den Bestechungsvorwurf zu erhärten.[159] Den Vorwurf des Giftmordes sah Cicero als leicht zu widerlegen an, ein größeres Hindernis stellte für seine Verteidigung der Bestechungsvorwurf dar, der sich in der öffentlichen Meinung festgesetzt hatte.[160] Der für Ciceros Position delikate Aspekt lag nun darin, daß er selbst in dem damaligen Verfahren den Freigelassenen Skamander gegen Cluentius verteidigt hatte und er in seiner zweiten Rede gegen Verres (II 2, 78ff.) den Bestechungsfall selbst anführte und zwar basierend auf der Annahme, daß beide Parteien die Richter bestochen hatten, wobei Cluentius erfolgreich gewesen war.[161] Um nun die Glaubwürdigkeit seiner Verteidigung zu gewährleisten, war Cicero gezwungen, diese beiden mit seinem jetzigen Engagement in Widerspruch stehenden und es dadurch behindernden Aspekte, die Kirby mit dem Begriff „negative prevenient ethos"[162] erfaßt, in autobiographischen Rückblicken neu zu deuten und zu erklären.[163]

Zuerst kommt er in *Cluent.* 48ff. auf seine damalige Verteidigung des Skamander zu sprechen, und schon die Darlegung der Umstände, die ihn zu seinem Verteidiger machten, ist gefärbt von seinem Bestreben, sich von dem damaligen Klienten zu distanzieren. So berichtet er, daß diejenigen, die ihn um Unterstützung baten, zwar so von Skamander dachten *sicut necesse erat*, aber doch glaubten, ihm aufgrund ihrer Verbundenheit Unterstützung schuldig zu sein (*Cluent.* 49). Cicero baten sie nun, dies ebenfalls zu tun, was er ihnen nicht abschlagen konnte (*Cluent.* 50). In seiner Darstellung erwies Cicero also eigentlich nicht Skamander einen Dienst, sondern denen, die für ihn sprachen, wobei weder sie noch er die Schwere der Schuld vermuteten. Cicero gelingt es, zugleich die Schuld seines damaligen Klienten zu suggerieren und sich selbst von dem Vorwurf, einen Schuldigen vertreten zu haben, zu entlasten, indem die Übernahme der Verteidigung als zögerlich und aus Verbindlichkeiten, nicht aus Überzeugung resultierend, darlegt, womit er aus Sicht römischer Wertvorstellungen ein lauteres Motiv anführt.

Bei der Darlegung des damaligen Prozeßverlaufs und seiner Bemühungen zeichnet Cicero von sich selbst das Bild eines verängstigten und verschüch-

[159] Vgl. dazu Fuhrmann (2000 Bd. II) 7ff.; siehe zu den Hintergründen und Verwicklungen des Falles auch Kirby 5ff.
[160] Vgl. *Cluent.* 1 und 7.
[161] Vgl. Fuhrmann (2000 Bd. III) 316 (Anm. 68).
[162] Kirby 29.
[163] Zu dem positiven Bild, das er darüber hinaus von seiner Person zu vermitteln sucht, indem er z.B. in der Einleitung Intelligenz und Kompetenz demonstriert, siehe Kirby 19ff.

terten Anwalts[164], der in dem Dilemma steckt, sich entweder für die falsche Sache einsetzen zu müssen oder als pflichtvergessen dazustehen, und der sich dann auf seine Aufgabe und seine Pflicht besinnt und sich schlägt, so gut er kann (*Cluent.* 51):

> *Conlegi me aliquando et ita constitui, fortiter esse agendum; illi aetati qua tum eram solere laudi dari, etiam si in minus firmis causis hominum periculis non defuissem. Itaque feci; sic pugnavi, sic omni ratione contendi, sic ad omnia confugi, quantum ego adsequi potui, remedia ac perfugia causarum ut hoc quod timide dicam consecutus sim, ne quis illi causae patronum defuisse arbitraretur.*

Doch was er auch versuchte – er scheiterte an der Anklage (*Cluent.* 52) und wurde, ohne sich einer Nachlässigkeit schuldig gemacht zu haben, von der Gegenseite besiegt, weil er die schlechtere Sache vertreten hatte.

Der autobiographische Rückblick auf die damalige Verteidigung dient zwei Zielen: die Schuld des damaligen Klienten zu unterstreichen (da diese für die Unschuld des aktuellen Klienten spricht) und die Diskrepanz zwischen Ciceros damaliger und seiner jetzigen Haltung zu rechtfertigen durch den Nachweis, daß diese Diskrepanz nur vordergründig, Ciceros Gesinnung aber konstant ist, um so glaub- und vertrauenswürdig zu bleiben. Dies erreicht er, indem er sein damaliges Unbehagen bei der Verteidigung schildert und zugleich sein Pflichtbewußtsein, mit dem er sich der einmal übernommenen Aufgabe stellte.[165]

Nun bedurfte noch Ciceros Meinungswechsel bezüglich der Schuld des Cluentius in dem damaligen Bestechungsfall einer Erklärung. Seine Äußerungen über die Bestechungsaffäre (*Verr.* I 38; *Verr.* II 2, 78f.), aus denen hervorgeht, daß er Cluentius zum Zeitpunkt der zweiten Rede gegen Verres für schuldig hielt, wurden ihm von Gegenseite vorgehalten (*Cluent.* 138). Daß er damals den Fall überhaupt anführte, erklärt er nun damit (*Cluent.* 139), daß er ihn aufgrund seiner damaligen Strategie nicht hätte übergehen können, seine weiteren Ausführungen zu diesem Thema kommen nun allerdings einer gewagten Flucht nach vorn gleich:

> *Sed errat vehementer, si quis in orationibus nostris quas in iudiciis habuimus auctoritates nostras consignatas se habere arbitratur: Omnes enim illae causarum ac temporum sunt, non hominum ipsorum aut patronorum. Nam si causae ipsae pro se loqui possent, nemo adhiberet oratorem. Nunc adhibemur ut ea dicamus, non quae auctoritate nostra constituantur, sed quae ex re ipsa causaque ducantur.*

---

[164] *Cluent.* 51: *Hic ego tum ad respondendum surrexi qua cura, di immortales! qua sollicitudine animi, quo timore! Semper equidem magno cum metu incipio dicere ...*

[165] Vgl. Classen (1985) 52. Die Vorstellung, daß ein Anwalt sein Bestes für den jeweiligen Klienten tut und sich mit seinem persönlichen Urteil zurückhält, kommt der modernen Vorstellung der Anwaltsrolle nahe, vgl. Burnand, Chr.: The Advocate as a Professional: The Role of the *Patronus* in Cicero's *Pro Cluentio*, in: Powell, J.; Paterson, J. (Hgg.): Cicero. The Advocate, Oxford 2004, 277-289, h. 285.

Cicero leugnet die Diskprepanz in den von ihm vertretenen Ansichten nicht, sondern erklärt sie mit den jeweiligen Umständen und wagt sich sogar zu der allgemeinen Warnung vor, man dürfte nicht meinen, aus seinen Reden seine wahren Überzeugungen ablesen zu können. Cicero opfert hier seine damalige Argumentation der aktuellen, öffnet damit aber zugleich dem Verdacht Tür und Tor, daß diese Orientierung an den jeweiligen argumentativen Erfordernissen auch auf die aktuelle Sache zutreffen könnte.[166] Doch offenbar gereichte ihm dies nicht zum Nachteil, denn er gewann den Prozeß aufgrund seines geschickten Taktierens.[167] Cicero beruft sich im folgenden auf das Beispiel des Crassus (*Cluent.* 140-141)[168], dem auch Widersprüche in seinen Reden vorgehalten wurden, und schlägt den Bogen zu seiner eigenen Lage mit einem deutlichen Statement (*Cluent.* 142):

> *Ego autem illa recitata esse non moleste fero. Neque enim ab illo tempore quod tum erat, neque ab ea causa quae tum agebatur aliena fuerunt; neque mihi quicquam oneris suscepi, cum ita dixi, quo minus honeste hanc causam et libere possem defendere.*

Die autobiographischen Passagen in *Pro Cluentio* sind aus prozeßtaktischen Gründen erforderlich und erfolgen als Reaktion auf einen Angriff der Gegenseite. Cicero befindet sich in der Defensive und in Erklärungsnot, er ringt hier weniger um Ansehen als vielmehr um sein prozessuales „Überleben“. Es spricht für sein rednerisches Talent, daß er selbst diese Lage noch zu nutzen und zu seinem Vorteil zu wenden weiß.[169]

In den Reden der Aufstiegszeit stehen die autobiographischen Elemente in engem Zusammenhang mit dem eigentlichen Gegenstand des Falles bzw. der Rede, sie beziehen sich auf das bisherige Vorgehen Ciceros in der aktuellen Sache, die Gründe für die Übernahme eines Falles oder dienen der Rechtfertigung vergangener Handlungen Ciceros, die in Widerspruch zu seinem gegenwärtigen Engagement stehen. Die Schilderungen bezüglich seiner Ämterlaufbahn in der zweiten Rede gegen Verres und in der Rede für den Oberbefehl des Pompeius lassen dabei allerdings ein wachsendes Selbstbewußtsein des Redners erkennen: War sein primäres Ziel in den Reden *Pro Quinctio* und *Pro*

---

[166] Vgl. Classen (1985) 73.

[167] Vgl. Fuhrmann (1997a) 60. Er soll sich später gerühmt haben, die Richter hinters Licht geführt zu haben, vgl. Quint. *inst.* 2, 17, 21: *Nec Cicero, cum se tenebras offudisse iudicibus in causa Cluenti gloriatus est, nihil ipse vidit.* Dazu auch Humbert, J.: Comment Cicéron mystifia les juges de Cluentius, REL 16 (1938), 275-296, der der Frage nachgeht, in welchem Zusammenhang Cicero diese Bemerkung gemacht haben könnte.

[168] Vgl. auch *de orat.* II 220ff.; vgl. Süss, W.: Die dramatische Kunst in den philosophischen Dialogen Ciceros, Hermes 80 (1952), 419-436, h. 424.

[169] Vgl. Classen (1985) 52. Kennedy (1972) 181 hält diese Rede sowie das Plädoyer für Roscius aus Ameria gerade aufgrund der Schwierigkeiten und der Herausforderungen, denen der Redner begegnen mußte, für besonders gelungen.

Roscio Amerino noch, die eigene schwache Position in einen Vorteil umzudeuten, so beginnt er in den späteren Reden, sich auf bisher Erlangtes zu berufen, sowohl im Dienst der Sache als auch mit Blick auf seinen Ruf in der Öffentlichkeit. Gerade die zweite Rede gegen Verres diente vornehmlich dem Zweck, das eigene Ansehen zu vergrößern, und zwar sowohl durch die autobiographische Erinnerung an das, was er bisher erreicht hatte, als auch durch die Demonstration seines lauteren Charakters und seines rednerischen Könnens. Ciceros Talent, das eigene Ethos wirkungsvoll einzusetzen, zeichnet sich in seinen Reden von Anfang an ab – das Erfolgsrezept stand in seinen Grundzügen früh fest, lediglich die Zutaten änderten sich mit wachsendem Ansehen. Besonders interessant ist für die Beurteilung der Funktionen der autobiographischen Passagen im Gesamtcorpus der Reden, daß Ciceros spätere Selbststilisierung zum Retter des Staates früh angelegt ist in seiner Berufung auf den Dienst am Staat und in der Interpretation seines Handelns als Hilfe für das Gemeinwesen (*div. in Caec.* 9).

3.2 Die Reden des Konsulatsjahres

Zweifellos stellte die Erlangung des Konsulats im Jahre 63 v. Chr. den Höhepunkt in Ciceros Karriere dar. Nun hatte er es bis zum höchsten Amt im Staat gebracht und – zumindest vorläufig – das Ansehen erlangt, zu dem ihm seine Herkunft nicht hatte verhelfen können. Zudem ließ sich sein Konsulat als neue rhetorische Waffe[170] gebrauchen: Hatte er zu Beginn seiner Karriere noch einen Vorteil daraus gezogen, jung und unbekannt zu sein, so konnte er von nun an sein Ansehen und seine Stellung in die Waagschale werfen und als Überredungsmittel einsetzen.[171]

Wichtig ist für unsere Fragestellung, daß Cicero die Veröffentlichung der Reden seines Konsulatsjahres offenbar gezielt für seine Ethos-Konstruktion einsetzte. Denn im Jahre 60, in das bezeichnenderweise auch die Abfassung seines Epos *De consulatu suo* fällt[172], stellte er selbst ein Corpus seiner Kon-

---

[170] Vgl. May (1988) 50; Kennedy (1972) 173.

[171] Dazu May (1988) 50: „Cicero understood fully the impact that consular prestige was capable of exerting in Roman society, politics, and especially in the courtroom, and he recognized the advantages it bestowed on its possessor – advantages that in his early career he had worked vigorously to neutralize when present in his adversaries. Now in possession of supreme *auctoritas*, Cicero would exploit, almost indiscriminately, those advantages in defense of his client and himself." Vgl. auch Thierfelder 233 mit Bezug auf die Prozeßreden: „Das Gewicht einer Persönlichkeit wird zu verschiedenen Zeiten verschieden sein. Wir überblicken bei Cicero eine Anwaltstätigkeit von 37 Jahren, von 81 bis 45 vor Chr., und es ist reizvoll zu verfolgen, mit wieviel taktischem Geschick Cicero das, was zu den verschiedenen Zeiten über ihn gesagt werden kann, jeweils zum Vorteil seines Klienten anwendet."

[172] Hierauf hat auch Kennedy (1972) 177 hingewiesen.

sulatsreden zusammen (*Att.* 2, 1, 3), ein in der Antike bis dahin einmaliger Vorgang.[173] Settle stellt vor allem die Verzögerung bei der Veröffentlichung der Reden als Ausnahme und als Abweichen von der üblichen Praxis heraus.[174] Das Corpus enthielt 12 Reden, darunter die beiden Reden *De lege agraria* und die Catilinarischen Reden, nicht jedoch *Pro Murena*.[175] Cicero kündigt Atticus an, er werde aus diesen Schriften erfahren *et quae gesserim et quae dixerim*. Er dürfte mit der Veröffentlichung der Reden in einem Corpus die Absicht verfolgt haben, nicht nur sein Handeln zu illustrieren, zu dokumentieren und so als offizielle Lesart, als „'correct' history of his consulship"[176], im öffentlichen Gedächtnis zu verankern[177], sondern auch sein konsularisches Ethos:

> In the case of these speeches, Cicero was clearly thinking beyond the level of the individual speech to the potential of a collection that represented him as a serious politician. [...] Yet the speeches also work together to construct an ethos for Cicero the serious politician who serves selflessly the interests of Rome and rallies the Senate and Roman people to work for the good of the *res publica*.[178]

Diese vermutete Absicht Ciceros ist bei der Analyse der Reden *De lege agraria* und der Catilinarischen Reden, die in dem Corpus enthalten waren, zu berücksichtigen.[179] Denn obgleich nicht zu entscheiden ist, inwieweit Cicero diese Reden vor der Veröffentlichung überarbeitete[180], ist in ihrem Fall doch die Frage zu stellen, ob und in welchem Maße die autobiographischen Passagen geradezu auf zwei verschiedenen Ebenen gelesen werden müssen bzw. ob der Veröffentlichung selbst dann, wenn es sich um identische Texte handelte, zusätzliche, über den argumentativen Rahmen hinausgehende Intentionen bezüglich der Konstruktion eines konsularischen Ethos zugrunde lagen. Denn

---

[173] Cape (2002) 114 und 119.

[174] Settle, J.N.: The Publication of Cicero's Orations, (Diss. Chapel Hill 1962) Ann Arbor 1963, 131; gegen das Jahr 60 und für das Jahr 63 als Zeitpunkt der Veröffentlichung, also ohne wesentliche zeitliche Verzögerung, argumentiert McDermott, W.C.: Cicero's Publication of his Consular Orations, Philologus 116 (1972), 277-284.

[175] Settle (1962) 147f. vermutet als mögliche Gründe hierfür zum einen den unpolitischen Charakter der Rede (ähnlich Leeman [1982] 193), zum anderen, daß die Rede zum Zeitpunkt der Zusammenstellung des Corpus bereits veröffentlicht war.

[176] Nicholson 25.

[177] Vgl. Bell 6: „Cicero now wished to maintain his authority by ensuring that the significance of his achievements was not forgotten."

[178] Cape (2002) 114 und 120.

[179] Die Auswahl der hier behandelten Reden richtet sich nicht nach Ciceros Zusammenstellung, sondern trägt dem Vorkommen autobiographischer Passagen Rechnung.

[180] Cape (2002) 120 sieht keinen Anhaltspunkt für eine Überarbeitung der Reden und merkt an, daß Cicero dann, wenn er Änderungen vornehme, auch darauf hinweise, und (154) vermutet eher eine Einflußnahme auf den Leser durch die Auswahl der Reden. Anders Helm, Chr.: Zur Redaktion der Ciceronischen Konsulatsreden, (Diss.) Göttingen 1979, der von umfassenden Überarbeitungen ausgeht, ebenso Fuhrmann (2000 Bd. II) 221.

die Distanz von drei Jahren bringt vor allem mit sich, daß die Veröffentlichung ja gerade nicht in die Zeit des Zenites seiner politischen Laufbahn fällt, sondern in die der Rechtfertigung und Verteidigung des politischen Handelns. Im Sinne einer klaren methodischen Trennung ist es angeraten, diesem Aspekt erst im Anschluß an die Analyse nachzugehen, da auch diese Texte zunächst einmal als das genommen werden müssen, als das Cicero sie präsentiert: als Reden des Jahres 63.

3.2.1 *De lege agraria*

Gleich zu Beginn seines Konsulatsjahres bot sich Cicero die Gelegenheit, seinen neuen Einfluß und seine konsularische Würde als Mittel der Überredung einzusetzen.[181] Der Volkstribun Rullus hatte ein Ackergesetz eingebracht, das vordergründig den Interessen des Volkes entsprach.[182] Cicero war gegen diesen Vorschlag, sah sich nun aber der Gefahr gegenüber, gleich zu Beginn seiner Amtszeit das Volk gegen sich aufzubringen, wenn er sich gegen einen popularen Vorschlag aussprach;[183] seine Strategie in der zweiten, vor dem Volk gehaltenen Rede bestand nun darin, sich selbst als wahrhaften Vertreter der popularen Sache zu erweisen und die Schwächen des Gesetzesvorschlages herauszustellen. Im Senat hatte er naturgemäß keine großen Hindernisse zu überwinden, „er konnte davon ausgehen, daß die überwiegende Mehrheit die Ablehnung des Rullischen Vorschlages wünschte."[184] Cicero präsentiert in seinen Reden vor Senat und Volk die prinzipiell gleiche Problemstellung, paßt sich dabei aber geschickt an den jeweiligen Adressatenkreis an[185], und zwar nicht nur bezüglich der Gestaltung und der Argumentation, sondern auch im Hinblick auf seine Selbstpräsentation.

---

[181] Zur Inszenierung der konsularischen Würde als Element der Überredung siehe Bell bes. 1-3.

[182] Zu Hintergrund und Inhalt des Gesetzesantrages siehe Fuhrmann (2000 Bd. II) 117-125; Blänsdorf, J.: Cicero erklärt dem Volk die Agrarpolitik (*De leg. agr.* II), in: Defosse, P. (Hg.): Hommages à Carl Deroux, Bd. II: Prose et linguistique, Médecine (Collection Latomus 267), Bruxelles 2002, 40-56, bes. 40-45.

[183] Vgl. Classen (1985) 308; Loutsch (1994) 40. Zugleich war gerade dies eine hervorragende Gelegenheit, die eigene rhetorische Kompetenz unter Beweis zu stellen, vgl. Bell 7: „In advertising his ability to prevail on unpopular issues, Cicero was establishing himself as a worthy successor to the roll-call of exemplary orators of the past."

[184] Fuhrmann (2000 Bd. II) 123.

[185] Vgl. Kennedy (1972) 174; Classen (1985) 309ff. nimmt sich in seiner Untersuchung vor zu zeigen, wie sich Cicero durch die Auswahl seiner Argumente und ihre Akzentuierung sowie durch die stilistische Gestaltung auf sein jeweiliges Publikum, dessen Interessen und dessen Verständnishorizont einzustellen versucht, und kommt zu dem abschließenden Urteil (361f.), daß Cicero dieselben Probleme in derselben Reihenfolge behandelt, jedoch aus Rücksicht auf das Publikum „andere Aspekte betont, andere Argumente auswählt, sich

In dem Aufruf zur Einigkeit, mit dem Cicero die Rede vor dem Senat beschließt (*leg. agr.* I 27)[186], präsentiert er sich als Führungspersönlichkeit, die sich durch Lauterkeit und eine den jeweiligen Erfordernissen gemäße Haltung auszeichnet und deren *auctoritas* all diejenigen eint, *qui se incolumis volent*, und somit das Bindeglied zwischen Volk und Senat darstellt.[187] Seine eigene Laufbahn als Konsul ritterlicher Herkunft dient als Beispiel für das Zusammenwirken und die Einigkeit von Senat und Volk.[188] Zugleich ist er das Bollwerk, an dem diejenigen scheitern, die versuchen, aus Unruhe Vorteile für ihre eigene Ämterlaufbahn ziehen zu können. „Senate and people are united behind a disinterested, honourable, circumspect, but fearless consul, who will not tolerate politically motivated breaches for the peace. He offers himself as an example of careers open to honourable talent, however humble."[189] *Auctoritas*, *honor* und *dignitas* sind die Leitbegriffe dieser Passage. Indem er sich dann zum Schluß auf die gemeinsame Würde, die es zu verteidigen gilt, das Staatswohl und die *maiores* beruft[190], erweist er sich als einer der Ihren und versichert seinen Zuhörern, daß er, der *homo novus*, sich seiner Stellung und Aufgaben bewußt und willens ist, entsprechend zu handeln. Der Hinweis auf die ritterliche Herkunft dient also einerseits als Exemplum und leitet andererseits über zu einer Absichtsbekundung im Sinne der Erwartungen der Senatorenschaft an den neuen Konsul. Zugleich wird dabei eine besondere Eignung Ciceros für die Vermittlerrolle angedeutet.

In seiner Rede vor dem Volk kam es Cicero darauf an, „das Volk rechtzeitig in sachlicher Form über den Inhalt, die rechtlichen Implikationen, die faktischen Auswirkungen und die wahren Hintergründe des scheinbar popularen

---

anderer Mittel zur Beeinflussung seiner Hörer bedient und entsprechend dem Inhalt auch den Ton, den Stil, den Satzbau und das Vokabular in je eigener Weise gestaltet."

[186] *Erratis, si senatum probare ea quae dicuntur a me putatis, populum autem esse in alia voluntate. Omnes qui se incolumis volent sequentur auctoritatem consulis soluti a cupiditatibus, liberi a delictis, cauti in periculis, non timidi in contentionibus. Quod si qui vestrum spe ducitur se posse turbulenta ratione honori velificari suo, primum me consule id sperare desistat, deinde habeat me ipsum sibi documento, quem equestri ortum loco consulem videt, quae vitae via facillime viros bonos ad honorem dignitatemque perducat.* [...]

[187] Auf seine Vermittlerrolle beruft er sich später in der Rede gegen Piso (*Pis.* 7): *Atque ita est a me consulatus peractus ut nihil sine consilio senatus, nihil non approbante populo Romano egerim, ut semper in rostris curiam, in senatu populum defenderim, ut multitudinem cum principibus, equestrem ordinem cum senatu coniunxerim.*

[188] Vgl. Cape (2002) 124.

[189] MacKendrick 25.

[190] *leg. agr.* I 27: *Quod si vos vestrum mihi studium, patres conscripti, ad communem dignitatem defendendam profitemini, perficiam profecto, id quod maxime res publica desiderat, ut huius ordinis auctoritas, quae apud maiores nostros fuit, eadem nunc longo intervallo rei publicae restituta esse videatur.*

Gesetzesantrags zu informieren."[191] Er war gezwungen, Überzeugungsarbeit zu leisten, doch dazu mußte er zunächst die Basis bereitstellen, indem er das Volk trotz der Position, die er bezüglich des Gesetzes einnahm, seiner Fürsorge versicherte. Zu diesem Zweck spricht Cicero zu Beginn der Rede (*leg. agr.* II 1-9) über sich und seine Wahl zum Konsul. Einleitend kündigt er an, inwieweit seine Ansprache von dem sonst Üblichen abweichen werde, und thematisiert seinen Status als *homo novus*, der die Art seiner Rede beeinflussen werde (*leg. agr.* II 1-2): An die Stelle der Vorfahren, die andere Konsuln bei ihrer Danksagung an das Volk anführen, treten bei Cicero die Leistungen, die die Grundlage für seine Wahl bildeten. Da er diese Leistungen aber in seiner Rede nicht herausstellen will, wird er sie nur andeuten und sich statt dessen auf die Gunstbeweise des Volkes konzentrieren, die er keinesfalls schuldig bleiben will. Damit wertet er die Rolle des Volkes bei seiner Wahl gleich zu Beginn auf[192], jedoch nicht ohne Hinweis auf seinen Eigenanteil, den er bescheiden übergehen wird, und bei diesen Überlegungen zur Gestaltung seiner Rede betont er einerseits das *beneficium*, das ihm zuteil wurde, andererseits die *dignitas*, die mit dieser Zuteilung verbunden ist.[193] Die Besonderheit, die seine Wahl schon innerhalb seiner Familie darstellt, weil er der erste ist, dem diese Ehre zuteil wurde, führt Cicero im folgenden weiter aus (*leg. agr.* II 3-4): Er betont das Außergewöhnliche an seiner Wahl, das sich sowohl darin zeigte, daß das Volk mit ihm nach langer Zeit einen Neuling zum Konsul machte und damit die *virtus* zum Maßstab erklärte[194], als auch in dem einzigartigen Umstand, daß er zum frühstmöglichen Zeitpunkt und bei seiner ersten

---

[191] Blänsdorf (2002) 42f.

[192] Vgl. *Manil.* 1-2.

[193] *leg. agr.* II 1: *Est hoc in more positum, Quirites, institutoque maiorum, ut ei qui beneficio vestro imagines familiae suae consecuti sunt eam primam habeant contionem, qua gratiam benefici vestri cum suorum laude coniungant.* [...] (2) ... *Nam et quibus studiis hanc dignitatem consecutus sim memet ipsum commemorare perquam grave est, et silere de tantis vestris beneficiis nullo modo possum. Qua re adhibebitur a me certa ratio moderatioque dicendi, ut quid a vobis acceperim commemorem, qua re dignus vestro summo honore singularique iudicio sim, ipse modice dicam ...*

[194] *leg. agr.* II 3: *Me perlongo intervallo prope memoriae temporumque nostrorum primum hominem novum consulem fecistis et eum locum quem nobilitas praesidiis firmatum atque omni ratione obvallatum tenebat me duce rescidistis virtutique in posterum patere voluistis.* Dazu Classen (1985) 346: „Sein ungewöhnlicher Erfolg als *homo novus* bei der Wahl läßt ihn bald andere Töne anschlagen: In einem sorgfältig ausgemalten Bild stellt er das Konsulat als Festung dar, die von der Nobilität verteidigt und von den Wählern unter Ciceros Führung erobert und für alle Zeiten der Tüchtigkeit geöffnet worden ist. Damit unterstreicht Cicero erneut und unmittelbar seine Verbundenheit mit dem Volk; daneben dient ihm eine Fülle immer neuer Figuren dazu, das Unerhörte seiner Wahl zu verdeutlichen."

Bewerbung gewählt wurde[195], und das nicht schlicht durch Stimmabgabe, sondern durch Zuruf, worin sich der Konsens des ganzen Volkes bei dieser Entscheidung manifestierte (*leg. agr.* II 4):[196] *me ... una vox universi populi Romani consulem declaravit.* Die Betonung liegt in dieser Passage auf seinem Status als *homo novus* (fünf mal erwähnt) und darauf, daß er diese Ehre vom Volk empfing (*me consulem fecistis – hoc honore ... me ... adfecistis*). Mit der Beschreibung der einzigartigen Entscheidung schmeichelt er dem Volk, aber nicht zuletzt auch sich selbst, denn diese Gunstbeweise werten natürlich ihren Empfänger auf. May bemerkt dazu: „The exceptional qualities of Cicero's election to the consulship, rehearsed here at great length, ennoble his ethos. [...] We see here in more than a nascent state the persona that would emerge into full light with the eruption of the Catilinarian conspiracy: that of the proud, patriotic, and capable consul, whose time, talents, and thoughts were entirely consumed by his care for the Republic."[197] Darüber hinaus fordert er das Volk durch die Schilderung der Wahl und durch die Danksagung auf, seiner Haltung ihm gegenüber treu zu bleiben und ihm wie bei der Wahl auch weiterhin zu vertrauen.[198]

> Ces propos, qui sont tout à l'honneur de l'orateur, vont bien au-delà d'une flatterie conventionnelle: en apprenant quel prix le nouveau consul attache à leur appui, les auditeurs sont incités à ne pas lui retirer leur confiance, quand bien même ils le soupçonnent peut-être de renier son passé. [...] Cicéron admet ici qu'il s'est créé un lien

---

[195] *leg. agr.* II 3: *Neque me tantum modo consulem, quod est ipsum per sese amplissimum, sed ita fecistis quo modo pauci nobiles in hac civitate consules facti sunt, novus ante me nemo.* [...] *me esse unum ex omnibus novis hominibus de quibus meminisse possimus, qui consulatum petierim cum primum licitum sit, consul factus sim cum primum petierim ...*

[196] *leg. agr.* II 4: *Itaque me non extrema diribitio suffragiorum, sed primi illi vestri concursus, neque singulae voces praeconum, sed una vox universi populi Romani consulem declaravit.*

[197] May (1988) 50. Auch Classen (1985) 345 merkt an, daß Cicero zwar vorgibt, nicht gern über sich zu sprechen, sich selbst aber bei seiner Dankesbekundung immer stärker in den Vordergrund rückt.

[198] Eine weitere autobiographische Passage in dieser Rede erfüllt ebenfalls die Funktion, durch die Erinnerung an vergangenes Vorgehen Unterstützung für die aktuelle Lage einzufordern (*leg. agr.* II 49): ... *Quirites, commovere videor, dum patefacio vobis quas isti penitus abstrusas insidias se posuisse arbitrantur contra Cn. Pompei dignitatem. Et mihi, quaeso, ignoscite, si appello talem virum saepius. Vos mihi praetori biennio ante, Quirites, hoc eodem in loco personam hanc imposuistis ut, quibuscumque rebus possem, illius absentis dignitatem vobiscum una tuerer. Feci adhuc quae potui, neque familiaritate illius adductus nec spe honoris atque amplissimae dignitatis, quam ego, etsi libente illo, tamen absente illo per vos consecutus sum.* Daneben findet sich in dieser Rede auch ein Beipiel für den Augenzeugenstatus: In den Kapitel 92-94 berichtet Cicero aus eigenem Ansehen von den Zuständen in der Kolonie Capua.

> entre lui et ses électeurs, que son succès lui impose des obligations à leur égard et qu'il est prêt à les honorer.[199]

Mit dieser Passage bereitet er zudem die eigentliche Argumentation vor, deren Ziel es ist, sich selbst als popularen Konsul zu erweisen, denn aus der Verantwortung, die ihm übertragen wurde, resultierte sein popularer Grundsatz, durch den er sich von früheren Konsuln unterscheidet und den er dem Senat bereits verkündet hat, wie er mehrfach betont, womit er zugleich zeigt, daß er längst die Interessen des Volkes vor dem Senat vertritt.[200] So, wie er dem Senat vor Augen geführt hatte, daß er einen Draht zum Volk hat, zeigt er hier dem Volk, daß er sein Vertreter im Senat ist.

Die Idee des *consul popularis* beherrscht die folgenden Kapitel und wird in *leg agr.* II 9 als Inbegriff des Friedens, der Freiheit und der Ruhe erwiesen (*quid enim est quam populare quam pax ... quam libertas ... quam otium?*), so daß sich zeigt, daß Cicero aufgrund seiner Überzeugungen gar nichts anderes sein kann als ein popularer Konsul:

> *Qua re qui possum non esse popularis, cum videam haec omnia, Quirites, pacem externam, libertatem propriam generis ac nominis vestri, otium domesticum, denique omnia quae vobis cara atque ampla sunt in fidem et quodam modo in patrocinium mei consulatus esse conlata?*

Mit dieser gerade durch seinen Status als *homo novus* begründeten und auf ihm fußenden Stilisierung zum *consul popularis* rechtfertigt Cicero die Position[201], die er in dieser Sache einnimmt, und leistet eine Art „Beziehungssicherung"[202], die unerläßlich ist zur Erreichung seines Zieles, beim Volk Unterstützung für die Ablehnung des Gesetzesantrages zu gewinnen und vor allem, aufgrund seiner Argumentation gegen ein Gesetz, das sich volksfreundlich gab, keinen Schaden an Prestige zu erleiden. Nachdem er seine Ansichten bezüglich des Gesetzesantrages vorgestellt hat, fordert er abschließend noch einmal das Vertrauen in seine Person ein, das ihm bei seiner Wahl zuteil wurde, und verbürgt sich für seine Sorgfalt und Verläßlichkeit bei der Aus-

---

[199] Loutsch (1994) 223.

[200] *leg. agr.* II 6: *Ego autem non solum hoc in loco dicam ubi est id dictu facillimum, sed in ipso senatu in quo esse locus huic voci non videbatur popularem me futurum esse consulem prima illa mea oratione Kalendis Ianuariis dixi. leg. agr.* II 9: ... *dixi in senatu in hoc magistratu me popularem consulem futurum.* Vgl. die Versicherung der *concordia* mit dem Amtskollegen in *leg. agr.* II 103. Umgekehrt empfiehlt er sich in *leg. agr.* I 27 dem Senat als Vermittler mit dem Volk.

[201] Siehe Sage, E.T.: Cicero and the Agrarian Proposals of Rullus in 63 B.C., CJ 16 (1920-1921), 230-236, h. 236.

[202] Cape (2002) 126: „Cicero has tried to put his audience into a psychological state in which they support him because he has acknowledged their importance, his debt to them, the similarity of their status insofar as he is not *nobilis*, his desire to work for them, and his willingness to sacrifice himself for their cause and the good of the state."

übung seines Amtes (*leg. agr.* II 100-101).[203] Erneut deutet er seine Haltung als popular (*leg. agr.* II 102)[204] und gelobt abschließend, auch denen, die gegen seine Wahl waren, zu beweisen, daß das Volk in ihm den richtigen Mann gewählt hat (*leg. agr.* II 103).[205] Wieder fordert er seine Zuhörer auf, sich in Zukunft hinter ihn zu stellen, wobei er als Vergleichspunkt ihr Verhalten während der Kundgebung wählt[206], und darauf zu vertrauen, daß er in ihrem Sinn handelt, und als Grundlage dieses Vertrauens bietet er seine Persönlichkeit an:[207] So, wie ihm bisher aufgrund seiner Person vertraut wurde, soll ihm auch weiterhin vertraut werden. Damit knüpft Cicero am Ende seiner Rede an den eingangs propagierten Schulterschluß mit dem Volk an.

Der Erfolg seiner Rede[208] ist sicherlich nicht ausschließlich auf diese autobiographische Einstimmung seiner Zuhörerschaft zurückzuführen, aber seine auf die Sache bezogene Argumentation, in der er die politische Bedenklichkeit des Projektes und die möglichen Folgen für die Staatsfinanzen herausstellte[209], konnte ihre volle Wirkung erst dadurch entfalten, daß er mit Hilfe seines autobiographischen Einstiegs Position an der Seite des Volkes bezog.

Die Stilisierung zum Vermittler, die er aufgrund seiner konsularischen Würde einerseits und seiner Herkunft andererseits beiden Seiten gegenüber glaubhaft machen konnte, trug wesentlich zu Ciceros Erfolg in dieser Sache bei. Es gelang ihm so, eine potentiell nachteilige Position in eine vorteilhafte umzudeuten. Die Anpassung an seine jeweiligen Adressaten besteht dabei gerade *nicht* darin, jeweils die passende Position zu vertreten, sondern sich als Fürsprecher der einen bei der jeweils anderen Seite zu präsentieren und dabei durchaus eine zunächst unliebsame Haltung einzunehmen, wenn er im Senat

---

[203] Auch durch die detaillierte Auseinandersetzung mit dem Inhalt des Gesetzes (*leg. agr.* II 16-97) erweist er sich als sorgfältig und kompetent, vgl. Cape (2002) 125. Eine ähnliche Wirkung wird später die Schilderung der Befragung der Anhänger Catilinas haben (*Catil.* III 8-13).

[204] *Ex quo intellegi, Quirites, potest nihil esse tam populare quam id quod ego vobis in hunc annum consul popularis adfero, pacem, tranquillitatem, otium.* Zu *pax*, *libertas* und *otium* bekennt er sich auch in *leg. agr.* II 9.

[205] *Promitto, recipio, polliceor hoc vobis atque confirmo, me esse perfecturum ut iam tandem illi qui honori inviderunt meo tamen vos universos in consule deligendo plurimum vidisse fateantur.*

[206] Den ungewöhnlichen Umstand, daß er trotz seiner Ablehnung des Vorschlages eine geneigte Zuhörerschaft hat, kommentiert er in *leg. agr.* II 101: *Quis enim umquam tam secunda contione legem agrariam suasit quam ego dissuasi?*

[207] Vgl. *leg. agr.* II 100: *rem publicam vigilanti homini, non timido, diligenti, non ignavo, commisistis.* Siehe auch *leg. agr.* I 27: *Omnes qui se incolumis volent sequentur auctoritatem consulis soluti a cupiditatibus, liberi a delictis, cauti in periculis, non timidi in contentionibus.*

[208] Fuhrmann (2000 Bd. II) 124.

[209] Ebd. 122; Blänsdorf (2002) 46ff. zeigt in detailliertem Nachvollzug der Argumentation Ciceros Geschick bei der Überredung seiner Adressaten auf.

erklärt, ein popularer Konsul sein zu wollen, und vor dem Volk gegen ein Siedlergesetz argumentiert. „It is a distinctive feature pervasive in Cicero's oratory that he crosses such boundaries and builds his argument upon some paradox of fundamental beliefs."[210] Wirksam wird diese Selbstdarstellung gerade dadurch, daß Cicero diese „Grenzüberschreitungen" seinen jeweiligen Adressaten gegenüber transparent macht.

Eben diese Vermittlerrolle als Charakteristikum seines Konsulats in Erinnerung zu halten mag eine der Intentionen darstellen, die hinter der Veröffentlichung dieser Reden im Jahre 60 standen. Das daraus und in Kombination mit der Schilderung der Einzigartigkeit seiner Wahl entstehende konsularische Ethos erfüllt nicht nur innerhalb des Kontextes der Rede die gezeigte argumentative Funktion, sondern war auch geeignet, aus der Sicht des Jahres 60 und im Rahmen seiner damaligen Rechtfertigungsbestrebungen einen Beitrag zur Propagierung eines positiven Bildes des Konsuls Cicero zu vermitteln.

3.2.2 *In Catilinam*

Der verspätete und in die Zeit der Rechtfertigung der Konsulatspolitik fallende Veröffentlichungszeitpunkt lädt, in Kombination mit der trotz der Einbindung in historische Ereignisse[211] bestehenden Schwierigkeit, die eigentlichen rhetorischen Ziele der Reden zu erfassen[212], bei den Catilinarischen Reden besonders dazu ein, in einer Art „double lecture", wie sie Moreau ausgehend von *Pro Murena* für die Reden generell vorschlägt[213], nach verschiedenen Bedeutungsebenen des Textes zu fragen und möglicherweise differierenden Intentionen Ciceros auf den Grund zu gehen. Es wäre beispielsweise zu überlegen, ob das Ziel der ersten Rede war, Catilina zum Weggang zu bewegen[214],

---

[210] Cape (2002) 128.

[211] Siehe Ungern-Sternberg, J. v.: Das Verfahren gegen die Catilinarier oder: Der vermiedene Prozeß, in: Manthe, U.; Ungern-Sternberg, J. v. (Hgg.): Große Prozesse der römischen Antike, München 1997, 85-99. Zum historischen Hintergrund der Catilinarischen Verschwörung siehe die Angaben bei Łoposzko, T; Kowalski, H.: Catilina und Clodius – Analogien und Differenzen, Klio 72 (1990), H. 1, 199-210, h. 199.

[212] Vgl. Kennedy (1972) 175, der eine eigentliche deliberative Funktion im Hinblick auf eine konkrete Handlungsentscheidung nur in der vierten Rede gegeben sieht. Vgl. auch Cape, R.W. Jr.: The Rhetoric of Politics in Cicero's Fourth Catilinarian, AJP 116 (1995), 255-277, sowie Ders. (2002) 151.

[213] Moreau, P.: Cicéron, Clodius et la publication du *Pro Murena*, REL 58 (1980), 220-237, h. 237.

[214] *Catil.* I 10: *Quae cum ita sint, Catilina, perge, quo coepisti: egredere aliquando ex urbe; patent portae; proficiscere. Nimium diu te imperatorem tua illa Manliana castra desiderant. Educ tecum etiam omnis tuos, si minus, quam plurimos; purga urbem.* Siehe Batstone, W.W.: Cicero's Construction of Consular *Ethos* in the First Catilinarian, TAPhA

oder aber, den Weggang rückblickend aus der Sicht des Jahres 60 auf die Einflußnahme Ciceros zurückzuführen, bzw. ob Cicero diese beiden Intentionen zu den verschiedenen Zeitpunkten verfolgte, was selbst mit einem unveränderten Text möglich gewesen sein dürfte.[215] Wieder wäre es freilich hilfreich, wenn Umarbeitungen vor der Veröffentlichung nachgewiesen werden könnten, doch Kennedy macht zu Recht darauf aufmerksam, daß in dieser Frage keine Sicherheit zu erlangen ist: „But we cannot say with certainty of any passage in the *Catilinarians* that it must have been added or revised later."[216] Auch in diesem Fall muß der Text also so genommen werden, wie er vorliegt[217], nämlich in der Einbindung in das Geschehen des Konsulatsjahres 63. Vor diesem Hintergrund ist auch zunächst die Selbstdarstellung zu betrachten[218], und es können nur im Anschluß an die Interpretation Vermutungen angestellt werden bezüglich der Frage, was Cicero mit eben dieser Fassung seiner Reden zum Zeitpunkt der Veröffentlichung bezweckt haben mag.

Die Informierung des Senats über das Ausmaß der Catilinarischen Verschwörung und die Rechtfertigung der momentanen „Untätigkeit" des Konsuls bilden die Hauptthemen der ersten Rede.[219] Zu Beginn legt Cicero Catilina und dem versammelten Senat dar, welche Vorkehrungen er zum Schutz des Staates getroffen hat, und präsentiert sich als gut informierten und umsichtigen Beschützer des Staates, der den Gegner Catilina an Wachsamkeit übertrifft (*Catil.* I 8):

---

124 (1994), 211-266, h. 214 mit einem Überblick zu den in der Forschung vertretenen Ansichten bezüglich der Ziele der ersten Rede; Fuhrmann (2000 Bd. II) 223.

[215] Wenn der Text für die Publikation unverändert blieb, dann hätte Cicero in der Situation des Jahres 63 Catilina zum Weggang aufgefordert und diese Aufforderung dann im Zuge der Publikation im Jahre 60 illustriert. Zu Ciceros Äußerungen bezüglich des Weggangs Catilinas siehe hier 179f.

[216] Kennedy (1972) 177 mit weiteren Literaturangaben. Ähnlich Batstone 213.

[217] Vgl. auch Batstone 215, der aus der in der Forschung bestehenden Unsicherheit bezüglich der rhetorischen Ziele die Konsequenz zieht, sich auf den Text an sich zu besinnen und zu fragen: „What does the speech do?".

[218] Mehr als bei anderen Reden ist es bei der Betrachtung der Catilinarischen Reden nötig, auch solche Stellen zu berücksichtigen, die sich auf gegenwärtiges oder gar zukünftiges Handeln Ciceros beziehen, da die dort zum Ausdruck kommende Selbstdarstellung und -interpretation einen Bezugspunkt für die Analyse späterer Schriften darstellt, in denen Cicero dann auf die Zeit seines Konsulats rückblickend zu sprechen kommen wird. Zudem sind Passagen, die auf der Ebene der Ereignisse des Jahres 63 gegenwärtiges Handeln zum Gegenstand haben, aus der Perspektive des Veröffentlichungszeitpunktes im Jahre 60 sehr wohl rückblickend.

[219] Cape (2002) 142 macht auf die schwierige Position Ciceros (trotz des *Senatus Consultum Ultimum*) aufmerksam: „... yet certain problematic issues lingered. Most important among these were the lack of direct evidence against Catiline and Cicero's credibility against Catiline the patrician. Cicero had convinced the aristocrats that one of their own was plotting violence against them and Rome, but his status as a *homo novus* hardly gave him sufficient *auctoritas* to carry his point without incontrovertible proof."

... sensistin illam coloniam meo iussu meis praesidiis, custodiis, vigiliis esse munitam? Nihil agis, nihil moliris, nihil cogitas, quod non ego non modo audiam sed etiam videam planeque sentiam. Recognosce tandem mecum noctem illam superiorem; iam intelleges multo me vigilare acrius ad salutem quam te ad perniciem rei publicae.

In dieser antithetischen Gegenüberstellung des Beschützers und des Angreifers ist die Kontrastierung zwischen Ciceros eigener Person und der Catilinas angelegt, die Cicero in den Catilinarischen Reden zu einem Leitmotiv ausgestaltet.[220] Sie dient dazu, Catilina zu isolieren und die eigene Person in die Gruppe derer zu integrieren, die auf Seiten des Staates stehen. Diese Strategie der Isolation und der Integration verfolgt Cicero schon im ersten Satz der ersten Rede, wenn er fragt: *Quo usque tandem abutere, Catilina, patientia nostra?* Das „Du" wird hier dem „Wir" plakativ gegenübergestellt.[221]

Antithetisch ist auch die Schilderung der wiederholten Nachstellungen durch Catilina (*Catil.* I 10-11; 15), denn während sich Catilina in Ciceros Darstellung mehrmals vergeblich bemüht, Cicero Schaden zuzufügen, reagiert dieser wiederum vorausschauend, umsichtig, ohne Gewaltanwendung und aus Rücksicht auf das Staatwohl nur mit privaten Mitteln.[222] Das Vokabular spie-

---

[220] Wooten, C.W.: Cicero's *Philippics* and Their Demosthenic Model: The Rhetoric of Crisis, Chapel Hill u.a. 1983, 169 identifiziert die Polarisation des Konfliktes in die Dichotomie von Gut und Böse als ein Element der Krisenrhetorik, die Ciceros Philippische Reden mit dem Vorbild des Demosthenes verbindet. Capes ([2002] 143) Feststellung, daß auch die erste Catilinarische Rede dieses Charakteristikum teilt, ist auf die anderen Catilinarischen Reden übertragbar.

[221] Vgl. auch besonders *Catil.* II 25. Vgl. zur Nachwirkung dieses berühmten Satzes Loutsch (1994) 282f., Anm. 26. Loutsch (287) beschreibt den Effekt dieses Einstiegs, von dem er annimmt, daß er von einer hinweisenden Geste Ciceros begleitet war, als eine „inversion des fronts": „Surpris par la virulence du propos, les auditeurs suivent spontanément de leur regard étonné le geste du consul, son bras levé et pointé en direction de l'un d'entre eux. Et, à la faveur de la confusion créée pendant une fraction de seconde, leur attention se trouve détournée sur Catilina. L'effet immédiat en est une inversion des fronts: il n'y a plus d'une part un consul isolé, de l'autre un Sénat réservé et hostile; désormais, le Sénat se trouve regroupé, uni autour du consul, face à un Catilina isolé, mis au ban. C'est sur lui que se portent brusquement les regards inquiets, questionneurs et pleins de reproches des sénateurs. Ces derniers, qu'ils le veuillent ou non, transfèrent ainsi sur Catilina les sentiments qu'ils ont éprouvés jusqu'ici vis-à-vis du consul." Cesare Maccari entwarf gegen Ende des 19. Jahrhunderts eine Szenerie, die dem Betrachter die Isolation Catilinas und die Zugehörigkeit Ciceros zu der Gruppe der rechtschaffenen Senatoren durch die Raumstruktur und die Verteilung der Figuren vor Augen führt (siehe Umschlag). Cicero steht hier zwar nicht im Mittelpunkt, doch wird die Aufmerksamkeit des Betrachters durch die Komposition und die Lichtführung auf ihn gelenkt, und wie in seinen eigenen Schilderungen befindet sich Cicero auf der Licht-, Catilina aber auf der Schattenseite. In dem Fresko setzte der Maler also die Interpretation der historischen Ereignisse mit den Mitteln seiner Kunst um, die Cicero mittels der seinen, der Rhetorik, vorgegeben hatte.

[222] Siehe v.a. *Catil.* I 11: *Quam diu mihi consuli designato, Catilina, insidiatus es, non publico me praesidio, sed privata diligentia defendi. Cum proximis comitiis consularibus me consulem in campo et competitores tuos interficere voluisti, compressi conatus tuos*

gelt den Gegensatz wider zwischen der defensiven und schützenden Haltung Ciceros (*praesidio – defendi – amicorum praesidio – compressi – obstiti – effugi*) und der Aggression Catilinas (*insidiatus es – interficere voluisti – conatus tuos nefarios – petisti – interficere conatus es – defigere*). Aus dieser Schilderung der Nachstellungen Catilinas ist seine Wesensart und damit die Gefahr für den Staat abzulesen, die er darstellt. Die Bedrohung Ciceros steht damit stellvertretend für die Bedrohung des Staates. Cicero selbst hält in seiner Selbstdarstellung die Waage zwischen entschiedenem und umsichtigem Vorgehen, er tut genug, um die Gefahr abzuwenden, ohne dabei jedoch den Staat in Aufruhr zu versetzen[223], sein Handeln entspricht dem erforderlichen Maß.

Das Moment der Rechtfertigung wird in der ersten Rede besonders deutlich in Kap. 27ff., wo sich Cicero selbst das Stichwort gibt, um zu erläutern, warum er Catilinas Weggang zulassen will, statt ihn mit dem Tode zu bestrafen, indem er sich von dem personifizierten Staatswesen nach seinen Motiven fragen und geradezu ins Gewissen reden läßt:

> *'M.Tulli, quid agis?* [...] *Nonne hunc in vincla duci, non ad mortem rapi, non summo supplicio mactari imperabis? Quid tandem te impedit? mosne maiorum?* (28) *At persaepe etiam privati in hac re publica perniciosos civis morte multarunt. An leges, quae de civium Romanorum supplicio rogatae sunt? At numquam in hac urbe, qui a re publica defecerunt, civium iura tenuerunt. An invidiam posteritatis times? Praeclaram vero populo Romano refers gratiam qui te, hominem per te cognitum, nulla commendatione maiorum tam mature ad summum imperium per omnis honorum gradus extulit, si propter invidiam aut alicuius periculi metum salutem civium tuorum neglegis.*

Weder der *mos maiorum* noch die Gesetze oder die Sorge um das Urteil der Nachwelt werden in der Rede des personifizierten Staates – und damit letztlich von Cicero – als Gründe anerkannt, die Cicero abhalten dürften, Catilina mit dem Tode zu bestrafen. Die Strategie, hier den personifizierten Staat die außergewöhnlichen Bedingungen seiner Wahl zum Konsul[224] betonen zu lassen, verleiht der Darstellung trotz der pathetischen Prägung einen Hauch von Objektivität und ermöglicht es Cicero, die Urheberschaft dieser Erwähnung zu verschleiern und sich auf die Position eines bloßen Adressaten zurückzuziehen[225], eine Strategie, die auch in der Rede der Urania in *De consulatu suo*

---

nefarios amicorum praesidio et copiis nullo tumultu publice concitato; denique, quotienscumque me petisti, per me tibi obstiti, quamquam videbam perniciem meam cum magna calamitate rei publicae esse coniunctam.

[223] *Nullo tumultu publice concitato* (*Catil.* I 11) wird ein Leitmotiv der autobiographischen Darstellung der Niederschlagung der Verschwörung werden, vgl. *Catil.* II 26; II 28; III 23; *Sull.* 33; siehe auch Plut. *Cic.* 22.

[224] Vgl. die Darstellung in *leg. agr.* II 3-4.

[225] Vgl. Batstone 255: „In Part Four, Cicero again adopts the voice of the Fatherland, a tactic that allows him to construct the charges he wants to answer regarding his handling of

zum Einsatz kommt.[226] Der „Staat" warnt Cicero auch, sich durch die Angst vor Mißgunst abhalten zu lassen (*Catil.* I 29):

> *Sed si quis est invidiae metus, non est vehementius severitatis ac fortitudinis invidia quam inertiae ac nequitiae pertimescenda. An, cum bello vastabitur Italia, vexabuntur urbes, tecta ardebunt, tum te non existimas invidiae incendio conflagraturum?'*

Cicero antwortet auf diese Befürchtungen – die er letztlich selbst vorgebracht hat – mit einem Statement zu seiner Einstellung bezüglich der *invidia* (*Catil.* I 29): *Quod si ea mihi maxime inpenderet, tamen hoc animo fui semper ut invidiam virtute partam gloriam, non invidiam putarem.* Er erklärt sich hiermit unabhängig von der *invidia* und erhebt die Tugend im Dienst des Staates zu seinem Maßstab. Auf der Ebene der im Jahre 63 gehaltenen Rede kann man diese Selbstdarstellung als Mittel werten, das Cicero einsetzt, um seine Zuhörer für seine Position zu gewinnen. Doch gerade die Betonung der *invidia* in dieser Passage legt den Gedanken nahe, daß sich das Bedeutungsspektrum der Stelle erst aus der Perspektive des Jahres 60 erschließt vor dem Hintergrund der Anfeindungen, denen sich Cicero wegen seines Vorgehens gegen die Catilinarier ausgesetzt sah. Resultieren die bewußte Distanzierung von der *invidia* und die Rechtfertigung des Handelns aus der zwischenzeitlich gemachten Erfahrung, daß es ihm *invidia* einbrachte?[227] Wenn letztlich auch nicht feststellbar ist, ob diese autobiographische Passage für die Veröffentlichung im Jahre 60 umgestaltet oder sogar eingefügt wurde, bleibt doch festzuhalten, daß sie in ihrer apologetischen Tendenz eine Antwort auf die Kritik enthält, mit der sich Cicero nach seinem Konsulat konfrontiert sah. In seiner Analyse der ersten Catilinarischen Rede kommt Batstone zu dem Schluß, daß die Selbstdarstellung und -interpretation Ciceros das eigentliche Thema der Rede ist:

> The *First Catilinarian* is, I conclude, finally about Cicero. It is about interpreting Cicero, about who he is and what it means to have and to have had him as consul; it is about what he has done, what he plans, what he knows, and what he has said. In rhetorical terms, this speech constructs and presents Cicero's version of his consular *ethos*. [...] His speech is partly self-defense and autobiography, partly justification and statement of public policy; but it uses the traditional concerns of forensic and

---

Catiline, and, incidentally, to validate his own self-praise as the authoritative view of Rome herself. This oblique praise from the mouth of Rome marks the point where the autobiographical function of the speech becomes most explicit. As the *res publica* dismisses Cicero's putative fear of the *invidia* that will arise from any proactive initiative, her language mixes praise and blame in an elegant balance, which serves to erase any real *invidia* for Cicero's self-praise with an expression of gratitude for his success joined with an acknowledgment of his responsibilities."

[226] *div.* I 17ff., siehe hier Kap. III 2.4.

[227] Ähnlich Batstone 214.

> deliberative oratory primarily to display Cicero, his passion and his reason, his wisdom and providence, his powers of oratory.[228]

Rechtfertigung und Erläuterung des Vorgehens bestimmen auch die autobiographischen Passagen in der zweiten Rede, mit der sich Cicero an das Volk wandte, um es über die Ereignisse zu informieren.[229] Er formuliert den möglichen Vorwurf (*Catil.* II 3), er hätte den Feind nicht laufen lassen, sondern verhaften sollen, und gesteht ein, daß eben dies eigentlich nötig gewesen wäre, er davor aber zurückschreckte aus Sorge, man werde seinen Anschuldigungen keinen Glauben schenken. Hätte er allerdings geglaubt, die Beseitigung Catilinas hätte alle Gefahr abwenden können, dann hätte er den Haß und die Gefahr für seine Person in Kauf genommen. So aber bestand nun seine Strategie darin, zunächst die Bedrohung offenkundig zu machen (*Catil.* II 4):

> *Sed cum viderem, ne vobis quidem omnibus etiam tum re probata si illum, ut erat meritus, morte multassem, fore ut eius socios invidia oppressus persequi non possem, rem huc deduxi ut tum palam pugnare possetis cum hostem aperte videretis.*[230]

Die *invidia*, die sich Cicero mit der rechtmäßigen Bestrafung Catilinas zugezogen hätte, ist nur insofern von Bedeutung, als sie seine Handlungsfähigkeit eingeschränkt hätte. Bei seiner Entscheidung, zunächst die Bedrohung deutlich zu machen, ließ er sich von den Erfordernissen der Situation leiten und war aus Weitsicht sogar milder, als er es hätte sein müssen. Damit präsentiert sich Cicero als Konsul, der Gegner nicht leichtfertig bestraft, wenn sich die Möglichkeit bietet, sondern sich am Gemeinwohl orientiert und seine Entscheidungen danach ausrichtet. Auch diese Darstellung fügt sich ebenso in den Kontext der Verschwörung ein, wie sie aus der Perspektive des Jahres 60 als Antwort auf die Kritik an der Aburteilung der Verschwörer gelesen werden kann.

In Kapitel 12 gibt er sich wiederum das Stichwort für weitere Rechtfertigung, diesmal gegen den Vorwurf, er habe Catilina hinausgeworfen: *At etiam sunt qui dicant, Quirites, a me eiectum esse Catilinam.* In seiner Antwort sucht er den Beweis zu erbringen, daß sich seine Reaktionen auf das Vorgehen

---

[228] Ebd. 216f.

[229] Cape (2002) 146 zu Charakter und Funktion solcher Reden vor dem Volk: „The magistrate who reported to the people could be seen as the people's friend; sharing information with them was to involve them in important political debate. Such speeches identify and constitute their audience as ‚the Roman people', construct an appropriate ethos for the speaker, clarify the people's relationship to the Senate and the speaker's relationship to the people, and interpret the Senate's actions. These speeches do not call for legislative action, nor are they meant to confirm the Senate's recommendations, yet they show a speaker's willingness to address the people and to affirm their importance. They influence political opinion."

[230] Vgl. auch *Catil.* II 6: *Quod expectavi, iam sum adsecutus, ut vos omnes factam esse aperte coniurationem contra rem publicam videretis.*

Catilinas im Rahmen des für einen Konsul Angemessenen bewegten, und in ironischem Ton führt er die Vermutung, ein Mensch wie Catilina lasse sich durch das Wort des Konsuls ins Exil treiben, als paradox vor. So reagierte er auf den Mordversuch, indem er die Sache vor den Senat brachte, und sein Umgang mit Catilina bestand darin, daß er ihn befragte (*quaesivi – patefeci – edocui – quaesivi*; *Catil.* II 13). Ciceros „Waffe" ist das Wort.[231] Die einleitende Qualifizierung *ego vehemens consul* steht in ironischem Kontrast zu der Schilderung der Befragung und wird eben dadurch als unbegründet erwiesen. Dennoch befindet sich Cicero in einem Dilemma, denn wenn Catilina aufgrund der Maßnahmen, die Cicero ergriffen hat, tatsächlich sein Vorhaben aufgebe, dann werde man dies Cicero nicht anrechnen, sondern ihm vorwerfen, einen Schuldlosen fortgeschickt zu haben (*Catil.* II 14).

> *O condicionem miseram non modo administrandae verum etiam conservandae rei publicae! Nunc si L. Catilina consiliis, laboribus, periculis meis circumclusus ac debilitatus subito pertimuerit, sententiam mutaverit, deseruerit suos, consilium belli faciendi abiecerit, et ex hoc cursu sceleris ac belli iter ad fugam atque in exsilium converterit, non ille a me spoliatus armis audaciae, non obstupefactus ac perterritus mea diligentia, non de spe conatuque depulsus sed indemnatus innocens in exsilium eiectus a consule vi et minis esse dicetur: et erunt qui illum, si hoc fecerit, non improbum sed miserum, me non diligentissimum consulem sed crudelissimum tyrannum existimari velint!*

Ciceros Leistung besteht in seiner Interpretation darin, Catilina durch seine Maßnahmen (*consiliis, laboribus, periculis meis*)[232] in die Enge getrieben und durch seine Sorgfalt der Waffen beraubt zu haben, kurzum, in verantwortungsvoller und kompetenter Ausübung seines Amtes die Gefahr gebannt zu haben. Erstmals tritt hier das Motiv der Rettung des Staates deutlich hervor (*conservandae rei publicae*), und Ciceros Selbstbild als Konsul nimmt Gestalt an. Es ist hier als Gegenentwurf zu dem Bild des grausamen, an einen Tyrannen[233] erinnernden Konsuls konzipiert, und beide Interpretationen treffen im letzten Satz des Kapitels aufeinander: Der *diligentia* stellt Cicero die

[231] Vgl. dazu Cape (2002) 145 (zur ersten Catilnarischen Rede) und 148 (zur zweiten): „The conspirators are a disease and Cicero offers his consulship and *oratio* as a *medicina* (11, 17). Cicero's speech has already triumphed by exposing Catiline and forcing him from town (3); it is still needed to illuminate the dark plans and reveal the identities of the remaining conspirators." Vgl. auch *Mur.* 6: *Negat* [Cato] *esse eiusdem severitatis Catilinam exitium rei publicae intra moenia molientem verbis et paene imperio ex urbe expulisse* [...].

[232] Vgl. *Catil.* III 1: [...] *laboribus, consiliis, periculis meis* [...].

[233] Vgl. zum Thema der Tyrannei auch *Sull.* 21ff. Zum Begriff des Tyrannen bei Cicero siehe Lederbogen, E.: Das Caesarbild in Ciceros Philippischen Reden, (Diss.) Freiburg i. Br. 1969, 13ff.; vgl. auch Béranger, J.: Tyrannus. Notes sur la notion de tyrannie chez les Romains particulièrement à l'époque de César et de Cicéron, REL 13 (1935), 85-94.

crudelitas gegenüber, dem Selbstbild das Fremdbild.[234] Und wieder, wie schon in Kap. 3, erklärt sich Cicero unabhängig von der Meinung der Leute, wenn nur die Gefahr gebannt ist, und ordnet seine Person damit dem Staatswohl unter (*Dicatur sane eiectus esse a me, dum modo eat in exsilium*). Sein Handeln steht damit in scharfem Kontrast zu den Plänen der Gegner, die es auf Zerstörung abgesehen haben, und seine ganze Person stellt das Gegenbild zu den Anhängern Catilinas dar, die er im folgenden vorstellt (*Catil.* II 16-23). Besonders deulich ist die Strategie der Polarisierung in Kap. 25, in dem Cicero die gegnerische Seite in Opposition zu den römischen Werten stellt mit dem Ziel, Catilina und seine Anhänger als unrömisch zu erweisen und zu isolieren (*Catil.* II 25):

> *Ex hac enim parte pudor pugnat, illinc petulantia; hinc pudicitia, illinc stuprum; hinc fides, illinc fraudatio; hinc pietas, illinc scelus; hinc constantia, illinc furor; hinc honestas, illinc turpitudo; hinc continentia, illinc libido; hinc denique aequitas, temperantia, fortitudo, prudentia, virtutes omnes certant cum iniquitate, luxuria, ignavia, temeritate, cum vitiis omnibus; postremo copia cum egestate, bona ratio cum perdita, mens sana cum amentia, bona denique spes cum omnium rerum desperatione confligit.*

Hier etabliert er geradezu zwei Fronten (*hinc – illinc*), die sich unvereinbar in einer Auseinandersetzung gegenüberstehen. Sich selbst positioniert er mit Hilfe der Perspektive, die er einnimmt (*hinc*), klar auf Seiten der römischen Wertvorstellungen, auf Seiten des Guten, das sich dem Bösen gegenübersieht.[235]

> This accusation is designed to make it easier for the Roman people to disassociate themselves from Catiline and his followers, despite their status as fellow-citizens. [...] In this instance Cicero has aimed his entire speech at creating such a gulf between the Roman state and Catiline and his followers [...].[236]

[234] *Diligentia* ist eine der wichtigsten Eigenschaften, die Cicero sich in den Catilinarischen Reden zuschreibt, vgl. *Catil.* I 8; I 10; I 32; III 6; IV 5; IV 14; IV 23. In seiner Rede *Pro Sulla* aus dem Jahre 62 v. Chr. verwahrt sich Cicero gegen eben diesen von der Anklage eingebrachten Vorwurf (21ff.) – ist die bereits hier in der zweiten Catilinarischen Rede geäußerte, als vorausschauend deklarierte Vermutung vielleicht erst zur Veröffentlichung eingebracht worden und so in Wahrheit Resultat der inzwischen gemachten Erfahrung?

[235] Cape (2002) 147f.: „He [Cicero] emphasizes the abominations of Catiline and his associates in terms that respectable Romans could not have identified with. [...] The people are defined by their complete moral opposition to the conspirators. [...] This synkrisis of virtues and vices defines the people only as the antithesis of evil.“ Zu der Opposition, die Cicero in den Catilinarischen Reden zwischen der eigenen, der "guten" Seite, und der der Gegner zu etablieren sucht, siehe auch Konstan, D.: Rhetoric and the Crisis of Legitimacy in Cicero's Catilinarian Orations, in: Poulakos, T. (Hg.): Rethinking the History of Rhetoric: Multidisciplinary Essays on the Rhetorical Tradition, Boulder u.a. 1993, 11-30.

[236] May (1988) 55; vgl. Cape (2002) 142.

Gegen Ende der zweiten Rede rückt Cicero seine eigene Person wieder in den Vordergrund und kombiniert einen Rückblick auf sein bisheriges Handeln mit einem Ausblick auf sein zukünftiges: Er hat Vorkehrungen getroffen zum Schutz der Stadt, ohne Aufruhr zu erregen (*Catil.* II 26)[237], seine bisherige Milde erklärte sich dadurch, daß er abwarten wollte, bis alles ans Licht gekommen sei (*Catil.* II 27). In der Schilderung der Art und Weise, wie nun alles vonstatten gehen wird, kommt eine neue Dimension in Ciceros Selbstdarstellung hinzu, nämlich die des *dux togatus*[238], der einen gefährlichen Bürgerkrieg beilegt (*Catil.* II 28):

> *Atque haec omnia sic agentur ut maximae res minimo motu, pericula summa nullo tumultu, bellum intestinum ac domesticum post hominum memoriam crudelissimum et maximum me uno togato duce et imperatore sedetur.*

In Verbindung mit der Betonung der Schwere des Krieges[239], der beizulegen ist, stellt Cicero mit der Selbstcharakterisierung als *dux togatus* den Anspruch, daß sein Handeln als Konsul militärischem Vorgehen an Bedeutung in nichts nachstehe, und unterstreicht zugleich den friedlichen Charakter seines Vorgehens. „Cicero can share in the glory of a kind of military command and victory but still maintain the persona of the man of peace who, in favorable contrast to those men of war who resort to violence in order to solve the political problems of Rome, is able to save the state without recourse to arms."[240] Der Vergleich mit Pompeius, der sich hier andeutet, wird in der dritten Rede explizit (*Catil.* III 26) und findet eine Entsprechung in Ciceros berühmtem Vers *Cedant arma togae, concedat laurea laudi.*[241] Das Bild des umsichtigen, verantwortungsbewußten, milde, aber zugleich entschlossen handelnden Konsuls Cicero, der Stadt und Bürger vor der Bedrohung beschützt, wird am Ende der Rede um eine göttliche Komponente erweitert, indem sich Cicero darauf beruft, durch göttliche Zeichen zu seiner Haltung geführt worden zu sein

---

[237] ... *mihi ut urbi sine vestro metu ac sine ullo tumultu satis esset praesidi consultum atque provisum est.*

[238] Vgl. *Catil.* III 15; 23; IV 5 ; *Mur.* 84 ; *Sull.* 85; *dom.* 99; *har. resp.* 49; *Pis.* 6; *Phil.* II 13.

[239] Zu Übertreibungen in Ciceros Darstellung siehe Leff, M.C.: Redemptive Identification: Cicero's Catilinarian Orations, in: Mohrmann, G.P.; Stewart, Ch. J.; Ochs, D.J. (Hgg.): Explorations in Rhetorical Criticism, Pennsylvania 1973, 158-177. Fuhrmann (1991) 99 führt die Zelebrität der Catilinarischen Verschwörung bei der Nachwelt auf die Gunst der Überlieferung und auf Ciceros „egozentrische Optik" zurück. Vgl. auch Cape (2002) 141. Waters, K.H.: Cicero, Sallust and Catiline, Historia 19 (1970), 195-215 geht so weit, in Ciceros Darstellung nicht nur Übertreibung der Bedrohung, sondern partielle Erfindung zu vermuten.

[240] May (1988) 57. Ein Vergleich mit militärischem Erfolg bei gleichzeitiger Betonung des zivilen Vorgehens findet sich auch in *har. resp.* 49.

[241] Vgl. May (1988) 57. Siehe zu dem Vers hier 85ff. Zur Konkurrenz zwischen Cicero und Pompeius siehe auch Steel (2001) 167f.

(*Catil.* II 29)[242], worin wiederum eine Parallele mit der Darstellung in *De consulatu suo* vorliegt, denn dort ist die Legitimierung des eigenen Handelns durch die Berufung auf göttliche Zeichen von zentraler Bedeutung für die Selbstdarstellung.

Auf das Wirken der Götter und auf seine eigenen Maßnahmen führt Cicero zu Beginn der dritten Rede die Rettung der Stadt und der Bürger zurück, die er pathetisch umschreibt (*Catil.* III 1): *fortunatissimam pulcherrimamque urbem, hodierno die deorum immortalium summo erga vos amore, laboribus, consiliis, periculis meis e flamma atque ferro ac paene ex faucibus fati ereptam et vobis conservatam ac restitutam videtis.* Den Tag der Rettung vergleicht Cicero mit dem Tag der Geburt, stellt die Urheber beider Ereignisse, Romulus und sich selbst, nebeneinander[243], und leitet aus dieser Parallelisierung seine Forderung nach Anerkennung ab, wobei er abstrahierend die dritte Person verwendet (*Catil.* III 2): *profecto, quoniam illum qui hanc urbem condidit ad deos immortalis benivolentia famaque sustulimus, esse apud vos posterosque vestros in honore debebit is qui eandem hanc urbem conditam amplificatamque servavit.*[244] Bei der von Kriegsmetaphorik durchdrungenen Schilderung der Niederschlagung der Verschwörung (*Catil.* III 2)[245] weicht er in die 1. Pers. pl. aus und schreibt erst die Offenlegung der Ereignisse gegenüber dem Senat wieder explizit sich selbst zu (*inlustrata, patefacta, comperta sunt per me*). Während sich Cicero in der zweiten Rede (*Catil.* II 12) gegen den Vorwurf verwahrt, er habe Catilina ins Exil geschickt (*a me eiectum esse Catilinam*), scheut er die Vokabel *eicere* nun nicht mehr (*Catil.* III 3): *cum ex urbe Catilinam eiciebam – non enim iam vereor huius verbi invidiam, cum illa magis sit timenda, quod vivus exierit.* Doch neben dieser Selbstzuschreibung der Vertreibung Catilinas[246] findet sich hier im gleichen Absatz die Formulierung *Catilina paucis ante diebus erupit ex urbe*, und eine ähnliche Unentschlossenheit in der Deutung führte Cicero in *Catil.* II 1 selbst vor: *vel eiecimus vel emisimus vel ipsum egredientem verbis prosecuti sumus. Abiit,*

---

[242] *... multis et non dubiis deorum immortalium significationibus, quibus ego ducibus in hanc spem sententiamque sum ingressus.*

[243] Vgl. Cape (2002) 149. Auch sein Vers *O fortunatam natam me consule Romam!* kann in diesem Sinne aufgefaßt werden. Ähnlich *Flacc.* 102: *O Nonae illae Decembres quae me consule fuistis! quem ego diem vere natalem huius urbis aut certe salutarem appellare possum.*

[244] Vgl. hierzu Hajdú, I.: Der Redner und sein Publikum in den Staatsreden des Demosthenes und Ciceros, in: Sandin, P.; Wifstrand Schiebe, M. (Hgg.): Dais Philesistephanos. Studies in Honour of Professor Staffan Fogelmark. Presented on the Occasion of his 65th Birthday 12 April 2004, Uppsala 2004, 81-96, h. 94.

[245] *Nam toti urbi, templis, delubris, tectis ac moenibus subiectos prope iam ignis circumdatosque restinximus, idemque gladios in rem publicam destrictos rettudimus mucronesque eorum a iugulis vestris deiecimus.*

[246] Vgl. auch *Catil.* III 16: *Quem quidem ego cum ex urbe pellebam ...*

excessit, evasit, erupit. Chiastisch sind die Alternativen aufeinander bezogen, wie sich die Urheberschaft Ciceros abschwächt, intensiviert sich die Vehemenz des Weggangs. Die jeweiligen Extremdeutungen (*eicere – erumpere*) sind in letzter Konsequenz nicht vereinbar, denn Catilina kann kaum zugleich hinausgeworfen werden und ausbrechen.[247] Sogar in einem Brief an Atticus aus dem Jahre 60 v. Chr. verbindet Cicero im Zusammenhang mit dem Corpus seiner Konsulatsreden die Idee des Hinausschickens mit der der Flucht Catilinas: ... *septima, cum Catilinam emisi, octava quam habui ad populum postridie quam Catilina profugit* [...].[248] Die auf die erste Rede bezogene Formulierung *emisi* gibt damit einen Hinweis, wie sich der scheinbare Widerspruch in Ciceros Darstellung auflösen läßt: Offenbar wollte Cicero die Flucht Catilinas als Reaktion auf seine in der ersten Rede geäußerte Aufforderung, die Stadt zu verlassen[249], verstanden wissen, um sich so zugleich gegen den Vorwurf eines unrechtmäßigen Vorgehens verwahren und seiner Rhetorik als Waffe[250] in der Auseinandersetzung gleichzeitig eine derartige Wirkung zuschreiben zu können. So kann die erste Rede auch als Demonstration dessen gelesen werden, was Ciceros Rhetorik vermag. Außerdem war die Interpretation einer Flucht im Hinblick auf eine negative Charakterzeichnung Catilinas vorteilhaft.[251]

Cicero betont hier in der dritten Rede (*Catil.* III 3) nun, daß seine unermüdliche Wachsamkeit nach Catlinas Weggang nicht nachließ, sondern sich

---

[247] Ähnliche, sich gegenseitig ausschließende Alternativen stellt Cicero in *Planc.* 26 auf, dort bezogen auf seinen eigenen Weggang: ... *quod me vel vi pulsum vel ratione cedentem receperit ...*

[248] *Att.* 2, 1, 3. Batstone 212, der auf Diskrepanzen in der Darstellung des Weggangs hinweist, wertet den Brief als Beleg für die Zuschreibung einer aktiven Rolle Ciceros, berücksichtigt dabei allerdings nicht, daß mit dem anschließenden (*Catilina*) *profugit* auch hier beide Deutungen vertreten sind.

[249] *Catil.* I 10: *Quae cum ita sint, Catilina, perge, quo coepisti: egredere aliquando ex urbe; patent portae; proficiscere. Nimium diu te imperatorem tua illa Manliana castra desiderant. Educ tecum etiam omnis tuos, si minus, quam plurimos; purga urbem. Catil.* I 20: ... *Egredere ex urbe, Catilina, libera rem publicam metu, in exsilium, si hanc vocem exspectas, proficiscere. Quid est? ecquid attendis, ecquid animadvertis horum silentium? Patiuntur, tacent. Quid exspectas auctoritatem loquentium, quorum voluntatem tacitorum perspicis?* Kennedy (1972) 181 geht davon aus, daß Catilina den Entschluß, die Stadt zu verlassen, bereits vor der ersten Rede getroffen hatte, ähnlich zuvor Mommsen ([10]1909 Bd. III) 619; dazu auch Primmer, A.: Historisches und Oratorisches zur ersten Catilinaria, Gymnasium 84 (1977), 18-38, h. 19. Primmer 38 vertritt in Anlehnung an Kennedy (1972) 177 die Auffassung, daß die Passage *Catil.* I 22: ... *tametsi video, si mea voce perterritus ire in exsilium animum induxeris quanta tempestas invidiae nobis, si minus in praesens tempus recenti memoria scelerum tuorum, at in posteritatem impendeat* im Zuge der Überarbeitung 60 v. Chr. eingefügt wurde.

[250] Vgl. Cape (2002) 148; Ungern-Sternberg 89; Fuhrmann (2000 Bd. II) 225.

[251] Konstan 29 und Cape (2002) 146f.

auf die in der Stadt verbliebenen Anhänger Catilinas richtete[252], und im folgenden berichtet er detailliert über die Allobroger-Affäre (*Catil.* III 4-6) sowie über die anschließenden Untersuchungen und die Befragung der Verschwörer im Senat (*Catil.* III 8-13).[253] Er zeichnet dabei das anschauliche Bild des unermüdlich und in akribischer Genauigkeit vorgehenden Konsuls, der über alle Geschehnisse genauestens informiert ist und entsprechend handelt. Er ist der Initiator der Untersuchungen, und bei ihm laufen alle Fäden zusammen.[254] Wenngleich die Betonung auf seiner persönlichen Initiative liegt, versäumt es Cicero nicht, den Anteil des Senats zu erwähnen[255] und seinen Respekt gegenüber der Autorität der Versammlung herauszustellen, indem er z.B. berichtet, daß er sich weigerte, die ihm überbrachten Briefe zu öffnen, bevor er sie dem Senat vorlegte (*Catil.* III 7). Hier gelingt es Cicero, in das Selbstbild, das er präsentiert, sowohl unabhängige Handlungsfähigkeit und Eigeninitiative als auch Unterordnung unter die Autorität des Senats zu integrieren, und es wird sich zeigen, daß er sich in den späteren Schriften, in denen er auf diese Zeit zurückkommen wird, zwischen diesen beiden Polen bewegen wird: zwischen der Selbstdarstellung als Einzelkämpfer und als Instrument des Senats.

Ein weiterer Faktor der Selbstdarstellung Ciceros, der bei späteren Rückblicken immer wieder von ihm angeführt werden wird, kommt ab Kap. 14 hinzu, nämlich der Dank und die Anerkennung, die Cicero für seine Leistung zuteil wurde (*Catil.* III 14-15):

> *Primum mihi gratiae verbis amplissimis aguntur, quod virtute, consilio, providentia mea res publica maximis periculis sit liberata.* [...] (15) *Atque etiam supplicatio dis inmortalibus pro singulari eorum merito meo nomine decreta est quod mihi primum post hanc urbem conditam togato contigit, et his decreta verbis est: 'quod urbem incendiis, caede civis, Italiam bello liberassem.' Quae supplicatio si cum ceteris*

---

[252] *Catil.* III 3: *vilavi et providi*; *Catil.* III 4: *in eo omnis dies noctesque consumpsi ut quid agerent, quid molirentur sentirem ac viderem.*

[253] Besonders detailliert ist die Beschreibung in *Catil.* III 10-13.

[254] *Catil.* III 5: *Itaque hesterno die L. Flaccum et C. Pomptinum praetores, fortissimos atque amantissimos rei publicae viros, ad me vocavi, rem exposui, quid fieri placeret ostendi.* [...] *et ego ex praefectura Reatina compluris delectos adulescentis quorum opera utor adsidue in rei publicae praesidio cum gladiis miseram.* 6: *Litterae quaecumque erant in eo comitatu integris signis praetoribus traduntur; ipsi comprehensi ad me, cum iam dilucesceret, deducuntur. Atque horum omnium scelerum inprobissimum machinatorem, Cimbrum Gabinium, statim ad me nihil dum suspicantem vocavi;* 10: ... *tabellas proferri iussimus* [...] *Primo ostendimus Cethego; signum cognovit. Nos linum incidimus, legimus.* [...] *Tum ostendi tabellas Lentulo et quaesivi, cognosceretne signum. Adnuit. 'Est vero', inquam, 'notum quidem signum, imago avi tui, clarissimi viri, qui amavit unice patriam et civis suos; quae quidem te a tanto scelere etiam muta revocare debuit.'*

[255] *Catil* III 4: ... *ut* ... *tota res non solum a me sed etiam a senatu et a vobis manifesto deprenderetur*; III 8: *iussu senatus.*

supplicationibus conferatur, hoc interest, quod ceterae bene gesta, haec una conservata re publica constituta est.

Cicero rechnet sich das Lob als Bestätigung seiner Leistung an, und das entworfene Selbstbild des Staatsretters erfährt auf diese Weise eine Objektivierung. *Virtus*, *consilium* und *providentia*[256] waren als Faktoren des Selbstbildes aus seiner Schilderung herauszulesen, nun werden sie geradezu offiziell bestätigt. Ähnlich wie zuvor die außergewöhnlichen Bedingungen seiner Wahl zum Konsul unterstreicht Cicero hier die Einzigartigkeit des Dankfestes (*primum post hanc urbem conditam togato contigit*) und läßt es sich nicht nehmen, den Wortlaut des Beschlusses zu referieren, um hervorzuheben, worin genau die Rettung des Staates bestand, nämlich in der Verhinderung von Brand, Mord und Krieg, und dies nicht nur in der Stadt, sondern in ganz Italien. Cicero wertet die Rettung des Staates jedoch nicht nur als persönliche Leistung, sondern führt sie zudem auf göttliches Wirken zurück, in dessen Abhängigkeit er sich selbst stellt (*Catil.* III 22).[257] Doch bei dem Aufruf an das Volk, das Fest aufgrund der großen Dankesschuld den Göttern gegenüber zu begehen, kommt er dann doch wieder entschieden auf sich als Vollstrecker der Rettung zurück und propagiert erneut das Bild des *dux togatus*, unter dessen Führung der Sieg in einem grausamen Krieg mit unkriegerischen Mitteln[258] errungen wurde (*Catil.* III 23): *Erepti enim estis ex crudelissimo ac miserrimo interitu, erepti sine caede, sine sanguine, sine exercitu, sine dimicatione; togati me uno togato duce et imperatore vicistis.* Indem er den Sieg den Angeredeten zuschreibt, markiert er die römische Bürgerschaft als Bezugsnorm und als Profiteur seines Handelns. Der Kontrast zwischen kriegerischer Aggression und defensiver, um Bewahrung bemühter Reaktion Ciceros prägt auch das Vokabular in Kap. 25[259], in dem Cicero noch einmal sein Vorgehen charakte-

---

[256] Auf seine *providentia* beruft sich Cicero an mehreren Stellen in den Catilinarischen Reden, wobei eine Häufung in der dritten Rede festzustellen ist: *Catil.* II 19; II 26; III 3; III 14; III 16; III 18; III 27; III 29; IV 14; IV 19.

[257] Vgl. v.a. *Dis ego immortalibus ducibus hanc mentem voluntatemque suscepi atque ad haec tanta indicia perveni.*

[258] Auf die Niederschlagung der Verschwörung mit friedlichen Mitteln wird sich Cicero vor allem nach seiner Rückkehr aus dem Exil berufen, vgl. *p. red. in sen.* 34: *Nolui, cum consul communem salutem sine ferro defendissem, meam privatus armis defendere ...*; *dom.* 76: *ne eam civitatem quam servassem inermis armatus in discrimen adducerem*; *dom.* 99: *bis servavi rem publicam qui consul togatus armatos vicerim, privatus consulibus armatis cesserim. Sest.* 47: *'Victi essent improbi.' At cives, at ab eo privato qui sine armis etiam consul rem publicam conservarat. Planc.* 86: *Decertare mihi ferro magnum fuit cum reliquiis eorum quos ego florentis atque integros sine ferro viceram?*

[259] Der gegnerischen Seite sind zugeschrieben: *maximo crudelissimoque bello – bellum – bello – hostium – hostes – caedi – flamma* ⇔ dagegen auf Seiten Ciceros: *salva – salvi – salvi – conservaremini – integros incolumnesque – servavi.* Der Zerstörungswut auf der einen steht der Wille zur Bewahrung auf der anderen Seite gegenüber, repräsentiert durch Cicero.

risiert, um von dort aus auf die Belohnung zu sprechen zu kommen, die er sich dafür erhofft (*Catil.* III 26): *nullum ego a vobis praemium virtutis, nullum insigne honoris, nullum monumentum laudis postulabo praeterquam huius diei memoriam sempiternam.* Und er wird noch deutlicher in seiner Sorge um den zukünftigen Ruf seiner Taten (*Catil.* III 29):

> *Illud perficiam profecto, Quirites, ut ea, quae gessi in consulatu privatus tuear atque ornem, ut, si qua est invidia in conservanda re publica suscepta, laedat invidos, mihi valeat ad gloriam. Denique ita me in re publica tractabo ut meminerim semper quae gesserim, curemque ut ea virtute, non casu gesta esse videantur.*

Die Bedeutungsdimenision dieser Passage erschließt sich erst ganz aus der Perspektive des Veröffentlichungszeitpunktes, denn gerade die Veröffentlichung der Reden und die Abfassung des Epos über den Konsulat sollten eben diesem Ziel dienen, die von ihm gewünschte Interpretation seines Wirkens in Erinnerung und Bewußtsein der Öffentlichkeit zu verankern.

In der vierten Rede legt Cicero die Entscheidung über das Schicksal der Verschwörer[260] explizit in die Hände der Senatoren und verbindet die Erinnerung an seine Leistung und an die Anerkennung, die ihm durch den Senat zuteil wurde, mit der Aufforderung an die Senatoren, für den Staat zu sorgen.[261] Sowohl bei der Reflexion über seine Vorgehensweise als auch in der Aufforderung an den Senat kommt die Unterordnung seiner Person unter das Staatswohl und seine Aufopferungsbereitschaft zum Ausdruck. Er versteht es,

---

[260] Vgl. Cape (2002) 151. Ungern-Sternberg 93ff. erinnert daran, daß es sich bei dem Verfahren nicht um einen Prozeß handelte und über das Leben eines römischen Bürgers gemäß der *Lex Sempronia de capite civis* nur das Volk oder ein vom Volk eingesetzter Gerichtshof entscheiden durfte. Cicero konnte sich bei der Hinrichtung der Verschwörer zwar auf den Senatsbeschluß berufen, die Rechtmäßigkeit dieses Vorgehens stand aber dennoch in Frage. Denn dieser Senatsbeschluß verlieh Ciceros Vorgehen nur eine moralische, keine rechtliche Legitimität, wie Nisbet, R.G.: M. Tulli Ciceronis De Domo Sua ad Pontifices Oratio, Oxford 1939, VIIIff. herausstellt. Hardy, E.G.: The Catilinarian Conspiracy in its Context: A Re-Study of the Evidence, JRS 7 (1917), 153-228, h. 209ff. vermutet, daß sich Cicero sehr wohl der Gefahr bewußt war, daß die *Lex Sempronia* gegen ihn verwendet werden könnte.

[261] *Catil.* IV 2-3: *Ego multa tacui, multa pertuli, multa concessi, multa meo quodam dolore in vestro timore sanavi. Nunc si hunc exitum consulatus mei di inmortales esse voluerunt ut vos populumque Romanum ex caede miserrima, coniuges liberosque vestros virginesque Vestales ex acerbissima vexatione, templa atque delubra, hanc pulcherrimam patriam omnium nostrum ex foedissima flamma, totam Italiam ex bello et vastitate eriperem, quaecumque mihi uni proponetur fortuna, subeatur. Etenim si P. Lentulus suum nomen inductus a vatibus fatale ad perniciem rei publicae fore putavit, cur ego non laeter meum consulatum ad salutem populi Romani prope fatalem exstitisse?* (3) *Qua re, patres conscripti, consulite vobis, prospicite patriae, conservate vos, coniuges, liberos fortunasque vestras, populi Romani nomen salutemque defendite; mihi parcere ac de me cogitare desinite. Nam primum debeo sperare omnis deos qui huic urbi praesident pro eo mihi ac mereor relaturos esse gratiam; deinde, si quid obtigerit, aequo animo paratoque moriar.*

seine Person hinter sein Amt zurücktreten zu lassen, den Ausgang seines Konsulates als von den Göttern gewollt darzustellen und zugleich seinen persönlichen Anteil daran hervorzuheben, wobei er bei der Beschreibung der Rettung die Stichworte aus dem in *Catil.* III 15 referierten Wortlaut der Danksagung[262] aufgreift (*Catil.* IV 2: *ex caede miserrima – ex foedissima flamma – Italiam ex bello – eriperem*). Das von den Senatoren geforderte schnelle, umsichtige und vorausschauende Eingreifen findet seine Entsprechung in Ciceros bisherigem Vorgehen; was Cicero begonnen hat, soll der Senat nun zu Ende bringen.[263]

Gegen Ende der Rede kommt Cicero erneut auf seine Verdienste zu sprechen sowie auf die Art der Erinnerung, die er sich dafür wünscht. Ihm allein hat der Senat für die Bewahrung des Staates eine Danksagung zuerkannt, er hat einen ewigen Krieg auf sich genommen (*Catil.* IV 22) und auf Befehlsgewalt, Provinz und Triumph verzichtet, um über die Stadt wachen zu können – für all das erwartet er nur die Erinnerung an sein Amt und an seine Leistung (*Catil.* IV 23):

> *... pro his igitur omnibus rebus, pro meis in vos singularibus studiis proque hac quam perspicitis ad conservandam rem publicam diligentia nihil a vobis nisi huius temporis totiusque mei consulatus memoriam postulo: quae dum erit in vestris fixa mentibus, tutissimo me muro saeptum esse arbitrabor.*

Mit dieser Schutzmauer, die die Erinnerung für Cicero darstellt, schließt sich der Kreis: Cicero hat sich für das Wohl der Stadt und der Bürger in Gefahr begeben, deren Erinnerung wird ihm nun wiederum als Schutz dienen. Zum Abschluß der Rede (ebd.) fordert Cicero die Senatoren nochmals auf, *diligenter ac fortiter* zum Wohle aller und des ganzen Staates zu entscheiden, wobei sie darauf zählen können, daß er die Beschlüsse befolgen wird: *Habetis eum consulem qui et parere vestris decretis non dubitet et ea quae statueritis, quoad vivet, defendere et per se ipsum praestare possit.* Diese entschiedene Gehorsamsversicherung[264] weist auf die beiden Haupttendenzen des Selbstbildes hin, das Cicero in der 4. Rede von sich zeichnet. Er ist bemüht, die Propa-

---

[262] *Catil.* III 15: ... *'quod urbem incendiis, caede civis, Italiam bello liberassem.'*

[263] *Catil.* IV 4-6, v.a. 4: *Qua re, patres conscripti, incumbite ad salutem rei publicae, circumspicite omnis procellas quae impendent, nisi providetis.* 6: *Ego magnum in re publica versari furorem et nova quaedam misceri et concitari mala iam pridem videbam, sed hanc tantam, tam exitiosam haberi coniurationem a civibus numquam putavi.* [...] *Id opprimi sustentando aut prolatando nullo pacto potest; quacumque ratione placet celeriter vobis vindicandum est.*

[264] Cape (2002) 151f.: „Cicero the consul must not be seen dictating to the Senate what course it should take. Despite the need to let the Senate make its own decision, Cicero clearly favours Silanus' proposal. He cannot force the Senate to adopt it, but he can indicate how it will promote the best interests of the state." Dazu auch Ungern-Sternberg 93. Die Gehorsamsbekundung erfüllt also eine Funktion im unmittelbaren Überredungsprozeß, sie kann aus der Perspektive des Jahres 60 aber auch als Teil der Bemühung Ciceros gelesen werden, sich selbst als Werkzeug des Senats darzustellen.

gierung der Einzigartigkeit seiner Leistung und der Anerkennung, die ihm dafür zuteil wurde, mit der Unterordnung seines Handelns unter die Senatsbeschlüsse[265] und damit der Integration seiner Person in die Reihen des Senats zu verbinden. Dieses Bestreben bezeugt die Gratwanderung, die er zu meistern hatte – und dies nicht nur in den Catilinarischen Reden – zwischen dem Anspruch, Herausragendes geleistet zu haben und daraus *auctoritas* ableiten zu können, und der damit verbundenen Gefahr, gerade dadurch aus dem Kreis herauszuragen, in den er sich so eigentlich integrieren wollte.[266]

In den Catilinarischen Reden präsentiert Cicero das Selbstbild eines außergewöhnlichen Konsuls, dessen Handeln bestimmt wird von Sorgfalt, Weitsicht und Wachsamkeit[267] im Dienst des Staates, dessen Wohl und Unversehrtheit seine oberste Maxime ist und für das er bereit ist Gefahren, ja sogar den Tod auf sich zu nehmen. Er ist der *dux togatus*[268], der als Instrument des Senats und der Götter die Bürger und den Staat rettete, indem er sie vor Mord, Brandstifung und Krieg bewahrt hat.[269] „Cicero cleverly seized the opportunity presented to him by the Catilinarian conspiracy to add to his role as consul the persona of the *imperator togatus*, whose achievements equaled, and in Cicero's eyes, even surpassed those of the greatest *imperator militaris*, Pompey."[270] Cicero baut in seiner Darstellung Kontraste auf sowohl zwischen

[265] Die Betonung der Abhängigkeit von den Senatsbeschlüssen macht um so mehr Sinn aus der späteren Perspektive zum Zeitpunkt der Veröffentlichung der Reden, denn sie kann als Antwort Ciceros auf den Vorwurf des Machtmißbrauchs gewertet werden. Für Vermutungen über Änderungen oder Einschübe, die Cicero für die Veröffentlichung vornahm, gehört das Ende der 4. Rede zu den „verdächtigen" Stellen. Fuhrmann (2000 Bd. II) 227 sieht Hinweise für eine Bearbeitung vor allem am Anfang und am Schluß der Rede gegeben.

[266] Zur Dichotomie von Leistungsanforderung und Kohärenzbestreben in der Nobilität siehe Bleckmann, B.: Die römische Nobilität im Ersten Punischen Krieg. Untersuchungen zur aristokratischen Konkurrenz in der römischen Republik, Berlin 2002, 13f.; Stolle 16; Laser (2001) 8f.; Sonnabend 85; Hölkeskamp (1996) 323 und 327f.

[267] Vgl. die Frequenz: *diligentia*: *Catil.* I 8; I 10; I 32; II 14; III 6; IV 5; IV 14; IV 23; *providentia / providere*: II 19; II 26; III 3; III 14; III 16; III 18; III 27; III 29; IV 14; IV 19; *vigilare / vigilia*: I 8; II 19; II 27; III 3.

[268] *Catil.* II 28; III 23.

[269] Rettung des Staates: *Catil.* III 1; III 5; III 25; IV 23; hierauf wird er sich später immer wieder berufen, vgl. *Sull.* 83; *p. red. ad. Quir.* 17; *dom.* 76; 93; 99; 137; *Sest.* 47; 49; 129; *har. resp.* 58; *prov.* 45; *Pis.* 6; *Planc.* 89; *Mil.* 36; *Phil.* II 2. Zur Kriegs- und Feuermetaphorik in den Catilinarischen Reden siehe *Catil.* I 3; I 6; I 9; I 28; I 32; II 1; II 6; II 10; III 1; III 7; III 9; III 14; III 15; III 19; III 25; IV 2; IV 4; IV 11; IV 13. Offenbar gelang es Cicero durch die Betonung der Feuergefahr, Catilinas Rückhalt im Volk zu schwächen, vgl. Sall. *Cat.* 48; dazu Allen, W. Jr.: In Defense of Catiline, CJ 34 (1938-1939), 70-85, h. 83.

[270] May (1988) 58. Vgl. zu Ciceros Selbstdarstellung als *imperator togatus* auch Dugan (2001) 51; Nicolet, C.: « Consul togatus ». Remarques sur le vocabulaire politique de Cicéron et de Tite-Live, REL 38 (1960), 236-263. Zur impliziten Anknüpfung an die Romulus-Sage siehe Habinek, T.N.: The Politics of Latin Literature: Writing, Identity, and Empire in Ancient Rome, Princeton 1998, 87. Das Konkurrenzverhältnis tritt deutlich in

den Verschwörern und den römischen Bürgern als auch zwischen der militärischen Agression und seiner zivilen Reaktion. Ziel dieser Strategie ist die Verbündung mit den Zuhörern gegen den gemeinsamen Feind im Sinne der *concordia ordinum*.[271]

Innerhalb der Reden ist bei den Funktionen der autobiographischen Passagen eine Entwicklung festzustellen, die bei der Rechtfertigung und Erklärung des Handelns beginnt und bei der Verknüpfung mit Handlungsaufforderungen an den Senat und der selbstbewußten Forderung nach Erinnerung als Lohn für die erbrachte Leistung endet. Somit fügt sich die Darstellung in die argumentativen Erfordernisse der Situation des Jahres 63 ein: Das Bild, das Cicero von sich und von seinem Vorgehen entwirft, steht im Dienst der Behauptung des eigenen Standpunktes im situativen Zusammenhang der Catilinarischen Verschwörung und Ciceros Umgang mit dieser Herausforderung. Zugleich aber kann dieser Entwurf des Selbstbildes aus der Sicht des Jahres 60 auch als Antwort auf Kritik verstanden werden. Besonders die Bezugnahme auf die *invidia* sowie die Betonung der Gewaltlosigkeit und der Unterstellung unter den Senatswillen laden hierzu ein. Ciceros Genie zeigt sich vielleicht gerade in dieser Doppelbödigkeit, in der Bereitstellung eines Interpretationsansatzes aus der Sicht beider Kontexte heraus.

3.2.3 *Pro Murena*

Zur Zeit der Catilinarischen Affäre übernahm Cicero die Verteidigung des L. Murena[272], der sich erfolgreich um den Konsulat des Jahres 62 beworben hatte und nun von seinem unterlegenen Konkurrenten Sulpicius, mit dem Cicero

---

Catil. IV 21 zu Tage: ... *anteponatur omnibus Pompeius cuius res gestae atque virtutes isdem quibus solis cursus regionibus ac terminis continentur: erit profecto inter horum laudes aliquid loci nostrae gloriae, nisi forte maius est patefacere nobis provincias quo exire possimus quam curare ut etiam illi qui absunt habeant quo victores revertantur.* Dazu Steel (2001) 169: „Cicero does not simply put his achievement on a par with the greatest military victories of recent history, but elevates it above them, because it has preserved the centre.“ Ein ähnlicher Gedanke findet sich in *off.* I 77.

[271] Vgl. Cape (2002) 148.

[272] Leeman (1982) 196 sieht in der Catilinarischen Verschwörung die eigentliche Motivation Ciceros, Murena zu verteidigen: „I emphasize from the very beginning that Cicero's only reason for defending Murena against his friend Sulpicius, whom he had supported throughout his campaign, can have been his fear of Catiline – an understandable reason, if one considers the strain and the suspense under which Cicero had lived during the last few months. As a matter of tactics, Cicero felt obliged to put full emphasis on the seriousness of the Catilinarian threat, while on the other hand his only way to deal with his very dangerous and authoritative opponents was to undermine their authority in the present case.“

befreundet war, wegen *ambitus*[273] angeklagt wurde.[274] Auf Seiten der Ankläger stand zudem M. Porcius Cato. Obgleich Cicero nun mit der konsularischen *dignitas* ausgestattet war, stellte die *auctoritas*, die die Gegenseite vor Gericht mitbrachte, ein gewichtiges Hindernis für ihn dar und mußte reduziert werden, jedoch ohne diese beiden Männer nachhaltig zu verstimmen.[275] Cicero verzichtete deshalb auf persönliche Angriffe und visierte nicht die Personen an sich, sondern ihre Überzeugungen und Einstellungen an[276], im Fall Catos mit Hilfe von Witz und Ironie.[277] Auf dem Weg zu seinem Überredungsziel absolvierte Cicero drei Etappen: Er reagierte auf die Einwände, die die Anklage gegen seine Übernahme der Verteidigung eingebracht hatte, denn obgleich diese Vorwürfe für die Schuldfrage unerheblich waren, mußte Cicero als Ausgangsbasis für seine Argumentation zuerst seine Glaubwürdigkeit als Verteidiger erweisen.[278] Sodann legte er dar, inwiefern Murena der bessere Kandidat war und sein Wahlerfolg daher nicht auf *ambitus* zurückzuführen war, und schließlich führte er dem Gericht die politische Dimension des Falles vor Augen, indem er darauf hinwies, wie fatal es angesichts der Catilinarischen Affäre wäre, wenn aufgrund einer Verurteilung Murenas nur ein Konsul im nächsten Jahr sein Amt anträte.[279] Die eigentliche Widerlegung der Anklage nimmt nur einen bescheidenen Raum ein (*Mur.* 67-77), im wesentlichen beruht Ciceros Verteidigung[280] auf dem Ethos der Beteiligten[281] und der politischen Dimension des Falles.[282]

---

[273] Zum Phänomen des *ambitus* sei verwiesen auf Jehne (1995) passim und Laser (2001) 22f. mit weiteren Angaben. Siehe auch Gizewski, Chr.: DNP 1 (1996), s.v. „Ambitus“, 578-579.

[274] Das Plädoyer fällt in die Zeit zwischen der zweiten und der dritten Catilinarischen Rede, veröffentlicht wurde die Rede wahrscheinlich 61 oder 60 v. Chr., vgl. Moreau (1980) 220.

[275] Vgl. Adamietz (1986) 107.

[276] Vgl. Leeman (1982) 196 und May (1988) 65.

[277] Zur Funktion des Witzes im Überredungsprozeß und zur scheinbaren Diskrepanz zwischen ernsten und humorvollen Passagen in dieser Rede siehe Leeman (1982) 197 und 210.

[278] Vgl. Adamietz, J.: Marcus Tullius Cicero: Pro Murena, Darmstadt 1989, 95 sowie (1986) 103.

[279] Die politische Dimension des Falles ist von Beginn an angelegt, vgl. Leeman (1982) 201.

[280] Wie so oft sprach Cicero auch hier als letzter der Verteidiger, vgl. Adamietz (1989) 16.

[281] Siehe May (1988) 68. Obgleich Cicero die Herausforderung, die die *auctoritas* der Gegner mitbringt, angenommen hat und er die eigene, soweit er kann, sowohl in diesem wie auch in späteren Fällen immer wieder ins Spiel bringt, greift er zu Beginn der Widerlegung der Anklagepunkte auf die Forderung zurück, die wir aus den Reden seiner Aufstiegszeit kennen (z.B. *Quinct.* 5), daß nämlich die *auctoritas* keine entscheidende Rolle spielen dürfe, sondern die Tatsachen entscheiden müßten (*Mur.* 67): *Qua re, ut ad id quod institui revertar, tolle mihi e causa nomen Catonis, remove vim, praetermitte auctoritatem quae in iudiciis aut nihil valere aut ad salutem debet valere, congredere mecum criminibus ipsis. Quid accusas, Cato, quid adfers ad iudicium, quid arguis?* Hier macht er immerhin die Einschränkung *aut ad salutem*, doch könnte sich die Gegenseite natürlich darauf berufen,

Zu Beginn seiner Rede geht Cicero auf die Einwände der Gegenseite bezüglich seines Verteidigeramtes ein und antwortet zunächst Cato (*Mur.* 3-6), der die Vereinbarkeit seines Engagements mit seinem Amt als Konsul, seiner Eingabe des Gesetzes zur Amtserschleichung und seiner Strenge gegenüber Catilina in Frage stellt. Indem Cicero auf den ersten Vorwurf antwortet, es sei gerade angemessen, daß ein Konsul einen (designierten) Konsul verteidige (*Mur.* 3), identifiziert er sich mit seinem Klienten und deutet bereits die politische Dimension des Falles an, deren spätere Behandlung er dann auch explizit ankündigt (*Mur.* 4)[283] und die sein Verteidigeramt als Dienst am Gemeinwohl erweisen wird.[284] Die Tatsache, daß er selbst das Gesetz gegen Amtserschleichung eingebracht hatte, deutet er nun von einem Beweis der Inkonsequenz um in ein Argument für die Unschuld Murenas: Da das Gesetz durch Murena nicht verletzt worden sei, stelle die Verteidigung keinen Widerspruch zu der Einbringung des Gesetzes dar (5).[285] Die von Cato aufgezeigte Diskrepanz zwischen der Strenge gegenüber Catilina und der Milde gegenüber Murena nimmt Cicero zum Anlaß, ein Statement bezüglich seiner Wesensart abzugeben, mit dem er die spätere Kontrastierung zu Catos Haltung vorbereitet[286] (*Mur.* 6):

> *Ego autem has partis lenitatis et misericordiae quas me natura ipsa docuit semper egi libenter, illam vero gravitatis severitatisque personam non appetivi, sed ab re publica mihi impositam sustinui, sicut huius imperi dignitas in summo periculo civium postulabat. Quod si tum, cum res publica vim et severitatem desiderabat, vici naturam et tam vehemens fui quam cogebar, non quam volebam, nunc cum omnes me causae ad misericordiam atque ad humanitatem vocent, quanto tandem studio debeo naturae meae consuetudinique servire?*

Mit dieser Erklärung erreicht Cicero mehrere Ziele. Zunächst entkräftet er den Vorwurf der Inkonsequenz[287], indem er zeigt, daß seine Naturanlage konstant

---

daß sie für die *salus* des Staates agiert. Die Besinnung auf die Sache ist hier nur eine scheinbare und vorläufige.

[282] Ähnlich Adamietz (1986) 116.

[283] Siehe auch Leeman (1982) 203.

[284] *Mur.* 4-5: ... *Qua re si est boni consulis non solum videre quid agatur verum etiam providere quid futurum sit, ostendam alio loco quantum salutis communis intersit duos consules in re publica Kalendis Ianuariis esse.* (5) *Quod si ita est, non tam me officium debuit ad hominis amici fortunas quam res publica consulem ad communem salutem defendendam vocare.*

[285] Eine ähnliche Strategie verfolgt Cicero in seiner Rede für Sulla: Auch dort argumentiert er, daß seine Verteidigung eines der Beteiligung an der Verschwörung Verdächtigten kein Zeichen von Inkonsequenz sei, sondern vielmehr ein Beleg dafür, daß er den Angeklagten für unschuldig halte. Schuld oder Unschuld werden aufgrund der Übernahme der Verteidigung Sullas als die objektiven Handlungsmaßstäbe Ciceros deklariert. Vgl. v.a. *Sull.* 2 und 83ff. Und auch dort beruft er sich auf den Zwang der Umstände (*Sull.* 87).

[286] Vgl. Leeman (1982) 204.

[287] Siehe auch Adamietz (1989) 94.

ist, er in seinen Handlungen aber dem übergeordneten Wert des Staatswohls verpflichtet ist, und stellt so seine Glaubwürdigkeit als Verteidiger Murenas wieder her. Die Diskrepanz zwischen dem vergangenen und dem aktuellen Handeln erscheint so als eine nur vordergründige. Zugleich propagiert er zwei Eigenschaften seiner Person, die ihn über den Rahmen des aktuellen Falles hinaus als Führungspersönlichkeit empfehlen, nämlich die Milde als naturgegebenen Charakterzug sowie die Fähigkeit, die eigene Neigung zur Milde hintanzustellen und auf die politischen Erfordernisse angemessen zu reagieren durch die Annahme der *persona gravitatis severitatisque*. Die Strenge ist in dieser Interpretation nicht mehr als eine dem Gemeinwohl dienende Rolle.[288]

Auf den Vorwurf des Sulpicius, mit der Verteidigung Murenas die Freundschaft zu Sulpicius zu mißachten, antwortet Cicero, indem er zunächst den Wert, den Freundschaft in seinen Augen hat, unterstreicht, und sich dann darauf beruft, diese in der Vergangenheit Sulpicius gegenüber unter Beweis gestellt zu haben, indem er ihn bei seiner Bewerbung um den Konsulat nach Kräften unterstützt habe (*Mur.* 7).[289] Er erweitert sodann die Perspektive, indem er seine Freundschaft zu Murena einbezieht und auf seine diesbezügliche Verpflichtung verweist (*Mur.* 8). Schließlich beruft er sich zudem auf sein Pflichtbewußtsein als Verteidiger, das ihn geradezu zwingt, dem bedrängten Murena Hilfe zu bringen, und lenkt den Blick auf die höhere Ebene des Staates, indem er Murenas Status als gewählten Konsul als Argument einbringt (*Mur.* 8-10). In dieser Deutung dokumentiert Ciceros Verhalten also gerade seine Orientierung an der Freundschaft, der Pflichterfüllung und der politischen Lage und setzt damit im Gegenzug Sulpicius ins Unrecht.

Cicero gelingt es in diesen ersten Kapiteln, in denen er die Übernahme der Verteidigung rechtfertigt, wieder, den Widerspruch zwischen vergangenem und gegenwärtigem Handeln unter Berufung auf übergeordnete Werte und Ziele nicht nur zu erklären, sondern in einen eigenen argumentativen Vorteil umzumünzen. Er stellt dabei sowohl seinen Respekt vor zentralen Werten unter Beweis, wie Freundschaft und Pflichterfüllung, als auch seine Orientierung am Wohl des Staates als obersten Maßstab und konstruiert im Licht dieses Maßstabes eine Kontinuität seines Handelns.

---

[288] Geht man von dem Jahr 61 oder 60 als Zeitpunkt der Veröffentlichung der Rede aus, dann liegt, wie bei den Catilinarischen Reden, der Gedanke nahe, daß sich Cicero hier indirekt aus der Perspektive des Veröffentlichungszeitpunktes heraus für sein Vorgehen gegen die Catilinarier rechtfertigt, sei es, daß der Text von Anfang an so gestaltet war und dieser Rechtfertigungsabsicht somit von Anfang an entsprach, oder, daß er den Text für die Veröffentlichung überarbeitete. Zur Frage nach der Überarbeitung von *Pro Murena* siehe Moreau (1980) passim.

[289] *Ego, Ser. Sulpici, me in petitione tua tibi omnia studia atque officia pro nostra necessitudine et debuisse confiteor et praestitisse arbitror. Nihil tibi consulatum petenti a me defuit quod esset aut ab amico aut a gratioso aut a consule postulandum. Abiit illud tempus; mutata ratio est.*

In die Diskussion der Erfolgsaussichten beider Kandidaten, mit der er nachzuweisen sucht, daß Murena der bessere Kandidat war und seine Wahl daher auf seine Ausgangslage und seine Bewerbungsstrategie, nicht auf *ambitus* zurückzuführen sei, bringt Cicero sich selbst als Exemplum und Vergleichspunkt ein.

Auf Sulpicius' Einwand, die niedrigere Herkunft des Murena habe dessen Erfolgsaussichten geschmälert (*Mur.* 15), reagiert Cicero, indem er nun umgekehrt die Bedeutung der adligen Herkunft des Sulpicius in Frage stellt und darauf verweist, daß diese zwar nicht zu leugnen, aber keineswegs im Bewußtsein der Menschen verankert sei. Daher pflege er, Cicero, Sulpicius auch seiner eigenen Klasse zuzurechnen (*te semper in nostrum numerum adgregare soleo*). In dieser überraschenden Identifikation mit der Gegenseite postuliert Cicero eine Vergleichbarkeit zwischen seiner eigenen sozialen Stellung und der seines Gegners, reduziert dadurch dessen aus der Herkunft resultierende *auctoritas* und bietet sich selbst, den erfolgreichen *homo novus*, als Vergleichspunkt zu dem Mißerfolg des Sulpicius an. Um nun zu zeigen, daß Murenas niedrigere Herkunft seine Erfolgsaussichten nicht schmälerte, führt Cicero seine eigene Wahl zum Konsul an, bei der er zwei Patrizier als Konkurrenten gehabt hatte und die schließlich der langen Einschränkung auf die Nobilität ein Ende gesetzt und das Amt wieder dem Maßstab der Tugend unterstellt hatte.[290] Auch das Argument des Sulpicius, Murenas Abwesenheit aus Rom sei ein Nachteil bei der Bewerbung gewesen, entkräftet Cicero mit einem Verweis auf seine eigene Wahl (*Mur.* 21) und parallelisiert wiederum die eigene Position mit der seines Gegners:[291] *Mihi quidem vehementer expediit positam in oculis esse gratiam; sed tamen ego mei satietatem magno meo labore superavi et tu item fortasse; verum tamen utrique nostrum desiderium nihil obfuisset.* In seiner Rede für Plancius (*Planc.* 64-66), den er im Jahre 54 v. Chr. ebenfalls gegen den Vorwurf der Wählerbeeinflussung

---

[290] Sich selbst bietet er auch in *leg. agr.* I 27 als Beispiel dafür an, daß die Tugend zu Ansehen führt. Ein Vergleich mit *leg. agr.* II 3 zeigt auffällige Parallelen in der Interpretation der Wahl zum Konsul: *Mur.* 17: *Cum vero ego tanto intervallo claustra ista nobilitatis refregissem, ut aditus ad consulatum posthac, sicut apud maiores nostros fuit, non magis nobilitati quam virtuti pateret. leg. agr.* II 3: *Me perlongo intervallo prope memoriae temporumque nostrorum primum hominem novum consulem fecistis et eum locum quem nobilitas praesidiis firmatum atque omni ratione obvallatum tenebat me duce rescidistis virtutique in posterum patere voluistis.* Ein signifikanter Unterschied ist, daß Cicero das Durchbrechen der Schranke in der Rede zum Ackergesetz seinem Adressaten, dem Volk, zuschreibt (*rescidistis*), in der Rede für Murena sich selbst (*refregissem*). Zu *labor* als Voraussetzung für den politischen Aufstieg v.a. eines *homo novus* siehe die Stellensammlung bei Adamietz (1989) 117.

[291] Vgl. hierzu Riggsby, A.M.: Appropriation and Reversal as a Basis for Oratorical Proof, CPh 90 (1995), 245-256, h. 247; zur Strategie der Identifikation mit der Gegenseite siehe auch Craig, C.P.: The *Accusator* as *Amicus*: An Original Roman Tactic of Ethical Argumentation, TAPhA 111 (1981), 31-37.

verteidigte, vertrat er übrigens unter Rückgriff auf seine eigene Erfahrung eine andere Meinung.[292] Denn dort schildert er, wie ihm die Abwesenheit aus Rom anläßlich seiner Quästur insofern keinen Nutzen gebracht hatte, als er bei seiner Rückkehr die Erfahrung machen mußte, daß nichts von seinen Leistungen nach Rom gedrungen sei, und wie er sich als Konsequenz aus dieser Fehleinschätzung um augenfällige Präsenz in Rom bemüht habe.[293]

Die eigene Erfahrung bringt Cicero auch im Zusammenhang mit dem Engagement der Kandidaten im Vorfeld der Wahl ein. Er selbst habe drei Spiele veranstaltet und sich dennoch Sorgen wegen derer seines Konkurrenten gemacht, da könne Sulpicius doch nicht glauben, es habe ihm keinen Nachteil gebracht, keine Spiele zu veranstalten (*Mur.* 40).[294] Und dann der Verzicht auf die Provinz: Cicero könne dies nicht tadeln, weil er selbst auch auf eine Provinz verzichtet habe, aber es sei nicht zu leugnen, daß Murena Vorteile aus seiner Provinz ziehe (*Mur.* 42). Das erste Exemplum dient dazu, den Nachteil auf Seiten des Sulpicius herauszustellen und die große Diskrepanz zwischen seinem und Murenas Einsatz aufzuzeigen, indem sich Cicero quasi als Repräsentant einer Zwischenstufe darstellt. Der Hinweis auf die Provinz nähert dann wieder Verteidiger und Ankläger an, schafft einen Identifikationspunkt und läßt so wiederum den Vorsprung Murenas vor seinem Konkurrenten (und zugleich seinem sich selbst ins Spiel bringenden Verteidiger) hervorleuchten. Cicero stellt sich geradezu für einen Moment an die Seite des Anklägers, um aus dieser Perspektive heraus zusammen mit ihm einen Blick auf den Angeklagten zu werfen.

Die nun schon mehrfach angedeutete Verbindung zwischen Cicero und Sulpicius rückt in den Vordergrund im Zusammenhang mit der vergangenen Unterstützung des Sulpicius durch Cicero und wird von diesem nun gegen den Ankläger verwendet, indem Cicero aus der exklusiven Perspektive des Begleiters die Schwächen der Kampagne aufzeigt (*Mur.* 43ff.). Dabei gelingt es ihm, sich als treuen und kompetenten Ratgeber zu zeichnen und sich zugleich von dem Mißerfolg zu distanzieren, indem er vorführt, daß sich Sulpicius nicht auf den Wahlkampf verstand und nicht auf seinen Rat hörte.[295]

---

[292] Die Rede für Plancius stand unter umgekehrten Vorzeichen, denn hier war es sein Klient, der in Rom anwesend, und der Gegner, der abwesend war. Vgl. auch Leeman (1982) 209.

[293] Auch das folgende Postulat (*Mur.* 22ff.), der Kriegsruhm verleihe das größte Ansehen, steht in Widerspruch zu der Überzeugung, die er in seinem berühmten Vers *Cedant arma togae, concedat laurea laudi* zum Ausdruck bringt, daß nämlich dem zivilen, politischen Handeln der Vorrang zukomme. Vgl. auch die Verteidigung dieses Verses in *off.* I 77.

[294] Vgl. Adamietz (1989) 172.

[295] *Mur.* 43: ... *Petere consulatum nescire te, Servi, persaepe tibi dixi; et in eis rebus ipsis quas te magno et forti animo et agere et dicere videbam tibi solitus sum dicere magis te fortem accusatorem mihi videri quam sapientem candidatum.*[...] *Mur.* 48: *Atque ex omnibus illa plaga est iniecta petitioni tuae non tacente me maxima ...*

Wenn Cicero dann ab Kap. 78 das Staatswohl zur obersten Maxime erhebt und die politische, letztlich die Freiheit und das Leben aller einschließenden Dimension des Falles in den Vordergrund rückt, dann eröffnet er damit eine zweite, von der Schuldfrage letztlich unabhängige Verteidigungslinie.[296] Dabei stützt er sich auf seine konsularische *auctoritas* und bringt sie als Überredungsmittel mit ein: *Audite, audite consulem, iudices, nihil dicam adrogantius*[297]*, tantum dicam totos dies atque noctes de re publica cogitantem!* Die Betonung seiner Maßnahmen, die er gegen die Bedrohung ergriffen hat[298], dient einerseits dazu, eben diese Bedrohung zu illustrieren, stellt aber zugleich die Ausgangsbasis bereit für die Handlungsaufforderung an die Adresse der Richter. Cicero erinnnert sie daran, daß sie selbst auch von ihrem Urteil betroffen sind, und vergegenwärtigt die Bedrohung, die er selbst als Zivilbeamter (*togatus*) mit Unterstützung aller Rechtschaffenen beseitigen will (*Mur.* 84). Er fordert die Richter auf, durch ihr Urteil den von ihm selbst geleisteten Schutz des Staates fortzusetzen (*Mur.* 86):

> *Quae cum ita sint, iudices, primum rei publicae causa, qua nulla res cuiquam potior debet esse, vos pro mea summa et vobis cognita in re publica diligentia moneo, pro auctoritate consulari hortor, pro magnitudine periculi obtestor, ut otio, ut paci, ut saluti, ut vitae vestrae et ceterorum civium consulatis.*

In seiner Interpretation ist Cicero nicht nur der Fürsprecher Murenas, sondern des ganzen Gemeinwesens, und er wirft so sein konsularisches Ethos in die Waagschale. Aufgrund seiner Position als Konsul und seiner bisherigen Maßnahmen sollen sich die Richter seiner Meinung anschließen, im Vertrauen auf seine Kompetenz und Überzeugung, die nur das Staatswohl im Sinn hat. Pointiert bringt er seine Forderung, daß man ihm folgen solle, weil er der Konsul ist, am Schluß der Rede zum Ausdruck (*Mur.* 90):

> *Quem ego vobis, si quid habet aut momenti commendatio aut auctoritatis confirmatio mea, consul consulem, iudices, ita commendo ut cupidissimum oti, studiosissimum*

---

[296] Vgl. Leeman (1982) 221ff. und May (1988) 66.

[297] Vgl. die Vorgaben in Cic. *inv.* 22 zu der Art und Weise, wie der Redner Wohlwollen erzeugen kann: *Benivolentia quattuor ex locis comparatur: ab nostra, ab adversariorum, ab iudicum persona, a causa. Ab nostra, si de nostris factis et officiis sine arrogantia dicemus* [...]. Ähnlich *Rhet. Her.* 1, 5, 8.

[298] *Mur.* 79: *Quaeris a me ecquid ego Catilinam metuam. Nihil, et curavi ne quis metueret, sed copias illius quas hic video dico esse metuendas* [...]. *Quorum ego ferrum et audaciam reieci in campo, debilitavi in foro, compressi etiam domi meae saepe, iudices, his vos si alterum consulem tradideritis, plus multo erunt vestris sententiis quam suis gladiis consecuti. Mur.* 80: *Horum ego cotidie consiliis occurro, audaciam debilito, sceleri resisto*; *Mur.* 82: *Qui locus est, iudices, quod tempus, qui dies, quae nox cum ego non ex istorum insidiis ac mucronibus non solum meo sed multo etiam magis divino consilio eripiar atque evolem? Neque isti me meo nomine interfici sed vigilantem consulem de rei publicae praesidio demoveri volunt.*

bonorum, acerrimum contra seditionem, fortissimum in bello, inimicissimum huic coniurationi quae nunc rem publicam labefactat futurum esse promittam et spondeam.

Die Tatsache, daß ein Konsul einen (designierten) Konsul verteidigt, hatte Cicero zu Beginn seiner Rede zur Rechtfertigung seines Verteidigeramtes herangezogen[299], nun knüpft er daran an und nutzt diesen Umstand als Überredungsmittel.[300]

Die autobiographischen Passagen, in denen Cicero seine Verteidigung rechtfertigt und mittels der Identifikation mit der Gegenseite deren Argumente entkräftet, dienen dem rhetorischen Überredungsziel ebenso wie die Vermittlung des Selbstbildes des *consul togatus*, der gegen die Bedrohung der Bürgerschaft einschreitet. In den Vordergrund rückt Cicero dabei seine Wertorientierungen und seine Integrationskraft – Eigenschaften, derentwegen seinem Urteil gefolgt werden soll[301], die er damit aber auch über den Rahmen des aktuellen Falles hinaus als konstituierende Elemente des Bildes seiner Person empfiehlt.

In den Reden des Konsulatsjahres erfüllen die autobiographischen Passagen die Funktion, das konsularische Ethos Ciceros als Führungspersönlichkeit, als Verteidiger des Staatswohls und als Bindeglied zwischen Senat und Volk zu stützen und zu untermauern. Cicero präsentiert sich als Konsul, der es als seine Aufgabe versteht, die Rechtschaffenen um sich zu scharen und gegen alle zu verteidigen, die sich gegen den Staat stellen. Der Wert dieses Ethos im rhetorischen Überredungsprozeß ist vor allem bei *Pro Murena* deutlich geworden. Doch daß sich die Gültigkeit der propagierten Qualitäten über den Rahmen des aktuellen Redeanlasses hinaus erstreckt, wird bei den übrigen Reden des Konsulatsjahres besonders deutlich durch den späteren Veröffentlichungszeitpunkt. Sie bilden eine entscheidende Etappe in der Entwicklung des autobiographischen Schreibens Ciceros, denn sie sind geprägt von einem gesteigerten Selbstbewußtsein, das sich aus der neu erlangten Position ableitet und nach außen getragen wird. Dabei geht die Person Ciceros in der Rolle des Amtsträgers auf – dies mußte sich ändern, als die Amtszeit abgelaufen war.

---

[299] *Mur.* 3: *A quo tandem, M. Cato, est aequius consulem defendi quam a consule?*
[300] Vgl. Adamietz (1986) 115f.
[301] Den eigenen Konsulat nutzt Cicero auch in seiner Rede *Pro Sulla* als Überrredungsmittel, siehe hier Kap. IV 3.3.1.

3.3 Die Reden zwischen Konsulat und Exil

Die Zeit zwischen Konsulat und Exil ist geprägt von der Verteidigung der Konsulatspolitik, denn bereits am Ende seines Konsulatsjahres sah sich Cicero Kritik an seiner Vorgehensweise ausgesetzt.[302] Der Volkstribun Metellus Nepos versagte ihm die Abschlußrede und erlaubte ihm nur, den üblichen Eid, daß er sich in seiner Amtszeit an die Gesetze gehalten habe, zu leisten. Cicero wandelte den Wortlaut jedoch ab und schwor, seinem eigenen Bericht in der Rede gegen Piso zufolge, statt dessen *rem publicam atque hanc urbem mea unius opera esse salvam,* worin ihm das Volk beigepflichtet habe.[303] Diese Schilderung zeigt wie ein Brennglas das Hauptmotiv, das Cicero in späteren Darstellungen mit seinem Konsulat verband und im öffentlichen Bewußtsein verankert wissen wollte: die Rettung des Staates als seine persönliche, durch den Konsens bestätigte Leistung. Auf dem Höhepunkt seiner politischen Karriere war das Ansehen, das sich Cicero durch seinen Konsulat erworben hatte, schon vor Ablauf seines Amtsjahres in Frage gestellt, und es sollte sich herausstellen, daß dies – trotz der Bestätigung durch das Volk, die er in seiner Rede gegen Piso rückblickend bewußt herausstellt[304], der Anfang einer Entwicklung war, die schließlich zu seinem Exil führte.[305] Fuhrmann schreibt dem Konsulat einen Wendecharakter zu, der Ciceros Leben in zwei Phasen unterteile: „... mit ihm [dem Konsulat] erreichte Cicero einerseits das erste Ziel seines Ehrgeizes, die Krönung der Ämterlaufbahn; auf ihm beruhen andererseits die politischen Illusionen und das politische Scheitern der beiden darauf folgenden Jahrzehnte."[306]

Die drei erhaltenen Reden, die Cicero in der Zeit zwischen Konsulat und Exil hielt – *Pro Sulla, Pro Archia poeta, Pro Flacco* – spiegeln sein Streben

---

[302] Zur Frage nach der Rechtmäßigkeit des Vorgehens siehe hier 183, Anm. 260.

[303] *Pis.* 6f.: *Ego cum in contione abiens magistratu dicere a tribuno pl. prohiberer quae constitueram, cumque is mihi tantum modo ut iurarem permitteret, sine ulla dubitatione iuravi rem publicam atque hanc urbem mea unius opera esse salvam.* (7) *Mihi populus Romanus universus illa in contione non unius diei gratulationem sed aeternitatem immortalitatemque donavit, cum meum ius iurandum tale atque tantum iuratus ipse una voce et consensu approbavit.* Siehe auch Ascon. p. 6 Clark sowie *fam.* 5, 2, 7; *Att.* 6, 1, 22; Plut. *Cic.* 23, 1-6; vgl. Cape (2002) 153; Fuhrmann (1991) 102f.; May (1988) 69; Drexler, H.: Die Catilinarische Verschwörung. Ein Quellenheft, Darmstadt 1976, 209ff.; Eisenberger 90.

[304] Den auf seine Person bezogenen Konsens aller Rechtschaffenen rückt Cicero in den Reden nach der Rückkehr aus dem Exil, zu denen auch *In Pisonem* zählt, verstärkt in den Vordergrund.

[305] Vgl. May (1988) 69: „The people thunderously confirmed his oath, and Cicero had, for the time being, dispelled the clouds of disgrace. But these clouds were only a faint warning of the larger storm that lingered on the horizon, from which only exile would ultimately offer shelter."

[306] Fuhrmann (1991) 104.

nach Rechtfertigung und Verteidigung des eigenen Handelns wider. Aus einem Brief an Atticus (*Att.* 1, 17, 6 von Dez. 61) geht hervor, daß Cicero seiner Rhetorik vor Gericht von nun an selbst eine neue Funktion zuschrieb: ... *in forensi labore, quem antea propter ambitionem sustinebam, nunc ut dignitatem tueri gratia possim* [...]. Nun stand für ihn nicht mehr das Streben nach Anerkennung im Vordergrund, sondern ihre Bewahrung, und dieses neue Ziel beeinflußte auch die Rolle autobiographischer Äußerungen.

3.3.1 *Pro Sulla*

Im Jahre 62 v. Chr. verteidigte Cicero P. Cornelius Sulla, einen Verwandten des Diktators, der von L. Manlius Torquatus angeklagt war, sowohl an der ersten als auch an der zweiten Catilinarischen Verschwörung beteiligt gewesen zu sein.[307] Cicero bezog sich in seinem Plädoyer auf die zweite Verschwörung, also auf die Vorgänge seines Konsulatsjahres, die erste war von Hortensius behandelt worden. Offenbar hatte der Ankläger versucht, seine eigene Position durch einen Angriff auf Cicero zu stärken, indem er ihm, dem Aufdecker der Verschwörung, wegen der Übernahme der Verteidigung u. a. Inkonsequenz vorwarf. Cicero kündigt an, auf diese Strategie der Gegenseite gezwungenermaßen zum Wohle seines Klienten einzugehen (*Sull.* 2)[308], und seine Rechtfertigung nimmt mit mehr als einem Drittel der Rede auffallend breiten Raum ein.[309]

Cicero wertet die Verteidigung des Sulla gleich zu Beginn als Gelegenheit, seine Milde zu demonstrieren (*Sull.* 1).[310] Die Diskrepanz zwischen seiner Strenge gegenüber den Catilinarischen Verschwörern und der Milde, die sich in seiner Verteidigung zeigt, will er nicht als Zeichen von Inkonsequenz, sondern als Anpassung an die politischen Erfordernisse verstanden wissen; die Milde sei ein naturgegebener Zug seines Charakters, die Strenge hingegen eine ihm vom Staatswohl auferlegte Rolle[311] (*Sull.* 8):

> *Me natura misericordem, patria severum, crudelem nec patria nec natura esse voluit; denique istam ipsam personam vehementem et acrem quam mihi tum tempus et res*

---

[307] Zum Hintergrund des Prozesses siehe Berry, D.H.: Cicero: Pro P. Sulla Oratio, Cambridge 1996, 14ff.

[308] ... *sed, ut ille vidit, quantum de mea auctoritate deripuisset, tantum se de huius praesidiis deminuturum, sic hoc ego sentio, si mei facti rationem vobis constantiamque huius offici ac defensionis probaro, causam quoque me P. Sullae probaturum.*

[309] Vgl. Fuhrmann (2000 Bd. V) 10.

[310] ... *tamen in ceteris malis facile patior oblatum mihi tempus esse in quo boni viri lenitatem meam misericordiamque, notam quondam omnibus, nunc quasi intermissam agnoscerent, improbi ac perditi cives domiti atque victi praecipitante re publica vehementem me fuisse atque fortem, conservata mitem ac misericordem faterentur.*

[311] Ganz ähnlich *Mur.* 6 (siehe hier 188ff.). Vgl. auch *Catil.* II 28: *si inpendens patriae periculum me necessario de hac animi lenitate deduxerit.*

> *publica imposuit iam voluntas et natura ipsa detraxit. Illa enim ad breve tempus severitatem postulavit, haec in omni vita misericordiam lenitatemque desiderat.*

Cicero wehrt sich dagegen, durch den Angriff des Torquatus isoliert zu werden[312], und unterstreicht seine Integration in die Gruppe der Rechtschaffenen, ohne die die Rettung des Staates nicht möglich gewesen wäre, unter gleichzeitiger Betonung seiner eigenen Vorrangstellung (*Sull.* 9): *doloris vero et timoris et periculi fuit illa causa communis; neque enim ego tunc princeps ad salutem esse potuissem, si esse alii comites noluissent.* In dieser Darstellung tritt die Gratwanderung zutage, die schon in der vierten Catilinarischen Rede begegnete. Zwar hatte er schon dort den Begriff *princeps* im Zusammenhang mit seinem Amt als Konsul verwendet[313], doch benutzt er ihn hier zum ersten Mal zur Beschreibung seiner Rolle bei der Rettung des Staates.[314] Daß ausgerechnet Cicero, der in die Geschehnisse um die zweite Catilinarische Verschwörung involviert war, nun in diesem Punkt Sulla verteidigt, deutet Cicero von einem Schwachpunkt seiner Position um in einen argumentativen Vorteil, indem er aufzeigt, daß sich die Verteidiger den Stoff so aufteilten, daß sie über Dinge zu sprechen hatten, in denen sie sich aus Erfahrung auskannten (*Sull.* 11-13).[315] Geradezu mit einem Paukenschlag wird in Kap. 14 dann deutlich, wohin diese Überlegungen lenkten: zu einem Statement, das einem Entlastungszeugnis[316] gleichkommt.

> *Et quoniam de criminibus superioris coniurationis Hortensium diligenter audistis, de hac coniuratione quae me consule facta est hoc primum attendite. Multa, cum essem consul, de summis rei publicae periculis audivi, multa quaesivi, multa cognovi; nullus umquam de Sulla nuntius ad me, nullum indicium, nullae litterae pervenerunt, nulla suspicio. Multum haec vox fortasse valere deberet eius hominis qui consul insidias rei publicae consilio investigasset, veritate aperuisset, magnitudine animi vindicasset, cum is se nihil audisse de P. Sulla, nihil suspicatum esse diceret. Sed ego nondum utor hac voce ad hunc defendendum; ad purgandum me potius utar, ut mirari Torquatus desinat me qui Autronio non adfuerim Sullam defendere.*

Pointiert stellt Cicero hier seiner Sorgfalt bei der Untersuchung der Verschwörung das absolute Fehlen eines Indizes für die Schuld Sullas gegenüber. Dem

---

[312] Ganz konkret tut er dies zudem dadurch, daß er sich in den Kapiteln 3-7 darauf beruft, nicht der einzige Verteidiger Sullas zu sein.

[313] *Catil.* IV 19: *Atque haec, non ut vos qui mihi studio paene praecurritis excitarem, locutus sum, sed ut mea vox quae debet esse in re publica princeps officio functa consulari videretur.* Zu dem Begriff siehe Libero, L. de: DNP 10 (2001), s.v. „Princeps", 328-331; Gwosdz, A.: Der Begriff des römischen princeps, (Diss.) Breslau 1933.

[314] Verstärkt ist die Verwendung des Begriffes dann in den Philippischen Reden, vgl. z.B. *Phil.* IV 1; IV 16; XIV 20.

[315] Classen (1982) 175 erwägt die Möglichkeit, daß die Aufteilung des Stoffes auf die beiden Redner in *Pro Sulla* in Zusammenhang mit Ciceros Strategie stehen könnte, Zusammengehöriges zu trennen, um den Anklagepunkten ihre Kraft zu nehmen.

[316] Vgl. Fuhrmann (2000 Bd. V) 11.

dreifachen *multa* entspricht ein gleich vierfaches und durch *umquam* verstärktes *nullus*, und während durch die allgemeine Formulierung der Eindruck entsteht, daß die Untersuchung alle denkbaren Bereiche abgedeckt hat, lädt die konkreter gestaltete Reihe der nicht gefundenen Hinweise geradezu dazu ein, in Gedanken beliebig erweitert zu werden. Der Wechsel in die dritte Person bringt eine Abstrahierung und Objektivierung mit sich, die die Argumentation zusätzlich unterstützt. Dabei wird die Gewissenhaftigkeit bei der Untersuchung durch die Charakterisierung des Vorgehens (*consilio – veritate – magnitudine animi*) noch einmal herausgestellt. Wenngleich Cicero verkündet, er wolle damit gar nicht Sulla verteidigen, erfüllt seine Argumentation in Wahrheit mehrere Funktionen: Sie dient in der Tat der Rechtfertigung Ciceros, da sie zeigt, daß Cicero guten Grund hatte, Sulla für unschuldig zu halten. Vor diesem Hintergrund bietet die Übernahme der Verteidigung keinen Angriffspunkt, sondern belegt sogar Ciceros bloße Orientierung an der Schuldfrage. Die der eigenen Rechtfertigung dienende Betonung der Unschuldsvermutung deutet aber auch, gleichsam als Nebenprodukt, auf die Schuldfrage Sullas voraus, wenngleich diese hier noch ausgeblendet ist. Auch der Vergleich mit dem Fall des Autronius (*Sull.* 14-19)[317], den Cicero selbst auf flehentliches Bitten nicht übernahm, weil die Beteiligung an der Verschwörung offenkundig gewesen sei, dient dazu, Ciceros stete Orientierung an der Schuldfrage und am Wohl des Staates zu illustrieren und zu untermauern. Die Diskrepanz im Handeln wird durch die Sachlage begründet und so als Beleg der konstanten Gesinnung gewertet. Cicero entkräftet damit nicht nur den im Raum stehenden Vorwurf, sondern stellt ihm einen positiven Gegenentwurf gegenüber, in dem die Kritikpunkte, weil sie nicht geleugnet, sondern zugunsten Ciceros umgedeutet werden, die Position der Verteidigung aufwerten.

Auch mit dem Vorwurf, ein *regnum* auszuüben (*Sull.* 21), hat der Ankläger Cicero ein breites Feld für Selbstdarstellung eröffnet. Cicero bezieht diesen Vorwurf sowohl auf die Zeit seines Konsulats als auch auf den aktuellen Fall und sucht ihn zu entkräften, wobei er den Akzent auf die Verteidigung seiner Konsulatspolitik legt. Die Ausübung seines Amtes könne man gewiß nicht als *regnum* bezeichnen, da er sich bei seinen Handlungen dem Senat und den Rechtschaffenen unterstellt habe, und gegen die Kritik des Torquatus, es komme *regnare* gleich, wenn die einen aufgrund Ciceros Zeugenaussage verurteilt würden und der andere auf einen Freispruch hoffe, weil er Cicero zum Verteidiger habe, beruft sich Cicero auf die Wahrheit und versichert, daß sich Sulla von Seiten Ciceros keine Machtmittel, sondern eine gewissenhafte Verteidigung erwarte (*nullas a me opes P. Sullam, nullam potentiam, nihil denique praeter fidem defensionis exspectare*). Die Frage, welche Bedeutung Ciceros *auctoritas* für den Ausgang des Prozesses hat, ist durchaus prekär,

---

[317] Cicero knüpft hier an Kap. 10 an: *'In Autronium testimonium dixisti,' inquit; 'Sullam defendis.'*

denn Cicero ist daran gelegen, daß sie ihre Wirkung entfaltet, ohne dabei in den Vordergrund zu rücken und seine Orientierung an der Wahrheit in Frage zu stellen.[318] Torquatus hatte Cicero zudem als *peregrinus* bezeichnet (*cum Tarquinium et Numam et me tertium peregrinum regem esse dixisti*)[319], eine Beleidigung, der Cicero begegnet mit dem Hinweis, daß die Stadt, aus der er komme, dem Reich schon zum zweiten Male Rettung gebracht habe (*unde iterum iam salus huic urbi imperioque missa est*) [320], sowie mit Überlegungen zu der schwindenden Bedeutung der Herkunft bei der Amtsbewerbung angesichts des Leistungsprinzips (*Sull.* 24). Mit dem Vorwurf des *regnum* ist Cicero längst nicht fertig, er kommt ab Kap. 25 darauf zurück und erinnert zur Entkräftung dieser Charakterisierung an seine Taten und Leistungen, für die er sich keine Triumphe als Lohn erhofft:[321] Mühen, Sorgfalt, Eifer, durchwachte Nächte hat er zum Wohl aller investiert[322], die Stadt der Gefahr entrissen[323], den Gegnern die Brandfackeln und die Schwerter entwunden, als einziger einen ewigen Krieg auf sich genommen.[324] Als habe er damit seine Amtsführung noch nicht ausreichend verteidigt, fordert er seine Zuhörer in Kapitel 33 auf, seiner Stellungnahme aufmerksam zu folgen und setzt zu einer pathetischen Zusammenfassung seiner Leistung an (*Sull.* 33):

---

[318] Vgl. auch die Ankündigung in *Sull.* 10: *Videor enim iam non solum studium ad defendendas causas verum etiam opinionis aliquid et auctoritatis adferre; qua ego et moderate utar, iudices, et omnino non uterer, si ille me non coegisset.*

[319] *Sull.* 22.

[320] Der hier noch indirekte Vergleich mit Marius wird später in dem Kapitel explizit. Nach seiner Rückkehr aus dem Exil wird Cicero betonen, daß er selbst dem Staat zweimal die Rettung gebracht habe, z.B. *Sest.* 49: *Servavi igitur rem publicam discessu meo, iudices: caedem a vobis liberisque vestris, vastitatem, incendia, rapinas meo dolore luctuque depuli, et unus rem publicam bis servavi, semel gloria, iterum aerumna mea.*

[321] Vgl. *Catil.* III 26.

[322] *Sull.* 26: *Quid si hoc non postulo? si ille labor meus pristinus, si sollicitudo, si officia, si operae, si vigiliae deserviunt amicis, praesto sunt omnibus; si neque amici in foro requirunt studium meum neque res publica in curia; si me non modo non rerum gestarum vacatio sed neque honoris neque aetatis excusatio vindicat a labore; si voluntas mea, si industria, si domus, si animus, si aures patent omnibus; si mihi ne ad ea quidem quae pro salute omnium gessi recordanda et cogitanda quicquam relinquitur temporis: tamen hoc regnum appellabitur, cuius vicarius qui velit esse inveniri nemo potest?*

[323] *Sull.* 27: *Quibus de rebus tam claris, tam immortalibus, iudices, hoc possum dicere, me qui ex summis periculis eripuerim urbem hanc et vitam omnium civium satis adeptum fore, si ex hoc tanto in omnis mortalis beneficio nullum in me periculum redundarit.*

[324] *Sull.* 28: *Plenum forum est eorum hominum quos ego a vestris cervicibus depuli, iudices, a meis non removi. Nisi vero paucos fuisse arbitramini qui conari aut sperare possent se tantum imperium posse delere. Horum ego faces eripere de manibus et gladios extorquere potui, sicuti feci, voluntates vero consceleratas ac nefarias nec sanare potui nec tollere. Qua re non sum nescius quanto periculo vivam in tanta multitudine improborum, cum mihi uni cum omnibus improbis aeternum videam bellum esse susceptum.*

Ego consul, cum exercitus perditorum civium clandestino scelere conflatus crudelissimum et luctuosissimum exitium patriae comparasset, cum ad occasum interitumque rei publicae Catilina in castris, in his autem templis atque tectis dux Lentulus esset constitutus, meis consiliis, meis laboribus, mei capitis periculis, sine tumultu, sine dilectu, sine armis, sine exercitu, quinque hominibus comprehensis atque confessis incensione urbem, internicione civis, vastitate Italiam, interitu rem publicam liberavi; ego vitam omnium civium, statum orbis terrae, urbem hanc denique, sedem omnium nostrum, arcem regum ac nationum exterarum, lumen gentium, domicilium imperi, quinque hominum amentium ac perditorum poena redemi.

Cicero stellt sich hier mit bekannten Schlagwörtern dar als Konsul, der durch seinen unermüdlichen und selbstlosen Einsatz ohne Aufruhr und Waffen der Gefahr begegnete, wobei das persönliche Verdienst durch den Gebrauch des Personalpronomens *ego* und des Possessivpronomens *meus* unterstrichen wird. Die geradezu atemlos anmutende Aufzählung der Elemente, die das Handeln Ciceros charakterisieren, ist geschickt geordnet und unterteilt: Auf das Trikolon, in dem er seine Mühen schildert, folgt ein anaphorisches Tetrakolon all dessen, was er bei seinem Vorgehen vermieden hat. Prägnant ist der Kontrast gestaltet zwischen den fünf Verurteilten und der Befreiung der Stadt, der Bürger, Italiens und des ganzen Staates von der Bedrohung, die er wiederum als Tetrakolon präsentiert, um ihre Reichweite im folgenden Satz noch weiter auszudehnen als Rettung geradezu der ganzen Welt, der er abschließend wiederum die fünf Verurteilten gegenüberstellt. In seiner Darstellung hat Cicero den maximalen Effekt erzielt durch ein möglichst geringes Opfer an Menschen, die er hier – sicherlich ganz bewußt – nicht als römische Bürger bezeichnet, obgleich oder vielleicht gerade weil dies ein wesentlicher Aspekt in der Kritik war, der er sich wegen der Verurteilung der Catilinarischen Verschwörer ausgesetzt sah.

Nachdem Cicero dann in den Kapiteln 34 und 35 versucht hat, Torquatus als seiner eigenen Seite, der der Rechtschaffenen nämlich, zugehörig zu erweisen[325], schließt er diesen Teil, an die einleitende Begründung seiner Selbstdarstellung (*Sull.* 2) anknüpfend, mit der Bemerkung, das Reden über die eigene Person sei ihm durch die Anklage auferlegt worden, die seine Verteidigung der *auctoritas* habe berauben wollen, und es sei abgesehen von seinem Bedürfnis, auf die Vorwürfe zu antworten, schon um der Sache willen erforderlich gewesen (*Sull.* 35). Damit suggeriert er, in eben dem Maße über sich gesprochen zu haben, wie es für seinen Klienten nötig war. Allerdings ist nicht zu verkennen, daß er mit der Länge seiner Ausführungen und mit der Intensität seiner Selbstdarstellung (vor allem in Kap. 33), den Rahmen des Prozeßdienlichen stark gedehnt hat. Stehen seine Ausführungen zu Beginn noch in recht engem Zusammenhang mit dem Fall, so entfernen sie sich mit der Tyrannenthematik (ab 21) immer weiter von der Sache und erwecken den

[325] Zur Identifikation mit dem Gegner siehe May (1988) 78.

Eindruck, als gehe es hier längst nicht mehr vornehmlich um das Ansehen Ciceros in dem aktuellen Prozeß, sondern um die Wahrung seiner konsularischen *auctoritas* überhaupt.

Ciceros Person, die in den ersten 35 Kapiteln der Rede im Vordergrund stand, rückt nun für die sachliche Auseinandersetzung mit der Schuldfrage in den Hintergrund, um dann von Kapitel 80 an wieder hervorzutreten, denn nun setzt Cicero seine *auctoritas* und seine Untersuchung der Verschwörung explizit in Beziehung zur Schuldfrage Sullas, während er diese Überlegungen in Kapitel 14 noch nicht auf Sulla bezogen wissen wollte. Zunächst sucht er unter Berufung auf seine Rettung des Staates zu zeigen, wie unwahrscheinlich es ist, daß gerade er, dem doch an der Erinnerung an seine Taten gelegen ist, seiner Haltung untreu wird und einen Verschwörer verteidigt (*Sull.* 83). Dann kommt er auf die bereits angesprochene Frage zurück, ob er etwa aufgrund seiner *auctoritas* einen Freispruch erwarte (*Sull.* 84). Cicero weist es von sich, sein Verteidigeramt als Unschuldsbeleg gewertet wissen zu wollen, indem er deutlich macht, daß dies eine Anmaßung wäre, die nicht zu der Haltung passen würde, die er bei seinem Dienst am Staat gezeigt hat (*Sull.* 84-85):

> *Non in ea re publica versor, non eis temporibus caput meum obtuli pro patria periculis omnibus, non aut ita sunt exstincti quos vici aut ita grati quos servavi, ut ego mihi plus appetere coner quam quantum omnes inimici invidique patiantur.* (85) *Grave esse videtur eum qui investigarit coniurationem, qui patefecerit, qui oppresserit, cui senatus singularibus verbis gratias egerit, cui uni togato supplicationem decreverit, dicere in iudicio: 'non defenderem, si coniurasset.' Non dico id quod grave est, dico illud quod in his causis coniurationis non auctoritati adsumam, sed pudori meo: 'ego ille coniurationis investigator atque ultor certe non defenderem Sullam, si coniurasse arbitrarer.'*

Seine Verteidigung soll nur als Zeichen dafür gewertet werden, daß er Sulla für unschuldig *halte*[326], doch die Versicherung, daß er sich nicht auf seine *auctoritas* stützen wolle, wird durch die Einflechtung seiner Verdienste und ihrer allgemeinen Anerkennung untergraben. Worin das Gewicht seiner Person in dieser Sache bestehen soll, wird sodann nochmals, wie schon in Kap. 14, deutlich (*Sull.* 85):

> *Ego, iudices, de tantis omnium periculis cum quaererem omnia, multa audirem, crederem non omnia, caverem omnia, dico hoc quod initio dixi, nullius indicio, nullius nuntio, nullius suspicione, nullius litteris de P. Sulla rem ullam ad me esse delatam.*

Er schwört sogar bei den Göttern, als Konsul nichts über Sulla herausgefunden zu haben (*Sull.* 86). Es ist letztlich seine gewissenhafte Amtsausübung und damit eben doch seine *auctoritas*, die für Sullas Unschuld sprechen soll.

---

[326] Dazu Thierfelder 240: „Offenbar soll diese Äußerung, im Schlußwort getan, eine ähnliche Wirkung üben wie ein faktischer Unschuldsbeweis, welcher der Sache nach schwer zu führen war. Cicero hat seine Behandlung dieses Falles ganz bewußt als Kraftprobe seiner Autorität aufgezogen [...].“

Obgleich er leugnet, sich auf sie stützen zu wollen, läßt Cicero seine *auctoritas* gleich auf zweifache Weise wirksam werden, zum einen indirekt durch die Erinnerung an die eigene Leistung, zum anderen direkt über die Vergegenwärtigung seiner Sorgfalt bei der Untersuchung, die wiederum Ciceros Unschuldsvermutung glaubhaft macht und so nicht nur für Ciceros Rechtschaffenheit, sondern direkt auch für die Unschuld des Angeklagten spricht. Letztlich stützt sich die gesamte Argumentation auf die *auctoritas* Ciceros, denn sie beruht darauf zu zeigen, wie unwahrscheinlich die Schuld ist, wenn gerade der Konsul, der sich so unermüdlich für die Rettung des Staates eingesetzt hat, nun einen der Verschwörung Angeklagten aufgrund seiner eigenen Erfahrung für unschuldig *hält*.

Nachdem Cicero nun also die seine Person betreffenden Ausführungen mit der Sache des Angeklagten zusammengeführt hat, erweitert er den Rahmen der Sachlage erneut und kommt auf das anfangs behandelte Thema der Milde und Strenge zurück (*Sull.* 87), um von dort aus Mitgefühl für Sulla einzufordern, und propagiert wieder seine eigene Milde als naturgegebenen Charakterzug:

> *Itaque idem ego ille qui vehemens in alios, qui inexorabilis in ceteros esse visus sum, persolvi patriae quod debui; reliqua iam a me meae perpetuae consuetudini naturaeque debentur; tam sum misericors, iudices, quam vos, tam mitis quam qui lenissimus; in quo vehemens fui vobiscum nihil feci nisi coactus, rei publicae praecipitanti subveni, patriam demersam extuli; misericordia civium adducti tum fuimus tam vehementes quam necesse fuit. Salus esset amissa omnium una nocte, nisi esset severitas illa suscepta. Sed ut ad sceleratorum poenam amore rei publicae sum adductus, sic ad salutem innocentium voluntate deducor.*

Um die scheinbare Diskrepanz zwischen seiner jetzigen Milde und seiner Strenge bei der Catilinarischen Verschwörung aufzulösen, stellt er die Strenge wiederum als vorübergehend und durch die Umstände bedingt dar, zu der er sich um des Staates willen bereit fand, obwohl sie nicht seiner Natur entsprach. Man kann sich jedoch des Eindrucks nicht erwehren, daß sich die Akzentuierung im Vergleich zu der Behandlung des Themas am Anfang der Rede verschoben hat in Richtung einer Rechtfertigung des damaligen Verhaltens. Der Zwang ist nun stärker in den Vordergrund gerückt (*coactus – necesse*), vor allem aber beruft sich Cicero hier darauf, nicht als einziger so gehandelt zu haben, sondern dabei in eine staatliche Ordnung eingebunden gewesen zu sein (*vobiscum – fuimus tam vehementes ...*)[327] und auch wirklich nur in dem Maße, wie es gefordert war, durchgegriffen zu haben, keineswegs darüber hinaus (*nihil feci nisi coactus – tum fuimus tam vehementes quam necesse fuit*). Indem Cicero hier den Begriff *vehemens* verwendet, den er auch schon in Kap. 8 zusammen mit *severus* gebrauchte, während er die Bezeich-

[327] So, wie er sich in den Kapiteln 3-7 darauf berief, nicht der einzige Verteidiger Sullas zu sein.

nung *crudelis* zurückwies, nimmt er eine Differenzierung hinsichtlich seiner Strenge vor, durch die sein Handeln zusätzlich gerechtfertigt wird. Es war nicht nur erzwungen, sondern zudem eine der milderen Varianten, *crudelitas* aber gehört unter keinem Umständen zu seinen Eigenschaften. Mit dieser Darstellung will Cicero nicht nur seine jetzige Milde Sulla gegenüber, die ja aufgrund der Prämisse, daß er ihn für unschuldig hält, im eigentlichen Sinne gar keine „Milde" darstellt, rechtfertigen, sondern zugleich sein damaliges Handeln im allgemeinen. Er nutzt die sich in der Verteidigung Sullas bietende Gelegenheit, sich gegen den Vorwurf des Machtmißbrauchs zu wehren. Und dies tut er nicht nur in den Passagen, in denen er explizit darauf zu sprechen kommt, sondern die Übernahme der Verteidung als Ganzes kann als Antwort auf Kritik an seinem Vorgehen gegen die Verschwörer gewertet werden, denn mit ihr demonstriert Cicero, daß er sich nur von der Schuldfrage und dem Wohl des Staates leiten läßt und unterstellt sich selbst und sein Handeln damit objektiven, übergeordneten Werten. Er wirft seine konsularische Würde in die Waagschale, um nicht nur Sulla, sondern auch sich selbst zu verteidigen. „Thus, Sulla's cause is the cause of Cicero; client and patron are both on trial; Cicero's *auctoritas* and force of character, when allied with Sulla, carry the day."[328] Die Vermutung ist nicht von der Hand zu weisen, daß Cicero die Verteidigung Sullas vielleicht gerade deshalb übernahm, weil sie ihm Gelegenheit gab, von sich selbst das Bild des von Natur aus milden, aber zum Wohl des Staates auch hart durchgreifenden Konsuls zu zeichnen, der durch seinen unermüdlichen Einsatz den Staat gerettet hat und dafür Dankbarkeit, nicht Kritik verdient.[329] Damit ist eine neue Dimension hinsichtlich der Funktionen des Autobiographischen erreicht. Autobiographische Einschübe dienen nun nicht mehr ausschließlich dem Zweck, den Klienten zu unterstützen, sei es direkt durch Untermauerung der Argumentation oder indirekt durch Stärkung der *auctoritas*, die dem Klienten zugute kommt, sondern sie erfüllen durch die Propagierung eines Selbst- und Gegenbildes Ciceros auch eine von

---

[328] May (1981) 309; siehe auch Thierfelder 240 und Berry (1996) 47.

[329] Vgl. Berry (1996) 28: „The defence of a man against whom he had made no allegations thus provided Cicero with an opportune means of strengthening his political position in the face of continuing attacks on his consulship and involvement in the trials of the Catilinarians. It enabled him to display his *lenitas* and shake off the image of a *rex peregrinus*, substituting the more congenial picture of himself as the merciful saviour of the Roman state." Siehe auch Craig (1993) 91: „By defending an accused Catilinarian who was not obviously guilty, he could show his moderation, build bridges to Sulla and his powerful friends, and use the occasion explicitly to paint a favorable picture of his own character and motives." Siehe auch Eisenberger 91; Dugan (2001) 44. Daneben besteht allerdings der Verdacht, daß der Grund für die Übernahme der Verteidigung in finanziellen Erwägungen gelegen haben könnte, denn Sulla soll Cicero bei der Finanzierung eines Hauses geholfen haben, vgl. Ps. Sall. *in Tull.* 2 (3); Gell. 12, 12, 2; Kennedy (1972) 189; Craig (1993) 91.

dem Klienten und seiner Sache weitgehend unabhängige Funktion. Die Bindung der autobiographischen Passagen an das rhetorische Überredungsziel beginnt, sich zu lockern.

3.3.2 *Pro Archia poeta*

Die Frage nach den Gründen für Ciceros Engagement ist besonders interessant im Fall des Dichters Archias (62 v. Chr.), der wegen Anmaßung des Bürgerrechts angeklagt war.[330] Cicero stellt gleich zu Beginn seiner Rede die Verteidigung als Erfüllung einer Dankesschuld dar, denn Archias sei es gewesen, der ihn von Jugend an zur Redekunst angeregt und ihn darin ausgebildet habe (*Arch.* 1):

> *Si quid est in me ingeni, iudices, quod sentio quam sit exiguum, aut si qua exercitatio dicendi, in qua me non infitior mediocriter esse versatum, aut si huiusce rei ratio aliqua ab optimarum artium studiis ac disciplina profecta, a qua ego nullum confiteor aetatis meae tempus abhorruisse, earum rerum omnium vel in primis hic A. Licinius fructum a me repetere prope suo iure debet. Nam quoad longissime potest mens mea respicere spatium praeteriti temporis et pueritiae memoriam recordari ultimam, inde usque repetens hunc video mihi principem et ad suscipiendam et ad ingrediendam rationem horum studiorum exstitisse. Quod si haec vox huius hortatu praeceptisque conformata non nullis aliquando saluti fuit, a quo id accepimus quo ceteris opitulari et alios servare possemus, huic profecto ipsi, quantum est situm in nobis, et opem et salutem ferre debemus.*

Cicero führt hier die Elemente, auf denen seine Redekunst beruht und durch die sie sich entwickeln konnte[331], in annähernd redundanter sprachlicher Gestaltung[332] auf Archias zurück. Folgerichtig muß er die Fähigkeit, die er Archias verdankt, nun zu dessen Rettung[333] einsetzen. Auch an späterer Stelle

---

[330] Zu den Hintergründen vgl. Berry, D.H.: Literature and Persuasion in Cicero's *Pro Archia*, in: Powell, J.; Paterson, J. (Hgg.): Cicero. The Advocate, Oxford 2004, 291-311, h. 292-296; Paulus, Chr.G.: Das römische Bürgerrecht als begehrtes Privileg. Cicero verteidigt Aulus Licinius Archias und Cornelius Balbus, in: Manthe, U.; Ungern-Sternberg, J. v. (Hgg.): Große Prozesse der römischen Antike, München 1997, 100-114; Vretska, H.; Vretska K.: Marcus Tullius Cicero: Pro Archia Poeta: Ein Zeugnis für den Kampf des Geistes um seine Anerkennung, Darmstadt 1979, 3ff.

[331] Zu den Voraussetzungen für den Redner siehe Vretska (1979) 72; Quint. *inst.* 3, 5, 1; Cic. *inv.* 1, 2; Cic. *orat.* 113. Siehe zu der Eröffnung der Rede auch Price Wallach, B.: Cicero's *Pro Archia* and the Topics, RhM N.F. 132 (1989), 313-331, h. 317.

[332] Gotoff, H.C.: Cicero's Elegant Style: An Analysis of the *Pro Archia*, Urbana/Chicago/London 1979, 101.

[333] Mit dem Motiv der Rettung, das Cicero hier in den Vordergrund stellt (*saluti – servare – opem et salutem*), unterstreicht er die Bedeutung der Hilfe, die er leistet, obgleich Archias im Falle einer Niederlage keine eigentliche Strafe drohte, sondern „nur" die Aberkennung des Bürgerrechts (vgl. dazu Fuhrmann 2000 Bd. V, 61), ein gerade aus römischer Sicht allerdings schwerwiegender Verlust.

begründet Cicero seine Verteidigung mit der Wertschätzung für diesen Mann, zu der er aus eigener Anschauung gelangte (*Arch.* 18). Cicero beruft sich hier mit Hilfe des autobiographischen Moments auf die *pietas* und liefert so nicht nur eine für römische Ohren wohlklingende Begründung für sein Engagement, sondern demonstriert natürlich zugleich seine dankbare Gesinnung und damit einen Aspekt seines Ethos als Redner, der geeignet ist, ihm Anerkennung und Sympathie zu verschaffen.[334] Darüber hinaus stellt er eine Verbindung zwischen sich und seinem Klienten her und identifiziert sich mit ihm. Mit seiner Andeutung, er selbst habe sich nicht immer ausschließlich mit der Redekunst beschäftigt (*Arch.* 2), bereitet er eine weitere Stufe dieser Identifikation vor, die in den Kapiteln 12 bis 14 zum Tragen kommt, mit denen seine breit angelegte *argumentatio extra causam*[335] beginnt. Denn dort gibt er zu, daß er sich selbst gern mit der Literatur befasse – eine Beschäftigung, die man ihm nicht vorhalten könne, da er sich dadurch nicht von seinem unermüdlichen Einsatz für Bedrängte abhalten lasse, sondern nur die Zeit investiere, die andere mit Vergnügungen zubrächten (*Arch.* 12-13). Cicero führt sodann die beiden Bereiche zusammen (*Arch.* 14):[336] Er erinnert an seine Rettung des Staates und verknüpft sie mit dem Bereich der Literatur, indem er die Gesinnung, die ihn dazu antrieb, als Resultat seiner Beschäftigung mit den Vorbildern darstellt, die die Literatur präsentiert.[337] So, wie seine Person aufgrund seiner Ausbildung mit Archias verbunden ist, ist der politische Bereich mit dem der literarischen Studien verbunden, weil diese die Exempla großer Taten vermitteln und

---

[334] Vgl. dazu Albrecht, M. v.: Das Prooemium von Ciceros Rede pro Archia poeta und das Problem der Zweckmäßigkeit der *argumentatio extra causam*, Gymnasium 76 (1969), 419-429, h. 420f.; Price Wallach 316.

[335] Vgl. v. Albrecht passim; Classen (1982) 166: „Die Ausführungen über den Wert wissenschaftlicher und künstlerischer Tätigkeit in der Rede für den Dichter Archias sind für uns heute sehr aufschlussreich; aber zur Klärung der Sachfrage des Prozesses tragen sie nichts bei, vielmehr lenken sie von ihr ab, und darin liegt ihre Aufgabe.“ Ähnlich Haley, S.P.: Archias, Theophanes, and Cicero: The Politics of the *Pro Archia*, CB 59 (1983), 1-4, h. 3. Anders jedoch Berry (2004) 311, der die Bedeutung des Lobes der Literatur für das Überredungsziel herausstellt, daß Archias es verdiene, ein römischer Bürger zu sein.

[336] *Nam nisi multorum praeceptis multisque litteris mihi ab adulescentia suasissem nihil esse in vita magno opere expetendum nisi laudem atque honestatem, in ea autem persequenda omnis cruciatus corporis, omnia pericula mortis atque exsili parvi esse ducenda, numquam me pro salute vestra in tot ac tantas dimicationes atque in hos profligatorum hominum cotidianos impetus obiecissem. Sed pleni omnes sunt libri, plenae sapientium voces, plena exemplorum vetustas; quae iacerent in tenebris omnia, nisi litterarum lumen accederet. Quam multas nobis imagines non solum ad intuendum verum etiam ad imitandum fortissimorum virorum expressas scriptores et Graeci et Latini reliquerunt? Quas ego mihi semper in administranda re publica proponens animum et mentem meam ipsa cogitatione hominum excellentium conformabam.*

[337] Eisenberger 92f. weist darauf hin, daß Cicero die Bildungswirkung nicht als eine automatische darstellt, sondern als „seine eigene Bildungswirkung an sich selbst“.

so zu Taten anregen, und hierfür wiederum ist Cicero das Exemplum. Seine Verwurzelung im System römischer Werte bekräftigt er dabei, indem er *laus atque honestas* als Ziel seiner Bemühungen angibt.[338] Cicero wirft „den Nutzen seiner Tätigkeit als Anwalt für Staat und Bürger als Argument in die Waagschale“[339] und bindet die Person des Archias und die Beschäftigung, für die er steht, über sich selbst als Bindeglied an die Interessen des Staates an. Abgesehen davon, daß er wieder die Gelegenheit nutzt, an seine Verdienste um den Staat zu erinnern[340], baut er damit vor allem die Verbindung zwischen Verteidiger und Klient aus, die er schon durch die Schilderung des Anteils, den Archias an seiner Ausbildung gehabt habe, angelegt hatte. Während an Ciceros Interesse an literarischen Studien kein Zweifel bestehen kann, ist es fraglich, ob Archias in seiner Ausbildung tatsächlich eine Rolle gespielt hat. Dies wird in der Forschung angezweifelt, da sich sonst keine Zeugnisse für eine solche Verbindung finden.[341] Wenn diese Zweifel berechtigt sind, bedeutet dies, daß Cicero hier ein autobiographisches Element bewußt konstruiert, um eine Identifikation mit seinem Klienten zu begründen. Dies läßt dann einen Rückschluß zu auf die große Bedeutung, die Cicero selbst autobiographischen Elementen in seiner Rhetorik beimaß, und belegt ihren durchdachten und zielgerichteten Einsatz. Den Verdacht, daß eine auf die Ausbildung zurückgehende Dankesschuld gegenüber Archias zumindest nicht der einzige Grund für die Übernahme der Verteidigung darstellte, nährt Cicero selbst. Denn nachdem er die Achtung dargelegt hat, die die Dichtkunst bei den Feldherren genießt, weil sie der Verherrlichung ihrer Taten dient, berichtet er in Kapitel 28, daß Archias begonnen habe, über Ciceros Taten, seine Rettung des Staates und den Schutz der Bürger, Verse zu verfassen. Cicero habe ihn, nachdem er diese gehört habe, aufgefordert, das Werk zu vollenden.[342] Interessant

---

[338] Vretska (1979) 116.

[339] Ebd.

[340] Eisenberger 91: „Er verbindet sein persönliches Bekenntnis zu den *studia* mit dem nachdrücklichen Hinweis darauf, daß ihn seit vielen Jahren weder *otium* noch *voluptas* oder *somnus* von der Unterstützung eines Menschen, der seiner Hilfe bedurfte, abgehalten hätten. In 13 und 14 wird es ganz deutlich, daß er die Rechtfertigung seines Interesses für Literatur zu einem Lobpreis seiner eigenen edlen Wesensart und seiner Verdienste nicht nur um persönliche Freunde, sondern vor allem um die Gemeinschaft der Bürger, um den Staat benutzt. Die Darstellung der Wichtigkeit der Literatur für Cicero ist im Sinne einer Steigerung angelegt, die parallel läuft zu einer Klimax in der Aufzählung seiner Meriten.“ Ähnlich Vretska (1979) 116.

[341] Fuhrmann (2000 Bd. V) 63; Kennedy (1972) 188f.; Eisenberger 89f.; Clarke (1968) 89 sieht in Ciceros Darstellung eine offensichtliche Übertreibung.

[342] *Arch.* 28: *Nam quas res nos in consulatu nostro vobiscum simul pro salute huius urbis atque imperi et pro vita civium proque universa re publica gessimus, attigit hic versibus atque inchoavit. Quibus auditis, quod mihi magna res et iucunda visa est, hunc ad perficiendum adornavi. Nullam enim virtus aliam mercedem laborum periculorumque de-*

ist zu bemerken, daß Cicero die Initiative des Vorhabens zunächst eindeutig Archias zuschreibt, sich selbst nur eine bekräftigende Rolle. Wie schon in anderen Reden[343] bezeichnet Cicero auch hier Lob und Ruhm als angemessenen Lohn für seine Mühen und die Gefahren, die er ausgestanden hat. *Nunc insidet quaedam in optimo quoque virtus quae noctes ac dies animum gloriae stimulis concitat* (*Arch.* 29) – mit diesem Eingeständnis rechnet sich Cicero zugleich unter die Besten und legitimiert dadurch wiederum sein Streben nach Ruhm.[344] Und er gibt zu, schon während des Vollbringens seiner Taten die Erinnerung daran im Blick gehabt zu haben und sich schon jetzt zumindest an der Hoffnung darauf zu erfreuen (*Arch.* 30). Die Dankesschuld, aus der heraus Cicero für Archias spricht, scheint sich – vor dem Hintergrund der Zweifel, die an dem tatsächlichen Anteil des Dichters an der Ausbildung Ciceros bestehen – also eher auf noch zu erwartende als auf vergangene Dienste zu beziehen.[345] Warum berichtet Cicero so freimütig davon? Fürchtet er nicht, sein Verteidigeramt dadurch in ein fragwürdiges Licht zu rücken? Thierfelder wertet es als eine geradezu entwaffnende Strategie, daß Cicero dies selbst verkündet.[346] Der eigentliche Schlüssel zur Erklärung dieses Vorgehens mag jedoch in dem Vergleich mit den Feldherren liegen, deren Taten ebenfalls durch die Dichtung bewahrt werden: Denn das Ansinnen des Archias, Ciceros Taten ein Epos zu widmen und so für die Nachwelt zu bewahren, bestätigt Ausmaß und Bedeutung dieser Leistung und stellt diese auf dieselbe Stufe wie die der Feldherren, macht Cicero als Konsul vergleichbar mit denen, die dem Staat im Krieg dienten.[347] „The *Pro Archia* develops and broadens the persona of *imperator togatus* that Cicero had introduced in the Catilinarians, and seeks

---

siderat praeter hanc laudis et gloriae; qua quidem detracta, iudices, quid est quod in hoc tam exiguo vitae curriculo et tam brevi tantis nos in laboribus exerceamus?

[343] *Catil.* III 26; IV 23; *Sull.* 26.

[344] Diesem offen bekannten Streben nach Anerkennung steht eine eher abgeklärte und sich davon unabhängig erklärende Haltung in den philosophischen Schriften gegenüber, z.B. in *rep.* I 7, siehe dazu hier 327f.

[345] Eisenberger 90: „In Wahrheit wurde Archias erst im Jahre 62 für Cicero wichtig und wertvoll durch die in § 28 erwähnte Aussicht auf ein Gedicht über sein Konsulat im Jahre 63." Auch Dugan (2001) 47: „In the *Pro Archia* the theme of mutual benefaction between poets and patrons appears repeatedly and draws attention to the speech's own status as a *quid pro quo*."

[346] Thierfelder 242.

[347] Eisenberger 97: „Der bedeutende Dichter, dessen Schaffen nach Ciceros Angaben bisher nur römischen Kriegen und Siegen unter großen Feldherren gewidmet war, hat also Ciceros Leistungen als consul togatus für ebenso würdig erachtet, von ihm poetisch verherrlicht zu werden. Ferner tritt Cicero dadurch, daß er nun auch Gegenstand literarischer Darstellung wird und dieses Unternehmen aus edler Ruhmbegierde fördert, nicht nur zu Marius und Lucullus, sondern zu der ganzen Reihe der in 19-27 genannten großen Römer, die im Unterschied zu ihm alle Feldherren waren, hinzu."

to negotiate what was, in traditional Roman thought, a contradiction in terms.“[348]

Es ist bezeichnend, daß Cicero nach Beendigung seiner *argumentatio extra causam* die Darlegung der Gründe, derentwegen Archias freigesprochen werden soll, im Anschluß an die Erwähnung des Epos mit *qua re* einleitet (*Arch.* 31) – Archias soll nicht in erster Linie aus sachlichen Gründen freigesprochen werden, sondern vor allem, weil Cicero das, was er ist (und zwar für den Staat), nicht zuletzt durch das Verdienst des Archias ist und dieser im Begriff ist, ein Epos auf Cicero zu dichten.[349] Letztlich ist der Staat Archias zu Dank verpflichtet, weil er Cicero zu Dank verpflichtet ist, und diese Dankesschuld fordert Cicero nun ein.

Die Funktionen der autobiographischen Passagen richten sich zugleich auf das Prozeßziel und auf eine davon unabhängige Propagierung eines Cicero-Bildes: Mit Hilfe der autobiographischen Passagen konstruiert Cicero eine Verbindung zwischen sich und Archias sowohl durch die Dankesschuld als auch durch das gemeinsame Interesse an der Literatur, macht damit die Sache des Archias zu seiner eigenen[350] und schafft so die Basis für die Wirksamkeit seiner *auctoritas* zugunsten seines Klienten. Durch die Selbststilisierung sowohl zum Literaten als auch zum dankbaren und pflichtbewußten „Schüler“, der sich bei seinem Lehrer nach Kräften revanchiert, vermittelt Cicero natürlich zugleich ein positives Bild seiner eigenen Person. Festzuhalten ist, daß die autobiographischen Passagen dabei in erster Linie auf das rhetorische Ziel hin ausgerichtet sind und ihr selbstdarstellerischer Eigenwert dem untergeordnet ist. Doch gerade an der Freiheit, die sich Cicero bei der Gestaltung der Rede und dem breit angelegten Teil *extra causam* nimmt, an der Freimütigkeit, mit der er von der noch zu erwartenden Gegenleistung des Archias berichtet und sie als Bestätigung seiner Leistung wertet, und überhaupt an dem Raum, den er seiner eigenen Person einräumt, ist zu erkennen, daß er auf seine *auctoritas* vertraut und ihr eine entscheidende Funktion bei der Überredung beimißt. Letztlich macht er sich selbst zu dem Verknüpfungspunkt, der Archias mit dem römischen Staat verbindet, und dies sieht er offenbar als ein nicht zu unterschätzendes Argument für einen Freispruch. Subtiler als in der Rede für Sulla spricht Cicero hier in *Pro Archia* zugleich für sich selbst und erweitert das Bild, das er der Öffentlichkeit gegenüber von seiner eigenen Person entwirft, um die Komponente des Interesses an literarischen Studien.[351]

---

[348] Dugan (2001) 51; siehe auch (2001) 67.

[349] Thierfelder 242f.

[350] Vgl. v. Albrecht (1969) 420.

[351] Zwar hatte er auch schon zuvor seine philosophische Bildung erwähnt (z.B. *Mur.* 63), doch sind seine literarischen Studien ansonsten in den Reden weitgehend ausgeblendet, ganz im Gegensatz zu dem breiten Raum, den er diesem Thema in den Proömien seiner philosophischen und rhetorischen Schriften einräumt, siehe hier Kap. V 4.2.2.

3.3.3 *Pro Flacco*

In seiner Rede für Flaccus, der nach Beendigung seiner Statthalterschaft wegen Erpressung angeklagt wurde[352], macht Cicero seine Identifikation mit dem Angeklagten gleich zu Beginn unmißverständlich deutlich und gründet sie auf das gemeinsame Vorgehen gegen die Catilinarier (*Flacc.* 1):

> *Cum in maximis periculis huius urbis atque imperi, gravissimo atque acerbissimo rei publicae casu, socio atque adiutore consiliorum periculorumque meorum L. Flacco, caedem a vobis, coniugibus, liberis vestris, vastitatem a templis, delubris, urbe, Italia depellebam, sperabam, iudices, honoris potius L. Flacci me adiutorem futurum quam miseriarum deprecatorem. Quod enim esset praemium dignitatis quod populus Romanus, cum huius maioribus semper detulisset, huic denegaret, cum L. Flaccus veterem Valeriae gentis in liberanda patria laudem prope quingentesimo anno rei publicae rettulisset?*

Cicero evoziert hier zu Beginn das schon bekannte Selbstbild des Retters aus höchster Gefahr, der Mord und Verwüstung von allen Bürgern und von ganz Italien wie ein Bollwerk abwehrte, erweitert dieses Bild nun aber um Flaccus als Gefährten und Helfer bei diesem Dienst am Staat und bindet ihn dadurch – in einer ihm selbst untergeordneten Position[353] – an seine eigene konsularische *auctoritas* an.[354] Die Erinnerung an Ciceros Taten hat also zunächst die Funktion, Flaccus einen Anteil an dieser Leistung zuzusprechen, weist jedoch auch hin auf weitere Aspekte in Ciceros Argumentation, denn im folgenden interpretiert er das zu fällende Urteil als Entscheidung über das Wohl des Staates und die Anklage als Teil einer Kampagne gegen diejenigen, die gegen Catilina vorgegangen waren, und er sieht sich selbst, gerade wegen seines Einsatzes, zugleich im Visier dieser Anklage (*Flacc.* 5).[355] Die Dimension des zur Debatte stehenden Falles wird von Cicero somit ausgeweitet auf den Staat und auf seine eigene Person. Aus dem letzten überlieferten Satz dieses Abschnitts ist Ciceros Bemühen herauszulesen, in seiner Darstellung um seine eigene

---

[352] Zu den Hintergründen siehe Kurke, A.D.: Theme and Adversarial Presentation in Cicero's *Pro Flacco*, (Diss.) Michigan 1989, 12.
[353] Ebd. 97.
[354] Vgl. May (1988) 79f.
[355] *Condemnatus est is qui Catilinam signa patriae inferentem interemit; quid est causae cur non is qui Catilinam ex urbe expulit pertimescat? Rapitur ad poenam qui indicia communis exiti cepit; cur sibi confidat is qui ea proferenda et patefacienda curavit? Socii consiliorum, ministri comitesque vexantur; quid auctores, quid duces, quid principes sibi exspectent? Atque utinam inimici nostri ac bonorum omnium mecum potius aestiment, utrum tum omnes boni duces nostri an comites fuerint ad communem conservandam salutem* * * *. Zum historischen Hintergrund siehe Fuhrmann (2000 Bd V) 86f.: Clodius war der Weg zum Volkstribunat freigemacht worden und „Cicero sah das Schwert gezückt, das ihn wegen der Hinrichtung einiger Catilinarier treffen würde. Er ließ sich jedoch hierdurch nicht beirren und rückte den wenige Monate später folgenden Prozeß gegen Flaccus in dieselbe Perspektive."

Person alle Rechtschaffenen zu scharen, denen die Feinde gegenüberstehen, das eigene Handeln dem Willen und Wohl der Allgemeinheit zu unterstellen und als eine gemeinsame Tat zu interpretieren. Das Sprechen über die eigene Person bekommt eine neue Qualität: Denn während Cicero in anderen Fällen auf Angriffe der Gegenseite reagierte, um sein Ansehen als Verteidiger, also seine „Rolle" zu schützen, sieht er sich hier persönlich mitbetroffen. Seine Argumentation für die Unschuld des Flaccus basiert im wesentlichen auf kontrastierenden Charakterzeichnungen;[356] Flaccus wird als Repräsentant römischer Werte den griechischen Zeugen gegenübergestellt, wobei Cicero der Gefahr, daß die Diskrepanz zwischen seiner aktuellen Argumentation und seiner ansonsten bekannten Wertschätzung der Griechen die Konstanz seines Ethos in Frage stellen könnte, entgeht, indem er eine Unterscheidung vornimmt zwischen ihren literarischen Errungenschaften, die er schätze, und ihrer Glaubwürdigkeit als Zeugen (*Flacc.* 9).[357] Auch bei der eigentlichen Widerlegung der Vorwürfe (*Flacc.* 27-93) ist die Defamierung der beschwerdetragenden Gruppierungen von zentraler Bedeutung in Ciceros Verteidigungsstrategie.[358]

Ab Kapitel 94 kommt Cicero dann auf die staatspolitische Dimension des Falles zurück und warnt die Richter davor, sich durch eine Verurteilung des Flaccus zu Handlangern derer zu machen, die sich an ihm wegen seines Vorgehens gegen die Catilinarier rächen wollen (*Flacc.* 95). Dann verschiebt er den Fokus auf seine eigene Person hin[359] und fordert indirekt, unter Berufung auf die Meinung der Bürger, für sich Belohnung statt Bestrafung (*Flacc.* 97): *nemo erit tam iniustus qui me audierit, sit modo liber et civis, quin potius de praemiis meis quam de poena cogitandum putet.* Mit Betonung seiner Funktion als Konsul[360] führt Cicero seine eigene erfolgreiche Verteidigung des Murena und des C. Piso als Exemplum an für Urteile, bei denen Richter im Interesse des Staatsinteresses urteilten (*Flacc.* 98), und erinnert erneut daran, daß es um ihr eigenes und das Heil aller geht (*Flacc.* 99).[361] In pathetischer

[356] May (1988) 81ff.; Classen (1985) 216.
[357] May (1988) 81: „Cicero, himself a confessed philhellene, must tread carefully in this regard, for he is faced with the difficult task of impugning the Greek character while maintaining some sort of consistency in his own ethos."
[358] May (1988) 82f.
[359] Vgl. ebd. 83.
[360] Die Bezeichnung kommt in diesem Abschnitt fünf mal vor, auch bezogen auf seine Klienten. Dazu May (1988) 84: „Cicero *consularis* attempts to deepen the significance of his case by identifying it with others he has mentioned. Moreover, he contributes to his defence an authority upon which the jury can rely to cast their vote for Flaccus' acquittal, despite any evidence of his guilt."
[361] Die Häufung der Pronomina der 2. Person pl. (*vobis – vobismet – vestris – vobis – vestra*) evoziert die Einbindung von Flaccus und Cicero in den Kreis der Angesprochenen und suggeriert so eine beiderseitige Solidarisierung.

Schilderung kommt Cicero dann auf die Aufdeckung der Catilinarischen Verschwörung zurück, um eine eventuelle Verurteilung des Flaccus vor diesem Hintergrund geradezu als Vertrauensbruch und Zeichen der Undankbarkeit der Rechtschaffenen hinzustellen (*Flacc.* 102):

> *O nox illa quae paene aeternas huic urbi tenebras attulisti, cum Galli ad bellum, Catilina ad urbem, coniurati ad ferrum et flammam vocabantur, cum ego te, Flacce, caelum noctemque contestans flens flentem obtestabar, cum tuae fidei optimae et spectatissimae salutem urbis et civium commendabam! Tu tum, Flacce, praetor communis exiti nuntios cepisti, tu inclusam in litteris rei publicae pestem deprehendisti, tu periculorum indicia, tu salutis auxilia ad me et ad senatum attulisti. Quae tibi tum gratiae sunt a me actae, quae ab senatu, quae a bonis omnibus! Quis tibi, quis C. Pomptino, fortissimo viro, quemquam bonum putaret umquam non salutem verum honorem ullum denegaturum? O Nonae illae Decembres quae me consule fuistis! quem ego diem vere natalem huius urbis aut certe salutarem appellare possum.*

Im Vergleich zu der einleitenden Schilderung des Anteils, den Flaccus an der Niederschlagung der Verschwörung hatte (*Flacc.* 1), fällt auf, daß Cicero nun Flaccus zum Handlungsträger macht und sich selbst eine eher passive Rolle zuschreibt. Sein eigenes Verdienst verliert er dabei allerdings nicht aus den Augen und gleicht den „Vorsprung" an Initiative, den er Flaccus zugesteht, durch die pathetische Qualifizierung der Rettung unter seinem Konsulat als Wiedergeburt des Staates aus, ein Gedanke, der auffällig an seinen Vers *O fortunatam natam me consule Romam!* erinnert. Mit der Berufung auf die damalige einhellige Anerkennung der Leistung (*Flacc.* 103)[362] und mit der Erinnerung an das Versprechen, das er Flaccus gegeben habe (*omnium bonorum praesidio quoad viveres non modo munitum sed etiam ornatum fore*), unterstreicht Cicero seine Verbindung mit Flaccus und sucht die Richter in die Pflicht zu nehmen durch die darin enthaltene Aufforderung, seinen Glauben an die Rechtschaffenen und die Konstanz in ihrer Haltung nicht Lügen zu strafen.[363]

Mit Hilfe der autobiographischen Erinnerung an die gemeinsamen, zum Wohl des Staates vollbrachten Verdienste unterstreicht Cicero den Schulterschluß mit seinem Klienten und verschafft diesem Anteil an seiner *auctoritas*.[364] In diesem Fall reicht die Identifikation nun so weit, daß sich Cicero auch selbst von der Anklage betroffen sieht: Indem er Flaccus verteidigt, verteidigt er zugleich sich selbst, und wenn er Belohnung statt Strafe fordert, dann nicht nur für Flaccus, sondern auch entschieden für sich selbst. Dabei ist nicht zu verkennen, daß Cicero den Zusammenhang mit der Catilinarischen

---

[362] *Sed quid ea commemoro quae tum cum agebantur uno consensu omnium, una voce populi Romani, uno orbis terrae testimonio in caelum laudibus efferebantur, nunc vereor ne non modo non prosint verum etiam aliquid obsint?*

[363] Vgl. Thierfelder 250.

[364] Vgl. May (1988) 79 und 86; Thierfelder 250.

Verschwörung erst herstellt, und zwar nicht zuletzt mit Hilfe seiner autobiograpischen Einschübe. Er will die damalige Leistung als Argument für einen Freispruch gewertet wissen, obgleich diese in keinem direkten Zusammenhang mit den Vorwürfen steht[365], und konstruiert so mit dieser „Catilinarian interpretation of the trial of Flaccus“[366] eine neue, eigene Verteidigungslinie.

Wenngleich die autobiographischen Passagen in diesem Sinne prozeßdienlich sind, haben sie doch eine neue Qualität erreicht: Deutlicher als in vorangegangenen Reden argumentiert Cicero in eigener Sache, die Selbstdarstellung steht zwar weiterhin im Dienst des Klienten, aber nicht mehr ausschließlich. Cicero rückt als Person gleichsam aus dem Hintergrund nach vorne und stellt sich an die Seite des Klienten – ein Vormarsch, der hier keinesfalls seinen Endpunkt erreicht hat.

Die Analyse der drei Reden aus der Zeit zwischen Konsulat und Exil hat gezeigt, daß sich Stellenwert und Funktion der autobiographischen Passagen im Vergleich zu früheren Reden verändert hat. War zuvor immer eine recht enge Verbindung zwischen Selbstaussagen und Prozeßgegenstand festzustellen sowie eine Unterordnung unter das Interesse des Klienten, so löst sich das autobiographische Reden nun zuweilen von der eigentlichen Sache. Es ist nicht mehr nur Mittel zur Erreichung eines rhetorischen Ziels oder zum Aufbau von *auctoritas*, sondern bekommt einen Eigenwert im Hinblick auf die konkrete Verteidigung der eigenen Person, und zuweilen kehrt sich die Wertigkeit sogar dahingehend um, daß die Verteidigung für die Selbstrechtfertigung genutzt wird.[367] Cicero tritt als Person aus dem Schatten des Klienten heraus und schiebt sich merklich mit eigenen Anliegen in den Vordergrund. Zudem macht er einen gesteigerten Gebrauch von seinem konsularischen Prestige, das er für seine Klienten in die Waagschale wirft und das die eigentlichen Sachfragen in den Hintergrund drängt.[368]

---

[365] Vgl. Kurke 6.
[366] Ebd. 97.
[367] May (1988) 69f.; Dugan (2001) 44.
[368] Vgl. Kennedy (1972) 188.

3.4 Die Reden nach der Rückkehr aus dem Exil

Innerhalb der Gruppe der Reden, die in die Zeit nach dem Exil fallen, ist eine unterschiedliche inhaltliche Bindung an dieses Ereignis festzustellen. In den beiden eigentlichen *Post-Reditum*-Reden[369], den Dankesreden an Senat und Volk, spricht Cicero in eigener Sache und thematisiert seine Vergangenheit, *De domo sua* und *De haruspicum responso* befassen sich mit Auswirkungen des Exils und der Rückkehr, während die Themen der späteren deliberativen und forensischen Reden zwar thematisch nicht in direktem Zusammenhang mit diesen die Person Ciceros betreffenden Ereignissen stehen, jedoch stark davon geprägt sind und die Exilthematik weiter fortführen.

Hatte Ciceros Konsulat den Höhepunkt seiner Karriere markiert, so stellte das Exil zweifellos einen Tiefpunkt dar, der fatalerweise (zumindest offiziell) aus dem Konsulat resultierte.[370] Nachdem sich Cicero in einer Rede kritisch über die Triumvirn[371] geäußert hatte[372], ermöglichten diese Clodius, der mit Cicero aufgrund der Bona-Dea-Affäre eine Rechnung offen hatte[373], durch Adoption den Übertritt zur *plebs* und damit die Erlangung des Volkstribunats. In dieser Funktion brachte Clodius als Waffe gegen Cicero ein Gesetz bezüglich der unrechtmäßigen Tötung römischer Bürger ein.[374] Cicero war damit zwar anvisiert, jedoch nicht namentlich genannt, doch deutete er quasi offziell selbst auf sich, indem er Trauerkleidung anlegte und um Unterstützung warb. Doch weder die Konsuln Gabinius und Piso noch Caesar, dessen Stellenangebote Cicero mehrfach zurückgewiesen hatte, noch Pompeius unterstützten ihn, obgleich letzterer ihm seinen Schutz zugesagt hatte. Auf Rat seiner Vertrauten hin verließ Cicero im März 58 Rom[375] und lud damit selbst dazu ein, seinen Weggang als Schuldeingeständnis zu interpretieren. Clodius erließ im April

---

[369] In einem weiteren Sinne kann die Bezeichnung auf die Reden bezogen werden, die in thematischem Zusammenhang mit dem Exil stehen (also zusätzlich *De domo sua* und *harusp. resp.*), bzw. in chronologischer Perspektive auf alle Reden, die Cicero zwischen seinem Exil und Caesars Diktatur hielt, vgl. dazu Riggsby, A.M.: The *Post Reditum* Speeches, in: May, J.M. (Hg.): Brill's Companion to Cicero. Oratory and Rhetoric, Leiden/Boston/Köln 2002, 159-195, h. 159f.

[370] Vgl. May (1988) 88f.

[371] Siehe zur Bezeichnung des Dreimännerbundes als Triumvirat Eder, W.: DNP 12/1 (2002), s.v. „Triumvirat", 848.

[372] Vgl. dazu *dom.* 41.

[373] Siehe *Att.* 1, 16; Berg, B.: Cicero's Palatine Home and Clodius' Shrine of Liberty: Alternative Emblems of the Republic in Cicero's *De domo sua*, in: Deroux, C. (Hg.): Studies in Latin Literature and Roman History, Bd. VIII (Collection Latomus 239), Bruxelles 1997, 122-143, h. 124.

[374] Siehe Gelzer, M.: RE VII, A1 (1939), s.v. (M. Tullius Cicero) „als Politiker", 827-1091, h. 917.

[375] Vgl. auch Butler, H.E.; Cary, M.: M. Tulli Ciceronis De provinciis consularibus oratio ad senatum, New York 1979 (Nachdruck der Ausgabe Oxford 1924), 10f.

das Gesetz *de exilio Ciceronis*, das die *interdictio aqua et igni*[376] mit sich brachte und Cicero verbot, sich in Rom oder im Umkreis aufzuhalten, sein Besitz war zur Plünderung und Konfiszierung freigegeben.[377]

Diese Skizze der Ereignisse, die zu dem Exil führten, mag genügen, um die Situation zu vergegenwärtigen, in der sich Cicero bei seiner Rückkehr im August 57 befand. Er hatte durch seinen Weggang geradezu seine Schuld eingestanden und sich *de facto* monatelang im Exil befunden, dessen Charakter als Strafe für ein Delikt er selbst als Konsul mit der *lex Tullia de ambitu* (63 v. Chr.) festgelegt hatte.[378] Die bloße Rückkehr reichte nicht aus, um Ciceros Ansehen wieder herzustellen, denn er war nach wie vor mit dem Makel einer Schuld behaftet, den es abzulegen galt. Mit seinen Dankesreden vor Senat und Volk erfüllte Cicero nicht nur die formelle Notwendigkeit, denjenigen, die sich um seine Rückberufung verdient gemacht hatten, Dank abzustatten und sich der Öffentlichkeit zu präsentieren, wenngleich dies zunächst Anlaß und offensichtliche Funktion dieser Reden war. Sondern er verfolgte mit diesen Reden darüber hinaus das Ziel, durch eine Umdeutung seines Exils die Schuld zu negieren, sich von dem Makel reinzuwaschen und seinen guten Ruf nicht nur wiederherzustellen[379], sondern möglichst sogar zu steigern.

3.4.1 *Cum senatui gratias egit / Cum populo gratias egit*

Aufgrund der engen thematischen Verwandtschaft der beiden Dankesreden bietet es sich an, sie parallel zu behandeln und dabei die Grundlinien der Selbstdarstellung herauszufiltern, die in beiden Reden prägend sind.[380]

Der sich an die kurze Einleitung (*p. red. in sen.* 1-2) anschließende Hauptteil der Rede vor dem Senat läßt sich in drei Partien unterteilen. Zunächst hebt Cicero die Bemühungen hervor, die zu seiner Rückberufung führten (*p. red. in sen.* 3-8), dann lobt er die Aktivitäten einzelner und attackiert seine Gegner, Panegyrik und Invektive stehen hier in scharfem Kontrast beieinander (*p. red. in sen.* 8-31). Schließlich berichtet er über die Ereignisse, die zu seinem Weg-

---

[376] Vgl. *dom.* 47.

[377] Siehe zu diesen Vorgängen und zum Inhalt des Gesetzes Moreau, P.: La Lex Clodia sur le bannissement de Cicéron, Athenaeum N.S. 65 (1987), 465-492; außerdem Nicholson 19ff.; Fuhrmann (1991) 128ff.; Gelzer (1939) 913ff.; Nisbet (1939) XII; Plut. *Cic.* 30-33.

[378] Doblhofer, E.: Exil und Emigration. Zum Erlebnis der Heimatferne in der römischen Literatur, Darmstadt 1987, 51f. Vgl. auch Cic. *parad.* 30: *Nescis exilium scelerum esse poenam, meum illud iter ob praeclarissimas res a me gestas esse susceptum?* Dazu auch Kumaniecki, K.: Ciceros Paradoxa Stoicorum und die römische Wirklichkeit, Philologus 101 (1957), 113-134, h. 129.

[379] Vgl. Nicholson 23 und 47.

[380] Zu unterschiedlichen Akzentuierungen in den beiden Reden siehe Mack, D.: Senatsreden und Volksreden bei Cicero, Hildesheim 1967 (repr. Nachdruck der Ausgabe Würzburg 1937), 18ff.

gang geführt haben, und schildert seine Motive (*p. red. in sen.* 32-35). Im Schlußteil der Rede hebt Cicero die Einzigartigkeit der Ereignisse und des Engagements unter Bezugnahme auf historische Exempla (P. Popilius, Q. Metellus, C. Marius) hervor und versichert die Zuhörer seiner Pflichttreue gegenüber dem Gemeinwesen.

Auch in der Einleitung der Rede vor dem Volk (*p. red. ad Quir.* 1-5) bedankt sich Cicero für die Wohltaten, die ihm zuteil wurden, kontrastiert die Umstände seiner Rückberufung mit denselben historischen Exempla wie in der Senatsrede (*p. red. ad Quir.* 6-11), wobei er den Akzent hier jedoch stärker auf seinen Status als *homo novus* legt, berichtet über die Bemühungen, die zu seiner Rückberufung führten, wobei er auch hier einzelne Personen hervorhebt (*p. red. ad Quir.* 12-17), und verpflichtet sich auch im Schlußteil dieser Rede zu weiterem Dienst am Staat (*p. red. ad Quir.* 18-25). Dieser kurze inhaltliche Überblick macht die im Hinblick auf Ciceros autobiographische Selbstdarstellung wichtigsten Aspekte dieser Reden deutlich: die Dankesbekundung und die Schilderung des Weggangs und der Rückberufung.

Mit der Danksagung erfüllt Cicero eine zeremonielle und formelle Notwendigkeit nach seiner Rückkehr. Er demonstriert damit, daß er sich der Dankesschuld, in der er steht, und der daraus resultierenden Verpflichtung bewußt ist, wodurch er sich als kompetent in den Spielregeln der römischen Gesellschaft erweist.[381] Doch die Danksagung findet in beiden Reden nicht nur um ihrer selbst willen als notwendige Geste statt, sondern wird von Cicero mit einer positiven Selbstdarstellung verknüpft. Denn er wertet das Engagement, für das er sich bedankt und das er eingehend beschreibt, als Anerkennung und Bestätigung seines Handelns und seiner eigenen Rechtschaffenheit. Beispielhaft läßt sich diese Strategie anhand der Würdigung des Lentulus in der Rede vor dem Senat aufzeigen (*p. red. in sen.* 24):

> *... qui mihi primus adflicto et iacenti consularem fidem dextramque porrexit, qui me a morte ad vitam, a desperatione ad spem, ab exitio ad salutem vocavit, qui tanto amore in me, studio in rem publicam fuit ut excogitaret quem ad modum calamitatem meam non modo levaret sed etiam honestaret. Quid enim magnificentius, quid praeclarius mihi accidere potuit quam quod illo referente vos decrevistis, ut cuncti ex omni Italia, qui rem publicam salvam vellent, ad me unum, hominem fractum et prope dissipatum, restituendum et defendendum venirent? ut, qua voce ter omnino post Romam conditam consul usus esset pro universa re publica apud eos solum qui eius vocem exaudire possent, eadem voce senatus omnis ex omnibus agris atque oppidis civis totamque Italiam ad unius salutem defendendam excitaret.*

Der Einsatz des Lentulus für Ciceros Rettung könnte kaum großartiger beschrieben sein als in diesem Bild des am Boden liegenden und dem Tode nahen Cicero, dem Lentulus die Hand reicht. Die Rühmung dieser Tat des

[381] Vgl. zum Zusammenhang zwischen den *Post-Reditum*-Reden und den Anforderungen des *amicitia*-Prinzips Nicholson 45ff.

Lentulus birgt bei näherem Hinsehen eine nicht unerhebliche Selbstrühmung Ciceros, denn, wie er selbst sagt, was ist großartiger als der Senatsbeschluß, der ganz Italien aufforderte, um der Rettung des Staates willen Cicero zu Hilfe zu kommen? Der eigentliche Ruhm wird hier nicht Lentulus, nicht dem Senat zuteil, sondern dem, der eines solchen Einsatzes für würdig befunden wird: Cicero.[382] Auch dann, wenn Cicero berichtet, wie der Senat die Verknüpfung des Wohlergehens Ciceros mit dem des Gemeinwesens als Argument für die Unterstützung Ciceros einsetzte[383], strahlt die Identifikation seiner Person mit dem Staat auf Cicero zurück und erweitert das Selbstbild so durch eine „von außen" bestätigte Komponente. In Kombination mit der Invektive gegen seine Feinde – die aufgrund der Verbindung Ciceros mit dem Staat zugleich Staatsfeinde sind – bezieht er dadurch die bekannte Position auf Seiten des Staates und der Rechtschaffenen, integriert sich selbst – eine Strategie, die vielleicht nie so wichtig war wie jetzt nach seiner Abwesenheit – und isoliert seine Gegner.

Auch die Danksagung an Pompeius nutzt Cicero in dieser Weise aus, indem er referiert, wie Pompeius unter Berufung auf die Rettung des Staates Ciceros Wohlergehen mit dem des Staates verknüpft habe:

> *p. red. in sen.* 29: *Possum ego satis in Cn. Pompeium umquam gratus videri? qui non solum apud vos, qui omnes idem sentiebatis, sed etiam apud universum populum salutem populi Romani et conservatam per me et coniunctam esse cum mea dixerit,* [...].

> *p. red. in Quir.* 16: *Cuius oratio fuit, quem ad modum accepi, tripertita: primum vos docuit meis consiliis rem publicam esse servatam, causamque meam cum communi salute coniunxit* [...].

Ciceros Vorgehen bei der Catilinarischen Verschwörung, das die Verbannung begründete, wird hier – natürlich aus Ciceros Perspektive – von Pompeius als Grund für die Rückberufung angeführt und dadurch rückwirkend sanktioniert. Bei der Schilderung der Ereignisse und seiner Überlegungen, die seinem Weggang vorausgegangen waren (*p. red. in sen.* 32ff.), zieht Cicero sein Vor-

[382] In *Planc.* 102 will er nicht das gewertet wissen, was er für die Rechtschaffenen tat, sondern das, was umgekehrt diese für ihn taten: *atque, ut spero, nemo erit tam crudeli animo tamque inhumano nec tam immemor non dicam meorum in bonos meritorum, sed bonorum in me, qui a me mei servatorem capitis divellat ac distrahat.*

[383] *p. red. in. sen.* 25: *Quid ego gloriosius meis posteris potui relinquere quam hoc, senatum iudicasse, qui civis me non defendisset, eum rem publicam salvam noluisse? Itaque tantum vestra auctoritas, tantum eximia consulis dignitas valuit ut dedecus et flagitium se committere putaret, si qui non veniret*; *p. red. in sen.* 27: *Ad haec non modo adiumenta salutis, sed etiam ornamenta dignitatis meae reliqua vos idem addidistis: decrevistis ne quis ulla ratione rem impediret; qui impedisset, graviter molesteque laturos – illum contra rem publicam salutemque bonorum concordiamque civium facturum, et ut ad vos de eo statim referretur; meque etiam, si diutius calumniarentur, redire iussistis.*

gehen gegen Catilina als Vergleichspunkt heran und propagiert sein Bestreben, Gewalt zu vermeiden, als Triebfeder bei beiden Gelegenheiten und sucht sich von dem Makel einer Schuld zu befreien, indem er seinen Gang ins Exil als freiwilliges Opfer zum Wohl des Staates (um)deutet. Angesichts der Bedrohung für seine Person und den ganzen Staat hatte er sich dagegen entschieden, sich mit bewaffneter Gewalt zu verteidigen, um nicht dadurch weiteres Blutvergießen zu provozieren (*p. red. in sen.* 33).[384] Übrigens stellt er eben diesen Gewaltverzicht, an den er sich auch zukünftig halten will, in Kap. 20 im Unterschied zu Marius heraus.[385] Damit blieb er der Haltung treu, die er auch schon bei der Catilinarischen Verschwörung gezeigt hatte[386], und ordnete sein eigenes Wohl dem des Staates unter. Den Tod hatte er nicht gewählt, weil er darauf vertraute, daß er nicht länger als der Staat aus der Stadt entfernt sein und mit ihm zusammen zurückkehren würde (*p. red. in sen.* 34). Cicero setzt also die eigene Abwesenheit mit der des Staates gleich:[387]

> *Mecum leges, mecum quaestiones, mecum iura magistratuum, mecum senatus auctoritas, mecum libertas, mecum etiam frugum ubertas, mecum deorum et hominum sanctitates omnes et religiones afuerunt. Quae si semper abessent, magis vestras*

---

[384] Vgl. auch *red. in sen.* 6: *Ego meam salutem deserui, ne propter me civium vulneribus res publica cruentaretur.* Interpretation als Opfer auch in *p. red. in Quir.* 1.

[385] *p. red. ad Quir.* 20: *Sed hoc inter me atque illum interest, quod ille, qua re plurimum potuit, ea ipsa re inimicos suos ultus est, armis, ego qua consuevi utar oratione, quoniam illi arti in bello ac seditione locus est, huic in pace atque otio.* Vgl. dazu Riggsby (2002) 162.

[386] *p. red. in sen.* 34: *Nolui, cum consul communem salutem sine ferro defendissem, meam privatus armis defendere, bonosque viros lugere malui meas fortunas quam suis desperare. ac si solus essem interfectus, mihi turpe, si cum multis, rei publicae funestum fore videbatur.* Nicholson 26 beobachtet einen Wandel in der Darstellung der Catilinarischen Verschwörung: „Whereas in the orations *Pro Sulla* (in mid.-62 B.C.) and *Pro Flacco* (in 59 B.C.) Cicero boasted confidently of his actions against the Catilinarians, beginning with the *PR* speeches he is more circumspect and patently defensive. His references here are not to glorify but to justify himself, and he consistently stresses how he saved the state against revolutionaries through relatively non-violent actions." Wenngleich Nicholson zuzustimmen ist in seiner Einschätzung, daß die Rechtfertigung an Bedeutung zunimmt, so ist dennoch zu bedenken, daß die Niederschlagung der Catilinarischen Verschwörung ohne Waffengewalt und Aufruhr schon in den Catilinarischen Reden als Motiv angelegt ist (*Catil.* I 11; II 26; II 28; III 23), nicht zuletzt durch die Stilisierung zum *consul togatus* (*Catil.* II 28; III 23), die ihren Niederschlag in Ciceros Vers *Cedant arma togae, concedat laurea laudi* aus dem Jahre 60 findet (auf den Nicholson selbst hinweist). Auch in *Pro Sulla* stellt Cicero heraus, daß die Rettung des Staates ohne Waffen vonstatten ging und gerade mal fünf verurteilte Verschwörer kostete (*Sull.* 33). Es stellt sich zudem die Frage, ob die Selbstglorifizierung, die in früheren Reden festzustellen ist, nicht auch schon eine Art der Rechtfertigung mit anderen, offensiven Mitteln darstellte, hier also kein Wandel in der Strategie, sondern nur im Tonfall vorliegt.

[387] Zur Identifikation Ciceros mit dem Staat siehe May (1988) 93ff.

> *fortunas lugerem quam desiderarem meas; sin aliquando revocarentur, intellegebam mihi cum illis una esse redeundum.*

Eben diese gemeinsame Rückkehr, die er damals vorausgesehen hatte – um den Eindruck eines Anachronismus zu vermeiden, ruft Cicero Plancius als Zeugen seiner damaligen Gedanken an (*p. red. in sen.* 35)[388] –, ist nun eingetreten und verpflichtet Cicero noch mehr als zuvor zum Schutz des Staates (*p. red. in sen.* 36). Wieder kommt die Identifikation mit dem Staat zum Ausdruck: *quoniam in rem publicam sum pariter cum re publica restitutus.*

In Ciceros Interpretation war die Zeit der Abwesenheit kein Exil im Sinne einer verdienten Strafe für ein Vergehen, sondern ein heroisches Opfer für den Staat[389], der zugleich mit Cicero abwesend war. Für das Cicero-Bild ergibt sich hieraus eine entscheidende Konsequenz: Cicero ist nicht nur gänzlich unschuldig, sondern hat sich sogar doppelt um den Staat verdient gemacht. Denn er wertet die Rückberufung als Zeichen dafür, daß das Exil unverdient war, und somit als Bestätigung sowohl seiner Rettung des Staates vor Catilina als auch seines Verdienstes, durch freiwilliges Ausweichen Blutvergießen verhindert zu haben. Das Exil ist also eine Quelle des Ruhms, nicht der Schande. „By presenting himself thus as a sacrificial victim willingly enduring the martyrdom of exile for the sake of the common safety, Cicero strives to transform his banishment from a source of shame and disgrace into one of pride and glory."[390] Vor diesem Hintergrund ist es folgerichtig, daß Cicero eines nicht tut, weder in den Reden *Post Reditum*, noch bei späteren Gelegenheiten: sein Exil öffentlich als Exil zu bezeichnen. Diese Strategie, auf die Robinson[391] aufmerksam gemacht hat, fügt sich ein in Ciceros Bemühungen, die Zeit seiner „Abwesenheit" positiv umzudeuten. Denn er vermeidet den mit einer Strafe für ein Vergehen konnotierten Begriff *exilium*[392] und verwendet statt dessen Umschreibungen wie z.B. *calamitas* (*p. red. in sen.* 27)[393] oder Formulierungen, die die Freiwilligkeit seines Weggangs suggerieren, wie

---

[388] Übrigens wird er wiederum in seiner Rede für *Plancius* (*Planc.* 74) dessen Erwähnung in der Senatsrede als Beleg dafür anführen, daß er Plancius schon zu dem Zeitpunkt, als er die Dankesrede hielt, also direkt nach seiner Rückkehr (und nicht erst im Zusammenhang mit der Verteidigung des Plancius), zu den wichtisten Helfern zählte: *Nihil autem me novi, nihil temporis causa dicere, nonne etiam est illa testis oratio quae est a me prima habita in senatu? In qua cum perpaucis nominatim egissem gratias, quod omnes enumerari nullo modo possent, scelus autem esset quemquam praeteriri, statuissemque eos solum nominare qui causae nostrae duces et quasi signiferi fuissent, in his Plancio gratias egi. Recitetur oratio, quae propter rei magnitudinem dicta de scripto est.*

[389] Vgl. auch *p. red. in Quir.* 1.

[390] Nicholson 38.

[391] Robinson, A.: Cicero's References to His Banishment, CW 87 (1993-1994), 475-480.

[392] Dreimal verwendet er den Begriff allerdings, um sich dagegen zu verwahren: *dom.* 72; *ad Q. fr.* 3, 2, 2; *parad.* 27-32, siehe Robinson (1993-1994) 476.

[393] Vgl. Riggsby (2002) 168.

discessus oder *absentia*;[394] immerhin konnte er nicht von seiner ruhmreichen Rückkehr sprechen, ohne zu erwähnen, daß er weg gewesen war – wie Riggsby treffend bemerkt: „return implies something to return from.“[395]

Die Bestätigung des Wertes, den Cicero für den Staat hat, sowie die Sanktionierung seines Verhaltens wird begründet durch den Konsens bei der Befürwortung seiner Rückberufung, den Cicero immer wieder beschwört.[396] Der Konsens ist Zeichen seiner vollständigen Rehabilitation und ermöglicht es ihm, erhobenen Hauptes seinen angestammten Platz im Staat wieder einzunehmen. Und in beiden Reden bereitet Cicero hiermit die Versicherung seines zukünftigen Handelns vor:

> *p. red. in sen.* 39: *Qua re, cum me vestra auctoritas arcessierit, populus Romanus vocarit, res publica implorarit, Italia cuncta paene suis umeris reportarit, non committam, patres conscripti, ut, cum ea mihi sint restituta quae in potestate mea non fuerunt, ea non habeam quae ipse praestare possim, praesertim cum illa amissa reciperarim, virtutem et fidem numquam amiserim.*

> *p. red. ad Quir.* 18: *En ego tot testimoniis, Quirites, hac auctoritate senatus, tanta consensione Italiae, tanto studio bonorum omnium, causam agente P. Lentulo, consentientibus ceteris magistratibus, deprecante Cn. Pompeio, omnibus hominibus faventibus, dis denique immortalibus frugum ubertate copia vilitate reditum meum comprobantibus, mihi meis, rei publicae restitutus, tantum vobis quantum facere possum, Quirites, pollicebor: primum, qua sanctissimi homines pietate erga deos immortalis esse soleant, eadem me erga populum Romanum semper fore, numenque vestrum aeque mihi grave et sanctum ac deorum immortalium in omni vita futurum: deinde, quoniam me in civitatem res publica ipsa reduxit, nullo me loco rei publicae defuturum.*

Ciceros Rückkehr wurde durch den gemeinsamen Einsatz aller Rechtschaffenen ermöglicht – das Prinzip der *concordia ordinum*[397] zeigte seine Wirksamkeit in Bezug auf eine Einzelperson, die sich um den Staat verdient gemacht hatte. Die Aufzählung deckt alle denkbaren Bereiche ab, über Gruppierungen

---

[394] Robinson (1993-1994) 477f. mit Stellenübersicht. Vgl. auch *parad.* 30: *meum illud iter.*

[395] Riggsby (2002) 169.

[396] Vgl. auch *p. red. in Quir.* 1: *Quod precatus a Iove Optimo Maximo ceterisque dis immortalibus sum, Quirites, eo tempore cum me fortunasque meas pro vestra incolumitate otio concordiaque devovi, ut, si meas rationes umquam vestrae saluti anteposuissem, sempiternam poenam sustinerem mea voluntate susceptam, sin et ea quae ante gesseram conservandae civitatis causa gessissem et illam miseram profectionem vestrae salutis gratia suscepissem, ut quod odium scelerati homines et audaces in rem publicam et in omnis bonos conceptum iam diu continerent, id in me uno potius quam in optimo quoque et universa civitate defigerent, - hoc si animo in vos liberosque vestros fuissem, ut aliquando vos patresque conscriptos Italiamque universam memoria mei misericordiaque desideriumque teneret: eius devotionis me esse convictum iudicio deorum immortalium, testimonio senatus, consensu Italiae, confessione inimicorum, beneficio divino immortalique vestro maxime laetor.* Siehe auch *p. red. in sen.* 28; *p. red. ad Quir.* 16.

[397] Siehe dazu Nicholson 39ff.

wie Senat, Beamte und Volk, erstreckt sich von namentlich erwähnten Einzelpersonen über die nur durch ihre Gesinnung definierte und zusammengehaltene Menschenmenge bis hin zu den Göttern und dem personifizierten Italien, das Cicero geradezu auf den Schultern heimträgt.[398]

Die autobiographischen Passagen in den Dankesreden an Senat und Volk, sowohl die Dankesbekundungen für das erbrachte Engagement als auch die Schilderung von Weggang und Rückkehr, dienen also in erster Linie der Deutung des Exils als freiwilliges Ausweichen zum Schutz der Bürgerschaft vor Blutvergießen, als Opfer[399], das Cicero dem Staat darbrachte und somit als Quelle des Ruhms, nicht der Schande. Bezüglich der Verbindung, die Cicero zwischen seiner Person und dem Staat herstellt, ist hier eine neue Stufe erreicht: War er zuvor Schützer und Repräsentant des Staatswesens und seiner Werte, setzt er sich und sein Schicksal nun mit dem Staat gleich, denn erst durch diese Identifikation wird es ihm möglich, seine Abwesenheit als Opfer zu interpretieren, sein Einzelschicksal auf eine übergeordnete Ebene von allgemeinem Interesse zu heben und sich selbst in einen größeren Kontext einzubinden. Diese metaphorische Einbindung negiert im Rückblick die tatsächliche Ausgeschlossenheit, unter der er in der Zeit seines Exils litt. Die Uminterpretation vergangenes Handelns (und Leidens) ist unabdingbar für den Wiedereinstieg in das aktive Leben in Rom. Deutlicher als in allen bisher betrachteten Reden kommt hier der Beitrag der autobiographischen Passagen bei der Inszenierung der eigenen Person zum Ausdruck: Cicero setzt seine eigene Vergangenheit in Szene, um sich selbst auf der Bühne des römischen Tagesgeschehens wieder neu zu positionieren.

3.4.2 *De domo sua*

Die Interpretation des Weggangs Ciceros als freiwillig und zum Schutz des Staates erbrachtes Opfer ist auch in der Rede *De domo sua* von zentraler Bedeutung, in der Cicero die Rückgabe seines Hauses auf dem Palatin einfordert.[400] Jedoch ist die Akzentuierung hier verschoben, denn da es Cicero vor-

---

[398] *p. red. in sen.* 39; Macr. *Sat.* 2, 3, 5; vgl. Ps. Sall. *in Tull.* 4,7: *Italia exulem umeris suis reportavit.* Zur Diskussion der Frage, ob Quelle und Bezugspunkt dieser Formulierung die Dankesrede an den Senat oder aber *De temporibus suis* war, siehe hier Kap. III 3.3.

[399] Siehe May (1988) 97: „The idea of *devotio* [...] is in fact a recurrent and central theme in many of the *post reditum* speeches, representing a conscious effort by Cicero to rebuild his persona and recapture some of his lost dignity."

[400] Es war aufgrund des zweiten von Clodius erlassenen Ächtungsgesetzes der Staatskasse zugefallen, Clodius hatte es bei einer Versteigerung an sich gebracht. Aufgrund des Gesetzes vom 4.8.57, das den Bann über Cicero aufhob, hätte auch dieses Haus wieder an Cicero fallen müssen. Clodius hatte allerdings einen Teil des Grundstücks der Libertas geweiht und machte diese Weihung nun geltend, vgl. Fuhrmann (2000 Bd. V) 195ff.; zu den

nehmlich darum geht, die Unrechtmäßigkeit des Vorgehens des Clodius zu erweisen – sowohl der Weihung des Grundstückes, die der Rückgabe entgegenzustehen schien, als auch seiner Maßnahmen überhaupt, die zu der Verbannung geführt hatten – rückt er die Gewalt und Grausamkeit, mit der er sich vor seinem Weggang konfrontiert gesehen hatte, in den Vordergrund, ohne dabei jedoch auf die Selbststilisierung zum heldenhaften Retter des Staates zu verzichten.

Der Titel der Rede wird der behandelten Thematik nicht ganz gerecht, denn nur im letzten Drittel (*dom.* 100-146) geht es um Ciceros Haus; im Mittelteil (*dom.* 32-99) befaßt sich Cicero mit den Ereignissen, die zu seiner Verbannung geführt hatten, sucht das Vorgehen des Clodius als gänzlich unrechtmäßig zu erweisen und seine eigene Rolle in seinem Sinne zu interpretieren; im ersten Teil der Rede (*dom.* 1-32) rechtfertigt sich Cicero, wohl als Antwort auf Kritik des Clodius[401] und aus politischer Notwendigkeit heraus[402], für seinen kurz zuvor im Senat eingebachten Antrag, Pompeius eine Vollmacht bezüglich der Getreideversorgung zu erteilen.[403] Denn nach Ciceros Rückkehr war der Brotpreis gestiegen und Clodius hatte die Gelegenheit genutzt, seinen Anhang zu einer Hungerrevolte anzustacheln.[404] Cicero sucht in diesem Teil der Rede den Nachweis zu erbringen, daß Not und Aufruhr ein Eingreifen erforderten, daß der Antrag die richtige Maßnahme und er selbst der richtige Antragsteller war. Um letzteres zu untermauern, betont er den Zusammenhang zwischen seiner Person und dem Brotpreis: Ihm schreibe man die Verantwortung für den Getreidepreis zu, als habe er einen Einfluß darauf (*dom.* 14). Denn nachdem im Senat seine Rückberufung beschlossen worden war, war der Getreidepreis unerwartet gesunken, und die Menschen sahen einen kausalen Zusammenhang zwischen beiden Ereignissen (*dom.* 15):

> *Erant qui deos immortalis – id quod ego sentio – numine suo reditum meum dicerent comprobasse; non nulli autem illam rem ad illam rationem coniecturamque revocabant, qui, quod in meo reditu spes oti et concordiae sita videbatur, in discessu autem cotidianus seditionis timor, iam paene belli depulso metu commutatam annonam esse*

Hintergründen vgl. auch Stroh, W.: De Domo Sua: *Legal Problem and Structure*, in: Powell, J.; Paterson, J. (Hgg.): Cicero. The Advocate, Oxford 2004, 313-370, h. bes. 313-338.

[401] *dom.* 3ff.

[402] Gegenüber den Oberpriestern war eine solche Rechtfertigung durchaus angemessen, da sie größtenteils den Optimaten angehörten, denen der Antrag mißfiel. Auch die Antragstellung an sich geschah aus einer Notwendigkeit heraus, denn Cicero war Pompeius gegenüber wegen der Rückberufung zu Dank verpflichtet; vgl. Fuhrmann (2000 Bd. V) 197f.

[403] Nisbet (1939) XXVI zeigt, daß dieser für einen modernen Leser befremdlich weit vom eigentlichen Thema liegende Einstieg aus römischer Sicht durchaus angemessen war.

[404] Fuhrmann (2000 Bd.V) 197.

dicebant; quae quia rursus in meo reditu facta erat durior, a me, cuius adventu fore vilitatem boni viri dictitabant, annona flagitabatur.

Der Interpretation einiger, von Cicero nicht näher bestimmter Leute, der fallende Brotpreis sei als Zustimmung der Götter zu Ciceros Rückberufung zu werten, schließt sich Cicero an. Die durch den sich anschließenden Satzanfang *non nulli autem* erweckte Erwartungshaltung, daß er im folgenden eine abweichende Meinung referieren werde, erfährt nur eine bedingte Bestätigung. Denn die zweite Erklärung negiert keineswegs den Zusammenhang zwischen Rückkehr und Preissenkung, sondern wendet sich nur von der göttlichen auf eine rationale Ebene: Die Preissenkung wird nicht als Zeichen der Götter, sondern als Resultat der Stimmung bei den Menschen gewertet, die durch Ciceros Rückberufung ausgelöst wurde. Vor diesem Hintergrund erscheint es folgerichtig, daß man sich an ihn wandte, als der Getreidepreis, entgegen der Ankündigung der *boni viri*, nach der Rückkehr wieder stieg. Dem Rückzug hinter die Einschätzung anderer (*erant, qui, non nulli, boni viri*) entspricht, daß sich Cicero in dieser Angelegenheit eine eher passive Rolle zuschreibt (*dom.* 15-16), indem er betont, daß er aufgefordert und gedrängt wurde, den Antrag zu stellen (*nominabar – vocabar – veni exspectatus – rogatus sum – petebatur flagitabar*).[405] Sein Handeln stellte also letztlich nur eine Reaktion dar auf Forderungen, denen er selbst nicht gerecht werden konnte, und so habe er die Aufgabe Pompeius überantwortet, weil dieser der bessere Mann dafür gewesen sei. Hiernach kommt er wieder auf Erklärungsmöglichkeiten bezüglich seines Einflusses bei der Preisfrage zurück, wobei er in verschiedener Hinsicht deutlicher wird. Denn jetzt (*dom.* 17) interpretiert er die Vorgänge nicht schlicht als Zeichen göttlicher Zustimmung, sondern als Belohnung des Volkes für seine Rückkehr, deren Wert er anhand einer kontrastreichen Schilderung demonstriert: Den unseligen Zuständen *frugum inopia, fames, vastitas, caedes, incendia, rapinae, scelerum impunitas, fuga, formido, discordia*, die bei seinem Weggang herrschten, stehen nun *ubertas agrorum, frugum copia, spes oti, tranquillitas animorum, iudicia, leges, concordia populi, senatus auctoritas* gegenüber, die zusammen mit ihm zurückgekehrt zu sein schienen. Schließlich lenkt er den Blick wieder von der göttlichen Ebene weg und zwar auf seine eigene Person, indem er sein Engagement für den Getreidepreis als Erstattung der Dankesschuld gegenüber dem Volk interpretiert, und verbürgt sich mit seiner persönlichen Autorität dafür, daß der Staat durch die Teuerung nicht in Gefahr geraten werde (*praesto, promitto, spondeo*). Cicero faßt seine Interpretation selbst treffend zusammen als Erfüllung einer persönlichen Pflicht (*officio, quod fuit praecipue meum*), bevor er sich wieder der Frage zuwendet, ob der Antrag selbst Anlaß zur Kritik gebe.

---

[405] Vgl. auch *dom.* 26.

Cicero ist sichtlich bestrebt, durch die bewußte Verknüpfung seiner Rückkehr mit dem Getreidepreis sein Eintreten für den Antrag zugunsten des Pompeius, zu dem er aufgrund der Dankesschuld wegen der Rückberufung genötigt war, sachlich zu begründen und auf die Lage des Staates sowie die Forderungen, die deswegen an ihn gestellt wurden, zurückzuführen.

Auf das Verhältnis zu Pompeius geht Cicero an späterer Stelle genauer ein, denn es galt die latente Diskrepanz aufzulösen zwischen Ciceros Unterstützung des Pompeius und dessen ausgebliebener Hilfestellung für Cicero gegen die Anfeindungen des Clodius. Nach der Devise „Umdeuten statt Negieren" hat Cicero schon in anderen Reden auf derartige argumentative Herausforderungen reagiert, hier nun löst er den Widerspruch auf, indem er seine Unterstützung des Pompeius auf generelle Verbundenheit und Freundschaft gründet, die zwischenzeitliche Entfremdung aber auf Verleumdungen zurückführt, die quasi einen Keil zwischen ihn und Pompeius getrieben hatten (*dom.* 28):[406]

> *Hanc nostram coniunctionem, hanc conspirationem in re publica bene gerenda, hanc iucundissimam vitae atque officiorum omnium societatem certi homines fictis sermonibus et falsis criminibus diremerunt, cum idem illum ut me metueret, me caveret, monerent, idem apud me mihi illum uni esse inimicissimum dicerent, ut neque ego ab illo quae mihi petenda essent satis audaciter petere possem, neque ille, tot suspicionibus certorum hominum et scelere exulceratus, quae meum tempus postularet satis prolixe mihi polliceretur.*

Nur leise klingt Kritik an Pompeius durch, weil sich dieser aufgrund des Geredes allzu sehr mit Unterstützung zurückhielt, doch auch er selbst war ja nicht in der Lage gewesen, das Nötige angemessen zu fordern. Beide wurden also durch die Verleumdungen davon abgehalten, die entscheidenden Schritte aufeinander zu zu machen. Cicero geht nun in der Suche nach der Schuld an der Situation noch weiter und gesteht in ungewöhnlich selbstkritischem Ton ein, einer Fehleinschätzung unterlegen zu sein und Freund und Feind in der damaligen Lage nicht richtig unterschieden zu haben (*dom.* 29).[407] Ausgehend von dem Einwand des Clodius, er zeichne den Mann aus, der ihn im Stich gelassen habe, versichert Cicero, sogar ausgeliefert worden zu sein (*Ego vero neque me tum desertum puto sed paene deditum*; *dom.* 30). Doch als Urheber all dessen, was gegen ihn unternommen wurde, nimmt er nicht Pompeius in den Blick, sondern andere, deren Namen er für sich behalten will. Es kann vermutet werden, daß Cicero hiermit auf Caesar oder Crassus anspielt.[408] Der Rückblick auf die Zeit der Entfremdung zwischen ihm und Pompeius dient in

[406] Vgl. auch *Sest.* 41 und 133.

[407] *Data merces est erroris mei magna, pontifices, ut me non solum pigeat stultitiae meae sed etiam pudeat, qui,* [...] *sim passus a tali amicitia distrahi <me>, neque intellexerim quibus aut ut apertis inimicis obsisterem aut ut insidiosis amicis non crederem.*

[408] Fuhrmann (2000 Bd. V) 486 (Anm. 25).

erster Linie dazu, die aktuelle Gemeinschaft glaubwürdig zu machen, zu bestärken und die Koalition mit Pompeius offziell zu untermauern.

Die Rechtfertigung bezüglich seines Antrages nutzt nicht nur die Rückkehr als Argument, sondern sie bietet Cicero auch umgekehrt die Gelegenheit, seine eigene Deutung von Weggang und Rückkehr zu vermitteln. Schon zu Beginn der Rede hält er Clodius vor, ihn gewaltsam zum Weggang gezwungen zu haben (*dom.* 5):

> *Hunc igitur, funesta rei publicae pestis, hunc tu civem ferro et armis et exercitus terrore et consulum scelere et audacissimorum hominum minis, servorum dilectu, obsessione templorum, occupatione fori, oppressione curiae domo et patria, ne cum improbis boni ferro dimicarent, cedere coegisti, quem a senatu, quem a bonis omnibus, quem a cuncta Italia desideratum, arcessitum, revocatum conservandae rei publicae causa confiteris?*

Und in Kaptel 26 führt er Clodius' aktuelle Haltung (*extra ordinem ferri nihil placet Clodio*) ad absurdum, indem er an eben die Maßnahme erinnert, die Clodius gegen ihn ergriffen hatte:

> *Quid? de me quod tulisse te dicis, patricida, fratricida, sororicida, nonne extra ordinem tulisti? An de peste civis, quem ad modum omnes iam di atque homines iudicarunt, conservatoris rei publicae, quem ad modum autem tute ipse confiteris, non modo indemnati sed ne accusati quidem, licuit tibi ferre non legem sed nefarium privilegium, lugente senatu, maerentibus bonis omnibus, totius Italiae precibus repudiatis, oppressa captaque re publica: mihi populo Romano implorante, senatu poscente, temporibus rei publicae flagitantibus, non licuit de salute populi Romani sententiam dicere?*

In diesen beiden Passagen finden sich wichtige Elemente des Bildes, das Cicero in dieser gesamten Rede von seinem Weggang und von seiner Rückkehr zeichnet. Er, der Retter des Staates, wurde von Clodius gewaltsam vertrieben, ohne daß es ein Urteil gegen ihn gegeben hätte. Zurückgerufen wurde er in überwältigendem Konsens, der alle Rechtschaffenen, ganz Italien und sogar die Götter umfaßte. In der Formulierung *cedere coegisti* (*dom.* 5) ist die Gratwanderung angedeutet, die Cicero zu bewältigen hatte, nämlich einerseits den unrechtmäßigen Zwang zu betonen und andererseits sein eigenes Handeln als heroische Selbstopferung zum Wohle des Staates zu deuten, wie er es in Kap. 30 formuliert: *Si utile rei publicae fuit haurire me unum pro omnibus illam indignissimam calamitatem.*

Der breit angelegte Mittelteil der Rede, in dem Cicero die Unrechtmäßigkeit sowohl des Volkstribunats des Clodius als auch all seiner Maßnahmen nachzuweisen sucht, bietet naturgemäß breiten Raum, auf die Verbannung zu sprechen zu kommen. Aufgrund der Fülle der diesbezüglichen Passagen ist es angeraten, zunächst das Bild, das sich aus ihnen ableiten läßt, den „Mythos seines Exils"[409], zusammenfassend zu beschreiben: Wie schon die Entfremdung mit Pompeius, so ist auch die mit Caesar auf Verleumdungen zurückzuführen, denn politische Äußerungen Ciceros wurden falsch hinterbracht und führten so dazu, daß Caesar Clodius den Weg zum Volkstribunat eröffnete.[410] Das gewaltsame und unrechtmäßige Vorgehen gegen Cicero glich einer Proskription[411], Cicero reagierte auf diese Bedrohung, indem er ihr, aus Rücksicht auf das Allgemeinwohl, auswich, so, wie er schon während seines Konsulats den Staat gerettet hatte, indem er unbewaffnet gegen Bewaffenete vorgegangen war, und zwar vom Senat ermächtigt und im Einklang mit allen Rechtschaffenen, was nun, nach seiner Rückkehr, nicht mehr angezweifelt wird.[412] Der Weggang Ciceros war ein Opfer[413] für den Staat, mit dem er quasi die Geschosse der Gegner abfing.[414] Sein Schicksal war mit dem des Staates verbunden, und so war er überzeugt, daß er, wenn der Staat bestehen bliebe, selbst bald würde zurückkehren können.[415] Die Niedergeschlagenheit, die er während dieser Zeit empfand, zeigte, wie groß das Opfer war, das er zu bringen bereit war.[416] So rettete er den Staat ein zweites Mal[417], und deshalb war die Zeit der Abwesenheit, die schon deshalb keine Verbannung war, weil nie eine Verbannung gegen Cicero beschlossen wurde, keine Schande, sondern im Gegenteil eine Quelle des Ruhms.[418] Der überwältigende Konsens bei seiner Rückberufung zeigt die Verbindung Ciceros mit dem Staatswohl und sanktioniert seine Handlungen.[419] Es bietet sich an, exemplarisch drei Stellen genauer zu betrachten. In Kapitel 63 ist das Abfangen des Angriffs durch Cicero besonders plastisch beschrieben:

---

[409] Fuhrmann (2000 Bd. V) 199.

[410] *dom.* 41.

[411] Grausames und unrechtmäßiges Vorgehen: siehe auch *dom.* 110. Proskription: *dom.* 43; 44; 48; 50; 55; 57; 58.

[412] *dom.* 63; 72; 76; 93-94; siehe auch 114.

[413] *dom.* 63-64; 76; 98; auch 145. Zum Motiv der Opferung siehe May (1988) 97ff.

[414] *dom.* 30; 63; 76.

[415] *dom.* 64.

[416] *dom.* 97-98. Vgl. auch *Sest.* 49.

[417] *dom.* 76; 99.

[418] *dom.* 47; 51; 72; 77; 82-84; 95. Allerdings wurde durchaus eine Verbannung gegen Cicero beschlossen, wenn auch erst nach seiner Abreise, vgl. Nicholson 21; Gelzer (1939) 917. Dazu Nisbet (1939) XXVIIf.: „... the real force of the second law was that it converted Cicero's voluntary exile into 'legal' exile. [...] He was on very thin ice: the fact that Pompey thought that legislation was necessary, or at any rate expedient, to effect his restoration, could easily be used against him. Cicero takes the line (§§ 53-71), on the one hand, that the law had been carried only by violence and therefore had no moral claim: on the other hand, he cleverly suggests (in answer to those who might say that he had avoided condemnation and even prosecution by leaving Rome) that his withdrawal was in reality an act of self-sacrifice, and that he had no reason to fear the result of a prosecution."

[419] *dom.* 30; 44; 57; 73-75; 82; 85-86; auch 142.

Hanc ego vim, pontifices, hoc scelus, hunc furorem meo corpore opposito ab omnium bonorum cervicibus depuli, omnemque impetum discordiarum, omnem diu conlectam vim improborum, quae inveterata compresso odio atque tacito iam erumpebat nancta tam audacis duces, excepi meo corpore. In me uno consulares faces iactae manibus tribuniciis, in me omnia, quae ego quondam rettuderam, coniurationis nefaria tela adhaeserunt. Quod si, ut multis fortissimis viris placuit, vi et armis contra vim decertare voluissem, aut vicissem cum magna internecione improborum, sed tamen civium, aut interfectis bonis omnibus, quod illis optatissimum erat, una cum re publica concidissem.

Mit der Formulierung *meo corpore* betont Cicero nachdrücklich, daß er sich mit seinem Leben für den Staat und die Bürger einsetzte. Man hat sogleich das Bild vor Augen, wie sich Cicero heroisch vor die Bürger stellt und den Angriff abfängt; sicherlich nicht zufällig wählt Cicero aktive Verformen (*depuli – excepi*), um den entschlossenen und willentlichen Charakter dieser Opferung zu unterstreichen. Die Geschosse, die sich nun auf ihn allein richteten – *in me uno* – , versinnbildlichen die Opferung des Einzelnen für die Gemeinschaft, das Motiv des *unus pro omnibus*, das eine zentrale Rolle in Ciceros Schilderungen seiner Verbannung einnimmt und den Vergleich mit einem epischen Helden nahelegt.[420] Den Verzicht auf Gewalt als Antwort auf die Bedrohung stellt Cicero als bewußte und überlegte Entscheidung zum Wohle des Staates dar, womit er sicherlich dem Verdacht entgegenzuwirken sucht, er sei aus Feigheit zurückgewichen. Denn hätte er gesiegt, wäre doch immerhin Bürgerblut vergossen worden[421] – hierin kann durchaus eine Anspielung auf den Vorwurf der Hinrichtung römischer Bürger gesehen werden, dem er nach seinem Konsulat ausgesetzt war –, seine Niederlage aber wäre zugleich die Niederlage des Staates gewesen; ganz selbstverständlich setzt er hier den Zusammenhang zwischen dem Schicksal seiner Person mit dem des Staates voraus. Er geht in dieser Identifikation, die MacKendrick als „'L'État, c'est

---

[420] Vgl. May (1988) 97f. (bezogen auf *Sest.*). Vgl. *dom.* 30: *Si utile rei publicae fuit haurire me unum pro omnibus illam indignissimam calamitatem. p. red. ad Quir.* 1: ... *illam miseram profectionem vestrae salutis gratia suscepissem, ut quod odium scelerati homines et audaces in rem publicam et in omnis bonos conceptum iam diu continerent, id in me uno potius quam in optimo quoque et universa civitate defigerent; Sest.* 46: *(cum) ... me unum deposcerent, depugnarem potius cum summo non dicam exitio, sed periculo certe vestro liberorumque vestrorum, quam id quod omnibus impendebat unus pro omnibus susciperem ac subirem? prov.* 23: ... *qui me amor et subvenire olim impendentibus periculis maximis cum dimicatione capitis et rursum, cum omnia tela undique esse intenta in patriam viderem, subire coegit atque excipere unum pro universis. Pis.* 16: *omne odium inclusum nefariis sensibus impiorum in me profudistis*; *Pis.* 21: *Alios ego vidi ventos, alias prospexi animo procellas, aliis impendentibus tempestatibus non cessi sed bis unum me pro omnium salute obtuli.* Siehe dazu Stevens 108, Batstone 237; Hardie, Ph.: The Epic Successors of Virgil: A Study in the Dynamics of a Tradition, Cambridge 1993, v.a. 3-6 und 27-32.

[421] Vgl. *Sest.* 47.

moi' syndrome“[422] beschreibt, so weit, daß er verkündet, der Staat sei mit ihm im Exil gewesen und mit ihm zurückgekehrt.[423] Erst vor dem Hintergrund dieser Verbindung, die er auch an anderen Stellen immer wieder konstruiert, entfaltet sich die volle Bedeutung seines Opfers *pro omnibus*: Nur aufgrund der Bedeutung, die er als Retter für das Staatswesen hat, kann sein Opfer überhaupt solche Tragweite haben, daß sie einer erneuten Rettung des Staates gleichkommt, die durch die Rückberufung[424] bestätigt wurde (*dom*. 76):

> *Itaque ille unus dies, quo die me populus Romanus a porta in Capitolium atque inde domum sua celebritate laetitiaque comitatum honestavit, tantae mihi iucunditati fuit ut tua mihi conscelerata illa vis non modo non propulsanda, sed etiam excitanda fuisse videatur. Qua re illa calamitas, si ita est appellanda, exussit hoc genus totum maledicti, ne quisquam iam audeat reprehendere consulatum meum tot tantis tam ornatis iudiciis, testimoniis, auctoritatibus comprobatum. Quod si in isto tuo maledicto probrum non modo mihi nullum obiectas, sed etiam laudem inlustras meam, quid te aut fieri aut fingi dementius potest? Uno enim maledicto bis a me patriam servatam esse concedis: semel, cum id feci quod omnes non negant immortalitati, si fieri potest, mandandum, tu supplicio puniendum putasti, iterum, cum tuum multorumque praeter te inflammatum in bonos omnis impetum meo corpore excepi, ne eam civitatem quam servassem inermis armatus in discrimen adducerem.*

Cicero wertet die Rückberufung auch als Bestätigung seines Handelns während seines Konsulats und will sie als vollständige Rehabilitation verstanden wissen. Mit *maledictum* meint Cicero die Bezeichnung als *exul*, gegen die er sich in Kap. 72ff. verwahrte, besonders gegen die Konnotation mit einer Strafe für ein Vergehen, und er weicht auf den Begriff *calamitas* aus. Der letzte Satz des Abschnitts faßt noch einmal plakativ zusammen, worin die zweifache Rettung des Staates[425] bestanden hat, wieder taucht das Bild des mit dem Körper abgefangenen Angriffs auf, und auf engstem Raum bringt Cicero die für ihn entscheidenden Aspekte zum Ausdruck: die damalige gewaltfreie Rettung des Staates und seine Entschlossenheit, den Staat nun nicht durch Abweichen von diesem Prinzip in Gefahr zu bringen. Eine ähnliche Formulierung findet sich in *dom*. 99:

> *Qua re dirumpatur licet ista furia atque pestis, audiet haec ex me, quoniam lacessivit: bis servavi rem publicam, qui consul togatus armatos vicerim, privatus consulibus armatis cesserim.*

---

[422] MacKendrick 159.

[423] *dom*. 99: *quod et senatus et populus Romanus et omnes mortales et privatim et publice iudicarunt sine meo reditu rem publicam salvam esse non posse*; *dom*. 137; 141; siehe auch *p. red. in sen*. 34; *p. red. in sen*. 36: *p. red. ad Quir*. 14; vgl. Berg 140.

[424] Siehe auch die vorangegangene Passage *dom*. 72ff.

[425] Auch Murena hatte eine zweifache Rettung von ihm erfahren, siehe *dom*. 134: *Viderat ille Murenam, vitricum suum, consulem designatum, ad me consulem cum Allobrogibus communis exiti indicia adferre, audierat ex illo se a me bis salutem accepisse, separatim semel, iterum cum universis.*

In deutlicher Antithese steht Cicero – ob als Konsul oder als Privatmann – den *armati* gegenüber, seine Haltung ist von Konstanz geprägt, die unabhängig ist von seinem offiziellen Status, während dieser bei seinen Gegnern kein Garant für ein gewaltfreies Vorgehen ist (*consulibus armatis*). Die erste Rettung des Staates bestand in *vincere*, die zweite in *cedere*, eine Umschreibung, die Cicero gerne für seinen Gang ins Exil verwendet, während er *pellere* für das Vorgehen des Clodius verwendet.[426] Robinson sieht in diesen beiden Verben zwei Perspektiven verkörpert, sie seien „apparently designed to portray his exile from two slightly different but related points of view: on the one hand as an act of lawless aggression on the part of his enemies, and on the other as a non-violent response on his own part."[427] Diese beiden Sichtweisen sind in dieser Rede durchaus noch miteinander vereinbar[428], werden aber bei wachsender zeitlicher Distanz immer mehr in Widerspruch geraten, je mehr das *cedere* in den Hintergrund treten und Cicero in folgenden Reden bestrebt sein wird, sich selbst zum Helden und Retter zu stilisieren. Denn ab einem gewissen Punkt wird die Betonung des erlittenen Unrechts mit dieser Interpretation der eigenen Rolle als heldenhafter Retter nicht mehr vereinbar sein.[429]

Im dritten Teil seiner Rede wendet sich Cicero nun endlich seinem Haus zu und sucht den Nachweis zu erbringen, daß die Weihung nicht rechtens war. Bei seiner Argumentation wirft er sein Verdienst um den Staat in nicht unerheblichem Maße in die Waagschale und stellt die Weihung des Hauses als unvereinbar mit den Interessen des Staates dar, und zwar aufgrund seiner durch allgemeinen Konsens bestätigten Rettung des Staates; als Beispiele für seine Argumentation seien zwei Stellen angeführt:

> *dom.* 122: *An cum tu, eius civis discessu cuius unius opera senatus atque omnes boni civitatem esse incolumem totiens iudicassent, oppressam taeterrimo latrocinio cum duobus sceleratissimis consulibus rem publicam teneres, domum eius qui patriam a se servatam perire suo nomine noluisset per pontificem aliquem dedicasses, posset recreata res publica sustinere?*

---

[426] *cedere*: *dom.* 5; 68 (Äußerung des Cotta zugunsten Ciceros, vgl. auch *Sest.* 73); 56; 58; 68; 99; *prov.* 18; *Planc.* 95; *discessus*: *dom.* 15; 17; 59; 61; 87; 95; 96; 115; 122; *Sest.* 49; 128; *Pis.* 21; 31; 32; *Mil.* 103; *discedere*: *dom.* 95; *pellere*: *dom.* 68; 88; 112; 141; *expulsus*: *dom.* 51; 68; 87; 137 (bezogen auf den Staat); *Sest.* 53.

[427] Robinson (1993-1994) 478.

[428] Schon in *dom.* 5 waren diese beiden Aspekte des Exils Ciceros aufeinandergetroffen in der Formulierung *cedere coegisti*.

[429] Daß sich Cicero durchaus bewußt ist, zwei unterschiedliche Interpretationen zu propagieren, und darin, je nach Kontext, nicht unbedingt ein Problem sieht, zeigt sich in *Planc.* 26: *Plancio, quod me vel vi pulsum vel ratione cedentem receperit, iuverit, custodierit, his et senatui populoque Romano, ut haberent quem reducerent, conservarit, honori hanc fidem, misericordiam, virtutem fuisse miraris?*

dom. 132: ... *quibusnam verbis aut quo ritu – primum hoc dico – civis domum consecrares, deinde civis eius cui princeps senatus, tum autem ordines omnes, deinde Italia tota, post cunctae gentes testimonium huius urbis atque imperi conservati dedissent?*

Mit der mehrfachen Erinnerung an die Rettung des Staates[430] stellt Cicero nicht nur über seine Person eine Verbindung zwischen dem Staatsinteresse und dem Haus her, sondern indirekt bezweckt er damit, seine Adressaten an ihre Dankesschuld zu erinnern.[431] Dem Retter des Staates wird man doch wohl nicht das Haus vorenthalten wollen? Um zu zeigen, daß die Rückgabe dem Willen der Götter keineswegs widerspricht, ja sogar ihren Interessen entspricht[432], hebt Cicero seine Leistung von der staatlichen auf die göttliche Ebene und erinnert in einer Götteranrufung daran, daß die Rettung des Staates auch sie betraf: Er rettete ihre Heiligtümer vor Brand, verteidigte die Vestalinnen vor der Raserei und das ewige Feuer vor Auslöschung durch Bürgerblut und Vermischung mit dem Brand der ganzen Stadt (*dom.* 144). Die Kombination aus Götteranruf und Feuermetaphorik verleiht dieser Passage ein besonderes Pathos, das in die sich anschließende Zusammenfassung der Leistung (*dom.* 145)[433] überführt wird, in der sich Cicero erneut auf die zweifache Rettung des Staates, seine Unterordnung unter den göttlichen Willen und seine selbstlose Opferbereitschaft für das Wohl der Bürger beruft, die kaum verhohlen in der Forderung nach Erfüllung der daraus resultierenden Dankesschuld gipfelt: *hanc ego devotionem capitis mei, cum ero in meas sedis restitutus, tum denique convictam esse et commissam putabo.*[434]

---

[430] Die Berufung auf die Rettung des Staates und deren Anerkennung ist in diesem dritten Teil äußerst präsent, vgl. *dom.* 101; 114; 120; 124; 131; 134; 137.

[431] *dom.* 120: *Quid? si qui similis istius – neque enim iam deerunt qui imitari velint – aliquem mei dissimilem, cui res publica non tantum debeat, per vim adflixerit, domum eius per pontificem dedicaverit, id vos ista auctoritate constituetis ratum esse oportere?*

[432] Ähnlich *dom.* 107: ... *deos immortalis existimatis, cuius labore et consilio sua ipsi templa tenuerunt, in eius domum adflictam et eversam per hominis sceleratissimi nefarium latrocinium inmigrare voluisse?*

[433] ... *ut, si in illo paene fato rei publicae obieci meum caput pro vestris caerimoniis atque templis perditissimorum civium furori atque ferro, et si iterum, cum ex mea contentione interitus bonorum omnium quaereretur, vos sum testatus, vobis me ac meos commendavi, meque atque meum caput ea condicione devovi ut, si et eo ipso tempore et ante in consulatu meo commodis meis omnibus, emolumentis, praemiis praetermissis cura, cogitatione, vigiliis omnibus nihil nisi de salute meorum civium laborassem, tum mihi re publica aliquando restituta liceret frui, sin autem mea consilia patriae non profuissent, ut perpetuum dolorem avulsus a meis sustinerem.*

[434] Ähnlich auch schon *dom.* 143: *Denique ipsi di immortales qui hanc urbem atque hoc imperium tuentur, ut esset omnibus gentibus posteritatique perspicuum divino me numine esse rei publicae redditum, idcirco mihi videntur fructum reditus et gratulationis meae ad suorum sacerdotum potestatem iudiciumque revocasse. Hic est enim reditus, pontifices, haec restitutio in domo, in sedibus, in aris, in focis, in dis penatibus reciperandis.*

Cicero hat also durch die Berufung auf seine Rettung des Staates zum einen gezeigt, daß die Rückgabe des Hauses sowohl aus der Perspektive des Staates als auch der der Götter – denen das Grundstück immerhin durch Clodius geweiht worden war – angemessen war, zum anderen stellt er die Rückgabe vor dem Hintergrund seiner Leistung als Erfüllung einer Dankesschuld dar. Vor allem in der zuletzt besprochenen Passage vermittelt er eine deutliche Botschaft: Wer eingesteht, daß Cicero den Staat mitsamt den Heiligtümern gerettet hat, der darf ihm nicht unter Berufung auf die Götter sein Haus vorenthalten, sondern muß das von Cicero erbrachte Opfer durch die Rückgabe bestätigen – die Autorität Ciceros, die aus der Vergangenheit abgeleitet wird, ist in dieser Rede ein überwältigendes Überredungsmittel.[435]

Das unmittelbare Ziel, das Cicero mit *De domo sua* zu erreichen suchte, war natürlich die Wiedererlangung seines Hauses, das für ihn von großer Bedeutung war als Symbol seiner Zugehörigkeit zur römischen Führungsschicht und seines politischen Erfolges, nicht zuletzt aufgrund der Lage und Ausstattung.[436] Die Passagen, in denen von dem Haus nicht die Rede ist, dienen diesem Ziel indirekt dadurch, daß sie über die Vermittlung seiner *auctoritas* Ciceros Anspruch bekräftigen, und weisen so zugleich über dieses unmittelbare Ziel hinaus. Denn die Wiedererlangung des Hauses symbolisiert zugleich die Rehabilitation als Mitglied der Gemeinschaft[437], aus der er während der Verbannung ausgeschlossen war, und hierin liegt sowohl die persönliche als auch die politische Dimension der Rede.

> Clodius had erected, in full sight of the Forum and on the location where once had stood the visible symbol of Cicero's success, a shrine which implied Cicero's public life had been treasonable, to put it mildly. Cicero could not return to political activity with confidence until that new symbol was destroyed. So, in wrecking Cicero's house and creating the shrine, Clodius had attacked not only Cicero's pride but also his

---

[435] Classen (1985) 266 merkt im Zusammenhang mit der Rolle, die die psychische Verfassung in dieser Rede spielt, an, daß Cicero „auch seine Äußerungen über sich selbst und das ihm zuteil gewordene Unrecht (wie über seine Leistungen) benutzt, um hier zum Erfolg zu kommen [...]." Die Person des Gegners ist dabei ein wichtiger Faktor. „Auch in diesem Fall entscheidet also nicht die Sache über die Auswahl dessen, was vorgetragen wird, sondern der Partner, die Person des Gegners, daneben treten die Zuhörer und die allgemeine politische Situation." Siehe *Att.* 4, 2, 2: *dolor et <rei> magnitudo vim quandam nobis dicendi dedit.*

[436] Berg 123ff; Allen, W. Jr.: Cicero's House and *Libertas*, TAPhA 75 (1944), 1-9. Siehe auch *off.* I 138f.; *fam.* 5, 6, 2; *Att.* 1, 13, 6; *dom.* 146. Zur Lage des Hauses auch Allen, W. Jr.: The Location of Cicero's House on the Palatine Hill, CJ 35 (1939-1940), 134-143; Ders.: Nisbet on the Question of the Location of Cicero's House, CJ 35 (1939-1940), 291-295; Royo, M.: Le quartier républicain du Palatin, nouvelles hypothèses de localisation, REL 65 (1987), 89-111.

[437] Vgl. *fam.* 14, 2, 3.

> political creed. Cicero therefore insisted on being reëstablished in his home in a legalistic way in order to have both the state and the state religion emphasize the point that he had always been in the right.[438]

Letztlich geht es Cicero auch in dieser Rede darum, durch die Erinnerung an die eigene Leistung *auctoritas* zu vermitteln und einzufordern, um dadurch wieder Position innerhalb der Gemeinschaft zu beziehen.

Abschließend sei noch auf eine Strategie hingewiesen, mit der Cicero seinen Anspruch durchzusetzen sucht: Auffallend häufig spricht er in dieser Rede, besonders im dritten Teil, von sich in der dritten Person, zum Beispiel, indem er die Umschreibung *civis, qui* verwendet.[439] Mit dieser Formulierung hebt er seinen individuellen Fall auf eine allgemeingültige Ebene und lenkt durch die angestrebte Objektivierung und Abstraktion den Blick auf das Wesentliche, auf das es ihm ankommt. Damit demonstriert er zugleich, daß es nicht schlicht um das individuelle Schicksal irgendeines Konsularen geht, sondern um eine Angelegenheit von öffentlichem Interesse. Diese Objektivierungsstrategie wandte Cicero zwar gelegentlich in früheren Reden an[440], doch ist mit *De domo sua* in diesem Punkt eine neue, durch eine gesteigerte Intensität charakterisierte Stufe erreicht.

3.4.3 *Pro Sestio*

In seiner Verteidigung des P. Sestius (56 v. Chr.), der angeklagt war, während seines Tribunats (57 v. Chr.) mit bewaffneten Banden den öffentlichen Frieden gestört zu haben[441], sprach Cicero als letzter der Verteidiger und stellte neben der Lebensführung des Sestius und seinem Einsatz für den Staat vor allem jene, mit dem Tribunat des Sestius zeitlich zusammenfallende Krise des Gemeinwesens in den Mittelpunkt seiner Rede[442], die in Form seines Exils auch seine eigene war. Zur Legitimierung der breit angelegten Äußerungen über die eigene Person stellt Cicero eine direkte Verbindung her zwischen den Ereignissen, die zu seinem Weggang und zu seiner Rückkehr führten, und der Sache des Sestius;[443] denn das Tribunat sei auf die Heilung der Wunden des

---

[438] Allen (1944) 9.

[439] *dom.* 5; 26; 85; 90; 107; 122; 131; 132; 137; 146; vgl. auch *Vatin.* 7.

[440] *div. in Caec.* 70; *Sull.* 14; 85.

[441] Fuhrmann (2000 Bd. V) 281.

[442] *Sest.* 5.

[443] Vgl. May, J.M.: The Image of the Ship of State in Cicero's *Pro Sestio*, Maia N.S. 32 (1980), 259-264, h. 261: „The identification of his own cause with the defense of his client is a favorite tactic of Cicero, and here the union is made quite explicit. By doing so, of course, Sestius is allied with Cicero, the ex-consul, who saved the state, whose exile was mourned universally, who was recalled in triumph, who, in short, represents the forces of good working behind and in support of the Republic against the forces of evil working for

Staates ausgerichtet gewesen[444], und eine solche Wunde habe auch Ciceros *clades* dargestellt, woraus sich ergibt (*Sest.* 31):

> *... P. Sestius est reus non suo, sed meo nomine: qui cum omnem vim sui tribunatus in mea salute consumpserit*[445]*, necesse est meam causam praeteriti temporis cum huius praesenti defensione esse coniunctam.*

Aufgrund dieser Verbindung, die Cicero, ähnlich wie in *Pro Flacco*, durch Anbindung des Angeklagten an die eigene Leistung zu stärken sucht[446], geht er in außergewöhnlicher Breite auf sein eigenes Schicksal ein und zwar nicht allein zur Unterstützung der Position seines Klienten, sondern auch zur Selbstapologie.[447] Neben zahlreichen autobiographischen Einstreuungen findet sich im ersten, historisch angelegten Teil der Rede (*Sest.* 6-95), in dem sich Cicero mit dem „Schiffbruch des Staates" beschäftigt, Kritik an den damaligen Konsuln übt (v.a. *Sest.* 20-35; 53-56) und in einer bitterbösen Karikatur[448] mit ihnen abrechnet (*Sest.* 18-19), eine recht lange Passage über die Gründe, die ihn damals zum Weggang bewogen, wobei er auch auf das Verhalten der Triumvirn eingeht (*Sest.* 36-52); in dem systematischen zweiten Teil (*Sest.* 96-143) kommt Cicero dann im Zusammenhang mit der Frage nach den „Besten"[449] und der Demonstration der Einhelligkeit in der öffentlichen Meinung auf seine Rückkehr zu sprechen (*Sest.* 128-133).

Eines der Grundmotive auch dieser Rede ist die Gleichsetzung des Unglücks Ciceros mit dem des Staates sowie die Verknüpfung seiner Rückkehr mit dem Staatswohl.[450] Diesen Zusammenhang propagiert Cicero schon in Kap. 15 mit dem Bild eines gespannten Bogens: *cum in magno motu et multorum timore intentus est arcus in me unum, sicut vulgo ignari rerum*

---

its overthrow, personified in the characters of Piso, Gabinius, and in particular Clodius." Vgl. auch May (1988) 91.

[444] Auch *Sest.* 15.

[445] Ähnlich *Sest.* 14: *Sed tamen, quoniam tribunatus totus P. Sesti nihil aliud nisi meum nomen causamque sustinuit, necessario mihi de isdem rebus esse arbitror si non subtilius disputandum, at certe dolentius deplorandum.*

[446] *Sest.* 8; 11.

[447] Siehe May (1988) 93.

[448] Ebd. 92.

[449] Siehe *Sest.* 96 und 132. In Kap. 97f. beschreibt Cicero die Haltung der « Optimaten » mit Hilfe der Metapher des Staatsschiffes und bringt den erstrebenswerten Zustand auf die Formel *cum dignitate otium* (*Sest.* 98). Siehe Fuhrmann, M.: Cum dignitate otium. Politisches Programm und Staatstheorie bei Cicero, Gymnasium 67 (1960), 481-500, bes. die Ausführungen zum Bedeutungsspektrum des Begriffes *res publica* bei Cicero (490ff.); May (1988) 100f.; Wirszubski, Ch.: Cicero's *Cum Dignitate Otium*: A Reconsideration, JRS 44 (1954), 1-13.

[450] Vgl. auch *Vatin.* 8: *Quid optabilius ad immortalitatem gloriae atque in memoriam mei nominis sempiternam, quam omnis hoc civis meos iudicare, civitatis salutem cum unius mea salute esse coniunctam?*

loquebantur, re quidem vera in universam rem publicam. Diese Passage ist bezeichnend für Ciceros Bemühen, sich selbst zugleich als Einzelperson hervorzuheben, um dann sein Ausweichen als heroische Tat interpretieren zu können, und zu zeigen, daß sich die Bedrohung nur scheinbar gegen ihn allein richtete, in Wahrheit aber gegen den ganzen Staat.[451] So stellt sich auch die Isolation, in der er sich befand, als eine nur scheinbare dar, und er rückte dadurch nicht in die Peripherie des Staates, sondern stand noch immer in seinem Zentrum. Wie sehr er auch in dieser Zeit im Mittelpunkt des Staatsinteresses stand, bezeugte die allgemeine Sorge um sein Wohl, die sich im Zusammenströmen der Menschen und im Anlegen der Trauerkleider[452] manifestierte (*Sest.* 26-27).[453] Indem Cicero bei dieser Schilderung die Menschen, die sich für ihn einsetzten, mit der Bezeichnung *omnes boni* umfaßt (*Sest.* 26) und fehlende Trauerkleider als Zeichen einer schlechten Gesinnung wertet (*Sest.* 27), macht er die Haltung gegenüber seiner Person zum Prüfstein für die Gesinnung eines jeden. Das Unglück eint den Senat, *omnes boni*, den Staat und Cicero, für die Nachwelt allerdings wird ihm dies zum Ruhm gereichen, denn: *Quid enim quisquam potest ex omni memoria sumere inlustrius quam pro uno civi et bonos omnis privato consensu et universum senatum publico consilio mutasse vestem?* Hier wird wieder Ciceros Gratwanderung deutlich, auf die schon mehrfach hingewiesen wurde: Er ist bestrebt aufzuzeigen, in welchem Maße auch der Staat und die Rechtschaffenen von seinem Unglück betroffen waren, um dadurch dem Eindruck der zeitweiligen Isolation entgegenzuwirken, dabei möchte er aber durchaus als Einzelperson aus eben dieser Gemeinschaft, sozusagen im positiven Sinne einer Isolation, herausragen. Der immer wieder beschworene Konsens aller Rechtschaffenen[454]

---

[451] In dem (möglicherweise fiktiven, vgl. Fuhrmann [2000 Bd. V] 379) Fragenkatalog an einen Belastungszeugen *In Vatinium,* der ein Seitenstück zu *Pro Sestio* darstellt, wird deutlich, daß die absolute Unterordnung seiner Person unter das Staatsinteresse nun auch wieder nicht in Ciceros Interesse lag. Denn hier verwahrt er sich gegen den Einwand des Vatinius, daß die Bemühungen um die Rückberufung Ciceros nicht um seiner selbst willen, sondern um des Staates willen stattfanden (*Vatin.* 7: *At enim dixisti non mea sed rei publicae causa homines de meo reditu laborasse*), indem er zunächst eben dies als wünschenswert deklariert, dann aber doch mittels eines ironisch verzerrten Bildes seiner selbst aufzeigt, daß er sehr wohl Eigenschaften besitzt, die ihn um seiner selbst willen schätzenswert machen (*Vatin.* 8). Hieran wird deutlich, wie sehr die von Cicero gern propagierte Identifikation mit dem Staat der Aufwertung der eigenen Rolle dient. Es ist offenbar nicht in seinem Sinne, wenn er dabei allzu sehr beim Wort genommen wird und diese Identifikation, wie in der Deutung des Vatinius, so auf die Spitze getrieben wird, daß der Eigenwert seiner Person von dem Staatsinteresse gänzlich überschattet wird, sei es, daß er sich hier gegen eine mögliche „Fehlinterpretation" verwahrt (falls die Befragung fiktiv ist) oder gegen eine tatsächliche.

[452] Vgl. auch *Sest.* 32.

[453] Auch *Sest.* 29; 31; 33; 42; 50; 53; 128.

[454] Besonders *Sest.* 31f.; 36; 128.

pro uno civi[455] wird als Bestätigung dieser Sonderrolle herangezogen.[456] Nimmt man ergänzend das Motiv der Opferung *unus pro omnibus* hinzu, so ist man versucht, Ciceros Darstellung mit dem Motto „Einer für alle, alle für einen“ zu betiteln.

Zu Beginn der recht langen autobiographischen Passage, die Cicero seinen damaligen Überlegungen widmet (*Sest.* 36-52), führt er anhand eines Vergleiches mit Q. Metellus (*Sest.* 37) zunächst vor, in welch günstiger Ausgangsposition er sich eigentlich befand, da er sich darauf berufen konnte, seine Handlungen im Namen des allgemeinen Willens, nicht auf eigene Verantwortung ausgeführt zu haben (*Sest.* 38). Er hatte es nicht mit einem Heer zu tun, sondern *cum operis conductis et ad diripiendam urbem concitatis*, und nicht ein Marius war sein Gegner, sondern *duo importuna prodigia*, womit er nicht eben schmeichelhaft die beiden Konsuln umschreibt. In dieser Lage wäre Gewalt ein angemessenes Mittel gewesen, infolge dessen Cicero nicht mit Vorwürfen gerechnet hätte, doch davon hielt ihn ab, daß Clodius öffentlich behauptete, die Triumvirn auf seiner Seite zu haben (*Sest.* 39):

> ... *omnibus in contionibus illa furia clamabat se quae faceret contra salutem meam facere auctore Cn. Pompeio, clarissimo viro mihique et nunc et quoad licuit amicissimo; M. Crassus, quocum mihi omnes erant amicitiae necessitudines, vir fortissimus, ab eadem illa peste infestissimus esse meis fortunis praedicabatur; C. Caesar, qui a me nullo meo merito alienus esse debebat, inimicissimus esse meae saluti ab eodem cotidianis contionibus dicebatur.*

Bei näherem Hinsehen fallen feine, aber signifikante Nuancierungen auf. Während Crassus und Caesar von Clodius – jedenfalls so, wie Cicero ihn zitiert – als angebliche Gegner Ciceros bezeichnet werden (*infestissimus* und *inimicissimus*), heißt es bezüglich des Pompeius nur, daß das Vorgehen gegen Cicero durch ihn sanktioniert sei (*auctore Pompeio*). Noch interessanter ist allerdings die jeweilige Kommentierung Ciceros bezüglich seines Verhältnisses zu den drei Männern, die eine fallende Klimax aufweist: Pompeius sei ein enger Freund (*amicissimo*), mit Crassus sei er durch *amicitiae necessitudines* verbunden, Caesar sei ihm gegenüber nicht gewogen (*a me ... alienus*), jedoch, was aus Ciceros Sicht wichtig ist, *nullo meo merito*. Cicero ließ sich aber nicht durch die angebliche Bedrohung seitens dieser drei, die Clodius zu suggerieren suchte, beeinflussen, sondern durch deren Schweigen, weil dieses als Zustimmung gewertet wurde. Und in diesem Vorwurf der Untätigkeit wird Cicero noch deutlicher: *tribunum popularem a se alienare nolebant, suaque sibi propiora esse pericula quam mea loquebantur* (*Sest.* 40). Als wolle er einen Teil dieser Kritik an der Untätigkeit der Triumvirn[457] wieder zurückneh-

---

[455] Mit dieser Formulierung verfolgt Cicero wieder die Objektivierungsstrategie, die in *De domo sua* verstärkt auffiel. Vgl. auch *Sest.* 27; 29; 33; 47; 53.

[456] Vgl. auch *Vatin.* 9f.

[457] Vgl. bezüglich Caesar auch *prov.* 43.

men, erwähnt Cicero im folgenden, daß Crassus und Pompeius die Konsuln aufgefordert haben, sich der Sache anzunehmen.[458] Pompeius jedoch sei von gewissen Leuten vor Cicero gewarnt worden. Wie schon in *De domo sua* macht Cicero also Verleumdung für die Abkühlung zwischen ihm und Pompeius verantwortlich. Von Caesar weiß Cicero keine Maßnahme zu seinen Gunsten zu berichten, bezeichnet zwar die Behauptung, daß Caesar aufgebracht gegen ihn gewesen sei, als das Gerede unwissender Leute, berichtet aber im gleichen Atemzug, daß dieser einen Bruder des Clodius mit einem hohen Posten betraut habe, was die These der Gegnerschaft gegen Cicero wiederum unterstreicht (*Sest.* 41). Während er den Triumvirn in Kap. 40 nur Untätigkeit vorwarf, reicht diese Andeutung weiter in Richtung einer aktiven, wenn auch dezenten, Unterstützung der Gegenseite. Cicero streift das Verhalten Caesars nur en passant, gerade so, als wolle er allzu viele Worte meiden, um sich nicht deutlich über ihn äußern zu müssen. Mit Pompeius befindet sich Cicero offenbar auf einem anderen Niveau bzw. sucht er diesen Eindruck zu erwecken. Die Versicherung, daß dieser ihm gewogen sei, sowie die Anerkennung seines Einsatzes für den Staat dient offensichtlich der „Beziehungssicherung".

Ein nicht mehr funktionierender Senat, Konsuln, die ihren Aufgaben nicht nachkommen, Mächtige, die nicht reagieren, wenn sie fälschlich als Gegner Ciceros bezeichnet werden, eine eingebildetet Bedrohung durch Truppen[459] – was, fragt Cicero, hätte er in dieser Lage tun sollen (*Sest.* 42)? Er reflektiert nun über die Option einer gewaltsamen Antwort: Sie wäre selbst im Falle eines Sieges über Clodius keine Lösung gewesen, weil weitere Kämpfe gegen dessen Verbündete gefolgt wären (*Sest.* 43-44). Mit dem Einwurf eines *fictus interlocutor* gibt sich Cicero sodann das Stichwort, um auf ein heikles Thema zu sprechen zu kommen (*Sest.* 45): *'restitisses, repugnasses, mortem pugnans oppetisses'* – ein Verhaltensmuster, das dem eines Helden und Staatsretters sehr nahe kommt. Cicero ist sich offenbar durchaus darüber im klaren, daß sein „Ausweichen" erst noch in diesem Sinne interpretiert und als heldenhaft

---

[458] Zu den Bemühungen um Ciceros Rückberufung siehe auch *dom.* 69 und *Sest.* 74 (Pompeius), *dom.* 68 und besonders *Sest.* 73 (Cotta): ... *L. Cotta dixit* [...] *iure iudiciisque sublatis, magna rerum permutatione impendente, declinasse me paulum et spe reliquae tranquillitatis praesentis fluctus tempestatemque fugisse; qua re, cum absens rem publicam non minus magnis periculis quam quodam tempore praesens liberassem, non restitui me solum sed etiam ornari a senatu decere.* Cicero führt die Aussage des Cotta an, um sich seine zweifache Bewahrung des Staates „von außen" bestätigen zu lassen, wodurch diese Beurteilung eine Objektivierung erfährt. May (1980) 262 betont die Identifikation mit dem Staat, die hier herausklingt: „In this remarkable passage, Cicero becomes the helmsman or, in a sense, the ship itself, the ship identified with the *res publica*, the State of Rome."

[459] ... *intenta signa legionum existimari cervicibus ac bonis vestris falso, sed putari tamen.* Es stellt sich allerdings die Frage, inwiefern Cicero denn eigentlich durch seinen Weggang den Staat gerettet hat, wenn – zumindest diese – Bedrohung nur eingebildet war.

erwiesen werden muß. In einem pathetischen Anruf des Vaterlandes und der Götter versichert Cicero daher: *me vestrarum sedum templorumque causa, me propter salutem meorum civium, quae mihi semper fuit mea carior vita, dimicationem caedemque fugisse.* Er untermauert und erläutert diese Versicherung mit Hilfe des Bildes des Staatsschiffes[460], das er in zwei Varianten vorführt (*Sest.* 46): Wäre Cicero auf einem Schiff unter Freunden und Seeräuber drohten, das Schiff zu versenken, wenn nicht Cicero ausgeliefert würde, und die Mitreisenden wollten lieber untergehen als ihn ausliefern, dann hätte er sich zur Rettung derer, die ihm so zugetan waren, in die Tiefe gestürzt. In der zweiten Variante ist der wichtigste Unterschied hierzu zum einen die fehlende Unterstützung Ciceros, zum anderen die Bedrohung von allen Seiten (*ob hasce causas tot tamque varias me unum deposcerent*), und Cicero fragt: *depugnarem potius cum summo non dicam exitio, sed periculo certe vestro liberorumque vestrorum, quam id quod omnibus impendebat unus pro omnibus susciperem ac subirem?* Wieder gerät er dabei in die selbst gestellte Falle, denn je mehr er betont, daß man es auf ihn allein abgesehen hatte, um so drängender stellt sich die Frage, warum sein Tod denn dann dieses Ringen nicht beendet hätte. Cicero ist sich dessen bewußt und argumentiert daher weiter. Wieder läßt er einen *fictus interlocutor* einwenden (*Sest.* 47), daß so die *improbi* besiegt worden wären, und als Antwort hierauf wendet er eben den Vorwurf, der ihm nach seinem Konsulat gemacht worden war, in ein eigenes Argument und unterstreicht damit zugleich die Haltlosigkeit dieses damaligen Vorwurfs: *at cives, at ab eo privato qui sine armis etiam consul rem publicam conservarat.*[461] In einer langen Reihe rhetorischer Fragen sucht Cicero nun den Nachweis zu erbringen, daß der Tod an sich gerade ihn[462] nicht schreckte (*Sest.* 47-48). All diese Überlegungen brachten ihn zu dem Schluß, daß mit seinem Tod, selbst dann, wenn er durch Krankheit geschehe, das *exemplum rei publicae conservandae* zugleich unterginge, weil es dann auch nicht zu der einhelligen Rückberufung gekommen wäre.[463] Hieraus leitet er die Gleichsetzung seines Weggangs mit der Rettung des Staates ab (*Sest.* 49):

---

[460] Zur Metapher des Staatsschiffes in *Pro Sestio* siehe May (1980) passim, speziell zu dieser Stelle 262 und May (1988) 96f.; vgl. auch *prov.* 7 (innerhalb der Invektive gegen Piso und Gabinius, hier bezogen auf Piso): ... *tum in illo naufragio huius urbis, quam tu idem, qui gubernare debueras, everteras ...*; zum Metapherngebrauch in *Pro Sestio* siehe Fantham, E.: Comparative Studies in Republican Latin Imagery, Toronto 1972, 125-136.

[461] Vgl. *dom.* 99.

[462] *Sest.* 48: *mortem ... ego vir consularis tantis rebus gestis timerem?*

[463] Vgl. *Sest.* 50: *ego qui, quem ad modum multi in senatu me absente dixerunt, periculo rei publicae vivebam, quique ob eam causam consularibus litteris de senatus sententia exteris nationibus commendabar, nonne, si meam vitam deseruissem, rem publicam prodidissem? In qua quidem nunc me restituto vivit mecum simul exemplum fidei publicae; quod si immortale retinetur, quis non intellegit immortalem hanc civitatem futuram?*

Servavi igitur rem publicam discessu meo, iudices: caedem a vobis liberisque vestris, vastitatem, incendia, rapinas meo dolore luctuque depuli, et unus rem publicam bis servavi, semel gloria, iterum aerumna mea.

In diesem kurzen Abschnitt sind die wichigsten Elemente des propagierten Selbstbildes Ciceros enthalten: Die gleich zweifache Rettung des Staates, die Einzigartigkeit dieser Leistung (*unus*) sowie Selbstopferung, Ruhm und Kummer[464] als Ertrag. Eben diesen Kummer, der aus seinen Briefen so deutlich herausklingt, leugnet Cicero nicht, sondern interpretiert ihn als Maß für das Opfer, das er gebracht hat, und gerade den Schmerz, den er zu erleiden bereit war, will er als Zeichen seiner Vaterlandsliebe gewertet wissen[465] und führt den Gedanken weiter aus, daß seine Rückkehr ein Exemplum darstellt, so daß sein Tod sogar einem Verrat am Staat gleichgekommen wäre (*Sest.* 50). Er wendet sich sodann mit einem Aufruf an die Jugend, sich nicht durch die Erinnerung an seinen Sturz von dem Dienst am Staat abhalten zu lassen (*Sest.* 51-52). Von hier aus kommt er zurück auf den Kern seiner Ausführungen, die Erschütterung des Staates durch die Schuld der Konsuln. In einem pathetischen Bild personifiziert Cicero das Vaterland sowie die Häuser und Tempel der Stadt als in Trauer Zurückbleibende (*Sest.* 53):

... cum ego me e complexu patriae[466] *conspectuque vestro eripuissem, et metu vestri periculi, non mei, furori hominis, sceleri, perfidiae, telis minisque cessissem, patriamque, quae mihi erat carissima, propter ipsius patriae caritatem reliquissem, cum meum illum casum tam horribilem, tam gravem, tam repentinum non solum homines sed tecta urbis ac templa lugerent, nemo vestrum forum, nemo curiam, nemo lucem aspicere vellet: illo, inquam, ipso die - die dico? immo hora atque etiam puncto temporis eodem mihi reique publicae pernicies, Gabinio et Pisoni provincia rogata est.*

Und bevor er den Blick von seinem persönlichen Fall weglenkt, faßt er noch einmal seine unerhörte Vertreibung zusammen und nutzt dabei wieder die Gelegenheit, die Rechtmäßigkeit des Vorgehens zu betonen, das ihm zum Vorwurf gemacht wurde:

Pro di immortales, custodes et conservatores huius urbis atque imperi, quaenam illa in re publica monstra, quae scelera vidistis! Civis erat expulsus is qui rem publicam ex senatus auctoritate cum omnibus bonis defenderat, et expulsus non alio aliquo, sed eo ipso crimine; erat autem expulsus sine iudicio, vi, lapidibus, ferro, servitio denique concitato; lex erat lata vastato ac relicto foro et sicariis servisque tradito, et ea lex

---

[464] Auf das Leid, das er ertrug, verweist er auch in *har. resp.* 49. Dort sucht er das Exil als ruhmvoll zu interpretieren, ohne den Kummer zu negieren, indem er die beiden Aspekte verschiedenen Ebenen zuschreibt: ... *certe mihi exire domo mea ad privatum dolorem fuit luctuosum, ad rationem rei publicae gloriosum.*

[465] *Sest.* 49: ... *quod si fecissem, quod a me beneficium haberetis, cum pro vobis ea quae mihi essent vilia reliquissem? Hoc meo quidem animo summi in patriam amoris mei signum esse debet certissimum, quod, cum abesse ab ea sine summo dolore non possem, hunc me perpeti quam illam labefactari ab improbis malui.*

[466] Das Bild der Umarmung des Vaterlandes findet sich auch in *Pis.* 19.

quae ut ne ferretur senatus fuerat veste mutata. (54) *Hac tanta perturbatione civitatis ne noctem quidem consules inter meum interitum et suam praedam interesse passi sunt: statim me perculso ad meum sanguinem hauriendum, et spirante etiam re publica ad eius spolia detrahenda advolaverunt.*

Die Absurdität, die darin liegt, daß er, der den Staat verteidigte, eben deshalb aus dem Staat vertrieben wurde, und die sich in der Klassifizierung dieser Tat als *crimen* manifestiert[467], läßt Cicero dadurch plastisch hervortreten, daß er wieder in die dritte Person wechselt (*civis ... qui*) und so den Blick auf das Wesentliche lenkt. In dieser Darstellung ist die Akzentuierung der Selbstdarstellung wieder in Richtung der Opferrolle gewandelt, die sogar so weit gesteigert ist, daß der Eindruck entsteht, Cicero sei von Raubtieren angegriffen und „erlegt" worden. Das heroische Element tritt in den Hintergrund, und dies erklärt sich daraus, daß sich Cicero nun wieder verstärkt dem Unrecht und den Verbrechen zuwenden will, die in dieser Zeit geschahen und in deren Kontext die Anklage gegen Sestius steht.[468]

Gegen Ende der Rede, innerhalb des systematischen zweiten Teils, in dem Cicero sein politisches Programm formuliert, kommt er dann auf Rückberufung und Rückkehr zu sprechen (*Sest.* 128-131), wobei er den Bemühungen anderer breiten Raum widmet und besonders die Einzigartigkeit der Vorgänge hervorhebt. Die Beschreibung der Rückkehr selbst ist ähnlich eindringlich und bildlich gestaltet wie die des Weggangs in Kap. 53. Dort mußte er sich aus der Umarmung des personifizierten Vaterlandes lösen, nun strecken ihm stellvertretend für Italien und für das Vaterland die Brundisier zur Begrüßung die Rechte entgegen (*Sest.* 131). Der trostlosen Lage des Staates bei seinem Weggang stellt Cicero die heitere Stimmung bei seiner Rückkehr gegenüber:

Sest. 128: *Omnia discessu meo deserta, horrida, muta, plena luctus et maeroris fuerunt.*

Sest. 131: *Cunctae itinere toto urbes Italiae festos dies agere adventus mei videbantur, viae multitudine legatorum undique missorum celebrabantur, ad urbem accessus incredibili hominum multitudine et gratulatione florebat, iter a porta, in Capitolium*

---

[467] Ähnlich *Sest.* 145: *Ac si scelestum est amare patriam, pertuli poenarum satis* [...] *ego pulsus aris focis deis penatibus, distractus a meis, carui patria, quam, ut levissime dicam, certe protexeram.* Siehe zu dieser Stelle auch Wimmel, W.: Der Retter Cicero und die römische Krise (Zur Überlieferung von Pro Sestio, §145), Hermes 103 (1975), 463-468.

[468] In dem verhältnismäßig geringen Raum, den die eigentliche Widerlegung der Anklage einnimmt (*Sest.* 77-96), sieht May (1988) 99 eine Parallele zu Demosthenes' Kranzrede; vgl. Kennedy (1963) 231; Craig, C.P.: Shifting Charge and Shifty Argument in Cicero's Speech for Sestius, in: Wooten, C.W. (Hg.): The Orator in Action and Theory in Greece and Rome, Leiden/Boston/Köln 2001, 111-122 ist bemüht aufzuzeigen, daß Ciceros Auseinandersetzung mit der Sachfrage keine so untergeordnete Rolle spielt, wie es den Anschein erweckt.

> *adscensus, domum reditus erat eius modi ut summa in laetitia illud dolerem, civitatem tam gratam tam miseram atque oppressam fuisse.*[469]

In Ciceros Deutung wird die Stimmung im Staat durch seine Person bestimmt, die ganze Gemeinschaft reagiert im positiven wie im negativen Sinne auf sein Schicksal. Die Bedeutung für das Staatswesen, die Cicero damit seiner eigenen Person beimißt, kann kaum hoch genug angesetzt werden.

Das Ende der Rede zeigt deutlich, welche Überzeugungskraft Cicero aus seiner Vergangenheit, wie er sie geschildert hat, abzuleiten gedenkt, denn nachdem er nochmals das erlittene Leid angeführt hat (*Sest.* 145), kündigt er an, im Falle einer Niederlage zusammen mit Sestius in die Verbannung gehen zu wollen (*Sest.* 146), und führt den Richtern vor Augen, daß sie durch ihr Urteil bezüglich des Sestius die Ziele der Rechtschaffenen bestätigen können. „As indicated by his final plea, Cicero's real strategy is to justify and glorify his own character and position and then, by explicitely identifying Sestius with himself, to exonerate him of all charges."[470] Unverhohlen fordert er für Sestius dieselbe Rettung, die auch ihm selbst zuteil wurde, und wertet damit den Freispruch geradezu als verpflichtende Konsequenz. Damit legt er seine Adressaten wie schon in *De domo sua* auf die Bestätigung seiner Person fest, die sich in seiner Rückberufung manifestierte, und leitet daraus selbstbewußt weitere Forderungen ab – der Blick in die Vergangenheit stellt eben dazu die Basis bereit.

Neben der Solidarisierung mit Sestius zum Dank für dessen Anteil an der Rückberufung und der Propagierung eines politischen Programms[471] dürfte „Öffentlichkeitsarbeit" in Bezug auf die eigene Position ein entscheidendes Ziel Ciceros in der Rede für Sestius gewesen sein.[472] Dabei lassen die außergewöhnliche Qualität und Quantität der Äußerungen über die eigene Person in *Pro Sestio* die Einschätzung zu, daß diese Rede eine Zäsur in der Entwicklung des autobiographischen Schreibens Ciceros markiert. Denn Cicero rückt seine eigene Person ähnlich entschieden in den Vordergrund wie in den Reden *Post Reditum* und in *De domo sua*, obgleich es hier einen Angeklagten zu verteidigen gilt. Dieser aber verschwindet über lange Passagen hinweg völlig aus dem Blickfeld und macht Platz für Ciceros Selbstdarstellung.[473] Es spricht für Ciceros Autorität und seine Überredungskunst, daß er

---

[469] Vgl. Nicholson 23; diese öffentliche Schilderung seiner Rückkehr ähnelt in auffälliger Weise der Darstellung in *Att.* 4, 1, 4-5 (Sept. 57).
[470] May (1988) 104.
[471] Fuhrmann (1960) 493.
[472] Zu den Motiven Ciceros siehe auch May (1980) 260 und (1988) 90; Thierfelder 245ff.
[473] Vgl. May (1980) 260 und (1988) 91; Thierfelder 245; Évrard, É.: Le *Pro Sestio* de Cicéron: Un leurre, Filologia e forme letterarie, Studi offerti a Francesco della Corte, Vol. 2: Letterature latine dalle origini ad Augusto, Urbino 1987, 223-234 weist dieses Übergewicht der Person Ciceros auch anhand narrativer Strategien nach.

mit dieser Strategie einen Freispruch erzielte.[474] Zwar gilt auch in diesem Fall, daß eine positive Selbstdarstellung des Verteidigers dem Klienten nützt und damit prozeßdienlich ist. Immerhin mußte Cicero dafür sorgen, daß nur der Glanz des Rückkehrers, nicht die Schande des Verbannten sein rhetorisches Gewicht als Verteidiger bestimmte.[475] Auch thematisch besteht durchaus ein Zusammenhang zwischen dem Prozeßgegenstand und den autobiographischen Passagen. Doch es ist nicht zu verkennen, daß dem propagierten Mythos von der Abwesenheit des Staates neben dem prozessualen Wert im Hinblick auf die Verteidigung des Sestius[476] ein erheblicher Eigenwert zukommt. Mit dem Exil und vor allem mit der Rückkehr ist eine neue Epoche im autobiographischen Schreiben Ciceros eingeläutet. Die Umdeutung des Exils aus einer Manifestation von Schuld in eine Selbstopferung zum Wohle des Staates ist das zentrale Ziel, das Cicero verfolgt, und er setzt sich dabei auch detailliert mit Handlungsoptionen auseinander, die ihm damals zu Gebote standen, um seine damalige Entscheidung zu legitimieren. Der breite Raum, den er dem Nachweis widmet, daß er den Tod nicht aus Feigheit, sondern aus selbstlosen und rationalen Erwägungen heraus vermied, deutet darauf hin, daß er diesen Aspekt für besonders erklärungsbedürftig hielt. Ihm war natürlich bewußt, daß der Freitod in dieser Situation für einen Römer durchaus angemessen gewesen wäre. Derart hatte er sich aus dem Exil auch selbst in einem Brief an seinen Bruder geäußert.[477] Die Rückberufung hatte ihm Recht gegeben in seiner Entscheidung gegen den Tod[478], doch mußte er diese nun in der Rückschau nachträglich legitimieren durch die Unterordnung unter das Staatswohl, und daher ist die Berufung auf die Identifikation mit dem Staat das zentrale Argument in der Apologie. Cicero etabliert geradezu eine Patron-Klient-Konstellation zwischen sich selbst und dem Gemeinwesen.[479] Auf der Identifizierung mit Sestius einerseits und dem Staat andererseits basiert somit Ciceros Argumentation: „By aligning Sestius with himself and himself with the state, and

[474] Vgl. *ad Q. fr.* 2, 4, 1 und May (1988) 104.

[475] Welche Überredungskraft Cicero seiner Autorität beimißt, zeigt sich schon allein daran, daß er seine Rede nicht mit einer Versicherung der Unschuld seines Klienten enden läßt (vgl. May [1981] 314), sondern mit der Forderung, Sestius um Ciceros willen freizusprechen. Diese Strategie ist im Grunde folgerichtig, da er ja zu Anfang versichert hatte, Sestius sei auch seinetwegen angeklagt (Kap. 31).

[476] Riggsby (2002) 180.

[477] *ad Q. fr.* 1, 4, 4.

[478] Daß die Entscheidung gegen den Tod wohl nicht ganz so wohlüberlegt und zum Wohle des Staates getroffen wurde, legen Briefe nahe, aus denen deutliche Reue über die Entscheidung herausklingt, die Cicero sogar teilweise seinen Freunden anlastet. Vgl. *Att.* 3, 3; 3, 4; 3, 7, 2; 3, 9, 1; 3, 19, 1; *ad Q. fr.* 1, 3, 1: *Atque utinam me mortuum prius vidisses aut audisses, utinam te non solum vitae, sed etiam dignitatis meae superstitem reliquissem!* Vgl. May (1988) 190.

[479] May (1981) 310f. und (1988) 93ff.

juxtaposing this layered unity against those who have attacked and wounded the state, him, and therefore Sestius, Cicero once again creates the familiar antithetical portraits of personified good versus personified evil, ethical portraits that provide the foundation for his defense."[480]

Die Identifikation mit dem Staat und die Interpretation des Exils als Opfer sind also die wichigsten Elemente der Neuinterpretation seines Exils[481], zu der Cicero in der Rede für Sestius die Gelegenheit ergreift, um seinen Platz in der römischen Öffentlichkeit und Politik wieder einzunehmen mit Hilfe eines Bildes seiner Vergangenheit, das Apologie und Ruhmanspruch vereint.[482]

3.4.4 *De haruspicum responso*

Anlaß dieser Rede war ein Gutachten der Opferschauer, das menschliches Fehlverhalten bescheinigte und eine Gefahr für den Staat prognostizierte. Unter anderem war von der Mißachtung geweihter Stätten die Rede, die Clodius sogleich auf Ciceros Grundstück auf dem Palatin bezog. Cicero seinerseits suchte in seiner Rede *De haruspicum responso* zu erweisen, daß das Gutachten nicht auf ihn selbst, sondern auf seinen Gegner Clodius ziele.[483]

Cicero sieht sich in dieser Rede gezwungen, sich für das Reden über die eigene Person zu rechtfertigen, und dabei verwundert es kaum, daß er die Gelegenheit nutzt, an sein Verdienst zu erinnern (*har. resp.* 17):

> *... si me tantis laboribus pro communi salute perfunctum ecferret aliquando ad gloriam in refutandis maledictis hominum improborum animi quidam dolor, quis non ignosceret? Vidi enim hesterno die quendam murmurantem, quem aiebant negare ferri me posse, quia, cum ab hoc eodem impurissimo parricida rogarer cuius essem civitatis, respondi me, probantibus et vobis et equitibus Romanis, eius esse quae carere me non potuisset. Ille, ut opinor, ingemuit. Quid igitur responderem?* [...] *Potest quisquam vir in rebus magnis cum invidia versatus satis graviter inimici contumeliis sine sua laude respondere?*

Ciceros Interpretation seines Exils ist in dieser Rede besonders interessant, weil sie beide Facetten des Selbstbildes enthält, das Cicero propagieren wollte: das des gewaltsam Vertriebenen und des heldenhaft zum Staatswohl Ausweichenden. Letzteres zeichnet er im Zusammenhang mit der Bedrohung des Staates (*har. resp.* 45):[484] In einem von Feuermetaphorik[485] (*fax – flamma –*

---

[480] Ders. (1988) 95. In Zusammenhang mit der Konstruktion dieser beiden Fronten steht auch die Definition der „Besten" mit Hilfe des Kriteriums ihrer Haltung gegenüber dem Staat, vgl. *Sest.* 138 und May (1988) 103.

[481] May (1988) 104f.

[482] Vgl. Stevens (1995) 94 und May (1981) 315.

[483] Vgl. zu den Hintergründen der Rede Fuhrmann (2000 Bd. V) 411f.; Lenaghan, J.O.: A Commentary on Cicero's Oration *De Haruspicum Responso*, The Hague 1969, 11-37.

[484] *Iniecta fax est foeda ac luctuosa rei publicae; petita est auctoritas vestra, gravitas amplissimorum ordinum, consensio bonorum omnium, totus denique civitatis status. Haec*

exarsi – ignibus – fumantem) durchsetzten Bild sucht Cicero die Bedrohung des Staates und seiner Person, seine Vertreibung und sein Ausweichen zu verbinden. Er betont zunächst, daß das Staatswesen und die Werte der Gesellschaft das eigentliche Ziel des Angriffs waren, und lenkt den Blick dann auf seine Person (*cum in me ... coniciebatur*). Er habe die Flamme aufgefangen und als Einziger um des Vaterlandes willen gebrannt. Die Isolation seiner Person, die aufgrund dieser Darstellung naheliegt, sucht er in eine Tugend zu deuten, zum einen, indem er betont, daß seine Person nur den Anfang bildete (*me primum ictum*)[486], zum anderen durch die Selbststilisierung zum Opfer für die Gemeinschaft (*pro patria – pro vobis*). Es ist jedoch nicht zu übersehen, daß das von Cicero gezeichnete Bild nicht ganz stimmig ist. Denn wenn der Angriff, auch wenn er eigentlich dem Staat galt, zunächst auf ihn zielte, wie kann er dann behaupten, ihn abgefangen (*excipere*) zu haben? „Abfangen" impliziert doch ein bewußtes Umlenken eines Angriffs auf die eigene Person – wenn der Angriff (sei es auch nur vordergründig) ihm galt, dann war das „Getroffen werden" nicht das Resultat einer Opferung Ciceros, sondern ein Erfolg des Angriffs. Anrechnen kann er sich allerdings, dem Angriff nicht ausgewichen zu sein, sondern sich ihm gestellt zu haben. Ciceros Dilemma liegt darin, daß er durch die Einbindung seiner Person in das Gemeinwesen und die Berufung auf die Bedrohung des Staates der Interpretation entgegenwirken will, daß er allein betroffen und anvisiert gewesen sei; im positiven Sinne will er jedoch durchaus isoliert sein, nämlich als heldenhafter und sich aufopfernder Retter (*solus exarsi*). Die negative Seite seiner damaligen Isolation sucht er zu negieren, die positive hervorzuheben. Dies gelingt ihm nur bedingt, was natürlich auch an der Tendenz dieser Rede liegt, denn die Schuld des Clodius an der Lage des Staates ist ja sein Beweisziel, und deshalb muß der Akzent in seiner Darstellung auf dem liegen, was er durch Clodius erlitt. Die Opferrolle muß daher Vorrang haben vor der Heldenrolle. Daher ist die Akzentuierung seiner Selbstdarstellung auch in weiteren autobiographischen Passagen, die sich in dieser Rede finden, auf diesen Aspekt hin verschoben und gliedert sich somit in die Schuldzuweisung ein, die die Grundtendenz der Rede bildet. Cicero stellt sich selbst auf Seiten der Opfer neben den Staat (*har. resp.* 47: *tam crudelis mei, tam sceleratus rei publicae vexator esse potuisset?*) und verstärkt diese Verbindung durch die Erinnerung an seine Rettung des Staates im Zusammenhang mit der Catilinarischen Verschwörung, wobei er

---

enim certe petebantur, cum in me cognitorem harum omnium rerum illa flamma illorum temporum coniciebatur. Excepi et pro patria solus exarsi, sic tamen ut vos isdem ignibus circumsaepti me primum ictum pro vobis et fumantem videretis.

[485] Vgl. die Kriegsmetaphorik in *har. resp.* 47.

[486] Vgl. ebd.: *Atque ex hac nimia non nullorum alienatione a quibusdam haerent ea tela in re publica quae, quam diu haerebant in uno me, graviter equidem sed aliquanto levius ferebam.*

mit der Bezeichnung *togatus* wieder seine damalige zivile Stellung und sein gewaltfreies Vorgehen herausstellt (*har. resp.* 49: *quoniam togatum domestici belli exstinctorem nefario scelere foedasset*).[487] Seine Leistung hebt er erneut durch den Wechsel in die dritte Person auf eine allgemeingültige Ebene und wertet sie als bestätigt durch den Konsens bei seiner Beurteilung als *conservator* (*har. resp.* 58: *Quid de patria loquar? qui primum eum civem vi, ferro, periculis urbe, omnibus patriae praesidiis depulit quem vos patriae conservatorem esse saepissime iudicaritis ...*).[488] Neben der bekannten Strategie von Identifikation der eigenen Person und Isolation des Gegners fällt hier die Akzentverschiebung in der Darstellung auf: Das propagierte gewaltsame *depellere* verträgt sich in letzter Konsequenz nur schwer mit dem freiwilligen, als Opfer dargebrachten *cedere*, das sich Cicero gerne zuschreibt.

3.4.5 *De provinciis consularibus*

Cicero befürwortete in seiner Rede *De provinciis consularibus* den Vorschlag, den zukünftigen Konsuln des Jahres 55 v. Chr. die Provinzen Syrien und Makedonien zuzuweisen, welche zu diesem Zeitpunkt noch Piso und Gabinius unterstanden. Indem er durch seinen Antrag deren Abberufung anstrebte (*prov.* 3-18), setzte er seinen Feldzug gegen die beiden Männer fort, die er

---

[487] Interessant und bezeichnend ist an dieser Stelle auch der Vergleich mit Pompeius: Er stellt sich selbst als *togatum domestici belli exstinctorem* Pompeius als *externorum bellorum hostiumque victorem* gegenüber. Die Leistung erscheint vergleichbar, denn in beiden Fällen handelt es sich um das Beenden eines Krieges. Wohl kaum zufällig oder aus Streben nach Variation bezeichnet sich Cicero selbst nicht als *victor*, sondern als *togatus exstinctor*. Diese Formulierung unterstreicht die Anpassung an die Erfordernisse der Situation – immerhin handelte es um eine innere Auseinandersetzung, die mehr Feingefühl und Rücksicht erforderte als der Kampf gegen äußere Feinde – und überhaupt die milde Gesinnung Ciceros, die ihn auch angesichts der Gefahr nicht verließ. Man darf hinter diesem Vergleich den Anspruch auf zumindest Gleichrangigkeit der eigenen Leistung vermuten, wenn nicht gar auf ein Überflügeln. Vgl. auch Steel (2001) 169 zu *Catil.* IV 21: „Cicero does not simply put his achievement on a par with the greatest military victories of recent history, but elevates it above them, because it has preserved the centre. The special nature of what he has done, because it is a Roman and a civilian action, occurs again later in this passage. It is also remarkable that he feels able to reduce military campaigns overseas to an adjunct of the tourist trade: the empire derives its meaning from the centre. And it is also obvious, by the end of the sentence, that Cicero has in mind not military campaigns in general, but specifically those of Pompeius, since it is he who is about to return in triumph to Rome. Cicero is indicating that even Pompeius' conquest of the East needs his, Cicero's, actions in Rome for its completion."

[488] Auch in *har. resp.* 61 erinnert er an die Bestätigung, die ihm in Form von Ämtern und Auszeichnungen zuteil wurde: ... *Atque ego hanc orationem, patres conscripti, tam tristem, tam gravem non suscepissem, non quin hanc personam et has partis, honoribus populi Romani, vestris plurimis ornamentis mihi tributis, deberem et possem sustinere, sed tamen facile tacentibus ceteris reticuissem*; [...].

neben Clodius für sein Exil verantwortlich machte. Zugleich suchte er zu verhindern, daß die Wahl auf die gallischen Provinzen fiel, was eine Abberufung Caesars zur Folge gehabt hätte (*prov.* 18-39).[489] Die Rede markiert somit Ciceros Einschwenken auf die Linie der Triumvirn[490], besonders Caesars, deren tatsächliche Machtposition seit der Konferenz von Luca offenkundig geworden war, und spiegelt vor allem im letzten Teil (*prov.* 40-47) den Rechtfertigungszwang wider, dem Cicero aufgrund seines Kurswechsels unterlag.

Seine Argumentation gegen Piso und Gabinius[491] gründet Cicero auf ein düsteres Bild von Unrecht und Ausbeutung, das er von beider Provinzverwaltung zeichnet. Die Invektive ist thematisch an das rhetorische Ziel der Rede angepaßt. In diesem Teil der Rede (*prov.* 3-18) kommt Autobiographisches dezent und geschickt zum Einsatz: Zur Authentifizierung des Bildes, das er entwirft, streut er geschickt Bemerkungen ein zu dem Leid, das er selbst durch die Schuld der beiden erfahren hat, klammert persönliche Motive jedoch entschieden aus[492] und beschränkt den Blick auf die sachliche Frage nach den Provinzen; diese selbst auferlegte Beschränkung durchbricht er durch gelegentliche und wohl dosierte Seitenblicke auf die Schandtaten bezüglich seiner Person und des Gemeinwesens, die er offiziell unerwähnt lassen will.[493] Nicht direkt zur Sache Gehörendes auszuschließen und eben dadurch anzubringen: Dies ist die Strategie, mit deren Hilfe Cicero hier Invektive und sachliche Argumentation verbindet.

Als Übergang zu seinem Plädoyer gegen eine Abberufung Caesars thematisiert Cicero seine prekäre eigene Lage, indem er einen Zwischenruf in seine Rede aufnimmt[494] und darauf antwortet. Er sei in seiner Rede unterbrochen worden durch den Einwand (*prov.* 18): *Negat me vir optimus inimiciorem Gabinio debere esse quam Caesari: omnem illam tempestatem cui cesserim Caesare impulsore atque adiutore esse excitatam.* Über diesen Punkt schweigt sich Cicero nun vorerst aus und beruft sich statt dessen auf das Staatsinteresse,

---

[489] Eben darauf zielte der Vorschlag, den neuen Konsuln die gallischen Provinzen zuzusprechen, vgl. Butler/Cary 12f; Fuhrmann (2000 Bd. VI) 62.

[490] Fuhrmann (2000 Bd. VI) 59ff.; Giebel 63.

[491] Cicero verschweigt die familiäre Verbindung zwischen Caesar und Piso, der dessen Schwiegersohn war – die (erzwungene) Aussöhnung dehnt Cicero also keineswegs über Caesar hinaus aus. Immerhin erfüllt die Invektive eine wichtige politische Funktion bei der Wiederherstellung der eigenen *dignitas*, vgl. Steel (2001) 183ff.

[492] Vgl. auch *prov.* 47.

[493] *prov.* 2-4; 7-8; 18.

[494] Es ist wahrscheinlich, daß dieser Zwischenruf tatsächlich erfolgt ist, die zeitgenössische Leserschaft hätte fingierte Einwürfe als solche erkennen können. Nichtsdestoweniger ist der Zwischenruf sicherlich bewußt von Cicero in die schriftliche Fassung übernommen worden, weil er Cicero das Stichwort für die Rechtfertigung und Erklärung gibt. Vgl. auch *prov.* 40. Beide Erwähnungen von Zwischenrufen erfüllen eine gliedernde Funktion, indem sie zu einem neuen Teil der Rede überleiten.

das zum zentralen Motiv der Rede wird.[495] Ihm unterstellt Cicero sowohl die Bedeutung Caesars als auch sein eigenes Handeln. Daß Caesar in Gallien bleibe und beende, was er angefangen habe, liege im Interesse des Staates (*prov.* 19). Wenn er selbst mit Rücksicht auf das Staatwohl von einer Feindschaft ablasse, dann könne ihm daraus kein Vorwurf gemacht werden (*prov.* 20). Er untermauert seine Argumentation mit historischen Exempla (*prov.* 21-22) und macht seine Orientierung am Wohl des Staates glaubhaft durch die Erinnerung an seine Vergangenheit (*prov.* 23): aus Liebe zum Vaterland sei er ihm in großer Gefahr zu Hilfe geeilt und habe sich ein anderes Mal allein (*unum pro universis*) den Geschossen ausgesetzt, die es bedrohten.

> *Hic me meus in rem publicam animus pristinus ac perennis cum C. Caesare reducit, reconciliat, restituit in gratiam.* (24) *Quod volent denique homines existiment: nemini ego possum esse bene merenti de re publica non amicus.*

Cicero erklärt das Staatswohl hier zum Maßstab seines Handelns und begründet damit auch seine Feindschaft mit Clodius (*prov.* 24). Er streitet nicht ab, in politischen Fragen anderer Meinung gewesen zu sein als Caesar, beruft sich aber sogleich darauf, hierin mit dem Senat übereingestimmt zu haben (*prov.* 25), und liefert andererseits sogleich Beispiele dafür, daß er selbst Caesar auch in der Vergangenheit unterstützt habe, zuweilen sogar über das für das Staatswohl Nötige hinausgehend (*prov.* 26-28). Und bevor er näher auf Caesar und die Erfordernisse Galliens eingeht, versichert er nochmals (*prov.* 29): *cum ... in hac me nihil aliud nisi ratio belli, nisi summa utilitas rei publicae moveat.* Die ständige Berufung auf das Staatswohl dient nicht nur argumentativ dem rhetorischen Ziel und der Rechtfertigung des eigenen Handelns, sondern hat darüber hinaus eine integrierende Funktion, denn über diesen obersten Wert bindet sich Cicero an Caesar und den Senat an und distanziert sich von seinen Gegnern.[496]

Während Cicero in den bisher besprochenen Passagen basierend auf der Annahme einer Feindschaft zwischen ihm und Caesar argumentiert hatte[497], ist er im Schlußteil der Rede, der nun – wiederum anläßlich eines Zwischenrufs – in chronologischer Abhandlung direkt seinem Verhältnis zu Caesar gewidmet ist, um Differenzierung bemüht. Die Entstehung unterschiedlicher politischer Auffassungen habe nichts an der freundschaftlichen Verbindung geändert (*prov.* 40). Als Konsul habe Caesar ihm mehrfach Stellen angeboten, die er aus Überzeugung, jedoch in Dankbarkeit ablehnte; in seiner Darstellung ist Caesar der sich stets um ihn Bemühende (*me participem esse voluit – rogavit – detulit – ornabat*) und er selbst das standhafte Bollwerk, an dem diese

---

[495] Vgl. *prov.* 18; 20; 23; 27; 29; 30; 39; 44; 57. Auffallend häufig spricht Cicero von der *utilitas*: *prov.* 1 (*utilis*); 18; 22; 27; 29; 30.
[496] Siehe Spielvogel 121.
[497] Vgl. v.a. *prov.* 20 und 23.

Bemühungen scheitern (*prov.* 41);[498] Caesar machte Ciceros Feind Clodius zum Plebejer – Cicero zieht die Möglichkeit, daß dies aus Zorn wegen der ausgeschlagenen Angebote geschah, in Betracht (*sive iratus mihi*), versichert jedoch sogleich, daß dies kein Unrecht dargestellt habe (*prov.* 42). Nun wendet er sich seinem Unglück zu, das er in ein von Bedrohung, Düsternis und Angst durchdrungenes Bild der Lage des Staates einbettet. Die Haltung der betroffenen Parteien wird kontrastreich gegenübergestellt (*prov.* 43): *terror iniectus Caesari de eius actis, metus caedis bonis omnibus, consulum scelus, cupiditas, egestas, audacia!* Es ist nicht zu übersehen, daß Caesar in dieser Darstellung eine Mittelposition zwischen diesen Extremen einnimmt, denn seine Handlungen weisen ihn der Seite der Konsuln zu, seine Gesinnung, die sich in seinem Schrecken über die Entwicklung äußert, jedoch der Seite der Rechtschaffenen. In Form von Konditionalsätzen reflektiert Cicero über das, was ihm widerfuhr (*prov.* 43):

> *Si non sum adiutus, non debui; si desertus, sibi fortasse providit; si etiam oppugnatus, ut quidam aut putant aut volunt, violata amicitia est, accepi iniuriam, inimicus esse debui, non nego.*

Die ersten beiden Stufen des klimatisch aufsteigenden Trikolons (*non adiutus – desertus*) entschuldigt Cicero, bei der letzten (*oppugnatus*) gesteht er ein, daß dies ein Unrecht darstelle und er dann ein Feind Caesars sein müsse. Ohne näher darauf einzugehen, ob denn nun eine tatsächliche Feindschaft bestand, zieht Cicero – eingeleitet durch *sed* – Caesars Position bei seiner Rückberufung als Ausgleich für die mangelnde Unterstützung heran. Was er jedoch über Caesar in diesem Zusammenhang zu sagen weiß, ist recht dürftig, denn er kann nicht viel mehr feststellen, als *voluntatem Caesaris a salute mea non abhorrere,* und so bezieht er Pompeius als Zeugen der Gesinnung Caesars ein und rechnet dessen Aktivitäten, die er auch in anderen Reden bereits hervorgehoben hatte[499], gleichsam als Pluspunkte auf Caesars Konto mit ein. Cicero wagt sich nur so weit vor, Caesar Untätigkeit und mangelnde Unterstützung[500] zu bescheinigen, die Frage, ob er gegen Cicero auch aktiv wurde, läßt Cicero unbeantwortet und beantwortet sie damit letztlich doch. Zu seiner Rechtfertigung tritt er zudem die Flucht nach vorn an und beruft sich darauf, daß er sich in seinen Handlungen, sowohl bei der Rettung des Staates als auch in seinem Entschluß, kein Bündnis mit Caesar einzugehen, nach dem Rat einiger führender Männer gerichtet habe, und er erinnert seine Zuhörer daran, daß auch sie das Vorgehen Caesars legitimiert haben (*prov.* 45). Wieder stellt er so eine auf

---

[498] Vgl. *Phil.* II 23; *fam.* 6, 6, 4; siehe hierzu Strasburger, H.: Ciceros philosophisches Spätwerk als Aufruf gegen die Herrschaft Caesars, hrsg. von G. Strasburger, Hildesheim 1990, 6.
[499] *p. red. in sen.* 29; *p. red. ad Quir.* 16; *dom.* 30; *Sest.* 107f.
[500] Vgl. auch *Sest.* 40.

Eingigkeit beruhende Verbindung zwischen sich, dem Senat und Caesar her. Am Ende der Rede faßt er selbst seine Argumentation noch einmal zusammen (*prov.* 47):

> *Ego, si essent [inimicitiae] mihi cum C. Caesare, tamen hoc tempore rei publicae consulere, inimicitias in aliud tempus reservare deberem; possem etiam summorum virorum exemplo inimicitias rei publicae causa deponere. Sed cum inimicitiae fuerint numquam, opinio iniuriae beneficio sit extincta, sententia mea, patres conscripti, si dignitas agitur Caesaris, homini tribuam,*[...].

Durch die Verwendung des Irrealis (*si essent*) und die Versicherung *cum inimicitiae fuerint numquam* negiert Cicero eine frühere Feindschaft mit Caesar, beruft sich aber auch für diesen hypothetischen Fall auf das Staatswohl. Die breit angelegte Diskussion des Verhältnisses zwischen Caesar und Cicero hat das Thema einer (zumindest zeitweiligen) Feindschaft letztlich nicht aus dem Weg geräumt – gerade die Häufung im letzten Kapitel der Rede läßt den Hörer und Leser trotz aller Beteuerungen mit diesem Eindruck zurück.[501]

Ciceros Antrag war erfolgreich – ohne große Gegenwehr und zu seinem eigenen Kummer, wie aus einem Brief herausklingt, den er im Juli 56 v. Chr. an P. Lentulus Spinther schrieb (*fam.* 1, 7, 10).[502] Die autobiographischen Passagen zeigen Cicero in weitgehender Defensive; sie demonstrieren den Rechtfertigungszwang, dem er sich wegen seiner Kehrtwende ausgesetzt sah und den er an mehreren Stellen thematisiert;[503] doch der Schatten, den er trotzdem auf Caesars Rolle bei seiner Verbannung fallen läßt, macht deutlich, daß die Hinwendung zu den Triumvirn (und die Abkehr von dem in *Pro Sestio* proklamierten Prinzip *cum dignitate otium*) keine bedingungslose Unterwerfung darstellte, sondern eine weitgehende Anpassung an die Erfordernisse der politischen Lage. Es ging um eine Positionierung der eigenen Person innerhalb des sich etablierenden Machtgefüges.

3.4.6 *In Pisonem*

Mit seiner Invektive *In Pisonem* (55 v. Chr.) antwortete Cicero auf einen Angriff Pisos, der sich seinerseits über die ständigen Anfeindungen durch Cicero beklagt und dessen Verhalten sowohl vor als auch nach dem Exil kritisiert hatte. In seiner Rede, die letztlich eine „speech in defence"[504] darstellt, sind die zentralen autobiographischen Themen, die Cicero behandelt, die Ämterlaufbahn und die Amtsausübung, Exil und Rückkehr sowie das Verhält-

---

[501] *Inimicitia / inimicus* stellt ein Leitthema der Rede dar, vgl. *prov.* 47 (7x); 18-24 (13x); außerdem *prov.* 11; 33; 39; 41-44.

[502] Vgl. *Att.* 4, 5, 1.

[503] Vgl. *prov.* 18; 20; 24; 26; 40; 44.

[504] Griffin, M.T.: Piso, Cicero and Their Audience, in: Auvray-Assayas, C.; Delattre, D. (Hgg.): Cicéron et Philodème. La polémique en philosophie, Paris 2001, 85-99, h. 93.

nis zu Caesar und Pompeius, wobei er durch scharfe Kontrastierung die Rechtfertigung seines Handelns mit der Invektive gegen Piso kombiniert. Vor allem innerhalb der eigentlichen Synkrisis (*Pis.* 1-63) bringt er „ein Kontrastbild, das auf der einen Seite nur Licht und auf der anderen Seite nur Schatten erkennen läßt.“[505] Diese beiden Bilder stehen jedoch nicht als geschlossene Einheiten nebeneinander, sondern sind durch wechselnde Perspektiven miteinander verzahnt und zwar in der Weise, daß Cicero je anhand eines Vergleichspunktes sich selbst und Piso gegenüberstellt. Für die Frage nach den Funktionen autobiographischen Schreibens ist hier das Verhältnis von Selbstdarstellung und Invektive von besonderem Interesse.

Bezüglich seiner Ämterlaufbahn (*Pis.* 2) betont Cicero, daß er seine Ämter um seiner Person willen und – im Gegensatz zu Piso – nicht aufgrund der Herkunft erlangt habe[506], und legt sich seinen Status als *homo novus* damit positiv aus. „Was sonst als schlimmer Vorwurf der Herkunft genannt wird, die niedrige Abstammung, wird hier vom *vitium* zur *virtus*, durch eine Umwertung der üblichen Wertung.“[507] Nicht zum ersten Mal beschwört Cicero hier im Zusammenhang mit seiner Wahl (*Pis.* 3) den Konsens[508], und die dreifache Anapher des *me* leitet dabei eine geradezu inflationäre Verwendung von Pronomina der ersten Person ein (*me cuncta Italia, me omnes ordines, me universa civitas non prius tabella quam voce priorem consulem declaravit*)[509], die sich vor allem in diesem Abschnitt (*Pis.* 3-7) fortsetzt, in dem Cicero die Schilderung seiner Amtsausübung (*Pis.* 4) in der Aufdeckung der Catilinarischen Verschwörung gipfeln läßt (*Pis.* 5), die er wieder in einem von Kriegs- und Feuermetaphorik durchsetzten Bild gestaltet, wobei er sich darauf beruft, Catilina den Weggang aus der Stadt befohlen zu haben[510], und sich selbst wiederum zum Retter und Beschützer stilisiert, der zwischen die Angreifer

---

[505] Fuhrmann (2000 Bd. VI) 139. Scharfe Kontrastierung als Strategie der Invektive findet sich auch in *Vatin.* 7: *... si ego te perditorem et vexatorem rei publicae fero, tu me conservatorem et custodem feras.* Zum historischen Hintergrund der Rede siehe Nisbet, R.G.M.: M. Tulli Ciceronis in L. Calpurnium Pisonem Oratio, Oxford 1961, V-XVII. Ein kurzer Forschungsüberblick zu der Rede findet sich bei Griffin 85-87.

[506] Vgl. auch *Planc.* 67: *Eadem igitur, Cassi, via munita Laterensi est, idem virtuti cursus ad gloriam, hoc facilior fortasse quod ego huc a me ortus et per me nixus ascendi, istius egregia virtus adiuvabitur commendatione maiorum.*

[507] Koster 228.

[508] *leg. agr.* II 3-4; *Catil.* I 28.

[509] Ein Anklang findet sich allerdings auch schon in *Pis.* 2 (*me*) und 3 (*ego*).

[510] *Ego L. Catilinam caedem senatus, interitum urbis non obscure sed palam molientem egredi ex urbe iussi* [...]. Dies entspricht der Sichtweise, die er in der dritten Catilinarischen Rede vertrat (*Catil.* III 3; 16), während er sich in der zweiten gegen den Vorwurf, Catilina hinausgeworfen zu haben, verwahrte (*Catil.* II 12ff.) bzw. die näheren Umstände bewußt offen ließ (*Catil.* II 1). Zu Ciceros schwankender Haltung bezüglich dieser Frage siehe hier 179f.

und die Bürger getreten ist.[511] Die Person Ciceros rückt dabei dezidiert in den Vordergrund durch die auffällig häufige Satzeinleitung mit dem Personalpronomen *ego*.[512] Zur Bestätigung seines Verdienstes beruft er sich darauf, als *pater patriae*[513] bezeichnet worden zu sein, sowie erneut auf den Konsens, der sich anläßlich seines Amtseides in der allgemeinen Anerkennung als Retter des Staates manifestierte (*Pis.* 6-7).[514] Bevor Cicero nun den Blick auf Piso lenkt, faßt er seine Orientierung am Willen von Senat[515] und Volk und seine Vermittlungsleistung zwischen den Ständen als Charakteristika seiner Amtsführung zusammen (*Pis.* 7). Die Rahmung der Darstellung durch den Konsensgedanken macht gleich zu Beginn der Rede Ciceros Absicht deutlich, durch die Integrierung seiner Person in das Gemeinwesen die eigene Position auf der Lichtseite des Kontrastbildes zu stärken.

Eben diese Tendenz weisen auch die Ausführungen zum Thema Exil und Rückkehr auf (*Pis.* 16-63), denn Cicero ist bestrebt, dem Makel der Schande[516] wiederum seine Interpretation als Opferung entgegenzuhalten und dabei aufzuzeigen, daß sein Verhalten im Einklang mit dem Gemeinwesen stand, sich Piso aber aufgrund seines Verhaltens gegenüber Cicero isolierte. Denn als der Senat durch das Anlegen von Trauerkleidern die allgemeine Bestürzung bekunden wollte, habe Piso dies verboten und damit dem Senat

---

[511] *Ego tela extremo mense consulatus mei intenta iugulis civitatis de coniuratorum nefariis manibus extorsi. Ego faces iam accensas ad huius urbis incendium comprehendi, protuli, exstinxi.*

[512] In *Pis.* 3-7 kommt *ego* 11x vor, davon allein 5x in *Pis.* 5 und zwar in satzeinleitender Position. Es ist hier eine generelle Häufung von Pronomina der ersten Person festzustellen, vgl. dazu Koster 229, der die Passage als „die umfassendste Kurzfassung der Selbstdarstellung Ciceros“ bezeichnet und unter Verweis auf D.C. 46, 21, 4 anmerkt, daß die Datierung *ante me consulem* (*Pis.* 4) Cicero Spott einbrachte. Eine entsprechende Häufung des Pronomens *tu* (6x) findet sich in *Pis.* 32. Wie entschieden Cicero die eigene Person mit der Pisos kontrastiert, zeigt sich in dieser Rede generell an der häufigen Verwendung der Personalpronomina im Nominativ, die eine Antithese impliziert (*ego* 46x, *tu* sogar 69x). Siehe die detaillierte Aufschlüsselung der Häufigkeit der Pronomina bei MacKendrick 322ff.

[513] Siehe auch *Sest.* 121; ähnlich *Phil.* II 12; vgl. Plut. *Cic.* 23, 6.

[514] *Pis.* 6-7: *Ego cum in contione abiens magistratu dicere a tribuno pl. prohiberer quae constitueram, cumque is mihi tantum modo ut iurarem permitteret, sine ulla dubitatione iuravi rem publicam atque hanc urbem mea unius opera esse salvam.* (7) *Mihi populus Romanus universus illa in contione non unius diei gratulationem sed aeternitatem immortalitatemque donavit, cum meum ius iurandum tale atque tantum iuratus ipse una voce et consensu approbavit.*

[515] Daß sein Handeln dem Senat unterstellt gewesen sei, betont Cicero auch in *Pis.* 14, wenn er den Vorwurf der Grausamkeit an den Senat weitergibt: *Crudelitatis tu, furcifer, senatum consul in contione condemnas?* Dazu Koster 232f.: „Geschickt wendet Cicero den in allgemeiner Formulierung ausgesprochenen, jedoch auf ihn gemünzten Vorwurf von seiner Person auf den Senat ab, den er somit auf seine Seite zwingt.“

[516] Vgl. *Pis.* 31 und 43.

untersagt, den Untergang des Staates zu betrauern (*Pis.* 17-18). Cicero setzt sein eigenes Schicksal hier unter Berufung auf den Konsens mit dem des Staates gleich, und aus dieser Identifikation ergibt sich, daß Piso, der gegen Cicero handelt, zugleich gegen den Staat handelt und sich dadurch in Opposition zur Gemeinschaft stellt. Die „peinliche Wahrheit seines Hilfegesuchs"[517] rückt Cicero in ein möglichst positives Licht, indem er bekräftigt, daß es sich um eine Angelegenheit der Konsuln gehandelt habe, diese also eigentlich die richtige Adresse gewesen seien, diesen Erwartungen aber nicht gerecht wurden (*Pis.* 18-19). Cicero sei nicht aus Angst gewichen (*Pis.* 20), sondern habe sich allein für alle geopfert (*Pis.* 21): *Alios ego vidi ventos, alias prospexi animo procellas, aliis impendentibus tempestatibus non cessi sed bis*[518] *unum me pro omnium salute obtuli.* Durch die Seefahrtsmetaphorik in diesem Abschnitt „verfremdet der Redner die politische Faktizität so, daß der Eindruck suggeriert wird, als habe er sich in einem Existenz- und Überlebenskampf gegen Naturgewalten behauptet."[519] Die Bildhaftigkeit setzt sich auch in der Beschreibung dessen, was dann in Rom geschah, fort und wird zu einer klaren Frontenbildung genutzt: Die Verhinderung eines Bürgerkrieges, die Cicero mit dem Bild der aus den Händen fallenden Schwerter umschreibt, die Rechtschaffenen, die Trauer der Häuser und der Tempel – all dies weist Cicero der Seite des Staates zu, während Piso sich durch sein Verhalten als „der anderen Seite" zugehörig zeigt: *tu, o vaecors et amens, cum omnes boni abditi inclusique maererent, templa gemerent, tecta ipsa urbis lugerent, complexus es funestum illud animal ex nefariis stupris.* Vor allem im letzten Satz dieses Abschnitts (*non mei solum sed patriae funeris*) unterstreicht Cicero, daß Piso sich, indem er sich gegen Cicero stellte, auch gegen den Staat wandte, und gesteigert wird diese „Frontenbildung" noch durch den Verweis auf Pisos Festgelage und seine ausgelassene Freude (*Pis.* 22). Der Kernaspekt dieser Darstellung ist Ciceros Identifikation mit dem Staat, die es ihm ermöglicht, das persönlich erlittene Leid in einen größeren Kontext einzubinden und vor allem die Isolation, in der er sich befunden hatte, wegzudiskutieren. Nur dann, wenn der Staat von seinem Unglück mitbetroffen war, kann er beanspruchen, sich für das Gemeinwesen geopfert zu haben, nur dann kann er behaupten, seine Gegner seien auch Gegner des Staates gewesen.

Cicero vergleicht seinen Gang ins Exil mit Pisos Abreise in die Provinz (*Pis.* 31-32), um zu zeigen, daß sein eigener Fortgang keineswegs schmählich gewesen sei. Dazu führt er wieder die allseitigen Trauerbekundungen an und lenkt den Vorwurf der Schmach von seiner Person auf eine höhere Ebene,

---

[517] Koster 234.

[518] Nisbet (1961) 82 spricht sich an dieser Stelle für *eius* aus.

[519] Reischmann, H.-J.: Rhetorische Techniken der Diffamierungskunst – dargestellt an Ciceros Invektive ‚In Pisonem', AU 29 (1986), H. 2, 57-64, 61; siehe auch Koster 235.

indem er sich auf die Bedeutung beruft, die sein Weggang für den Staat hatte (*Pis*. 32):

> *Tu luctum senatus, tu desiderium equestris ordinis, tu squalorem Italiae, tu curiae taciturnitatem annuam, tu silentium perpetuum iudiciorum ac fori, tu cetera illa in maledicti loco pones quae meus discessus rei publicae volnera inflixit?*

Das pointierte *tu* hebt den Angeredeten hervor und unterstreicht den Gegensatz zur Allgemeinheit, in den sich Piso selbst stellte. Daß sein Fortgang keine Schande darstellte, leitet Cicero aus den Wohltaten und Ehrungen ab (*beneficiis – honoribus*), die ihm von Seiten des Senats zuteil wurden, und zieht den Schluß: *optandam duco mihi fuisse illam expetendamque fortunam.* Das Exil erfährt eine radikale Umdeutung, die auf der Verknüpfung mit dem Staatsinteresse basiert. Für den eigentlichen Vergleich des Fortgangs beider (*Pis*. 33) zieht Cicero wiederum die öffentliche Meinung heran. Es sei doch wohl wünschenswerter, daß, wenn einer das Vaterland verläßt, alle Mitbürger für seine Rettung beteten, als daß sie ihn verwünschten, wie bei Piso der Fall, und hofften, die Reise werde nie zu Ende gehen, und Cicero zieht daraus den paradoxen Schluß, daß unter diesen Umständen *quaevis fuga* einer Provinz vorzuziehen sei. Daß er hier den Begriff *fuga* verwendet, ist bemerkenswert, da er sich ja sonst um euphemistische Umschreibungen bemüht; doch in seiner Argumentation ist es durchaus folgerichtig, sich in der Begrifflichkeit so weit wie möglich vorzuwagen – jedoch auch hier nicht bis zum Begriff *exilium.* Um zu zeigen, wie falsch Piso mit seiner Darstellung als einer Schande liege, beschreibt Cicero in den Kapiteln 34-36 ausführlich die Bemühungen um seine Rückberufung, wobei er den Akzent auf die Einigkeit unter den Rechtschaffenen, die offiziell anerkannte Bedeutung seiner Person für den Staat und die Einzigartigkeit der Vorgänge legt; diese in beiden Kapiteln zentralen Aspekte sind in Kap. 34 in einem Satz zusammengefaßt: *Ad meam unius hominis salutem senatus auxilium omnium civium cuncta ex Italia qui rem publicam salvam esse vellent consulis voce et litteris implorandum putavit.* Als Einzelpersonen hebt Cicero Lentulus und Pompeius hervor, und gerade dessen Antrag, daß derjenige, der Ciceros Rückberufung zu verhindern suche, als Staatsfeind gelten solle (*Pis*. 35), gibt Ciceros Identifikation mit dem Staat ein besonderes Gewicht und objektiviert sie. Glaubhaft macht Cicero seine Darlegungen zudem durch die penible Differenzierung, daß alle Beamten außer dreien den Antrag unterstützten – denn er demonstriert damit, daß er es genau nimmt, wenn es um die Aufzählung derer geht, die sich für seine Rückberufung einsetzten. Die Versicherung, daß *Italia tota* (*Pis*. 34) in Rom versammelt gewesen sei, steht dazu in signifikantem Kontrast. Sprachlich auffällig ist die neunfache Wiederholung des Personal- bzw. Possessivpronomens der ersten Person, davon allein siebenmal in satzeinleitender Position in Formulierungen wie *me ... senatus ... revocavit / ad meam unius hominis salutem / de me senatus ita decrevit.* Mit einer gewissen „Aufdringlichkeit“[520] stellt sich Cicero hier geradezu als den Nabel der Welt dar. Zugleich bereitet dieses betonte Beharren auf den Bemühungen, die der eigenen Person zuteil wurden, auch die Gegenüberstellung mit Piso (ab *Pis.* 37) vor und deutet auf die Antithese voraus.

Nachdem Cicero in den Kapiteln 37 bis 50 Pisos und Gabinius’ Provinzverwaltung behandelt hat, kommt er in Kap. 51 auf die Rückkehr als Vergleichspunkt zwischen ihm selbst und Piso zurück. Seine eigene Rückkehr ist in folgerichtiger Entsprechung zu der allgemeinen Trauer bei seinem Aufbruch und den einhelligen Rückberufungsbemühungen gezeichnet[521], denn eine Menschenmenge aus ganz Italien heißt ihn willkommen, alles eilt herbei und feiert den Tag der Rückkehr (*Pis.* 51).

> *Pis.* 52: *Unus ille dies mihi quidem immortalitatis instar fuit quo in patriam redii, cum senatum egressum vidi populumque Romanum universum, cum mihi ipsa Roma prope convolsa sedibus suis ad complectendum conservatorem suum progredi visa est. Quae me ita accepit ut non modo omnium generum, aetatum, ordinum omnes viri ac mulieres omnis fortunae ac loci, sed etiam moenia ipsa viderentur et tecta urbis ac templa laetari.*

Nicht nur der Senat und das gesamte Volk eilen ihm entgegen, sondern es scheint, als schließe das personifizierte Rom selbst[522] seinen Retter in die Arme – das von Pathos erfüllte Bild entspricht dem, was man in einem Epos erwartet hätte. In Ciceros Schilderung erinnert der Empfang, der ihm bei seiner Rückkehr bereitet wird, an die triumphale Rückkehr eines Feldherrn.[523] Wieder macht Cicero den Konsens und die große Anzahl derer, die hinter ihm standen – diesmal bei seinem Empfang –, zum Kernpunkt seiner Selbstdarstellung und bezieht hierauf auch den Vergleich mit der Rückkehr des Piso, von der kaum Notiz genommen worden sei (*Pis.* 53ff.). Die Zusammenfassung des Vergleichs, die Cicero in Kap. 63 liefert, treibt die Kontrastierung noch einmal auf die Spitze: *Iam vides – quoniam quidem ita mihimet fui inimicus ut me tecum compararem – et digressum meum et absentiam et reditum ita longe tuo praestitisse ut mihi illa omnia immortalem gloriam dederint, tibi sempiternam turpitudinem inflixerint.* Unsterblicher Ruhm auf der einen, ewige Schande auf der anderen Seite – Cicero stellt es als eine Tatsache dar, daß Piso „durch den Haß aller isoliert und gebrandmarkt“[524] ist, er selbst aber den

---

[520] Koster 243.
[521] Vgl. *Sest.* 131.
[522] Vgl. Koster 250.
[523] Vgl. Itgenshorst, T.: Tota illa pompa. Der Triumph in der römischen Republik, Göttingen 2005, 79f.
[524] Koster 258.

verdienten Lohn für seine Leistung erhält.[525] Auch in dieser Rede kommt Cicero auf sein Verhältnis zu Pompeius und Caesar zu sprechen (*Pis.* 72ff.). Ausgehend von Pisos Behauptung, sein Vers *Cedant arma togae* ... habe Cicero in Schwierigkeiten gebracht, sucht Cicero den Nachweis zu erbringen, daß sich der Vers keineswegs auf Pompeius bezogen habe und Piso zu einfältig sei, den Vers in der richtigen Weise zu verstehen.[526] Cicero versichert, daß Pompeius ihn sogar schätzte und förderte, die Schuld für die Verstimmungen lastet er Piso und Gabinius an: Durch Beschuldigungen und Lügen haben sie es dahin gebracht, daß Cicero nicht einmal mehr vorgelassen wurde (*Pis.* 76).[527] Pompeius habe diejenigen, die sich für Cicero einsetzen wollten, an die Konsuln verwiesen und sein eigenes Eingreifen von dem der Konsuln abhängig gemacht. Diesen gegenüber sprach Piso den Rat aus, Cicero solle doch den Staat durch seinen Weggang ein zweites Mal retten (*Pis.* 78) – *Hic tu hostis ac proditor aliis me inimiciorem quam tibi debere esse dicis?* Die Schuld an seinem Exil schreibt Cicero Piso zu, den er mit der Bezeichnung *hostis ac proditor* nicht nur als seinen persönlichen Feind, sondern als Feind des Staates deklariert. Die Darlegungen bezüglich seines Verhältnisses zu Caesar ähneln sehr der Argumentation in *De provinciis consularibus*: Wieder räumt er ein, eine andere politische Meinung gehabt zu haben, wieder führt er die Stellenangebote an, die er ablehnte, und äußert Verständnis dafür, daß Caesar das eigene Wohl näher lag als das Ciceros (*Pis.* 79). Auch hier bindet er Caesar an die Verdienste des Pompeius um seine Rückberufung an, und erneut zeigt sich ein gewisses Hin-und-Her-Lavieren (*Pis.* 81): Es könne doch vorkommen, daß Männer *illud contentionis odium simul cum ipsa pugna armisque deponant.* Und er spricht weiter über das Thema Feindschaft: *Habet hoc virtus, quam tu ne de facie quidem nosti, ut viros fortis species eius et pulchritudo etiam in hoste [posita] delectet.* Das indirekte Eingeständnis, daß tatsächlich so etwas wie Feindschaft zwischen ihm und Caesar bestanden habe, nimmt er sodann teilweise zurück, aber doch nur teilweise:

> *Si mihi numquam amicus C. Caesar fuisset, si semper iratus, si semper aspernaretur amicitiam meam seque mihi implacabilem inexpiabilemque praeberet, tamen ei, cum tantas res gessisset gereretque cotidie, non amicus esse non possem.*

Durch die Verwendung des Irrealis schließt Cicero eine Feindschaft zwar aus, vermeidet dabei aber den Begriff *inimicus* und zieht es vor, *amicus* zu negieren, sowohl am Anfang als auch am Ende der Passage. Obgleich es um die Frage einer Feindschaft geht, blendet Cicero den Begriff aus, umschreibt ihn

---

[525] Ruhm und Erinnerung hatte er in *Catil.* III 26 und IV 23 als erhofften Lohn für seine Leistung angeführt.

[526] Siehe die Auseinandersetzung mit Ciceros Argumentation hier 86f.

[527] Vgl. *dom.* 28.

und ersetzt ihn durch das Thema Freundschaft. Dieses Ausweichen[528] nimmt der formalen Negation einer Feindschaft etwas von ihrer Eindeutigkeit, und verstärkt wird dieser Eindruck dadurch, daß Cicero einräumt, daß er aufgrund der Verdienste Caesars gar nicht *nicht* dessen Freund sein könne – das persönliche Verhältnis wird hier wieder wie schon in *De provinciis consularibus* den staatlichen Interessen untergeordnet.[529]

Gerade vor dem Hintergrund solcher apologetischer Passagen stellt sich die Frage nach der Funktion der autobiographischen Elemente in dieser Rede mit besonderer Dringlichkeit. Es kann sicherlich festgestellt werden, daß das Selbstbild, das Cicero entwirft, auf formaler Ebene als Positivfolie dient, um Piso durch den Kontrast um so schlechter erscheinen zu lassen.[530] Fuhrmanns Einschätzung (bezogen auf die Kap. 1-63), die Selbstdarstellungen dienten „hier lediglich als Folie für breit angelegte Verunglimpfungen"[531], geht jedoch nicht weit genug, denn sie verkennt die Wechselseitigkeit des Prozesses. Piso steht nicht nur um so schlechter da, je besser Cicero, sondern auch umgekehrt. „Die gesellschaftspolitische Isolierung und Demontage Pisos vollzieht sich parallel und komplementär zu Ciceros Autopanegyrik. Im gleichen Maße, in dem Cicero seinem Gegner jegliche politische Daseinsberechtigung und Legitimation politischen Handelns aberkennt, identifiziert er sich selbst monopolistisch mit dem Staatsethos."[532] Daher nimmt der Konsensgedanke in dieser Rede so breiten Raum ein: Cicero ist bemüht, seinen Gegner als isoliert und sich selbst als eingebunden in die staatliche Gemeinschaft zu präsentieren. „Cicero is concerned with promoting his own public persona (*ethos*), and with identifying that persona with the needs and desires of the community."[533] Die

---

[528] Ein quasi umgekehrtes Ausweichen ist auch im Zusammenhang mit der Anbindung Caesars an die Bemühungen des Pompeius festzustellen (*Pis.* 80): ... *Cn. Pompeius* [...] *huius voluntatis eum, quem multum posse intellegebat, mihi non inimicum esse cognorat, socium sibi et adiutorem, C. Caesarem, adiunxit.* Die Formulierung ist hier auffallend vorsichtig, Caesar ist also nicht sein Feind – sein Freund aber offenbar auch nicht; denn hätte Cicero dies behaupten können, hätte er es in diesem Zusammenhang mit den Rückberufungsbemühungen sicherlich getan.

[529] Damit entspricht die hier vertretene Konzeption der in der römischen Aristokratie wirksamen Vorstellung einer prinzipiellen *amicitia* innerhalb der Mitglieder zur Sicherung von Kohärenz und Zusammenhalt auch bei Konflikten, worauf die in der römischen Politik herrschende Flexibilität der Allianzen beruhte, vgl. Gotter (1996) 343ff. Allerdings wird Cicero später in seinem Dialog *Laelius de amicitia* (entstanden zwischen den Iden des März 44 und dem Jahresende, vgl. den Forschungsüberblick bei Gotter [1996] 340f.) eine *vera amcitia* propagieren, die gerade nicht auf Nützlichkeitserwägungen beruht und unwandelbar ist (vgl. bes. *Lael.* 32).

[530] Vgl. Koster 278.

[531] Fuhrmann (2000 Bd. VI) 139.

[532] Reischmann 63.

[533] Corbeill, A.: Ciceronian Invective, in: May, J. M. (Hg.): Brill's Companion to Cicero. Oratory and Rhetoric, Leiden/Boston/Köln 2002, 197-217, h. 198.

Rede stellt nicht nur eine durch ein positives Selbstbild gestützte Abrechnung mit einem Gegner dar, sondern dient dem Aufbau und Schutz des eigenen Prestiges.[534] Vor diesem Hintergrund sind auch die apologetischen Passagen zu verstehen. Sie dienen vordergründig dazu, Piso als im Unrecht befindlich zu erweisen und (im Fall der Diskussion um Ciceros Vers) als lächerlich darzustellen. Letztlich reihen sie sich jedoch ein in Ciceros generelle Bemühungen um die Propagierung eines positiven Bildes seiner Person. Dugan[535] hat die für unsere Fragestellung zentrale Beobachtung gemacht, daß negative Aspekte der Person Ciceros in das Bild Pisos projiziert sind. Als Beispiel sei hier das Ende der Rede angeführt (*Pis.* 99):

> *Numquam ego sanguinem expetivi tuum, numquam illud extremum quod posset esse improbis et probis commune supplicium legis ac iudici, sed abiectum, contemptum, despectum a ceteris, a te ipso desperatum et relictum, circumspectantem omnia, quicquid increpuisset pertimescentem, diffidentem tuis rebus, sine voce, sine libertate, sine auctoritate, sine ulla specie consulari, horrentem, trementem, adulantem omnis videre te volui; vidi.*

Eine solche Beschreibung hätte Cicero ebensogut auch von sich selbst zur Zeit seiner Verbannung geben können, und ein ähnliches Bild wird auch in der Tat in Briefen vermittelt.[536] Dugan sieht in der Invektive ein Stück Vergangenheitsbewältigung verwirklicht: „By ascribing his own experiences to Piso, Cicero both exacts retribution proportional to that which he suffered from Piso's inaction and seeks to distance himself from his own past by assigning its suffering to another."[537]

Die rhetorisch vollzogene Abrechnung mit dem Gegner ist weit mehr als ein Racheakt, sie dient der Wiederherstellung der eigenen Person, des eigenen Ethos, das durch das Ereignis, das Cicero eben diesem Gegner verdankte, demontiert worden war.[538] Auf der Seite der „Guten" war nur Platz für einen von beiden, und Cicero sucht in der Invektive den Nachweis zu erbringen, daß

---

[534] Vgl. Dugan (2001) 37.
[535] Ebd. 63ff.
[536] Vgl. *Att.* 3, 8, 4: *Ex epistularum mearum inconstantia puto te mentis meae motum videre; qui, etsi incredibili et singulari calamitate adflictus sum, tamen non tam est ex miseria quam ex culpae nostrae recordatione commotus*; *Att.* 3, 15, 2: *Nolo commemorare quibus rebus sim spoliatus, non solum quia non ignoras sed etiam ne rescindam ipse dolorem meum: hoc confirmo, neque tantis bonis esse privatum quemquam neque in tantas miserias incidisse. Dies autem non modo non levat luctum hunc sed etiam auget; nam ceteri dolores mitigantur vetustate, hic non potest non et sensu praesentis miseriae et recordatione praeteritae vitae cottidie augeri; desidero enim non mea solum neque meos sed me ipsum; quid enim sum?*
[537] Dugan (2001) 65. Ähnlich Nisbet (1961) XVI: „The *in Pisonem* is a masterpiece of misrepresentation. In spite of all Cicero's rhetoric, his exile was a disaster from which he never recovered, politically or psychologically."
[538] Vgl. Griffin 93.

er dies war. Es gilt auch hier, was Steel bei *De provinciis consularibus* festgestellt hat: „The invective is an essential part of the recreation of Marcus Tullius Cicero as a political force.“[539] Der Angriff auf einen Gegner, die Isolation des „Anderen“ im Zuge der Integration des „Eigenen“, die Invektive als Mittel der Selbstbehauptung – dies sind Strategien, die an Kernstellen in Ciceros politischer Laufbahn zu bemerken sind. „It is notable that the orator employs his most angry invective at those key points in his career at which he needs to shape new aspects of his public identity [...].“[540]

3.4.7 *Pro Plancio*

Bezüglich Ciceros Verteidigung des Plancius (54 v. Chr.)[541], den er, wie schon Murena, gegen den Vorwurf des *ambitus* vertrat, stellt sich die Frage, ob die Selbstdarstellung in Ausmaß, Intensität und Bildhaftigkeit die Linie fortführt, die sich seit *Pro Sestio* abzeichnete und in der Invektive gegen Piso einen vorläufigen Höhepunkt erreichte, oder ob Cicero sich gleichsam wieder zurücknimmt und in seine Verteidigerrolle zurückzieht.

Diesen Eindruck erweckt er jedenfalls zu Beginn seiner Rede, indem er ankündigt, er wolle und müsse lediglich auf diejenigen Vorwürfe der Anklage bezüglich seiner Person reagieren, die in Zusammenhang mit Plancius stünden (*Planc.* 4). Die Gegenseite hatte offenbar die Dankesschuld wegen der Verdienste des Plancius um Cicero während der Zeit seiner Abwesenheit, auf die sich Cicero berief, als übertrieben dargestellt und sich bemüht, die Bedeutung dieser Dankesschuld für die Entscheidung in diesem Verfahren zu reduzieren.[542] Cicero sieht sich also gezwungen, auf diesen Aspekt einzugehen, kündigt jedoch an, erst nach der Widerlegung der Anklagepunkte darauf zu sprechen zu kommen, *ne non tam innocentia reus sua quam recordatione meorum temporum defensus esse videatur.* Er will den Eindruck vermeiden, daß er die

---

[539] Steel (2001) 183.

[540] Corbeill 198.

[541] Vgl. zu der Rede in ihrer Gesamtheit Kroll, W.: Ciceros Rede für Plancius, RhM 86 (1937), 127-139; Köpke, E.; Landgraf, G.: Ciceros Rede für Cn. Plancius, Leipzig ^{3}1887 (^{1}1856).

[542] *Planc.* 3: *Equidem ad reliquos labores, quos in hac causa maiores suscipio quam in ceteris, etiam hanc molestiam adsumo, quod mihi non solum pro Cn. Plancio dicendum est, cuius ego salutem non secus ac meam tueri debeo, sed etiam pro me ipso, de quo accusatores plura paene quam de re reoque dixerunt.* May (1988) 117 erinnert daran, daß die Ankläger mit dieser Vorgehensweise eben die Strategie verfolgten, die Cicero als junger Redner auch anwandte: „Recall that as a young pleader, Cicero had complained vigorously and repeatedly about his opponents' *auctoritas* as an obstacle to his defense. Now, with the tables turned, the *accusatores* of Plancius must have felt the weight of Cicero's *auctoritas* so strongly that they deemed it necessary to go to great lengths in their attempt to neutralize it.“

Verdienste des Plancius als direktes Unschuldsargument gewertet wissen wolle, eben dagegen hatte er sich schon in Kap. 3 verwahrt. Denn dort versichert er, daß er nicht der Auffassung sei, Plancius habe deswegen schon einen Freispruch verdient, sondern er will diesen Aspekt lediglich als Pluspunkt gewertet wissen, der den Nachweis der Lauterkeit des Plancius ergänzt: *petam, iudices, a vobis ut, cuius misericordia salus mea custodita sit, ei vos vestram misericordiam me deprecante tribuatis.* Die zweifache Verwendung des Begriffes *misericordia* ist wohl bedacht, denn Cicero bittet die Richter bereits hier – und er wird gegen Ende der Rede (*Planc.* 102) eben daran anknüpfen –, Plancius aufgrund seiner Fürsprache genau das zuteil werden zu lassen, was er von ihm erfuhr. Die Untersuchung der Passage, in der sich Cicero in autobiographischer Rückschau mit den Vorwürfen der Anklage beschäftigt (*Planc.* 86ff.), wird zeigen, inwiefern er sich an seine Ankündigungen hält.

Abgesehen von dieser Auseinandersetzung mit Angriffen der Gegenseite findet sich in dieser Rede ein Musterbeispiel für die Stützung der Argumentation durch ein genau abgestimmtes autobiographisches Element, und dieser Fall einer Instrumentalisierung sticht gleich zweifach heraus, durch den anekdotenhaften Charakter und durch die Thematik, denn Cicero beruft sich hier einmal nicht auf die (erste oder zweite) Rettung des Staates, sondern spricht über seine Quästur. Ciceros Strategie in der Verteidigung des Plancius bestand darin, die Wahlchancen der Kandidaten zu vergleichen (auf einen Vergleich der *dignitas* wollte er sich nicht einlassen[543]) und dabei den Nachweis zu erbringen, daß Plancius es aufgrund seiner Eignung gar nicht nötig hatte, unlautere Methoden anzuwenden, seine Wahl also folgerichtig gewesen und sein Gegner Laterensis damit zu Recht unterlegen sei. Innerhalb der Widerlegung der Anklagepunkte kritisiert Cicero nun den Ankläger Cassius, nur Unbedeutendes zugunsten des Laterensis vorgebracht zu haben; auch andere Quästoren hätten Spiele veranstaltet, niemand bestreite seine Großzügigkeit und Gerechtigkeit bei der Amtsausübung, aber in Rom werde kaum bemerkt, was in den Provinzen vorgehe (*Planc.* 63). Cicero lehnt es also ab, die Verdienste des Laterensis in der Provinz auf seine Wahlchancen anzurechnen, jedoch nur, indem er leugnet, daß sie überhaupt zum Tragen kamen, nicht, indem er sie in

---

[543] *Planc.* 6: *Sed ego, Laterensis, caecum me et praecipitem ferri confitear in causa, si te aut a Plancio aut ab ullo dignitate potuisse superari dixero. Itaque discedam ab ea contentione ad quam tu me vocas et veniam ad illam ad quam me causa ipsa deducit.* Vgl. auch *Mur.* 18: *Omittamus igitur de genere dicere cuius est magna in utroque dignitas; videamus cetera.* Zur Rolle der *dignitas* im römischen Wahlkampf sowie in *ambitus*-Prozessen siehe Jehne 70. Sein freundschaftliches Verhältnis zu dem Prozeßgegner Laterensis ist der Grund für das Zögern Ciceros, die *dignitas* der beiden Kandidaten zu vergleichen. Ciceros Strategie besteht darin, Laterensis gegenüber die Rolle eines „friendly mentor" (May [1988] 118) einzunehmen und von dieser Basis ausgehend die bessere Eignung seines Klienten herauszustellen.

Frage stellt.[544] Um zu untermauern, daß Leistungen, die man außerhalb Roms erbringt, dort gar nicht zur Kenntnis genommen werden, zieht Cicero sodann seine eigene Quästur als Exemplum heran (*Planc.* 64-66). Er stellt die Qualität seiner Amtsführung heraus und gesteht ein (*Planc.* 64-65): *sic tum existimabam, nihil homines aliud Romae nisi de quaestura mea loqui* [...]. *Itaque hac spe decedebam ut mihi populum Romanum ultro omnia delaturum putarem.*[545] Als er aber auf der Rückreise nach Puteoli kam, mußte er feststellen, daß man dort nicht einmal wußte, wo er sich aufgehalten hatte (*Planc.* 65):

> *At ego cum casu diebus eis itineris faciendi causa decedens e provincia Puteolos forte venissem, cum plurimi et lautissimi in eis locis solent esse, concidi paene, iudices, cum ex me quidam quaesisset quo die Roma exissem et num quidnam esset novi. Cui cum respondissem me e provincia decedere: 'etiam me hercule,' inquit, 'ut opinor, ex Africa.' Huic ego iam stomachans fastidiose: 'immo ex Sicilia,' inquam. Tum quidam, quasi qui omnia sciret: 'quid? tu nescis,' inquit, 'hunc quaestorem Syracusis fuisse?' Quid multa? destiti stomachari et me unum ex eis feci qui ad aquas venissent.*

Daß Ciceros Quästur keinen großen Bekanntheitsgrad erlangt hat, zeigen ihm seine Gesprächspartner, indem sie sich gleich dreifach irren: Sie wissen weder, daß er überhaupt aus der Provinz zurückkehrt, noch, aus welcher, und belehrt darüber, daß es Sizilien war, tippt der eine von ihnen bezüglich des Sitzes der Quästur im Brustton der Überzeugung auch noch auf die falsche von gerade einmal zwei Möglichkeiten.[546] Die Unkenntnis steht damit in scharfem Kontrast zu der Leistung, die sich Cicero selbst zusprach. Er zeigt hier nicht nur sein Talent für Situationskomik, sondern, was im Zusammenhang unserer Fragestellung noch viel bedeutsamer ist: Er distanziert sich aus der Perspektive der Gegenwart ironisch von seinem damaligem Ich, indem er dessen Reaktion in einer Entwicklung von Ungläubigkeit über Ärger bis hin zur Kapitulation vorführt und die Fehlleitung der damaligen Ruhmsucht kritisch beleuchtet.[547] Und er zeigt die Entwicklung seiner Person auf, indem er

---

[544] Auch dies ist sicherlich eine Konzession an das Verhältnis zu Laterensis, auf das Cicero schon zu Beginn der Rede Rücksicht zu nehmen ankündigte, vgl. *Planc.* 4-5.

[545] Ganz ähnlich schilderte er seine Haltung auch schon in *Verr.* II 5, 35: *Ita quaestor sum factus ut mihi illum honorem tum non solum datum, sed etiam creditum et commissum putarem; sic obtinui quaesturam in Sicilia provincia ut omnium oculos in me unum coniectos esse arbitrarer, ut me quaesturamque meam quasi in aliquo terrarum orbis theatro versari existimarem* [...].

[546] Die beiden Quästuren auf Sizilien hatten ihren Sitz in Syrakus und Lilybaeum, Cicero verwaltete letztere, siehe Fuhrmann (2000 Bd. VI) 428.

[547] Plutarch stellt in seiner Schilderung der Anekdote (*Cic.* 6) die Ruhmsucht als Kernaspekt heraus. Während Cicero sein damaliges Ruhmesstreben in ironischer Distanzierung für die aktuelle Argumentation instrumentalisiert, nimmt Plutarch ihn beim Wort und zieht die Anekdote zur Illustration der Ruhmsucht heran. Die Unterschiede in der Schilderung der Anekdote erklären sich aus einer verschobenen Akzentuierung bei Plutarch und sind nicht unbedingt als Argument für die These heranzuziehen, Ciceros Rede sei keine direkte Quelle Plutarchs gewesen, wie Gudemann 15 folgert. Die in der Plutarch-Forschung beste-

im folgenden die Lehre präsentiert, die er aus dieser Erfahrung gezogen habe (*Planc.* 66). Er habe bemerkt, daß es darauf ankomme, dem Volk vor Augen zu stehen, und es deshalb auf Präsenz in der Stadt angelegt, und mit dieser Strategie habe er Erfolg gehabt:

> *Itaque si quam habeo laudem, quae quanta sit nescio, parta Romae est, quaesita in foro; meaque privata consilia publici quoque casus comprobaverunt, ut etiam summa res publica mihi domi fuerit gerenda et urbs in urbe servanda.*

Von der inzwischen erlangten Position des Staatsretters blickt Cicero also in selbstkritischer Distanz auf sein früheres Ich zurück, das mit dem Gegner solidarisiert ist aufgrund der gemeinsamen Fehleinschätzung. Der gegenwärtige Cicero hat „beiden" einen Schritt voraus, weil er den Irrtum längst bemerkt und Konsequenzen daraus gezogen hat.[548] Wenngleich dies eine der seltenen Gelegenheiten ist, bei denen Cicero öffentlich einen Fehler einräumt, so ist doch eines nicht zu verkennen: Die selbstkritische Distanzierung von dem früheren Ich dient der Argumentation für Plancius und ist letztlich nicht mehr und nicht weniger als eine bewußt und zielgerichtet eingenommene Pose.[549] Denn wie flexibel Cicero war in der Frage, ob es nun vorteilhafter sei, in Rom zu agieren oder außerhalb, zeigt der Vergleich mit *Mur.* 21, denn dort argumentiert er ja genau umgekehrt.[550] Doch immerhin demonstriert Cicero, daß er sein Ruhmesstreben mit einem Augenzwinkern zu betrachten in der Lage ist, aber letztlich bezieht sich die wohl abgewogene Selbstironie gar nicht auf das Streben nach Anerkennung, sondern nur auf die falsche

---

hende Konfusion bezüglich der Quellen Plutarchs ist nicht zuletzt das Ergebnis einer Überinterpretation des Eingeständnisses Plutarchs, er habe erst spät Latein gelernt (*Dem.* 2), eine Äußerung, bei der zumindest in Betracht gezogen werden muß, daß sie ein Understatement darstellt, und die nicht dazu verleiten darf, generell die Benutzung lateinischer Quellen in Frage zu stellen und Mittlerquellen anzunehmen, die nicht näher benannt werden können (vgl. Leo, F.: Die griechisch-römische Biographie nach ihrer litterarischen Form, Leipzig 1901, 162ff.; Homeyer passim; Duff, T.: Plutarch's *Lives*. Exploring Virtue and Vice, Oxford 1999, 8 Anm. 35). Plausibler sind die Ansätze von Scardigli und Flacelière: Scardigli 4f. hält es für unwahrscheinlich, daß Plutarch immer dann, wenn er aus griechischen Quellen schöpfte, eine griechische Übersetzung zur Verfügung stand, oder er stets auf römische Freunde zurückgreifen konnte. Gerade aus gelegentlichen Mißverständnissen und unglücklichen Formulierungen schließt sie, daß er genügend Latein konnte, um die Quellen selbst einzusehen. Flacelière 61 gesteht zu, daß Plutarch nicht in jedem Falle das Original benutzt haben dürfte. Aber andererseits: „Néanmoins, il me paraît impossible de soutenir que le biographe ne s'est jamais reporté aux textes originaux."

[548] Diese Aufspaltung der *persona* Ciceros in das vergangene Ich, den Redner innerhalb der Redesituation und letztlich den Autor, der die Rede niederschreibt, kommt besonders in den philosophischen und rhetorischen Schriften zum Tragen, siehe dazu hier 307ff.

[549] Vor diesem Hintergrund erscheint es problematisch, wenn aus der Konsequenz, die Cicero in *Pro Plancio* präsentiert, sich nämlich auf das Wirken in Rom zu konzentrieren, auf seine Haltung gegenüber der *gloria* geschlossen wird, vgl. Sullivan (1941) 383.

[550] Siehe hier 190f.

Methode, diese zu erlangen. Dies ist ein Eingeständnis, zu dem es angesichts der Karriere, auf die Cicero zurückblicken konnte, nicht viel bedurfte.

Nun zu Ciceros Auseinandersetzung mit der Kritik an seiner Person, die die Gegenseite vorgebracht hatte (*Planc.* 86-102): In diesem Teil der Rede ist der Fokus ganz auf Ciceros Person gerichtet, Plancius tritt in den Hintergrund.[551] Als Antwort auf die Kritik an seinem Weggang und auf den Vorwurf *non auxilium mihi sed me auxilio defuisse* beschreibt er zunächst die damalige Lage des Staats und teilt die Beteiligten den Fronten zu: Clodius und die Konsuln auf der einen Seite, Cicero und der Senat sowie der Ritterstand und ganz Italien auf der anderen; die Einzigartigkeit, die der Wunsch nach Trauerkleidern seitens des Senats darstellte, fand ihre Entsprechung in der Haltung der Konsuln, die die Trauerkleider verboten (*Planc.* 86-87). Es habe Cicero nicht an Helfern gefehlt, doch habe er die gewaltsame Auseinandersetzung gemieden, weil kein Ende abzusehen gewesen wäre (*Planc.* 88). Gerade aufgrund der großen Bereitschaft der Rechtschaffenen, für ihn einzutreten, mußte er Rücksicht auf sie nehmen (*Planc.* 89):[552]

> *... ego tantis periculis propositis cum, si victus essem, interitus rei publicae, si vicissem, infinita dimicatio pararetur, committerem ut idem perditor rei publicae nominarer qui servator fuissem?*

Gegen die Vermutung, er habe den Tod gefürchtet, argumentiert Cicero wiederum mit dem Staatsinteresse; denn sein Tod hätte das Verderben des Staates bedeutet, da er das Beispiel seiner Rückberufung verhindert hätte, ein Gedankengang, den er auch schon in *Sest.* 49 vorgeführt hatte. Zentrale Aspekte in dieser Erklärung seines Verhaltens sind wie so oft die Betonung der Unterstützung durch die Rechtschaffenen und die Identifikation seiner Person mit dem Wohl des Staates – Strategien, mit deren Hilfe Cicero ein Gegenbild zu seiner damaligen Isolation und Bedeutungslosigkeit zu entwerfen sucht.[553]

Der nächste Einwand der Gegenseite bezog sich auf Ciceros Verhältnis zu Pompeius und Caesar, die Anklage hatte Ciceros Unabhängigkeit in Frage gestellt. Er beruft sich auf seine Dankesschuld gegenüber Pompeius und erinnert an die allgemeine Unterstützung, die dieser erfahre, doch auch hier ist die Unterordnung seines Handelns unter das Staatsinteresse wieder das wichtigste Element seiner Rechtfertigung, und er faßt dieses Prinzip in ein eindrucksvolles und zugleich ernüchterndes Bild (*Planc.* 93): *Stare enim omnes debemus tamquam in orbe aliquo rei publicae, qui quoniam versatur, eam deligere partem ad quam nos illius utilitas salusque converterit.* In dieser Interpretation

---

[551] Vgl. May (1988) 123.

[552] Ähnlich auch *Planc.* 86.

[553] Die Isolierung von den sozialen Bindungen und von der Heimat an sich, die die Abwesenheit von Rom für Cicero mit sich brachte, beschreibt eindringlich Seel (^{3}1967) 132ff.

ist der Richtungswechsel Zeichen einer konstanten Orientierung an der *utilitas rei publicae*.[554] Mit Hilfe einer Schiffsmetapher macht Cicero Werbung für einen pragmatisch begründeten Meinungswechsel (*Planc.* 94):

> *An, cum videam navem secundis ventis cursum tenentem suum, si non eum petat portum quem ego aliquando probavi, sed alium non minus tutum atque tranquillum, cum tempestate pugnem periculose potius quam illi, salute praesertim proposita, obtemperem et paream?*

Überträgt man dieses Bild auf Ciceros Hinwendung zu Caesar, dann bekommen die Formulierungen *periculose pugnare* und *obtemperare et parere* einen Beigeschmack, der dazu verleitet, Ciceros Unwillen und Machtlosigkeit herauszuhören.

Von Kap. 95 an geht es nun um das Verdienst des Plancius, das die Gegenseite mit dem Argument in Frage gestellt hatte, Cicero sei keiner Lebensgefahr ausgesetzt gewesen.[555] Für die Beschreibung der Lage des Staates (*Planc.* 95) greift Cicero auf die bekannte Kriegs- und Feuermetaphorik zurück und charakterisiert seinen Weggang in gewohnter Manier als *cedere*.[556] In diesem Zusammenhang macht ein Rückblick auf Kap. 26 die in dieser Rede vorherrschende Fokussierung auf das Verdienst des Plancius besonders deutlich, denn dort äußert Cicero: *Plancio, quod me vel vi pulsum vel ratione cedentem receperit, iuverit, custodierit, his et senatui populoque Romano, ut haberent quem reducerent, conservarit, honori hanc fidem, misericordiam, virtutem fuisse miraris?* Die beiden Deutungsvarianten, die Cicero in den Reden nach seiner Rückkehr je nach Erfordernis bei der Schilderung seines Weggangs akzentuierte, nämlich einerseits die Stilisierung zum Opfer von Gewalt (*vi pulsum*) und andererseits die Interpretation eines heroisch und überlegt zum Schutz des Staates Ausweichenden (*ratione cedentem*), die sich auch in dem Gebrauch der Verben *pellere* und *cedere* manifestierten, werden hier als austauschbare Varianten nebeneinander gestellt. Wenngleich dies der aktuellen Argumentation dient, da Cicero damit deutlich macht, daß es ihm dabei nicht auf die Interpretation seines Weggangs, sondern auf das Verdienst des Plancius ankommt, so wird hier doch das Deutungsspektrum transparent, dessen Variation und argumentativer Nutzbarkeit sich Cicero wohl bewußt war. In Kap. 95 hält sich Cicero nicht lange mit der Szenerie auf, die ihn zum Weggang bewegte, und legt den Akzent im folgenden erstaunlicherweise nicht auf die Gefahr, sondern vielmehr auf seine Versuche, irgendwo Unterschlupf zu finden, wobei die Reise in seiner Schilderung einer Odyssee gleicht, die erst bei Plancius ihr Ende fand (*Planc.* 96-99). Er traf unterwegs auf viel

---

[554] Auch in *De provinciis consularibus* rückte Cicero die *utilitas* in diesem Zusammenhang in den Vordergrund, siehe *prov.* 1 (*utilis*); 18; 22; 27; 29; 30.

[555] Vgl. zum Thema „Lebensgefahr" auch *Planc.* 71. Intensiv setzt sich Cicero mit der Dankesschuld in den Kap. 71-82 auseinander.

[556] *Planc.* 95: *Ego* [...] *ex illo incendio legum, iuris, senatus, bonorum omnium cedens ...*

Unterstützung, doch bevor er bei Plancius in Makedonien eintraf, konnte er nirgendwo ausharren, weil zuvor alle, die ihm halfen, dadurch in Bedrängnis gerieten und er nirgendwo sicher war. Plancius unterschied sich von allen (*Planc.* 99): *Cn. Plancium fuisse unum, non qui minus timeret sed, si acciderent ea quae timerentur, mecum ea subire et perpeti vellet.* Cicero paßt also die Gestaltung und Akzentuierung der autobiographischen Schilderung geschickt an die argumentative Notwendigkeit an, Plancius' Unterstützung in den Vordergrund zu rücken. Eindringlich erinnert sich Cicero an eine gemeinsam durchwachte Nacht, in der er Plancius versicherte, ihm dann, wenn er zurückgekehrt sein würde, Lohn für seine Mühe abzustatten, doch damit habe er etwas zugesichert, was nicht in seiner Macht stand (*Planc.* 101). Cicero steigert das Pathos noch, indem er Plancius auffordert, aufzustehen und sich umarmen zu lassen, er gelobt, ihm beizustehen und bittet die Richter um Erbarmen für Plancius, womit er an den Anfang seiner Rede (*Planc.* 3) anknüpft (*Planc.* 102):

> *Non ego meis ornatum beneficiis a vobis deprecor, iudices, sed custodem salutis meae, non opibus contendo, non auctoritate, non gratia, sed precibus, sed lacrimis, sed misericordia, mecumque vos simul hic miserrimus et optimus obtestatur parens, et pro uno filio duo patres deprecamur.*

Die Darstellung der Flucht Ciceros „läßt das Schützeramt, das Plancius auf sich genommen hatte, plastisch hervortreten und mündet daher fugenlos in den mitleidheischenden Schluß der Rede (101-104).“[557] Die Überredungskraft resultiert nicht zuletzt aus der Disposition, die Cicero gewählt hat. Dazu May:

> This disposition enabled him to return to his relationship with Plancius, and once there, never to depart from it. As the account moves from Cicero's ethos and his *apologia pro suo exsilio* to the narrative of Plancius' service toward Cicero and his character as revealed by that service, the speech's intensitiy gradually heightens, ethos is transformed into pathos, and the courtroom is lit by a burst of emotion whose flame is extinguished only by the termination of the speech.[558]

Eben dieser pathetische Schluß läßt es fraglich erscheinen, ob Ciceros Versicherung zu Beginn, er habe es nicht darauf abgesehen, daß Plancius um seinetwillen freigesprochen werde, gänzlich glaubhaft ist, denn in seinem Schlußappell verläßt er sich ganz auf die Wirkung seiner Bitte und wirft seine *auctoritas* in die Waagschale für seinen Klienten, mit dem er sich aufgrund des gemeinsam Erlebten und der daraus resultierten Dankesschuld von Anfang an identifiziert hatte.[559]

---

[557] Fuhrmann (2000 Bd. VI) 230.
[558] May (1988) 126.
[559] Vgl. ebd. 117 und 125. Eine Parallele zu dieser Bitte für Plancius bildet Ciceros Schilderung seines Engagements für die Wahl des Plancius (*Planc.* 24-26), in der die von Cicero angestrebte Identifikation mit seinem Klienten deutlich zu Tage tritt. Auch dort betont er, daß der Erfolg nicht auf das Ansehen seiner Person, sondern auf den Gegenstand der Bitte

Cicero hat seine Ankündigung, er werde nur insofern über sich reden, als die Angriffe auch Plancius betreffen, nur bedingt eingehalten. Zwar bewegt er sich mit seinen autobiographischen Äußerungen im Rahmen der Dankesschuld gegenüber Plancius und paßt auch die Darlegung daran an, doch dehnt er die Thematik mit dem Sprechen über die Gründe für seinen Weggang und das Vermeiden des Todes stark aus und verläßt sie in dem Moment, in dem er sich für sein Verhalten gegenüber Caesar rechtfertigt. Das Reden über die eigene Person dient in erster Linie der Rekonstruktion von *auctoritas*, die die Gegenseite in Frage gestellt hatte, und dies nicht zuletzt auch dadurch, daß die Abstattung einer Dankesschuld als ein lauteres Motiv für die Verteidigung präsentiert wird.[560] „Cicero's credibility must be impaired by the prosecution's embarrassing, even devastating, characterization of his behaviour. The orator's only hope is to distract from this negative picture by offering an alternate and coherent portrait of himself."[561] Daß er hier dennoch dezidiert betont, sich auf die Aspekte beschränken zu wollen, die seinen Klienten betreffen, mag als Indiz dafür zu werten sein, daß ihm mehr als zuvor daran gelegen ist, den Eindruck, er rede um seinetwillen, zu vermeiden. Die Thematik der autobiographischen Passagen ist weitgehend dieselbe wie in den zuvor besprochenen Reden, doch ist nicht zu übersehen, daß sich Cicero in qualitativer Hinsicht im Vergleich zu *De haruspicum responso*, *De provinciis consularibus* und *In Pisonem* wieder zurückgenommen hat. Die Stilisierung zum Retter des Staates ist weit dezenter und auch die bekannte Kriegs- und Feuermetaphorik kommt in geringerem Maße zum Einsatz. Zudem ist das Pathos, das in anderen Reden häufig im Zusammenhang mit Ciceros Leistungen zum Ausdruck kam, nun auf die Bitte um Erbarmen für Plancius verschoben. Es ist andererseits jedoch nicht zu verkennen, daß Cicero nicht nur Plancius, sondern ähnlich wie in *Pro Sestio* auch sich selbst verteidigt; seine *persona* ist zwar der Sache des Klienten unterstellt, aber nicht ausschließlich. Auch in seinen frühen Reden diente die Selbstdarstellung einem Zweck außerhalb der aktuellen Sache, nämlich dem Aufbau von *auctoritas*, der Empfehlung seiner Person. Bei den Prozeßreden *Post reditum* ist im Vergleich zu früheren Reden jedoch ein Wandel von indirekter zu direkter Wirkung eingetreten: War die Vermittlung eines positiven Bildes der Person Ciceros in den früheren Reden ein Effekt, der sich aus der Verteidigung ergab, so wird sie in den Reden nach dem Exil mehr und mehr durch ein aktive Auseinandersetzung mit der eigenen Vergangenheit angestrebt, durch die bewußte Konstruktion eines Gegenbildes seiner selbst, das Cicero in der Öffentlichkeit zu etablieren sucht.

---

zurückzuführen sei (*Planc.* 24): *valuit causa rogandi, non gratia*; *Planc.* 25: *non potentia mea sed causa rogationis fuit gratiosa.*

[560] Vgl. May (1988) 119.

[561] Craig C. P.: Cicero's Strategy of Embarrassment in the Speech for Plancius, AJP 111 (1990), 75-81, h. 80.

3.4.8 *Pro Milone*

T. Annius Milo war angeklagt, P. Clodius Pulcher im Zuge einer Auseinandersetzung ihrer beider Schlägerbanden getötet zu haben.[562] Milos Fall wurde nach einem Sondergesetz *de vi*[563] des Pompeius verhandelt, der nach Ausschreitungen und Aufruhr in Rom zum *consul sine collega* ernannt worden war. Die Atmosphäre während der Verhandlung war gespannt, Pompeius ließ das Forum von Truppen umstellen, die Anhänger des Clodius verschafften sich lautstark Gehör. Hiervon eingeschüchtert soll Cicero sein Plädoyer unsicher vorgetragen haben[564], der Prozeß ging verloren, Milo mußte nach Massilia in die Verbannung gehen. Cassius Dio berichtet, daß Cicero Milo dorthin eine überarbeitete Fassung der Rede schickte, woraufhin Milo geantwortet habe, daß er sich glücklich preise, daß Cicero bei der Verhandlung nicht so hervorragend gesprochen habe, weil er selbst dann jetzt nicht die Seebarben in Massilia genießen könne.[565] Diese Ankedote, die Berichte über die Umstände des Plädoyers und vor allem Hinweise auf eine stenographisch festgehaltene, von der überlieferten Rede verschiedene Fassung[566] haben die Forschung zu Überlegungen bezüglich des Grades der Überarbeitung angeregt, die Cicero für die Veröffentlichung vorgenommen habe.[567] Da jedoch aufgrund entsprechender Untersuchungen lediglich eine stilistische Überarbeitung als gesichert angenommen werden kann, muß in unserem Zusammenhang die spannende Frage, ob Cicero bezüglich seiner Selbstdarstellung für die Veröffentlichung Änderungen vorgenommen hat – womit dann auch eine veränderte Wirkungsabsicht verbunden wäre – unbeantwortet bleiben, und wie schon bei den Catilinarischen Reden bleibt auch hier nur übrig, die vorliegende Fassung als das

---

[562] Zum historischen Hintergrund siehe Fuhrmann (2000 VI) 317ff.; Craig, C.P.: The Role of Rational Argumentation in Selected Judicial Speeches of Cicero, (Diss.) Chapel Hill 1979, 151ff.; Kennedy (1972) 230ff.; Lintott, A.W.: Cicero and Milo, JRS 64 (1974), 62-78; Ruebel, J.S.: The Trial of Milo in 52 B.C.: A Chronological Study, TAPhA 109 (1979), 231-249; Schuller, W.: Der Mordprozeß gegen Titus Annius Milo im Jahre 52 v. Chr. oder: Gewalt von oben, in: Manthe, U.; Ungern-Sternberg, J. v. (Hgg.): Große Prozesse der römischen Antike, München 1997, 115-127.

[563] Näheres zu den Bestimmungen des Gesetzes bei Fuhrmann (2000 Bd. VI) 319f.; MacKendrick 36; Berger 41f.

[564] Dagegen Marshall, B.A.: *Excepta Oratio*, the other *Pro Milone* and the Question of Shorthand, Latomus 46 (1987), 730-736. Zu den Umständen des Plädoyers siehe Loutsch, C.: Remarques sur le *Pro Milone* de Cicéron, in: Bodelot, C. (Hg.): Poikila: Hommage à Othon Scholer, Luxembourg 1996, 3-16, h. 7; Settle, J.N.: The Trial of Milo and the other *Pro Milone*, in: TAPhA 94 (1963), 268-280, h. 271ff.; Kennedy (1972) 231; Craig (1979) 151ff.; Plut. *Cic.* 35; Asc. 37 Stangl; Schol. Bob. 112 Stangl; D.C. 40, 54, 2.

[565] D.C. 40, 50, 3.

[566] Asc. 37 Stangl; Quint. *inst.* 4, 3, 17; Schol. Bob. 112 Stangl.

[567] Humbert (1972) 189ff; Loutsch (1996) passim; Settle (1962) 237ff; Stone, A.M.: *Pro Milone*: Cicero's Second Thoughts, Antichthon 14 (1980), 88-111.

zu nehmen, als das Cicero sie überliefert wissen wollte: als das zugunsten Milos gehaltene Plädoyer.

Ciceros Verteidigungsstrategie[568] ist in dieser Rede eine doppelte. Da die Tat Milos kaum zu leugnen war[569] und Pompeius durch die festgelegten Modalitäten des Verfahrens deutlich gemacht hatte, „daß er eine strenge Untersuchung und keine politische Agitation"[570] wünschte, verlegte sich Cicero in einem ersten Schritt (*Mil.* 32-64) darauf, die Tötung des Clodius durch Milo als einen Akt der Notwehr zu erweisen, und verfolgte dann eine „alternative defense"[571], indem er die Tat in einer *argumentatio extra causam* (*Mil.* 65-91) in einen politisch-moralischen Kontext stellte mit Hilfe des Nachweises, daß Milo selbst dann, wenn er Clodius nicht in Notwehr getötet hätte, lobenswert wäre, weil er im Sinne des Staates gehandelt hätte.[572] Berger sieht in der politischen Argumentation die eigentliche Strategie Ciceros; dabei sei die juristische Erörterung „gleichsam die offizielle Strategie, die das Publikum von der wahren Strategie ablenken soll."[573] In beiden Argumentationslinien erfüllt Autobiographisches eine Funktion.

Innerhalb der juristischen Argumentation wertet Ciceros sein eigenes Schicksal als Exemplum für die Gewaltbereitschaft des Clodius, um so die Notwehr-These zu authentifizieren (*Mil.* 36):

> *Reliquum est ut iam illum natura ipsius consuetudoque defendat, hunc autem haec eadem coarguat. 'Nihil per vim umquam Clodius, omnia per vim Milo.' Quid? ego, iudices, cum maerentibus vobis urbe cessi, iudiciumne timui, non servos, non arma, non vim? Quae fuisset igitur iusta causa restituendi mei, nisi fuisset iniusta eiciendi? Diem mihi, credo, dixerat, multam inrogarat, actionem perduellionis intenderat, et mihi videlicet in causa aut mala aut mea, non et praeclarissima et vestra, iudicium timendum fuit. Servorum et egentium civium et facinorosorum armis meos civis, meis consiliis periculisque servatos, pro me obici nolui.*

Ähnlich wie schon in *Planc.* 26[574] stellt Cicero mit *cedere* und *eicere* zwei Interpretationen seines Weggangs nebeneinander, die in letzter Konsequenz nicht vereinbar sind. Für die Opferrolle, die er aus prozeßtaktischen Gründen betonen muß, gibt er die Heldenrolle nicht gänzlich auf. Die Anpassung an die

---

[568] Näheres zu Ciceros Strategie bei Neumeister, Chr.: Grundsätze der forensischen Rhetorik, gezeigt an Gerichtsreden Ciceros, (Diss.) Heidelberg 1962, 83ff.; Classen, C.J.: Ciceros Kunst der Überredung, in: Ludwig, W. (Hg.): Eloquence et Rhétorique chez Cicéron, Genève 1982, 149-192, h. 163, 179, 181; siehe auch Clarke (1968) 91; Schuller 122f.
[569] Quint. *inst.* 7, 1, 34; Schol. Bob. 112 Stangl; vgl. Neumeister 86f.
[570] Berger 42.
[571] Stone 95.
[572] Von zentraler Bedeutung ist dabei die Invektive gegen Clodius, siehe dazu Craig, C.P.: Audience Expectations, Invective, and Proof, in: Powell, J.; Paterson, J. (Hgg.): Cicero. The Advocate, Oxford 2004, 187-213.
[573] Berger 42.
[574] Vgl. auch *har. resp.* 45.

Erfordernisse der Argumentation zeigt sich auch bei der Rückberufung – von Cicero sonst gerne als Beleg für seine Identifikation mit dem Staatswohl gewertet, wird sie jetzt folgerichtig auf die Beurteilung des Vorgehens des Clodius bezogen als offizielle Bestätigung dafür, daß das Exil Unrecht darstellte.[575]

Die Bedrohung durch die von Clodius ausgehende Gewalt wird im folgenden weiter (*Mil.* 37) authentifiziert durch die Integrierung des Schicksals Ciceros in die Reihe weiterer Exempla, unter denen Cicero auch Pompeius erwähnt. Trotz dieser Einkleidung bleibt die Person Ciceros dominant, denn zum einen setzt er das, was sowohl Hortensius als auch Vibienus geschah, in Bezug zu sich selbst, zum anderen läßt er die Aufzählung wieder bei sich selbst enden. Eine ähnliche Vorgehensweise findet sich in den Kap. 18-20, wo er die außerordentlichen Umstände des Verfahrens auf die Bedrohung durch Clodius zurückführt.[576]

Bei der Erinnerung an die damaligen Verhältnisse (*Mil.* 39) macht Cicero den Einsatz für seine Rückberufung zum gemeinsamen Nenner innerhalb der Gruppe der Gegner des Clodius. Besonders Pompeius sticht hierbei heraus, der sich durch seine Rückberufungsbemühungen als Unterstützer Ciceros und als Feind des Clodius erweist (*auctor et dux mei reditus, illius hostis*).[577] Hypothetisch verknüpft Cicero die Beseitigung des Clodius nun mit seiner Rückberufung und bereitet damit seine politisch-moralische Argumentation vor (*Mil.* 39f.):

> ... *omnium denique in illum odia civium ardebant desiderio mei, quem qui tum interemisset, non de impunitate eius, sed de praemiis cogitaretur.* (40) *Tum se Milo continuit, et P. Clodium in iudicium bis, ad vim numquam vocavit. Quid? privato Milone et reo ad populum accusante P. Clodio, cum in Cn. Pompeium pro Milone dicentem impetus factus est, quae tum non modo occasio sed etiam causa illius opprimendi fuit?*

In diesem Rückblick stellt Cicero Pompeius geradezu als zweiten Patron Milos auf die Seite der Verteidigung „in order to add the weight of his auctoritas to Milo's case (and, just as importantly, away from the case of the prosecution)"[578], Clodius steht als der gemeinsame Gegner auf der anderen

---

[575] Vgl. dazu auch Craig (1979) 171.
[576] Vgl. Stevens 109.
[577] Zur Funktion dieser Passage ebd. 106: „... Pompey's ethos is used to bolster Cicero's own, apparently inferior ethos. He does this directly, by means of the same type of identification which he uses to associate Milo with Pompey. The orator invokes Pompey's ethos as patronus to add auctoritas to his own when he describes Pompey's efforts during the campaign for his recall from exile (39)."
[578] Ebd.; zur Darstellung des Verhältnisses von Milo und Pompeius siehe auch May (1988) 132ff.

Seite, Cicero selbst erscheint als der Mittelpunkt des Geschehens, auf den sich die Bemühungen sogar des Pompeius richten.

> In this situation, when Cicero was an exile and Pompey was in Rome working on his behalf, it appears that Pompey as his patronus and Milo, as his cliens, are both operating within a chain of beneficia of which Cicero is the focus. The ultimate recipient of the benefits of Cicero's recall is without fail represented as the Roman people. [...] So, even when Pompey is represented as patronus to Cicero, the orator's own ethos (manifested here in his importance to the Republic, and indeed all of Italy) emerges as supreme.[579]

Aufgrund dieser Bedeutung für das Staatswesen stellt Cicero das eigene Schicksal in seiner *argumentatio extra causam* neben die damalige Bedrohung des Staates (*Mil.* 87), selbstverständlich nennt er das erlittene Unrecht in einem Atemzug mit anderen Symptomen der Bedrohung durch Clodius und versäumt es wieder nicht, auch Pompeius unter die Leidtragenden zu zählen.[580] Die autobiographische Selbstdarstellung Ciceros dient in diesem Teil der Rede zudem verstärkt der Unterstützung Milos, mit dem er sich aufgrund seines eigenen Vorgehens während seines Konsulats solidarisiert (*Mil.* 82).[581]

> Like Cicero himself, who in the face of danger dared to crush the Catilinarian conspiracy, Milo, by not hesitating to act when the opportunity of slaying a despot presented itself, has proven himself a true hero. By his conscious identification with his client – a common tactic of the great orator – Cicero underscores both his own *ethos* and the *ethos* of Milo, as he attempts, by calling to mind his consular *auctoritas*, to secure the verdict for his client.[582]

Die Solidarisierung[583] ist auch verwirklicht in den Kapiteln, in denen sich Cicero in der Rolle des Milo an die Zuhörer wendet (72ff.)[584], und zwar nicht nur, wenn er „Milo“ daran erinnern läßt, daß Clodius in Cicero den Retter des Staates vertrieben hat (*Mil.* 73: *eum qui civem quem senatus, quem populus Romanus, quem omnes gentes urbis ac vitae civium conservatorem iudicarant*

---

[579] Stevens 107. Siehe auch ebd. 185: „Thus, in a speech about three saviors helping each other, Cicero emerges not at the top of a hierarchy, but as the focus of the beneficia which ultimately saves the state.“

[580] *Mil.* 87: ... *Polluerat stupro sanctissimas religiones, senatus gravissima decreta perfregerat, pecunia se a iudicibus palam redemerat, vexarat in tribunatu senatum, omnium ordinum consensu pro salute rei publicae gesta resciderat, me patria expulerat, bona diripuerat, domum incenderat, liberos, coniugem meam vexarat, Cn. Pompeio nefarium bellum indixerat, magistratuum privatorumque caedis effecerat, domum mei fratris incenderat* [...].

[581] Vgl. Stevens 96.

[582] May, J.M.: The *Ethica Digressio* and Cicero's *Pro Milone*: A Progression of Intensity from *Logos* to *Ethos* to *Pathos*, CJ 74 (1978-1979), 240-246, h. 242.

[583] Vgl. auch am Anfang der Rede Kap. 5, in dem Cicero die Gemeinsamkeiten beider Schicksale anführt, dazu Thierfelder 257.

[584] Vgl. dazu May (1988) 134f.

servorum armis exterminavit)[585], sondern auch dadurch, daß er, wie Stevens[586] aufzeigt, in die Schilderung Formulierungen aus den Catilinarischen Reden einfließen läßt.

> The character of "Milo" has become a mask assumed by the orator, under which he is able to enumerate the crimes of Clodius which the orator then confirms in his own voice – in the rhetoric of the Catilinarians. These verbal echoes of the speeches against Catiline function in two ways. First, in the forensic use of ethos they confirm Clodius' plans and potential crimes with the voice of experience, of one who has personally dealt with a problem of this magnitude and potential. Second, in a more literary use of ethos, these same words serve as a reminder that as Cicero defends and glorifies Milo, he defends and glorifies his own parallel actions in the case of Catiline.[587]

Es zeigt sich vor allem am Ende der Rede, daß das Verhältnis, das Cicero zwischen sich und seinem Klienten etabliert, nicht nur auf Parallelisierung bezüglich der „Leistung" beruht, die, wie Cicero zeigen will, in seinem und in Milos Fall die Rettung des Staates bedeutete, sondern auch auf Kontrastierung. Denn zumal in der Schlußpartie, in der Cicero in pathetischer Weise noch einmal die Dankbarkeit, die er Milo schuldet, vorbringt, steht das Selbstbild des verzweifelt und unter Tränen sprechenden Verteidigers dem des standhaften und unerschrockenen Klienten gegenüber.[588] Somit schließt das Ende der Rede den Kreis zum Anfang, an dem Cicero seine Furcht angesichts der Prozeßsituation eingeräumt hatte (*Mil.* 1-6).[589] „The advocate's *persona* in the exordium and peroration is essentially a foil for Milo: the timid advocate of a brave client; the emotional advocate of an unflinching client."[590] Möglicherweise liegt hierin der Grund, warum Cicero in der Rede für Milo weit weniger, als vor dem Hintergrund der Analyse seiner Selbstdarstellung in anderen Reden zu erwarten gewesen wäre, die eigene Person in den Vorder-

---

585 Die bekannte Objektivierungsstrategie durch die Formulierung *eum, quem* begegnet hier in einer Brechung, da Cicero sie nicht von einer unbestimmten Abstraktionsebene aus äußert, sondern sie einem bestimmten Sprecher, nämlich Milo, zuweist.

586 Stevens 129ff.

587 Ebd. 130. Eine Solidarisierung findet auch zwischen Milo und Pompeius statt, weil Milo sich in dieser Rede an Pompeius wendet, vgl. May (1988) 133.

588 *Mil.* 99: *Haec tu mecum saepe his absentibus, sed isdem audientibus haec ego tecum, Milo: 'Te quidem, cum isto animo sis, satis laudare non possum, sed, quo est ista magis divina virtus, eo maiore a te dolore divellor. Nec vero, si mihi eriperis, reliqua est illa saltem ad consolandum querela ut eis irasci possim a quibus tantum volnus accepero. Non enim inimici mei te mihi eripient, sed amicissimi, non male aliquando de me meriti, sed semper optime.' Mil.* 101: *His lacrimis non movetur Milo. Est quodam incredibili robore animi. Exsilium ibi esse putat, ubi virtuti non sit locus; mortem naturae finem esse, non poenam. Mil.* 105: *Sed finis sit: neque enim prae lacrimis iam loqui possum, et hic se lacrimis defendi vetat.* Vgl. Thierfelder 231; Clarke (1968) 94f.

589 Vgl. zur Gestaltung der Einleitung (auch vor dem Hintergrund einer evtl. Bearbeitung der Rede) Fuhrmann (2000 Bd. VI) 321f.

590 Dyck 240.

grund rückt. Die Thematik bot sich doch geradezu dafür an, die glorreiche Rückberufung nochmals ausführlich zu zelebrieren. Stevens vermutet, daß die äußeren Bedingungen der Verhandlung Cicero davon abhielten, eine ähnliche Darstellung wie in *Pro Sestio* zu präsentieren.[591] Doch schon auf der Ebene der Argumentation lassen sich dafür Erklärungen finden. Denn aus der juristischen Argumentation ergab sich für Cicero die Notwendigkeit, vornehmlich eine Opferrolle einzunehmen, und innerhalb der politischen mußte die eigene Leistung die des Milo zwar spiegeln, durfte sie aber nicht überstrahlen. Daher bewegt sich das, was Cicero über sich selbst zu sagen hat, im Rahmen der Argumentationswege, die er eingeschlagen hat: Die Erinnerung an die Vertreibung durch Clodius stützt das Notwehr-Argument (juristische Argumentation) und erweist die Tat Milos als nützlich für den Staat (politische Argumentation); die Parallelisierung mit dem eigenen Vorgehen während der Catilinarischen Verschwörung dient der Legitimierung der Beseitigung des Clodius vor dem Hintergrund des Staatsinteresses.

> Cicero's solution was to horrify the reader by holding up the specter of Clodius' past crimes and future plans and paint a compelling portrait of Milo as a brave champion of the *res publica*. He also managed to make a moral case for Milo which is compelling if one is prepared to accept his view of Clodius' political program, his assumption that Milo alone could stop him, and the premise that murder is a justified means of protecting the state against a would-be tyrant.[592]

In den Reden, die Cicero nach seiner Rückkehr aus dem Exil hielt, ist eine quantitative und qualitative Steigerung in den autobiographischen Äußerungen festzustellen, merklich rückt er sich selbst mit persönlichen Anliegen in den Vordergrund. Die Umdeutung des Exils in ein heroisch, zum Wohl der Gemeinschaft erbrachtes Opfer, wobei Heldenrolle und Opferrolle je nach argumentativem Erfordernis beansprucht werden, und die Identifikation mit dem Staat sind die zentralen Aspekte der autobiographischen Passagen in diesen Reden. Briefe aus der Zeit des Exils vermitteln hingegen ein gänzlich anderes Bild. Dem Beschützer und zweifachen Retter des Staates, der sich selbst bereitwillig opfert in der Überzeugung, daß der Staat selbst mit ihm fort sei und mit ihm zurückkehren werde[593], steht in den Briefen ein Verbannter in tiefer Verzweiflung und Trauer gegenüber[594], der sich eingestehen muß, daß er

---

[591] Stevens 114.
[592] Dyck 241.
[593] *p. red. in sen.* 34.
[594] *ad Q. fr.* 1, 3; 1, 4; *Att.* 3, 15, 2: *Nolo commemorare quibus rebus sim spoliatus, non solum quia non ignoras sed etiam ne rescindam ipse dolorem meum: hoc confirmo, neque tantis bonis esse privatum quemquam neque in tantas miserias incidisse. Dies autem non modo non levat luctum hunc sed etiam auget; nam ceteri dolores mitigantur vetustate, hic non potest non et sensu praesentis miseriae et recordatione praeteritae vitae cottidie augeri; desidero enim non mea solum neque meos sed me ipsum; quid enim sum?* Dieser in der Zeit der Abwesenheit empfundene Schmerz wird in den Reden nach der Rückkehr nicht

sich bei seinem Weggang falsche Vorstellungen gemacht hatte[595], der bereut, nicht in den Tod gegangen zu sein[596] und sich nur noch wünscht, wenigstens in der Heimat sterben zu dürfen.[597] Claassen beschreibt Ciceros Vorgehen in den Reden als „rewriting history" und erklärt den Wandel in der Darstellung psychologisch mit der Funktionsweise des Gedächtnisses: „So, less than a month after his return, we may already discern the workings of selective memory: past pain is romanticised. That his memory of past misery was conveniently dispelled by the happiness and triumph of his recall, is as much part of the statesman's psychological make-up as the misery itself."[598] Wenngleich natürlich eine zeitliche Distanz zwischen dem Erlebnis an sich sowie den Briefen, die in der Verbannungssituation entstanden, und den späteren Bezugnahmen auf das Erlebnis besteht, ist es verfehlt, die Reden als Äußerungen seiner Psyche zu werten. Denn wenn sich Cicero positiv über sein Exil äußert und es als heroische Tat umdeutet, dann sagt das nichts über seine wahren Empfindungen aus, da diese Interpretation einer strategischen Notwendigkeit gehorcht. Zur Wiederherstellung seiner *dignitas* und *auctoritas* war es unbedingt nötig, sich rückblickend von der Schande des Exils loszusagen und es umzudeuten in eine ruhmreiche Tat.[599] Nur unter Berücksichtigung der Herkunft, Karriere und Stellung innerhalb der römischen Gesellschaft kann Ciceros Neuinterpretation seiner Vergangenheit angemessen beurteilt werden, wie May es tut:

> For the *novus homo* who had worked so long and so diligently to enhance his own ethos with dignity, authority, influence, and reputation, and to construct a persona of persuasive capabilities, the exile was a devastating setback. His personal *dignitas*, of course, had been seriously undermined and that consular persona of the hero who had saved the state without recourse to arms was gravely damaged, if not altogether destroyed. Cicero was forced once again to scramble with all of his energies and resources to reconstruct and secure for himself an ethos of *auctoritas* and a persona befitting his station in Republican society.[600]

---

gänzlich negiert, sondern mit Bedeutung aufgeladen, indem er als Maß des erbrachten Opfers interpretiert wird.

[595] *ad Q. fr.* 1, 4, 4.

[596] *ad Q. fr.* 1, 3, 1-2; 1, 4, 4.

[597] *ad Q. fr.* 1, 3, 10.

[598] Claassen, J.-M.: Displaced Persons. The Literature of Exile from Cicero to Boethius, London 1999, 161.

[599] Eine solche Umdeutung stellt Zimmermann, B.: Exil und Autobiographie, A&A 48 (2002), 187-195, h. 194 bereits bei Xenophon und Thukydides fest: „Das, was ihnen die Verbannung einbrachte, wird als Glanzleistung dargestellt, die nicht die Verbannung, sondern höchste Auszeichnung verdient hätte."

[600] May (1988) 89.

Es verwundert vor diesem Hintergrund nicht, daß Cicero immer wieder auf den breiten Konsens bei seiner Rückberufung zu sprechen kommt[601], denn dieser bindet ihn nicht nur wieder in die Gemeinschaft ein, aus der er zwischenzeitlich ausgeschlossen war, sondern sanktioniert rückwirkend das Handeln während der Catilinarischen Verschwörung und damit auch die Abwesenheit, für die Cicero bewußt die mit einer Schuld konnotierte Bezeichnung *exilium* meidet.

3.5 Die „Caesarreden"

Die drei sogenannten Caesarreden[602] sind in mehrfacher Hinsicht geprägt von der entscheidenden historischen Bedingung, unter der sie entstanden, nämlich der Diktatur Caesars. In allen drei Fällen spricht Cicero, der sich in dieser Zeit vor allem auf die philosophische Schriftstellerei verlegt hatte, für ehemalige Gegner Caesars[603] und sucht den Alleinherrscher auf das Prinzip der *clementia* festzulegen[604], wobei es sich bei der ersten Rede, *Pro Marcello*, im eigentlichen Sinne nicht um ein Plädoyer, sondern um eine Danksagung an Caesar handelt, der Marcellus auf Bitten des Senats begnadigt hatte.[605] Von besonderer Bedeutung für die Redesituation ist der Umstand, daß Caesar selbst Adressat der Reden war bzw. selbst den Vorsitz führte und somit zugleich die Rolle des Richters und des obersten Machthabers einnahm, eine Konstellation, die bei der Rede *Pro rege Deiotaro* sogar die Konsequenz hatte, daß die Verhandlung in Caesars Haus stattfand.[606]

---

[601] *p. red. in sen.* 24; 28; 39; *p. red. ad Quir.* 1; 10; 16; *dom.* 5; 26; 30; 44; 57; 75; 82; 87; 132; 142; *Sest.* 26; 32; 37; 128; 131; 145; *Vatin.* 8; *har. resp.* 46; *Pis.* 34; 51; *Planc.* 87; *Mil.* 38; 39.

[602] Siehe v.a. Gotoff, H.: Cicero's Caesarian Orations, in: May, J. M. (Hg.): Brill's Companion to Cicero. Oratory and Rhetoric, Leiden/Boston/Köln 2002, 219-271; vgl. auch Montague, H.W.: Style and Strategy in Forensic Speeches: Cicero's Caesarians in Perspective, (Diss.) Ann Arbor 1987.

[603] Außerdem bemühte er sich um die Begnadigung ehemaliger Pompeianer, ein Engagement, das Fuhrmann (1991) 207 als hartnäckig und frei von Selbstgefälligkeit würdigt.

[604] Gemeinsam sind allen drei Reden also Redner, Adressat und Thema bzw. Gegenstand, vgl. Gotoff, H.C.: Cicero's Caesarian Speeches. A Sytistic Commentary, Chapel Hill/London 1993, 30.

[605] Vgl. *fam.* 4, 4, 4.

[606] *Deiot.* 5-7. Aufgrund dieses außergewöhnlichen Umstandes der Rede und des Fehlens eines eigentlichen Anklägers vermutet Gotoff (2002) 265: „... the event was not meant as a formal trial, but as an inquiry, called by Caesar for his own benefit, into the attitude and reliability of the Galatian tetrarch." Vgl. auch Bringmann, K.: Der Diktator Caesar als Richter? Zu Ciceros Reden 'Pro Ligario' und 'Pro Rege Deiotaro', Hermes 114 (1986), 72-88, h. 83, der die Untersuchung durch Caesar als „Kabinettsjustiz" charakterisiert. Da diese

Cicero mußte sich an diese Bedingungen mit seiner rhetorischen Strategie anpassen und die Machtfülle des Richters und Adressaten Caesar bei der Konstruktion und Positionierung seiner eigenen *persona* berücksichtigen. Seine bewährte Strategie, die eigene *auctoritas* in Erinnerung zu bringen, aufzuwerten und für den Klienten in die Waagschale zu werfen, konnte er in dieser Situation nicht unmodifiziert zur Anwendung bringen.

> The authority, dignity, and reputation of the *patronus*, no matter how great, had been eclipsed by the ethos of the dictator; as a result, the personal influence that the *patronus* could wield was greatly impaired. Praise of the client's character and of one's own character had to be tempered, set in proportion to, rather in the shadow of, the judge's ethos.[607]

Cicero weiß mit dieser Situation umzugehen: Durch Lob und Schmeichelei[608] signalisiert er seine Loyalität und eine gewisse Unterordnung, stellt aber zugleich eine Basis gegenseitigen Respekts[609] her mit Hilfe von Identifizierungsstrategien, die in allen drei Reden zur Anwendung kommen und in der Voraussetzung eines gemeinsamen Erfahrungshorizontes im Bereich der Rhetorik bestehen[610] oder im Einsatz von Ironie.[611] Aus dieser Position heraus konnte er eine neue Rolle einnehmen: die eines politischen Ratgebers[612], der sich nicht scheut, zuweilen auch kritische Töne anzuschlagen, und der damit eine gewisse Unabhängigkeit demonstriert. Heldmann liest aus Ciceros Vorgehen sogar eine „ebenso kühne wie geschickte Anklage gegen die Willkür des Richters Caesar" heraus.[613] Cicero zieht sich rhetorisch in die einzige Nische

---

Rede keine relevanten autobiographischen Passagen enthält, wird sie im folgenden nicht eigens thematisiert.

607 May (1988) 141.

608 Beispielsweise *Marcell.* 3-10; 25; *Lig.* 6; 23; 38. Dyer 27 zweifelt an der Aufrichtigkeit der Schmeichelei in *Pro Marcello*: „The fulsome praise of *clementia Caesaris* leaves doubt of its sincerity. It is too much. When Caesar is praised for merciful acts in which he conquers the nature of the conqueror, we are constantly reminded by this exaggerating *emphasis* that he has as conqueror in civil war, often, without mercy, overstepped the limits and convicted himself of having a dynast's method." Dagegen Winterbottom, M.: Believing the *Pro Marcello*, in: Miller, J.F.; Damon, C.; Myers, K.S. (Hgg.): Vertis in usum. Studies in Honor of Edward Courtney, München/Leipzig 2002, 24-38.

609 Vgl. Gotoff (2002) 219.

610 Beispielsweise *Deiot.* 7; *Lig.* 30.

611 Gotoff (2002) 232, 249, 256 und (1993) 30; Loutsch, C.: Ironie et liberté de parole. Remarques sur l'exorde *Ad Principem* du *Pro Ligario* de Cicéron, REL 62 (1984), 98-110, h. 110: „Elle [l'ironie] présuppose et elle renforce la connivence entre un orateur et un auditeur que rapprochent une même culture et une même passion du εὖ λέγειν."

612 Gotoff (2002) 226 sowie 230 (zu *Pro Marcello*): „Whether by previous agreement or to present himself as a forceful spokesman for Caesar's policy, Cicero, taking the rôle of advisor, shapes and defines the dictator's post-war program of reconciliation."

613 Heldmann, K.: Antike Theorien über Entwicklung und Verfall der Redekunst, München 1982, 200.

zurück, die sich ihm bot und es ihm ermöglichte, einen wenn auch noch so geringen Anteil an der Politik zu haben bzw. einen solchen zu demonstrieren. Hierin sieht Gotoff eine mögliche weiterreichende Zielsetzung der Rede *Pro Marcello*:

> It suggests that Caesar has at his disposal as an advisor to his regime an orator-politician-statesman of experience and perspicacity, one who, however grateful he may be for Caesar's pardon of Marcellus, retains the independence to advise him dispassionately and where necessary critically, certainly eloquently. For Cicero it may have represented an opportunity to return to the corridors of power for the first time since 63, be it as political advisor or publicist.[614]

Die besonderen äußeren Bedingungen beeinflußten auch Quantität und Qualität autobiographischer Einschübe. Aufgrund der notwendigen „Unterordnung" der eigenen Person unter die des Richters und Diktators wären breit angelegte autobiographische Ausführungen unangemessen gewesen, entsprechend wenig Raum nehmen sie in den drei Reden ein. Noch auffälliger ist jedoch die Beschränkung der Thematik auf Ciceros Verhalten im Bürgerkrieg und die Gnade, die ihm selbst von Caesar zuteil wurde – das in den Reden *Post Reditum* dominante Bild des Retters und Märtyrers Cicero ist gänzlich ausgeblendet. Auf der Ebene der Funktionen hingegen erweist sich das Reden über die eigene Vergangenheit in den Caesarreden als Teil der in Ciceros Rhetorik so wichtigen und bewährten Strategie von Identifikation und Distanzierung.

In seiner Rede für Marcellus propagiert Cicero den Frieden (*Marcell.* 14)[615] als seine oberste Maxime und führt seinen Anschluß an Pompeius auf

---

[614] Gotoff (2002) 234f. Zur politischen Dimension in *Pro Marcello* siehe außerdem: Cipriani, G.: La *Pro Marcello* e il suo significato come orazione politica, A&R 22 (1977), 113-125; Dahlmann, H.: Cicero, Caesar und der Untergang der libera res publica, Gymnasium 75 (1968), 337-355, bes. 344ff.; Dyer, R.R.: Rhetoric and Intention in Cicero 'Pro Marcello', JRS 80 (1990), 17-30; Dobesch, G.: Politische Bemerkungen zu Ciceros Rede pro Marcello, in: Ders.: Ausgewählte Schriften, Bd. I: Griechen und Römer, hrsg. von H. Heftner und K. Tomaschitz, Köln 2001, 155-203; Kerkhecker, A.: *Privato officio, non publico*. Literaturwissenschaftliche Überlegungen zu Ciceros 'Pro Marcello', in: Schwindt, J.P. (Hg.): Klassische Philologie *inter disciplinas*. Aktuelle Konzepte zu Gegenstand und Methode eines Grundlagenfaches, Heidelberg 2002, 93-149, bes. 102ff.; Rambaud, M.: Le « Pro Marcello » et l'insinuation politique, in: Chevallier, R. (Hg.): Présence de Cicéron. Actes du Colloque des 25, 26 septembre 1982. Hommage au R.P. M. Testard, Paris 1984 (Caesarodunum 19), 43-56, h. 56: „Ainsi le *Pro Marcello*, action de grâces à César, est-il au fond un discours sénatorial. Cicéron profite de l'occasion pour exposer une *sententia* de politique générale et revêtir ce rôle de conseiller suprême auquel il a parfois rêvé." Vgl. *Att.* 8, 3, 6. Siehe auch Bringmann, K.: Untersuchungen zum späten Cicero (Hypomnemata 29), Göttingen 1971, 75ff., der Ciceros Strategien in Zusammenhang mit seiner philosophischen Reflexion sieht.

[615] Der Friede ist das Leitthema der Kapitel 14-16 (8 Erwähnungen bei insgesamt 9 in der ganzen Rede).

persönliche, nicht auf politische Verbindungen zurück.[616] Über den Frieden als gemeinsamen Nenner bindet er sich selbst sodann an Caesar an, indem er versichert, auch für diesen sei die Haltung zum Frieden ein entscheidender Faktor beim Umgang mit den ehemaligen Gegnern gewesen (*Marcell.* 15: *cum pacis auctores conservandos statim censuerit, ceteris fuerit iratior*), sowie an Marcellus dadurch, daß er sich für dessen Haltung und die mit seiner eigenen übereinstimmende Überzeugung verbürgt (*Marcell.* 16).[617] Die Solidarisierung mit Caesar baut Cicero im folgenden noch weiter aus, indem er die großmütige Haltung Caesars nach seinem Sieg mit dem Fall des Sieges der Gegenseite, die damals seine eigene war, kontrastiert (*Marcell.* 17-18) und von dort zu einer Lobrede auf Caesar überleitet.[618] Vor allem seine eigene Anbindung an Caesar und Marcellus untermauert Cicero in Kap. 34 durch den Hinweis auf seine unermüdliche Sorge um Marcellus einerseits und seine eigene Begnadigung und sogar Auszeichnung durch Caesar andererseits.

Das Bestreben, die eigene Person im Verhältnis zum Klienten und zu Caesar zu positionieren, liegt auch einer Passage in der Rede *Pro Ligario*[619]

---

[616] Siehe hierzu Büchner, K.: Cicero. Bestand und Wandel seiner geistigen Welt, Heidelberg 1964, 358: „Was seine Parteinahme aber anlangt, so ist er aus privatem Entschluß dem Menschen Pompeius gefolgt, ohne Hoffnung, in den sicheren Untergang. Das stimmt. Wenn er sich aber [...] auf das rein Menschliche zurückzieht, so darf hier nicht vergessen werden, daß er diesen Untergang damals deshalb vorzog, weil er sah, daß die *res publica*, der Sinn seines Lebens, auf Seiten des Pompeius war. Das sagt er hier natürlich nicht schroff heraus, weil er Caesar zu verletzen keinen Anlaß hat. Daß er aber auch noch später zum Frieden geraten hat und daß er deswegen schwere Anfeindungen zu erdulden hatte, das weiß alle Welt." Zu Ciceros damaliger Unentschlossenheit vgl. *Att.* 8, 7, 2.

[617] Eine deutliche Identifikation mit Marcellus nimmt Cicero schon in Kap. 2 vor: *nec mihi persuadere poteram nec fas esse ducebam, versari me in nostro vetere curriculo illo aemulo atque imitatore studiorum ac laborum meorum, quasi quodam socio a me et comite distracto.*

[618] Gotoff (2002) 231 zieht mehrere Gründe für diese Lobpreisung in Betracht: „Certainly one of Cicero's goals in this speech is to glorify Caesar, either because he believes it or because Caesar is the best hope for restoration of a some form of Republic or because he hopes to work with him because Caesar had co-opted him or some of these reasons or all." Daß die *persona* Ciceros sowohl den Lobredner als auch den Mahner umfaßt, wird in *Pro Marcello* an einem Wechsel des Tons deutlich, der sich in der zweiten Hälfte der Rede zur mahnenden Dringlichkeit hin verschiebt. Giebel 100 schließt aus dem überschwenglichen Lob auf ein zwiespältiges Verhältnis Ciceros der *clementia* Caesars gegenüber. „Das ausgiebig gespendete Lob täuscht nicht darüber hinweg, sondern macht im Gegenteil durch sein Übermaß gerade darauf aufmerksam, daß Caesars Milde als eine Herrschertugend empfunden wird, die diejenigen, denen sie zuteil wird, gleichzeitig degradiert. [...] Clementia, Milde und Schonung erweist der römische Feldherr den unterworfenen Völkern gegenüber, den Untertanen des römischen Volkes; sie ist keine Verhaltensweise eines Bürgers seinen Mitbürgern gegenüber."

[619] Siehe Craig, C.P.: The Central Argument of Cicero's Speech for Ligarius, CJ 79 (1984), 193-99; Kumaniecki, K.: Der Prozess des Ligarius, Hermes 95 (1967), 434-457; Montague, H.W.: Advocacy and Politics: The Paradox of Cicero *Pro Ligario*, AJP 113 (1992), 559-

zugrunde (*Lig.* 6-8), in der Cicero mit geradezu entwaffnender Offenheit über seine frühere Gesinnung spricht, um im Vergleich dazu die Haltung des Ligarius als harmloser darzustellen und sich anschließend (ab *Lig.* 8) mit der Gegenseite zu identifizieren.[620] Er gesteht, daß er selbst im Gegensatz zu Ligarius nicht frei von einer gegen Caesar gerichteten Gesinnung gewesen sei, und kommentiert dieses Eingeständnis in einer Weise, die eine nähere Betrachtung verdient (*Lig.* 6):

> *O clementiam admirabilem atque omnium laude, praedicatione, litteris monumentisque decorandam! M. Cicero apud te defendit alium in ea voluntate non fuisse in qua se ipsum confitetur fuisse, nec tuas tacitas cogitationes extimescit nec quid tibi de alio audienti de se occurrat, reformidat. Vide quam non reformidem; vide quanta lux liberalitatis et sapientiae tuae mihi apud te dicenti oboriatur: quantum potero voce contendam, ut hoc populus Romanus exaudiat.*

Wie schon in anderen Reden wechselt Cicero hier in die 3. Pers. sg. und nennt zudem seinen Namen, um über die Abstraktion auf die Tragweite des Geschilderten aufmerksam zu machen. Dreifach betont Cicero, daß er keine Furcht empfinde angesichts seines Eingeständnisses, und macht diese schon fast dreiste Versicherung unangreifbar, indem er die Sicherheit, auf der sie beruht, auf eben Caesars Großmut zurückführt. *Clementia admirabilis, lux liberalitatis et sapientiae tuae* – mit der Schmeichelei an Caesars Adresse erkauft sich Cicero einen Freibrief. Seine Ankündigung, die Stimme zu erheben, damit das römische Volk hört, was er nun zu sagen hat, klingt nach einer Drohung. Cicero verkündet nun frank und frei, daß er sich auf die Seite der Gegner gestellt hatte, und zwar *nulla vi coactus, iudicio ac voluntate.* Und auch nun kommentiert er sein Eingeständnis wieder (*Lig.* 7):

> *Apud quem igitur hoc dico? Nempe apud eum qui, cum hoc sciret, tamen me, ante quam vidit, rei publicae reddidit; qui ad me ex Aegypto litteras misit ut essem idem qui fuissem; qui me, cum ipse imperator in toto imperio populi Romani unus esset, esse alterum passus est; a quo hoc ipso C. Pansa mihi hunc nuntium perferente concessos fascis laureatos tenui quoad tenendos putavi; qui mihi tum denique salutem se putavit dare, si eam nullis spoliatam ornamentis dedisset.*

Cicero ist weit davon entfernt, sein eigenes Verhalten zu rechtfertigen oder zu beschönigen, im Gegenteil, er suhlt sich geradezu in seinem vergangenen

---

574; Neumeister 46ff.; Walser, G.: Der Prozess gegen Q. Ligarius im Jahre 46 v. Chr., Historia 8 (1959), 90-96.

[620] Die Identifikation mit der Gegenseite aufgrund der Gemeinsamkeit, daß Cicero und die Ankläger Empfänger der Caesarischen *clementia* sind, gereicht der Gegenseite zum Schaden, denn Cicero nutzt sie als Basis, um auf den Unterschied in beider Verhalten zu sprechen zu kommen. May (1988) 144: „Cicero differs from them in that now he pleads for that clemency to be extended to another, while the Tuberos call for the condemnation of a man whose actions toward Caesar were less culpable than their own (10).“ Siehe auch Gotoff (2002) 244.

Unrecht. Warum auch nicht, da Caesar durch die Begnadigung entsühnt hatte, wessen auch immer Cicero sich schuldig gemacht hatte. Dabei war Caesars *clementia* um so größer, je größer Ciceros Schuld.[621] Vor diesem Hintergrund bekommt der Anruf *o clementiam admirabilem* einen ironischen Nachklang[622], denn je begründeter dieses Lob ist, desto mehr ist Caesar darauf festgelegt. Das Eingeständnis der Schuld und die damit verbundene Distanzierung von der eigenen Person ist hier, ähnlich wie in *Planc.* 64, eine Pose, die Cicero mit Blick auf sein rhetorisches Ziel einnimmt.

> Wenn also Cicero, scheinbar gegen alle Regeln rhetorischer Klugheit, an dieser Stelle seine Schuld gegenüber Caesar herausstellt, statt sie zu verschweigen oder doch wenigstens abzuschwächen, dann verstärkt er dadurch das Lob von Caesars Milde. Und die Schmeichelei bewirkt, daß es Caesar jetzt bedeutend schwerer fallen wird, die an ihm so in aller Öffentlichkeit gerühmte clementia dem Ligarius zu verweigern. Cicero hat also aus einem scheinbaren Nachteil – seiner eigenen republikanischen Haltung – in geschicktester Weise einen Vorteil zu machen verstanden; gerade dieses ingeniöse Manöver ist es auch, was Quintilian an der Rede besonders bewundert.[623]

Plutarch berichtet, Caesar sei von der Rede Ciceros so bewegt gewesen, daß er sich in seinem Entschluß, Ligarius zu verurteilen, habe umstimmen lassen.[624] Diese Anekdote vermittelt zwar, wie Fuhrmann zu Recht anmerkt, "ein allzu naives Bild von der Überzeugungskraft der Beredsamkeit Ciceros"[625], vor allem vor dem Hintergrund der ungeklärten Frage, ob Cicero nicht im Gegenteil bei der Verteidigung des Ligarius ganz im Sinne Caesars handelte und zwar wissentlich[626], sie ist jedoch angesichts der beschriebenen Strategie

---

[621] Vgl. Neumeister 49.

[622] Zur Ironie in dieser Passage siehe auch McDermott, W.C.: In Ligarianam, TAPhA 101 (1970), 317-347, h. 339ff. Giebel 115 stellt Ähnliches in der Rede *Pro rege Deiotaro* fest: „... der Lobpreis Caesars ist der Ironie oft gefährlich nahe. Mit unverhüllter Schadenfreude wühlt Cicero in seinem Belastungsmaterial [...]."

[623] Neumeister 49; Quint. *inst.* 6, 5, 10.

[624] Plut. *Cic.* 39, 6-7.

[625] Fuhrmann (1991) 209; vgl. dazu auch Gotoff (2002) 237; McDermott (1970) 324ff.; Moles 188f. hält die von Plutarch gelieferte Beschreibung der Reaktion Caesars auch angesichts der Qualität der Rede und der emotionalen Empfänglichkeit antiker Zuhörer für übertrieben. Kritisch ebenfalls Johnson, J.P.: The Dilemma of Cicero's Speech for Ligarius, in: Powell, J.; Paterson, J. (Hgg.): Cicero. The Advocate, Oxford 2004, 371-399, h. 381f.

[626] Während Drumann (^{2}1906 Bd. III), 635-638 von einer Absprache zur Propagierung der *clementia* Caesars ausgeht und Walser 95 in Caesars Vorgehen ein Versöhnungsangebot an die Pompeianer in Spanien sieht und Cicero „Blindheit und Selbstüberschätzung" attestiert (96), schließt sich Kumaniecki (1967) 453 Gelzers ([1939] 1017) Einschätzung an, daß es Cicero darum ging, Caesar mit seiner Rede auf seine Versöhnungspolitik festzulegen. Cicero habe sich „nicht als Werkzeug der caesarianischen Politik mißbrauchen lassen, sondern durch die Übernahme der Verteidigung des Ligarius in Übereinstimmung mit seiner politischen Linie gehandelt" (456). Ähnlich Rambaud 56. Siehe auch Gotoff (2002) 239, sowie den Forschungsüberblick bei Johnson 371-380.

Ciceros nicht gänzlich unglaubwürdig.[627] Denn in der Tat ließ Ciceros Argumentation keine andere Möglichkeit offen als einen Freispruch, denn mit der Berufung auf die eigene Begnadigung rückte Cicero eine eventuelle Verurteilung des Ligarius ins Unrecht und in Widerspruch zu der propagierten *clementia* Caesars. Um also Ligarius verurteilen zu können, hätte Caesar entweder eingestehen müssen, daß er sich über das Ausmaß von Ciceros Schuld nicht im klaren gewesen war, oder aber er hätte bei der Zuteilung seiner *clementia* offenkundig Ungerechtigkeit walten lassen müssen. Diese Vorgehensweise, Caesar keine andere Wahl zu lassen, könnte mit Caesar zum Zweck der Demonstration der *clementia* so abgesprochen gewesen sein.[628] Doch ist es wahrscheinlich, daß sich Caesar von Cicero gern als einen Herrscher darstellen ließ, der sich öffentlich von einem ehemaligen Gegner an das erinnern läßt, was er zu vergeben hatte? Oder als einen Machthaber, der sich von einem Redner in Zugzwang bringen läßt? Wenn man der Anekdote Glauben schenkt, dann ist man versucht, Caesars wechselnde Gesichtsfarbe, von der Plutarch berichtet, eher auf Entrüstung über Ciceros dreiste Argumentation und den Zugzwang, in den er sich gebracht sah, denn auf Bewunderung für seinen Stil zurückzuführen. Doch ist es letztlich wahrscheinlicher, daß sowohl Caesar als auch Cicero ihren Nutzen hatten – der eine die Propagierung seiner *clementia*, der andere die seiner neuen Rolle eines politischen Beraters. Eben hierin dürfte ein Motiv Ciceros für die Abfassung der Caesarreden gelegen haben[629] – übrigens ein Anliegen, das auch bei näherer Betrachtung des *Brutus*, dessen Entstehung in eben diese Zeit fällt, zu beobachten ist.[630] Die Rede für Ligarius ist ein glänzendes Beispiel für Ciceros Fähigkeit[631], sich in der Hoffnung auf bessere Zeiten an gegebene

---

[627] Auch McDermott (1970) 326 vermutet, daß Caesar in der Tat unter dem Eindruck der Rede seinen Plan änderte, allerdings „acting with cool calculation rather than moved by emotion“ und zwar mit dem Ziel, Cicero für sich zu gewinnen.

[628] Dagegen Bringmann (1971) 83f. (mit einem Überblick über die Forschungsdiskussion), der nicht glaubt, daß Cicero, selbst angenommen, Caesar hätte eine Demonstration seiner clementia im Sinn gehabt, (84) „in ein solches Spiel eingeweiht gewesen wäre oder gar mitgespielt hätte“ und das Fehlen von Anspielungen auf politische Ziele in Ciceros Abkehr von der Politik begründet sieht.

[629] Gotoff (2002) 226. Ähnlich Rambaud 56 bezüglich *Pro Marcello*.

[630] Siehe hier 304ff.

[631] Michel, A.: Lieux communs et sincérité chez Cicéron (*Pro Milone, pro Marcello, pro Ligario*), VL 72 (1978), 11-22, h. 22 plädiert für eine Besinnung auf Ciceros Rolle und Stand als Redner: „Il convient plutôt de chercher quelle était exactement la mentalité de l'orateur quand il créait ces œuvres. Nous nous apercevons alors, en consultant la *Correspondance* ou les traités de rhétorique, qu'il n'avait pas interrompu son effort vers la sagesse ni perdu son désir de la liberté. Mais il se croyait encore obligé de louvoyer. C'est dans cet esprit qu'il utilisait la parole. [...] Cicéron ment peut-être, quelquefois, mais [...] il ne nous dissimule rien. Il veut seulement que nous ayons assez de culture pour parler son langage et il laisse à notre intelligence le soin de le comprendre.“

Umstände anzupassen und im Rahmen der Möglichkeiten Anteil am politischen Geschehen zu nehmen.

> Cicero had one more reason for reaching a *modus vivendi* with Caesar. Master as he was of the Roman qualities of compromise and pragmatism, he could control both his despair at the political situation and any lingering antipathy to Caesar. It is clear from his record in public life that for all his frustrations and periodic decisions to retire, any hope, no matter how forlorn, of participation in public life would draw him back into the arena, eager for the fight and hopeful, if not of immediate success, at least of temporary viability until a better opportunity arose.[632]

Die drei Caesarreden und überhaupt Ciceros Auftreten vor Caesar als Richter bieten im Hinblick auf Ciceros Rolle ein Interpretationsspektrum, das sich zwischen zwei Polen bewegt: zwischen der Vorstellung von einem Redner, der sich kleinlaut Caesar unterordnet und sich in dessen Dienst stellen läßt und andererseits einem, der sich aus der Notwendigkeit heraus geschickt an die Gegebenheiten anpaßt und es selbst in dieser Situation noch versteht, dem Mächtigen mit Hilfe seiner Redekunst einen Stachel zu versetzen, ohne dabei die eigene Deckung aufzugeben – vor allem die Rede *Pro Ligario* legt letztere Interpretation nahe.

3.6 Die Philippischen Reden

Die Iden des März 44 v. Chr. sorgten für die Änderung der Verhältnisse, Caesars Ermordung, über die Cicero in Freudentaumel geriet[633], läutete die letzte Phase in Ciceros Engagement für die *res publica* ein, ein Engagement, das getragen wurde von der Hoffnung, daß man die republikanische Freiheit mit geeinten Kräften wiederherstellen und Antonius, den „kleineren und schlimmeren Nachfolger"[634], der das Vakuum, das Caesars Ermordung hinterlassen hatte, zu seinen Gunsten zu nutzen gedachte[635], in die Schranken weisen

---

[632] Gotoff (2002) 223. Büchner (1964) 363 (bezügl. *Marc.*): „So wird bei ihm der neue Zustand zu einem Grenzfall seiner alten *res publica*, freilich mit allen seinen Gefahren, die in der Gebrechlichkeit der menschlichen Existenz, der äußeren, aber auch der inneren, liegen. Er glaubt, die *res publica* müsse ewig sein, und kann selber die Hoffnung nicht aufgeben: so arbeitet er mit, sobald sich eine echte Möglichkeit zeigt. Das ist römisch [...]. Mit seinem ersten Mitwirken aber hat Cicero seiner Würde nichts vergeben, sondern mit seinem Wort gewirkt, was ein Wort überhaupt wirken kann."

[633] *fam.* 6, 15; 9, 14, 5; 12, 1, 2; *Att.* 14, 22, 2; vgl. Gelzer (1939) 1031; Habicht 93; Giebel 119: „Im ersten Siegesrausch triumphierte er über den Tod des Tyrannen und pries die herrliche Tat der Heroen aufs höchste. Doch die Euphorie war bald verflogen. Es zeigte sich, daß die Tyrannenmörder die Freiheit nicht zu sichern verstanden."

[634] Büchner (1964) 446.

[635] Vgl. Fuhrmann (1991) 234ff.; Habicht 93.

könne.[636] Die *Philippicae*, die Fuhrmann als ein „Drama in vierzehn Auftritten“ bezeichnet[637], sind Zeugnisse der Auseinandersetzung Ciceros mit Antonius und seines Bemühens, den Senat gegen Antonius zu mobilisieren.[638] Die Freiheit als Grundlage des Friedens ist dabei eines der Leitthemen in der Argumentation für die Kriegspolitik.[639] Der Titel *Philippicae* für diese Reden, die ihrem Charakter und Thema nach auch *In Antonium*[640] heißen könnten, geht auf Cicero selbst zurück.[641] Mit dieser Namensgebung lehnt er sich an Demosthenes an[642] und verdeutlicht neben dem Anspruch, dem bedeutendsten Redner Athens vergleichbar zu sein, auch eine Ähnlichkeit in der Sache, denn in beiden Fällen „fühlte sich ein Staatsmann zum unversöhnlichen Kampf gegen einen gefährlichen, die Freiheit bedrohenden Feind berufen, und hier wie dort galt es, die auseinanderstrebenden eigenen Kräfte zu innerer Geschlossenheit, zu umfänglichen Rüstungen und zum Krieg als dem einzigen Ausweg anzutreiben.“[643] Daß das Scheitern dieses Bemühens eine weitere

---

[636] Zum historischen Hintergrund siehe in erster Linie Frisch, H.: Cicero's Fight for the Republic. The Historical Backround of Cicero's Philippics, Kopenhagen 1946, sowie Lacey, W.K.: Cicero: Second Philippic Oration, Warminster 1986, 11ff.; Fuhrmann (1991) 231ff.; Syme 101ff.

[637] Fuhrmann (2000 Bd. VII) 103. Zur Verteilung der Themen auf die 14 Philippischen Reden siehe die Untersuchung von Delaunois, M.: Statistiques des idées dans le cadre du plan oratoire des *Philippiques* de Cicéron, LEC 34 (1966), 3-34.

[638] Zum historischen Hintergrund Büchner (1964) 446ff.; Fuhrmann (2000 Bd. VII) 81ff. und (1991) 246ff; Syme 129ff.

[639] Siehe v.a. *Phil.* XIII 1ff.

[640] Stroh, W.: Ciceros Philippische Reden. Politischer Kampf und literarische Imitation, in: Hose, M. (Hg.): Meisterwerke der antiken Literatur. Von Homer bis Boethius, München 2000, 76-102, h. 86 (bezüglich der 2. Rede).

[641] *ad Brut.* 3, 4 (1. April 43, Brutus an Cicero): *Legi orationes duas tuas, quarum altera Kal. Ian. usus es, altera de litteris meis, quae habita est abs te contra Calenum. Nunc scilicet hoc exspectas, dum eas laudem. Nescio animi an ingeni tui maior in his libellis laus contineatur; iam concedo ut vel Philippici vocentur, quod tu quadam epistula iocans scripsisti*; *ad Brut.* 4, 2 (12. April 43, Cicero an Brutus): *De Cassio laetor et rei publicae gratulor, mihi etiam qui repugnante et irascente Pansa sententiam dixerim ut Dolabellam bello Cassius persequeretur. Et quidem audacter dicebam sine nostro senatus consulto iam illud eum bellum gerere. De te etiam dixi tum quae dicenda putavi. Haec ad te oratio perferetur, quoniam te video delectari Philippicis nostris.*

[642] Cicero nahm sich Demosthenes auch bei der Zusammenstellung seines Corpus der Konsulatsreden zum Vorbild, vgl. *Att.* 2, 1, 3.

[643] Fuhrmann (2000 Bd. VII) 83. Siehe auch Michel, A.: Cicéron entre Démosthène et Shakespeare: L'esthétique des *Philippiques*, in: Ders.; Verdière, R. (Hgg.): Ciceroniana. Hommages à K. Kumaniecki, Leiden 1975, 167-180, h. 169ff.; Stroh (2000) passim; Stroh, W.: Die Nachahmung des Demosthenes in Ciceros Philippiken, in: Ludwig, W. (Hg.): Eloquence et Rhétorique chez Cicéron, Genève 1982, 1-40. Wooten 3 faßt die Gemeinsamkeiten so: „Demosthenes and Cicero lived at the great turning points of Greek and Roman civilization and were major participants in the drama that would lead eventually to the establishment of the Hellenistic monarchies and the Augustan principate. Their deaths mark

Gemeinsamkeit ausmachen würde, konnte Cicero zu diesem Zeitpunkt nicht wissen.

Aus der Gruppe der *Philippicae* sticht die zweite Rede in mehrfacher und für unseren Zusammenhang bedeutsamer Weise heraus.[644] Sie gibt sich als Antwort auf die Rede des Antonius, mit der dieser am 19. September wiederum auf Ciceros erste Philippische Rede reagiert und in der er Ciceros Politik einer generellen Kritik unterzogen hatte.[645] In Wirklichkeit ist die zweite *Philippica* jedoch eine nachträglich ausgearbeitete Flugschrift, die Cicero im Oktober fertigstellte und an Atticus übersandte, wie aus *Att.* 15, 13, 1 hervorgeht. Aus einer Bemerkung in einem weiteren Brief (*Att.* 16, 11, 1) klingt deutlich heraus, daß Cicero die Rede gerne veröffentlicht hätte[646], sich dazu aber aufgrund der allgemeinen politischen Lage nicht im Stande sah, und hieraus kann der Schluß gezogen werden, daß die Rede erst nach Ciceros Tod veröffentlicht worden ist.[647] Ein weiteres Charakteristikum der zweiten Rede ist die breit angelegte apologetische Passage[648], in der Cicero den Angriffen des Antonius die eigene Sicht der Dinge entgegenhält, um das so entworfene Selbstbild dann in scharfer Polemik mit der Person des Antonius[649] zu kontrastieren, eine Strategie, die an die Invektive gegen Piso erinnert.[650] Auf-

---

the end of the independent city-state as the major form of government in Greece and republican government at Rome. Both resisted these changes and devoted their rhetorical talents, which were considerable, to a vigorous defense of the status quo."

644 Vgl. Hall, J.: The *Philippics*, in: May, J. M. (Hg.): Brill's Companion to Cicero. Oratory and Rhetoric, Leiden/Boston/Köln 2002, 273-304, h. 275. Die Rede ist in auffälliger Parallelität zu Demosthenes' Kranzrede gestaltet, vgl. dazu Wooten 53ff.

645 Cicero hält in seiner Rede bewußt die Fiktion einer tatsächlich im Senat gehaltenen Rede aufrecht, u.a. durch wechselnde Anreden, (vgl. Lacey [1986] 34 und 156) z.B. *Phil.* II 9f., sowie durch Bezugnahme auf die vorgebliche Redesituation, vgl. beispielsweise *Phil.* II 15 (*Hodie non descendit Antonius. Cur? Dat nataliciam in hortis.*) bzw. auf das Verhalten des Antonius, vgl. dazu Frisch 140: „The effect thus achieved is grotesque. He is like a tamer of wild beasts who at the least movement makes the beast recoil, although one sees its giant strength."

646 Vgl. Settle (1962) 278ff.

647 Anders Settle (1962) 279, der davon ausgeht, daß die Rede vor Ende des Jahres 44 v. Chr., nach Antonius' Abreise aus Rom, veröffentlicht wurde und sich die Verbreitung dieser Rede nicht wesentlich von der anderer Reden Ciceros unterscheide.

648 Die Analyse wird sich auf diese Passage konzentrieren, relevante Stellen aus anderen Reden werden nur am Rande hinzugezogen. Eine exemplarische Behandlung ist in diesem Fall angemessen, weil die 14 Reden zeitlich, thematisch und argumentativ eine Einheit bilden; wenn die einzelnen Reden auch verschiedenen Redesituationen entsprungen sind, so unterstehen sie doch letztlich alle dem rhetorischen Ziel einer Mobilisierung gegen Antonius.

649 Zudem besteht Ciceros Strategie darin, Antonius als unverständig, verwirrt und untalentiert darzustellen, vgl. z.B. *Phil.* II 18; 19; 22; 30; 31; 36.

650 Im Aufbau unterscheidet sich die 2. *Philippica* jedoch dadurch, daß Cicero seine eigene Person und die des Antonius in zwei separaten Blöcken abhandelt, wobei allerdings auch

grund der besonderen Entstehungs- und Veröffentlichungsbedingungen und des damit verbundenen stark literarischen Charakters[651] der zweiten *Philippica* ist die dort enthaltene autobiographische Passage zwar vordergründig in den Argumentationszusammenhang aller 14 Reden integriert, doch reicht die Wirkungsabsicht, die Cicero anstrebte, entschieden über den thematischen Rahmen hinaus; dadurch, daß Cicero seine Darlegung zum aktuellen Zeitpunkt nicht vortragen und damit nicht in die politische Debatte einbringen kann, bekommt das Bild, das er von sich entwirft, um so mehr den Charakter eines von Cicero gewünschten offiziellen Statements, dessen Wirkung zwar auf einen späteren Zeitpunkt verschoben werden mußte, von Cicero aber dezidiert angestrebt wurde. Die zweite Philippische Rede, für Büchner „nur eine politische Broschüre"[652], ist für unsere Fragestellung daher von immenser Bedeutung, enthält sie doch das, was Cicero über sich (und Antonius) gerne sagen und in der Öffentlichkeit verankern wollte, aber zunächst nicht konnte.[653]

Cicero handelt in den Kapiteln 3-43 die Vorwürfe ab, die ihm von Antonius in dessen Rede gemacht worden waren.[654] In den ersten 10 Kapiteln äußert er sich über sein Verhältnis zu Antonius als Antwort auf den Vorwurf, die Freundschaft verletzt zu haben, und gleich im ersten Satz der Rede baut er bekannte Fronten auf (*Phil.* II 1): *Quonam meo fato, patres conscripti, fieri dicam, ut nemo his annis viginti rei publicae fuerit hostis, qui non bellum eodem tempore mihi quoque indixerit?* Die Staatsfeinde auf der einen, Cicero auf der anderen Seite – dies ist genau die Dichotomie, die er auch schon in früheren Konfrontationen herstellte, und den Vergleich zwischen Antonius, dem aktuellen Gegner, und denen der Vergangenheit, Catilina und Clodius, zieht Cicero im folgenden selbst. Ein neues Motiv ist jedoch die Betonung des

---

schon in den ersten Teil Bemerkungen zu Antonius (gegensätzlichem) Verhalten eingeflochten sind, vgl. z.B. *Phil.* II 11-20 zum Thema Konsulat. Delaunois 11 beschreibt die der zweiten *Philippica* zugrundeliegende Dichotomie als „une super-concentration de l'ensemble [...] autour de deux dominantes: Antoine est le pire scélérat. Cicéron représente la gloire de la légalité républicaine, qui s'y oppose." Zur Vorherrschaft der Dichotomie in der 3. Rede und der Darstellung des Antonius als unrömisch siehe May (1988) 149ff.

[651] Siehe Settle (1962) 278f.; Stroh (2000) 86 sieht (neben dem politischen Zweck) in der zweiten Rede Ciceros literarische Absicht darin, „nachzuweisen, daß er der wahre ‚römische Demosthenes' sei [...]."

[652] Büchner (1964) 448.

[653] Gerade die dokumentierte Veröffentlichungsabsicht verleiht den in dieser Rede enthaltenen Selbstaussagen, unabhängig von der Frage, wann und unter welchen Umständen die Veröffentlichung *de facto* stattfand, autobiographischen Charakter, denn damit wird deutlich, daß sich hierin ein gezielt entworfenes Selbstbild Ciceros findet, das er der Öffentlichkeit präsentierten wollte (auch wenn er es zunächst nicht tat), und hieran wird nochmals der fundamentale Unterschied zwischen autobiographischen Texten und Privatbriefen deutlich.

[654] Die Gliederung der Passage: persönliche Beziehungen, Ciceros angebliche Undankbarkeit (1-10), Ciceros Politik (11-36), sonstige Vorwürfe (37-43).

durativen Aspekts, der die autobiographische Schilderung hier und an anderen Stellen in den *Philippicae*[655] mit zusätzlicher Bedeutung auflädt – „Zeit“ wird im Sinne eines Beleges für die Konstanz der Leistung gewertet, der autobiographische Rückblick gewinnt an Substanz und Überzeugungskraft angesichts der zeitlichen Ausdehnung, die er umfaßt.[656] Seine Identifikation mit dem Staat macht Cicero im 2. Kapitel durch die Erinnerung an seine durch Konsens bestätigte Rettung des Staates präsent und zur Folie, vor der sich die ganze Rede entfaltet und durch die sie ihre Sinngebung erhält. Denn als die Ursache für die Auseinandersetzung mit Antonius, deren Ausdruck die 2. *Philippica* ist, will Cicero die unwiderruflich gefügte Antithese in der Gesinnung gegenüber dem Staat verstanden wissen: *non existimavit sui similibus probari posse se esse hostem patriae, nisi mihi esset inimicus.* In diesem Licht erscheint die Auseinandersetzung als Widerstreit der Gesinnung, und auf der Basis dieses Gegensatzes entkräftet Cicero den Vorwurf der Undankbarkeit und der Verletzung der Freundschaft[657], indem er sein Verhalten gegenüber Antonius der Maxime des Staatswohls unterstellt und damit auf eine höhere Ebene hebt (*Phil.* II 6): *in quo potes me dicere ingratum? An de interitu rei publicae queri non debui, ne in te ingratus viderer?*

In seiner Abhandlung der Kritik, die Antonius an seinem Konsulat geübt hatte, verfolgt Cicero die bewährte Strategie, das eigene Handeln unter Berufung auf den Konsens einzelner und des gesamten Senats (*Phil.* II 11-14), sowie auf die Einzigartigkeit der Anerkennung (*Phil.* II 13) als legitimiert darzustellen, die eigene Person damit in die staatliche Gemeinschaft einzubinden und den Gegner zugleich zu isolieren. Wie schon bei anderen Gelegenheiten, bei denen sich Cicero wegen seines Konsulats zu verteidigen hatte, zu beobachten war, liegt der Akzent auch hier auf der Orientierung seines Handelns am Willen des Senats (*Phil.* II 11): *Quid enim ego constitui, quid gessi, quid egi nisi ex huius ordinis consilio, auctoritate, sententia?* Die Kritik an der Amtsführung leitet Cicero damit von sich selbst ab, gibt sie an den Senat

[655] *Phil.* II 118-119; VI 17; XII 24.

[656] Möglicherweise hatte Antonius Cicero vorgeworfen, seit 20 Jahren Schuld am Unglück des Staates zu tragen, vgl. D.C. 46, 2, 1-3; 46, 12, 1-4; vgl. Lederbogen (1969) 102; Gelzer (1939) 1045. In *Phil.* II 11 jedenfalls bezieht sich Cicero darauf, daß Antonius ihm seinen Konsulat vorgeworfen habe. Ob die Betonung der zeitlichen Ausdehnung nun eine tatsächliche Reaktion auf einen Vorwurf des Antonius darstellt oder Cicero diesen Aspekt von sich aus einbrachte – in jedem Fall wertet er die zeitliche Ausdehnung dadurch, daß er mehrfach darauf eingeht, als ein seine Position stützendes Moment.

[657] Dieser Strategie entspricht, daß er den Untergang des Staatswesens als Ziel des Antonius deklariert (*Phil.* II 4). Zudem rückt er dem Vorwurf auf einer eher faktischen Ebene zu Leibe, indem er die angeblichen Freundschaftsdienste des Antonius ihm selbst gegenüber in Frage stellt (*Phil.* II 5ff.).

weiter und zieht sich damit hinter dessen Autorität zurück.[658] Kritik an Cicero kommt somit Kritik am Staat und an seinen Institutionen gleich; die Identifikation Ciceros mit dem Staat wird von ihm als Schutzwall gegen Kritik genutzt.[659] Aufgrund der Bestätigung, die Cicero erfahren hat, ist sein Konsulat nicht *perniciosus*, der des Antonius *salutaris*[660], sondern es verhält sich genau umgekehrt, Antonius setzt sich durch sein Verhalten selbst ins Unrecht.

Cicero zeichnet sich zwar als *dux*, der bei der drohenden Gefahr für das Gemeinwesen an der Spitze des Staates stand (*Phil.* II 17)[661], im Vergleich mit anderen Darstellungen[662] fällt jedoch auf, daß er hier darauf verzichtet, den persönlichen und heroischen Anteil[663] an der Rettung des Staates allzusehr zu betonen. Dies entspricht seiner auch an anderen Stellen in den Reden zu beobachtenden Vorgehensweise, das eigene Handeln der Autorität und dem Willen des Senats unterzuordnen und in diesem Sinne eine eher defensive Recht-

---

[658] Vgl. auch *Phil.* II 15: *Adeone pudorem cum pudicitia perdidisti ut hoc in eo templo dicere ausus sis in quo ego senatum illum qui quondam florens orbi terrarum praesidebat consulebam, tu homines perditissimos cum gladiis conlocavisti? Phil.* II 19: *... cum in hac cella Concordiae, di immortales! in qua me consule salutares sententiae dictae sunt, quibus ad hanc diem viximus, cum gladiis homines conlocati stent? Phil.* II 37: *Dolebam, dolebam, patres conscripti, rem publicam vestris quondam meisque consiliis conservatam brevi tempore esse perituram.* Vgl. auch *Pis.* 7 und dazu Koster 232f.

[659] Vgl. *Phil.* II 19: *Accusa senatum; accusa equestrem ordinem qui tum cum senatu copulatus fuit; accusa omnis ordines, omnis civis, dum confiteare hunc ordinem hoc ipso tempore ab Ituraeis circumsederi.*

[660] Vgl. *Phil.* II 15.

[661] *Phil.* II 17: *Etenim cum homines nefarii de patriae parricidio confiterentur, consciorum indiciis, sua manu, voce paene litterarum coacti se urbem inflammare, civis trucidare, vastare Italiam, delere rem publicam consensisse, quis esset, qui ad salutem communem defendendam non excitaretur, praesertim cum senatus populusque Romanus haberet ducem, qualis si qui nunc esset, tibi idem quod illis accidit contigisset?* Vgl. auch *Phil.* VI 2 (bezüglich des 20. Dezember und der 4. *Philippica*): *Quo quidem tempore, etiam si ille dies vitae finem mihi adlaturus esset, satis magnum ceperam fructum, cum vos universi una mente atque voce iterum a me conservatam esse rem publicam conclamastis. Hoc vestro iudicio tanto tamque praeclaro excitatus ita Kalendis Ianuariis veni in senatum ut meminissem quam personam impositam a vobis sustinerem.*

[662] Seinen persönlichen Anteil stellt Cicero in *Catil.* II 28; *Sull.* 33; *Flacc.* 102; *p. red. ad Quir.* 17; *dom.* 99; 122; *Sest.* 129; *Pis.* 5-6 heraus.

[663] Ein gelegentliches Hervorheben des persönlichen Anteils findet sich allerdings auch in den Philippischen Reden, vgl. *Phil.* III 18: *Cum idem supplicium minatur optimis civibus quod ego de sceleratissimis ac pessimis sumpserim, laudare videtur, quasi imitari velit...*; *Phil.* XI 23: *imitare me quem tu semper laudasti: qui instructam ornatamque a senatu provinciam deposui ut incendium patriae omissa omni cogitatione restinguerem.* In der 14. Rede findet sich eine Stelle, an der gerade die Betonung des persönlichen Anteils bei der Niederschlagung der Catilinarischen Verschwörung der Verteidigung gegen den aktuellen Vorwurf eines Putschversuches dient (*Phil.* XIV 14): *An vero ego qui Catilinam haec molientem sustulerim, everterim, adflixerim, ipse exstiterim repente Catilina?*

fertigung zu betreiben.[664] Bezüglich des Gesamtbildes, das Cicero in seinen Reden entwirft, kann in diesem Zusammenhang von einer Brechung gesprochen werden. Cicero wählt je nach Kontext und Argumentationszusammenhang die passende Variante seines Selbstbildes aus, den heroischen Einzelkämpfer oder den Amtsträger, der sich der Autorität des Senats unterstellt und als dessen verlängerter Arm fungiert.[665] Diese Variante des Selbstbildes, das Cicero in der zweiten *Philippica* präsentiert, ist also nicht neu, sondern fügt sich in das Gesamtspektrum der Darstellungsmuster ein. In zwei Punkten allerdings vertritt Cicero in der zweiten *Philippica* eine andere Position als in früheren Reden: bezüglich des Waffengebrauchs während seines Konsulats und seines Verses *Cedant arma togae, concedat laurea laudi*.

Hatte er zuvor noch bei vielen Gelegenheiten betont, daß er die Catilinarische Verschwörung ohne Einsatz von Waffen und ohne Aufruhr unterdrückt hatte[666], so leugnet er den Anteil von Waffengewalt nun nicht mehr und verlegt sich statt dessen darauf, ihren Nutzen herauszustellen und die Kritik des Antonius so unter Berufung auf das Staatswohl, dem die Waffen dienten, zurückzuweisen (*Phil.* II 19): *Quid est enim dementius quam, cum rei publicae perniciosa arma ipse ceperis, obicere alteri salutaria?* Die entscheidende Frage ist also nicht, *ob* Waffen zum Einsatz kommen, sondern mit welchem Ziel. Die Verteidigung des eigenen Handelns beruht nun nicht mehr auf Negation, sondern auf positiver Deutung. Dieser Wandel erklärt sich aus dem Kontext und dem Argumentationsziel der Philippischen Reden und dem Geist, in dem sie entstanden, denn Cicero war bemüht, den Senat zu einem entschlossenen Durchgreifen gegen Antonius zu bewegen. Dieses aktuelle Ziel strahlt zurück auf die Interpretation des eigenen vergangenen Handelns, dessen Darstellung sich an die argumentativen Erfordernisse anpaßt. Als Leit- und Identifikationsfigur für entschiedenes Durchgreifen gegen einen Staatsfeind zur Wahrung des Friedens bedarf es einer positiven Deutung des Einsatzes von Waffen in der eigenen Vergangenheit, nicht (mehr) seiner Negation.

Ein ähnlicher Umschlag von defensiver in offensive Argumentation ist auch bezüglich des berüchtigten Verses *Cedant arma togae, concedat laurea laudi* zu beobachten. Ihn hatte Cicero in seiner Rede gegen Piso noch mit

---

[664] Siehe *Catil.* III 8; *Sull.* 87; *Sest.* 11; *Pis.* 7; 14.

[665] Eine solche Brechung hat in der Exilthematik ihre Entsprechung in der alternativen Selbstdarstellung als Opfer von Gewalt und als bewußt ausweichender Schützer der Gemeinschaft.

[666] *Catil.* I 11; II 26; II 28; III 23; *Sull.* 33; *p. red. in sen.* 34; *dom.* 76; *Sest.* 47; *Planc.* 86. In diesem Zusammenhang ist auch die häufige Betonung des *togatus* zu sehen: *Catil.* II 28; III 15; III 23; IV 5; *Mur.* 84 ; *Sull.* 85; *dom.* 99 (*bis servavi rem publicam, qui consul togatus armatos vicerim, privatus consulibus armatis cesserim*); *har. resp.* 49; *Pis.* 6; bezogen auf die Einzigartigkeit der Anerkennung allerdings auch in *Phil.* II 13.

Verweis auf den metaphorischen Charakter verteidigt und die Interpretation, er wolle seine eigene zivile Leistung damit über die militärische des Pompeius stellen, zurückgewiesen. In der zweiten *Philippica* beruft er sich statt dessen auf die Angemessenheit und Richtigkeit der Aussage des Verses (*Phil.* II 20): *'Cedant arma togae'. Quid? tum nonne cesserunt? At postea tuis armis cessit toga. Quaeramus igitur utrum melius fuerit, libertati populi Romani sceleratorum arma an libertatem nostram armis tuis cedere.* Wie zuvor bezüglich des Waffengebrauchs das Staatswohl, so wird hier die Freiheit als oberster Wert postuliert. Cicero scheut sich aus der zeitlichen Distanz heraus nicht mehr, sich, dem *togatus*, das Zurückdrängen der Waffen anzurechnen, er leugnet diesen konkreten Bezug nicht länger (wie noch in der Rede gegen Piso), sondern propagiert ihn. Übrigens hat er inzwischen auch in Bezug auf seinen Wettstreit mit Pompeius an Selbstbewußtsein hinzugewonnen, als dessen Ausdruck er den Vers noch in *In Pisonem* nicht verstanden wissen wollte: In seiner Schrift *De officiis*, die im selben Jahr wie die zweite *Philippica* entstand, negiert er die Anspielung auf Pompeius nicht mehr, sondern sucht ihre Berechtigung zu erweisen, indem er sogar das Urteil des Pompeius selbst zur Bestätigung heranzieht.[667]

In den beiden folgenden Kapiteln (*Phil.* II 21-22) behandelt Cicero die Ermordung des Clodius, doch vor einer näheren Betrachtung dessen, was er hierzu zu sagen hat, müssen wir uns einer Leerstelle bewußt werden. Denn angesichts des chronologischen Prinzips in den Ausführungen zum politischen Handeln in den Kapiteln 3-43 macht der Sprung vom Konsulat zu Clodius' Ermordung auf eine erstaunliche Auslassung aufmerksam: Cicero hat bisher kein Wort über sein Exil verloren.[668] Wo sind die eindrucksvollen und pathetischen Schilderungen von der Opferung und der Rückkehr, mit denen er sein Exil in anderen Reden positiv umdeutete? Wäre nicht zu erwarten gewesen, daß Cicero gerade hier in der Invektive gegen einen Staatsfeind und als Antwort auf dessen Infragestellung seiner Leistung erneut den Mythos seiner Opferung zum Wohle des Staates entwickelt? Nun könnte man argumentieren, daß Antonius diesen Punkt dann wohl ausgelassen habe und sich Cicero auf die Aspekte beschränke, die sein Gegner angesprochen hatte. Doch ist es wahrscheinlich, daß Antonius darauf verzichtete, Cicero an die Schmach des Exils zu erinnern und die Leistung des Konsulats dadurch zu schmälern? Die

---

[667] *off.* I 78: *Mihi quidem certe vir abundans bellicis laudibus, Cn. Pompeius, multis audientibus, hoc tribuit, ut diceret frustra se triumphum tertium deportaturum fuisse nisi meo in rempublicam beneficio ubi triumpharet esset habiturus. Sunt igitur domesticae fortitudines non inferiores militaribus; in quibus plus etiam quam in his operae studiique ponendum est.* Siehe auch *Phil.* II 12: *Maxime vero consulatum meum Cn. Pompeius probavit qui, ut me primum decedens ex Syria vidit, complexus et gratulans meo beneficio patriam se visurum esse dixit.*

[668] Vgl. allerdings *Phil.* XII 24: *Verum tamen semel circumsessus lectis valentissimorum hominum viribus cecidi sciens ut honestissime possem exurgere.*

Kritik an Ciceros Konsulat wäre durch den Verweis auf das Exil, das offiziell aus dem Konsulat resultierte, wesentlich bestärkt worden. Doch gesetzt, Antonius ließ das Exil unerwähnt – wäre nicht zu erwarten gewesen, daß Cicero seine heroische zweite Rettung des Staates trotzdem anführt, um die eigene Person weiter aufzuwerten? Die thematische Einbindung seiner „Abwesenheit" wäre sicherlich kein Problem gewesen. Die Nichterwähnung des Exils ist also, unabhängig davon, ob es von Antonius angeführt worden war oder nicht, in jedem Fall signifikant. Offensichtlich läßt Cicero hier eine glänzende Gelegenheit aus. Der Verdacht liegt nahe, daß er sein Exil beiseite ließ, weil er es selbst nicht für eine seiner ruhmreichsten Taten hielt bzw. ihm keine besondere Argumentationskraft zuschrieb. Man darf sich fragen, ob dies aus der inzwischen angewachsenen zeitlichen Distanz resultierte oder in Wahrheit auch schon zu der Zeit, als er seine Abwesenheit noch mit glühenden Worten verherrlichte, der Fall war, und die heroische Interpretation lediglich den Ausweg aus der Defensive darstellte. Möglicherweise überging er das Thema hier in der zweiten *Philippica*, weil er es lieber nicht noch einmal heraufbeschwören wollte und es vorzog, dieses in Wahrheit unrühmliche Kapitel seiner Laufbahn zu übergehen.

Auf den Vorwurf, Cicero habe die Ermordung des Clodius betrieben (*Phil.* II 21: *meo consilio interfectum esse*), reagiert Cicero, indem er nicht bestreitet, daß er über den Tod des Clodius erfreut gewesen war, eine Haltung, die vor dem Hintergrund der Bedrohung, die Clodius für den Staat darstellte, legitim erscheint.[669] Einen aktiven Anteil an der Tötung, auch als Ratgeber, weist er jedoch von sich und zieht sich zurück hinter diejenigen, die tatkräftiger waren als er selbst, Antonius und Milo, und er bekräftigt dies durch den Hinweis, daß vor Antonius noch niemand einen derartigen Vorwurf gegen Cicero erhoben habe.[670] Cicero stellt sich also, mit Blick auf das Staatswohl, zwar als Befürworter der Tötung dar, jedoch als stillen, letztlich an den Geschehnissen unbeteiligten Zuschauer.

Als nächstes setzt sich Cicero mit der Anschuldigung auseinander, er habe das Zerwürfnis zwischen Caesar und Pompeius betrieben und so den Bürgerkrieg verschuldet (*Phil.* II 22-24).[671] Er gesteht zu, gegen die Verbindung gewesen zu sein, besteht aber auf der Richtigstellung der zeitlichen Abfolge (*temporibus errasti*): Bevor das Bündnis geschlossen wurde, habe Cicero vergeblich versucht, Pompeius davon abzubringen, sei aber gescheitert und es sei im Gegenzug Caesar gelungen, Pompeius von Cicero zu trennen. Cicero hatte keine Möglichkeit mehr, Einfluß zu nehmen, auch im weiteren Verlauf der

[669] *Phil.* II 21: *Scilicet is animus erat Milonis ut prodesse rei publicae sine suasore non posset. At laetatus sum. Quid ergo? in tanta laetitia cunctae civitatis me unum tristem esse oportebat?*
[670] Anders allerdings *Mil.* 47.
[671] Zum Caesarbild in den Philippischen Reden siehe Lederbogen passim.

Ereignisse blieb sein Rat von Pompeius ungehört. Als das Zerwürfnis bevorstand, das Cicero vorausgesehen hatte, habe er zu Frieden und Ausgleich geraten (*Phil.* II 24):

> *Atque idem ego, cum iam opes omnis et suas et populi Romani Pompeius ad Caesarem detulisset, seroque ea sentire coepisset quae multo ante provideram, inferrique patriae bellum viderem nefarium, pacis, concordiae, compositionis auctor esse non destiti, meaque illa vox est nota multis: 'Utinam, Cn. Pompei, cum C. Caesare societatem aut numquam coisses aut numquam diremisses! Fuit alterum gravitatis, alterum prudentiae tuae.'*[672] *Haec mea, M. Antoni, semper et de Pompeio et de re publica consilia fuerunt. Quae si valuissent, res publica staret, tu tuis flagitiis, egestate, infamia concidisses.*

Cicero zeichnet von sich selbst das Bild des auf Frieden bedachten Mahners, der die Gefahren längst vorausgesehen hatte, der sich darum bemühte, positiven Einfluß auszuüben, darin aber scheiterte, weil Pompeius nicht auf ihn hörte.[673] Die Stilisierung zum ungehörten Ratgeber[674] läßt Cicero als an den Ereignissen unschuldig erscheinen und als Randfigur des Geschehens, die trotz besten Willens keinen positiven Einfluß geltend machen konnte, moralisch aber über den Beteiligten steht. Angesichts des negativen Ausgangs der Ereignisse ist Ciceros Scheitern als Mahner die bestmögliche Interpretation zu seinen Gunsten.

Die Erinnerung an die konstante Gesinnung Ciceros als *auctor pacis* dient der weiteren Aufwertung seiner Person, ist aber auch im Zusammenhang mit dem rhetorischen Ziel der Philippischen Reden zu sehen, dem Kriegsappell. Denn die Betonung der konstant gebliebenen friedlichen Gesinnung legitimiert erst die aktuelle Forderung nach Kriegspolitik, da das Eintreten für den Krieg so als lediglich der Situation und den Erfordernissen gehorchend ausgewiesen wird. Dies zeigt sich besonders deutlich an einer Stelle in der 7. Rede, auf die nun exkursartig eingegangen wird. Bevor Cicero dort ausspricht, daß er den Frieden mit Antonius ablehnt, bezeugt er in einer Periode, die sich über zwei Kapitel erstreckt, seine dauerhafte Orientierung am Frieden (*Phil.* VII 7-8).[675] Dreimal setzt er neu an, so als müsse er selbst sich erst überwin-

---

[672] Vgl. auch *fam.* 6, 6, 4.

[673] Zu dem kritischen Bild des Pompeius in dieser Partie siehe Lederbogen 104f.

[674] Diese Strategie findet sich auch schon in *Mur.* 43ff.; vgl. auch *off.* I 35; siehe Bringmann (1971) 20.

[675] *Phil.* VII 7-8: *Itaque ego ille, qui semper pacis auctor fui, cuique pax, praesertim civilis, quamquam omnibus bonis, tamen in primis fuit optabilis – omne enim curriculum industriae nostrae in foro, in curia, in amicorum periculis propulsandis elaboratum est; hinc honores amplissimos, hinc mediocris opes, hinc dignitatem si quam habemus, consecuti sumus – (8) ego igitur pacis, ut ita dicam, alumnus qui quantuscumque sum – nihil enim mihi adrogo – sine pace civili certe non fuissem – periculose dico: quem ad modum accepturi, patres conscripti, sitis, horreo, sed pro mea perpetua cupiditate vestrae dignitatis retinendae et augendae quaeso oroque vos, patres conscripti, ut primo, etsi erit vel acerbum auditu vel incredibile a M. Cicerone esse dictum, accipiatis sine offensione*

den, das scheinbare Paradox auszusprechen, daß nämlich ausgerechnet er, der immer *pacis auctor*, *alumnus* und *laudator* war, nun gegen den Frieden argumentiert. Die Gestaltung weckt den Eindruck von einer gewissen Unsicherheit und Sorge, nicht recht verstanden zu werden. Eingestimmt und vorbereitet durch diesen rhetorischen Kunstgriff ist der Zuhörer und Leser um so gespannter auf Ciceros Begründung für seine Ablehnung des Friedens, die Cicero mit plötzlich wiedergewonnener Konsequenz und Sicherheit in den Raum wirft (*Phil.* VII 9): *Cur igitur pacem nolo? Quia turpis est, quia periculosa, quia esse non potest.* Wenn dies ein wahrer Vertreter des Friedens postuliert, dann liegt die Dringlichkeit und Angemessenheit der Forderung auf der Hand. Die Stilisierung zum *defensor*, *conservator*, *auctor* und *princeps libertatis*, die Cicero an mehreren Stellen in den Philippischen Reden vornimmt[676], ist hierzu komplementär[677], denn er erweist sich so als Verteidiger beider Werte, die jedoch in der gegenwärtigen Lage nicht vereinbar sind.[678] Auf der Basis dieser Selbstdarstellung kann sich Cicero dann in der zwölften *Philippica* als *princeps sagorum*[679] zum entschlossenen Vorreiter im Kampf gegen Antonius machen.

---

quod dixero, neve id prius quam quale sit explicaro, repudietis – ego ille, dicam saepius, pacis semper laudator, semper auctor, pacem cum M. Antonio esse nolo. Magna spe ingredior in reliquam orationem, patres conscripti, quoniam periculosissimum locum silentio sum praetervectus. Vgl. auch *Phil.* VIII 11: *Quasi vero, si laudanda pax esset, ego id aeque commode facere non possem. Semel enim pacem defendi, non semper otio studui? Phil.* XIV 20: ... *ut ego, qui omni tempore verae pacis auctor fuissem huic essem nomini pestiferae pacis inimicus.*

676 *Phil.* III 28: ... *in possessionem libertatis pedem ponimus: cuius quidem ego quoad potui non modo defensor sed etiam conservator fui. Phil.* IV 1: ... *princeps vestrae libertatis defendendae fui. Phil.* IV 16: *nihil praetermittam quod ad libertatem vestram pertinere arbitrabor;* [...] *longo intervallo me auctore et principe ad spem libertatis exarsimus. Phil.* VI 17: *An ego non provideam meis civibus, non dies noctesque de vestra libertate, de rei publicae salute cogitem? Phil.* XIV 20: ... *Memoria tenent me ante diem XIII Kalendas Ianuarias principem revocandae libertatis fuisse; me ex Kalendis Ianuariis ad hanc horam invigilasse rei publicae* [...] *ut ego qui omni tempore verae pacis auctor fuissem huic essem nomini pestiferae pacis inimicus.* Antonius hingegen wird von Cicero in *Phil.* II 71 als *belli princeps, crudelitatis auctor* bezeichnet.

677 In *Phil.* XIV 19f. treffen *princeps libertatis* und *auctor pacis* direkt aufeinander.

678 Vgl. *Phil.* XIII 2: *Sed hoc primum videndum est, patres conscripti, cum omnibusne pax esse possit an sit aliquod bellum inexpiabile, in quo pactio pacis lex sit servitutis.*

679 *Phil.* XII 17. Zur Identifikation Ciceros mit dem Staat vor allem in der 12. Rede siehe May (1988) 155ff. und Wooten 161. Die Identifikation stellt eine Gemeinsamkeit zwischen Ciceros zweiter *Philippica* und Demosthenes' Kranzrede dar, vgl. Wooten 53: „Both Cicero and Demosthenes undercut the arguments of their opponents from the outset by identifying themselves and their policies with the audience before which the speech is delivered, arguing that their honors and their successes have been public honors and national successes. Thus, any attack on Demosthenes or Cicero becomes an attack on the Athenian

In seiner Replik auf den Vorwurf, der Anstifter an Caesars Ermordung gewesen zu sein (*Phil.* II 25: *Caesarem meo consilio interfectum*) [680], ist eine Entwicklung festzustellen von defensiv sachlicher Argumentation zu einem offensiven Vorstoß, in dessen Mittelpunkt nicht mehr die Sachlage, sondern die Bedeutung des Geschehens für den Staat stehen. Denn zunächst sucht Cicero nachzuweisen, daß sein Name schon längst genannt worden wäre, wenn er beteiligt gewesen wäre (ebd.), und daß nicht einmal sein Mitwirken als Ratgeber gewünscht oder erforderlich war (*Phil.* II 26-27). Von Beginn an deutet er die Tat dabei als Verdienst und interpretiert in diesem Sinne auch die Beglückwünschung zur Wiederherstellung der Freiheit, die Brutus mit dem Dolch in der Hand an ihn gerichtet hatte: Brutus habe sich bestätigen lassen wollen, daß er Cicero an Verdienst gleichkam.[681] Immer mehr löst sich die Argumentation nun von der faktischen Ebene und bewegt sich hin zur moralischen, wenn Cicero eingesteht, sich über den Tod Caesars gefreut zu haben, und identifiziert diese Haltung mit der aller Rechtschaffenen (*Phil.* II 29). Seinen Gedankengang entwickelt Cicero nun zielstrebig weiter und führt ihn über die Interpretation, daß die Tat in Wahrheit lobreich zu bewerten sei, was sich auch an den Ehrungen für Brutus zeige (*Phil.* II 31), bis hin zu einer Kehrtwende in seiner Argumentation (*Phil.* II 32). Denn ausgehend von diesen Überlegungen gibt Cicero nun vor, die Beteiligung nicht mehr zu bestreiten (*Phil.* II 33): *Non recuso; ago etiam gratias, quoquo animo facis. Tanta enim res est ut invidiam istam quam tu in me vis concitare cum laude non comparem.* Doch damit hat Cicero die Endstufe seiner Argumentation noch nicht erreicht, denn nun lenkt er seinen Gedankengang wieder in die Gegenrichtung und erhebt selbst einen Einwand gegen seine Beteiligung (*Phil.* II 33f.):

> *Sed unam rem vereor ne non probes:* (34) *si enim fuissem, non solum regem sed etiam regnum de re publica sustulissem; et, si meus stilus ille fuisset, ut dicitur, mihi crede, non solum unum actum sed totam fabulam confecissem.*

Daß Cicero nicht beteiligt war, ist also letztlich daran zu erkennen, daß Antonius noch lebt.[682] Längst hat er seine anfänglich defensive Rolle aufgege-

---

people or the Roman senate, and vice versa." Siehe auch Weische, A.: Ciceros Nachahmung der attischen Redner, (Diss. Münster 1968) Heidelberg 1972.

[680] Frisch 136 sieht hierin den gefährlichsten der Vorwürfe, die Antonius Cicero gemacht hat.

[681] *Phil.* II 28: *Vide ne illa causa fuerit appellandi mei quod, cum rem gessisset consimilem rebus eis quas ipse gesseram, me potissimum testatus est se aemulum mearum laudum exstitisse.*

[682] Vgl. auch *Phil.* II 86 und besonders diesbezügliche Äußerungen in Briefen: *fam.* 12, 3, 1 (an Cassius, Okt. 44): ... *vestri enim pulcherrimi facti ille furiosus me principem dicit fuisse. Utinam quidem fuissem! Molestus nobis non esset. fam.* 12, 4, 1 (an Cassius, Febr. 43): *Vellem Idibus Martiis me ad cenam invitasses; profecto reliquiarum nihil fuisset. Nunc*

ben und ist bei einem Argument angelangt, das nur noch vordergründig eine Beteiligung widerlegt, im Kern jedoch ein politisches Statement verkörpert. Die Frage, ob Cicero beteiligt war, ist von der nach der staatspolitischen Bedeutung des Geschehens in den Hintergrund gedrängt worden. Cicero entzieht dem Vorwurf des Antonius von Beginn seiner Argumentation an den Boden, indem er aufzeigt, daß die Tat gar kein Verbrechen darstellte, sondern lobreich im Sinne des Staatswohls war, und wenn er hier noch die Ausführung als unvollständig kritisiert, demonstriert er eine gewisse Erhabenheit, an die die Kritik von Seiten des Antonius gar nicht erst heranreicht.[683] Mit seiner Argumentation hat Cicero also den Verdacht einer konkreten Beteiligung an der Ermordung Caesars zurückgewiesen, die Idee einer geistigen Urheberschaft jedoch genährt, wenn nicht bestätigt.[684]

Im Zusammenhang mit seinem Aufenthalt im Lager des Pompeius geht Cicero auf drei Vorwürfe bezüglich seines Verhaltens ein: seine Niedergeschlagenheit (*Phil.* II 37-38), Reden, durch die er es sich mit Pompeius verdorben habe (*Phil.* II 38-39), sowie Witze, die er im Lager gemacht haben soll (*Phil.* II 39).

Bezüglich der Niedergeschlagenheit und der Witze verfährt Cicero in ähnlicher Weise, beide Punkte leugnet er nicht, läßt ihnen jedoch eine neue Interpretation zuteil werden. Er erinnert wieder daran, daß alles anders gekommen wäre, wenn sein Rat sich durchgesetzt hätte.[685] Seine Niedergeschlagenheit negiert er nicht, sondern erklärt sie damit, daß er die kommenden Ereignisse vorausgesehen habe: *Dolebam, dolebam, patres conscripti, rem publicam vestris quondam meisque consiliis conservatam brevi tempore esse perituram* (*Phil.* II 37). In Kombination mit der Erinnerung an die gemeinsam vollbrachte Rettung des Staates schafft der Schmerz über das Schicksal des Staates einen Identifikationspunkt der Rechtschaffenen, in die sich Cicero gerade durch seinen Schmerz einreiht. So deutet Cicero die Niedergeschla-

---

me reliquiae vestrae exercent, et quidem praeter ceteros me. fam. 10, 28, 1 (an Trebonius, Febr. 43): *Quam vellem ad illas pulcherrimas epulas me Idibus Martiis invitasses! Reliquiarum nihil haberemus. At nunc cum iis tantum negoti est ut vestrum illud divinum <in> rem publicam beneficium non nullam habeat querelam.*

[683] Cicero erhebt sich auch dadurch über Antonius, daß er dessen Argumentation kritisiert und lächerlich macht, vgl. v.a. *Phil.* II 29-32.

[684] Dies entspricht der in der Forschung verbreiteten Einschätzung, daß Cicero an der konkreten Ausführung nicht beteiligt war, weil die Verschwörer ihn für ungeeignet hielten (vgl. Plut. *Cic.* 42), daß er jedoch als ihr geistiger Urheber einzustufen ist, vgl. Giebel 117ff.; Seel ([3]1967) 415f.; Habicht 92f.; Gelzer (1958) 1030f.; vgl. zusätzlich zu den bisher angeführten Briefstellen *fam.* 12, 2, 1.

[685] *Phil.* II 37f.: *Quo quidem tempore si, ut dixi, meum consilium auctoritasque valuisset, tu hodie egeres, nos liberi essemus; res publica non tot duces et exercitus amisisset.* [...] (38) *Quae sententia si valuisset ac non ei maxime mihi quorum ego vitae consulebam spe victoriae elati obstitissent, ut alia omittam, tu certe numquam in hoc ordine vel potius numquam in hac urbe mansisses.*

genheit positiv um, indem er sie als Manifestation der Sorge um den Staat interpretiert, sie so von der persönlichen auf eine politische Ebene hebt und dadurch unangreifbar macht. Was als Vorwurf gedacht war, wird so zu einem Kennzeichen der rechtschaffenen Gesinnung, von der Antonius ausgeschlossen ist. Auch seine Witze leugnet er nicht, sondern beruft sich auf die menschliche Eigenheit (*Phil.* II 39): *verum tamen homines, quamvis in turbidis rebus sint, tamen, si modo homines sunt, interdum animis relaxantur.* Hiermit hält sich Cicero nicht lange auf und visiert statt dessen die Inkonsequenz in Antonius' Argumentation an (*Phil.* II 40): *Quod autem idem maestitiam meam reprehendit, idem iocum, magno argumento est me in utroque fuisse moderatum.* In bewährter Manier pariert Cicero den Angriff, indem er ihn in ein eigenes, zu seinen Gunsten sprechendes Argument umdeutet.

Anders verfährt er mit dem Kritikpunkt *Cn. Pompei voluntatem a me alienabat oratio mea* (*Phil.* II 38).[686] Um diesen Vorwurf als haltlos zu erweisen, entwirft er ein Gegenbild der Haltung des Pompeius ihm gegenüber, das geprägt ist von Zuneigung und Wertschätzung, die freundschaftliche Beziehung wird als von politischen Differenzen unberührt dargestellt.[687] Die Weitsicht Ciceros wird durch das Zeugnis des Pompeius bestätigt (*Phil.* II 39): *cum me vidisse plus fateretur, se speravisse meliora.* Das Selbstbild des vorausschauenden, ungehörten Ratgebers wird hier durch die Fremdwahrnehmung ergänzt und objektiviert. Vor dem Hintergrund dieses engen Bandes, das Cicero mit dieser Darstellung zwischen sich und Pompeius knüpft, erscheint der Vorwurf des Antonius als absurd: *Et eius viri nomine me insectari audes, cuius me amicum, te sectorem esse fateare?* Die Isolation, die demonstriert werden sollte, hat Cicero so von sich selbst auf Antonius umgelenkt.

Die Analyse hat gezeigt, daß Cicero in der zweiten *Philippica* bewährte Strategien der Selbstdarstellung zum Einsatz bringt, besonders auffällig ist die Dichotomie, die er zwischen sich selbst und Antonius entwickelt. In der Polarisierung sieht Wooten die auffälligste Gemeinsamkeit mit den Reden des Demosthenes: „The most striking characteristic of these speeches is the polarization of the conflict into a dichotomy between good and evil, right and

---

[686] Ein Vorwurf, den Fuhrmann (2000 Bd. VII) 469, Anm. 45 unter Verweis auf Macr. *Sat.* 2, 3, 7f. als berechtigt wertet.

[687] *Phil.* II 38f.: *An ille quemquam plus dilexit, cum ullo aut sermones aut consilia contulit saepius? Quod quidem erat magnum, de summa re publica dissentientis in eadem consuetudine amicitiae permanere. Ego quid ille et contra ille quid ego sentirem et spectarem videbat. Ego incolumitati civium primum, ut postea dignitati possemus, ille praesenti dignitati potius consulebat. Quod autem habebat uterque quid sequeretur, idcirco tolerabilior erat nostra dissensio.* (39) *Quid vero ille singularis vir ac paene divinus de me senserit sciunt qui eum de Pharsalia fuga Paphum persecuti sunt. Numquam ab eo mentio de me nisi honorifica, nisi plena amicissimi desideri, cum me vidisse plus fateretur, se speravisse meliora.* Ähnlich schon in *prov.* 40.

wrong, which is often simplistic in its approach. The orator sees the contest in which he is engaged as a fundamental crisis of the civilization that he represents, a crisis in which what is most good is pitted against what is most evil."[688] In diesem Sinne lehnen sich die Philippischen Reden aber nicht nur an das Vorbild des Demosthenes an, sondern fügen sich auch in das Corpus der Ciceronianischen Reden ein. Polarisation, Identifikation der eigenen Person mit dem Staat, Isolation und Herabwürdigung des Gegners – dies sind bewährte Strategien, die vor allem bei invektivartigen Reden zum Einsatz kommen. Daher bietet gerade die Invektive ein geeignetes Forum zur Selbstdarstellung. Nicht zu übersehen ist jedoch der neue Aspekt des Selbstbildes, das Cicero präsentiert: Der *dux togatus* hat einem *princeps sagorum* Platz gemacht[689], und diese neue Rolle erfordert auch einen neuen Standpunkt bezüglich des Einsatzes von Waffen zum Schutz des Staates, und dies hat, wie gezeigt, auch Einfluß auf die autobiographische Schilderung bezüglich des Vorgehens gegen die Catilinarischen Verschwörer, färbt sie quasi rückblickend ein. Dennoch oder vielmehr gerade deswegen stilisiert sich Cicero in den *Philippicae* zugleich auch zum *auctor pacis* und zum *defensor libertatis*[690], um seinen Aufruf zum Krieg zu legitimieren und auf eine vertrauenerweckende Basis zu stellen. Er beschwört die Erinnerung an sein vergangenes Wirken herauf, um seinem gegenwärtigen den Weg zu ebnen. Wenn gerade er, der stetig zu Frieden mahnte, diesen in der aktuellen Situation für unangebracht hält, dann muß es dafür wohl gute und plausible Gründe geben. In diesem Zusammenhang ist auch die Betonung der Dauer seines Einsatzes für den Staat zu sehen, denn sie dient dazu, das Bild Ciceros als des unermüdlichen Staatsretters zu festigen und ihn dadurch als Leitfigur für aktuelles Handeln zu empfehlen. Die Selbstdarstellung ist also in signifikanter Weise dem argumentativen Ziel untergeordnet, dieses Ziel strahlt zurück auf die Interpretation der eigenen Vergangenheit und prägt sie. Möglicherweise ist hiermit auch zu erklären, warum Cicero sein Exil fast gänzlich ausblendet, denn in dem aktuellen Argumentationskontext war weder die *persona* eines heroisch vor Gewalt Ausweichenden noch die eines gewaltsam Vertriebenen gefragt.

[688] Wooten 169. Zur Krisenrhetorik in den Philippischen Reden siehe außerdem Hall (2002) 283ff.
[689] Vgl. May (1988) 160.
[690] Vgl. Hall (2002) 293.

4. Entwicklungslinien und Motive der autobiographischen Darstellung in den Reden

Von der Rede *Pro Quinctio* bis zu den Philippischen Reden bringt Cicero autobiographische Rückblenden in seine Reden ein und verfolgt damit Ziele, die einerseits auf die jeweils zu verhandelnde Sache gerichtet sind, andererseits auf seine Person. Kreiert er in den Reden der Aufstiegszeit noch das Ethos des Aufsteigers, um aus der ungünstigen Ausgangslage das Beste für seinen Klienten zu machen und sich selbst durch den Erfolg für weitere Aufgaben zu empfehlen, so ändert sich mit seiner Stellung auch der Einsatz autobiographisch geprägter Selbstdarstellung: Durch die Erlangung des Konsulats mit gesteigerter *auctoritas* ausgestattet, wirft er diese von nun an in die Waagschale, um sich sowohl bei der Verteidigung von Klienten als auch in politischen Fragen durchzusetzen. In diesen ersten Jahren ist das autobiographische Sprechen weitgehend dem jeweils zu erreichenden Ziel untergeordnet, sei es zur Unterstützung von Argumenten oder zur Wiederherstellung des Ansehens, das von Gegnern in Frage gestellt wurde, und reicht darüber nur insofern hinaus, als die demonstrierte *auctoritas* und der Erfolg als Redner einer Empfehlung seiner Person in der Öffentlichkeit dienen. Der Rechtfertigungszwang nach dem Konsulatsjahr verursacht einen Wandel in der Funktionalisierung des autobiographischen Elements, denn nun beginnt Cicero, das Reden über die eigene Person in den Dienst der Apologie zu stellen und in der Verteidigung anderer vor Gericht die Gelegenheit zu suchen und zu nutzen, mit diesem persönlichen Anliegen an die Öffentlichkeit zu treten. Das Jahr 60 markiert mit der Veröffentlichung der Konsulatsreden und der Abfassung von *De consulatu suo* einen Höhepunkt in dem Bemühen, das in der Öffentlichkeit herrschende Bild der eigenen Person und Geschichte zu beeinflussen. Durch die Stilisierung zum Retter, der als *dux togatus* den Staat vor Mord und Brand bewahrt hat, und durch die Parallelisierung dieser Tat mit der Gründung der Stadt und damit seiner eigenen Person mit Romulus sucht er der eigenen Leistung Anerkennung zu sichern. Nach der Rückkehr aus dem Exil schließlich wird die Umdeutung der Abwesenheit in eine zweite Rettung des Staates und damit in eine Quelle des Ruhms zum beherrschenden autobiographischen Thema, das, wie im Falle des Sestius, zuweilen sogar die Sache eines Klienten an den Rand drängt. An den Caesarreden wiederum wird Ciceros Fähigkeit deutlich, sich an äußere Gegebenheiten anzupassen und angesichts mangelnder politischer Einflußmöglichkeiten die eigene Person mittels der rednerischen Selbstdarstellung zumindest als politischen Ratgeber zu empfehlen, ein Anliegen, das auch aus dem *Brutus*, der ebenfalls in dieser Zeit entstand, herauszulesen ist. Die Philippischen Reden schließlich sind vielleicht die deutlichste Demonstration zielgerichteten Einsatzes autobiographischen Schreibens. Denn mit Blick auf die angestrebte Mobilisierung gegen Antonius ersetzt Cicero hier das Bild des *dux togatus*, der ohne Aufruhr und Waffengewalt gegen die Catilinarier vorgegangen war, ganz bewußt durch die Stilisierung zum *princeps sagorum*, die er auf den Boden seiner autobiographisch verbürgten Orientierung an Frieden und Freiheit stellt und so erst glaubhaft und wirksam macht.

Die Anpassung der autobiographischen Schilderung an aktuelle Erfordernisse zeigt sich zudem nicht nur in der gelegentlichen Distanzierung von dem vergangenen Ich, wie sie besonders in *Pro Plancio* deutlich wird, sondern vor allem darin, daß das Gesamtbild, das Cicero bezüglich der beiden wichtigsten autobiographischen Themen, Konsulat und Exil, von seiner Vergangenheit entwirft, Brüche aufweist: Die Aufdeckung der Catilinarischen Verschwörung deutet Cicero meist als Rettung des Staates, die ihm allein zu verdanken ist, zuweilen überwiegt allerdings die Betonung, daß er dabei gänzlich dem Willen des Senats unterstanden habe. Und die Deutung seines Ganges ins Exil reicht von heroischem Ausweichen und Abfangen der Waffen, die auf die ganze *res publica* gerichtet waren, bis hin zu gewaltsamer Vertreibung.

Als Antwort auf die eingangs aufgeworfene Frage nach der Einordnung des autobiographischen Schreibens auf einer Skala zwischen rhetorischem Instrument und Selbstzweck[691] kann festgestellt werden: Das Reden über die eigene Person ist weder Ausdruck eines übermächtigen Egoismus, wie Mommsen es beurteilte, noch dient es im Sinne Rahns ausschließlich der jeweiligen Sache, sondern seine Funktionen und Implikationen bewegen sich zwischen diesen beiden Polen. Denn die Analyse hat gezeigt, daß autobiographische Elemente vielseitige Funktionen im Überredungsprozeß übernehmen und zwar von der ersten bis zur letzten Rede, doch von Anfang an dienen sie auch der Erlangung und Vermittlung von Ansehen und Einfluß, ein Zweck, der ab dem Konsulatsjahr und verstärkt nach der Rückkehr aus dem Exil immer bestimmender wird und sich in dem Bestreben manifestiert, durch Berufung auf die eigene, allgemein anerkannte Leistung die erlangte Stellung innerhalb der Gesellschaft zu behaupten und zu verteidigen.

> Cicero's egotism, often offensive to a modern audience, is at least partially explained by these considerations. Roman Republican politics made no room for shy, retiring, self-effacing men. The Roman reliance upon character as a measure of worth, and the importance of possessing adequate reputation, rank, influence, authority, and even heritage in order to be effective in political circles demanded a kind of ambition and projection of ethos from a Roman statesman to which we are unaccustomed. A certain measure [...] of vanity and braggadocio was expected, even required of a Roman. For a *novus homo*, insecure as Cicero was about his lack of noble ancestry, the requirement seemed even more essential.[692]

---

[691] Siehe hier 134f.

[692] May (1988) 180f. (Anm. 87). Ähnlich Paterson (2004) 94f.

Die stetige Berufung auf den Konsens, sowohl bei seiner Wahl zum Konsul als auch bei der Anerkennung seiner Leistung als Rettung des Staates und vor allem bei seiner Rückberufung aus dem Exil dient nicht nur dazu, die Selbstempfehlung und -verteidigung zu bekräftigen, sondern auch, die Einbindung der eigenen Person in das Kollektiv der *res publica* zu proklamieren. Besonders die in den Invektiven verfolgte Strategie, sich selbst mit den Werten des Staates und sogar mit dem Staat selbst zu identifizieren und den jeweiligen Gegner zu isolieren, untersteht diesem Ziel ebenfalls. Nicht zufällig wird die Identifikation mit dem Staat gerade nach der Rückkehr aus dem Exil zum beherrschenden Thema der autobiographischen Selbstdarstellung, denn mit ihrer Hilfe zeigt Cicero nicht nur die Bedeutsamkeit seiner Person für die Allgemeinheit auf und bekräftigt so seinen Anspruch auf Rehabilitation, sondern er negiert so rückwirkend die Isolation, den Ausschluß auf dem Gemeinwesen, den die Zeit der Abwesenheit darstellte, sowohl in seinem eigenen Erleben als auch im Bewußtsein der Öffentlichkeit, der er nun eine neue Deutung anbietet. Auch dann, wenn Cicero in seinen autobiographischen Schilderungen in die dritte Person wechselt, unterstreicht er durch diese Abstraktion die Signifikanz, die seinem Handeln und seiner Person für die Allgemeinheit zukommt. So erweist sich die Fülle autobiographischer Passagen im Corpus der Reden keineswegs als Ausdruck einer egozentrischen Wesensart, sondern illustriert die rhetorischen, gesellschaftlichen und politischen Herausforderungen, denen sich Cicero als *homo novus*, der sich in der Welt der römischen Nobilität behaupten mußte, zu stellen hatte. Wenn Cicero in seinen Reden über sich selbst und seine Vergangenheit spricht, dann hat er dazu guten Grund, ob im Hinblick auf ein rhetorisches Ziel oder auf die Geltung seiner Person. Was sich Cicero einmal an Einfluß erarbeitet hatte, galt es zu bewahren, und daher kam es, daß er um so mehr über sich selber redete, je mehr er in Frage gestellt wurde.

V. Autobiographische Elemente in den philosophischen und rhetorischen Schriften Ciceros

1. Ciceros Beschäftigung mit Philosophie und Theorie der Rhetorik

In seinen philosophischen und rhetorischen Schriften, vor allem im Schlußteil des *Brutus*, gibt Cicero an verschiedenen Stellen Auskunft über die Rolle, die der Philosophie und der Theorie der Rhetorik in seiner Laufbahn zukamen: Demnach war die Beschäftigung mit diesen Disziplinen für ihn von Beginn seiner Laufbahn an von großer Bedeutung als Teil seiner Ausbildung und als Basis für die politische und rednerische Tätigkeit, für die praktische Teilnahme am öffentlichen Leben in Rom.[1] Diese prinzipielle und letztlich unangetastete Rangordnung[2] wurde jedoch de facto in eben den Lebensphasen

---

[1] Philippson 1173ff. bietet einen sehr guten Überblick über die sich wandelnde Rolle, die der Philosophie vom Beginn bis ans Ende der Karriere zukam. Vgl. auch Kretschmar, M.: Otium, studia litterarum, Philosophie und βίος θεωρητικός im Leben und Denken Ciceros, (Diss. 1937) Leipzig 1938.

[2] Vgl. Philippson 1177; Burkert, W.: Cicero als Platoniker und Skeptiker. Zum Platonverständnis der ‚Neuen Akademie', Gymnasium 72 (1965), 175-200, h. 176; Wassmann, H.: Ciceros Widerstand gegen Caesars Tyrannis: Untersuchungen zur politischen Bedeutung der philosophischen Spätschriften, (Diss. Hannover) Bonn 1996, 66. Dazu Hirzel, R.: Der Dialog. Ein literarhistorischer Versuch, erster Teil, Hildesheim 1963 (repr. Nachdruck der Ausgabe Leipzig 1895), 459: „Cicero war kein Schriftsteller von Beruf. Die literarische Thätigkeit füllte nur eine ihm aufgedrungene Musse aus und auch dann selbst hielt sie, wenigstens in früherer Zeit, noch die Verbindung mit der Praxis fest, indem sie diese, die rednerische und staatsmännische, in der Theorie wiederspiegelte." Eine etwas andere Einschätzung vertritt hingegen Gigon, O.: Cicero und die griechische Philosophie, ANRW I 4 (1973), 226-261, h. 257: „Ciceros Liebe hat von Anfang an unzweifelhaft ebensosehr der Philosophie wie der Politik gegolten; und wer sein Leben im ganzen bedenkt, wird den Eindruck haben, daß diese beiden Neigungen einander gegenseitig ebensooft befruchtet wie behindert haben. Die Philosophie steuerte die Weite des Ausblicks bei und die Orientierung des Handelns an bestimmten allgemeinen Normen. Die Politik öffnete den Weg zum Wirken in der Gegenwart und band das Philosophieren an die realen Möglichkeiten solchen Wirkens. Umgekehrt drohte im Angesicht der politischen Aufgaben die Philosophie immer wieder zu einer unverbindlichen Freizeitbeschäftigung abzusinken; diese wiederum konnte nicht anders als jenen Ekel am politischen Betrieb verstärken, von dem schon ein Brief an Atticus aus dem Sommer des Jahres 67 v. Chr. spricht (I, 11, 1) und der sich in der Korrespondenz aller folgenden Jahre mit wechselnder Intensität immer wieder meldet."

vorübergehend[3] umgekehrt, in denen seine Möglichkeiten, aktiv in das Tagesgeschehen einzugreifen, durch äußere Umstände stark begrenzt waren, namentlich durch Caesars Aufstieg zum Alleinherrscher.[4] So läßt sich die Entstehung seiner philosophischen und rhetorischen Schriften in zwei Phasen unterteilen, in eine erste (56-51 v. Chr.) während des auf der Konferenz von Luca erneuerten sog. Triumvirats zwischen Caesar, Pompeius und Crassus und deren daraus resultierender Vormachtstellung, und in eine zweite (46-44 v. Chr.) unter der Diktatur Caesars.[5] Diese in der Abfassung seiner Schriften greifbare Hinwendung zur Philosophie ging also mit einem Rückzug aus dem öffentlichen Leben einher, und natürlich hat gerade dieser Umstand die Forschung angeregt, nach den Motiven und Gründen für die philosophische und rhetorische Schriftstellerei zu fragen.[6] Hierauf gibt Cicero in autobiographischen Äußerungen, v.a. in den Proömien, Auskunft. Die Einbürgerung der Philosophie in Rom[7] und das Verfolgen eines Bildungsauftrages besonders mit Blick auf die Jugend[8], verstanden durchaus als Wetteifern mit den Griechen und somit als patriotisches Anliegen[9], das auf die Zukunft gerichtet ist[10], gilt ebenso als Triebfeder wie die Suche nach Trost – zum einen wegen der Lage

---

[3] Vgl. *div.* II 7: *Nunc quoniam de re p. consuli coepti sumus, tribuenda est opera rei p., vel omnis potius in ea cogitatio et cura ponenda, tantum huic studio relinquendum quantum vacabit a publico officio et munere.*

[4] Zu Ciceros Beschäftigung mit philosophischen Fragen in Zeiten seines erzwungenen Rückzuges aus dem politischen Leben siehe auch Kumaniecki (1957) 116ff. mit Besprechung entsprechender Passagen aus Ciceros Korrespondenz.

[5] Vgl. Fuhrmann, M.: Geschichte der römischen Literatur, Stuttgart 1999, 153.

[6] Zusammenfassend Adamczyk, S.J.: Political Propaganda in Cicero's Essays, (Diss. Fordham) Ann Arbor 1961, 4ff.; Bringmann (1971) 95ff.; Wassmann 53ff.

[7] Zu Ciceros Leistung bei der Aneignung und Übertragung der griechischen Philosophie (trotz der fehlenden Originalität) siehe Gigon v.a. 240ff.; Patzig, G.: Cicero als Philosoph, am Beispiel der Schrift „De finibus", Gymnasium 86 (1979), 304-322, h. bes. 306ff.; Süss, W.: Cicero. Eine Einführung in seine philosophischen Schriften (Akademie der Wissenschaften und der Literatur 5), Mainz 1966, bes. 5-20. Siehe insgesamt zu Ciceros philosophischem Konzept auch Görler, W.: Untersuchungen zu Ciceros Philosophie, Heidelberg 1974.

[8] Wassmann 62.

[9] Adamczyk 4f. sieht in Ciceros „spirit of patriotism" den eigentlichen Antrieb, der die Rivalität mit den Griechen und die Bildungsabsicht bedingt. Ähnlich Becker, E.: Technik und Szenerie des ciceronischen Dialogs, (Diss. Münster) Osnabrück 1938, 10; Bringmann (1971) 101; vgl. *Tusc.* II 5f.; *fin.* I 1-12.

[10] Wassmann 54 unter Bezugnahme auf *nat. deor.* I 6-7; Kretschmar 113 wertet *Tusc.* I 5 als Zeichen dafür, daß Cicero „weit über den üblichen Nützlichkeitsmaßstab der Römer hinausgewachsen ist, die nur auf das Nächstliegende in der Welt des Realen schauen. Da er die Vergangenheit überblickt, arbeitet er für die Zukunft, indem er die Forderungen der Gegenwart zu erfüllen sucht. Sie verlangen jetzt von ihm, daß er die Philosophie bei den Römern zu Ehren bringe als Voraussetzung dafür, daß sie bei ihnen zu höchster Blüte gelangen kann."

des Staates[11], zum anderen auf ganz persönlicher Ebene anläßlich des Todes der Tochter Tullia.[12] Im Bereich des philosophischen Ansatzes wird auch ein Bemühen um Rechtfertigung aufgrund des Anschlusses an die Neue Akademie angenommen[13], doch ist dieses Motiv auf einer sekundären, der Schriftstellerei inhärenten Ebene anzusiedeln, denn erst in dem Moment, in dem Cicero in seinen Schriften Philosophie behandelt, entsteht überhaupt die Notwendigkeit, die Richtung dieser Beschäftigung zu rechtfertigen. Verstärkt seit Strasburgers Untersuchung zur politischen Dimension in Ciceros Spätwerk[14] brachte die Forschung diesem angenommenen Motiv besonderes Interesse entgegen, und es gilt als communis opinio, daß Cicero mit seinen Schriften eine Fortsetzung der Politik mit anderen Mitteln[15] betrieb und sein literarisches Schaffen so in den Dienst am Staat stellte. Diese Einschätzung basiert auf Ciceros eigenen Aussagen zu seinen Motiven, und die Analyse der entsprechenden Stellen wird deutlich machen, daß er gerade diese Interpretation seines Tuns vorgezeichnet hat. Anhand des *Brutus* wird exemplarisch zu zeigen sein, worin im einzelnen diese politische Dimension gesehen werden kann. Die Philosophie als Ersatz für eine verlorene Führungsposition[16] und als wenn auch nicht neues, so doch neu erschlossenes Betätigungsfeld – auf diesen vorläufigen Nenner läßt sich die Frage nach der Motivation Ciceros bringen. Es sei an dieser Stelle die These vorausgeschickt, daß sich dieses „Betätigungsfeld" ganz direkt auf die Autobiographie erstreckt, und zwar in dem Sinne, daß sich Cicero mit seiner Schriftstellerei nicht nur Raum für poli-

---

[11] Bringmann (1971) 96; vgl. *fam.* 4, 4; 4, 13.

[12] Bringmann (ebd. 11 und 91) hält den Anstoß durch den Tod der Tochter für in der Forschung überschätzt und weist der Suche nach Trost eine sekundäre Bedeutung zu. Sie präge das philosophische Werk weniger als die Entscheidung für das kritische Philosophieren der Neuen Akademie und „die literarische und zugleich nationale Absicht, den Grund zu einer formvollendeten philosophischen Literatur in lateinischer Sprache zu legen" (253).

[13] Vgl. ebd. 109; siehe *ac.* 1, 7; *Tusc.* II 4; *nat. deor.* 11f. Zu Ciceros Anschluß an die Neue Akademie siehe auch Gigon 232ff.; Burkert (1965) passim; Weische, A.: Cicero und die Neue Akademie. Untersuchungen zur Entstehung und Geschichte des antiken Skeptizismus, Münster ²1975 (¹1961).

[14] Strasburger (1990) passim. Einen Vorläufer in diesem Ansatz hatte Strasburger in Adamczyk (1961).

[15] *ac.* 1, 11; *fin.* I 10; *nat. deor.* I 7; diesen Gedanken äußert Cicero auch in Briefen, vgl. *fam.* 9, 2, 5: *... in litteris et libris ... gnavare rem publicam*; 9, 6, 5; siehe dazu auch Rathofer, C.: Ciceros „Brutus" als literarisches Paradigma eines Auctoritas-Verhältnisses (Beiträge zur Klassischen Philologie 174), Frankfurt a. M. 1986, 11; Wassmann 64; Bringmann (1971) 100.

[16] Vgl. *fam.* 5, 15, 3: *Hic tu me abesse urbe miraris, in qua domus nihil delectare possit, summum sit odium temporum, hominum, fori, curiae? Itaque sic litteris utor, in quibus consumo omne tempus, non ut ab iis medicinam perpetuam, sed ut exiguam oblivionem doloris petam.* Vgl. *ac.* 1, 11; *Luc.* 6; *nat. deor.* I 7; *div.* II 6f.; *off.* II 3f.; III 2f.; Quint. *inst.* 3, 5, 4. Dazu Philippson 1183.

tisches Wirken verschaffte, sondern sie auch als Vehikel für seine Selbstdarstellung nutzte, der sich ansonsten kein Forum mehr bot, im Sinne einer Fortsetzung nicht nur der Politik, sondern auch der „Öffentlichkeitsarbeit“ mit anderen Mitteln. Die bisherige Untersuchung hat gezeigt, daß Cicero stets bemüht war, seine Person der Öffentlichkeit zu empfehlen, sei es mit primärer Zielrichtung auf seine *auctoritas* im allgemeinen, sei es im Hinblick auf die Erreichung eines speziellen rhetorischen Ziels. Mit den Möglichkeiten für eine öffentliche Tätigkeit schwanden zugleich die Gelegenheiten zur Selbstdarstellung. Wie die Analyse gezeigt hat, boten selbst die Gelegenheiten, bei denen Cicero als Redner das Wort ergriff – also in den sog. Caesarreden – keinen Raum mehr für ein allzu deutliches Hervortreten der eigenen Person. Die Epen als alternativer Weg der Selbstbehauptung hatten, wie dargelegt, ihre Wirkung verfehlt. So ist zu vermuten, daß Cicero nun mit seiner philosophischen und rhetorischen Schriftstellerei den letzten sich noch bietenden Weg an die Öffentlichkeit einschlug.

2. Die Dialogform

Die Form des Dialoges[17], die Cicero für die Mehrzahl seiner Abhandlungen wählte[18], kam seinem – von der skeptischen Haltung der Neuen Akademie geprägten – Ziel entgegen, dogmatische Lehrmeinungen einer kritischen Prüfung und Erörterung zu unterziehen[19] und mit der Methode des *in utramque partem disserere* die Suche nach der Wahrheit zu betreiben.[20] „Es kommt Cicero also [...] darauf an, zu den jeweils vorliegenden Problemen die gegnerischen philosophischen Lehren vorzuführen und gegenüberzustellen, freilich

---

[17] Zur Geschichte der Dialogform sei verwiesen auf das Standardwerk von Hirzel (1963).

[18] Nicht in Dialogform verfaßt sind *Orator, Topica, De optimo genere oratorum* und *De officiis*. Zu Ciceros Wahl der Bezeichnung *dialogus* siehe Zoll, G.: Cicero Platonis aemulus. Untersuchung über die Form von Ciceros Dialogen, besonders von De oratore, Zürich 1962, 46ff.

[19] Bringmann (1971) 253.

[20] *ac.* 2, 7; *Tusc.* I 8; II 9: *Itaque mihi semper Peripateticorum Academiaeque consuetudo de omnibus rebus in contrarias partis disserendi non ob eam causam solum placuit, quod aliter non posset, quid in quaque re veri simile esset, inveniri, sed etiam quod esset ea maxima dicendi exercitatio*; *Tusc.* IV 7; vgl. Auvray-Assayas, C.: Réécrire Platon? Les enjeux du dialogue chez Cicéron, in: Cossutta, F.; Narcy, M. (Hgg.): La forme dialogue chez Platon. Evolution et réceptions, Grenoble 2001, 237-255, h. 249; Burkert 187ff.; Wassmann 69. Dazu Görgemanns, H.: DNP 3 (1997), s.v. „Dialog“, 517-521, (= 1997a), h. 517: „Bei Platon erhält die Form tiefen philos. Sinn [...]. Sie steht im Gegensatz zu den Lehrvorträgen der Sophisten und stellt dar, daß Wissen nicht übermittelt, sondern vom Einzelnen selbst – unter Anregung und korrigierender Leitung des Sokrates – hervorgebracht wird.“

vergleichend und abwägend, so daß die Ansicht, welcher er selbst beipflichtet – sofern er überhaupt eine klare Stellung in der Frage einnimmt – sich als die wahrscheinlichste erweise, ohne aber zu verlangen, daß auch alle Gründe und Gegengründe erschöpfend zur Sprache gebracht und durchdiskutiert werden."[21] Die Fiktion des Gespräches verschaffte Cicero also die Freiheit zu eklektischer Vorgehensweise, doch stellte die sinnvolle Auswahl der zur Sprache gebrachten Aspekte und das aufeinander Beziehen von Lehrmeinung und Kritik zugleich eine nicht unerhebliche Herausforderung dar.[22] Die Form des Dialoges kam jedoch nicht nur Ciceros Methode entgegen, sondern stellte, wie Auvray-Assayas es formuliert, zugleich eine „source de légitimité pour la parole philosophique à Rome"[23] bereit. Levine sieht in der Dialogform ein Instrument zur „Romanisierung" der Inhalte, die es zu vermitteln galt: „The literary dialogue provided Cicero with the necessary instrument to propagate Greek thought among his fellow-citizens, and, though this was itself a Greek creation, it became in his hands a highly effective means to Romanize foreign material sufficiently to satisfy domestic standards of propriety that obtained in the case of intellectual pursuits."[24]

Cicero beschritt mit seiner Darstellung der Philosophie in Dialogform einen für Rom neuen Weg[25] und folgte dabei griechischen Vorbildern. Er beruft sich vor allem auf Platon[26] und gilt auch in Quintilians Einschätzung als *Platonis aemulus*[27], übernimmt aber auf formaler Ebene durchaus eher solche Elemente, die auf Aristoteles zurückgehen:[28] die Einteilung in Bücher, die Proömien, längere zusammenhängende Passagen anstelle des schnellen Wechselgesprächs, die Verlegung in die Gegenwart und die dadurch mögliche Teilnahme des Autors am Gespräch. Für dieses Zusammenspiel einer Berufung auf Platon und einer praktischen Anlehnung an Aristoteles ist Ciceros *Brutus* ein illustratives Beispiel: Das aus längeren, zusammenhängenden Passagen bestehende Gespräch, an dem Cicero als Dialogpartner einen wesentlichen Anteil hat[29], findet zu Füßen einer Platon-Statue statt – die Szenerie deutet

[21] Becker (1938) 56.
[22] Siehe Bringmann (1971) 110.
[23] Auvray-Assayas 253.
[24] Levine, Ph.: Cicero and the Literary Dialogue, CJ 53 (1957), 146-151, h. 146.
[25] Vgl. Auvray-Assayas 239.
[26] Vgl. *Att.* 4, 16, 3: *Quod in iis libris quos laudas personam desideras Scaevolae, non eam temere demovi sed feci idem quod in Πολιτείᾳ deus ille noster Plato.*
[27] Quint. *inst.* 10, 1, 123. Siehe dazu Zoll 12ff.; vgl. auch Q. Cic. *pet.* 46.
[28] Vgl. *ad Q. fr.* 3, 5; *Att.* 4, 16; Görgemanns (1997a) 518.
[29] Auvray-Assayas 239 erinnert zu Recht daran, daß zwischen dem Autor Cicero und der Person im Dialog zu unterscheiden ist. Daß Cicero mit dieser Doppelrolle zuweilen sogar spielt, wird in *Brut.* 251 deutlich. Dort überläßt die Dialogfigur Cicero es Atticus, sich über Caesar und dessen Redetalent zu äußern. Die Figur schweigt also darüber, der Autor zugleich natürlich nicht. Siehe dazu hier 306.

also auf Platon[30], Bedingungen und Ablauf des Gesprächs aber lassen Aristoteles als Vorbild erkennen. Bei den Dialogen, die in der Vergangenheit angesiedelt sind, wird in diesem Punkt meist eine Anlehnung an Herakleides angenommen.[31] Allerdings äußert sich Cicero selbst in unterschiedlicher Weise zu seinen Vorbildern. Während er sich in seinen Briefen öfter auf Aristoteles als auf Platon beruft, stellt er in den Dialogen eher Platon heraus.[32] Und *De oratore* stellt er selbst sowohl in die Nachfolge des Herakleides[33], als auch in die des Aristoteles.[34] Die Übernahme der griechischen Dialogformen war dabei keine bloße Imitation, sondern ein kreativer Akt der Übertragung[35] und der Anpassung an römische Erfordernisse. „A aucun degré le dialogue cicéronien n'est une transposition maladroite de Platon; il répond aux conditions de la vie et de la pensée romaines, il est le reflet d'une société essentiellement aristocratique, soucieuse d'action plus que de contemplation."[36] Es war eine Grundbedingung für den Erfolg seines Bestrebens, den Römern Philosophie nahezubringen, daß es ihm gelang aufzuzeigen, daß die Beschäftigung mit Philosophie römischen Werten, vor allem dem Primat der *vita activa*, nicht widersprach. „In fine, to insure the success of his dialogues among conservative, hardheaded contemporaries, Cicero had to show that philosophy and the qualities of good Roman citizenship were not incompatible."[37] Diesem Zweck dient das römische Kolorit, mit dem er seine Dialoge erfüllt: Sie sind in Ort und Zeit, Personenwahl und sogar im herrschenden Umgangston, im „urbanen" Verhalten der Gesprächsteilnehmer[38], ganz in der Welt einer idealisierten römischen Aristokratie[39] angesiedelt und zeigen einen „Ausschnitt aus dem geistigen Leben der gebildeten Römer".[40] Die philosophischen Gespräche finden nicht in der Stadt, sondern zumeist auf dem Land statt, was nicht nur als Zeichen des aristokratischen Milieus[41] zu werten ist, sondern auch der zeitlichen Umstände, denn die Beschäftigung mit der Philosophie ist der Zeit

---

[30] *Brut.* 24: ... *in pratulo propter Platonis statuam consedimus.*

[31] Während *Att.* 13, 19, 4 eine Orientierung Ciceros an Herakleides nahelegt, distanziert sich Cicero in *ad Q. fr.* 3, 5, 1. Dagegen allerdings Zoll 68ff., der hierfür eher Platon als Vorbild vermutet. Zu Herakleides siehe Hirzel (1963) 321ff.

[32] Einen Überblick über Ciceros Berufung auf seine Vorbilder bietet Zoll 60ff.

[33] *Att.* 13, 19, 4 (45 v. Chr.).

[34] *fam.* 1, 9, 23 (54 v. Chr.). Dazu Auvray-Assayas 240. Siehe auch Zoll 63.

[35] Auvray-Assayas 241f; vgl. *fin.* I 7. Zur Originalität in Ciceros Proömien siehe Ruch 9ff.

[36] Grimal, P.: Caractères généraux du dialogue romain. De Lucilius à Cicéron, IL 7 (1955), 192-198, h. 198.

[37] Levine 151.

[38] Becker (1938) 18; vgl. auch Süss (1966) 35.

[39] Görgemanns (1997a) 519. Vgl. zur Szenerie in den Dialogen Ciceros Becker (1938) 25ff.

[40] Becker (1938) 56.

[41] Vgl. Grimal (1955) 196.

der Muße vorbehalten, wenn keine anderen Aufgaben anstehen.[42] Und die Dialogpartner, „mit dramatischem Leben erfüllte[n] Figuren“[43], sind durch und durch römische, respektgebietende Persönlichkeiten des öffentlichen Lebens, denn wie Levine es treffend formuliert: „Doubtless, from the conservative Roman point of view, a bare-footed stone-cutter or sculptor, who spent much of his time conversing with idlers in the market place, would have been wholly ineffective, if not downright intolerable, as principal interlocutor in a Latin dialogue on so lofty a subject as justice or the commonwealth.“[44] Im „respectable Roman setting”[45], in der durch die notwendige Orientierung am römischen Adressatenkreis bedingten „Romanisierung“ griechischer Formen und Inhalte besteht also eine wesentliche Innovation in Ciceros Dialogen.

3. Zur Charakteristik der autobiographischen Stellen

Während Ciceros *persona* in den Reden ein konstitutives Element der Kommunikation war – ob als Verteidiger, Ankläger oder Redner in einer politischen Angelegenheit – und damit von vornherein situativ und aufgrund der jeweiligen Thematik auch inhaltlich oft ein Forum für das Sprechen und Schreiben über die eigene Person gegeben war, mußte sich Cicero in seiner Rolle als Autor und Figur in seine philosophischen und rhetorischen Schriften erst explizit einbringen und Gehör verschaffen. Dies tat er zum einen dadurch, daß er sich in Proömien äußerte, zum anderen, daß er sich selbst als Figur[46], als Gesprächsteilnehmer, in seine Dialoge hineinschrieb;[47] Voraussetzung da-

---

[42] Vgl. auch *Arch.* 12-13; im *Brutus* wird die Szenerie gleich zu Beginn des eigentlichen Gespräches der Zeit der Muße zugewiesen, vgl. *Brut.* 10: *Nam cum inambularem in xysto et essem otiosus domi, M. ad me Brutus, ut consueverat, cum T. Pomponio venit* [...]. Siehe auch *Brut.* 20. Die Funktion der Szenerie erschöpft sich nicht in der Situierung des Dialoges im römischen Bereich, sondern kann darüber hinaus im Rahmen der politischen Dimension als Anspielung verstanden werden. Wassmann 160ff. zeigt überzeugend auf, daß die Szenerie des *Brutus* den Leser zu Assoziationen bezüglich der politischen Lage anregt.

[43] Süss (1952) 427.

[44] Levine 147. Dazu auch Grimal (1955) 197: „L'esprit romain ne se satisfaisait pas aussi aisément. Il voulait que la question posée fut débattue avec compétence, entre des hommes graves, susceptibles d'apporter au dialogue leur expérience personnelle et leur « technicité ».“

[45] Levine 146.

[46] Diese Figur ist gerade dort, wo autobiographische Rückblenden stattfinden, weiter aufgespalten in eine „aktuelle“, am Dialog teilnehmende Figur und in das vergangene, erinnerte Ich. Näheres dazu folgt bei der Besprechung der autobiographischen Passage im *Brutus*.

[47] Der Grad der Teilnahme variiert vom stillen Zuhörer bis zum Hauptunterredner. Vgl. zur Funktion des stillen Zuhörers Auvray-Assayas 247f.; Levine 147ff.; zuweilen verzichtete

für war natürlich, daß die Dialoge in der Gegenwart spielten, denn nur so war die Fiktion einer Gesprächsteilnahme herzustellen. Damit beruht das autobiographische Schreiben letztlich auf aristotelischen Dialogelementen, denn sowohl die Proömien als auch die Teilnahme des Autors am Gespräch sind Elemente, die sich noch nicht bei Platon finden, sondern erst von Aristoteles eingeführt wurden.[48] Indem sich Cicero in diesen Punkten bewußt an Aristoteles und eben nicht an Platon, sein ideelles Vorbild, anlehnte, schuf er sich erst die Gelegenheit zu autobiographischem Schreiben. Im Umkehrschluß läßt sich vermuten, daß Cicero dem Vorbild des Aristoteles gerade deswegen in dieser Hinsicht folgte, weil er nur so in theoretischen Abhandlungen über Philosophie und Rhetorik die Möglichkeit hatte, auch über sich selbst zu sprechen. Es kann sogar vermutet werden, daß überhaupt die Wahl der Form des Dialoges von solchen Überlegungen beeinflußt war. Immerhin konnte er auf diese Weise seinen Gesprächspartnern Lob über seine Person in den Mund legen[49] und sich als Autor hinter seine Dialogfigur, die so nur als Adressat für positive Äußerungen erscheint, zurückziehen – eine Strategie der Selbstdarstellung, die aus den Epen und aus den Reden wohlbekannt ist. Das Autobiographische in den Dialogen kann in diesem Sinne als eine der Antworten auf die Frage verstanden werden, was Cicero zur Wahl seiner Vorbilder bewog.

Mit den Proömien als Ort autobiographischer Passagen hängt ein weiteres Charakteristikum zusammen: ein stärkerer Exkurscharakter als in den Reden und dementsprechend eine lockerere Anbindung des Autobiographischen an

---

Cicero allerdings auch bewußt auf seine Teilnahme, vgl. *ad Q. fr.* 3, 5, 1-2 und dazu Levine 148.

[48] Görgemanns (1997a) 518 unter Verweis auf *Att.* 13, 19 und *ad Q. fr.* 3, 5.

[49] *leg.* I 1; I 5; II 6; *de orat.* I 95; *Brut.* 23; 190; 253; vgl. Becker (1938) 42; Jahn, O.; Kroll, W.; Kytzler, B.: Cicero, Brutus, Zürich/Berlin [7]1964 (Leipzig [1]1849), XIV; allerdings steht die Strategie, anderen Figuren Äußerungen in den Mund zu legen, auch im Dienst übergeordneter Ziele der Schrift, wenn Cicero z.B. Brutus Äußerungen vorbringen läßt, die mit seinen eigenen übereingestimmt haben dürften, um auf der Ebene der Figuren einen Schulterschluß vorzuführen, den er auf realer Ebene möglicherweise durch die Schrift erst zu schaffen suchte, z.B. *Brut.* 23; 279. Vgl. Douglas, A.E.: M. Tulli Ciceronis Brutus, Oxford 1966, XXI; Rathofer 46, 119ff.; Wassmann 168. Zu Differenzen zwischen Cicero und Brutus bezüglich der Redekunst siehe Filbey, E.J.: Concerning the Oratory of Brutus, CPh 6 (1911), 325-333, h. 325-328 sowie die Sammlung von Stellen im *Brutus*, an denen Cicero Brutus Ansichten zuschreibt, die seinen eigenen nahestanden (329ff.). Filbey folgert (333): „A comparison of the evidence, external and internal, bearing upon the question under consideration seems to point quite definitely to the conclusion that, except in two instances, Cicero's representation in this treatise of Brutus' oratorical style and views does not coincide with the testimony from other sources; and that he does not, therefore, represent correctly the point of view of Brutus." Zum keineswegs stets ungetrübten Verhältnis zwischen Cicero und Brutus siehe Ortmann, U.: Cicero, Brutus und Octavian – Republikaner und Caesarianer. Ihr gegenseitiges Verhältnis im Krisenjahr 44/43 v. Chr., (Diss. 1987) Bonn 1988, bes. 37-81.

das thematische „Umfeld“ der Schrift. Denn die Proömien selbst stehen nicht immer in direktem Zusammenhang mit dem Rest der Schrift, nicht zuletzt deshalb, weil Cicero sie nicht je eigens für die jeweilige Schrift verfaßte, sondern aus einer Sammlung von Proömien schöpfte.[50] Daraus ergibt sich für die Untersuchung der autobiographischen Passagen in den Proömien, daß der Entstehungszeitpunkt der gesamten Schrift nur bedingt auswertbar ist, da er nicht zwangsläufig Geltung für das jeweilige Proömium haben muß, wenngleich Cicero natürlich bewußt beides zusammen veröffentlichte. Der Exkurscharakter hat auch Geltung für die autobiographischen Passagen innerhalb der Dialoge, besonders hervorzuheben sind hier die Anekdote über die Entdeckung des Grabes des Archimedes (*Tusc.* V 64-66) und der autobiographische Schlußteil des Brutus (*Brut.* 301ff.).

Eine weitere Besonderheit der autobiographischen Passagen in den philosophischen und rhetorischen Schriften ist eine thematische Akzentverschiebung. Konsulat und Exil, die zentralen autobiographischen Themen in den Epen und in den Reden, treten in den Hintergrund[51] und machen Platz für eine andere Seite des Lebens Ciceros: die im weitesten Sinne literarische. Im Mittelpunkt stehen nun nicht Ciceros Leistungen im Dienst des Staates, sondern seine Ausbildung, sein literarisches Schaffen und seine Hinwendung zur Philosophie, wobei allerdings die politische und staatsmännische Seite der Person Cicero nicht völlig ausgeblendet ist.

Aufgrund der Unterschiede zwischen dem Autobiographischen in den Reden und den philosophischen und rhetorischen Schriften hat sich spätestens an dieser Stelle die nach Gattungen getrennte Untersuchung als die einzig adäquate und dem Textcorpus gerecht werdende Methode erwiesen.[52] Denn nur die vorübergehende Aufsplittung des Gesamtwerkes kann den Blick auf die Vielschichtigkeit autobiographischen Schreibens bei Cicero eröffnen und am Ende zu einer Synthese führen, die sowohl die groben Linien als auch die signifikanten Details umfaßt.

Die verschiedenen Ausprägungen des Autobiographischen erfordern dabei zuweilen unterschiedliche Vorgehensweisen: Während es in den Reden aufgrund der Einbindung des Autobiographischen in den Argumentationszusammenhang notwendig war, jede Rede weitgehend für sich zu behandeln, erfordert und ermöglicht das Textcorpus nun eine thematische Bündelung, wobei die Ergebnisse sogleich in Bezug gesetzt werden können zu denen der voran-

---

[50] *Att.* 16, 6, 4; dazu Bringmann (1971) 94.

[51] Dem Exil räumt Cicero allerdings in *parad.* 28-31 breiteren Raum ein, der Konsulat wird in *De divinatione* und in *De legibus* thematisiert, siehe dazu hier Kap. V 4.2.1.

[52] Daß sich Rhetorik und Philosophie gegenseitig beeinflussen, steht dabei außer Frage, vgl. dazu Wisse, J.: The Intellectual Backround of Cicero's Rhetorical Works, in: May, J. M. (Hg.): Brill's Companion to Cicero. Oratory and Rhetoric, Leiden/Boston/Köln 2002, 331-374, h. 337; Süss (1952) 419; Bringmann (1971) 11, 104.

gegangenen Kapitel, und eine stärkere Konzentration auf einzelne, herausragende Passagen, allen voran die Schlußpartie des *Brutus*, die exemplarisch in den Mittelpunkt der gesamten Untersuchung gestellt wird. Dabei haben die Kernfragen natürlich weiterhin Geltung: Welches Bild entwirft Cicero von seiner eigenen Person und welche Ziele verfolgt er mit dieser Selbstdarstellung, sowohl im Rahmen der jeweiligen Schrift als auch darüber hinaus?

4. Analyse der autobiographischen Passagen

4.1 *Brutus*

4.1.1 Eigenart und Wirkungsabsichten der Schrift

Ciceros *Brutus*, entstanden in den ersten Monaten des Jahres 46[53], stellt als Darstellung der historischen Entwicklung der Beredsamkeit in Dialogform eine Innovation dar[54], die, wie schon bei den Epen, in der Kombination von Form und Inhalt liegt. Das Werk bewegt sich somit an der Schnittstelle verschiedener Gattungstraditionen, und seine Zuordung fällt dementsprechend schwer.

> Der *Brutus* erscheint somit als ein Werk, das Merkmale der Gattungen περὶ τεχνιτῶν, περὶ χαρακτήρων und der Autobiographie in sich vereinigt, aber sich doch in keine der bekannten literarischen Gattungen ganz einfügt. Gerade der *Brutus* zeigt, wie der ‚Zwang' der Gattungstradition seine Grenzen an der Tendenz oder dem Anliegen eines Schriftstellers finden kann: Dadurch, daß in der Aufzählung der römischen Redner der Nachdruck auf das Stilistische gelegt wird und zugleich alles darauf bezogen ist, daß in Ciceros Art zu reden sich die Entwicklung der Redekunst vollendet, erscheint sein Redestil als der Bezugspunkt, von dem aus sich die Anlage des Ganzen, die Verknüpfung verschiedener Gattungstraditionen, verständlich machen läßt.[55]

Die Frage nach der Funktion des Autobiographischen im *Brutus* muß vor dem Hintergrund von Tendenz und Anliegen der gesamten Schrift beantwortet werden. In der Forschung besteht Einigkeit darüber, daß sich Ciceros Zielsetzung nicht schlicht in einer Darstellung der Beredsamkeit erschöpfte, sondern daß er mit der Abfassung der Schrift weitergehende Ziele verfolgte. Divergen-

---

[53] Douglas (1966) IX. Siehe zur Bestimmung der Abfassungszeit auch Kytzler, B.: M. Tullius Cicero: Brutus, lateinisch-deutsch, Düsseldorf [5]2000 (München [1]1970), 272ff.; Groebe, P.: Die Abfassungszeit des Brutus und der Paradoxa Ciceros, Hermes 55 (1920), 105-107; Robinson, E.A.: The Date of Cicero's Brutus, HSPh 60 (1951), 137-146.

[54] Vgl. Narducci (2002a) 403; siehe auch Ders.: Cicerone e l'eloquenza romana. Retorica e progetto culturale, Roma u.a. 1997, bes. 97ff.; Douglas (1966) XXIIf.; Bringmann (1971) 22f.

[55] Bringmann (1971) 23f.

zen bestehen allerdings bezüglich des Wesens und der Gewichtung dieser Ziele. Bildungsabsicht und Wettstreit mit den Griechen sind sicherlich als Motive anzunehmen, doch läßt der *Brutus* – nicht zuletzt wegen des Raumes, den Cicero seiner eigenen Person zugesteht – vor allem persönliche Motive vermuten. Aufgrund der Betonung der Stilfrage und der Auseinandersetzung mit dem attischen Stil wurde der *Brutus* in Zusammenhang mit der Attizismusdebatte in Rom gesehen und als Antwort Ciceros auf Kritik verstanden, die von attizistischer Seite an seinem Stil geübt wurde.[56] *Attizismus* ist dabei allerdings aufzufassen als „Schlagwort eines Stilideals, das in Reaktion zur Redeweise eines Cicero und Hortensius aufkam und in einem kleinen Personenkreis für eine begrenzte Zeit Geltung besaß."[57] Dieser Personenkreis läßt sich jedoch – bis auf die Zentralfigur Calvus und eventuell Brutus[58] – nicht näher bestimmen.[59] Ciceros Auseinandersetzung mit dieser Stilfrage ist weniger als theoretische Stildebatte zu verstehen, sondern vielmehr als Verteidigung und Behauptung der eigenen *auctoritas* als Redner. Dazu Rathofer:

> Die Schärfe, die Cicero zweifellos in die Auseinandersetzung hineinträgt, rührt nicht von einer angeblichen Grundsatzdiskussion her; er kämpft vielmehr ganz vordergründig um die ‚Anerkennung seines Lebenswerkes'. Und dies tut er umso polemischer, als er erstens den Brutus von den Vorzügen seines eigenen Redestils überzeugen will, und zweitens, weil er zur Zeit der Abfassung des ‚Brutus', wo er seiner vormaligen Führungsposition und aller Ehrenämter beraubt ist, seine letzte Bastion bedroht sieht, nämlich seine anerkannte und erfolgreiche Beredsamkeit, auf die er sich bislang immer wieder hatte zurückziehen können.[60]

Der Wunsch, Brutus für den eigenen Stil einzunehmen[61], ist in Rathofers Interpretation Teil des generellen Bestrebens Ciceros, Brutus für sich zu gewinnen, sowohl in literarischer als auch in politischer Hinsicht.[62] Um die

---

[56] Ebd. 24ff.; Kroll, W.: RE VII, A1 (1939), s.v. (M. Tullius Cicero) „Rhetorische Schriften", 1091-1103, h. 1099f.; Douglas (1966) XIII hält die Bedeutung der Attizismusdebatte für in der Forschung übertrieben.

[57] Bringmann (1971) 25; vgl. Rathofer 17ff.; Wilamowitz-Möllendorff, U.v.: Asianismus und Atticismus, Hermes 35 (1900), 1-52; Desmouliez, A.: Sur la polémique de Cicéron et des Atticistes, REL 30 (1952), 168-185 sieht die Attizismusdebatte im Zusammenhang mit einer Rückwendung zum Attizismus in der Kunst.

[58] Adamczyk 62; Jahn/Kroll/Kytzler XIX.

[59] Rathofer 21; zum Attizismus siehe Lebek, W.D.: Verba prisca. Die Anfänge des Archaisierens in der lateinischen Beredsamkeit und Geschichtsschreibung (Hypomnemata 25), (Diss. Köln 1964) Göttingen 1970, 83ff.

[60] Rathofer 20. Ähnlich Graff 64; Jahn/Kroll/Kytzler XIII.

[61] Vgl. auch Narducci (2002a) 408.

[62] Während Rathofer 35 den Umstand, daß Calvus und damit der Hauptwidersacher in Stilfragen zur Abfassungszeit des Brutus gerade verstorben war, als Hinweis darauf wertet, daß es Cicero nicht nur um eine literarische Einflußnahme gegangen sein kann, vermuten Jahn/Kroll/Kytzler XIX, daß Cicero den Zeitpunkt gerade deswegen für günstig hielt, Brutus in Stilfragen zu sich herüber zu ziehen.

politische Dimension der Schrift, in der Schmidt einen „republikanischen Stoßseufzer“[63] sieht, kreisen in der Forschung denn auch die meisten Überlegungen zu den Absichten Ciceros. Steel hat jüngst darauf hingewiesen, daß allein die Tatsache, daß Cicero über Redekunst *schreibt*, statt sie zu *betreiben*, mit der politischen Situation zusammenhängt.[64] Aus direkten Äußerungen bezüglich der Lage des Staates[65], aus der Wahl der Dialogpartner[66], der Szenerie[67] und Aspekten der Rollenverteilung – wie z.B., daß die Figur Cicero es ostentativ der Figur Atticus überläßt, Caesars Redekunst zu loben[68] – wird Kritik an den gegenwärtigen Verhältnissen und an der Person Caesars herausgelesen und das Werk als Angriff auf Caesar verstanden.[69] Gelzers[70] These, Cicero wolle über Brutus als Vermittler auf Caesar einwirken und ihm ein Angebot zur Mitarbeit unterbreiten, wird in der Forschung zumeist verworfen[71] zugunsten der Annahme, daß sich die angestrebte Einflußnahme ganz auf Brutus richte, und zwar nicht nur in literarischem, sondern auch in politischem Sinne: von der Aufforderung an Brutus, sich nicht in Caesars Dienst zu stellen[72], bis hin zu einem Aufruf zum Tyrannenmord.[73] Rathofer sieht in der

---

[63] Schmidt, O.E.: Der Briefwechsel des M. Tullius Cicero von seinem Prokonsulat in Cilicien bis zu Caesars Ermordung, Leipzig 1893, 39.

[64] Steel, C.E.W.: Cicero's *Brutus*: The End of Oratory and the Beginning of History?, BICS 46 (2002-2003), 195-211, h. 198 und 207. Vgl. *off.* II 3: *Atque utinam res publica stetisset quo coeperat statu, nec in homines non tam commutandarum quam evertendarum rerum cupidos incidisset! Primum enim, ut stante republica facere solebamus, in agendo plus quam in scribendo operae poneremus, deinde ipsis scriptis non ea quae nunc sed actiones nostras mandaremus, ut saepe fecimus.*

[65] Beispielsweise in *Brut.* 330: *... in hanc rei publicae noctem incidisse ...*; außerdem *Brut.* 328; 331ff.; siehe Jahn/Kroll/Kytzler VII mit einer Stellenübersicht sowie Gelzer, M.: Ciceros Brutus als politische Kundgebung (zuvor: Philologus 93 [1938], 128-131), in: Strasburger, H.; Meier, Chr. (Hgg.): M. Gelzer: Kleine Schriften, Bd. II, Wiesbaden 1963, 248-250, h. 249.

[66] Wassmann 162; vgl. generell zu den Dialogpersonen in den Schriften von 45 bis 44 v. Chr. und dem Fehlen Caesars Strasburger (1990) 40ff.

[67] Wassmann 160ff.

[68] Ebd. 169; Narducci (2002a) 403.

[69] Adamczyk 27ff.; Wassmann 170.

[70] Gelzer (1963) passim.

[71] Rathofer 24ff; Bringmann (1971) 16; Büchner (1964) 326; nach Barwick, K.: M. Tullius Cicero: Brutus, Heidelberg 1949, 19 geht die Einschätzung des *Brutus* als einer politischen Kundgebung zwar „vielleicht zu weit“, er versteht Ciceros Klagen über die Situation aber durchaus als Mahnung an Caesar, hieran etwas zu ändern. Barwick nimmt demnach sehr wohl den Versuch einer Einflußnahme auf Caesar an (anders klingt Rathofer 25). Ortmann 80 geht in Anlehnung an Gelzer davon aus, daß Cicero generell Hoffnungen hegte, über Brutus Einfluß auf Caesar zu nehmen.

[72] Heldmann 213 unter Bezugnahme auf *Brut.* 330.

[73] Die Tatsache, daß Cicero die Reihe der römischen Redner mit L. Brutus, einem angenommenen Verwandten des Brutus, beginnen läßt, wird in diese Richtung interpretiert, vgl. Kytzler 277; gegen Kytzler Heldmann 206; Jahn/Kroll/Kytzler XXII; vgl. Wassmann

angestrebten Einflußnahme auf Brutus das übergeordnete und alles beherrschende Ziel Ciceros bei der Abfassung der Schrift und interpretiert auch den autobiographischen Teil in diesem Sinne. An entsprechender Stelle ist darauf zurückzukommen. Neben der Kritik an gegenwärtigen Verhältnissen und einer angestrebten Einflußnahme auf Brutus kann die Schrift auch als Rechtfertigung Ciceros im Hinblick auf seine Politik vor Ausbruch des Bürgerkrieges gelesen werden.[74]

Gerade vor dem Hintergrund dieser Diskussion ist es um so wichtiger, den autobiographischen Schlußteil einer Analyse zu unterziehen unter der Fragestellung: Welche Funktion kommt dieser Passage innerhalb des Argumentationsgangs der gesamten Schrift zu, und welche Ziele kann Cicero darüber hinaus mit dieser Selbstdarstellung verfolgt haben?

4.1.2 Zur formalen Präsenz Ciceros als Autor und Dialogfigur

Die Darlegung der Geschichte der Beredsamkeit ist im *Brutus* wesentlich der Figur Ciceros als Hauptunterredner vorbehalten, jedoch nicht durchgehend im Stil eines Vortrags, sondern unterbrochen von dialogischen Passagen, in denen die beiden anderen Gesprächspartner, Atticus und Brutus, zu Wort kommen[75], und von Einwürfen in Form von Zwischenfragen, Bestätigungen oder Einwänden.[76] Die dialogische Situation wird dabei präsent gehalten[77] durch Formulierungen wie *inquam / inquit*, durch Kommentierung des Gesprächverlaufs[78] und durch gegenseitige Anreden der Dialogpartner; zugleich treten so die Figuren plastisch hervor.[79] Besonders hervorzuheben ist dabei *Brut.* 248ff., denn hier hält sich die Dialogfigur Cicero ostentativ an das Prinzip, nicht über lebende Redner zu sprechen, und überläßt es Atticus und Brutus, sich über Marcellus und Caesar zu äußern. Wassmann erklärt diese Strategie mit der Absicht Ciceros, eine Distanz zwischen sich und Caesar zu kreieren; diese Interpretation geht allerdings nicht weit genug, denn sie bezieht die Doppelrolle Ciceros als Autor und Figur nicht mit ein und übersieht, daß hier ein Spiel mit den Möglichkeiten der literarischen Fiktion vorliegt: Denn während

---

166; *Att.* 13, 49, 1. Rathofer 82ff. geht allerdings davon aus, daß Cicero Caesar zur Abfassungszeit noch nicht für einen Tyrannen gehalten habe.

[74] Wassmann 170; Bringmann (1971) 17.

[75] Bes. *Brut.* 10-23; 122-125; 147-153; 156-158; 170-172; 231-233; 248-266; 292-297.

[76] *Brut.* 10-23; 42f.; 52; 74; 91; 99; 118; 122ff.; 133; 147; 150ff.; 156f.; 160; 162f.; 170f.; 176; 183f.; 190; 192; 204; 212f.; 219; 231ff.; 244; 248-254; 260; 262; 269; 279ff.; 292f.; 299; 328f.

[77] Hendrickson, G.L.: Literary Sources in Cicero's Brutus and the Technique of Citation in Dialogue, AJP 27 (1906) 184-199 zeigt weitere Strategien auf, die dazu dienen, die Fiktion einer mündlichen Unterredung aufrechtzuerhalten.

[78] z.B. *Brut.* 201.

[79] Vgl. Hirzel 495.

die *Dialogfigur* Cicero schweigt, schweigt der *Autor* Cicero gerade nicht. Narducci sieht hierin „a polite meta-literary joke" mit einer spezifischen Funktion: „Cicero wants to attract his reader's attention to the difference between himself as 'character' (who refuses to speak on a stated topic) and himself as 'author' (who speaks on that topic through the mouth of the other characters whom he has placed on the stage)."[80] Dies ist auch an den Stellen zu bedenken, an denen sich die Gesprächspartner lobend über Cicero äußern, worauf dieser dann bescheiden reagiert.[81] Die Dialogfigur Cicero ist in diesem Moment Empfänger des Lobes[82], der Autor Cicero aber versteckt dabei nur notdürftig das Selbstlob[83] – eine für Ciceros Selbstdarstellung typische Strategie, die auch in *De consulatu suo* bei der Rede der Urania begegnet.[84] Ein augenzwinkerndes Spiel mit der Fiktion des Dialoges treibt Cicero übrigens auch bezüglich des oben erwähnten Prinzips, nicht über lebende Redner sprechen zu wollen (*Brut.* 231); der Vermutung des Brutus *Vereri te, inquit, arbitror ne per nos hic sermo tuus emanet et ei tibi suscenseant quos praeterieris* hält Cicero – in seiner für die Öffentlichkeit verfaßten Abhandlung, die nur der Form nach ein Dialog ist! – entgegen: *Quid? vos, inquam, tacere non poteritis?* Durch solche und andere, kommentierende Aussagen auf der Metaebene[85] hält Cicero die Illusion eines Gesprächs unter Freunden aufrecht und bleibt dadurch als Gesprächsteilnehmer und Sprecher natürlich ebenso faßbar wie durch die Kennzeichnung von Aussagen als Meinungsäußerung bzw. als persönliche Urteile.[86] Doch abgesehen von dieser mal stärker, mal schwächer ausgeprägten Präsenz im Laufe des Dialoges tritt Cicero als Autor und Figur vor allem im Proömium und im autobiographischen Schlußteil hervor und nimmt damit eine rahmende Funktion ein, übrigens ebenso wie Hortensius, auf den Cicero auch am Anfang und am Ende zu sprechen kommt.

---

[80] Narducci (2002a) 418.
[81] *Brut.* 19; 298.
[82] Vgl. auch die ausdrückliche Bescheidenheit z.B. in *Brut.* 123.
[83] Ähnliches stellt Hösle, V.: Eine Form der Selbsttranszendierung philosophischer Dialoge bei Cicero und Platon und ihre Bedeutung für die Philologie, Hermes 132 (2004), 152-166, h. 158f. in *De re publica* fest.
[84] *div.* I 17ff.; vgl. außerdem *leg.* II 6.
[85] Beispielsweise *Brut.* 201: *Cum haec diseruissem, uterque assensus est. Brut.* 231: *Vides igitur ut ad te oratorem, Brute, pervenerimus tam multis inter nostrum tuumque initium dicendi interpositis oratoribus; ex quibus, quoniam in hoc sermone nostro statui neminem eorum qui viverent nominare, ne vos curiosius eliceretis ex me quid de quoque iudicarem, eos qui iam sunt mortui nominabo. Brut.* 266: *Nam nec istos excellentis viros nec multos alios praestantis civis res publica perdidisset. Sileamus, inquam, Brute, de istis, ne augeamus dolorem. Nam et praeteritorum recordatio est acerba et acerbior exspectatio reliquorum. Itaque omittamus lugere et tantum quid quisque dicendo potuerit, quoniam id quaerimus, praedicemus.*
[86] z.B. *Brut.* 40; 143; 152; 155; 165; 167; 207; 213.

4.1.3 Zur inhaltlichen Präsenz Ciceros in Proömium und Hauptteil der Schrift

Cicero macht den Tod des Hortensius[87] zum Ausgangspunkt des Proömiums und betont die Bedeutung, die Hortensius für ihn persönlich als Freund, Förderer und Mitstreiter hatte (*Brut.* 1-3).[88] Doch nicht lange verweilt er dabei auf der persönlichen Ebene, sondern stellt in Form einer *Consolatio*[89] einen Bezug her zwischen dem Tod des Hortensius und der Lage des Staates (*Brut.* 4): *Sed quoniam perpetua quadam felicitate usus ille excessit e vita suo magis quam suorum civium tempore et tum occidit cum lugere facilius rem publicam posset, si viveret, quam iuvare, vixitque tam diu quam licuit in civitate bene beateque vivere,* [...].[90] Der Blick richtet sich von hier aus immer mehr auf das Staatswesen, auf das verwaiste Forum und die beklagenswerte aktuelle Situation, in der die Waffen von einst, *consilium, ingenium, auctoritas,* die Cicero zu eigen sind[91], nichts mehr zählen, da die Chance, den Frieden zu wahren, *aut errore hominum aut timore* verpaßt wurde.[92] Von diesem Gedanken leitet Cicero über zu den Konsequenzen für sein eigenes Dasein (*Brut.* 8-9):

> *Ita nobismet ipsis accidit ut, quamquam essent multo magis alia lugenda, tamen hoc doleremus quod, quo tempore aetas nostra perfuncta rebus amplissimis tamquam in portum confugere deberet non inertiae neque desidiae, sed oti moderati atque honesti, cumque ipsa oratio iam nostra canesceret haberetque suam quandam maturitatem et quasi senectutem, tum arma sunt ea sumpta, quibus illi ipsi, qui didicerant eis uti gloriose, quem ad modum salutariter uterentur non reperiebant.* (9) *Itaque ei mihi*

[87] 50 v. Chr.

[88] Vgl. dazu Rathofer 89ff., der Zweifel an Ciceros Aufrichtigkeit hegt.

[89] Ruch 258.

[90] Der Gedanke, daß der Tote zum angemessenen Zeitpunkt gestorben ist bzw., daß ihm durch seinen Tod Unheil erspart blieb, zählt zu den Topoi der Konsolationsliteratur, vgl. *de orat.* III 8; Sen. *suas.* 6, 6; Sen. *dial.* 6, 20ff.; Tac. *Agr.* 44f. Siehe Jahn/Kroll/Kytzler 3; Kassel, R.: Untersuchungen zur griechischen und römischen Konsolationsliteratur (Zetemata 18), München 1958, 82. Seneca (*dial.* 6, 20, 5) stellt übrigens bezüglich Ciceros Tod ebensolche Überlegungen an: *M. Cicero si illo tempore quo Catilinae sicas devitavit, quibus pariter cum patria petitus est, concidisset, liberata re publica servator eius, si denique filiae suae funus secutus esset, etiamtunc felix mori potuit. Non vidisset strictos in civilia capita mucrones nec divisa percussoribus occisorum bona, ut etiam de suo perirent, non hastam consularia spolia vendentem nec caedes locatas publice nec latrocinia, bella, rapinas, tantum Catilinarum.*

[91] Adamczyk 47 wertet dieses Passage als Hinweis dafür, daß Cicero sich selbst als die Verkörperung des idealen Staatsmannes sah.

[92] Steel (2002-2003) 198 sieht in diesem Proömium ein eskapistisches Motiv angelegt, das der gesamten Schrift zugrunde liege: „Thinking about orators of the past is a way of escaping from the grief of the present; the work is both a lament but also a celebration of an intellectual art which is now, for practical purposes, dead."

> *videntur fortunate beateque vixisse cum in ceteris civitatibus tum maxume in nostra, quibus cum auctoritate rerumque gestarum gloria tum etiam sapientiae laude perfrui licuit.*

Cicero macht durch den Verweis auf andere, die ihr Ansehen bis zum Ende genießen konnten, deutlich, worum er sich durch die politischen Entwicklungen quasi kurz vor dem Ziel, in der Reife seiner *oratio*, gebracht sieht: um den Ertrag seines Wirkens für das Staatswesen, den Genuß des daraus resultierenden Ansehens. Der in diesem Proömium allgegenwärtige Gedanke des Schmerzes und der Trauer[93] wurde so ausgehend von dem Tod des Hortensius über die Lage des Staates bis hin zu Ciceros persönlicher Situation geleitet. „So wird aus dem Gedanken des Anfangs, man müsse Hortensius glücklich preisen, weil er das Unglück Roms nicht mehr erlebt habe, am Ende des persönlichen Proömiums Ciceros Klage, daß durch Diktatur und Bürgerkrieg seine eigene Laufbahn kurz vor ihrer Vollendung jäh abgebrochen sei."[94] In diesem ganzen Gedankengang bleibt jedoch die persönliche Betroffenheit und Klage stets gekoppelt an den Verlust, den letztlich der Staat dadurch erleidet[95], daß ihm einzelne Redner und die Redekunst an sich abhanden kommen. Für Rathofer liegt hierin die eigentliche Aussageabsicht Ciceros: „Cicero geht es nämlich im Grunde gar nicht um den Tod eines lieben Freundes, sondern um die Konsequenzen, die der Verlust eines großen Redners für das Gemeinwesen hat. [...] Wenn ein Redner dieser Qualität nicht mehr zum Wohle der Allgemeinheit tätig sein darf, z.B. weil er – wie Hortensius – stirbt oder weil ihm – wie im Falle Ciceros selbst – der gebührende Einfluß im Staate verweigert wird, dann kann sich dies nur zum Schaden des gesamten Gemeinwesens auswirken."[96] Dabei ist aber auch zu betonen, daß die geäußerte Trauer über den Tod des Hortensius, an deren Aufrichtigkeit Rathofer zweifelt[97], eine Solidarisierung demonstriert und über die Betonung der Freundschaft und des von Respekt geprägten Verhältnisses ein „Wir" konstruiert – ein „Wir", das, zusammengeschweißt durch gemeinsame Werte und Überzeugungen, an die Peripherie der *res publica* geraten ist, der Möglichkeiten zur Einflußnahme beraubt. Man kann sogar so weit gehen zu sagen, daß gerade dann, wenn der zeitgenössische Leser sich des Konkurrenzverhältnisses zwischen den beiden Rednern bewußt war, die Wirkung dieser Solidarisierung um so stärker anzusetzen ist. Es entspricht ganz dem Bild, das Cicero generell von sich zu etablieren und zu vermitteln bestrebt ist, wenn er zeitweilige persönliche Differenzen der Sorge um das Staatswohl unterordnet. Wie bei so vielen anderen

---

[93] Ein ganzes Wortfeld hält Trauer und Schmerz in diesen neun Paragraphen präsent, allein *dolor* bzw. *dolere* kommt dabei achtmal vor.
[94] Heldmann 210.
[95] Vgl. auch *Brut.* 5.
[96] Rathofer 92f.
[97] Ebd. 89ff.

Gelegenheiten in seinen autobiographischen Äußerungen ist auch hier die *res publica* der Bezugs- und Orientierungspunkt; damit bekennt er sich zu ihr als Maß aller Dinge, auch wenn sie gegenwärtig nicht in ihrem Idealzustand ist. Die politische Dimension der Schrift ist somit von Beginn an angelegt, wenngleich alles Politische vordergründig ausgeblendet ist[98] und auch die folgenden Kapitel[99], in denen die Szenerie geschildert und das Gespräch eröffnet wird, sind voller Anspielungen auf die aktuelle Lage des Staates, wie Wassmann überzeugend herausgearbeitet hat.[100]

Im Hauptteil des Dialoges ist Cicero nicht nur, wie gezeigt, auf formaler Ebene als Sprecher faßbar, sondern die Fokussierung auf Ciceros Person, deren Endpunkt der autobiographische Schlußteil darstellt, wird im Laufe des Dialoges schrittweise vorbereitet und eingeleitet. So verwendet er schon in den Kapiteln 60-61 seinen eigenen Konsulat gleich zweimal als Datierungsmechanismus, obgleich er hier in der Chronologie der Darstellung naturgemäß von seiner eigenen Epoche noch weit entfernt ist.[101] Die Erwähnung des Konsulats und auch die Nennung des Geburtsjahres in *Brut.* 161[102] dienen also weniger einer wirklichen Datierung als vielmehr der Herstellung einer zeitlichen Relation zwischen den erwähnten Ereignissen und der eigenen Geschichte, letztlich also der Einknüpfung der eigenen Person in die historische Darstellung, die bei Fortschreiten des Dialoges immer enger wird: Cicero schreibt seine eigene Person durch autobiographische Bemerkungen in die Darstellung hinein, indem er anmerkt, diesen oder jenen Redner selbst gehört zu haben, aus eigener Erfahrung zu kennen bzw. etwas von ihm gelernt zu haben[103], durch Altersvergleiche[104], die Erwähnung gemeinsamer bzw. paralleler Tätigkeit[105], die Betonung einer besonderen persönlichen Verbin-

---

[98] Vgl. *Brut.* 11.

[99] Bemerkenswert ist die geschickte Überführung des Autoren-Ich in das Figuren-Ich als Teilnehmer am Dialog (*Brut.* 9-10): *Quorum memoria et recordatio in maxumis nostris gravissimisque curis iucunda sane fuit, cum in eam nuper ex sermone quodam incidissemus.* (10) *Nam cum inambularem in xysto et essem otiosus domi, M. ad me Brutus, ut consueverat, cum T. Pomponio venit, homines cum inter se coniuncti tum mihi ita cari itaque iucundi, ut eorum aspectu omnis quae me angebat de re publica cura consederit. Quos postquam salutavi: Quid vos, inquam, Brute et Attice? numquid tandem novi? Nihil sane, inquit Brutus, quod quidem aut tu audire velis aut ego pro certo dicere audeam.*

[100] Wassmann 160ff.

[101] *Brut.* 60: *At hic Cethegus consul cum P. Tuditano fuit bello Punico secundo quaestorque his consulibus M. Cato modo plane annis cxl ante me consulem ...*; *Brut.* 61: *Hunc igitur Cethegum consecutus est aetate Cato, qui annis ix post eum fuit consul. Eum nos ut perveterem habemus, qui L. Marcio M'. Manilio consulibus mortuus est, annis lxxxvi ipsis ante me consulem ...*

[102] Siehe dazu auch Steel (2002-2003) 208.

[103] *Brut.* 85; 122; 131; 146; 169; 180; 181; 203; 205; 207; 211; 272; 277.

[104] *Brut.* 161; 230; 239; 240; 246.

[105] *Brut.* 217; 230; 240.

dung[106] sowie seiner eigenen Funktion als (ungehörter) Ratgeber.[107] Obgleich verstorbene Redner vergangener Zeiten in diesem Mittelteil Gegenstand der Darstellung sind, versteht es Cicero, die eigene Person sowohl auf formaler Ebene als Gesprächsteilnehmer präsent zu halten als ihr auch inhaltlich einen Platz zu verschaffen durch eine zunächst ganz unmerklich nebenbei einsetzende und sich dann stetig steigernde Fokussierung[108] auf die eigene Person.[109]

4.1.4 Die autobiographische Schlußpartie

Nachdem Cicero die Behandlung des Hortensius zweimal aufgeschoben hatte[110], wendet er sich ihm in *Brut.* 301 endlich zu, wobei er den Beginn der rednerischen Laufbahn auf dem Forum an den Anfang stellt.[111] Cicero betont dabei die Jugend des Hortensius und dessen herausragende Qualitäten: sein ausgezeichnetes Gedächtnis (*memoria*), den außergewöhnlichen Eifer und die Fähigkeit, die eigenen und die gegnerischen Ausführungen zu überblicken. Er lobt zudem die Ausdrucksweise des Hortensius, die er als Ergebnis einer Mischung aus Talent und Übung wertet (*cum summo ingenio tum exercitationibus maximis*; *Brut.* 303). Gemessen an der „Spannung“, die durch das mehrfache Aufschieben der Beschäftigung mit Hortensius erzeugt wurde, wendet sich Cicero erstaunlich schnell wieder von ihm ab. „Yet we are not allowed to pause in admiration too long: Hortensius turns out to be the peg on which Cicero can now hang a description of the opening stages of his own career [...].“[112] Schon am Ende von Kapitel 303 bereitet Cicero die Überleitung von Hortensius zu seiner eigenen Person vor: *Hoc igitur florescente Crassus est mortuus, Cotta pulsus, iudicia intermissa bello, nos in forum venimus.* Hier betritt nun die *persona* Ciceros, die sich seit dem Proömium und während des gesamten Mittelteils in Erwähnungen immer wieder kurz gezeigt hatte, endgültig die Bühne wie der längst angekündigte und erwartete

[106] *Brut.* 268; 272; 281.

[107] *Brut.* 273; 280; 281.

[108] Die Bemerkungen zur eigenen Person verdichten sich ab *Brut.* 203.

[109] Nicht zu übersehen ist dabei allerdings auch, daß die Erwähnung eigener Erfahrung und Anschauung auch einen Augenzeugenstatus begründet und damit der Authentifizierung des Geschilderten dient.

[110] *Brut.* 279 (dort kündigt er auch Ausführungen zu seiner eigenen Person an; in *Brut.* 151 hatte er es zwischenzeitlich abgelehnt, über sich zu sprechen), *Brut.* 291f.; vgl. dazu auch Steel (2002-2003) 209: „Whereas Cicero is the forbidden goal which the whole dialogue seeks, Hortensius, a legitimate object for discussion, fails repeatedly to hold our attention as more interesting digressions open before us.“ Siehe auch Jahn/Kroll/Kytzler XI.

[111] Die Ausführung zu seiner eigenen Laufbahn läßt er allerdings mit seiner Ausbildung beginnen.

[112] Steel (2002-2003) 209.

Protagonist eines Theaterstückes. Während Hortensius in Kapitel 304 noch Erwähnung findet, wird er ab 305 weitgehend ausgeblendet[113], und Cicero schildert dann seine eigene Ausbildung bis zu seiner Reise nach Kleinasien. Dieser Phase widmet er mit 12 Kapiteln einen beachtlichen Raum. Dabei nimmt er in einem ersten Teil (305-312) immer wieder Bezug auf das Zeitgeschehen und die Tätigkeiten anderer und koppelt die Darstellung seiner eigenen Beschäftigungen daran an. Dabei ist es natürlich zunächst einmal aus sachlichen Gründen notwendig, daß Cicero bei der Schilderung seiner Ausbildung überhaupt erwähnt, daß er anderen Rednern zuhörte, bei Versammlungen anwesend war und sich diesem oder jenem Lehrer anschloß.[114] Doch ist er offensichtlich bemüht, über diese Anbindung hinaus durch temporale und zuweilen auch kausale Verknüpfungen[115] das eigene Handeln in Bezug zu setzen zu dem Umfeld, in dem es stattfindet. Die Selbstdarstellung erscheint damit eingeflochten in die Schilderung der äußeren Bedingungen, und dadurch vermeidet Cicero auf der Ebene der Darstellung zugleich einen Bruch, der mit einem allzu abrupten und ausschließlichen Übergang zur Selbstdarstellung verbunden gewesen wäre.

Das Bild, das Cicero hier von seinem vergangenen Ich zeichnet, ist in auffälliger Weise geprägt von Eifer und Beharrlichkeit, sowohl als Charakterisierung des inneren Antriebes als auch der Art und Weise, in der er sich seiner Ausbildung widmete. Diesen Eifer stellt Cicero direkt heraus durch Formulierungen wie *acerrumo studio tenebar*[116], läßt ihn aber auch indirekt durchscheinen, wenn er betont, daß er sich nicht zufrieden gab mit einer rhetorischen Ausbildung, sondern sich auch dem bürgerlichen Recht und der Philosophie widmete (*Brut.* 305-308).[117] Ergänzt wird dieses Bild des Strebsamen auch durch die zahlreichen Verweise auf die Unermüdlichkeit, die sich in der Frequenz und in der zeitlichen Ausdehnung des Engagements niederschlug.[118]

---

[113] Erwähnt wird er jedoch in 307 und 308.

[114] *Brut.* 304; 305; 307; 309; 310; 312. Vgl. *nat. deor.* I 6.

[115] *Brut.* 305: *Sed me cupidissumum audiendi primus dolor percussit, Cotta cum est expulsus*; *Brut.* 307: *Eodem anno etiam Moloni Rhodio Romae dedimus operam ...*; *Brut.* 308: *At vero ego hoc tempore omni noctes et dies in omnium doctrinarum meditatione versabar*; *Brut.* 311: *Tum primum nos ad causas et privatas et publicas adire coepimus ...*

[116] *Brut.* 305; außerdem: *Brut* 305:... *me cupidissumum audiendi ...*; *Brut.* 306: *admirabili ... studio concitatus ... commorabar attentius ...*; *Brut.* 307: *Moloni ... dedimus operam*; *Brut.* 309: ... *studiosissime in dialectica exercebar*; *Brut.* 312: ... *Moloni dedimus operam.*

[117] *Brut.* 305 : ... *oratoriis tantum exercitationibus contentus non eram.*

[118] *Brut.* 304: *cum frequens aderam ...* ; *Brut.* 305: *Reliqui ... cottidieque fere a nobis in contionibus audiebantur* [...]. *Reliquos frequenter audiens ... cottidieque et scribens et legens et commentans oratoriis tantum exercitationibus contentus non eram*; *Brut.* 308: *At vero ego hoc tempore omni noctes et dies in omnium doctrinarum meditatione versabar*; *Brut.* 309: *Huic ego doctori et eius artibus variis atque multis ita eram tamen deditus ut ab exercitationibus oratoriis nullus dies vacuus esset*; *Brut.* 310: *Commentabar ... aut cum aliquo cottidie.*

Vor dem Hintergrund dieser Selbstdarstellung relativiert sich rückwirkend, was Cicero über *cupiditas* und *studium* des Hortensius geschrieben hatte (*Brut.* 302): *Ardebat autem cupiditate sic ut in nullo umquam flagrantius studium viderim* – offenbar kannte Cicero doch jemanden, der Hortensius darin übertraf: sich selbst.

Diesem Eifer verdankte Cicero den Erfolg im Prozeß des Sextus Roscius und das damit verbundene Ansehen, welches ihn für weitere Prozesse empfahl (*Brut.* 312). An diesem Punkt angekommen, unterbricht Cicero als Dialogpartner den Erzählgang durch eine Bemerkung, mit der er im voraus die sich anschließende Darlegung legitimiert, indem er sie auf den Wunsch seiner Gesprächspartner zurückführt (*Brut.* 313): *Nunc quoniam totum me non naevo aliquo aut crepundiis, sed corpore omni videris velle cognoscere, complectar non nulla etiam quae fortasse videantur minus necessaria.* Cicero schildert nun seine damalige schwächliche körperliche Konstitution, die in Kombination mit seiner Redegewohnheit der Anwaltstätigkeit im Wege standen, so daß ihm Freunde und Ärzte rieten, davon abzulassen (*Brut.* 314). Damit findet die Zäsur im Erzählgang auf inhaltlicher Ebene ihre Entsprechung in einem geradezu retardierenden Moment, nämlich in der Bedrohung, die die körperliche Konstitution für die weitere Karriere darstellte. In Ciceros Schilderung reagierte sein vergangenes Ich auf diese Bedrohung einerseits entschlossen, nicht auf den Ruhm zu verzichten, zugleich aber auch einsichtig in die Notwendigkeit, den Redestil zu ändern, was ihm der Anlaß für die Reise nach Kleinasien war (*Brut.* 314):

> *Itaque cum me et amici et medici hortarentur ut causas agere desisterem, quodvis potius periculum mihi adeundum quam a sperata dicendi gloria discedendum putavi. Sed cum censerem remissione et moderatione vocis et commutato genere dicendi me et periculum vitare posse et temperatius dicere, ut consuetudinem dicendi mutarem, ea causa mihi in Asiam proficiscendi fuit. Itaque cum essem biennium versatus in causis et iam in foro celebratum meum nomen esset, Roma sum profectus.*

In dem Moment also, in dem der Erfolg in Rom schon greifbar war, brachte er die Willensstärke auf, die Stadt zu verlassen und mit Blick auf die Zukunft die notwendigen Konsequenzen aus der Einsicht zu ziehen, daß er ein Defizit hatte und an sich arbeiten mußte, wollte er auch weiterhin Erfolg haben. Seine Person kennzeichnete also ein entschlossener und zielgerichteter Wille zum Erfolg, der aber auch die Bereitschaft umfaßte, Defizite zu erkennen und abzustellen, auch um den Preis eines vorübergehenden Rückzugs vom Forum und damit vom Erfolg. Was ihn trieb, war also nicht blinder, sondern weitsichtiger Ehrgeiz.

Cicero zeichnet sodann die Stationen seiner Reise nach und nennt die Lehrer, bei denen er sich schulte (*Brut.* 315-316). Wie schon in Kapitel 306f. ist er auch hier darum bemüht, den Stellenwert der Philosophie bei seiner Ausbildung herauszustellen, und zwar weniger dadurch, daß sie im Mittelpunkt der ersten Station seiner Reise steht, als vielmehr durch die Betonung, daß er dieses Studium seit seiner Jugend nie unterbrochen habe: *Cum venissem Athenas, sex mensis cum Antiocho veteris Academiae nobilissimo et prudentissimo philosopho fui studiumque philosophiae numquam intermissum a primaque adulescentia cultum et semper auctum hoc rursus summo auctore et doctore renovavi.* Er zählt die Stationen seiner rhetorischen Ausbildung auf, betont dabei Rang und Qualität seiner jeweiligen Lehrer[119] und läßt dadurch deren Ruhm auf sich als Schüler ausstrahlen, was noch durch die Bemerkung verstärkt wird, daß diese Redner ihn gerne als Schüler annahmen (*ipsis libentibus*). Daß er sich mit den Redelehrern in Asien nicht zufrieden gab, sondern zu Molon nach Rhodos reiste (*Brut.* 316)[120], zeigt den Anspruch, den er selbst an seine Ausbildung stellte, und seine Bereitschaft, sich kritisieren und verbessern zu lassen: *Is dedit operam, si modo id consequi potuit, ut nimis redundantis nos et supra fluentis iuvenili quadam dicendi impunitate et licentia reprimeret et quasi extra ripas diffluentis coerceret.* Hinter dieser Qualifikation seines damaligen Stils steht Ciceros Strategie, sich selbstkritisch von den Fähigkeiten seines damaligen Ich zu distanzieren, um die Entwicklung seiner Person deutlich zu machen und die letztlich erreichte Leistung um so strahlender erscheinen zu lassen. Daß er schließlich *non modo exercitatior sed prope mutatus* nach Rom zurückkehrte, ist das Ergebnis seiner Einsicht in Defizite und seiner Bereitschaft, diese in unermüdlicher Arbeit an sich selbst zu beseitigen. Je größer diese Defizite erscheinen, um so größer ist die Leistung anzusetzen. Und dies gilt nicht nur im Kontext dieser Passage, sondern auch im Hinblick auf Ciceros Position als Autor, der aus der späteren Perspektive des erfolgreichen Redners schreibt: Sein Erfolg ist um so bedeutsamer, je fraglicher und umkämpfter die Ausgangsbasis war. Diese kann er rückblickend, aus der Distanz einer inzwischen erreichten, komfortablen Stellung eines seit Jahrzehnten in Rom angesehenen Redners und Politikers, ruhig kritisch beleuchten.[121]

Ciceros Rückkehr nach Rom findet auf der Ebene der Darstellung ihre Entsprechung in der Rückkehr der Fokussierung auf diesen Schauplatz, der Leser wurde von Cicero geradezu mit auf die Reise genommen, kehrt nun mit ihm zurück und findet vor, was Cicero vorfand (*Brut.* 317): *Duo tum excellebant oratores qui me imitandi cupiditate incitarent, Cotta et Hortensius.* Daß es hierbei natürlich nicht schlicht um Imitation ging, sondern um ein im Entstehen begriffenes Konkurrenzverhältnis, wird deutlich anhand der Gründe, die

---

[119] Erwähnungen seiner Lehrer finden sich auch in *leg.* II 49; *fin.* I 6; II 62; V 1; *Tusc.* V 113; *nat. deor.* I 6. Dazu Gigon 229ff.

[120] Vgl. *Brut.* 305: ... *oratoriis tantum exercitationibus contentus non eram.*

[121] Auch in seiner Rede für Plancius (*Planc.* 65) kreiert Cicero eine selbstkritische Distanz zwischen seinem vergangenen und seinem aktuellen Ich, um daraus einen argumentativen Vorteil zu ziehen, vgl. hier 256ff.

Cicero für seine Konzentration auf Hortensius anführt, nämlich die Vergleichbarkeit in Stil und Alter sowie seine Vorrangstellung, die ihm bei Prozessen eingeräumt wurde. Cicero bemerkt sodann, daß er selbst nach seiner Rückkehr bedeutende Prozesse führte, und stellt die politischen Ambitionen und Aktivitäten nebeneinander (*Brut.* 318): *cum quaesturam nos, consulatum Cotta, aedilitatem peteret Hortensius.* Da sich die drei um verschiedene Ämter bewerben, stehen sie dabei nicht in direkter Konkurrenz zueinander, und doch ist der Wettstreitcharakter unverkennbar, der sich in den parallelen Bemühungen niederschlägt, politische Ämter und damit Einfluß zu erlangen. In derselben Reihenfolge beschreibt Cicero sodann die weitere Entwicklung: *Interim me quaestorem Siciliensis excepit annus, Cotta ex consulatu est profectus in Galliam, princeps et erat et habebatur Hortensius.* Cicero erkennt hier die Vorrangstellung des Hortensius in dieser Zeit explizit an, suggeriert aber zugleich eine auf den Umständen basierende Erklärung und verknüpft dabei Rhetorik und Politik aufs engste miteinander. Denn für Cicero und Cotta brachte die jeweilige Amtsausübung eine Abwesenheit aus Rom mit sich, nicht jedoch für Hortensius. Aus der von Cicero auf drei begrenzten Gruppe relevanter Redner bleibt Hortensius quasi per Ausschlußverfahren übrig. Welch ein Kunststück, *princeps* zu sein, wenn man der einzige ist, der da ist. Bezogen auf die eigene Person streicht Cicero nun allerdings wieder den Entwicklungsgedanken heraus: *Cum autem anno post ex Sicilia me recepissem, iam videbatur illud in me, quicquid esset, esse perfectum et habere maturitatem quandam suam.* Cicero hat hier gemäß seiner Darstellung nicht nur, wie schon mit seiner Reise nach Kleinasien, eine weitere Entwicklungsstufe erklommen, sondern er ist auf einem Niveau angekommen, das ihn konkurrenzfähig macht. Gerade an diesem Punkt der Darlegung, an dem das vergangene Ich auf einem Höhepunkt seiner Entwicklung angelangt ist, scheinen die Dialogfigur Cicero Skrupel zu befallen bei der Würdigung der eigenen Person: *Nimis multa videor de me, ipse praesertim; sed omni huic sermoni propositum est non ut ingenium et eloquentiam meam perspicias, unde longe absum, sed ut laborem et industriam.* Das Bild des erfolgreichen vergangenen Ich wird durch dieses Heraustreten aus der Darlegung ergänzt um die Facette der Bescheidenheit und der nüchternen Distanz zur eigenen Leistung.[122] Cicero tritt also nicht nur in der Doppelrolle von Autor und Dialogfigur hervor[123], sondern er spaltet diese Figur weiter auf. Die Konstruktion und Vermittlung eines günstigen Gesamt-Selbstbildes der Person Ciceros läuft über das Zusammenspiel verschiedener *personae*[124], denen unterschiedli-

[122] Vgl. auch *Brut.* 123: *... et nocuimus fortasse, quod veteres orationes post nostras, non a me quidem – meis enim illas antepono – sed a plerisque legi sunt desitae.*

[123] Vgl. Auvray-Assayas 239; Narducci (2002a) 418.

[124] Zur Erläuterung sei hier die treffende Beschreibung des Zusammenspiels und Verhältnisses mehrerer „Ciceros“ angeführt, die Jaeger 55 bezüglich der Anekdote von der

che Funktionen zukommen: Anhand des vergangenen Ich, an das sich die am Dialog teilnehmende Figur erinnert, wird die Entwicklung herausgestellt, das regulierende und kommentierende Eingreifen der Dialogfigur, die insofern eine Schnittstelle zwischen Autor und vergangenem Ich bildet, als sie die Funktion eines dargestellten und zugleich selbst darstellenden Mittlers zwischen Autor und vergangenem Ich übernimmt und so geradezu als „verlängerter Arm“ des Autors fungiert, bewahrt die Selbstdarstellung durch Bescheidenheitsgesten[125] vor Selbstüberhebung, und hinter all dem steht letztlich Cicero als Autor und historische Person – was man als Selbstdarstellung „mit verteilten Rollen“ bezeichnen kann.[126]

Mit dem Hinweis auf die fünfjährige Erfahrung in Prozessen und die Auseinandersetzung zwischen Cicero und Hortensius – gemeint ist der Prozeß gegen Verres – deutet Cicero an, daß er als Redner zu dem damaligen Zeitpunkt Hortensius ebenbürtig war, der Rangunterschied in der Ämterlaufbahn (*Brut.* 319: *in certamen veni designatus aedilis cum designato consule Hortensio*) wertet die rednerische Konkurrenz und Vergleichbarkeit dabei nur auf, gerade vor dem Hintergrund des dem Leser bekannten Ausgangs des Prozesses. Wieder unterbricht Cicero hier den Gang der Darlegung und kündigt im voraus entschuldigend kritische Worte über Hortensius an. Innerhalb von zwei Kapiteln hat er sich damit zweimal auf die Metaebene des Gesprächs begeben, und zwar jeweils in heiklen Phasen: zuerst im Zusammenhang mit Selbstlob, das es zu relativieren galt, jetzt als Vorbereitung auf Kritik an

---

Entdeckung des Grabes des Archimedes (*Tusc.* V 64-66) bietet: „The very fact that there is debate about its appearance ought to remind us that, although Cicero gives a fairly detailed sketch of his own discovery of the tomb, the digression is a rhetorical description offered in the voice of the Cicero who is a participant in this dialogue. This first-person speaker remembers his younger self looking for the tomb; and that younger, remembered, Cicero in turn remembers verses that he heard earlier (‚tenebam ... acceperam'). These several Ciceros, all speaking in the first person, are easily telescoped into one subject. Yet time separates them, tense marks their separation, and memory joins them together. Each Cicero depends for his existence on the memory of the previous one.“

[125] Dazu auch Dugan, J.: Making a New Man. Ciceronian Self-Fashioning in the Rhetorical Works, Oxford 2005, 211f.

[126] Im Prinzip liegt diese Grundkonstellation auch in den Reden vor, auch dort muß man streng genommen zwischen dem Autor der Rede, dem Redner innerhalb der Redesituation, also der Figur, und dem dargestellten vergangenen Ich unterscheiden. In der Rede *Pro Plancio* liegt der Fall einer Distanzierung von dem vergangenen Ich vor, doch zeigt dieses Beispiel zugleich, daß Autor und Figur in den Reden enger verknüpft sind und zu einer Einheit verschwimmen, denn die Distanzierung von dem vergangenen Ich ist gleichermaßen Autor wie Figur (des Redners) zuzuschreiben. In den philosophischen Schriften tritt die Aufsplittung in Autor und Figur allein schon dadurch plastisch hervor, daß der Autor im Proömium extra zu Wort kommt und zuweilen sogar eine Differenz zwischen Autor und Figur hervorgehoben wird, wie z.B. bezüglich der Behandlung Caesars, die die Figur Cicero explizit nicht übernimmt.

seinem Konkurrenten. Mit dem sich anschließenden Kapitel 320 findet ein Umschwung in der Darlegung statt, denn nun bricht nicht nur direkt geäußerte Kritik an Hortensius durch, sondern in dieser Äußerung tritt auch ein Selbstbewußtsein zutage, das aus der Beendigung der eigenen Aufstiegsphase und der erlangten Gleichrangigkeit mit dem Kontrahenten resultiert. Auf Augenhöhe angekommen (bzw. die eigene *persona* in der Darstellung auf Augenhöhe gebracht), beginnt Cicero von hier aus, den Rivalen abzuklassifizieren und schrittweise die eigene Überlegenheit herauszustellen. Dabei bilden die Kapitel 320-323 eine *mise en relief* der gesamten Synkrisis, und aus der Schwäche des einen (*Brut.* 320) und der Stärke des anderen (*Brut.* 321-322) wird hier der Vorrang des letzteren abgeleitet (*Brut.* 323).

Als Hauptvorwurf formuliert Cicero in *Brut.* 320 nachlassenden Eifer des Hortensius nach dessen Konsulat, also quasi ein Zurücklehnen nach erlangtem Erfolg. Sodann stellt er sich selbst und seinen eigenen, ungebrochenen Eifer in scharfem Kontrast geradezu als Verkörperung des Gegenwurfes heraus[127] (*Brut.* 321):

> *Nos autem non desistebamus cum omni genere exercitationis tum maxume stilo nostrum illud quod erat augere, quantumcumque erat. Atque ut multa omittam in hoc spatio et in his post aedilitatem annis, et praetor primus et incredibili populari voluntate sum factus. Nam cum propter adsiduitatem in causis et industriam tum propter exquisitius et minime vulgare orationis genus animos hominum ad me dicendi novitate converteram.*

Cicero führt hier seinen Erfolg bei der Wahl zum Prätor und damit im politischen Bereich auf die Aufmerksamkeit zurück, die ihm seine eifrige forensische Tätigkeit und sein ungewöhnlicher Stil eintrugen, und stellt damit ein Bedingungsgefüge her, das die politische und die forensische Tätigkeit sowie seine persönlichen Eigenschaften umfaßt. Worin die Besonderheit seiner Person im einzelnen besteht, verkündet er im nächsten Kapitel ex negativo, indem er ankündigt, nicht über sich, sondern über die „anderen" reden zu wollen, und dann deren Defizite aufzählt (*Brut.* 322):

> *Nihil de me dicam: dicam de ceteris, quorum nemo erat qui videretur exquisitius quam vulgus hominum studuisse litteris, quibus fons perfectae eloquentiae continetur, nemo qui philosophiam complexus esset matrem omnium bene factorum beneque dictorum; nemo qui ius civile didicisset rem ad privatas causas et ad oratoris prudentiam maxume necessariam, nemo qui memoriam rerum Romanarum teneret, ex qua, si quando opus esset, ab inferis locupletissimos testis excitaret, nemo qui breviter arguteque incluso adversario laxaret iudicum animos atque a severitate paulisper ad hilaritatem risumque traduceret, nemo qui dilatare posset atque a propria ac definita disputatione hominis ac temporis ad communem quaestionem universi generis orationem traducere, nemo qui delectandi gratia digredi parumper a causa, nemo qui ad iracundiam magno opere iudicem, nemo qui ad fletum posset adducere, nemo qui animum eius, quod unum est oratoris maxime proprium, quocumque res postularet, impellere.*

---

[127] Ähnlich Dugan (2005) 225.

Was den anderen fehlt, betrifft die Vorbereitung und die Ausübung der Redekunst: die Kenntnisse in Literatur, Philosophie, Recht und Geschichte als Grundlage der Redekunst sowie die sich vor den Zuhörern zeigende Fähigkeit, über den Stil Stimmungen zu lenken, Pathos zu erzeugen und die Zuhörer in gewünschter Weise zu beeinflussen. Dabei bezeichnet das zehnfache *nemo qui*[128] nur scheinbar ein absolutes Fehlen dieser Bedingungen, denn mit der Hinführung zu dieser Aufzählung hat Cicero dafür gesorgt, daß er selbst als – an dieser Stelle unausgesprochener – Vergleichspunkt präsent ist und die Formulierung damit eigentlich lautet: Niemand *außer mir* hatte all dies zu bieten. Das geradezu einhämmernde *nemo qui* spannt eine Negativfolie auf, vor der sich die Einzigartigkeit Ciceros und seiner Fähigkeiten plastisch abzeichnet. Die Vermeidung des direkt ausgesprochenen Selbstlobes erhöht dessen Effizienz. Nun ist er es, der quasi per Ausschlußverfahren übrig bleibt wie in *Brut.* 318 Hortensius, aber mit dem entscheidenden Unterschied, daß dies aus den eigenen Fähigkeiten, nicht aus den äußeren Umständen resultiert. Über die Stoßrichtung speziell dieser Passage können verschiedene Vermutungen angestellt werden. Bringmann sieht Ciceros Absicht darin, das Entscheidende an seiner Kunst herauszustellen und der auf die Stilfrage beschränkten Kritik der Attizisten das Gegenbild einer auf umfangreicher Bildung beruhenden Redekunst entgegenzuhalten.[129] Rathofer weist darauf hin, daß sich Einzigartigkeit und Ausschlußcharakter rückblickend auf die Situation des Jahres 66 beziehen; zur Abfassungszeit der Schrift erhebe Cicero nicht mehr den Anspruch auf unerreichbare Größe und sehe sich daher auch nicht mehr allein als Schützer der Redekunst, wie aus *Brut.* 330 deutlich werde:[130]

> *Nos autem, Brute, quoniam post Hortensi clarissimi oratoris mortem orbae eloquentiae quasi tutores relicti sumus, domi teneamus eam saeptam liberali custodia et hos ignotos atque impudentes procos repudiemus tueamurque ut adultam virginem caste et ab amatorum impetu quantum possumus prohibeamus.*

Diese Solidarisierung sieht Rathofer als Teil der Strategie, Brutus für sich zu gewinnen.[131] Nach Heldmann steht dahinter die Aufforderung an Brutus, die Redekunst (*adultam virginem*) gemeinsam mit Cicero vor Caesar zu beschützen (*ab amatorum impetu*) durch den Rückzug der Redekunst ins Private, worin Heldmann ein noch dringenderes politisches Anliegen sieht als in dem

---

[128] Kytzler 277 sieht in dieser Formulierung einen Anklang an das vierfache, auf L. Brutus bezogene *qui* in *Brut.* 53 und eine beabsichtigte Herstellung einer Beziehung zwischen diesem ersten Redner Roms und Cicero selbst.

[129] Bringmann (1971) 31.

[130] Rathofer 125.

[131] Die Eröffnung *nos autem* findet sich auch in *Brut.* 321, meint dort allerdings Cicero allein, während sie hier Brutus einschließt und damit eine Solidarisierung suggeriert.

von Gelzer vermuteten Angebot an Caesar.[132] Generell ist einer politischen Interpretation dieser Stelle der Vorzug zu geben vor Kytzlers etwas sentimental anmutendender Einschätzung, hier kämen Ciceros innerste Gefühle der Redekunst gegenüber zum Ausdruck.[133] Doch beschränkt sich die Wirkungsabsicht einer solchen Selbstdarstellung sicherlich nicht auf politische Ziele, sondern richtet sich auch ganz direkt auf Ciceros Person und ihre *auctoritas*. Wie er in den Reden immer wieder auf seine Leistungen für den Staat verwies, um für sich Anerkennung einzufordern, legitimiert er nun seinen Anspruch auf eine herausragende Stellung unter den Rednern Roms mit seiner Ausbildung und seinem Fleiß.

Dabei ist diese Selbstdarstellung in *Brut.* 322 von entscheidender Bedeutung für den Argumentationszusammenhang der Synkrisis, denn sie begründet den Wendepunkt im Konkurrenzverhältnis zwischen Cicero und Hortensius, der in Kapitel 323 erreicht wird: Dort prallen als sich geradezu selbstverständlich ergebendes Resultat Erfolg und Mißerfolg aufeinander, das sich in Hortensius' Verschwinden vom Forum und Ciceros Wahl zum Konsul manifestiert, welche wiederum Hortensius zu einem Wiederaufflammen seiner *industria* motivierte. Bemerkenswert ist auch hier wieder die betonte Verquickung von politischer und rednerischer Laufbahn. Die nun gegebene Gleichrangigkeit auf der Ebene der Ämterlaufbahn macht den inzwischen erlangten Vorsprung Ciceros auf dem Gebiet der Redekunst erst deutlich, und nun ist es Hortensius, der ein Defizit erkennt und sich bemühen muß, Cicero einzuholen. Damit ist der Wendepunkt erreicht: Cicero hat Hortensius überflügelt, und das Kräfteverhältnis hat sich umgekehrt.[134] Denn Cicero verzichtet bei der Proklamierung gegenseitiger Anerkennung nicht darauf, seinen Konsulat und seine Taten herauszustellen und ein gewisses Übergewicht der ihm von Hortensius zuteil werdenden Bewunderung zu suggerieren, und so mündet die Schilderung des gemeinsamen Wirkens dann in *Brut.* 324 auch in eine Kritik an Hortensius' Stil, verbunden mit einer generellen Auseinandersetzung mit den Stilarten. Die Essenz dieser Kritik liegt darin, daß sich Hortensius den Stil, der für seine Jugend passend gewesen war, in reiferen Jahren nicht abgewöhnte[135], und damit entwirft Cicero ein Bild von seinem Konkurrenten, das

---

[132] Heldmann 213.

[133] Kytzler 297: „Dieses anrührende Bild läßt alle die Gefühle der persönlichen Zuneigung erkennen, die Cicero selbst empfand für die lateinische Sprache, für die römische Rhetorik – all die Empfindungen, die der senex dem jüngeren Freunde einpflanzen wollte. Wir begegnen hier nahezu denselben Tönen, wie Cicero sie für seine geliebte Tochter Tullia findet. Dieses Bild enthüllt die innersten Gefühle des Autors; es hilft uns, seine persönliche Beziehung zu seinem Metier zu sehen und zu verstehen."

[134] Vgl. auch Rathofer 125.

[135] *Brut.* 325: *Sed si quaerimus cur adulescens magis floruerit dicendo quam senior Hortensius, causas reperiemus verissimas duas. Primam, quod genus erat orationis Asiaticum adulescentiae magis concessum quam senectuti. Brut.* 326: *Haec autem, ut dixi,*

seinem Selbstentwurf entgegengesetzt ist, der geprägt ist von unermüdlicher und reflektierter Arbeit an sich selbst. Vor allem die Schilderung der Asienreise wird so rückwirkend mit weiterer Bedeutung aufgeladen, denn sie erscheint vor dem Hintergrund der Kritik an Hortensius nicht nur als Etappe der Ausbildung, sondern sie führt das als Leistung Ciceros vor, was Hortensius vermissen läßt: die Einsicht in die Notwendigkeit, den eigenen Stil zu verändern, und den Willen, aus dieser Einsicht die nötigen Konsequenzen zu ziehen.

4.1.5 Struktur und Funktion der autobiographischen Passage

In der Synkrisis läuft die Aufwertung der Person Ciceros parallel zur Abwertung des Hortensius. Dessen Darstellung ist zu Anfang noch von Respekt und Bewunderung geprägt, verdüstert sich dann aber zusehens, während Cicero seiner eigenen Person gegenüber zu Beginn eine kritische Distanz wahrt, um dann mehr und mehr die eigenen Vorzüge zur Geltung zu bringen; den Wendepunkt markiert Kapitel 323. Dabei fällt auf, daß der breite Raum, den er seiner eigenen Ausbildung widmet, keine Entsprechung bei der Behandlung des Hortensius hat, und daß der Betonung der *industria* auf seiner Seite die Kritik am Nachlassen des Eifers bei Hortensius gegenübersteht, ebenso wie der bei seiner eigenen Person unterstrichene Entwicklungsgedanke der Stagnation seitens des Hortensius. Wenngleich Ciceros Selbstdarstellung durchaus als Folie dient, vor der sich die Kritikpunkte an Hortensius abzeichnen[136], tritt doch im Gegenzug das Herausragende an Ciceros Redekunst erst im Vergleich zu Hortensius deutlich hervor, und eben hierin liegt die zentrale Funktion der Gegenüberstellung.[137] Vor diesem Hintergrund drängt sich der Gedanke auf, daß der Tod des Hortensius für Cicero nicht nur deshalb Anlaß zur Darstellung der Beredsamkeit war, weil mit ihm ein großer Redner gestorben war, sondern auch, weil er nun freie Bahn hatte, die eigene Leistung auf Kosten seines Konkurrenten herauszustellen. Die autobiographische Schlußpartie hat damit zunächst einmal innerhalb der Schrift die Funktion, Ciceros Person als Telos, als Höhepunkt der Entwicklung der Redekunst zu präsentieren, auf das die gesamte Darstellung hinauslief.[138]

---

genera dicendi aptiora sunt adulescentibus, in senibus gravitatem non habent. Itaque Hortensius utroque genere florens clamores faciebat adulescens. Brut. 327: *Erat excellens iudicio vulgi et facile primas tenebat adulescens. Etsi enim genus illud dicendi auctoritatis habebat parum, tamen aptum esse aetati videbatur.* [...] *Sed cum iam honores et illa senior auctoritas gravius quiddam requireret, remanebat idem nec decebat idem ...*

[136] Vgl. Rathofer 104, 108.

[137] Vgl. Steel (2002-2003) 209. Auch in seiner Invektive gegen Piso basiert die Selbstdarstellung Ciceros auf der Kontrastierung mit Piso als negativem Gegenpol.

[138] Vgl. ebd.

> Die wesentliche geschichtliche Idee, die den *Brutus* belebt, ist das allmähliche Aufsteigen, durch welches die römische Kunst der Rede in Anknüpfung und Zusammenhang mit der griechischen Entwicklung in Stufen mit relativen Höhepunkten zu der gegenwärtigen Vollendung gelangte, die in Ciceros eigener Person ihren Ausdruck fand.[139]

Damit verbunden ist nun aber das übergeordnete und über den Rahmen der Schrift hinausweisende Ziel, für die erbrachten Leistungen und die dadurch erlangte Stellung unter den römischen Rednern Anerkennung einzufordern bzw. diese Position zu verteidigen.[140] In diesem Zusammenhang kann speziell die autobiographische Passage als Antwort auf die Kritik an Ciceros Stil verstanden werden, da er in ihr die eigene Ausbildung entsprechend dem Ideal des vielseitig gebildeten Redners präsentiert und somit die Reduktion auf die Stilfrage als unangemessen erweist und er zudem mit der Vorführung seiner stilistischen Entwicklung und überhaupt seiner Reflexionsfähigkeit in Stilfragen den Vorwürfen begegnet.[141]

Die bei der Analyse der Passage deutlich gewordene Betonung des Eifers ordnet Rathofer in seine These ein, daß es Cicero in der gesamten Schrift primär darum gehe, Brutus für sich zu gewinnen, und sieht darin Ciceros Bemühen, mit *labor* und *industria* nachahmbare Eigenschaften als Basis seines Erfolges zu präsentieren: „Wird doch seine ganze autobiographische Skizze von dem Wunsch diktiert, seinen Lebensweg, der in der Erlangung der *vera eloquentia* gipfelte, so darzustellen, daß Brutus zu der Überzeugung gelangt, er könne das gleiche Ziel erreichen, falls er sich nur die entsprechende Mühe gibt.“[142] Wenngleich Rathofer zuzustimmen ist in seiner Einschätzung, daß die autobiographische Darstellung nicht, wie Misch[143] annimmt, das Ergebnis einer Selbstanalyse ist, sondern ihre Gestaltung taktischen Zwängen unterliegt, sind doch Zweifel anzumelden an der angenommenen strikten Konzentration auf die Vereinnahmung des Brutus. Denn es erscheint fraglich, ob die Betonung des Eifers einerseits und andererseits die geringe Rolle, die dem Talent beigemessen wird, tatsächlich dazu angetan war, Brutus zu schmeicheln. Wenn das von Cicero an seiner eigenen Person gezeigte Ausbildungskonzept eigentlich auf Brutus zugeschnitten war, konnte dieser dann nicht daraus ablesen, daß Cicero sein Talent gering schätzte und deshalb auf *labor* und *industria* setzte? Angenommen, es war um Brutus' rednerisches Talent tatsächlich nicht zum besten bestellt[144] und dieser war sich dessen auch bewußt – lief Cicero nicht Gefahr, Brutus sogar eher zu verstim-

---

139 Misch 348.
140 Vgl. Graff 64; Jahn/Kroll/KytzlerXIII.
141 Vgl. Bringmann (1971) 31.
142 Rathofer 41.
143 Misch 347, zustimmend Graff 63.
144 Vgl. Tac. *dial.* 21, 5; weitere Stellengaben bei Rathofer 34; siehe dazu auch Filbey 326f.

men, wenn er dieses Defizit durch seine Darstellung noch hervorhob? Vor diesem Hintergrund erscheint es fraglich, daß eine an Brutus gerichtete Schmeichelei das Hauptmotiv für die Tendenz der autobiographischen Passage war. Vielmehr ist anzunehmen, daß die rückblickende Beschäftigung mit der eigenen Person eine auf die eigene Zukunft gerichtete Funktion hat und ihre Gestaltung aktuellen und zukünftigen Anforderungen gehorcht.

So ist zu vermuten, daß die Betonung philosophischer Studien als Teil seiner Ausbildung in Zusammenhang steht mit Ciceros aktueller Hinwendung zur Philosophie. Indem Cicero der Philosophie in seinem autobiographischen Rückblick eine herausragende Rolle in seiner Ausbildung zuweist, erzeugt er mit Blick auf seine aktuellen philosophischen Studien Kontinuität, so daß diese Beschäftigung nicht als neues, sondern als längst vorhandenes Element seiner Lebenskonzeption und seines Erfolges auf dem Gebiet der Redekunst sichtbar wird.[145] Das offizielle Selbstbild wird damit um die – in den Reden nur selten angesprochene[146] – Komponente philosophischer Bildung ergänzt. Es besteht dabei kein Anlaß, daran zu zweifeln, daß sich Cicero *tatsächlich* seit seiner Jugend mit Philosophie beschäftigte. Entscheidend ist aber in unserem Zusammenhang, daß diese Studien nun entschieden Eingang in seine Selbstdarstellung finden. Bei allem, was man über Cicero weiß oder zu wissen glaubt, darf nicht übersehen werden, daß die Quelle dafür häufig Ciceros eigene, gezielt zum Einsatz gebrachte Selbstdarstellung ist. Wenn, wie eingangs dieses Kapitels geschehen, unter Berufung auf den *Brutus* eine Einschätzung der Rolle vorgenommen wird, die der Philosophie in Ciceros Laufbahn zukam, dann folgen diese Überlegungen eben der Spur, die Cicero mit seiner Darstellung selbst vorgegeben hat.

Steel hat darauf aufmerksam gemacht, daß sich Cicero im *Brutus* zwar in den Kanon der bedeutenden Redner hineinschreibt und seine Darstellung auf seine Person als Höhepunkt der Entwicklung hinausläuft[147], er den eigenen Namen letztlich aber bei der Aufzählung der Redner in *Brut.* 333 ausläßt:

> The list speeds up as it approaches its conclusion but, at the final moment, leaves the audience hanging. If Cicero were to put his name in this list he would install himself firmly into history, at the end of a list of distinguished and dead figures; it would be to acknowledge that his activity as an orator has come to an end. That, of course, is precisely what Cicero has been arguing, not just of himself but also of Brutus; and yet

---

[145] Vgl. *Brut.* 315: *... studiumque philosophiae numquam intermissum a primaque adulescentia cultum et semper auctum ... renovavi.*

[146] Eine Ausnahme bilden die Reden *Pro Archia* (bes. *Arch.* 1-2; 12-14) und *Pro Murena* (bes. *Mur.* 63). Die Freimütigkeit, mit der Cicero hier auf seine philosophische Neigung zu sprechen kommt, kann darauf zurückgeführt werden, daß Cicero mit dem Konsulat den Höhepunkt der politischen Laufbahn erreicht hatte, vgl. Burkert 177.

[147] Steel (2002-2003) 195; ähnlich Dugan (2005) 214; Haenni, R.: Die litterarische Kritik in Ciceros *Brutus*, (Diss. Freiburg i. d. S. 1904/1905) Sarnen 1905, 64 sieht hierin eine „versteckte Selbstapotheose des Verfassers".

> at the final moment he leaves the question open: he does not draw a line under his career and close it off completely. So, the suicide note is unsigned; the history of Cicero the orator cannot yet be completed.[148]

Gemäß dieser Interpretation verkündet Cicero mit Hilfe seiner autobiographischen Darstellung, daß er die rednerische Praxis noch nicht aufgegeben hat.[149] Seine gegenwärtige Lage ist damit als Warteposition charakterisiert, verbunden mit der Aussicht und der unausgesprochenen Ankündigung, in Zukunft bei Gelegenheit wieder das Wort zu ergreifen und dem Staat mit der eigenen Redekunst zu Diensten zu sein.[150] Dieser Ansatz läßt sich weiterdenken und auf Ciceros Wirken überhaupt beziehen. Denn mit dem Bild, das er von sich selbst in seinem autobiographischen Rückblick entwirft, empfiehlt er sich indirekt generell für Aufgaben im Staat: Die dort vorgeführten Fähigkeiten und Kenntnisse, seine Bereitschaft zur Selbstkritik und zur unermüdlichen Arbeit an sich selbst, letztlich der Rang unter den Rednern und Politikern, den er durch seine Leistung erlangte, lassen ihn als geeigneten und kompetenten Staatsmann erscheinen. Wie Adamczyk[151] aufzeigt, kommt die Selbstdarstellung in einigen Punkten, wie z.B. in der ständigen Bemühung um die eigene Redekunst, in der Betonung der Kenntnisse im Bereich des Rechts und der griechischen Literatur, dem Ideal des *moderator rei publicae* nahe, das Cicero in *De re publica* entwirft.[152] Die Betonung von *labor* und *industria* muß also

---

[148] Steel (2002-2003) 211. In der Tat kann die Auslassung nicht schlicht mit dem formalen Argument erklärt werden, daß Cicero selbst schließlich noch lebt und deshalb nicht in die Liste der Redner aufgenommen werden kann, denn immerhin hat er in der gesamten autobiographischen Passage gegen die Maxime verstoßen, nur über tote Redner sprechen zu wollen.

[149] Ebd.

[150] Was ja mit den Philippischen Reden dann auch eintrat.

[151] Adamczyk 48f.

[152] Vgl. zum Ideal des *rector* bzw. *moderator* auch Heinze, R.: Ciceros „Staat" als politische Tendenzschrift, in: Burck, E. (Hg.): Vom Geist des Römertums, Darmstadt [3]1960 ([1]1938), 141-159, bes. 157f., der sich gegen die von Reitzenstein, R.: Die Idee des Principats bei Cicero und Augustus, Nachrichten der Göttinger Gesellschaft der Wissenschaften 1917, 399-498 und Meyer, E.: Caesars Monarchie und das Principat des Pompejus. Innere Geschichte Roms von 66 bis 44 v. Chr., Stuttgart 1963 (Nachdruck der Ausgabe [3]1922 [[1]1918]), 176ff. vertretene Ansicht wendet, Cicero proklamiere in *De re publica* die Idee des Prinzipats. Zu dieser Kontroverse auch Meister, R.: Der Staatslenker in Ciceros De re publica, WS 57 (1939), 57-112. Siehe den Forschungsüberblick bei Schmidt, P.L.: Cicero ‚De re publica': Die Forschung der letzten fünf Dezennien, ANRW I 4 (1973), 262-333, h. 323ff.; Krarup, P.: *Rector rei publicae*, (Diss. Aarhus) Kopenhagen 1956, 198 faßt den *rector* bei Cicero so: „He is like a Roman *pater familias*, or like a *vilicus* or *dispensator*, who on the basis of his great knowledge of his business, as a just arbiter gives decisions on all matters. Special weight seems to be given on his juridical qualifications." Vgl. auch Asmis, E.: The Politician as Public Servant in Cicero's *De re publica*, in: Auvray-Assayas, C.; Delattre, D. (Hgg.): Cicéron et Philodème. La polémique en philosophie (Etudes de

nicht im Hinblick auf eine Vereinnahmung des Brutus verstanden werden, sondern kann auch als Teil einer Empfehlung der eigenen Person aufgefaßt werden.[153] Und auch die prominente Rolle, die der Philosophie in seiner Darstellung zukommt, läßt sich in dieses Erklärungsmuster einordnen, denn in Ciceros Vorstellung bildete die philosophische Bildung das Fundament für den idealen Staatslenker.[154] Diese Überlegungen führen nahe an die von Gelzer vertretene Ansicht heran, Cicero wolle Caesar mit dem *Brutus* ein Angebot zur Mitarbeit unterbreiten. Diese These, die vor dem Hintergrund der in dieser Schrift implizit vorliegenden Kritik an Caesar unwahrscheinlich klingt und von der Forschung ja auch meist verworfen wird, gewinnt nun doch in gewisser Hinsicht an Plausibilität. Wenngleich Caesar als Adressat eines solchen Angebots weiterhin fragwürdig erscheint, muß doch zugestanden werden, daß aus Ciceros Berufung auf seine Fähigkeiten und auf seine erlangte Position im Staat durchaus eine auf zukünftiges Handeln und Mitwirken ausgerichtete Empfehlung seiner Person abgelesen werden kann, die sich zunächst einmal an die Öffentlichkeit richtet.[155] Immerhin ist es eine aus seinen übrigen autobiographischen Schriften wohlbekannte Strategie Ciceros, aus der Erinnerung an vergangene Leistungen *auctoritas* für Gegenwart und Zukunft abzuleiten. Die Bedeutung dieser zugleich persönlichen wie politischen Dimension ist im Spektrum der vermuteten Wirkungsabsichten der autobiographischen Schlußpartie des *Brutus* nicht zu unterschätzen.[156] Neben einer Solidarisierung mit Brutus und einer Antwort auf die Stilkritik dürfte es Cicero sicherlich nicht zuletzt darum gegangen sein, Öffentlichkeitsarbeit und Werbung für die eigene Person zu betreiben, und letztlich, sich im Rahmen der begrenzten Möglichkeiten bei der Öffentlichkeit in Erinnerung zu halten – ein Anliegen,

---

littérature ancienne 12), Paris 2001, 109-128. Siehe zum Ideal des Staatslenkers auch *Att.* 8, 11, 1.

[153] *Labor* und *industria* sind von zentraler Bedeutung auch bei der Besprechung der anderen Redner. Ciceros Auswahlkriterium ist ihr Wille, sich für den Staat einzusetzen, das Engagement für den Staat erscheint somit als gemeinsames Merkmal der besprochenen Redner. Siehe dazu auch Haenni 69f.

[154] Wassmann 272.

[155] Diese Vermutung wird gestützt durch einen Brief von April 46 (*fam.* 9, 2, 5), aus dem der Wille herausklingt, sich bei Gelegenheit und Möglichkeit an der Wiederherstellung des Staates zu beteiligen: *Sed haec tu melius; modo nobis stet illud, una vivere in studiis nostris, a quibus antea delectationem modo petebamus, nunc vero etiam salutem; non deesse si quis adhibere volet, non modo ut architectos verum etiam ut fabros, ad aedificandam rem publicam, et potius libenter accurrere; si nemo utetur opera, tamen et scribere et legere πολιτείας et, si minus in curia atque in foro, at in litteris et libris, ut doctissimi veteres fecerunt, gnavare rem publicam de moribus ac legibus quaerere.*

[156] Vgl. auch Schwindt, J.P.: Literaturgeschichtsschreibung und immanente Literaturgeschichte. Bausteine literarhistorischen Bewusstseins in Rom, in: Ders. u.a. (Hgg.): L'Histoire littéraire immanente dans la poésie latine (Entretiens sur l'antiquité classique, Tome XLVII), Genève 2001, 1-38, h. 7.

das sich nicht auf die autobiographische Passage und auch nicht auf den *Brutus* als Ganzes beschränkt, sondern Geltung für die philosophische und rhetorische Schriftstellerei überhaupt haben dürfte.

4.2 Autobiographische Passagen im restlichen Corpus der philosophischen und rhetorischen Schriften

4.2.1 Die Themen Konsulat und Exil

Die beiden Schlüsselereignisse, die prägend für Ciceros Leben und Selbstauffassung waren, nämlich der Konsulat und das Exil sowie deren nachträgliche Verarbeitung und Rechtfertigung, finden in den philosophischen Schriften erstaunlich wenig Widerhall gemessen an dem breiten Raum, den Cicero ihnen in seinem übrigen Werk zubilligt. Konsulat und Exil sind zwar nicht gänzlich ausgeblendet, doch treten diese Themen insgesamt ihre sonstige Vorrangsstellung in den autobiographischen Schriften ab an die Rechtfertigung der Beschäftigung mit der Philosophie – Cicero der Politiker macht Cicero dem Philosophen und Literaten Platz, und zwar verstärkt in den Schriften der zweiten Schaffensphase. Wie am Proömium des *Brutus* gezeigt[157], verbindet Cicero allerdings zuweilen die Klage darüber, daß er aufgrund der aktuellen politischen Entwicklungen seine wohlverdiente Muße nicht genießen könne, mit einer Anspielung auf die eigene Leistung, so auch bereits im Proömium von *De oratore*, entstanden in der ersten Phase der philosophischen Schriftstellerei. Hier zeigt er sich in seiner Hoffnung getäuscht, nach Beendigung seiner Ämterlaufbahn und seiner Verpflichtungen zur Ruhe zu kommen und sich den Studien zu widmen (*de orat.* I 2)[158], und vergegenwärtigt die Krisenzeiten, in denen er sich schon bewähren mußte: *Nam prima aetate incidimus in ipsam perturbationem disciplinae veteris, et consulatu devenimus in medium rerum omnium certamen atque discrimen, et hoc tempus omne post consulatum obiecimus eis fluctibus, qui per nos a communi peste depulsi in nosmet ipsos redundarent.* Das Bild der Fluten, die letztlich denjenigen überschwemmen, der sie von der Allgemeinheit ferngehalten hat – gemeint ist der Gang in die Verbannung – vermittelt eine auffallend pessimistische Deutung, und im Vergleich mit dem Bild des sich aufopfernden Retters, das Cicero in

---

[157] *Brut.* 8f., vgl. hier 309ff.

[158] *de orat.* I 2: *Quam spem cogitationum et consiliorum meorum cum graves communium temporum tum varii nostri casus fefellerunt; nam qui locus quietis et tranquillitatis plenissimus fore videbatur, in eo maximae moles molestiarum et turbulentissimae tempestates exstiterunt; neque vero nobis cupientibus atque exoptantibus fructus oti datus est ad eas artis, quibus a pueris dediti fuimus, celebrandas inter nosque recolendas.*

seinen Reden *Post Reditum* gerne von sich zeichnete[159], fällt auf, daß er zwar auch hier durch das Verb *obicere* den aktiven und freiwilligen Charakter seiner Opferung vermittelt[160], dabei jedoch den heroischen, stolzerfüllten Ton vermissen läßt und den Akzent eher auf das eigene Ungemach legt als auf die Leistung. Auch bezüglich des Konsulats steht nicht die Leistung im Vordergrund, sondern die unsichere Lage. Insgesamt ist die Erinnerung an die auszustehenden Krisen und an die Bewahrung der Allgemeinheit vor dem Übel auffallend negativ geprägt. Fast hat es den Anschein, als strahle der gegenwärtige, aus den eingeschränkten Handlungsmöglichkeiten resultierende Pessimismus rückwirkend auf die Sicht der Lebensgeschichte und der erbrachten Leistungen aus.

Einige gängige Motive der Selbstdarstellung Ciceros finden sich im Proömium zu *De re publica* im Zusammenhang mit seiner Argumentation gegen diejenigen, die sich gegen politische Tätigkeit aussprechen.[161] Hierbei greift er auf seine persönliche Erfahrung zurück[162] und bietet sich damit selbst als Exemplum an. Er führt die Bewahrung von Ruhe und Ordnung *nostro consilio ac periculo* (*rep.* I 6) an, die Sanktionierung seiner Leistung während seines Konsulats durch die Bestätigung seines Eides seitens des Volkes (*rep.* I 7) und versichert zudem, daß Ehre und Ruhm schwerer wogen als die Mühen (*nostri casus plus honoris habuerunt quam laboris, neque tantum molestiae quantum gloriae*).[163] Darüber hinaus stellt Cicero aber auch Überlegungen an, wie er reagiert hätte, wenn ihm keine Anerkennung zuteil geworden wäre, um deutlich zu machen, daß auch hierin kein Grund liege, sich von der Politik fernzuhalten (*rep.* I 7):

> *Sed si aliter ut dixi accidisset, qui possem queri? cum mihi nihil inproviso nec gravius quam expectavissem pro tantis meis factis evenisset. is enim fueram, cui cum liceret aut maiores ex otio fructus capere quam ceteris propter variam suavitatem studiorum in quibus a pueritia vixeram, aut si quid accideret acerbius universis, non praecipuam sed*

---

[159] Vgl. z.B. *dom.* 63: *Hanc ego vim, pontifices, hoc scelus, hunc furorem meo corpore opposito ab omnium bonorum cervicibus depuli, omnemque impetum discordiarum, omnem diu conlectam vim improborum, quae inveterata compresso odio atque tacito iam erumpebat nancta tam audacis duces, excepi meo corpore.* Vgl. hier 212ff.

[160] Vgl. Wilkins, A.S.: M. Tulli Ciceronis De oratore libri tres. With introduction and notes, Hildesheim 1965 (Nachdruck der Ausgabe Oxford 1892), 81.

[161] Lühken, M.: Zur Argumentation in der Vorrede von Ciceros „De re publica", Hermes 131 (2003), 34-45 stellt Ciceros rhetorische Strategie bei der Auseinandersetzung mit den Gegnern politischer Tätigkeit heraus.

[162] Zum Rückgriff auf persönliche Elemente in der Argumentation siehe ebd. 36ff.; Pfligersdorffer, G.: Politik und Muße. Zum Proömium und Einleitungsgespräch von Ciceros De re publica, München 1969, bes. 7ff.

[163] Ein ähnlicher Gedanke findet sich in *de orat.* III 14: *Sed quoniam haec iam neque in integro nobis esse possunt et summi labores nostri magna compensati gloria mitigantur, pergamus ad ea solacia,* [...].

parem cum ceteris fortunae condicionem subire, non dubitaverim me gravissimis tempestatibus ac paene fulminibus ipsis obvium ferre conservandorum civium causa, meisque propriis periculis parere commune reliquis otium.

Aus seiner Aufopferung für die Allgemeinheit, die er mit dem gängigen Bild des „Sich-entgegen-Werfens“ umschreibt, wobei das heroische Element anders als in der Stelle aus *De oratore* nun durchaus hervorgehoben ist und der in den Reden vertretenen Position dadurch näher steht, leitet Cicero Einsatzbereitschaft und Orientierung am Wohl der Allgemeinheit ab, die ihn mit Unerschütterlichkeit ausgestattet hat. Er zieht also den ihm zuteil gewordenen Ruhm für seine Selbstdarstellung heran, wie er dies auch häufig in seinen Reden tut, doch indem er sich zugleich in gewisser Weise davon unabhängig erklärt, bringt er einen neuen Aspekt in sein Selbstbild hinein, das hierdurch geradezu eine philosophische Aufladung erfährt: Die eigenen Taten und die unabhängige Haltung gegenüber ihrer Resonanz werden als Äußerung eines standfesten und an höheren Werten orientierten Charakters gewertet.[164]

Auch in *De legibus* beruft sich Cicero in gewohnter Weise auf den Konsens bei der Beurteilung seiner Taten[165] und deutet seinen Gang ins Exil

[164] In signifikantem Gegensatz dazu steht Ciceros Bekenntnis zu seinem Streben nach Ruhm in *Arch.* 28: *Atque ut id libentius faciatis, iam me vobis, iudices, indicabo et de meo quodam amore gloriae nimis acri fortasse verum tamen honesto vobis, confitebor.* [...] *Nullam enim virtus aliam mercedem laborum periculorumque desiderat praeter hanc laudis et gloriae: qua quidem detracta, iudices, quid est quod in hoc tam exiguo vitae curriculo et tam brevi tantis nos in laboribus exerceamus?* Und anders ist auch die Bedeutung, die Cicero der Anerkennung seiner Leistung z.B. in den Catilinarischen Reden beimißt, siehe dazu z.B. *Catil.* III 26 und IV 23: ... *pro meis in vos singularibus studiis proque hac quam perspicitis, ad conservandam rem publicam diligentia nihil a vobis nisi huius temporis totiusque mei consulatus memoriam postulo: quae dum erit in vestris fixa mentibus, tutissimo me muro saeptum esse arbitrabor.* Allerdings findet sich in *Catil.* I 29 eine Form von „Unabhängigkeitserklärung“ bezüglich der *invidia*, die das Handeln nach sich ziehen könnte, dort liegt der Akzent jedoch nicht auf einer philosophisch geprägten Charakterzeichnung, sondern auf der Gegenüberstellung einer *invidia severitatis ac fortitudinis* und einer *invidia inertiae ac nequitiae* und der Notwendigkeit einer Entscheidung zwischen Handeln und Untätigkeit. Der Wert des Ruhmes an sich bliebt hier unangetastet: *Quod si ea mihi maxime inpenderet, tamen hoc animo fui semper ut invidiam virtute partam gloriam, non invidiam putarem.* Vgl. auch *Catil.* III 29: *Illud perficiam profecto, Quirites, ut ea quae gessi in consulatu privatus tuear atque ornem, ut, si qua est invidia in conservanda re publica suscepta, laedat invidos, mihi valeat ad gloriam. Denique ita me in re publica tractabo ut meminerim semper quae gesserim, curemque ut ea virtute non casu gesta esse videantur.*

[165] *leg.* II 42: *Nos, qui illam custodem urbis omnibus ereptis nostris rebus ac perditis violari ab impiis passi non sumus, eamque ex nostra domo in ipsius patris domum detulimus, iudicia senatus, Italiae, gentium denique omnium conservatae patriae consecuti sumus. leg.* III 45: *Sed visum est et vobis et clarissimis viris melius, de quo servi et latrones scivisse aliquid dicerent, de hoc eodem cunctam Italiam quid sentiret ostendere.*

als Ausweichen zum Wohle des Staates[166], stellt aber auch hier Überlegungen an für den Fall, daß ihm diese Anerkennung versagt geblieben wäre (*leg.* III 26):

> *Quodsi is casus fuisset rerum quas pro salute rei publicae gessimus, ut non omnibus gratus esset, et si nos multitudinis furentis inflammata invidia pepulisset, tribuniciaque vis in me populum, sicut Gracchus in Laenatem, Saturninus in Metellum incitasset, ferremus o Quinte frater, consolarenturque nos non tam philosophi qui Athenis fuerunt (qui hoc facere debebant), quam clarissimi viri qui illa urbe pulsi carere ingrata civitate quam manere in inproba maluerunt.*

Cicero zieht den Ausgang der Ereignisse und die Anerkennung, die ihm zuteil wurde, also zur Bestätigung seiner Leistung heran[167] und erklärt sich zugleich davon unabhängig. Der Gedanke, daß Cicero aufgrund dessen, was er erlebt und geleistet hat, sogar die Undankbarkeit der Bürgerschaft ertragen könnte, findet sich auch in seinen stoischen Paradoxien[168] aus dem Jahre 46 v. Chr., dort führt Cicero seine eigene Haltung im Zusammenhang mit dem stoischen Grundsatz an, daß die Tugend zum glücklichen Leben ausreiche[169] (*parad.* 17):

> *Mihi vero quicquid acciderit, in tam ingrata civitate ne recusanti quidem evenerit, non modo repugnanti. Quid enim ego laboravi, aut quid egi, aut in quo evigilarunt curae et cogitationes meae, siquidem nihil peperi tale, nihil consecutus sum ut eo statu essem quem neque fortunae temeritas neque inimicorum labefactaret iniuria?*

Cicero löst seine eigene Leistung aus der unbedingten Abhängigkeit von ihrer Anerkennung, legt den Akzent statt dessen auf ihre Tugendhaftigkeit und zeichnet sich selbst als nahezu unerschütterlich und unabhängig von *temeritas*

---

[166] *leg.* III 25.

[167] Vgl. in *leg.* II 6 Atticus gegenüber Cicero als Dialogpartner: *Recte igitur Magnus ille noster me audiente posuit in iudicio, quom pro Ampio tecum simul diceret, rem publicam nostram iustissimas huic municipio gratias agere posse, quod ex eo duo sui conservatores exstitissent, ut iam videar adduci, hanc quoque quae te procrearit esse patriam tuam.* Die Selbst-Qualifikation als *conservator rei publicae* vermittelt Cicero über eine zweifache Brechung: Er läßt die Dialogfigur Atticus eine Einschätzung des Pompeius referieren, die auf ihn selbst als Dialogfigur und letztlich als Autor zurückstrahlt, und läßt so – in bekannter Manier – den Rezipienten fast vergessen, daß er letztlich nicht das Objekt, sondern das Subjekt dieser Äußerung ist.

[168] Vgl. Kumaniecki (1957); Mehl, D.: The Stoic Paradoxes According to Cicero, in: Miller, J.F; Damon, C.; Myers, K.S. (Hgg.): Vertis in usum. Studies in Honor of Edward Courtney, München/Leipzig 2002, 39-46; Ronnick, M.V.: Cicero's „Paradoxa Stoicorum": A Commentary, an Interpretation and a Study of Its Influence, Frankfurt a. M. u.a. 1991; Lee, A.G.: M. Tulli Ciceronis Paradoxa Stoicorum, London 1953.

[169] Vgl. zur stoischen Tugendlehre den Überblick bei Hossenfelder, M.: Die Philosophie der Antike 3: Stoa, Epikureismus und Skepsis, in: Röd, W. (Hg.): Geschichte der Philosophie, Bd. III, München ^{2}1995 (^{1}1985), 53ff.

fortunae und *iniuria inimicorum.*[170] Diese Unerschütterlichkeit resultiert aus der Überzeugung, richtig gehandelt zu haben und daher ein reines Gewissen zu haben.[171]

Auf das Thema der *iniuria* kommt Cicero auch an späterer Stelle (*parad.* 27f.) im Zusammenhang mit seinem Exil zu sprechen. In Form einer Altercatio mit Clodius[172] sucht Cicero dort den Nachweis zu erbringen, daß seine Abwesenheit kein Exil darstellte und in Wahrheit Clodius der Verbannte war. Hier begegnen Argumentationselemente, die aus den Reden wohlbekannt sind. So vertritt er den Standpunkt, daß die eigentliche *civitas* zu dem damaligen Zeitpunkt gar keinen Bestand hatte (*parad.* 27)[173] und er somit auch nicht aus ihr vertrieben wurde (*parad.* 28): *Itaque pulsus ego civitate non sum, quae nulla erat; accersitus in civitatem sum, cum esset in re publica consul, qui tum nullus fuerat, esset senatus, qui tum occiderat, esset consensus populi liber, esset iuris et aequitatis, quae vincla sunt civitatis, repetita memoria.* Auf dieser Basis formuliert er das in den Reden *Post Reditum*[174] entworfene Motiv,

---

[170] Kumaniecki (1957) 124f. stellt einen direkten Bezug zu der gegenwärtigen Lebenssituation Ciceros her: „Zweifellos war dieser Ausspruch keine leere Phrase, sondern steht in engem Zusammenhang mit Ciceros Lebensumständen. *Temeritas fortunae* war durch die Niederlage des republikanischen Lagers bei Pharsalus in Erscheinung getreten, und *iniuria inimicorum* war eine Folge dieser Niederlage, darum geben diese Worte sicher auch Ciceros Stimmung im Frühling des Jahres 46 wieder."

[171] Vgl. ebd. 125; vgl. *fam.* 7, 3, 4 (Aug./Sept. 46 v. Chr.): *Mortem mihi cur consciscerem causa non visa est, cur optarem multae causae; vetus est enim, ubi non sis qui fueris, non esse cur velis vivere. Sed tamen vacare culpa magnum est solacium, praesertim cum habeam duas res quibus me sustentem, optimarum artium scientiam et maximarum rerum gloriam; quarum altera mihi vivo numquam eripietur, altera ne mortuo quidem.* Zu dem Gedanken eines reinen Gewissens in Briefen aus dieser Zeit siehe Kumaniecki ebd. 125f.

[172] Ebd. 128.

[173] *parad.* 27: *Quae est enim civitas? Omnisne conventus etiam ferorum et immanium, omnisne etiam fugitivorum ac latronum congregata unum in locum multitudo? Certe negabis. Non igitur erat illa tum civitas, cum leges in ea nihil valebant, cum iudicia iacebant, cum mos patrius occiderat, cum ferro pulsis magistratibus senatus nomen in re publica non erat; praedonum ille concursus et te duce latrocinium in foro constitutum et reliquiae coniurationis a Catilinae furiis ad tuum scelus furoremque conversae, non civitas erat.* Vgl. dazu *p. red. ad Quir.* 14: *... in qua civitate nihil valeret senatus, omnis esset impunitas, nulla iudicia, vis et ferrum in foro versaretur, cum privati parietum se praesidio non legum tuerentur, tribuni plebis vobis inspectantibus vulnerarentur, ad magistratuum domos cum ferro et facibus iretur, consulis fasces frangerentur, deorum immortalium templa incenderentur ...*; Kumaniecki (1957) 128 weist auf den Zusammenhang mit der Definition des Staates aus *De re publica* I 39 hin: *'Est igitur,' inquit Africanus, 'res publica res populi, populus autem non omnis hominum coetus quoquo modo congregatus, sed coetus multitudinis iuris consensu et utilitatis communione sociatus.* Ronnick 124 verweist auf *leg.* II 12: *Lege autem carens civitas estne ob id ipsum habenda nullo loco?*

[174] *p. red. in sen.* 34: *Sed cum viderem me non diutius quam ipsam rem publicam ex hac urbe afuturum, neque ego illa exterminata mihi remanendum putavi, et illa, simul atque revocata est, me secum pariter reportavit. Mecum leges, mecum quaestiones, mecum iura*

daß der Staat, der dank (*meis*) *curis, vigiliis, consiliis*[175] noch bestehe, gemeinsam mit ihm fort gewesen sei (*parad.* 30: ... *cum omnes meo discessu exsulasse rem publicam putent*). Interessanterweise bezieht er das *exsulasse* auf den Staat, während er sich selbst die Umschreibung *discessus* vorbehält, eine im Zusammenhang mit den Reden bereits besprochene Vermeidungsstrategie, in die sich auch die anschließende explizite Leugnung des Exilstatus einreiht (*parad.* 30): *Nescis exilium scelerum esse poenam, meum illud iter ob praeclarissimas res a me gestas esse susceptum?* Die Unterscheidung von Staatsfeind und Staatsbürger will Cicero vom Handeln und von der Gesinnung abhängig gemacht wissen (*parad.* 29-30) und leitet daraus ab, daß in Wahrheit Clodius der Verbannte ist (*parad.* 31-32). In gewohnter Manier zeichnet Cicero seinen persönlichen Gegner als Gegner der herrschenden Gesellschaftsordnung[176] und erweist sich selbst dabei als Teil dieser Ordnung, indem er sich zu ihren Werten bekennt. Bei der Auseinandersetzung mit der *iniuria*, die Cicero von Seiten des Clodius widerfuhr, fällt im Vergleich zu den Reden eine Neuerung auf, nämlich ein philosophischer Zugang. Denn Cicero zeigt auf, daß Clodius ihm zwar mit Unrecht entgegentrat, dieses Unrecht ihn aber in Wahrheit nicht treffen konnte, weil es sich nicht gegen das Wesentliche richtete (*parad.* 28-29):

> ... *Ac vide quam ista tui latrocinii tela contempserim. Iactam et inmissam a te nefariam in me iniuriam semper duxi, pervenisse ad me numquam putavi, nisi forte, cum parietes disturbabas aut cum tectis sceleratas faces inferebas, meorum aliquid ruere aut deflagrare arbitrabare.* (29) *Nihil neque meum est neque cuiusquam, quod auferri, quod eripi, quod amitti potest.*

---

magistratuum, mecum senatus auctoritas, mecum libertas, mecum etiam frugum ubertas, mecum deorum et hominum sanctitates omnes et religiones afuerunt. Quae si semper abessent, magis vestras fortunas lugerem, quam desiderarem meas; sin aliquando revocarentur, intellegebam mihi cum illis una esse redeundum; *p. red. in sen.* 36: ...*quoniam in rem publicam sum pariter cum re publica restitutus* ...; *p. red. ad Quir.* 14: *eam rem publicam habuistis, ut aeque me atque illam restituendam putaretis.* [...] *Itaque neque re publica exterminata mihi locum in hac urbe esse duxi, nec, si illa restitueretur, dubitavi quin me secum ipsa reduceret*; *dom.* 17: *Itaque sive hunc di immortales fructum mei reditus populo Romano tribuunt, ut, quem ad modum discessu meo frugum inopia, fames, vastitas, caedes, incendia, rapinae, scelerum impunitas, fuga, formido, discordia fuisset, sic reditu ubertas agrorum, frugum copia, spes oti, tranquillitas animorum, iudicia, leges, concordia populi, senatus auctoritas mecum simul reducta videantur,* ...; *dom.* 87: ... *afui simul cum re publica,* ...; *dom.* 137: ... *id sperasti rem publicam diutius quam quoad mecum simul expulsa careret his moenibus esse laturam? dom.* 141: *res vero publica quamquam erat exterminata mecum, tamen obversabatur ante oculos exstinctoris sui, et ab istius inflammato atque indomito furore iam tum se meque repetebat.* Zur Anlage dieser Argumentation in *De domo sua* siehe Kumaniecki (1957) 133.

[175] Seine *consilia, pericula* und *labores* im Einsatz für die Rettung des Staates führt Cicero in den Reden gerne an, vgl. *Catil.* II 14; III 1; III 14; *Mur.* 3; 8; 80 ; *Sull.* 33; 83; *Arch.* 28; *Flacc.* 1; *dom.* 93; 108; 137; *Mil.* 36; *Phil.* II 37; XII 21.

[176] Vgl. Kumaniecki (1957) 129.

Mit Hilfe dieser philosophischen Interpretation der Ereignisse gelingt es Cicero, den Bruch in seiner Selbstdarstellung zu vermeiden, der in den Reden immer dann deutlich geworden war, wenn sich Cicero mit dem Ziel, das Unrecht seitens des Clodius zu betonen, selbst zum Opfer stilisiert hatte und damit riskiert hatte, daß diese Selbstdarstellung in Konflikt geriet mit seinem ansonsten propagierten Image des heroischen Retters, der zum Schutze des Staates ausweicht. Wie gezeigt waren diese beiden Selbstbilder in letzter Konsequenz nicht vereinbar. Indem er nun aufzeigt, daß das von Clodius ausgehende Unrecht ins Leere ging, weil es gar nicht die Werte betraf, die für Cicero von Bedeutung waren, erreicht er eine Harmonisierung und Perfektionierung seiner Argumentation. Denn er kann Clodius als Urheber des Wütens darstellen, ohne sich selbst eine Opferrolle zuschreiben zu müssen. Clodius ist so gleich doppelt ins Unrecht gesetzt, zum einen aufgrund seines Vorgehens gegen Cicero, zum anderen aufgrund falscher Wertvorstellungen, und Cicero steht im Gegenzug da als Repräsentant der „richtigen" Wertvorstellungen, den die Philosophie ausgerüstet hat mit einer unerschütterlichen Haltung, die ihn in die Nähe des stoischen Weisen rückt und ihn dadurch gegen derlei Anfeindungen gerüstet hat.[177] Er steht geradezu über der von Clodius ausgehenden *iniuria* und richtet sein Handeln souverän und überlegt am Staatsinteresse aus. Was Cicero Clodius voraushat, das ist die Einsicht in die wahren Wertverhältnisse.[178] Hätte Clodius Cicero die Erinnerung an seine Taten nehmen können, so führt er weiter aus, und die Gesinnung, die zu diesen Taten führte, dann wollte Cicero bekennen, *iniuria* erlitten zu haben (*parad.* 29). Hier kommt wiederum Ciceros Überzeugung zum Ausdruck, daß die Gesinnung eines Menschen entscheidend ist, und darin entspricht seine Haltung dem Vorrang, den die stoische Philosophie der inneren Einstellung gegenüber den Dingen vor den Dingen selbst beimißt.[179] Diese philosophisch geprägte Argumentation mündet sodann in bekanntes Fahrwasser, wenn Cicero versichert, daß seine Rückkehr ruhmvoll war, seine Abwesenheit dabei nicht schändlich: *Sed si haec nec fecisti nec facere potuisti, reditum mihi gloriosum iniuria dedit, non exitum calamitosum.* Mit der Formulierung *iniuria* brandmarkt er das Vorgehen des Clodius und macht zugleich dessen Verblendung noch einmal deutlich – dessen Vorstellung von Unrecht ist nicht deckungsgleich mit der Ciceros. Die Distanzierung von dem Gegner erfolgt also auf der Basis philosophischer Argumentation; philosophisches Denken wird zur Deutung eigener Geschichte herangezogen und dabei genutzt, um den Gegner ab- und die eigene Person aufzuwerten.

---

[177] Vgl. auch *div.* II 3: ... *quoniam philosophia vir bonus efficitur et fortis*...
[178] Vgl. Hossenfelder 57.
[179] Ebd. 53.

Zu der in der Forschung diskutierten Frage[180], ob Cicero in den *Paradoxa* seine wirklichen Überzeugungen vertrete oder aber lediglich Philosophisches rednerisch behandele[181], kann an dieser Stelle ein Beitrag geleistet werden. Denn die Analyse hat gezeigt, daß sich die Deutung, die er in den *Paradoxa* seinem Exil zuteil werden läßt, nicht nur einfügt in die ansonsten von ihm vertretene Darlegung bezüglich dieser Zeit, sondern sogar eine Weiterentwicklung der Argumentation auf Basis der Philosophie darstellt. Da er hier philosophisches Denken für die Deutung seiner eigenen Vergangenheit instrumentalisiert, ist zumindest bei der Behandlung seines Exils in den *Paradoxa* nicht anzunehmen, daß er in Wahrheit eine kritische Distanz zu dem Dargelegten wahrte.

Bezüglich seiner Leistung während seines Konsulats findet sich in *De officiis* eine Passage, die bekannte Deutungsmuster mit einer neuen Akzentuierung verbindet. Entsprechend seiner sonstigen Darstellung führt Cicero das Herausfallen der Waffen aus den Händen der Feinde auf *consiliis diligentiaque nostra* zurück (*off.* I 77)[182], doch während er seinen Vers *Cedant arma togae, concedat laurea laudi* in der Rede gegen Piso[183] noch durch den Nachweis einer metaphorischen Bedeutung zu verteidigen versucht hatte, proklamiert er nun selbstbewußt die Berechtigung der Aussage: *Ut enim alios omittam, nobis rem publicam gubernantibus nonne togae arma cesserunt?*[184] Und er fordert für seine Leistung nicht nur eine Vergleichbarkeit mit militärischer ein, sondern sogar ihren Vorrang: *Quae res igitur gesta umquam in bello*

---

[180] Vgl. den Überblick bei Mehl (2002) 43f.

[181] Philippson 1123. Lee XXVII schätzt die *Paradoxa* als bedeutsam ein u.a. aufgrund ihres Stils „from the hand of a master artist", vgl. auch ebd. XXIIff. Ciceros Absicht, die Paradoxien rhetorisch zu behandeln, klingt aus dem Proömium der Paradoxa heraus (*parad.* 3-4). Die Zweifel an der Übereinstimmung mit Ciceros wahren Ansichten rühren zudem aus Spott und Kritik Ciceros an diesen stoischen Lehrsätzen her, die in seiner Rede für Murena (*Mur.* 61ff.) und in *De finibus* (IV 43ff.) zum Ausdruck kommen. Kumaniecki (1957) v.a. 133 weist darauf hin, daß Cicero in den *Paradoxa* bestimmte Grundsätze ausgewählt hat, die anläßlich der aktuellen politischen Lage geeignet waren, als Trostquelle für das Lager der Nobilität zu dienen, und zieht daraus den Schluß, daß zumindest diese ausgewählten Grundsätze Ciceros Ansichten entsprachen. Ronnick 37 und Mehl (2002) bes. 45ff. stimmen darin überein, daß sie die Rolle des *mos maiorum* in Ciceros *Paradoxa* hervorheben und eine Anpassung an römische Bedürfnisse bemerken, doch während Ronnick 19 dabei eine Übereinstimmung zwischen den Paradoxien und Ciceros philosophischer Überzeugung annimmt, geht Mehl (2002) 39 davon aus, daß Cicero gegenüber den Paradoxien eine kritische Distanz wahrte, sie „for the purpose of amusement" als rhetorische Übung abfaßte und letztlich dadurch verteidigte, daß er aus stoischen Grundsätzen römische machte.

[182] *off.* I 77: *Ita consiliis diligentiaque nostra celeriter de manibus audacissimorum civium delapsa arma ipsa ceciderunt.* Zur *diligentia* vgl. *Catil.* I 8; I 10; I 32; II 14; III 6; IV 5; IV 14; IV 23.

[183] *Pis.* 73. Siehe den Vergleich der Argumentation hier 86ff.

[184] Vgl. auch *Phil.* II 20.

tanta? qui triumphus conferendus? Den Bezug zu Pompeius, den er in der Rede gegen Piso noch wegzudiskutieren suchte, leugnet er nun nicht mehr, sondern beruft sich sogar auf Pompeius als Gewährsmann für die Leistung und deren Bedeutung für den ganzen Staat (*off.* I 78).[185] Die eigene Vergangenheit wird als *exemplum* herangezogen, um im Rahmen der philosophischen Erörterung aufzuzeigen, daß innenpolitisches Engagement nicht hinter militärischem zurücksteht. Der selbstbewußte Ton untersteht dabei in gewisser Weise dem Argumentationsziel, denn nur eine unhinterfragte Leistung Ciceros kann in diesem Kontext, bei der Frage nach dem Verhältnis von militärischem und politischem Engagement, die Funktion des *exemplum* hinreichend erfüllen. Zudem resultiert das zum Ausdruck gebrachte Selbstbewußtsein auch aus der zeitlichen Distanz zu dem Ereignis und der ihm seitdem zuteil gewordenen Bestätigung seiner Leistung. Nicht zuletzt dürfte es auch damit in Zusammenhang stehen, daß die Schrift nach der Ermordung Caesars entstand, als eine öffentliche Rückbesinnung auf die eigene Leistung während des Konsulats nach dem (scheinbaren) Ende der Diktatur. Der Konsulat wird also nicht direkt, sondern geradezu in literarischer Brechung, über die Erwähnung einer eigenen, früheren Gestaltung des Themas eingebracht, wie übrigens auch bei dem Selbstzitat aus *De consulatu suo* im ersten Buch *De divinatione*:[186] Auch dort fällt die Erinnerung an den Konsulat geradezu als Nebenprodukt der philosophischen Betrachtung zu Prophezeiungen und dem in diesem Zusammenhang eingebrachten Zitat aus einem eigenen früheren Werk ab.

So wird im Rahmen der aktuellen philosophischen Beschäftigung die Erinnerung an das eigene literarische Werk mit der Erinnerung an die politische Tätigkeit verknüpft, für beides wird damit zugleich Anerkennung eingefordert, und die Darstellung führt so diese beiden Seiten der Person Ciceros zusammen, den Politiker und den Literaten, und stiftet damit Kohärenz.

Bezüglich des Konsulats und des Exils ist also festzustellen, daß sich die Selbstdarstellung in den philosophischen Schriften nicht grundlegend von dem Bild unterscheidet, das Cicero in seinen anderen Schriften von sich gezeichnet hat – Cicero bietet keine neue Interpretation seiner Vergangenheit an, er präsentiert sich auch hier als Staatsretter, zuweilen sogar, wie in *off.* I 77, mit einem gesteigerten, schon fast abgeklärt zu nennenden Selbstvertrauen. Charakteristisch ist jedoch die philosophische Aufladung, die dieses Selbstbild erfährt und die es geradezu in ein anderes, neues Licht taucht. Was aus der

---

[185] *off.* I 78: *Licet enim mihi, Marce fili, apud te gloriari, ad quem et hereditas huius gloriae et factorum imitatio pertinet. Mihi quidem certe vir abundans bellicis laudibus, Cn. Pompeius, multis audientibus, hoc tribuit, ut diceret frustra se triumphum tertium deportaturum fuisse, nisi meo in rempublicam beneficio ubi triumpharet esset habiturus. Sunt igitur domesticae fortitudines non inferiores militaribus; in quibus plus etiam quam in his operae studiique ponendum est.*

[186] Siehe dazu hier 93ff.

Sicht des Gemeinwesens und der Politik in der Vergangenheit richtig erschien, wird nun auch durch eine philosophische Betrachtungsweise bestätigt. Die politische Seite wird wie durch einen „philosophischen“ Filter gesehen und tritt in ihrer Bedeutung dahinter zurück, was auch an dem viel geringeren Raum deutlich wird, den sie einerseits im Vergleich zur Selbstdarstellung in Reden und Epen einnimmt, andererseits im Verhältnis zur Rechtfertigung der Beschäftigung mit der Philosophie innerhalb der philosophischen Schriften. Dabei fällt wiederum auf, daß sich die Stellen, an denen Cicero Konsulat und Exil thematisiert, vor allem in den Schriften der ersten Phase finden (*De oratore, De re publica, De legibus*), in denen die Rechtfertigung noch keine Rolle spielt. Diese steht dann spätestens ab *De finibus* im Mittelpunkt der autobiographischen Passagen.

4.2.2 Die Rechtfertigung der Beschäftigung mit der Philosophie

Das Anliegen, die eigene Beschäftigung mit der Philosophie zu erklären und zu rechfertigen, ist das zentrale autobiographische Thema in den philosophischen (und auch rhetorischen[187]) Schriften. Vor allem in den Proömien nutzt Cicero die – wie gezeigt: bewußt selbst geschaffene – Gelegenheit, sich hierzu zu äußern. Die recht lockere thematische Einbindung der Proömien in das jeweilige Werk hätte auch Exkurse über seine politischen Leistungen und Taten ermöglicht, doch offensichtlich hielt er dies nicht für angemessen und zog es vor, einem aktuellen, aus seiner schriftstellerischen Tätigkeit erwachsenden Erfordernis zu entsprechen, nämlich seine gegenwärtige Beschäftigung vor Kritik und Tadel in Schutz zu nehmen.[188] Dieses Anliegen wird besonders deutlich im Proömium zum ersten Buch *De finibus*, das im folgenden in den Mittelpunkt der Betrachtung gestellt wird. Hiervon ausgehend werden sodann weitere Stellen und Argumentationen in anderen Schriften herangezogen.

Zu Beginn dieses Proömiums zeigt sich Cicero gewappnet für die Kritik an seinem Tun und reflektiert zunächst überblicksartig deren Facetten (*fin.* I 1).[189] In der Kritik sieht Cicero die Philosophie an sich, das Ausmaß an Mühe und Arbeit, das er investiere, sowie die Verwendung der lateinischen Sprache; zudem werde die Angemessenheit dieser Beschäftigung für seine *persona* und seine *dignitas* in Frage gestellt. Diesen einzelnen Kritikpunkten wendet er sich

---

[187] Vgl. *orat.* 12.

[188] Zur Einbürgerung und Stellung der Philosophie in Rom siehe den Überblick bei Bringmann, K.: Die Bedeutung der Philosophie in Rom zur Zeit der späten Republik, in: Piepenbrink, K. (Hg.): Philosophie und Lebenswelt in der Antike, Darmstadt 2003, 149-164 sowie Süss (1966) 162ff. und Powell, J.G.F. (Hg.): Cicero the Philosopher. Twelve Papers, Oxford 1995, (Introduction) 1-35.

[189] Ähnlich *nat. deor.* I 6.

nacheinander zu (*fin.* I 2-12), um sie zu entkräften.[190] Die Gegner der Philosophie an sich handelt er schnell ab unter Verweis auf seine Verteidigung der Philosophie im *Hortensius* (*fin.* 2).[191] Dem Anliegen derer, die ein maßvolles Betreiben der Philosophie fordern, begegnet er mit der Berufung auf die Unbegrenztheit der Sache, nämlich der Philosophie, und postuliert ein „ganz oder gar nicht" für die Beschäftigung mit ihr (*fin.* I 2-3).[192] Cicero fordert für sich das Recht ein, sich dem Schreiben zu widmen und dabei Mühe und Arbeit zu investieren (*fin.* I 3): *Sin laboramus, quis est, qui alienae modum statuat industriae?* Er will es also seinem eigenen Urteil überlassen wissen, wofür und in welchem Maße er sich engagiert. Wie schon im autobiographischen Schlußteil des *Brutus* schreibt sich Cicero selbst *industria* zu, dort rückblickend auf seine Ausbildung bezogen, hier zur Charakterisierung seines gegenwärtigen Tuns.

Die Abhandlung der Kritik an der Abfassung in lateinischer Sprache schätzt Cicero als schwieriger ein (*fin.* I 4: *Iis igitur est difficilius satis facere, qui se Latina scripta dicunt contemnere*) und widmet ihr dann auch auffallend breiten Raum (*fin.* I 4-11). Sein Plädoyer für die Verwendung der lateinischen Sprache anstelle der griechischen nimmt seinen Anfang bei einer generellen Besinnung auf die eigene Sprache und Kultur (*fin.* I 4-5). Als weiteres Argument führt er an, daß er sich nicht mit dem Übersetzen begnüge, sondern Eigenes in die Darlegung einbringe (*nostrum iudicium et nostrum scribendi ordinem*)[193], und fragt (*fin.* I 6): *quid habent, cur Graeca anteponant iis, quae et splendide dicta sint neque sint conversa de Graecis?* Daß die Themen bereits von den Griechen behandelt wurden, läßt Cicero nicht als Argument gegen eine lateinische Darstellung gelten und beruft sich auf Beispiele für eine mehrfache Bearbeitung derselben Themen innerhalb der griechischen Literatur. Plakativ vergleicht er sein eigenes Vorgehen mit dieser griechischen Praxis, indem er fragt (*fin.* I 6): *Quodsi Graeci leguntur a Graecis isdem de*

---

[190] Die Einleitung zur Auseinandersetzung mit den einzelnen Kritikpunkten erinnert an die Entkräftung gegnerischer Argumente in einem Prozeß (*fin.* 2): *Contra quos omnis dicendum breviter existimo.* Vgl. beispielsweise *Mur.* 11.

[191] Hieran erinnert Cicero auch an anderen Stellen, vgl. *Tusc.* II 4; III 6; *div.* II 1.

[192] *fin.* I 2: *Qui autem, si maxime hoc placeat, moderatius tamen id volunt fieri, difficilem quandam temperantiam postulant in eo quod semel admissum coerceri reprimique non potest, ut propemodum iustioribus utamur illis qui omnino avocent a philosophia quam his qui rebus infinitis modum constituant in reque eo meliore quo maior sit mediocritatem desiderent.* Ähnlich auch *Tusc.* II 1: *Neoptolemus quidem apud Ennium philosophari sibi ait necesse esse, sed paucis; nam omnino haud placere: ego autem, Brute, necesse mihi quidem esse arbitror philosophari – nam quid possum, praesertim nihil agens, agere melius? – sed non paucis, ut ille. Difficile est enim in philosophia pauca esse ei nota, cui non sint aut pleraque aut omnia. Nam nec pauca nisi e multis eligi possunt nec, qui pauca perceperit, non idem reliqua eodem studio persequetur.*

[193] Nähere Erläuterungen zu seiner Vorgehensweise und seinem Umgang mit den griechischen Vorbildern gibt er in *fin.* I 7. Vgl. dazu auch Auvray-Assayas 241f.

rebus alia ratione compositis, quid est cur nostri a nostris non legantur? Die hier zum Ausdruck kommende Dichotomie *Graeci – nostri* ist grundlegend für Ciceros Argumentation, zunächst als Ausgangspunkt, da sie die beiden prinzipiell zur Wahl stehenden Alternativen repräsentiert, nämlich die griechische und die lateinische Sprache. Cicero nimmt in seiner Argumentation das Griechische als Gegenpol ernst und nutzt es zugleich als Angelpunkt für das eigene Plädoyer. Hat er bisher noch eine Besinnung auf die eigene Sprache eingefordert und für ihre Aufwertung im Vergleich zur griechischen geworben[194], so postuliert er nun sogar ihren Vorrang (*fin.* I 10):

> *... sed ita sentio et saepe disserui, Latinam linguam non modo non inopem, ut vulgo putarent, sed locupletiorem etiam esse quam Graecam. Quando enim nobis, vel dicam aut oratoribus bonis aut poetis, postea quidem quam fuit quem imitarentur, ullus orationis vel copiosae vel elegantis ornatus defuit?*

Die Leistung der römischen Redner und Dichter wird herangezogen als Beleg für den Wert der Sprache, derer sie sich bedienen. Deutlich klingt ein patriotisches Selbstbewußtsein heraus, das auch schon zu Beginn in der Formulierung *sermo patrius* angelegt war.[195] Aus der bezüglich der Sprachfragen zunächst einmal gegebenen Dichotomie *Graeci – nostri* leitet Cicero so ein Argument für die lateinische Sprache ab, indem er den zeitgenössischen Leser „bei der Ehre packt". Womit könnte er einen Römer besser für seinen Standpunkt gewinnen als durch die Vergegenwärtigung von Römischem? Die Frage, welche Sprache man verwendet, um sich mit Philosophie zu beschäftigen, wird damit auf einer höheren Ebene beantwortet im Sinne einer Abgrenzung und Aufwertung des „Eigenen" gegenüber dem „Fremden".[196] Die Legitimation des Lateinischen wird von Cicero sodann abschließend in direkten Zusammenhang mit der Pflichterfüllung gegenüber dem Staat gestellt:

---

[194] Vgl. auch *nat. deor.* I 8: *Complures enim Graecis institutionibus eruditi ea quae didicerant, cum civibus suis communicare non poterant, quod illa quae a Graecis accepissent Latine dici posse diffiderent; quo in genere tantum profecisse videmur, ut a Graecis ne verborum quidem copia vinceremur.*

[195] Noch deutlicher und mit Ausdehnung auf weitere Lebensbereiche postuliert Cicero den Vorrang Roms vor Griechenland in *Tusc.* I 1ff. und rückt dabei den patriotischen Aspekt der *aemulatio* in den Vordergrund (vgl. Bringmann [1971] 105): ... *hoc mihi Latinis litteris inlustrandum putavi, non quia philosophia Graecis et litteris et doctoribus percipi non posset, sed meum semper iudicium fuit omnia nostros aut invenisse per se sapientius quam Graecos aut accepta ab illis fecisse meliora, quae quidem digna statuissent, in quibus elaborarent.* (2) *Nam mores et instituta vitae resque domesticas ac familiaris nos profecto et melius tuemur et lautius, rem vero publicam nostri maiores certe melioribus temperaverunt et institutis et legibus* [...].

[196] Zu der generellen Frage nach der römischen Haltung gegenüber der griechischen Kultur siehe Wisse (2002) 334ff.

> ... *Ego vero, quoniam forensibus operis, laboribus, periculis non deseruisse mihi videar praesidium in quo a populo Romano locatus sum, debeo profecto, quantumcumque possum, in eo quoque elaborare ut sint opera, studio, labore meo doctiores cives mei,* ...

Durch die Berufung auf seine vergangene konstante Pflichterfüllung *forensibus operis, laboribus, periculis* gegenüber dem Staat, die dem Willen des römischen Volkes entsprach, fordert Cicero Akzeptanz ein für die Art von Pflichterfüllung, der er sich gegenwärtig widmet. Die Wahl der lateinischen Sprache dient der Bildung der Mitbürger und somit letztlich dem Gemeinwesen. Die Legitimation der Beschäftigung mit der Philosophie und ihrer Darstellung in lateinischer Sprache leitet sich also aus dem Nutzen für das Gemeinwesen ab. So interpretiert er sein jetziges Tun als Fortführung des Dienstes am Staat, insbesondere an den Mitbürgern, und zwar unter Investition ähnlicher Mühen wie zuvor (*opera, studio, labore*). Cicero erzeugt so Kontinuität: Die Pflicht gegenüber dem Gemeinwesen erscheint damit auch unter geänderten äußeren Bedingungen als seine oberste Maxime (*debeo profecto, quantumcumque possum*). Die so gestiftete Kohärenz und Konstanz in dem Bild seiner Person verbürgt ihre Identität, verstanden als eine immer gleichbleibende und daher verläßliche Gesinnung. Damit entspricht Ciceros Strategie dem Identitätsmotiv, das Fuhrmann bei Isokrates' *Antidosis* als „Konstituens des autobiographischen Ich"[197] herausstellt: die Verkündigung des Anspruches, „stets derselbe gewesen" zu sein. Denn auch bei Isokrates steht der „Nachweis konsequenten Verhaltens"[198] im Dienst der Selbstrechtfertigung. Durch die Deutung der Beschäftigung mit Philosophie als Dienst an den Mitbürgern und am Staat verschafft sich Cicero also die bestmögliche Legitimation für sein Tun, dessen Vereinbarkeit mit seiner *dignitas*[199] er im folgenden durch den Hinweis auf die Bedeutsamkeit des philosophischen Themas, das er sich in *De finibus* zu behandeln vorgenommen hat, unterstreicht (*fin.* I 11).[200]

Die Deutung des eigenen Tuns als Pflichterfüllung im Hinblick auf die Bildung der Mitbürger kommt auch im Proömium zum zweiten Buch *De divinatione* zum Ausdruck. Dort stellt er die Vermittlung der Wissenschaft als Antwort dar, die er sich selbst auf die Frage gegeben habe, wie er seinen Dienst am Staat fortführen und möglichst vielen nützen könne (*div.* II 1):

[197] Fuhrmann (1979b) 688.

[198] Ebd. 686. Vgl. dazu auch Holdenried 88.

[199] Vgl. auch *ac.* 1, 11: *Aut enim huic aetati hoc maxime aptum est, aut his rebus si quas dignas laude gessimus hoc in primis consentaneum, aut etiam ad nostros cives erudiendos nihil utilius, aut si haec ita non sunt nihil aliud video quod agere possimus.*

[200] *fin.* I 11: *Qua de re cum sit inter doctissimos summa dissensio, quis alienum putet eius esse dignitatis, quam mihi quisque tribuat, quid in omni munere vitae optimum et verissimum sit exquirere?*

Quaerenti mihi multumque et diu cogitanti quanam re possem prodesse quam plurimis, ne quando intermitterem consulere rei p., nulla maior occurrebat, quam si optimarum artium vias traderem meis civibus; quod conpluribus iam libris me arbitror consecutum.

Auch hier erklärt sich der Weg über die lateinische Sprache aus der Bildungsabsicht den eigenen Mitbürgern gegenüber, nun besonders der Jugend (*div.* II 4):

Quod enim munus rei p. adferre maius meliusve possumus quam si docemus atque erudimus iuventutem, his praesertim moribus atque temporibus, quibus ita prolapsa est ut omnium opibus refrenanda ac coercenda sit?

Basierend auf der Annahme, daß diese Stelle zu dem nach der Ermordung Caesars entstandenen Teil des Proömiums gehört[201], leitet Wassmann die Folgerung ab, daß für Cicero die Krise des Gemeinwesens nicht durch das Ende der Alleinherrschaft beendet ist: „Die Krise des Gemeinwesens ist für Cicero vor allem eine *moralische* Krise; sie kann mit dem Heilmittel der Philosophie überwunden werden. Damit gewinnt das Motiv der philosophischen Bildung eine neue, stark *politisch* geprägte Bedeutung: Mit seinen Schriften zur Philosophie sucht Cicero dadurch dem Gemeinwesen eine sichere und dauerhafte Grundlage für die Zukunft zu geben, daß er Einfluß nimmt auf die Erziehung der Jugend, also der künftigen Führungsschicht des Staates."[202] Dabei ist es wichtig zu vergegenwärtigen, daß Cicero hier diese Deutung seines Tuns explizit vorgibt. Er verfolgt mit seinen Schriften nicht nur das Ziel, derartigen Einfluß zu nehmen, sondern auch, dies offenkundig zu machen. Im Proömium zu *De natura deorum* (I 7) liegt der Nutzen für das Gemeinwesen, den Cicero dieser Vermittlung von Bildung über die lateinische Sprache zuschreibt, in *decus* und *laus civitatis*:

Nam cum otio langueremus et is esset rei publicae status, ut eam unius consilio atque cura gubernari necesse esset, primum ipsius rei publicae causa philosophiam nostris

---

201 Vgl. Schäublin, Chr. (Hg.): Marcus Tullius Cicero: Über die Wahrsagung / De divinatione, Lateinisch-deutsch, Darmstadt 1991, 343; anders Ruch 296.

202 Wassmann 63. Dazu Ruch 296: „La valeur scientifique de l'œuvre passe à l'arrière-plan pour céder la place à sa fonction pédagogique et éducatrice." Zur politischen Absicht hinter der Wendung an die Jugend siehe auch Bringmann (1971) 192f., der hierin eine Verlagerung der Wirkungsabsichten Ciceros sieht: „Unter dem Nutzen, den das philosophische Werk den Bürgern und der res publica gebracht hat, werden nicht mehr wie vorher die Mehrung von Ruhm und Ehre des römischen Namens oder die Erweiterung und Vertiefung der Bildung in Rom verstanden, sondern die politische Erziehung der Bürger, die Übermittlung der ‚optimarum artium viae' an die Jugend." Vgl. auch Bringmann (2003) 160. Der Gedanke, daß die Wissenschaft den Bürger für seinen Dienst am Gemeinwesen rüstet, findet sich auch in *off.* I 155 unter Berufung auf die eigene Leistung. Vgl. auch *div.* II 3: ... *in primisque quoniam philosophia vir bonus efficitur et fortis ...*; damit bestätigt sich die Ansicht Wassmanns, daß die politische Bedeutung der Bildung verstärkt in den Schriften propagiert wird, die nach der Ermordung Caesars entstanden.

> *hominibus explicandam putavi magni existimans interesse ad decus et ad laudem civitatis res tam gravis tamque praeclaras Latinis etiam litteris contineri.*

In *Tusc.* II 5 treten der patriotische Impetus und das Konkurrenzdenken gegenüber Griechenland im Zusammenhang mit diesem Ruhmesgedanken besonders deutlich hervor:[203]

> *Quam ob rem hortor omnis qui facere id possunt, ut huius quoque generis laudem iam languenti Graeciae eripiant et transferant in hanc urbem, sicut reliquas omnis, quae quidem erant expetendae, studio atque industria sua maiores nostri transtulerunt.*

Das in *nat. deor.* I 7 anklingende Thema der durch die politischen Umstände aufgezwungenen Muße (*cum otio langueremus ...*) behandelt Cicero ausführlich in *De officiis* II 2ff. Auch dort vermerkt er Kritik an der Philosophie und an der Mühe, die er auf sie verwendet (*tantum ... operae et temporis*), und beruft sich wiederum darauf, seine Pflicht gegenüber dem Staat erfüllt zu haben: *Ego autem, quam diu res publica per eos gerebatur quibus se ipsa commiserat, omnes meas curas cogitationesque in eam conferebam.* Angesichts der Änderung der politischen Umstände, die er deutlich auf das Machtstreben Caesars zurückführt, ohne ihn beim Namen zu nennen (*cum autem dominatu unius omnia tenerentur ...*), habe er sich weder Ängsten noch Vergnügungen hingegeben (*nec me angoribus dedidi ... nec rursum indignis homine docto voluptatibus*). Die Änderung seines eigenen Handelns leitet Cicero aus der geänderten politischen Lage ab, denn, so führt er weiter aus, wenn das Gemeinwesen noch bestünde, dann investierte er seine Mühe eher ins Handeln denn ins Schreiben, aber dafür seien mit dem Gemeinwesen auch die Gelegenheiten verschwunden (*off.* II 3): *Cum autem res publica, in qua omnis mea cura cogitatio opera poni solebat, nulla esset omnino, illae scilicet litterae conticuerunt forenses et senatoriae.*[204] Die Beschäftigung mit der Philosophie wird von Cicero nun als das Füllen des Vakuums beschrieben, das durch die Änderungen der politischen Verhältnisse entstanden ist (*off.* II 4):[205]

> *Nihil agere autem cum animus non posset, in his studiis ab initio versatus aetatis, existimavi honestissime molestias posse deponi, si me ad philosophiam retulissem. Cui*

---

[203] Dies entspricht den klaren Worten, mit denen Cicero im Proömium zum ersten Buch der Tusculanen (I 1-2) den Vorrang Roms vor Griechenland herausstellt.

[204] Vgl. das von Sorgfalt und Umsicht geprägte Bild, das Cicero von sich in vielen Reden vermittelt.

[205] Vgl. auch *Tusc.* I 1: *Cum defensionum laboribus senatoriisque muneribus aut omnino aut magna ex parte essem aliquando liberatus, rettuli me, Brute, te hortante maxime ad ea studia, quae retenta animo, remissa temporibus, longo intervallo intermissa revocavi ...*; *Tusc.* II 1: *Ego autem, Brute, necesse mihi quidem esse arbitror philosophari – nam quid possum, praesertim nihil agens, agere melius?* Zur Philosophie als Ersatz für die verlorene Führungsposition siehe auch *ac.* 1, 11; 2, 6; *nat. deor.* I 7; *div.* II 6f.; *off.* II 3f.; III 2f. Diese Darstellung findet ihre Entsprechung in einem Brief an den Bruder Quintus (*ad Q. fr.* 3, 5, 4), aus dem herausklingt, wie sehr Cicero den Verlust seiner Einflußmöglichkeiten beklagt.

cum multum adulescens discendi causa temporis tribuissem posteaquam honoribus inservire coepi meque totum rei publicae tradidi, tantum erat philosophiae loci, quantum superfuerat amicorum et reipublicae tempori. Id autem omne consumebatur in legendo, scribendi otium non erat.[206]

Cicero legt Wert darauf zu betonen, daß er sich schon von Jugend an mit Philosophie beschäftigte – eine Versicherung, die sich auch in anderen Schriften findet[207] –, erklärt aber die Tatsache, daß er sich erst jetzt mit ihrer schriftlichen Niederlegung befasse, damit, daß die Muße zuvor dazu nicht ausreichte. Damit erzeugt er den Eindruck von Kontinuität, so daß die aktuelle Beschäftigung als nicht prinzipiell neu erscheint, und proklamiert damit seine charakterliche Konstanz, auf die er, wie schon mehrfach deutlich wurde, in seinen autobiographischen Schriften generell Wert legte, und unterstreicht zugleich die Ernsthaftigkeit seines Bemühens.[208] Indem er dann aber herausstellt, daß er sich bisher keine Zeit für die schriftliche Abfassung *nahm*, macht er noch einmal seine Prioritäten deutlich, nämlich den prinzipiellen Vorrang der Pflichterfüllung: Demnach gestand er der Philosophie in einem funktionierenden Staat nur soviel zu, wie nach dem Engagement für Staat und Freunde übrigblieb.[209] Diese Position vertrat er auch schon in seiner Rede für Archias (62 v. Chr.), indem er versicherte, daß er es nie an Einsatz für andere habe fehlen lassen und man ihm keinen Vorwurf daraus machen könne, wenn er die freie Zeit, die andere mit Vergnügungen zubrächten, für die Philosophie inve-

---

206 Ähnlich *Tusc.* I 1.

207 *de orat.* I 2; *rep.* I 7; *Arch.* 1; *Mur.* 61f.; *ac.* 1, 11; *Tusc.* I 1; V 5; *orat.* 12.; siehe auch *fam.* 1, 9, 23; 15, 4, 16. Vgl. auch Zetzel, J.E.G.: Cicero, De re publica, Cambridge 1995, 105. Dezidiert setzt er sich mit diesem Aspekt in *nat. deor.* I 6 auseinander und beruft sich dabei auf seine rednerische Tätigkeit als Zeugnis für seine Auseinandersetzung mit der Philosophie sowie auf seine Lehrer: *Multum autem fluxisse video de libris nostris, quos compluris brevi tempore edidimus, variumque sermonem partim admirantium unde hoc philosophandi nobis subito studium extitisset* [...]. *Nos autem nec subito coepimus philosophari nec mediocrem a primo tempore aetatis in eo studio operam curamque consumpsimus, et cum minime videbamur tum maxime philosophabamur; quod et orationes declarant refertae philosophorum sententiis et doctissimorum hominum familiaritates, quibus semper domus nostra floruit, et principes illi Diodotus Philo Antiochus Posidonius a quibus instituti sumus.* Siehe dazu auch Auvray-Assayas 249f.

208 Die in der modernen Autobiographieforschung getroffene Feststellung, daß autobiographisches Schreiben nicht Rekonstruktion, sondern auf Kohärenzstiftung bedachte Konstruktion der Identität und Einheit eines Lebens ist (siehe dazu hier 23ff.), trifft somit auch auf Cicero zu.

209 Dementsprechend legt Cicero übrigens in seinen Dialogen Wert darauf, beim Entwurf der Szenerie deutlich zu machen, daß die Gespräche unter Bedingungen abliefen, die die Erfüllung öffentlicher Pflichten seitens der Dialogpartner nicht beeinträchtigten, vgl. Levine 147 unter Verweis auf *De re publica* und *De natura deorum*. Dieses Erklärungsmuster zieht Cicero in den *Topica* auch zur Erläuterung seiner Griechenlandreise heran (*top.* 5): *... ut autem a te discessi in Graeciam proficiscens, cum opera mea nec res publica nec amici uterentur nec honeste inter arma versari possem, ne si tuto quidem id mihi liceret ...*

stiere.[210] Und auch in *De consulatu suo* ließ er die Muse Urania seine Studien zwar lobend hervorheben, ihnen dabei aber eindeutig den zweiten Rang nach dem Dienst am Staat zuweisen (*div.* I 22): *quod patria vacat his studiis nobisque sacrasti.* Somit kann festgestellt werden, daß die Darstellung seiner vergangenen Haltung zu der Philosophie und ihrem Rang in seiner Werteskala, die Cicero in *De officiis* präsentiert, nicht erst aus der Erfahrung der politischen Entwicklung heraus nachträglich so konstruiert wurde, sondern er diesen Standpunkt schon vorher in dieser Weise vertrat. Damit entsprach er natürlich, wie bei der Interpretation von *Pro Archia* gezeigt, dem römischen Primat der Pflichterfüllung – die Philosophie wird der Zeit der Muße zugewiesen, und die aktuelle Aufmerksamkeit, die die Philosophie erhält, erklärt sich letztlich daraus, daß diese Muße in der gegenwärtigen Lage so viel Raum einnimmt.[211] Hier in *De officiis* erscheint nun die schriftliche Abfassung als die angesichts der Umstände noch sinnvollste und nützlichste Beschäftigung: *Maximis igitur in malis hoc tamen boni adsecuti videmur, ut ea litteris mandaremus quae nec erant satis nota nostris et erant cognitione dignissima.* Angesichts der Abfassungszeit von *De officiis* (Herbst 44 v. Chr., also nach Caesars Ermordung) und der Thematik der Schrift verwundert weder die starke Akzentuierung des Pflichtgedankens noch Ciceros Stellungnahme zur politischen Entwicklung, die übrigens in *off.* III 2-4 noch deutlicher ausfällt. Die postulierte weitgehende Unabhängigkeit der Proömien von der jeweiligen

---

[210] *Arch.* 12f.: ... *me autem quid pudeat qui tot annos ita vivo, iudices, ut a nullius umquam me tempore aut commodo aut otium meum abstraxerit aut voluptas avocarit aut denique somnus retardit?* (13) *Qua re quis tandem me reprehendat, aut quis mihi iure suscenseat, si, quantum ceteris ad suas res obeundas, quantum ad festos dies ludorum celebrandos, quantum ad alias voluptates et ad ipsam requiem animi et corporis conceditur temporum, quantum alii tribuunt tempestivis conviviis, quantum denique alveolo, quantum pilae, tantum mihi egomet ad haec studia recolenda sumpsero?* Vgl. *off.* II 2: ... *nec me angoribus dedidi* ... *nec rursum indignis homine docto voluptatibus*...

[211] Im Proömium zum dritten Buch *De officiis* macht Cicero deutlich, daß dieses gegenwärtige *otium* für ihn keineswegs erstrebenswert ist, da es erzwungen und nicht demjenigen angemessen ist, der einst dem Staat zu *otium* verhalf: (2)... *nostrum autem otium negotii inopia non requiescendi studio constitutum est. Extincto enim senatu deletisque iudiciis, quid est quod dignum nobis aut in curia aut in foro agere possimus?* (3) *Ita qui in maxima celebritate atque in oculis civium quondam vixerimus, nunc fugientes conspectum sceleratorum, quibus omnia redundant, abdimus nos quantum licet et saepe soli sumus.* [...] *otio fruor, non illo quidem quo debeat is qui quondam peperisset otium civitati, nec eam solitudinem languere patior quam mihi adfert necessitas, non voluntas.* (4) [...] *Nos autem, qui non tantum roboris habemus ut cogitatione tacita a solitudine abstrahamur, ad hanc scribendi operam omne studium curamque convertimus. Itaque plura brevi tempore eversa quam multis annis stante re publica scripsimus.* Aus diesem letzten Satz kann man fast Ciceros Bedauern darüber herauslesen, daß er überhaupt Zeit zum Schreiben hatte, weil dies eben nur aufgrund der unglücklichen Lage des Staates möglich war.

Schrift an sich[212] muß bezüglich der autobiographischen Passagen also eingeschränkt werden.

Der Gedanke, daß die Beschäftigung mit der Philosophie eine Fortführung des Dienstes am Mitbürger und am Staat ist, und zwar im Sinne eines Ersatzes für verlorene Einflußmöglichkeiten, tritt auch im Proömium zum zweiten Buch *De divinatione* deutlich hervor (*div.* II 7):

> *Quod cum accidisset nostrae rei p., tum pristinis orbati muneribus haec studia renovare coepimus ut et animus molestiis hac potissimum re levaretur et prodessemus civibus nostris qua re cumque possemus. In libris enim sententiam dicebamus contionabamur, philosophiam nobis pro rei p. procuratione substitutam putabamus. Nunc quoniam de re p. consuli coepti sumus, tribuenda est opera rei p., vel omnis potius in ea cogitatio et cura ponenda, tantum huic studio relinquendum quantum vacabit a publico officio et munere.*

Mit dieser Stellungnahme unterstreicht Cicero zudem, daß es ihm ernst ist mit dem Vorbehalt, daß diese Art des Dienstes am Staat Zeiten vorbehalten ist, in denen keine anderen Möglichkeiten bestehen, und daß er bereit ist, die Philosophie nun (*nunc quoniam*), da sich wieder andere Möglichkeiten abzeichnen, auf ihren Platz zu verweisen. Aus der Perspektive des Jahres 44, wohl bezüglich der hier zitierten Stelle nach der Ermordung Caesars[213], erscheinen die philosophischen Studien als zwischenzeitlich, aufgrund äußeren Drucks lediglich in der Form veränderter Dienst am Staat[214], der zu seiner gewohnten Gestalt zurückfindet, sobald es die äußeren Bedingungen wieder zulassen. Vor diesem Hintergrund kann man den Überblick[215], den Cicero in diesem Proömium über sein bisheriges philosophisches Werk gibt (*div.* II 1-3)[216], als Widerspiegelung seiner Überzeugung werten, „daß sein philosophisches Werk zu einem gewissen Abschluß gekommen sei. Nicht daß er meinte, die Aufgabe, die er sich gestellt hatte, sei bewältigt [...]. Nur glaubte er, mit der Beseitigung des ‚Tyrannen' sei ihm die Möglichkeit zu politischem Wirken wiedergegeben, so daß ihm für die Fortsetzung des Begonnenen keine Zeit mehr bleibe [...].“[217] Damit ist dann zugleich eine rückblickende wie eine vorausschauende Perspektive verbunden: rückblickend in dem Sinne, daß Cicero Zeugnis ablegt über seine Beschäftigung während der Zeit der aufge-

[212] z.B. Becker (1938) 10.
[213] Vgl. hier 339.
[214] Vgl. Wassmann 56.
[215] Vgl. zu dieser Auflistung Schofield, M.: Cicero For and Against Divination, JRS 76 (1986), 47-65, h. 48f.
[216] Dies ist nicht die einzige Gelegenheit, bei der Cicero in seinen Schriften andere erwähnt, vgl. *de orat.* I 5; *leg.* I 1; II 7; II 23; III 13; *orat.* 23; 35; 102; 225; *fin.* I 11; II 59; *Tusc.* II 4; III 6; *nat. deor.* I 11; *div.* I 9; I 17ff.; II 14; II 47; II 148; *fat.* 1; *Lael.* 4; 5; *top.* 94; *off.* I 2; I 77; II 8; II 51.
[217] Bringmann (1971) 191f.

zwungenen Muße, vorausschauend in Hinsicht auf sich wieder neu eröffnende Möglichkeiten politischer Einflußnahme.

> Conscient d'être arrivé à un moment crucial de son existence, au lendemain des *Ides de Mars*, Cicéron jette un coup d'œil rétrospectif sur son œuvre d'écrivain et de philosophe, bref, sur la manière dont il a utilisé son *otium*. Ce n'est plus en philosophe qu'il parle, mais en homme politique, considérant cette discipline non comme une valeur en soi, mais comme un palliatif [...]. Le *prooemium* tout entier est dominé par la perspective de sa rentrée sur la scène politique.[218]

Man kann dieses Vorgehen Ciceros, bei Erreichen eines gewissen Endpunktes der eigenen Entwicklung oder Geschichte angekommen, einen Überblick über das geschaffene Werk zu geben, als Vorstufe der von Augustinus begründeten Gattung der *Retractationes*[219] betrachten. Doch während es Augustinus darum geht, Irrtümer in seinem Werk zu korrigieren und Entwicklungen seines Denkens aufzuzeigen, steht für Cicero der Rechenschaftsbericht über die Zeit der unfreiwilligen Muße im Vordergrund sowie das Anliegen, den Zusammenhang zwischen den einzelnen Schriften aufzuzeigen.

In Ciceros Werken finden sich weitere Äußerungen bezüglich des Nutzens der Philosophie. Diesen sieht er nicht nur in der Bildung der Mitbürger, sondern auch in der Ausbildung der Redner. Schon in der Rede *Pro Archia* führt er seine eigene Redefähigkeit auf diese Studien zurück (*Arch.* 13). Im Proömium des *Orator* (12) stellt er die Verbindung von Philosophie und Rhetorik heraus und versichert: ... *fateor me oratorem, si modo sim aut etiam quicumque sim, non ex rhetorum officinis sed ex Academiae spatiis exstitisse.*[220] Die eigene aktuelle Stellung als Redner wird hier auf philoso-

---

[218] Ruch 296. Ähnlich Süss (1966) 120f.; Schäublin 343 allerdings sieht die Zäsur nicht zwischen dem ersten und zweiten Buch, sondern innerhalb des zweiten Proöms: Die erste Hälfte (1-4) spiegele noch Ciceros Stimmung unter der Alleinherrschaft wider, die zweite (4-7) verleihe dem neuerwachten Selbstbewußtsein nach Caesars Ermordung Ausdruck. Hierauf stützt sich Wassmann 62.

[219] In den 426/427, also gegen Ende seines Lebens, entstandenen *Retractationes* unterzieht Augustinus seine Werke einer systematischen kritischen Revision, vgl. dazu Fitzgerald, A.D.: Augustine through the Ages. An Encyclopedia (1999), s.v. „Retractationes", 723f. mit weiterführenden Literaturangaben, vgl. auch Pollmann, K.: DNP 2 (1997), s.v. „Augustinus", 293-300, h. 294. Eine kritische Haltung gegenüber dem eigenen früheren Schaffen nimmt auch Cicero ein, vgl. *de orat.* I 5 über *De inventione*.

[220] Mit der philosophischen Bildung erfüllt er eine der Anforderungen, die er an den *orator perfectus* stellt, vgl. *orat.* 14: *Positum sit igitur in primis, quod post magis intellegetur, sine philosophia non posse effici quem quaerimus eloquentem, non ut in ea tamen omnia sint, sed ut sic adiuvet ut palaestra histrionem* ...; vgl. auch *orat.* 113-119. Siehe Narducci, E.: *Orator* and the Definition of the Ideal Orator, in: May, J. M. (Hg.): Brill's Companion to Cicero. Oratory and Rhetoric, Leiden/Boston/Köln 2002, 427-443, (= 2002b). Seinen Anschluß an die Neue Akademie rechtfertigt Cicero auch an anderen Stellen, vgl. *ac.* 1, 7; *Tusc.* II 4; *nat. deor.* I 11f. Beide Aspekte, die Verteidigung des Anschlusses an die Neue

phische Studien zurückgeführt, der eigene Werdegang dient als Exemplum für den postulierten Nutzen der Philosophie. Seine persönliche Erfahrung zieht Cicero auch in *Tusc.* II 9 heran, um die Bedeutung der Philosophie für die Rhetorik zu untermauern, indem er das *de omnibus rebus in contrarias partis disserere* als Verknüpfungspunkt markiert, der ihn selbst besonders angesprochen habe:

> *Itaque mihi semper Peripateticorum Academiaeque consuetudo de omnibus rebus in contrarias partis disserendi non ob eam causam solum placuit, quod aliter non posset, quid in quaque re veri simile esset, inveniri, sed etiam quod esset ea maxima dicendi exercitatio. Qua princeps usus est Aristoteles, deinde eum qui secuti sunt. Nostra autem memoria Philo, quem nos frequenter audivimus, instituit alio tempore rhetorum praecepta tradere, alio philosophorum: ad quam nos consuetudinem a familiaribus nostris adducti in Tusculano, quod datum est temporis nobis, in eo consumpsimus.*

Die Zusammengehörigkeit der Bereiche Philosophie und Rhetorik[221] wird nicht nur sachlich begründet, sondern durch die selbst bei einem Lehrer erlebte Praxis unterstrichen – Cicero wertet also seine persönliche Erfahrung argumentativ aus, indem er sie als Beleg heranzieht.

Auch für eine weitere wichtige Funktion der Philosophie, nämlich ihre Eignung als *animi medicina*[222], präsentiert sich Cicero selbst als Gewährsmann. Denn seine Hinwendung zur Philosophie erklärt er an verschiedenen Stellen mit seiner Hoffnung, darin eine Linderung seines seelischen Schmerzes über den Tod seiner Tochter zu finden.[223] Daß die Philosophie für ihn persönlich diesen Zweck erfüllte, macht er deutlich, wenn er in *div.* II 3 über seine *Consolatio* sagt: *quae mihi quidem ipsi sane aliquantum medetur; ceteris item multum illam profuturam puto.*

Akademie und die Betonung der Verbindung von Rhetorik und Philosophie, finden sich in *nat. deor.* I 6.

[221] Vgl. *nat. deor.* I 6.

[222] *Tusc.* III 6: *Est profecto animi medicina, philosophia; cuius auxilium non ut in corporis morbis petendum est foris, omnibusque opibus viribus, ut nosmet ipsi nobis mederi possimus, elaborandum est.*

[223] Vgl. die Stellenangaben bei Pease, A.S: M. Tulli Ciceronis De natura deorum (2 Bde), New York 1979 (Nachdruck der Ausgabe Cambridge 1955-1958), 145ff.; *off.* II 4: *in his studiis ab initio versatus aetatis existimavi honestissime molestias posse deponi si me ad philosophiam retulissem. nat. deor.* I 9: *Hortata etiam est ut me ad haec conferrem animi aegritudo fortunae magna et gravi commota iniuria; cuius si maiorem aliquam levationem reperire potuissem, non ad hanc potissimum confugissem. Ea vero ipsa nulla ratione melius frui potui quam si me non modo ad legendos libros sed etiam ad totam philosophiam pertractandam dedissem. ac.* 1, 11: *nunc vero et fortunae gravissimo percussus vulnere et administratione rei publicae liberatus doloris medicinam a philosophia peto et otii oblectationem hanc honestissmam iudico.* Vgl. auch *Tusc.* V 5; V 121; *div.* II 7. Siehe auch *fam.* 4, 6, 2; 12, 23, 4; *Att.* 12, 14, 3; 12, 15; 12, 18, 1; 12, 20, 2; 12, 21, 5; 12, 38, 1. Bringmann (1971) 91 hält die Bedeutung, die in diesem Zusammenhang dem Tod der Tochter beigemessen wird, für übertrieben.

Die Argumentation, mit der Cicero seine Beschäftigung mit der Philosophie rechtfertigt, läßt sich demnach wie folgt zusammenfassen: Sie stellt keine Beeinträchtigung seiner Pflichterfüllung gegenüber dem Staat dar, denn er hat seine Pflicht gegenüber dem Staat erfüllt, solange dies möglich war; daß er sich jetzt, in der Zeit aufgezwungener Muße, mit ihr beschäftigt, ist aus verschiedenen Gründen nicht tadelnswert. Diese Betätigung ist nichts prinzipiell Neues, sondern war schon immer Teil seiner Ausbildung, und sie ist außerdem angemessen für sein Alter und seinen Rang. Diese eher defensive Argumentation wird durch eine offensive ergänzt in Form der Proklamation des Nutzens für private Trauerbewältigung, die Ausbildung des Redners, die Bildung der Mitbürger und dadurch für das Gemeinwesen überhaupt.[224] Und in der Interpretation der philosophischen Studien als Fortführung des Dienstes am Staat liegt der Schlüssel zu ihrer Legitimation. Der in den autobiographischen Äußerungen vollzogene Rückgriff auf vergangenes Handeln und Denken dient dazu, das geänderte Handeln zu erklären durch den Verweis auf die Konstanz im Denken. Mit den in die Proömien eingestreuten, durch Autobiographisches gestützten Bemerkungen zu seiner Motivation und Zielsetzung gelingt es Cicero, auch unter dramatisch veränderten äußeren Bedingungen das Selbstbild des Staatsdieners aufrechtzuerhalten und zu transportieren. Er nutzt die Proömien seiner Schriften für die Vermittlung einer persönlichen Botschaft, für die sich ansonsten kein Weg mehr bot, und diese Botschaft lautet: Wenngleich ich jetzt Philosophie betreibe, was niemand zu tadeln hat, so bin ich doch in meiner Hingabe an das Gemeinwesen derselbe geblieben und bin jederzeit bereit, wieder aktiv in das Geschehen einzugreifen, so sich denn eine Gelegenheit dazu bietet.

4.2.3 *Tusc.* V 64-66: Das Grab des Archimedes

Eine Episode aus der Zeit der Quästur auf Sizilien ist Gegenstand einer autobiographischen Anekdote, die sich im fünften Buch der Tusculanen (Kap. 64-66) findet. Im Zusammenhang mit der dieses Buch beherrschenden Frage, ob die Tugend zu einem glücklichen Leben ausreiche (*virtutem ad beate vivendum se ipsa esse contentam*)[225], stellt Cicero dort dem Negativbeispiel des Dionysius den Mathematiker Archimedes gegenüber und nimmt diese Erwähnung zum Anlaß zu berichten, wie er selbst dessen Grab[226] auf Sizilien entdeckte: *Cuius ego quaestor ignoratum ab Syracusanis, cum esse omnino*

[224] Vgl. auch die umfassende Würdigung der Philosophie als *vitae dux* in *Tusc.* V 5.
[225] *Tusc.* V 1.
[226] Zum Tod des Archimedes siehe Livius 25, 31, 10; vgl. Dougan, T.W.: M. Tulli Ciceronis Tusculanarum Disputationum Libri Quinque, New York 1979 (Nachdruck der Ausgabe Cambridge 1905-1934), 256.

negarent, saeptum undique et vestitum vepribus et dumetis indagavi sepulcrum. Der erste Satz ist charakteristisch für die gesamte Schilderung, denn so, wie Cicero hier seine eigene Person durch das Pronomen *ego* und die Subjektfunktion in den Mittelpunkt – und dabei Archimedes und das Grab geradezu an den Rand – rückt[227], fokussiert er im folgenden die ganze Darstellung auf sich und seine Suche (*tenebam – acceperam – ego – conlustrarem – adverti – ego – dixi – quaererem*).[228] Entgegen dem Unwissen und der Meinung der Syrakusaner, geleitet von Versen in seinem Kopf, die ihn an eine Kugel und einen Zylinder als Ausstattung des Grabmals erinnerten, suchte und fand er das Grab, von Gestrüpp bedeckt, das erst beseitigt werden mußte, die Verse auf dem Grabmal waren teilweise schon nicht mehr zu lesen, und so folgert Cicero: *Ita nobilissima Graeciae civitas, quondam vero etiam doctissima, sui civis unius acutissimi monumentum ignorasset, nisi ab homine Arpinate didicisset.* Er markiert sodann diesen Bericht selbst als Exkurs und knüpft wieder an den Ausgangsgedanken an, indem er fragt: *quis est omnium, qui modo cum Musis, id est cum humanitate et cum doctrina, habeat aliquod commercium, qui se non hunc mathematicum malit quam illum tyrannum?*

Betrachtet man diese Anekdote im Zusammenhang des sie umschließenden Argumentationsgangs, dann fällt auf, daß sie dazu direkt nichts beiträgt, erstens, da sie keineswegs aufzeigt, daß Archimedes glücklicher war als Dionysius, zweitens, weil Cicero den Vergleich erst im Anschluß anführt, ein Fehlen der Anekdote also keine Lücke hinterlassen würde.[229] Indessen ist Douglas' Einschätzung, die Anekdote sei „completely irrelevant"[230], aus einem einfachen Grund zurückzuweisen: Wäre sie gänzlich und in jeder Hinsicht überflüssig, dann hätte Cicero sie nicht berichtet. Wenn sie also keinen direkten Beitrag zur Argumentation leistet, dann stellt sich die Frage, welche Funktion sie denn erfüllt, was Cicero damit bezweckte, daß er sie einschob. Daß der Schlüssel hierzu in der Fokussierung auf Cicero liegt, hat Jaeger jüngst in einem Aufsatz überzeugend herausgearbeitet. Sie stellt die Bedeutung heraus, die der Erinnerung zukommt, und hebt hervor, daß es sich um

[227] Zugleich liegt die Funktion des Hyperbaton darin, wie Heine, O.: Ciceronis Tusculanarum Disputationum Libri V, Zweites Heft: Libri III-V, Amsterdam 1965, 131 feststellt, den ganzen Satz zusammenzufassen und die Aufmerksamkeit des Hörers durch die Erwartung auf das regierende Nomen *sepulcrum* zu spannen (auf das zuvor zwei Partizipien hinweisen).

[228] Vgl. Jaeger 54.

[229] Ebd. 53.

[230] Douglas, A.E.: Cicero, Tusculan Disputations II & V. With a Summary of III & IV, Warminster 1990, 156. Er beruft sich darauf, daß Cicero dies in *Tusc.* V 66 selbst zugebe, doch ist aus der Bemerkung *Sed redeat, unde aberravit oratio*, auf die sich Douglas wohl bezieht, lediglich herauszulesen, daß es sich hier um einen Exkurs handelt, der nicht in direktem Zusammenhang mit der Argumentation steht, nicht aber, daß er gänzlich überflüssig ist.

eine Schilderung aus dem Mund der Dialogfigur Cicero handelt, die sich an ein jüngeres Ich erinnert, welches sich wiederum an Verse erinnert, und beschreibt das Verhältnis der verschiedenen *personae* so: „These several Ciceros, all speaking in the first person, are easily telescoped into one subject. Yet time separates them, tense marks their separation, and memory joins them together. Each Cicero depends for his existence on the memory of the previous one."[231] Und auch das Grab, über das Cicero letztlich erstaunlich wenige Informationen liefert, steht in Abhängigkeit von ihm und seiner Erinnerung: „... his memory led him to find it; his words preserve it; his *auctoritas* as autobiographical first-person narrator guarantees it to be what he says it is."[232] Cicero allein hat das Andenken an Archimedes auf zwei Weisen und auf zwei Ebenen gerettet: Indem er das Grab wiederfand, hat er das materielle Denkmal bewahrt und so hat gerade er, ein *homo novus* aus der Landstadt Arpinum, sich als Bewahrer dieses griechischen Erbes erwiesen[233], und indem er diese Wiederentdeckung in Worte faßte, hat er ein literarisches Denkmal errichtet, das im Gegensatz zu dem Grabmal nicht der Verwitterung ausgesetzt ist, ganz entsprechend seinem eigenen Wunsch, daß die Erinnerung an seine Taten durch Worte tradiert und bewahrt werde.[234] Insofern leistet die Anekdote durchaus einen Beitrag zu der Frage nach der *virtus*, denn mit ihr macht Cicero die Bedeutung faßbar, die der *Erinnerung* an diese *virtus* zukommt.[235] Und letztlich liegt die Funktion dieser Schilderung in der Erinnerung an Ciceros eigene Person und an den Dienst am Staat, der mit der Amtsausübung als Quästor konnotiert ist.

> Thus in recollecting his discovery of the monument, Cicero looks back to the beginning of his political career from the vantage point of thirty years later, a point which he perceives to be its end. The recollected discovery of Achimedes' tomb, then, links Cicero's early political life to his present and allows a return, via memory, to the past, a past now commemorated and reinterpreted by the anecdote as part of his life of inquiry as well as

---

[231] Jaeger 55.
[232] Ebd.
[233] Vgl. ebd. 59. Vgl. bezüglich seiner Heimat Arpinum *leg.* II 1-6. Im Dialog mit Atticus würdigt Cicero dort seine Geburtsheimat und bekennt sich zu ihr, ohne jedoch den Status Roms und der Bürgerschaft als Heimat dadurch zu schmälern, denn er proklamiert eine zweifache Heimat für Abkömmlinge aus Landstädten (*leg.* II 5: *duas esse censeo patrias, unam naturae, alteram civitatis*) und räumt letzterer einen Vorrang ein. Dabei läßt er es sich nicht nehmen, Atticus einen Bezug zur Rettung des Staates und eine Parallele zu Marius herstellen zu lassen (*leg.* II 6): *Recte igitur Magnus ille noster me audiente posuit in iudicio, quom pro Ampio tecum simul diceret, rem publicam nostram iustissimas huic municipio gratias agere posse, quod ex eo duo sui conservatores exstitissent, ut iam videar adduci, hanc quoque quae te procrearit esse patriam tuam.* Vgl. auch *de orat.* II 1-3.
[234] Vgl. *Catil.* III 26; IV 23.
[235] Vgl. Jaeger 58.

> his political life. [...] The image of Cicero at Archimedes' tomb is Cicero's monument to his life of service and philosophy; and, like other *monumenta*, it both reminds and exhorts.[236]

Cicero schreibt sein früheres Ich mit Hilfe der Anekdote in die philosophische Darlegung hinein und stiftet damit Kohärenz und Kontinuität in seiner Selbstdarstellung: Kontinuität, indem er Neugier und Suche nach der Wahrheit, die bestimmend sind für seine aktuelle Auseinandersetzung mit den Wissenschaften, in sein früheres Ich projiziert, Kohärenz, indem er durch das Zusammenführen seiner verschiedenen *personae*, nämlich des erinnerten früheren Ich, des sich erinnernden Dialogpartners und schließlich des all dies vermittelnden Autors, die Einheit seiner Person und die Zusammengehörigkeit der durch die *personae* des Amtsträgers und des Dialogpartners und Autors repräsentierten Seiten seines Lebens postuliert: der politischen und der literarischen.

5. Formen und Funktionen der autobiographischen Passagen in den rhetorischen und philosophischen Schriften

Die Rechtfertigung der Beschäftigung mit der Philosophie, die vor allem in den Schriften der zweiten Phase das zentrale autobiographische Thema darstellt, ist in mehrfacher Hinsicht geprägt durch die Stiftung von Konstanz und Kohärenz. Diesem Anliegen unterstehen die Hauptargumente, die Cicero ins Feld führt, um seine gegenwärtige Beschäftigung zu legitimieren: Die Berufung darauf, daß sein Interesse für die Philosophie nicht neu ist, sondern schon von Jugend an bestand, die Versicherung, daß er sich ihr immer nur dann widmete, wenn der Staat ihm Muße dazu ließ, und letztlich die Interpretation der gegenwärtigen schriftstellerischen Tätigkeit als Weiterführung des Dienstes am Staat mit anderen Mitteln, worin sich auch die Bekräftigung des Nutzens der Philosophie für die Bildung der Bürger einordnet.

Cicero führt in seiner Selbstdarstellung drei Seiten seiner *persona* zusammen, den Politiker, den Redner und den Philosophen, und stellt diese Bereiche in Abhängigkeit voneinander. Sowohl die rednerische als auch die politische Tätigkeit wird in Zusammenhang mit der eigenen philosophischen Bildung gebracht, und selbst die Rückblicke auf die eigene politische Leistung werden philosophisch aufgeladen und interpretiert.[237] Dabei ist er sichtlich darum

---

[236] Ebd. 56f. und 61.

[237] Fuhrmann (1960) 497 kommt bei einem Vergleich von *Pro Sestio* und *De re publica* bezüglich des politischen Programms zu einem ähnlichen Ergebnis: „[...] eine Betrachtung der Gemeinsamkeiten und Unterschiede beider Werke lehrt, daß Cicero nicht so sehr eine schroffe Wendung von der Politik zur Philosophie, insbesondere zur griechischen Staats-

bemüht aufzuzeigen, daß sich seine Gesinnung in keiner Weise gewandelt hat: Weder hat er sich plötzlich der Philosophie zugewandt, noch hat er je darüber den Staat vergessen. Die Mühe, die Cicero darauf verwendet, sein Tun unter Rückgriff auf seine frühere Haltung und durch die Konstruktion von Kontinuität zu legitimieren, verdeutlicht die Virulenz dieser Frage für die Behauptung seiner Person. Seine angesichts der geschwundenen Einflußmöglichkeiten auf das politische Geschehen, besonders in der zweiten Schaffensphase bis zu Caesars Ermordung, veränderte Rolle im öffentlichen Leben machte es nötig, der römischen, auf Konstanz des Charakters bedachten Öffentlichkeit trotz dieses äußeren Wandels ein kohärentes, unverändertes Bild der eigenen Person zu bieten, die sich gegenwärtig ebenso am Primat der *res publica* orientiert wie in früheren Zeiten, was er auch durch die Anspielungen auf die politische Situation demonstriert. Gigon warnt daher völlig zu Recht davor, Cicero allzu wörtlich zu nehmen, wenn er z.B. versichert, Philosophie immer nur in Mußestunden betrieben zu haben. Denn hiermit orientiert sich Cicero an seinen römischen Adressaten, denen gegenüber solche Beschäftigung nur durch diese Deklaration als Freizeitbeschäftigung legitimiert werden kann.[238]

Vor allem die Schlußpartie des *Brutus* weist auf einen weiteren Aspekt in dem entworfenen Selbstbild hin. Denn Cicero rechtfertigt nicht nur seine Beschäftigung mit der Philosophie, er beruft sich auch auf die Kompetenz, die sie ihm auf dem Gebiet der Rhetorik verschafft hat, und indem er die Darstellung der Geschichte der Redekunst in seiner Person gipfeln läßt, fordert er Anerkennung ein für diese Leistung, die sich in seiner erreichten Stellung als Redner manifestiert. Aus seiner nicht zuletzt durch die philosophische Bildung erreichten Kompetenz leitet er *auctoritas* ab und empfiehlt sich selbst damit zugleich als geeigneten politischen Ratgeber oder sogar als Staatslenker. Ob diese Botschaft an Caesar gerichtet war, sei dahingestellt, in jedem Fall richtete sie sich an die römische Öffentlichkeit und erinnerte sie daran, daß dort in der Person Ciceros jemand in Warteposition war, der geeignet und willens war, sein Können und sein Engagement[239] für den Staat einzusetzen. Auch das Selbstbild, das er bei der Rechtfertigung der philosophischen Studien oder bei den Erwähnungen von Konsulat und Exil von sich entwirft, dient nicht zuletzt dazu, im Rahmen der aktuellen Möglichkeiten ein positives, empfehlendes Bild der eigenen Person im Bewußtsein der Öffentlichkeit wachzuhalten und sogar durch eine neue Facette zu ergänzen, nämlich die Synthese aus philosophischer Bildung, rednerischer Kompetenz und treuem Engagement für den

philosophie, vollzogen als vielmehr seine eigenen, durch die Reden der Jahre 63 und 58 dokumentierten politischen Konzeptionen durch die Einkleidung in ein philosophisches Gewand umgebildet und erweitert hat. Politisches Programm und philosophische Utopie sind bei ihm nur durch eine schmale Grenze voneinander getrennt."

[238] Gigon 258.

[239] Nicht zufällig verweist Cicero in der autobiographischen Partie auf *labor* und *industria*.

Staat.[240] Ruchs Vorstellung, die Gesamtheit der autobiographischen Passagen der Proömien ergebe „une image fidèle de cette évolution intérieure“[241] erweist sich vor diesem Hintergrund als Illusion. Cicero läßt uns in seinen Schriften nicht sein Innerstes sehen, sondern nur das, was wir sehen sollen, und dies steht im Zusammenhang mit der Notwendigkeit, sich in der römischen Gesellschaft und Politik auch unter widrigen Umständen zu behaupten.

So wird deutlich, daß die autobiographischen Passagen in den rhetorischen und philosophischen Schriften nicht schlicht als Quellenfundus zur Beantwortung der Frage herangezogen werden können, welche Motive Cicero bewogen, sich der Philosophie zu widmen, sondern selbst als Teil der Antwort verstanden werden müssen: Cicero betreibt in seinen philosophischen und rhetorischen Schriften nicht nur Politik, sondern auch Öffentlichkeitsarbeit und Selbststilisierung mit anderen Mitteln, und die Gelegenheit dazu verschafft er sich durch die Wahl eben jener Elemente der aristotelischen Dialogform, die es ihm erst ermöglichten, über sich selbst zu sprechen.

---

[240] Eine ähnliche Anpassung an die Gegebenheiten sieht Stein-Hölkeskamp, E.: Vom *homo politicus* zum *homo litteratus*. Lebensziele und Lebensideale der römischen Elite von Cicero bis zum jüngeren Plinius, in: Hölkeskamp, K.-J. u.a. (Hgg.): Sinn (in) der Antike. Orientierungssysteme, Leitbilder und Wertkonzepte im Altertum, Mainz 2003, 315-334, h. 316 auch in der Aufwertung von kulinarischen Genüssen im Rahmen von Gastmählern, die sie aus Briefen der Zeit ableitet (hier spez. *fam.* 9, 16, 7): „Die Tatsache, daß sich Cicero bei seiner ostentativ unpolitischen Hinwendung zum Genuß ausgerechnet zwei Mentoren [Hirtius und Dolabella] ausgesucht hatte, die zu den engsten Vertrauten Caesars gehörten, legt natürlich die Vermutung nahe, daß die beschriebenen convivialen Freuden nur vordergründig die Kompensation für politische Betriebsamkeit waren. In Wirklichkeit mögen ihm solche Einladungen jedoch als das einzig erfolgversprechende Vehikel erschienen sein, mit dem er sich Zugang zum neuen Zentrum der Macht zu verschaffen hoffte.“

[241] Ruch 430.

Conclusio: Prägung und Funktionalisierung der autobiographischen Darstellung in den Werken Ciceros

Die eingangs konstatierte formale Unbestimmtheit autobiographischen Schreibens in der Antike und die Nutzung bestehender Gattungen als Raum und Vehikel für die Selbstdarstellung zeigen sich bei Cicero besonders deutlich, denn er demonstriert dies gleich an mehreren Gattungen: dem Epos, der Rede und dem philosophischen Dialog. Dabei paßt er sich an die Konventionen und Möglichkeiten, die durch die jeweiligen Gattungstraditionen gegeben sind, an und richtet sie auf die autobiographische Darstellung aus, indem er in den Epen seine Person in Bezug setzt zu dem üblichen Götterapparat und die Gelegenheit nutzt, den autobiographischen Diskurs durch die Verwendung der 3. Person zu verschleiern, und in den philosophischen und rhetorischen Schriften besonders dadurch, daß er mit der aristotelischen Dialogform gerade die Elemente aus der Tradition übernimmt, die eine autobiographische Darstellung erst ermöglichen, nämlich die Proömien und die Teilnahme des Autors als Gesprächspartner. Cicero schreibt sich so als Autor und Figur in die Darstellung hinein und schafft Raum und Anlaß für das Schreiben bzw. Sprechen über die eigene Person. Im *Brutus* wird besonders deutlich, wie diese Strategie zu einer Selbstdarstellung mit verteilten Rollen führt: Die Ausbildung des vergangenen Ich „Cicero“ wird in der Schlußpartie von der Dialogfigur „Cicero“ dargestellt und kommentiert, beide Figuren sind von dem Autor „Cicero“ gestaltet, der im Proömium deutlich mit Äußerungen zur beklagenswerten Lage des Staates hervorgetreten ist. Auch in den Reden paßt sich Cicero an die Konventionen an, wenn er einleitend über die Motive spricht, die ihn zur Übernahme eines Falles bewogen haben, oder auf persönliche Angriffe der Gegenseite reagiert, um seine Rolle als Verteidiger zu schützen. Bei den autobiographischen Passagen in den Reden ist allerdings zu konstatieren, daß Cicero zwar zuweilen, wie Isokrates in der *Antidosis*, die Form der Rede zielgerichtet für die autobiographische Selbstdarstellung nutzt, nämlich in den beiden Dankesreden an Senat und Volk, in denen die eigene Person ganz im Vordergrund steht, sowie in der 2. Verrine und der 2. Philippischen Rede, die Flugschriften darstellten und sich nur als tatsächlich gehaltene Reden präsentierten, daß darüber hinaus aber in vielen Reden das Autobiographische dem Überredungsziel unterstellt und als rhetorisches Argument instrumentalisiert ist. Bei Cicero dient die Form der Rede nicht nur der Autobiographie, sondern häufig auch umgekehrt die Autobiographie der Argumentation der Rede.

Die beherrschenden Themen der autobiographischen Selbstdarstellung im Werk Ciceros sind der Konsulat und das Exil, daneben die Hinwendung zur Philosophie, die Ausbildung zum Redner und das Verhältnis zu Caesar und Pompeius. Diese Themen sind dabei keineswegs gleichmäßig über das Corpus verteilt. Naturgemäß lehnt sich die Darstellung an die chronologische Abfolge der Ereignisse an: Zu der betonten Thematisierung des Konsulats tritt nach der Rückkehr aus dem Exil die Umdeutung der Zeit der Abwesenheit; die Hinwendung zur Philosophie und das Verhältnis zu Caesar und Pompeius werden natürlich gerade dann Gegenstand der autobiographischen Darstellung, als es beides zu rechtfertigen gilt. Auffällig ist jedoch, daß das Exilthema, das in den Reden nach der Rückkehr dominierend war, am Ende der Schaffensperiode, in dem chronologischen autobiographischen Durchgang der 2. *Philippica*, bewußt übersprungen wird. Signifikant ist auch die Verteilung der Themen über die Gattungen: Die in den Epen und in den Reden vorherrschenden Themen Konsulat und Exil kommen in den philosophischen und rhetorischen Schriften kaum vor, und wenn sie es tun, dann mit philosophischer Aufladung oder unter deutlicher Herausstellung des Bezuges zur Rednerlaufbahn. Ihren prominenten Rang jedoch treten sie an die Rechtfertigung der Hinwendung zu philosophischen Studien bzw. im *Brutus* an die Darstellung der Ausbildung ab. Der expliziten Bezugnahme auf das Verhältnis zu Caesar und Pompeius in einigen Reden, besonders nach der Rückkehr aus dem Exil und nach dem Einschwenken auf die Linie der Triumvirn, das in der Rede *De provinciis consularibus* markiert ist, steht eine eher indirekte Auseinandersetzung in den philosophischen Schriften gegenüber, besonders an den Stellen, aus denen Anspielungen auf die Lage des Staates herauszulesen sind. Die Thematik der autobiographischen Stellen illustriert die in der Antike übliche Ausrichtung der Autobiographie auf die öffentliche Seite des Lebens; selbst dort, wo eher private Themen anklingen, wie die eigene Ausbildung (vor allem im *Brutus*) oder der Tod der Tochter, werden diese in Bezug gesetzt zum Wirken, das sich auf die Öffentlichkeit richtet, denn die Darlegung der Ausbildung dient der Positionierung an der Spitze der bedeutendsten Redner Roms, die Trauer um die Tochter wird als eines der Motive angeführt, die die Hinwendung zur Philosophie bedingten.

In den autobiographischen Darstellungen ist Cicero darum bemüht, Bilder von sich zu zeichnen und im Bewußtsein der Öffentlichkeit zu verankern. Bezüglich der Zeit des Konsulats und der Aufdeckung der Catilinarischen Verschwörung entwirft Cicero in seinen Reden das Bild des *dux togatus* und des *conservator rei publicae*, der den Staat und die Bürger durch sein besonnenes, Aufruhr vermeidendes Vorgehen vor Mord, Brand und Verwüstung gerettet hat. Wie zielgerichtet und durchdacht die Beschwörung dieser Elemente ist, wird deutlich aus einer Bemerkung Ciceros gegenüber Atticus, in der er die Beschreibung seines Konsulates durch Crassus kommentiert: *Totum hunc locum, quem ego varie meis orationibus, quarum tu Aristarchus es, soleo pingere, de flamma, de ferro (nosti illas ληκύθους), valde graviter pertexuit.*[1]

Die beiden zentralen Elemente des von Cicero vor allem in den Reden entworfenen Selbstbildes, die Betonung des zivilen Status und die Rettung des Staates, finden ihre Entsprechung in *De consulatu suo*: Der Vers *Cedant arma togae, concedat laurea laudi* versinnbildlicht den Vorrang der zivilen Leistung vor der militärischen und Ciceros vor Pompeius, und aus *O fortunatam natam me consule Romam* klingt über die Gleichsetzung der Rettung der Stadt mit ihrer Wiedergeburt[2] der Anspruch heraus, daß der Retter der Stadt mit ihrem Gründer vergleichbar ist und damit Cicero mit Romulus, ein Vergleich, der implizit auch bei der in den Epen geschilderten Teilnahme Ciceros am Götterrat[3] zum Ausdruck kommt und den der Autor der gegen Cicero gerichteten Invektive sarkastisch in der Anrede *Romule Arpinas* aufgreift.[4] Die Stilisierung zum Beschützer des Volkes und zum göttlichen Instrument sowie die Betonung der naturgegebenen Milde einerseits und der Strenge gegenüber Staatsfeinden andererseits sind auffällige Anklänge an das hellenistische Herrscherideal.[5]

Die Analyse hat allerdings auch gezeigt, daß dieses von Cicero entworfene Bild Verzerrungen aufweist, denn zuweilen legt er den Akzent eher auf die Stilisierung zum Einzelkämpfer, dem allein die Rettung zu verdanken ist, dann wieder ist er sichtlich darum bemüht, sein Handeln und seine Entscheidung dem Willen des Senats, oder, wie besonders in *De consulatu suo* deutlich wird, dem der Götter zu unterstellen und sich so auf eine höhere Autorität zu berufen, um das eigene Handeln zu legitimieren. Zudem ersetzt Cicero das Bild des *dux togatus* in den Philippischen Reden durch das des *imperator sagorum* und stützt diese Neuinterpretation einerseits durch die autobiographisch verbürgte Rolle des *auctor pacis* und *defensor libertatis*, andererseits durch eine neue Deutung des eigenen Vorgehens bei der Catilinarischen Verschwörung, das nun keineswegs mehr gewaltlos erscheint. Ein Bruch des ent-

---

[1] *Att.* 1, 14, 3.
[2] Vgl. auch *Catil.* III 2; *Flacc.* 102.
[3] Vgl. Enn. *ann.* 115 Vahlen.
[4] Ps. Sall. *in Tull.* 4 (7). Vgl. aber auch Catull. 49, 1: *disertissime Romuli nepotum.* Siehe dazu auch Stockton 41. Habinek 87 sieht auch in der Interpretation der Aufdeckung der Catilinarischen Verschwörung als Tat eines *consul togatus* eine implizite Bezugnahme auf den Romulus-Mythos: „Like Ennius' Remus, Catiline, too, paid the penalty with his blood, but in Cicero's representation of the conspiracy, it was his departure from the city, and the rallying of all the others against him, that constituted the real victory, a bloodless one, led by a general in a toga. [...] Cicero employs the old myth of Roman legitimacy, based on the superiority of one troop of bandits over another, one twin over his brother, to construct a new myth, one rooted in the potential of civilian government to parry weapons with the toga and to defeat military might through the power of language."
[5] Vgl. hier 101.

worfenen Selbstbildes ist auch beim Thema Exil festzustellen: Gern interpretiert Cicero seinen Gang ins Exil, für das er ganz bewußt die Bezeichnung *exilium* meidet, als zweite Rettung des Staates, die darin bestand, daß er in heroischer Selbstopferung *unus pro omnibus* die Geschosse abfing, die auf den Staat gerichtet waren, und wertet die Rückberufung, deren Basis in seiner Darstellung der Konsens ganz Italiens ist, als Bestätigung seiner Leistung. Diese Interpretation als willentliche Opferung zum Wohle des Staates ist jedoch in letzter Konsequenz, wie gezeigt, nicht vereinbar mit der Selbstdarstellung als Opfer von Gewalt, die Cicero immer dann herausstellt, wenn es ihm darum geht, die Unrechtmäßigkeit und Grausamkeit des Vorgehens des Clodius zu brandmarken. Denn die Deutung als freiwilliges Ausweichen zum Wohle des Staates verträgt sich nur schlecht mit gewaltsamer Vertreibung.

Bei diesen Entwürfen von Selbstbildern und Deutungen des eigenen Handelns, die Cicero der Öffentlichkeit anbietet, fallen spezifische Strategien auf, die eine nähere Betrachtung verdienen. So steigert sich die Berufung auf das Staatswohl, die schon bei der Deutung des Konsulats von zentraler Bedeutung ist, im Zusammenhang mit dem Exilthema zur Identifikation Ciceros mit dem Staat, die letztlich in der Versicherung gipfelt, der Staat sei mit ihm zusammen im Exil gewesen und mit ihm zurückgekehrt. Die hiermit verbundene Leugnung der Isolation, die die Abwesenheit von Rom tatsächlich mit sich brachte, und vor allem die Integration der eigenen Person in das Kollektiv der römischen Bürger stellen eine grundlegende Strategie der Selbstdarstellung dar, die bei der Auseinandersetzung mit politischen Gegnern von besonderer Bedeutung ist und dabei ergänzt wird durch die Isolierung des Gegners. Die Integration der eigenen Person und den Ausschluß des Gegners vollzieht Cicero, indem er sich selbst zu den Werten der *res publica* bekennt und so seinen persönlichen Gegner als Gegner des Staates deklariert. Die Haltung gegenüber Cicero wird so zum Prüfstein für die Gesinnung gegenüber dem Gemeinwesen. Diese Technik wird besonders in den invektivartigen Reden deutlich, wie in den Verrinen, der Rede gegen Piso und den *Philippicae*, in denen Cicero die Zeichnung seines Gegners als Negativfolie für eine positive Selbstdarstellung nutzt, und natürlich in der Auseinandersetzung mit Catilina und Clodius, die das Redencorpus durchzieht. Der Integration in die Reihen der Rechtschaffenen und der Legitimierung seines Handelns dient zudem die häufige Berufung auf den Konsens bei Entscheidungen, die die Person Ciceros betreffen. Bezüglich seiner Wahl zum Konsul, der Anerkennung seiner Leistung während des Konsulats und besonders der Rückberufung wird Cicero nicht müde, immer wieder den Konsens zu beschwören, von dem diese Entscheidungen getragen wurden. Damit hebt er seine Leistung und sein Schicksal natürlich auch auf eine Ebene von allgemeinem, staatspolitischem Interesse, und in diese Richtung zielt auch seine Erzählstrategie, die autobiographische Schilderung entweder von Beginn an in die 3. Person zu kleiden, wie in den

Epen, oder aber, in den Reden, zwischenzeitlich in die dritte Person zu wechseln, wobei die höhere Abstraktionsebene durch die Umschreibung *civis, qui* markiert wird, um das Exemplarische und Allgemeingültige an den Vorgängen herauszustellen, besonders in Zusammenhang mit der unrechtmäßigen Behandlung, die Cicero seitens des Clodius widerfuhr. Nicht zufällig betont der Begriff *civis* bei dieser Gelegenheit Ciceros Status und knüpft an eben den Vorwurf an, der ihm im Zusammenhang mit seinem Konsulat gemacht wurde: die Hinrichtung römischer Bürger. Eine solche Abstraktion und Objektivierung der autobiographischen Darstellung verfolgt Cicero auch mit der Strategie, Äußerungen über seine Person anderen in den Mund zu legen, um die Einschätzung, die er im Hinblick auf sein Wirken vertritt, quasi „von außen" bestätigen zu lassen. Zu diesem Zweck macht sich Cicero zuweilen sogar zum Empfänger lobender oder kommentierender Äußerungen, indem er sich in der 2. Person anreden läßt, wie beispielsweise von dem personifizierten Staat in der ersten Catilinarischen Rede[6], von der Muse Urania in *De consulatu suo*[7] und in den Dialogen, wenn Gesprächspartner Äußerungen an die Adresse der Dialogfigur Cicero richten, ein Vorgehen, das, ähnlich wie die Aufsplittung in mehrere *personae* (Autor, Dialogfigur, vergangenes Ich), eine Selbstdarstellung mit verteilten Rollen ermöglicht, die letztlich den autobiographischen Charakter der Darstellung verschleiert.

Bei der Zeichnung seiner Person und der Rechtfertigung seines Handelns ist Cicero in auffälliger Weise darum bemüht, Konstanz und Kontinuität in seiner Gesinnung zu belegen. Das Bemühen um Kohärenzstiftung, um die Konstruktion einer Einheit der Person, das die moderne Autobiographieforschung als Charakteristikum autobiographischen Schreibens identifiziert[8], läßt sich somit auch in Ciceros autobiographischer Produktion nachweisen. Dieses Anliegen ist natürlich immer dann besonders virulent, wenn es gilt, den Eindruck inkonsequenten Handelns zu entkräften. Ciceros Strategie besteht dann darin, den Wandel auf der Ebene seiner Handlungen zu legitimieren durch den Nachweis, daß dieser in Wahrheit Ausdruck einer konstanten Gesinnung ist, meist seiner Orientierung am Staatswohl, und nur eine Reaktion auf geänderte äußere Bedingungen darstellt. So deklariert Cicero seine Hinwendung zur Philosophie als Fortsetzung des Dienstes am Staat mit anderen Mitteln und betont dabei, daß er das Interesse an der Philosophie schon von Jugend an hegte. Er wertet die Verteidigung Sullas, der der Beteiligung an der Catilinarischen Verschwörung angeklagt war, als Beweis dafür, daß er sich bei der Entscheidung, wen er verfolgt und wen er verteidigt, nur von der Schuldfrage und damit dem Staatswohl leiten läßt; er begründet seine Hinwendung zu Caesar mit dem Nutzen für den Staat und stützt seinen Aufruf zur Mobilisierung

---

[6] *Catil.* I 27f.
[7] *div.* I 17ff.
[8] Vgl. hier 23ff.

gegen Antonius ab, indem er sich mit Hilfe der Berufung auf vergangene Leistungen als langjähriger Repräsentant von Frieden und Freiheit erweist.

Die anhand autobiographischer Rückblicke vollzogene Demonstration der konstanten, auf das Staatswohl gerichteten Gesinnung dient so der Legitimierung sowohl des vergangenen als auch des aktuellen Handelns und versieht das geschaffene Bild der eigenen Person mit dem Aspekt der Identität, verstanden als gleichbleibende, unwandelbare und damit verläßliche Wesensart, wie sie auch in Platons *Apologie des Sokrates* und in Isokrates' *Antidosis* proklamiert wird[9] und letztlich dem stoischen Ideal der *constantia* entspricht.[10] Vor dem Hintergrund dieses Ideals ist es nicht erstaunlich, daß Reflexionen über die Entwicklung der eigenen Person, die zum Repertoire moderner Autobiographien zählen, bei Cicero selten sind. In der Schlußpartie des *Brutus* allerdings legt Cicero den Akzent auf seine Entwicklung als Redner und betont sogar seine schwierige Ausgangslage, um die Differenz zum inzwischen erreichten Status als Redner zu illustrieren, doch gerade hier schreibt er sich zugleich konstanten Eifer (*labor et industria*) und eine kontinuierliche Wertschätzung der Philosophie zu. Die Distanzierung von dem früheren, noch am Anfang der Laufbahn stehenden Ich, die hier zu bemerken ist, stellt eine seltene, aber bemerkenswerte Strategie Ciceros dar, die auch in der Rede für Plancius (*Planc.* 64-66) zum Einsatz kommt. Dort wird besonders deutlich, wie die Distanzierung von dem vergangenen Ich, in diesem Fall von seiner früheren Hoffnung, durch sein Wirken außerhalb Roms Ruhm zu ernten, der Argumentation in der aktuellen Sache dient und zielstrebig auf das Überredungsziel hin ausgerichtet wird. Hier findet in Wahrheit keine nach innen gerichtete, kritische Reflexion statt, sondern Cicero opfert geradezu seine vergangene *persona* der gegenwärtigen. Niemals geht er dabei allerdings so weit, derartig kritische Betrachtungen auf seine Gesinnung gegenüber dem Gemeinwesen zu beziehen – dieser Wert bleibt unangetastet.

Die hieran zu bemerkende Anpassung der autobiographischen Schilderung an aktuelle argumentative Erfordernisse liegt auch den festgestellten Verzerrungen des entworfenen Selbstbildes zugrunde: Die Opferrolle im Zusammenhang mit dem Exil ist immer dann gefordert, wenn es gilt, das Vorgehen des Clodius zu brandmarken, während die Interpretation des Exils als zweite Rettung des Staates eher dazu geeignet ist, Ciceros Anspruch auf Legitimation und Anerkennung der eigenen Taten und der eigenen Person zu untermauern. Bezüglich des Konsulats stellen die Berufung auf den Senatswillen und die Selbstdarstellung als göttliches Instrument eine apologetische Antwort auf

[9] Fuhrmann (1969b) passim; Misch 67.

[10] Vgl. hierzu Sommer, M.: Zur Formierung der Autobiographie aus Selbstverteidigung und Selbstsuche (Stoa und Augustinus), in: Marquard, O.; Stierle, K. (Hgg.): Identität, München 1979, 699-702.

Kritik an seinem Vorgehen dar, während die Proklamation der Rettung des Staates als Tat eines einzelnen eher offensiv ausgerichtet ist, wobei auch sie letztlich zur Rechtfertigung eingesetzt wird. Auch die neue Haltung, die Cicero in den Philippischen Reden zum Einsatz von Waffen einnimmt, stützt sich auf eine Neuinterpretation seines Vorgehens gegen Catilina. Die Anpassung an äußere Bedingungen und Argumentationsziele zeigt sich deutlich in der Zeit der politischen Untätigkeit, denn sowohl in den Caesarreden als auch im *Brutus* weicht Cicero auf den alternativen Weg der Selbstempfehlung als politischer Ratgeber aus, die er nicht nur durch die Demonstration seiner Kompetenzen untermauert, die sich in der Abfassung der Schriften zeigt, sondern auch dadurch, daß er die autobiographische Schilderung zu ihrer Bestätigung heranzieht.

Die strikte Ausrichtung der autobiographischen Darstellungen auf die öffentliche Wirkung hat Konsequenzen für die Bedeutung, die der Frage nach der Wahrheit der autobiographischen Darstellung und nach der Funktionsweise der Erinnerung zukommt, die ja in der modernen Autobiographieforschung zu Recht betont wird: Die autobiographischen Schriften Ciceros daraufhin zu befragen, inwiefern die Darstellung aufgrund einer sich wandelnden Erinnerung Verzerrungen oder Akzentverlagerungen aufweist, ginge schlicht an der Sache vorbei. Denn die hochgradige Stilisierung der Selbstdarstellung und die Anpassung an die jeweiligen argumentativen Erfordernisse versperren geradezu den Blick darauf, wie Cicero selbst seine Vergangenheit *eigentlich erinnerte*, und richtet den Fokus der Betrachtung zwangsläufig auf die Art und Weise, wie er sie *erinnert wissen wollte*. So ist es keineswegs offenkundig, „daß Cicero sein Konsulat als göttliche Leistung ansah“[11], sondern nur, daß er darum bemüht war, es Zeitgenossen und Nachwelt gegenüber so darzustellen.

Es läßt sich ein Spektrum an Funktionen aufzeigen, die autobiographische Schilderungen in den Werken Ciceros erfüllen. Sie reichen von der Instrumentalisierung im rhetorischen Überredungsprozeß, sei es auf direktem Wege zur Bezeugung der Unschuld eines Klienten oder der Schuld eines Gegners, sei es auf indirektem Wege zur Erlangung oder Wiederherstellung der *auctoritas* als Verteidiger, bis hin zum Selbstzweck im Sinne der Behauptung der eigenen Person innerhalb der Gemeinschaft. Die Rechtfertigung vergangenen und aktuellen Handelns, zum Teil gestützt durch die Versicherung einer konstanten und unwandelbaren Gesinnung, ist eines der wichtigsten Ziele, die Cicero dabei mit autobiographischen Darlegungen verfolgt. Damit fügt sich Cicero ein in die apologetische Prägung autobiographischen Schreibens in der Antike. Die Rechtfertigung kann in Prozeßsituationen insofern dem Klienten nützen, als Cicero damit seine Position und seine *auctoritas* als Verteidiger

---

[11] Habicht 47.

stärkt, sie ist darüber hinaus aber auch auf Ciceros Person selbst ausgerichtet, was besonders dann augenfällig wird, wenn er, wie im Fall des Sestius, den Prozeß als Gelegenheit für die öffentliche Apologie nutzt. Die Proklamation der eigenen Leistung stellt letztlich eine offensive Form von Apologie dar, denn wie die eigentliche Rechtfertigung beruft auch sie sich auf die Bestätigung der Leistung durch den breiten Konsens in der Öffentlichkeit, den Cicero wiederum in autobiographischen Rückblicken heraufbeschwört, und ebenso dient sie dazu, ein positives, den Erwartungen der römischen Öffentlichkeit entsprechendes Bild der eigenen Person zu etablieren und auf diese Weise Anerkennung für das Geleistete einzufordern. Schließlich zielt die Selbstrühmung auch auf die Bewahrung der Erinnerung an die Taten, der in der römischen Konzeption von „Geschichte" als Taten herausragender Persönlichkeiten eine große Bedeutung zukam. Mit den Epen und den autobiographischen Rückblicken in den Reden und den Dialogen beruft sich Cicero letztlich darauf, Bedeutendes für den Staat geleistet zu haben und daher als würdiges und verantwortungsvolles Mitglied an der „Wir-Identität"[12] der römischen Führungsschicht teilzuhaben. Denn die Ideale, die er sich zuschreibt, besonders die Orientierung am Staatswohl bis hin zur Selbstopferung, entsprechen dem aristokratischen Leistungsethos. So fügt sich das autobiographische Schreiben in Ciceros Bemühen ein, innerhalb des Kollektivs eine Position einzunehmen, sie zu behaupten und, besonders nach der Rückkehr aus dem Exil, wiederzuerlangen.[13]

Cicero kompensiert als *homo novus* seinen augenfälligen Mangel an „Geschichte", an bedeutenden Taten der *maiores*, auf die sich die *nobiles* berufen können, durch die Erinnerung an seine eigenen Leistungen, die als *exempla* weiterwirken sollen, und durch die Selbststilisierung zu einem neuen Romulus[14] bindet er sein Wirken an den mythischen Ursprung der Stadt an und stellt es in die kontinuierliche Reihe herausragender Taten zum Wohl des Gemeinwesens. Ein Großteil der autobiographischen Produktion und vor allem auch die Suche nach einem Biographen illustriert Ciceros Bemühen, seinen Taten die Erinnerung und damit die dauernde Anerkennung zu sichern. Dieses Bemühen ist darauf zurückzuführen, daß Leistung dem Urteil der wertenden Menge unterliegt und ihrer Bestätigung bedarf, um überhaupt als Leistung zu gelten und Ruhm zu begründen[15], der wiederum die Zugehörigkeit zu der Gemeinschaft begründet – es genügte nicht, Herausragendes zu leisten,

---

[12] Winter, H.: Der Aussagewert von Selbstbiographien. Zum Status autobiographischer Urteile, Heidelberg 1985, 5.

[13] Vgl. May (1988) 11.

[14] Vgl. Binder 144.

[15] Knoche, U.: Der römische Ruhmesgedanke (zuerst: Philologus 89 [1934], 102-124), in: Oppermann, H. (Hg.): Römische Wertbegriffe (WdF 34), Darmstadt 1974, 420-445, h. 420f.; Allen (1954) 144.

sondern dies mußte auch im öffentlichen Bewußtsein verankert werden, und eben hierauf zielt die Hervorhebung des Konsenses bei den entscheidenden Ereignissen in Ciceros Lebenslauf.[16] Hieran zeigt sich die in der römischen Führungsschicht herrschende Dichotomie der Forderung nach individueller Leistung einerseits und dem Kohärenz- und Homogenitätsbestreben andererseits.[17] Die Mitglieder der Aristokratie hatten die von den *maiores* überkommene Pflicht, sich durch Leistungen für das Gemeinwesen hervorzutun, und sie konkurrierten untereinander um Ämter und Ansehen, mußten aber zugleich die Einheitlichkeit und Verbindlichkeit des Kollektivs wahren, die den Führungsanspruch legitimierte, ein Balanceakt, der mit dem Hervortreten der Machtansprüche einzelner gerade am Ende der Republik aus den Fugen geriet.[18] Ciceros Gratwanderung zwischen seinem Bestreben, Anerkennung für die Einzigartigkeit der Leistung einzufordern und sein Handeln zugleich dem Willen des Senats zu unterstellen und stets auf das Wohl der *res publica* zu beziehen, ist seine Antwort auf diese Herausforderung. Gerade die Aufnahme, die seine Epen fanden, illustriert das Scheitern des Bemühens, sich durch die Verkündigung des eigenen Ruhmes als würdiges Mitglied der Gemeinschaft zu erweisen. „Even at the height of his career, in the glory of his consulship, this greatest parvenu of the Republic was never fully welcomed into the circle of the nobilitas."[19] Je dringender Cicero den Mangel an Anerkennung empfand und je mehr er in Frage gestellt wurde, desto mehr plusterte er sich auf und desto mehr redete er über sich selbst – die Selbstrühmung, die ihm bis heute als Zeichen von Eitelkeit und Selbstsucht ausgelegt wird, ist letztlich nur Ausdruck des Bestrebens, sich über die Proklamation der Orientierung an den Werten der *res publica* und der für den Staat erbrachten Leistungen zu behaupten und sich selbst als *homo novus* und letztlich auch seine Nachkommen in den Kreis der Herrschenden zu integrieren.

---

[16] Über die Bedeutung des Ruhmes und die Art, wie man ihn erlangt, äußert sich Cicero selbst in *De officiis* (II 31ff.) sowie in seiner dort erwähnten (verlorenen) Schrift *De gloria*; vgl. Philippson 1167f.; siehe in diesem Zusammenhang auch Mazzoli, G.: Riflessioni sulla semantica ciceroniana della gloria, in: Narducci, E. (Hg.): Cicerone tra antichi e moderni. Atti del IV Symposium Ciceronianum Arpinas (Arpino 9 maggio 2003), Firenze 2004, 56-81.

[17] Vgl. Bleckmann 13f.; Sonnabend 85; Stolle 16, Laser (2001) 9; Hölkeskamp (1996) 323.

[18] Hölkeskamp (1996) 327.

[19] May (1988) 42.

Literaturverzeichnis

Textausgaben

Fragmenta poetarum Latinorum epicorum et lyricorum praeter Ennium et Lucilium, post W. Morel [1963] novis curis adhibitis ed. K. Büchner [1982]. Editionem tertiam auctam curavit J. Blänsdorf, Stuttgart/Leipzig 1995.

M. Tulli Ciceronis Orationes
— (1) Pro Sex. Roscio. De imperio Cn. Pompei. Pro Cluentio. In Catilinam. Pro Murena. Pro Caelio, ed. A.C. Clark, Oxford 1905.
— (2) Pro Milone. Pro Marcello. Pro Ligario. Pro rege Deiotaro. Philippicae I-XIV, ed. A.C. Clark, Oxford ^{2}1918 (^{1}1901).
— (3) Divinatio in Q. Caecilium. In C. Verrem, ed. G. Peterson, Oxford ^{2}1917 (^{1}1907).
— (4) Pro P. Quinctio. Pro Q. Roscio Comoedo. Pro A. Caecina. De lege agraria contra Rullum. Pro C. Rabirio perduellionis reo. Pro L. Flacco. In L. Pisonem. Pro Rabirio postumo, ed. A.C. Clark, Oxford 1909.
— (5) Cum senatui gratias egit. Cum populo gratias egit. De domo sua. De haruspicum responso. Pro Sestio. In Vatinium. De provinciis consularibus. Pro Balbo, ed. G. Peterson, Oxford 1911.
— (6) Pro Tullio. Pro Fonteio. Pro Sulla. Pro Archia. Pro Plancio. Pro Scauro, ed. A.C. Clark, Oxford 1911.

M. Tulli Ciceronis Rhetorica, ed. A.S. Wilkins
— (Tom. I) De oratore, Oxford 1902.
— (Tom. II) Brutus. Orator. De optimo genere oratorum. Partitiones oratoriae. Topica, Oxford 1903.

M. Tulli Ciceronis De officiis, ed. M. Winterbottom, Oxford 1994.

M. Tulli Ciceronis Scripta quae manserunt omnia
— (Fasc. 1) Incerti auctoris de ratione dicendi ad C. Herennium lib. IV, ed. F. Marx/W. Trillitzsch, Leipzig 1964.
— (Fasc. 2) Rhetorici libri duo qui vocantur de inventione, ed. E. Stroebel, Stuttgart 1965.

— (Fasc. 39) De re publica, ed. K. Ziegler, Leipzig 1969.
— (Fasc. 42) Academicorum reliquiae cum Lucullo, ed. O. Plasberg, Stuttgart 1961.
— (Fasc. 43) De finibus bonorum et malorum, ed. Th. Schiche, Stuttgart 1961 (Nachdruck der 1. Ausgabe 1915).
— (Fasc. 44) Tusculanae disputationes, ed. M. Pohlenz, Stuttgart 1965 (Nachdruck der 1. Ausgabe 1918).
— (Fasc. 45) De natura deorum, post O. Plasberg ed. W. Ax, Stuttgart 1961 (Nachdruck der 2. Ausgabe 1933).
— (Fasc. 46) De divinatione. De Fato. Timaeus, ed. W. Ax, Stuttgart 1965 (Nachdruck der 1. Ausgabe 1938).

M. Tullius Cicero
— Epistulae ad Atticum. Vol. I: Libri I-VIII, ed. D.R. Shackleton Bailey, Stuttgart 1987.
— Epistulae ad Atticum. Vol. II: Libri IX-XVI, ed. D.R. Shackleton Bailey, Stuttgart 1987.
— Epistulae ad familiares. Libri I-XVI, ed. D.R. Shackleton Bailey, Stuttgart 1988.
— Epistulae ad Quintum fratrem. Epistulae ad M. Brutum, ed. D.R. Shackleton Bailey, Stuttgart 1988.

Weitere zitierte Textausgaben, Kommentare und Übersetzungen

Adamietz, J.: Marcus Tullius Cicero: Pro Murena, Darmstadt 1989.
Barwick, K.: M. Tullius Cicero: Brutus, Heidelberg 1949.
Berry, D.H.: Cicero: Pro P. Sulla Oratio, Cambridge 1996.
Brisson, L.: Platon. Lettres, Paris 1987.
Butler, H.E.; Cary, M.: M. Tulli Ciceronis De provinciis consularibus oratio ad senatum, New York 1979 (Nachdruck der Ausgabe Oxford 1924).
Courtney, E.: The Fragmentary Latin Poets, Oxford [2]2003.
Dougan, T.W.: M. Tulli Ciceronis Tusculanarum Disputationum Libri Quinque, New York 1979 (Nachdruck der Ausgabe Cambridge 1905-1934).
Douglas, A.E.: M. Tulli Ciceronis Brutus, Oxford 1966.
— Cicero, Tusculan Disputations II & V. With a Summary of III & IV, Warminster 1990.
Ewbank, W.W.: The Poems of Cicero, New York/London 1978 (Nachdruck der Ausgabe London 1933).
Flacelière, R.: Plutarque: Vies. Tome XII. Démosthène – Cicéron, Paris 1976.

Fuhrmann, M.: Marcus Tullius Cicero: Sämtliche Reden, 7 Bde, Düsseldorf/Zürich [3]2000 ([1]1970).
Görler, W.; Ziegler, K.: M. Tullius Cicero: De legibus, Freiburg/Würzburg [3]1979 (Heidelberg [1]1950).
Gotoff, H.C.: Cicero's Caesarian Speeches. A Stylistic Commentary, Chapel Hill/London 1993.
Heine, O.: Ciceronis Tusculanarum Disputationum Libri V, Zweites Heft: Libri III-V, Amsterdam 1965 (repr. Nachdruck der Ausgabe Stuttgart 1957).
Jahn, O.; Kroll, W.; Kytzler, B.: Cicero, Brutus, Zürich/Berlin [7]1964 (Leipzig [1]1849).
Kinsey, T.E.: M. Tulli Ciceronis Pro P. Quinctio oratio, Sidney 1971.
Köpke, E.; Landgraf, G.: Ciceros Rede für Cn. Plancius, Leipzig [3]1887 ([1]1856).
Kytzler, B.: M. Tullius Cicero: Brutus, lateinisch-deutsch, Düsseldorf [5]2000 (München [1]1970).
Lacey, W.K.: Cicero: Second Philippic Oration, Warminster 1986.
Laser, G.: Quintus Tullius Cicero. *Commentariolum Petitionis*, Darmstadt 2001.
Lee, A.G.: M. Tulli Ciceronis Paradoxa Stoicorum, London 1953.
Lenaghan, J.O.: A Commentary on Cicero's Oration *De Haruspicum Responso*, The Hague 1969.
Molager, J.: Cicéron: Les paradoxes des Stoïciens, Paris 1971.
Moles, J.L.: Plutarch: The Life of Cicero. With an Introduction, Translation and Commentary, Warminster 1988.
Nisbet, R.G.: M. Tulli Ciceronis De Domo Sua ad Pontifices Oratio, Oxford 1939.
Nisbet, R.G.M.: M. Tulli Ciceronis in L. Calpurnium Pisonem Oratio, Oxford 1961.
Pease, A.S: M. Tulli Ciceronis De divinatione, Darmstadt 1963 (Nachdruck der 1. Ausgabe Urbana, Illinois 1920/1923).
— M. Tulli Ciceronis De natura deorum (2 Bde), New York 1979 (Nachdruck der Ausgabe Cambridge 1955-1958).
Schäublin, Chr.: Marcus Tullius Cicero: Über die Wahrsagung / De divinatione, Lateinisch-deutsch, Darmstadt 1991.
Soubiran, J.: Cicéron. Aratea, Fragments poétiques, Paris 1972.
Voss, G.: De Historicis Latinis Libri III, Lugduni Batavorum [2]1651.
Vretska, K.: Sallustius Crispus. Invektive und Episteln, Bd. I, Heidelberg 1961.
Wilkins, A.S.: M. Tulli Ciceronis De oratore libri tres. With introduction and notes, Hildesheim 1965 (Nachdruck der Ausgabe Oxford 1892).
Zetzel, J.E.G.: Cicero, De re publica, Cambridge 1995.

Sekundärliteratur

Adamczyk, S.J.: Political Propaganda in Cicero's Essays, (Diss. Fordham) Ann Arbor 1961.

Adamietz, J.: Ciceros Verfahren in den Ambitus-Prozessen gegen Murena und Plancius, Gymnasium 93 (1986), 102-117.

Afzelius, A.: Zwei Episoden aus dem Leben Ciceros, C&M 5 (1942), 209-217.

Aichinger, I.: Probleme der Autobiographie als Sprachkunstwerk (zuerst: Österreich in Geschichte und Literatur 14 [1970], 418-434), in: Niggl, G. (Hg.): Die Autobiographie. Zu Form und Geschichte einer literarischen Gattung, Darmstadt ²1998 (¹1989), 170-199.

— Selbstbiographie, in: Kohlschmidt, W.; Mohr, W. (Hgg.): Reallexikon der deutschen Literaturgeschichte, Bd. 3, Berlin ²1977 (¹1958), 801-819.

Albrecht, M. v.: Das Prooemium von Ciceros Rede pro Archia poeta und das Problem der Zweckmäßigkeit der *argumentatio extra causam*, Gymnasium 76 (1969), 419-429.

Alfonsi, L.: Il «De consulatu suo» di Cicerone, StudRom 15 (1967), 261-267.

Allen, W. Jr.: In Defense of Catiline, CJ 34 (1938-1939), 70-85.

— The Location of Cicero's House on the Palatine Hill, CJ 35 (1939-1940), 134-143. (= 1939-1940a)

— Nisbet on the Question of the Location of Cicero's House, CJ 35 (1939-1940), 291-295. (= 1939-1940b)

— Cicero's House and *Libertas*, TAPhA 75 (1944), 1-9.

— Cicero's Conceit, TAPhA 85 (1954), 121-144.

— "O fortunatam natam ...", TAPhA 87 (1956), 130-146.

Andersen, Ø.: Im Garten der Rhetorik. Die Kunst der Rede in der Antike, Darmstadt 2001.

Ashley, K.; Gilmore, L.; Peters, G. (Hgg.): Autobiography & Postmodernism, Amherst 1994.

Asmis, E.: The Politician as Public Servant in Cicero's *De re publica*, in: Auvray-Assayas, C.; Delattre, D. (Hgg.): Cicéron et Philodème. La polémique en philosophie (Etudes de littérature ancienne 12), Paris 2001, 109-128.

Auvray-Assayas, C.: Réécrire Platon? Les enjeux du dialogue chez Cicéron, in: Cossutta, F.; Narcy, M. (Hgg.): La forme dialogue chez Platon. Evolution et réceptions, Grenoble 2001, 237-255.

Badian, E.: DNP 1 (1996), s.v. „Amicitia", 590-591.

Baier, Th.: Autobiographie in der späten römischen Republik, in: Reichel, M. (Hg.): Antike Autobiographien. Werke – Epochen – Gattungen, Köln 2005, 123-142.

Bannon, C.J.: Self-help and Social Status in Cicero's *Pro Quinctio*, Ancient Society 30 (2000), 71-94.

Baslez, M.-F. (Hg.): L'invention de l'autobiographie d'Hésiode à Saint Augustin, Paris 1993.

Batstone, W.W.: Cicero's Construction of Consular *Ethos* in the First Catilinarian, TAPhA 124 (1994), 211-266.

Becker, E.: Technik und Szenerie des ciceronischen Dialogs, (Diss. Münster) Osnabrück 1938.

Becker, N.: Die Darstellung der Wirklichkeit in Ciceros Verrinischen Reden, (Diss.) Freiburg i. B. 1969.

Bell, A.J.E.: Cicero and the Spectacle of Power, JRS 87 (1997), 1-22.

Bellen, H.: Grundzüge der römischen Geschichte. Erster Teil: Von der Königszeit bis zum Übergang der Republik in den Prinzipat, Darmstadt 1994.

Béranger, J.: Tyrannus. Notes sur la notion de tyrannie chez les Romains particulièrement à l'époque de César et de Cicéron, REL 13 (1935), 85-94.

Bérard, F.: Les Commentaires de César : autobiographie, mémoires ou histoire ?, in : Baslez, M.-F. (Hg.): L'invention de l'autobiographie d'Hésiode à Saint Augustin, Paris 1993, 85-95.

Beretta, D. G.: Promoting the Public Image. Cicero and his Consulship, (Diss.) Baltimore 1996.

Berg, B.: Cicero's Palatine Home and Clodius' Shrine of Liberty: Alternative Emblems of the Republic in Cicero's *De domo sua*, in: Deroux, C. (Hg.): Studies in Latin Literature and Roman History, Bd. VIII (Collection Latomus 239), Bruxelles 1997, 122-143.

Berger, D.: Cicero als Erzähler – Forensische und literarische Strategien in den Gerichtsreden, (Diss. Konstanz 1975) Frankfurt a. M. 1978.

Berry, D.H.: Literature and Persuasion in Cicero's *Pro Archia*, in: Powell, J.; Paterson, J. (Hgg.): Cicero. The Advocate, Oxford 2004, 291-311.

Binder, G.: Vom Mythos zur Ideologie. Rom und seine Geschichte vor und bei Vergil, in: Ders.; Effe, B. (Hgg.): Mythos. Erzählende Weltdeutung im Spannungsfeld von Ritual, Geschichte und Rationalität (BAC 2), Trier 1990, 137-161.

Blänsdorf, J.: Cicero erklärt dem Volk die Agrarpolitik (*De leg. agr.* II), in: Defosse, P. (Hg.): Hommages à Carl Deroux, Bd. II: Prose et linguistique, Médecine (Collection Latomus 267), Bruxelles 2002, 40-56.

Bleckmann, B.: Die römische Nobilität im Ersten Punischen Krieg. Untersuchungen zur aristokratischen Konkurrenz in der römischen Republik, Berlin 2002.

Bourdieu, P.: Praktische Vernunft. Zur Theorie des Handelns, (Orig.: Raisons pratiques. Sur la théorie de l'action, Paris 1994, übersetzt von H. Beister), Frankfurt a. M. 1998.

Boyancé, P.: Das Ciceroproblem (Orig.: Le problème de Cicéron, IL 10 [1958], 21-28, aus dem Französischen übersetzt von H. Froesch), in: Kytzler, B. (Hg.): Ciceros literarische Leistung (WdF 240), Darmstadt 1973, 11-32.

Bringmann, K.: Untersuchungen zum späten Cicero (Hypomnemata 29), Göttingen 1971.

— Der Diktator Caesar als Richter? Zu Ciceros Reden 'Pro Ligario' und 'Pro Rege Deiotaro', Hermes 114 (1986), 72-88.

— Die Bedeutung der Philosophie in Rom zur Zeit der späten Republik, in: Piepenbrink, K. (Hg.): Philosophie und Lebenswelt in der Antike, Darmstadt 2003, 149-164.

Brisson, L.: La *lettre VII* de Platon, une autobiographie?, in: Baslez, M.-F. (Hg.): L'invention de l'autobiographie d'Hésiode à Saint Augustin, Paris 1993, 37-46.

Brusch, M.: Selbstdarstellungen in der Literatur der Antike, AU 47 (2004), H. 3, 2-9.

Brush, P.C.: Cicero's poetry, (Diss. Yale) Ann Arbor 1971.

Bruss, E.W.: Die Autobiographie als literarischer Akt, (Orig.: L'autobiographie considérée comme acte littéraire, Poétique 5 [1974], 14-26, übersetzt von U. Christmann), in: Niggl, G. (Hg.): Die Autobiographie. Zu Form und Geschichte einer literarischen Gattung, Darmstadt [2]1998 ([1]1989), 258-279.

Büchner, K.: RE VII, A1 (1939), s.v. (M. Tullius Cicero) „Briefe" – „Fragmente", 1192-1274.

— Cicero. Bestand und Wandel seiner geistigen Welt, Heidelberg 1964.

— Cicero. Grundzüge seines Wesens (zuerst: Gymnasium 62 [1955], 299-318 bzw. Studien zur römischen Literatur, Bd. II: Cicero, Wiesbaden 1962, 1-24), in: Ders. (Hg.): Das neue Cicerobild (WdF 27), Darmstadt 1971, 417-445.

Burck, E.: Zwischen Ennius und Vergil, in: Ders. (Hg.): Das römische Epos, Darmstadt 1979, 45-50.

Burckhardt, L.: „Zu Hause geht Alles, wie wir wünschen..." – Privates und Politisches in den Briefen Ciceros, Klio 85 (2003), H. 1, 94-113.

Burkert, W.: Cicero als Platoniker und Skeptiker. Zum Platonverständnis der ‚Neuen Akademie', Gymnasium 72 (1965), 175-200.

Burnand, Chr.: The Advocate as a Professional: The Role of the *Patronus* in Cicero's *Pro Cluentio*, in: Powell, J.; Paterson, J. (Hgg.): Cicero. The Advocate, Oxford 2004, 277-289.

Canfora, L.: Altri riferimenti ai poemi Ciceroniani nell'*Invectiva in Ciceronem,* Ciceroniana 5 (1984), 101-109.

Cape, R.W. Jr.: The Rhetoric of Politics in Cicero's Fourth Catilinarian, AJP 116 (1995), 255-277.

— Cicero's Consular Speeches, in: May, J.M. (Hg.): Brill's Companion to Cicero. Oratory and Rhetoric, Leiden/Boston/Köln 2002, 113-158.
Cipriani, G.: La *Pro Marcello* e il suo significato come orazione politica, A&R 22 (1977), 113-125.
Claassen, J.-M.: Cicero's Banishment: *Tempora et Mores*, AClass 35 (1992), 19-47.
— Displaced Persons. The Literature of Exile from Cicero to Boethius, London 1999.
Clarke, M.L.: Die Rhetorik bei den Römern. Ein historischer Abriß, Göttingen 1968.
Classen, C.J.: Ciceros Kunst der Überredung, in: Ludwig, W. (Hg.): Eloquence et Rhétorique chez Cicéron, Genève 1982, 149-192.
— Recht, Rhetorik, Politik. Untersuchungen zu Ciceros rhetorischer Strategie, Darmstadt 1985.
Clift, E.H.: Latin Pseudepigrapha. A Study in Literary Attributions, (Diss. 1937) Baltimore 1945.
Corbeill, A.: Ciceronian Invective, in: May, J.M. (Hg.): Brill's Companion to Cicero. Oratory and Rhetoric, Leiden/Boston/Köln 2002, 197-217.
Craemer-Schroeder, S.: Deklination des Autobiographischen. Goethe, Stendhal, Kierkegaard, Berlin 1993.
Craig, C.P.: The Role of Rational Argumentation in Selected Judicial Speeches of Cicero, (Diss.) Chapel Hill 1979.
— The *Accusator* as *Amicus*: An Original Roman Tactic of Ethical Argumentation, TAPhA 111 (1981), 31-37.
— The Central Argument of Cicero's Speech for Ligarius, CJ 79 (1983) 193-199.
— Dilemma in Cicero's *Divinatio in Caecilium*, AJP 106 (1985) 442-446.
— The Structural Pedigree of Cicero's Speeches *Pro Archia*, *Pro Milone*, and *Pro Quinctio*, CPh 80 (1985), 136-137.
— Cicero's Strategy of Embarrassment in the Speech for Plancius, AJP 111 (1990), 75-81.
— Form as Argument in Cicero's Speeches: A Study of Dilemma (American Classical Studies 31), Atlanta 1993.
— Shifting Charge and Shifty Argument in Cicero's Speech for Sestius, in: Wooten, C.W. (Hg.): The Orator in Action and Theory in Greece and Rome, Leiden/Boston/Köln 2001, 111-122.
— Audience Expectations, Invective, and Proof, in: Powell, J.; Paterson, J. (Hgg.): Cicero. The Advocate, Oxford 2004, 187-213.
Cugusi, P.: Evoluzione e forme dell'epistolografia latina nella tarda repubblica e nei primi due secoli dell'imperio. Con cenni sull'epistolografia preciceroniana, Roma 1983.

Dahlmann, H.: Cicero, Caesar und der Untergang der libera res publica, Gymnasium 75 (1968), 337-355.

David, J.-M.: Die Rolle des Verteidigers in Justiz, Gesellschaft und Politik: Der Gerichtspatronat in der späten römischen Republik, in: Manthe, U.; Ungern-Sternberg, J. v. (Hgg.): Große Prozesse der römischen Antike, München 1997, 28-47.

Davies, J.C.: Cicero, *pro Quinctio* 77, Latomus 28 (1969), 156-157.

Deissmann, A.: Licht vom Osten. Das Neue Testament und die neuentdeckten Texte der hellenistisch-römischen Welt, Tübingen [4]1923 ([1]1908).

Delaunois, M.: Statistiques des idées dans le cadre du plan oratoire des *Philippiques* de Cicéron, LEC 34 (1966), 3-34.

Demandt, A.: Historische Selbstentlastung in der Antike, in: Loewenstein, B. (Hg.): Geschichte und Psychologie. Annäherungsversuche, Pfaffenweiler 1992, 115-142.

Desmouliez, A.: Sur la polémique de Cicéron et des Atticistes, REL 30 (1952), 168-185.

Dilthey, W.: Das Erleben und die Selbstbiographie, in: Niggl, G. (Hg.): Die Autobiographie. Zu Form und Geschichte einer literarischen Gattung (zuerst W. Dilthey: Der Aufbau der geschichtlichen Welt in den Geisteswissenschaften, in: Groethuysen, B. [Hg.]: W. Diltheys Gesammelte Schriften, Bd. 7, Leipzig/Berlin 1927, 71-74 und 196-204 [Auszüge], entstanden 1906-1911), Darmstadt [2]1998 ([1]1989), 21-32.

Dobesch, G.: Politische Bemerkungen zu Ciceros Rede pro Marcello, in: Ders.: Ausgewählte Schriften, Bd. I: Griechen und Römer, hrsg. von H. Heftner und K. Tomaschitz, Köln 2001, 155-203.

Doblhofer, E.: Exil und Emigration. Zum Erlebnis der Heimatferne in der römischen Literatur, Darmstadt 1987.

Douglas, A.E.: Cicero, Oxford 1968.

Drexler, H.: Die Catilinarische Verschwörung. Ein Quellenheft, Darmstadt 1976.

Drumann, W.: Geschichte Roms in seinem Übergange von der republikanischen zur monarchischen Verfassung oder Pompeius, Caesar, Cicero und ihre Zeitgenossen nach Geschlechtern und mit genealogischen Tabellen, hrsg. von P. Groebe, Bd. 3, Hildesheim 1964 (repr. Nachdruck der 2. Ausgabe Leipzig 1906).

Dufallo, B.: Les spectres du passé récent dans le *Pro Sex. Roscio Amerino* de Cicéron, in: Dupont, F.; Auvrauy-Assayas, C. (Hgg.): Images Romaines. Actes de la table ronde organisée à l'École normale supérieure, 24-26 oct. 1996 (Études de littérature ancienne 9), Paris 1998, 207-219.

Duff, T.: Plutarch's *Lives*. Exploring Virtue and Vice, Oxford 1999.

Dugan, J.: How to Make (and Break) a Cicero: *Epideixis*, Textuality, and Self-fashioning in the *Pro Archia* and *In Pisonem*, ClAnt 20 (2001), 35-77.

— Making a New Man. Ciceronian Self-Fashioning in the Rhetorical Works, Oxford 2005.

Dyck, A.R.: Narrative Obfuscation, Philosophical *Topoi*, and Tragic Patterning in Cicero's *Pro Milone*, HSPh 98 (1998), 219-241.

Dyer, R.R: Rhetoric and Intention in Cicero 'Pro Marcello', JRS 80 (1990), 17-30.

Eakin, P.J.: Fictions in Autobiography. Studies in the Art of Self-Invention, Princeton 1985.

Eder, W.: DNP 12/1 (2002), s.v. „Triumvirat", 848.

Eigler, U.; Gotter, U.; Luraghi, N.; Walter, U. (Hgg.): Formen römischer Geschichtsschreibung von den Anfängen bis Livius. Gattungen – Autoren – Kontexte, Darmstadt 2003.

Eisenberger, H.: Die Funktion des zweiten Hauptteils von Ciceros Rede für den Dichter Archias, WS 92 (N.S. 13) (1979), 88-98.

Engels, J.: Die 'ΥΠΟΜΝΗΜΑΤΑ-Schriften und die Anfänge der politischen Biographie und Autobiographie in der griechischen Literatur, ZPE 96 (1993), 19-36.

Erbse, H.: Die Bedeutung der Synkrisis in den Parallelbiographien Plutarchs, Hermes 84 (1956), 398-424.

Erler, M.: Philosophische Autobiographie am Beispiel des *7. Briefes* Platons, in: Reichel, M. (Hg.): Antike Autobiographien. Werke – Epochen – Gattungen, Köln 2005, 75-92.

Ernstberger, R.: Studien zur Selbstdarstellung Ciceros in seinen Briefen, (Diss.) Heidelberg 1956.

Everitt, A.: Cicero. Ein turbulentes Leben (Orig.: Cicero. A Turbulent Life, London 2001), Köln 2003.

Évrard, É.: Le *Pro Sestio* de Cicéron: Un leurre, Filologia e forme letterarie, Studi offerti a Francesco della Corte, Vol. 2: Letterature latine dalle origini ad Augusto, Urbino 1987, 223-234.

Fantham, E.: Comparative Studies in Republican Latin Imagery, Toronto 1972.

— Ciceronian Conciliare and Aristotelian Ethos, Phoenix 27 (1973), 262-275.

Feldherr, A.: Cicero and the Invention of 'Literary' History, in: Eigler, U.; Gotter, U.; Luraghi, N.; Walter, U. (Hgg.): Formen römischer Geschichtsschreibung von den Anfängen bis Livius. Gattungen – Autoren – Kontexte, Darmstadt 2003, 196-212.

Fellin, A.: Risonanze del De consulatu Ciceroniano nel poema di Lucrezio, RFIC N.S. 29 (1951), 307-315.

Filbey, E.J.: Concerning the Oratory of Brutus, CPh 6 (1911), 325-333.

Finley, M.I.: Das politische Leben in der antiken Welt (Orig.: Politics in the Ancient World, Cambridge 1983, aus dem Englischen von W. Nippel), München 1991.

Fitzgerald, A.D.: Augustine through the Ages. An Encyclopedia (1999), s.v. „Retractationes“, 723f.
Flaig, E.: Die *Pompa funebris*. Adlige Konkurrenz und annalistische Erinnerung in der römischen Republik, in: Oexle, O.G. (Hg.): Memoria als Kultur, Göttingen 1995, 115-148.
Fleck, M.: Cicero als Historiker (Beiträge zur Altertumskunde 39), (Diss. Köln 1992) Stuttgart 1993.
Flower, H.I.: Ancestor Masks and Aristocratic Power in Roman Culture, (Diss. Philadelphia 1993) Oxford 1996.
Freeman, M.: Rewriting the Self. History, Memory, Narrative, London/New York 1993.
Freud, S.: Eine Kindheitserinnerung des Leonardo da Vinci (1910), in: Mitscherlich, A.; Richards, A.; Strachey, J. (Hgg.): Sigmund Freud: Studienausgabe, Bd. 10: Bildende Kunst und Literatur, Frankfurt a. M. 1969, 87-159.
Fried, J.: Geschichte und Gehirn. Irritationen der Geschichtswissenschaft durch Gedächtniskritik, Mainz 2003.
Frisch, H.: Cicero's Fight for the Republic. The Historical Backround of Cicero's Philippics, Kopenhagen 1946.
Fürst, F.: Die Bedeutung der auctoritas im privaten und öffentlichen Leben der römischen Republik, (Diss.) Marburg 1934.
Fuhrer, Th.: Hellenistische Dichtung und Geschichtsschreibung. Zur peripatetischen und kallimacheischen Literaturtheorie, MH 53 (1996), 116-122.
Fuhrmann, M.: Cum dignitate otium. Politisches Programm und Staatstheorie bei Cicero, Gymnasium 67 (1960), 481-500.
— DKP II (1967), s.v. „Hypomnema“, 1282f.
— Persona, ein römischer Rollenbegriff, in: Marquard, O.; Stierle, K. (Hgg.): Identität, München 1979, 83-106. (= 1979a)
— Rechtfertigung durch Identität – Über eine Wurzel des Autobiographischen, in: Marquard, O.; Stierle, K. (Hgg.): Identität, München 1979, 685-690. (= 1979b)
— Narrative Techniken in Ciceros Zweiter Rede gegen Verres, AU 23, H. 3, (1980), 5-17.
— Cicero und die römische Republik, München/Zürich [3]1991 ([1]1989).
— Die antike Rhetorik. Eine Einführung, Zürich [4]1995.
— Zur Prozeßtaktik Ciceros. Die Mordanklagen gegen Sextus Roscius aus Ameria und Cluentius Habitus, in: Manthe, U.; Ungern-Sternberg, J. v. (Hgg.): Große Prozesse der römischen Antike, München 1997, 48-61. (= 1997a)
— Gerichtswesen und Prozeßformen in Rom. Der Prozeß gegen Verres, Ianus (Informationen zum altsprachlichen Unterricht) 18 (1997), 7-17. (= 1997b)

— Geschichte der römischen Literatur, Stuttgart 1999.
— Die Dichtungstheorie der Antike, Aristoteles – Horaz – 'Longin'. Eine Einführung, Darmstadt ^{3}2003 (^{1}1973).
Gaillard, J.: Uranie, Jupiter et Cicéron: Du *De consulatu suo* au *De temporibus suis*, REL 54 (1976), 152-164.
Gelzer, M.: Ciceros Brutus als politische Kundgebung (zuvor: Philologus 93 [1938], 128-131), in: Strasburger, H.; Meier, Chr. (Hgg.): M. Gelzer: Kleine Schriften, Bd. II, Wiesbaden 1963, 248-250.
— Pompeius, München ^{2}1959 (^{1}1949).
— Zwei Civilprozeßreden Ciceros, in: Strasburger, H.; Meier, Chr. (Hgg.): M. Gelzer: Kleine Schriften, Bd. I, Wiesbaden 1962, 297-311.
— Cicero. Ein biographischer Versuch, Wiesbaden 1969.
— Die Nobilität der römischen Republik, Stuttgart ^{2}1983 (^{1}1912).
— RE VII, A1 (1939), s.v. (M. Tullius Cicero) „als Politiker", 827-1091.
Gfrereis, H. (Hg.): Grundbegriffe der Literaturwissenschaft, Stuttgart u.a. 1999.
Giebel, M.: Marcus Tullius Cicero. Mit Selbstzeugnissen und Bilddokumenten, Reinbek bei Hamburg ^{12}1999 (^{1}1977).
Gigon, O.: Cicero und die griechische Philosophie, ANRW I 4 (1973), 226-261.
Gizewski, Chr.: DNP 1 (1996), s.v. „Ambitus", 578-579.
— DNP 2 (1997), s.v. „Auctoritas", 266-267.
Görgemanns, H.: DNP 3 (1997), s.v. „Dialog", 517-521. (= 1997a)
— Ders.; Zelzer, M.: DNP 3 (1997), s.v. „Epistel", 1161-1166.
— DNP 3 (1997), s.v. „Epistolographie", 1166-1169.
Görler, W.: Untersuchungen zu Ciceros Philosophie, Heidelberg 1974.
Goldberg, S.M.: Epic in Republican Rome, New York u.a. 1995.
Gotoff, H.C.: Cicero's Elegant Style: An Analysis of the *Pro Archia*, Urbana/Chicago/London 1979.
— Cicero's Caesarian Orations, in: May, J.M. (Hg.): Brill's Companion to Cicero. Oratory and Rhetoric, Leiden/Boston/Köln 2002, 219-271.
Gotter, U.: Cicero und die Freundschaft. Die Konstruktion sozialer Normen zwischen römischer Politik und griechischer Philosophie, in: Gehrke, H.-J.; Möller, A. (Hgg.): Vergangenheit und Lebenswelt. Soziale Kommunikation, Traditionsbildung und historisches Bewußtsein (ScriptOralia 90), Tübingen 1996, 339-360.
Goukowsky, P.: Die Alexanderhistoriker (Orig.: Les Historiens d'Alexandre 1985, aus dem Französischen übersetzt von H. Froesch), in: Alonso-Núñez, J.M. (Hg.): Geschichtsbild und Geschichtsdenken im Altertum (WdF 631), Darmstadt 1991, 136-165.
Graff, J.: Ciceros Selbstauffassung, (Diss. Basel 1961) Heidelberg 1963.

Griffin, M.T.: Piso, Cicero and Their Audience, in: Auvray-Assayas, C.; Delattre, D. (Hgg.): Cicéron et Philodème. La polémique en philosophie, Paris 2001, 85-99.
Grimal, P.: Caractères généraux du dialogue romain. De Lucilius à Cicéron, IL 7 (1955), 192-198.
— Cicero. Philosoph, Politiker, Rhetor (Orig.: Cicéron, Paris 1986, übersetzt von R. Stamm), München 1988.
Groebe, P.: Die Abfassungszeit des Brutus und der Paradoxa Ciceros, Hermes 55 (1920), 105-107.
Grollmus, M.: De M. Tullio Cicerone poeta, (Diss.) Königsberg 1887.
Gruber, J.: Cicero und das hellenistische Herrscherideal. Überlegungen zur Rede „De imperio Cn. Pompei", WS 101, N.S. 22 (1988), 243-258.
Gudemann, A.: The Sources of Plutarch's Life of Cicero, Rom 1971 (Nachdruck der 1. Ausgabe Philadelphia 1902).
Günther, D.: „And now for something completely different". Prolegomena zur Autobiographie als Quelle der Geschichtswissenschaft, HZ 272 (2001), 25-61.
Gundolf, F.: Caesar im neunzehnten Jahrhundert (Orig. Berlin 1926, 57-62), in: Kytzler, B. (Hg.): Ciceros literarische Leistung (WdF 240), Darmstadt 1973, 6-10.
Gwosdz, A.: Der Begriff des römischen princeps, (Diss.) Breslau 1933.
Habicht, Chr.: Cicero der Politiker, München 1990.
Habinek, T.N.: The Politics of Latin Literature: Writing, Identity, and Empire in Ancient Rome, Princeton 1998.
Häfner, S.: Die literarischen Pläne Ciceros, (Diss. 1927) München 1928.
Haenni, R.: Die litterarische Kritik in Ciceros *Brutus*, (Diss. Freiburg i. d. S. 1904/1905) Sarnen 1905.
Häußler, R.: Das historische Epos der Griechen und Römer bis Vergil. Studien zum historischen Epos der Antike. I. Teil: Von Homer zu Vergil, Heidelberg 1976.
Hajdú, I.: Der Redner und sein Publikum in den Staatsreden des Demosthenes und Ciceros, in: Sandin, P.; Wifstrand Schiebe, M. (Hgg.): Dais Philesistephanos. Studies in Honour of Professor Staffan Fogelmark. Presented on the Occasion of his 65th Birthday 12 April 2004, Uppsala 2004, 81-96.
Haley, S.P.: Archias, Theophanes, and Cicero: The Politics of the *Pro Archia*, CB 59 (1983), 1-4.
Hall, J.: Cicero to Lucceius (*fam.* 5.12) in its Social Context: *valde bella*?, CPh 93 (1998), 308-321.
— The *Philippics*, in: May, J. M. (Hg.): Brill's Companion to Cicero. Oratory and Rhetoric, Leiden/Boston/Köln 2002, 273-304.

Hardie, Ph.: The Epic Successors of Virgil: A Study in the Dynamics of a Tradition, Cambridge 1993.
Hardy, E.G.: The Catilinarian Conspiracy in its Context: A Re-Study of the Evidence, JRS 7 (1917), 153-228.
Harrer, G.A.: Some Verses of Cicero, SPh 25 (1928), 70-91.
Harrison, S.J.: Cicero's 'De temporibus suis': The Evidence Reconsidered, Hermes 118 (1990), 455-463.
Heikel, E.: Adversaria ad Ciceronis de Consulatu suo Poema, Helsinki 1913.
Heinze, R.: Auctoritas, Hermes 60 (1925), 348-366.
— Ciceros „Staat" als politische Tendenzschrift, in: Burck, E. (Hg.): Vom Geist des Römertums, Darmstadt [3]1960 ([1]1938), 141-159.
Heldmann, K.: Antike Theorien über Entwicklung und Verfall der Redekunst (Zetemata 77), München 1982.
Helm, Chr.: Zur Redaktion der Ciceronischen Konsulatsreden, (Diss.) Göttingen 1979.
Hendrickson, G.L.: Literary Sources in Cicero's Brutus and the Technique of Citation in Dialogue, AJP 27 (1906) 184-199.
Hinard, F.: Le « Pro Quinctio », un discours politique?, REA 77 (1975), 88-107.
Hirschberger, M.: Historiograph im Zwiespalt – Iosephos' Darstellung seiner selbst im *Ἰουδαϊκος Πόλεμος*, in: Reichel, M. (Hg.): Antike Autobiographien. Werke – Epochen – Gattungen, Köln 2005, 143-183.
Hirzel, R.: Der Dialog. Ein literarhistorischer Versuch, erster Teil, Hildesheim 1963 (repr. Nachdruck der Ausgabe Leipzig 1895).
Hölkeskamp, K.-J.: *Exempla* und *mos maiorum*. Überlegungen zum kollektiven Gedächtnis der Nobilität, in: Gehrke, H.-J.; Möller, A. (Hgg.): Vergangenheit und Lebenswelt. Soziale Kommunikation, Traditionsbildung und historisches Bewußtsein, (ScriptOralia 90) Tübingen 1996, 301-338.
Hösle, V.: Eine Form der Selbsttranszendierung philosophischer Dialoge bei Cicero und Platon und ihre Bedeutung für die Philologie, Hermes 132 (2004), 152-166.
Holdenried, M.: Autobiographie, Stuttgart 2000.
Holland, T.: Die Würfel sind gefallen: Der Untergang der römischen Republik (Orig.: Rubicon. The Triumph and Tragedy of the Roman Republic, London 2003, aus dem Englischen von A. Wittenburg), Berlin 2004.
Homeyer, H.: Die Quellen zu Ciceros Tod, Helikon 17 (1977), 56-96.
Horsfall, N.: Cicero and Poetry. The Place of Prejudice in Literary History, in: Papers of the Leeds International Latin Seminar 7 (1993), 1-7.
Hose, M.: Cicero als hellenistischer Epiker, Hermes 123 (1995), 455-469.

Hossenfelder, M.: Die Philosophie der Antike 3: Stoa, Epikureismus und Skepsis, in: Röd, W. (Hg.): Geschichte der Philosophie, Bd. III, München [2]1995 ([1]1985).

Howarth, W.L.: Some Principles of Autobiography, in: Olney, J. (Hg.): Autobiography: Essays Theoretical and Critical, Princeton 1980, 84-114.

Humbert, J.: Les plaidoyers écrits et les plaidoiries réelles de Cicéron, Hildesheim/New York 1972 (Nachdruck der Ausgabe Paris 1925).

— Comment Cicéron mystifia les juges de Cluentius, REL 16 (1938), 275-296.

Hutchinson, G.O.: Cicero's Correspondence. A Literary Study, Oxford 1998.

Itgenshorst, T.: Tota illa pompa. Der Triumph in der römischen Republik, Göttingen 2005.

Jaeger, M.: Cicero and Archimedes' Tomb, JRS 92 (2002), 49-61.

Jancke, G.: Autobiographische Texte – Handlungen in einem Beziehungsnetz. Überlegungen zu Gattungsfragen und Machtaspekten im deutschen Sprachraum von 1400 bis 1620, in: Schulze, W. (Hg.): Ego-Dokumente. Annäherung an den Menschen in der Geschichte (Selbstzeugnisse der Neuzeit 2), Berlin 1996, 73-106.

Jehne, M.: Die Beeinflussung von Entscheidungen durch "Bestechung": Zur Funktion des *ambitus* in der römischen Republik, in: Ders. (Hg.): Demokratie in Rom? Die Rolle des Volkes in der Politik der römischen Republik (Historia Einzelschriften 96), Stuttgart 1995, 51-76.

Jocelyn H.D.: Urania's Discourse in Cicero's Poem *On His Consulship*: Some Problems, Ciceroniana 5 (1984), 39-54.

Johnson, J.P.: The Dilemma of Cicero's Speech for Ligarius, in: Powell, J.; Paterson, J. (Hgg.): Cicero. The Advocate, Oxford 2004, 371-399.

Kambylis, A.: Die Dichterweihe und ihre Symbolik, (Diss. Kiel 1960) Heidelberg 1965.

Kassel, R.: Untersuchungen zur griechischen und römischen Konsolationsliteratur (Zetemata 18), München 1958.

Kennedy, G.A.: The Art of Persuasion in Greece, Princeton 1963.

— The Rhetoric of Advocacy in Greece and Rome, AJP 89 (1968), 419-436.

— The Art of Rhetoric in the Roman World, Princeton 1972.

Kerkhecker, A.: *Privato officio, non publico*. Literaturwissenschaftliche Überlegungen zu Ciceros 'Pro Marcello', in: Schwindt, J.P. (Hg.): Klassische Philologie *inter disciplinas*. Aktuelle Konzepte zu Gegenstand und Methode eines Grundlagenfaches, Heidelberg 2002, 93-149.

Kierdorf, W.: Cicero und Hortensius. Zur Komposition von Ciceros Pompeiana, Gymnasium 106 (1999), 5-11.

Kinsey, T.E.: Cicero, Hortensius and Philippus in the *Pro Quinctio*, Latomus 29 (1970), 737-738.

Kirby, J.T.: The Rhetoric of Cicero's *Pro Cluentio* (London Studies in CP 23) Amsterdam 1990.

Klein, Chr.; Saeverin, P.F.; Südkamp, H. (Hgg.): Geschichtsbilder. Konstruktion – Reflexion – Transformation, Köln 2005.

Klodt, C.: Prozessparteien und politische Gegner als *dramatis personae*. Charakterstilisierung in Ciceros Reden, in: Schröder, B.-J.; Schröder, J.-P. (Hgg.): Studium declamatorium. Untersuchungen zu Schulübungen und Prunkreden von der Antike bis zur Neuzeit, München/Leipzig 2003, 35-106.

Knoche, U.: Der römische Ruhmesgedanke (zuerst: Philologus 89 [1934], 102-124), in: Oppermann, H. (Hg.): Römische Wertbegriffe (WdF 34), Darmstadt 1974, 420-445.

Koch, E.: Ciceronis carmina historica restituta atque enarrata, (Diss.) Greifswald 1922.

Konstan, D.: Rhetoric and the Crisis of Legitimacy in Cicero's Catilinarian Orations, in: Poulakos, T. (Hg.): Rethinking the History of Rhetoric: Multidisciplinary Essays on the Rhetorical Tradition, Boulder u.a. 1993, 11-30.

Kost, K.: s.v. „Epos", in: Schmitt, H.H.; Vogt, E. (Hgg.): Kleines Lexikon des Hellenismus, Wiesbaden [2]1993 ([1]1988), 190-194.

Koster, S.: Die Invektive in der griechischen und römischen Literatur (Beiträge zur Klassischen Philologie 99), Meisenheim am Glan 1980.

Krarup, P.: *Rector rei publicae*, (Diss. Aarhus) Kopenhagen 1956.

Kretschmar, M.: Otium, studia litterarum, Philosophie und *βίος θεωρητικός* im Leben und Denken Ciceros, (Diss. 1937) Leipzig 1938.

Kroll, W.: Ciceros Rede für Plancius, RhM 86 (1937), 127-139.

— RE VII, A1 (1939), s.v. (M. Tullius Cicero) „Rhetorische Schriften", 1091-1103.

Kubiak, D. P.: Aratean Influence in the *De consulatu suo* of Cicero, Philologus 138 (1994), 52-66.

Küppers, J.: Autobiographisches in den Briefen des Apollinaris Sidonius, in: Reichel, M. (Hg.): Antike Autobiographien. Werke – Epochen – Gattungen, Köln 2005, 251-277.

Kuhlmann, P.: Autobiographische Zeugnisse auf Papyri. Einblicke in die antike Alltagskultur, in: Reichel, M. (Hg.): Antike Autobiographien. Werke – Epochen – Gattungen, Köln 2005, 109-121.

Kumaniecki, K.: Ciceros Paradoxa Stoicorum und die römische Wirklichkeit, Philologus 101 (1957), 113-134.

— Der Prozess des Ligarius, Hermes 95 (1967), 434-457.

— L'orazione « Pro Quinctio » di Marco Tullio Cicerone, Studi Q. Cataudella, Catania 3 (1972), 129-157.

Kurke, A.D.: Theme and Adversarial Presentation in Cicero's *Pro Flacco*, (Diss.) Michigan 1989.
Lacey, W.K.: Cicero and the End of the Roman Republic, London 1978.
Laffranque, M.: A propos des mémoires de Cicéron sur l'histoire de son Consulat, Rphilos 87 (1962), 351-358.
— Poseidonios d'Apamée. Essai de mise au point, Paris 1964.
Laing, R.D.; Philipson, H.; Lee, A.R.: Interpersonelle Wahrnehmung, Frankfurt a. M. 1971 (Orig.: Interpersonal Perception, London 1966, aus dem Englischen übersetzt von H.-D. Teichmann).
Laser, G. : Klientelen und Wahlkampf im Spiegel des *commentariolum petitionis*, Göttinger Forum für Altertumswissenschaft 2 (1999), 179-192.
Laws, J.: Cicero and the Modern Advocate, in: Powell, J.; Paterson, J. (Hgg.): Cicero. The Advocate, Oxford 2004, 401-416.
Lebek, W.D.: Verba prisca. Die Anfänge des Archaisierens in der lateinischen Beredsamkeit und Geschichtsschreibung (Hypomnemata 25), (Diss. Köln 1964) Göttingen 1970.
Lederbogen, E.: Das Caesarbild in Ciceros Philippischen Reden, (Diss.) Freiburg i. Br. 1969.
Leeman, A.D.: Die römische Geschichtsschreibung, in: Fuhrmann, M. (Hg.): Römische Literatur, Frankfurt a. M. 1974, 115-146.
— The Technique of Persuasion in Cicero's *Pro Murena*, in: Ludwig, W. (Hg.): Eloquence et Rhétorique chez Cicéron, Genève 1982, 193-236.
Lefèvre, E.: Argumentation und Struktur der moralischen Geschichtsschreibung der Römer am Beispiel von Sallusts Bellum Iugurthinum, Gymnasium 86 (1979), 249-277.
Leff, M.C.: Redemptive Identification: Cicero's Catilinarian Orations, in: Mohrmann, G.P.; Stewart, Ch. J.; Ochs, D.J. (Hgg.): Explorations in Rhetorical Criticism, Pennsylvania 1973, 158-177.
Lejeune, Ph.: Le pacte autobiographique, Poétique 4 (1973), 137-162 (deutsche Fassung: Der autobiographische Pakt [übersetzt von H. Heydenreich], in: Niggl, G. [Hg.]: Die Autobiographie. Zu Form und Geschichte einer literarischen Gattung, Darmstadt [2]1998 [[1]1989], 214-257).
— Autobiographie, roman et nom propre, in: Ders.: Moi aussi, Paris 1986, 37-72.
Lendle, O.: Ciceros *ὑπόμνημα περὶ τῆς ὑπατείας*, Hermes 95 (1967), 90-109.
— Einführung in die griechische Geschichtsschreibung. Von Hekataios bis Zosimos, Darmstadt 1992.
Leo, F.: Die griechisch-römische Biographie nach ihrer litterarischen Form, Leipzig 1901.
Leonhard, R.: RE V 2 (1905), s.v. „Donatio", 1533-1540.
Levine, Ph. : Cicero and the Literary Dialogue, CJ 53 (1957), 146-151.

Libero, L. de: DNP 10 (2001), s.v. „Princeps“, 328-331.
Lincke, E.: Zur Beweisführung Ciceros in der Rede für Sextus Roscius aus Ameria, Commentationes Fleckeisenianae 1 (1890), 187-198.
Lintott, A.W.: Cicero and Milo, JRS 64 (1974), 62-78.
— Legal Procedure in Cicero's Time, in: Powell, J.; Paterson, J. (Hgg.): Cicero. The Advocate, Oxford 2004, 61-78.
Łoposzko, T; Kowalski, H.: Catilina und Clodius – Analogien und Differenzen, Klio 72 (1990), H. 1, 199-210.
Loutsch, C.: Remarques sur Cicéron, *pro Sex. Roscio Amerino*, LCM 4 (1979), 107-112.
— Ironie et liberté de parole. Remarques sur l'exorde *Ad Principem* du *Pro Ligario* de Cicéron, REL 62 (1984), 98-110.
— L'exorde dans les discours de Cicéron, Bruxelles 1994.
— Remarques sur le *Pro Milone* de Cicéron, in: Bodelot, C. (Hg.): Poikila: Hommage à Othon Scholer, Luxembourg 1996, 3-16.
Ludolph, M.: Epistolographie und Selbstdarstellung. Untersuchungen zu den 'Paradebriefen' Plinius des Jüngeren, (Diss. München 1996) Tübingen 1997.
Lühken, M.: Zur Argumentation in der Vorrede von Ciceros „De re publica“, Hermes 131 (2003), 34-45.
Mack, D.: Senatsreden und Volksreden bei Cicero, Hildesheim 1967 (repr. Nachdruck der Ausgabe Würzburg 1937).
MacKendrick, P.: The Speeches of Cicero. Context, Law, Rhetoric, London 1995.
Mahrholz, W.: Der Wert der Selbstbiographie als geschichtliche Quelle, in: Niggl, G. (Hg.): Die Autobiographie. Zu Form und Geschichte einer literarischen Gattung, Darmstadt ^{2}1998 (^{1}1989), 72-74 (= 7-9 der Einleitung zu: Mahrholz, W.: Deutsche Selbstbekenntnisse. Ein Beitrag zur Geschichte der Selbstbiographie von der Mystik bis zum Pietismus, Berlin 1919).
Malitz, J.: Die Historien des Poseidonios (Zetemata 79), München 1983.
Man, P. de: Autobiographie als Maskenspiel, in: Menke, Chr. (Hg.): Paul de Man. Die Ideologie des Ästhetischen (aus dem Amerikanischen von J. Blasius), Frankfurt a. M. 1993 (Orig. 1979), 131-146.
Marincola, J.: Autobiographical Statements in the Greek and Roman Historians, (Diss. 1985) Ann Arbor 1988.
Marshall, B.A.: *Excepta Oratio*, the Other *Pro Milone* and the Question of Shorthand, Latomus 46 (1987), 730-736.
May, G.: L'autobiographie, Paris 1979.
May, J.M.: The *Ethica Digressio* and Cicero's *Pro Milone*: A Progression of Intensity from *Logos* to *Ethos* to *Pathos*, CJ 74 (1978-1979), 240-246.

— The Image of the Ship of State in Cicero's *Pro Sestio*, Maia N.S. 32 (1980), 259-264.
— The Rhetoric of Advocacy and Patron-Client Identification: Variation on a Theme, AJP 102 (1981), 308-315.
— Trials of Character. The Eloquence of Ciceronian Ethos, Chapel Hill/London 1988.
— (Hg.): Brill's Companion to Cicero. Oratory and Rhetoric, Leiden/Boston/Köln 2002.
Mazzoli, G.: Riflessioni sulla semantica ciceroniana della gloria, in: Narducci, E. (Hg.): Cicerone tra antichi e moderni. Atti del IV Symposium Ciceronianum Arpinas (Arpino 9 maggio 2003), Firenze 2004, 56-81.
McDermott, W.C.: In Ligarianam, TAPhA 101 (1970), 317-347.
— Cicero's Publication of his Consular Orations, Philologus 116 (1972), 277-284.
Mehl, A.: Römische Geschichtsschreibung, Stuttgart/Berlin/Köln 2001.
Mehl, D.: The Stoic Paradoxes According to Cicero, in: Miller, J.F; Damon, C.; Myers, K.S. (Hgg.): Vertis in usum. Studies in Honor of Edward Courtney, München/Leipzig 2002, 39-46.
Meister, K.: Die griechische Geschichtsschreibung. Von den Anfängen bis zum Ende des Hellenismus, Stuttgart/Berlin/Köln 1990.
Meister, R.: Der Staatslenker in Ciceros De re publica, WS 57 (1939), 57-112.
Mendner, S.: Aporien in Ciceros Pompeiana, Gymnasium 73 (1966), 413-429.
Meyer, E.: Caesars Monarchie und das Principat des Pompejus. Innere Geschichte Roms von 66 bis 44 v. Chr., Stuttgart 1963 (Nachdruck der Ausgabe [3]1922 [[1]1918]).
Michel, A.: Cicéron entre Démosthène et Shakespeare: L'esthétique des *Philippiques*, in: Ders.; Verdière, R. (Hgg.): Ciceroniana. Hommages à K. Kumaniecki, Leiden 1975, 167-180.
— Lieux communs et sincérité chez Cicéron (*Pro Milone, pro Marcello, pro Ligario*), VL 72 (1978), 11-22.
Misch, G.: Geschichte der Autobiographie, Bd. I: Das Altertum, Frankfurt a. M. [3]1949 ([1]1907).
Mitchell, T.N.: Cicero the Senior Statesman, New Haven/London 1991.
Momigliano, A.: The Development of Greek Biography, Cambridge/London 1993.
Mommsen, Th.: Römische Geschichte, Bd. III: Von Sullas Tode bis zur Schlacht von Thapsus, Berlin [10]1909.
Montague, H.W.: Style and Strategy in Forensic Speeches: Cicero's Caesarians in Perspective, (Diss.) Ann Arbor 1987.
— Advocacy and Politics: The Paradox of Cicero *Pro Ligario*, AJP 113 (1992), 559-574.
Montanari, F.: DNP 5 (1998), s.v. „Hypomnema", 813-815.

Moreau, P.: Cicéron, Clodius et la publication du *Pro Murena*, REL 58 (1980), 220-237.
— La Lex Clodia sur le bannissement de Cicéron, Athenaeum N.S. 65 (1987), 465-492.
Morford, M.P.O.: Ancient and Modern in Cicero's Poetry, CPh 62 (1967), 112-116.
Morstein-Marx, R.: Publicity, Popularity and Patronage in the *Commentariolum Petitionis*, ClAnt 17 (1998), 259-288.
— Mass Oratory and Political Power in the Late Roman Republic, Cambridge 2004.
Narducci, E.: Cicerone e l'eloquenza romana. Retorica e progetto culturale, Roma u.a. 1997.
— *Brutus*: The History of Roman Eloquence, in: May, J. M. (Hg.): Brill's Companion to Cicero. Oratory and Rhetoric, Leiden/Boston/Köln 2002, 401-426. (= 2002a)
— *Orator* and the Definition of the Ideal Orator, in: May, J. M. (Hg.): Brill's Companion to Cicero. Oratory and Rhetoric, Leiden/Boston/Köln 2002, 427-443. (= 2002b)
— (Hg.): Cicerone tra antichi e moderni. Atti del IV Symposium Ciceronianum Arpinas (Arpino 9 maggio 2003), Firenze 2004.
Neumeister, Chr.: Grundsätze der forensischen Rhetorik, gezeigt an Gerichtsreden Ciceros, (Diss.) Heidelberg 1962.
Nicholson, J.: Cicero's Return from Exile. The Orations *Post reditum*, New York u.a. 1992.
Nicolet, C.: «Consul togatus». Remarques sur le vocabulaire politique de Cicéron et de Tite-Live, REL 38 (1960), 236-263.
Niggl, G.: Autobiographie, in: Killy, W.; Meid, V. (Hgg.): Literaturlexikon. Begriffe, Realien, Methoden, Bd. 13, München 1992, 58-65.
— (Hg.): Die Autobiographie. Zu Form und Geschichte einer literarischen Gattung, Darmstadt ^{2}1998 (^{1}1989).
— Zur Theorie der Autobiographie, in: Reichel, M. (Hg.): Antike Autobiographien. Werke – Epochen – Gattungen, Köln 2005, 1-13.
Ortmann, U.: Cicero, Brutus und Octavian – Republikaner und Caesarianer. Ihr gegenseitiges Verhältnis im Krisenjahr 44/43 v. Chr., (Diss. 1987) Bonn 1988.
Otto, S.: Zum Desiderat einer Kritik der historischen Vernunft und zur Theorie der Autobiographie, in: Hora, E.; Keßler, E. (Hgg.): Studia Humanitatis. Ernesto Grassi zum 70. Geburtstag, München 1973, 221-235.
Pascal, C.: Un verso di Cicerone, Athenaeum 4 (1916), 309-311.
Pascal, R.: Die Autobiographie. Gehalt und Gestalt (Orig.: Design and Truth in Autobiography, London 1960, übersetzt von M. Schaible, überarbeitet von K. Wölfel), Stuttgart u.a. 1965.

Paterson, J.: Self-Reference in Cicero's Forensic Speeches, in: Powell, J.; Paterson, J. (Hgg.): Cicero. The Advocate, Oxford 2004, 79-95.

Patzig, G.: Cicero als Philosoph, am Beispiel der Schrift „De finibus", Gymnasium 86 (1979), 304-322.

Paulus, Chr.G.: Das römische Bürgerrecht als begehrtes Privileg. Cicero verteidigt Aulus Licinius Archias und Cornelius Balbus, in: Manthe, U.; Ungern-Sternberg, J. v. (Hgg.): Große Prozesse der römischen Antike, München 1997, 100-114.

Pernot, L.: *Periautologia*. Problèmes et méthodes de l'éloge de soi-même dans la tradition éthique et rhétorique gréco-romaine, REG 111 (1998), 101-124.

Peter, H.: Die Quellen Plutarchs in den Biographien der Römer, Halle 1865.

— Der Brief in der römischen Litteratur, Hildesheim 1965 (repr. Nachdruck der Ausgabe Leipzig 1901).

Petersson, T.: Cicero. A Biography, New York 1963 (Nachdruck der Ausgabe Berkeley 1920).

Philippson, R.: RE VII, A1 (1939), s.v. (M. Tullius Cicero) „Philosophische Schriften", 1104-1192.

Picard, H. R.: Autobiographie im zeitgenössischen Frankreich. Existentielle Reflexion und literarische Gestaltung, München 1978.

Pfligersdorffer, G.: Politik und Muße. Zum Proömium und Einleitungsgespräch von Ciceros De re publica, München 1969.

Pietzcker, C.: Die Autobiographie aus psychoanalytischer Sicht, in: Reichel, M. (Hg.): Antike Autobiographien. Werke – Epochen – Gattungen, Köln 2005, 15-27.

Plasberg, O.: Cicero in seinen Werken und Briefen, Darmstadt 1962 (Nachdruck der Ausgabe Leipzig 1926).

Plezia, M.: De la philosophie dans le *De consulatu suo* de Cicéron, in: Zehnacker, H.; Hentz, G. (Hgg.): Hommages à Robert Schilling, Paris 1983, 383-392.

Pollmann, K.: DNP 2 (1997), s. v. „Augustinus", 293-300.

Powell, J.G.F. (Hg.): Cicero the Philosopher. Twelve Papers, Oxford 1995.

— Ders.; Paterson, J. (Hgg.): Cicero. The Advocate, Oxford 2004.

Price Wallach, B.: Cicero's *Pro Archia* and the Topics, RhM N.F. 132 (1989), 313-331.

Primmer, A.: Historisches und Oratorisches zur ersten Catilinaria, Gymnasium 84 (1977), 18-38.

Rahn, H.: Cicero und die Rhetorik (zuerst: Ciceroniana. Rivista di Studi Ciceroniani 1 [1959], 158-179), in: Kytzler, B. (Hg.): Ciceros literarische Leistung (WdF 240), Darmstadt 1973, 86-110.

Rambaud, M.: Le « Pro Marcello » et l'insinuation politique, in: Chevallier, R. (Hg.): Présence de Cicéron. Actes du Colloque des 25, 26 septembre

1982. Hommage au R.P. M. Testard, Paris 1984 (Caesarodunum 19), 43-56.

Rathofer, C.: Ciceros „Brutus“ als literarisches Paradigma eines Auctoritas-Verhältnisses (Beiträge zur Klassischen Philologie 174), Frankfurt a. M. 1986.

Rawson, E.: Cicero. A Portrait, Ithaca/N.Y. 1983.

Reichel, M.: Ist Xenophons *Anabasis* eine Autobiographie?, in: Ders. (Hg.): Antike Autobiographien. Werke – Epochen – Gattungen, Köln 2005, 45-73.

— (Hg.): Antike Autobiographien. Werke – Epochen – Gattungen, Köln 2005.

Reimer, M.: Die Zuverlässigkeit des autobiographischen Gedächtnisses und die Validität retrospektiv erhobener Lebensverlaufsdaten. Kognitive und erhebungspragmatische Aspekte (Materialien aus der Bildungsforschung 71), Berlin 2001.

— Autobiografisches Erinnern und retrospektive Längsschnittdatenerhebung. Was wissen wir, und was würden wir gerne wissen?, Bios 16 (2003), 27-45.

Reischmann, H.-J.: Rhetorische Techniken der Diffamierungskunst – dargestellt an Ciceros Invektive ‚In Pisonem‘, AU 29 (1986), H. 2, 57-64.

Reitzenstein, R.: Die Idee des Principats bei Cicero und Augustus, Nachrichten der Göttinger Gesellschaft der Wissenschaften 1917, 399-498.

Riggsby, A.M.: Appropriation and Reversal as a Basis for Oratorical Proof, CPh 90 (1995), 245-256.

— The *Post Reditum* Speeches, in: May, J.M. (Hg.): Brill's Companion to Cicero. Oratory and Rhetoric, Leiden/Boston/Köln 2002, 159-195.

— The Rhetoric of Character in the Roman Courts, in: Powell, J.; Paterson, J. (Hgg.): Cicero. The Advocate, Oxford 2004, 165-185.

Robinson, A.: Cicero's References to His Banishment, CW 87 (1993-1994), 475-480.

Robinson, E.A.: The Date of Cicero's Brutus, HSPh 60 (1951), 137-146.

Rolin, G.: La personnalité de Cicéron à l'âge de 26 (Pro Quinctio). Sa pensée sociale et politique, AC 48 (1979), 559-582.

Ronnick, M.V.: Cicero's „Paradoxa Stoicorum“: A Commentary, an Interpretation and a Study of Its Influence, Frankfurt a. M. u.a. 1991.

Rosenthal, G.: Erlebte und erzählte Lebensgeschichte: Gestalt und Struktur biographischer Selbstbeschreibungen, Frankfurt a. M. u.a. 1995.

Rouffart-Théâtre, Chr.: Cicéron. Regards sur soi-même, LEC 60 (1992), 197-215.

Royo, M.: Le quartier républicain du Palatin, nouvelles hypothèses de localisation, REL 65 (1987), 89-111.

Ruch, M.: Le préambule dans les œuvres philosophiques de Cicéron. Essai sur la genèse et l'art du dialogue, (Diss.) Paris 1958.

Rudd, N.: Stratagems of Vanity: Cicero, *Ad Familiares* 5.12 and Pliny's letters, in: Woodman, T.; Powell, J. (Hgg.): Author and Audience in Latin Literature, Cambridge 1992, 18-32.

Ruebel, J.S.: The Trial of Milo in 52 B.C.: A Chronological Study, TAPhA 109 (1979), 231-249.

Sage, E.T.: Cicero and the Agrarian Proposals of Rullus in 63 B.C., CJ 16 (1920-1921), 230-236.

Scardigli, B.: Die Römerbiographien Plutarchs. Ein Forschungsbericht, München 1979.

Scheffer, B.: Interpretation und Lebensroman: zu einer konstruktivistischen Literaturtheorie, Frankfurt a. M. 1992.

Schetter, W.: Das römische Epos, Wiesbaden 1978.

Schmal, S.: Sallust, Hildesheim 2001.

Schmid, W.: Cicerowertung und Cicerodeutung (Orig.: Die Großen der Weltgeschichte, Bd. I, Zürich 1971, 867-891), in: Kytzler, B. (Hg.): Ciceros literarische Leistung (WdF 240),Darmstadt 1973, 33-68.

Schmidt, E.A.: Das Selbstverständnis spätrepublikanischer und frühaugusteischer Dichter in ihrer Beziehung zu griechischer und frührömischer Dichtung, in: Schwindt, J.P. u.a. (Hgg.): L'Histoire littéraire immanente dans la poésie latine (Entretiens sur l'antiquité classique, Tome XLVII), Genève 2001, 97-142.

Schmidt, O.E.: Der Briefwechsel des M. Tullius Cicero von seinem Prokonsulat in Cilicien bis zu Caesars Ermordung, Leipzig 1893.

Schmidt, P.L.: Cicero 'De re publica': Die Forschung der letzten fünf Dezennien, ANRW I 4 (1973), 262-333.

— DNP 2 (1997), s.v. „Brief", 771-773.

Schmitt, H.H.: s.v. „Herrscherideal", in: Ders.; Vogt, E. (Hgg.): Kleines Lexikon des Hellenismus, Wiesbaden [2]1993 ([1]1988), 234-240.

Schofield, M.: Cicero For and Against Divination, JRS 76 (1986), 47-65.

Scholz, P.: Sullas *commentarii* – eine literarische Rechtfertigung. Zu Wesen und Funktion der autobiographischen Schriften in der späten Römischen Republik, in: Eigler, U.; Gotter, U.; Luraghi, N.; Walter, U. (Hgg.): Formen römischer Geschichtsschreibung von den Anfängen bis Livius. Gattungen – Autoren – Kontexte, Darmstadt 2003, 172-196.

Schubart, W.: Das hellenistische Königsideal nach Inschriften und Papyri (zuerst: APF 12 [1937], 1-26), in: Kloft, H. (Hg.): Ideologie und Herrschaft in der Antike (WdF 528), Darmstadt 1979, 90-122.

Schuller, W.: Der Mordprozeß gegen Titus Annius Milo im Jahre 52 v. Chr. oder: Gewalt von oben, in: Manthe, U.; Ungern-Sternberg, J. v. (Hgg.): Große Prozesse der römischen Antike, München 1997, 115-127.

Schulze, W. (Hg.): Ego-Dokumente. Annäherung an den Menschen in der Geschichte (Selbstzeugnisse der Neuzeit 2), Berlin 1996.

Schwartz, E.: Pseudo-Sallusts Invective gegen Cicero, Hermes 33 (1898), 87-108.
Schwindt, J.P.: Literaturgeschichtsschreibung und immanente Literaturgeschichte. Bausteine literarhistorischen Bewusstseins in Rom, in: Ders. u.a. (Hgg.): L'Histoire littéraire immanente dans la poésie latine (Entretiens sur l'antiquité classique, Tome XLVII), Genève 2001, 1-38.
Sedgwick, W.B.: Cicero's Conduct of the Case *Pro Roscio*, CR 48 (1934), 13.
Seel, O.: Cicero. Wort, Staat, Welt, Stuttgart [3]1967 ([1]1953).
— Die Invektive gegen Cicero, Aalen 1966 (2. Nachdruck der Ausgabe Leipzig 1943).
Settle, J.N.: The Publication of Cicero's Orations, (Diss. Chapel Hill 1962) Ann Arbor 1963.
— The Trial of Milo and the other *Pro Milone*, TAPhA 94 (1963), 268-280.
Shackleton Bailey, D.R.: Cicero, London 1971.
Shumaker, W.: Die englische Autobiographie. Gestalt und Aufbau (Orig.: English Autobiography. Its Emergence, Materials, and Form, Berkeley/Los Angeles 1954, 101-140 und 232-234, übersetzt von I. Scheitler), in: Niggl, G. (Hg.): Die Autobiographie. Zu Form und Geschichte einer literarischen Gattung, Darmstadt [2]1998 ([1]1989), 75-120.
Sill, O.: Zerbrochene Spiegel. Studien zur Theorie und Praxis modernen autobiographischen Erzählens, (Diss. Münster 1989) Berlin/New York 1991.
Smallwood, M.: The Trial of Verres and the Struggle for Mastery at the Roman Bar, AH 11 (1981), H. 3, 37-47.
Smith, R.E.: Plutarch's Biographical Sources in the Roman Lives, CQ 34 (1940), 1-10.
— Cicero the Statesman, Cambridge 1966.
Solmsen, F.: Cicero's First Speeches: A Rhetorical Analysis, TAPhA 69 (1938), 542-556.
Sommer, M.: Zur Formierung der Autobiographie aus Selbstverteidigung und Selbstsuche (Stoa und Augustinus), in: Marquard, O.; Stierle, K. (Hgg.): Identität, München 1979, 699-702.
Sonnabend, H.: Geschichte der antiken Biographie. Von Isokrates bis zur Historia Augusta, Stuttgart 2002.
Spaeth, J. W. Jr.: Cicero the Poet, CJ 26 (1930-1931), 500-512.
Spahlinger, L.: Tulliana simplicitas. Zu Form und Funktion des Zitats in den philosophischen Dialogen Ciceros (Hypomnemata 159), Göttingen 2005.
Spielvogel, J.: Amicitia und res publica. Ciceros Maxime während der innenpolitischen Auseinandersetzungen der Jahre 59-50 v. Chr., (Diss. Göttingen 1991) Stuttgart 1993.
Stauffer, D.A.: English Biography before 1700, New York [2]1964 ([1]1930).
Steel, C.E.W.: Cicero, Rhetoric, and Empire, Oxford 2001.

— Cicero's *Brutus*: The End of Oratory and the Beginning of History?, BICS 46 (2002-2003), 195-211.
— Reading Cicero. Genre and Performance in Late Republican Rome, London 2005.
Stein-Hölkeskamp, E.: Vom *homo politicus* zum *homo litteratus*. Lebensziele und Lebensideale der römischen Elite von Cicero bis zum jüngeren Plinius, in: Hölkeskamp, K.-J. u.a. (Hgg.): Sinn (in) der Antike. Orientierungssysteme, Leitbilder und Wertkonzepte im Altertum, Mainz 2003, 315-334.
Sternkopf, W.: Gedankengang und Gliederung der 'Divinatio in Caecilium', in: Kytzler, B. (Hg.): Ciceros literarische Leistung (WdF 240), Darmstadt 1973, 267-299.
Stevens, S. H.: Political Program and Autobiography in Cicero's *Pro Milone*, (Diss. Columbus, Ohio) Ann Arbor 1995.
Stockton, D.: Cicero. A Political Biography, Oxford 1971.
Stolle, R.: Ambitus et Invidia. Römische Politiker im Spannungsfeld zwischen persönlichem Ehrgeiz und Forderungen der Standesloyalität 200-133 v. Chr., (Diss. Köln 1997) Frankfurt a. M. u.a. 1999.
Stone, A.M.: *Pro Milone*: Cicero's Second Thoughts, Antichthon 14 (1980), 88-111.
Strasburger, H.: Aus den Anfängen der griechischen Memoirenkunst. Ion von Chios und Stesimbrotos von Thasos, in: Schlink, W.; Sperlich, M (Hgg.): Forma et subtilitas. Festschrift für W. Schöne zum 75. Geburtstag, Berlin 1986, 1-11 (auch in: Studien zur Alten Geschichte, hrsg. v. W. Schmitthenner u. R. Zoepffel, Bd. III, Hildesheim/New York 1990, 341-351).
— Psychoanalyse und Alte Geschichte, in: Studien zur Alten Geschichte, hrsg. v. W. Schmitthenner u. R. Zoepffel, Bd. II, Hildesheim/New York 1982, 1098-1110.
— Die Wesensbestimmung der Geschichte durch die antike Geschichtsschreibung, in: Studien zur Alten Geschichte, hrsg. v. W. Schmitthenner u. R. Zoepffel, Bd. II, Hildesheim/New York 1982, 963-1014 (Wiesbaden [3]1975, zuerst erschienen als: Sitzungsberichte der Wissenschaftlichen Gesellschaft an der Johann-Wolfgang-Goethe Universität, Frankfurt a. M., Bd. 5, Jg. 1966, Nr. 3).
— Ciceros philosophisches Spätwerk als Aufruf gegen die Herrschaft Caesars, hrsg. von G. Strasburger, Hildesheim 1990.
Stroh, W.: Taxis und Taktik. Die advokatische Dispositionskunst in Ciceros Gerichtsreden, Stuttgart 1975.
— Die Nachahmung des Demosthenes in Ciceros Philippiken, in: Ludwig, W. (Hg.): Eloquence et Rhétorique chez Cicéron, Genève 1982, 1-40.

— Ciceros Philippische Reden. Politischer Kampf und literarische Imitation, in: Hose, M. (Hg.): Meisterwerke der antiken Literatur. Von Homer bis Boethius, München 2000, 76-102.
— De Domo Sua: *Legal Problem and Structure*, in: Powell, J.; Paterson, J. (Hgg.): Cicero. The Advocate, Oxford 2004, 313-370.
Süss, W.: Die dramatische Kunst in den philosophischen Dialogen Ciceros, Hermes 80 (1952), 419-436.
— Cicero. Eine Einführung in seine philosophischen Schriften (Akademie der Wissenschaften und der Literatur 5), Mainz 1966.
Sullivan, F.A.: Cicero and Gloria, TAPhA 72 (1941), 382-391.
Sykutris, J: RE-Suppl. V (1931), s.v. „Epistolographie", 185-220.
Syme, R.: Die römische Revolution. Machtkämpfe im antiken Rom (Orig.: The Roman Revolution, Oxford 1939, aus dem Englischen von F.W. Eschweiler und H.G. Degen, hrsg. von Chr. Selzer und U. Walter, grundlegend revidierte und erstmals vollständige Neuausgabe) Stuttgart 2003.
Thierfelder, A.: Über den Wert der Bemerkungen zur eigenen Person in Ciceros Prozeßreden (zuerst: Gymnasium 72 [1965], 385-414), in: Kytzler, B. (Hg.): Ciceros literarische Leistung (WdF 240), Darmstadt 1973, 225-266.
Thraede, K.: Grundzüge griechisch-römischer Brieftopik (Zetemata 48), München 1970.
Tiedt, H.: Die Anabasis des Xenophon und die griechische Periegese, (Diss.) Göttingen 1923.
Townend, G.B.: The Poems, in: Dorey, T.A. (Hg.): Cicero, London 1964, 109-134.
Traglia, A.: La lingua di Cicerone poeta, Bari 1950.
Ungern-Sternberg, J. v.: Das Verfahren gegen die Catilinarier oder: Der vermiedene Prozeß, in: Manthe, U.; Ungern-Sternberg, J. v. (Hgg.): Große Prozesse der römischen Antike, München 1997, 85-99.
Vasaly, A.: The Masks of Rhetoric: Cicero's *Pro Roscio Amerino*, Rhetorica 3 (1985) 1-20.
— Representations: Images of the World in Ciceronian Oratory, Berkeley/Los Angeles/Oxford 1993.
Vretska, H.; Vretska K.: Marcus Tullius Cicero: Pro Archia Poeta: Ein Zeugnis für den Kampf des Geistes um seine Anerkennung, Darmstadt 1979.
Wagner-Egelhaaf, M.: Autobiographie, Stuttgart/Weimar 2000.
Walde, Chr.: DNP 6 (1999), s.v. „Kalliope", 199.
— DNP 8 (2000), s.v. „Musen", 511-514.
— DNP 12/1 (2002), s.v. „Urania", 1023-1024.
— Die Traumdarstellungen in der griechisch-römischen Dichtung, München/Leipzig 2001.

Walser, G.: Der Prozess gegen Q. Ligarius im Jahre 46 v. Chr., Historia 8 (1959), 90-96.
Walter, U.: Geschichte als Lebensmacht im republikanischen Rom, GWU 53 (2002), 326-339.
— AHN MACHT SINN. Familientradition und Familienprofil im republikanischen Rom, in: Hölkeskamp, K.-J. u.a. (Hgg.): Sinn (in) der Antike. Orientierungssysteme, Leitbilder und Wertkonzepte im Altertum, Mainz 2003, 255-278. (= 2003a)
— „natam me consule Romam". Historisch-politische Autobiographien in republikanischer Zeit – ein Überblick, AU 46 (2003), H. 2, 36-43. (= 2003b)
Wassmann, H.: Ciceros Widerstand gegen Caesars Tyrannis: Untersuchungen zur politischen Bedeutung der philosophischen Spätschriften, (Diss. Hannover) Bonn 1996.
Waters, K.H.: Cicero, Sallust and Catiline, Historia 19 (1970), 195-215.
Weil, B.: 2000 Jahre Cicero, Zürich 1962.
Weintraub, K.J.: The Value of the Individual: Self and Circumstance in Autobiography, Chicago 1978.
Weische, A.: Ciceros Nachahmung der attischen Redner, (Diss. Münster 1968) Heidelberg 1972.
— Cicero und die Neue Akademie. Untersuchungen zur Entstehung und Geschichte des antiken Skeptizismus, Münster [2]1975 ([1]1961).
Welzer, H.: Das kommunikative Gedächtnis. Eine Theorie der Erinnerung, München 2002.
White, H.: Auch Klio dichtet oder die Fiktion des Faktischen. Studien zur Tropologie des historischen Diskurses, Stuttgart 1986.
Wilamowitz-Möllendorff, U. v.: Asianismus und Atticismus, Hermes 35 (1900), 1-52.
Wimmel, W.: Der Retter Cicero und die römische Krise (Zur Überlieferung von Pro Sestio, §145), Hermes 103 (1975), 463-468.
Winter, H.: Der Aussagewert von Selbstbiographien. Zum Status autobiographischer Urteile, Heidelberg 1985.
Winterbottom, M.: Believing the *Pro Marcello*, in: Miller, J.F.; Damon, C.; Myers, K.S. (Hgg.): Vertis in usum. Studies in Honor of Edward Courtney, München/Leipzig 2002, 24-38.
Wirszubski, Ch.: Cicero's *Cum Dignitate Otium*: A Reconsideration, JRS 44 (1954), 1-13.
Wisse, J.: Ethos and Pathos from Aristotle to Cicero, (Diss.) Amsterdam 1989.
— The Intellectual Backround of Cicero's Rhetorical Works, in: May, J.M. (Hg.): Brill's Companion to Cicero. Oratory and Rhetoric, Leiden/Boston/Köln 2002, 331-374.

Woodman, A.J.: Rhetoric in Classical Historiography. Four Studies, London/Sydney 1988.
Wooten, C.W.: Cicero's *Philippics* and Their Demosthenic Model: The Rhetoric of Crisis, Chapel Hill u.a. 1983.
Ziegler, K.: Das hellenistische Epos. Ein vergessenes Kapitel griechischer Dichtung. Mit einem Anhang: Ennius als hellenistischer Epiker, Leipzig [2]1966 ([1]1934).
Zielinski, Th.: Cicero im Wandel der Jahrhunderte, Darmstadt [5]1967 (repr. Nachdruck der 3. Ausgabe Leipzig 1912).
Zimmermann, B.: Exil und Autobiographie, A&A 48 (2002), 187-195.
— Augustinus, *Confessiones* – eine Autobiographie? Überlegungen zu einem Scheinproblem, in: Reichel, M. (Hg.): Antike Autobiographien. Werke – Epochen – Gattungen, Köln 2005, 237-249.
Zoll, G.: Cicero Platonis aemulus. Untersuchung über die Form von Ciceros Dialogen, besonders von De oratore, Zürich 1962.

Zitierte historische Romane

Beuningen, Adelheid van: Ich, Terentia. Historischer Roman, Berlin 2005 (aus dem Niederländischen von A. Braun, Orig.: Terentia. Roman over een klassiek huwelijk, Amsterdam 1999).
Gálvez, P.: Ich, Kaiser Nero, Berlin 1998 (aus dem Spanischen von S. Giersberg, Orig.: Los escritos póstumos del emperador Nerón).
Massie, A.: Ich Augustus, München 1996 (aus dem Englischen von R. Schmidt, Orig.: Augustus: The Memoirs of the Emperor, London 1986).
— Caesar. Brutus erzählt, München 1996 (aus dem Englischen von R. Schmidt, Orig.: Caesar, London 1993).
— Ich Tiberius, München 1998 (aus dem Englischen von R. Schmidt, Orig.: Tiberius. The Memoirs of the Emperor, London 1990).
Ranke Graves, R. v.: Ich, Claudius, Kaiser und Gott, München [2]1994 (aus dem Englischen von H. Rothe, deutsche Erstausgabe 1947, Orig. in zwei Bänden: „I Claudius“ und „Claudius the God“).
Yourcenar, M.: Ich zähmte die Wölfin. Die Erinnerungen des Kaisers Hadrian, München [19]1999 (Deutsch von F. Jaffé, Orig.: Mémoires d'Hadrian, Paris 1951).
Zierer, O.: Und dann verschlang mich Rom. Das Leben des Marcus Tullius Cicero, München 1958.

Alfred Schmid
Augustus und die Macht der Sterne
Antike Astrologie und die Etablierung der Monarchie in Rom

2005. IX, 469 S. 24 s/w-Abb. auf 24 Taf. Gb. € 49,90/SFr 85,50
ISBN 3-412-10205-9

Augustus, der Begründer der römischen Monarchie, hielt die Auslegung seines Geburtshoroskops für so wesentlich, dass er es publizieren und Symbole daraus verbreiten ließ. Alfred Schmid rekonstruiert dieses königliche Horoskop und deutet es nach antiken Vorstellungen. Er zeigt dabei, was ein Horoskop war, welche Faszination die kosmische Bestimmung eines Menschen ausüben konnte und welche kulturelle und politische Bedeutung es für die Etablierung der Monarchie in Rom und seine imperiale Expansion hatte. Die Macht der Sterne war auf eine neue Kosmosgläubigkeit antiker Bildung zurückzuführen, in der der Kosmos zum Inbegriff von Ordnung und Rationalität wurde. Die Vorhersagen und Deutungen der antiken Astrologie wurden in einem engen Zusammenhang mit dem politischen Erfolg des Monarchen gesehen, erschien er doch seinen Zeitgenossen als Mittler eines himmlischen Auftrags.

KÖLN WEIMAR

URSULAPLATZ 1, D-50668 KÖLN, TELEFON (0221) 91390-0, FAX 91390-11

10205050404